새로워진
파이널 컷 프로
동영상 편집
컬러 그레이딩

이용태 저

에디터·컬러리스트
그리고
프로 유튜버를 위한
동영상
편집 소프트웨어

네몬북

새로워진 파이널 컷 프로 동영상 편집 컬러 그레이딩

초판 발행 2021년 6월 22일
지은이 이용태
펴낸이 네몬북
펴낸곳 네몬북
출판등록 번호 제 2021 - 17 호
ISBN 979-11-974536-1-8 03800

주 소 서울 중랑구 봉우재로 41길 11 상봉스카이타워 B101
도서문의 신한서적 031-919-9851 (팩스 031-919-9852)

기 획 네몬북
진행책임 네몬북
편집디자인 네몬북디자인팀
표지디자인 네몬북디자인팀

본 도서의 내용 중 디자인 및 저자의 창작성이 인정되는 내용을 무단으로 복제 및 복사하는 것은 저작권법에 의해 처리될 수 있습니다.
Published by Healbook Co. Ltd Printed in Korea

{ Contents }

들어가며 010
학습자료 활용하기 011
파컷 사용자가 알아두어야 할 용어들 012

01 시작하기

01 파이널 컷 프로 설치하기 026

앱 스토어에서 다운로드 받기 026
NOTE 파이널 컷 프로 버전에 대하여 027
애플.com에서 트라이얼 버전 다운로드 받기 027
파이널 컷 프로 설치전에 살펴보아야 할 것들 028
파이널 컷 프로 설치하기 029

02 인터페이스 살펴보기 030

파이널 컷 프로 10.5.2 인터페이스 살펴보기 030
파이널 컷 프로 실행하기 030
주요 인터페이스 살펴보기 032
인터페이스 변경하기 033
듀얼 모니터 사용하기 035
파이널 컷 프로 초기화하기 036

03 라이브러리, 이벤트, 프로젝트 생성하기 038

라이브러리(Library) 생성하기 039
TIP 라이브러리를 iCloud Drive에 저장하기 040
라이브러리 닫기 041
NOTE 우측 마우스 버튼(RMB)을 통한 퀵 메뉴 사용하기 041
라이브러리 삭제하기 042
라이브러리 이름 바꾸기 043
이벤트(Event) 생성하기 043
NOTE 즐겨 사용되는 각 기능(메뉴)의 단축키 활용하기 044
효율적인 단축키 사용법 045
TIP 영문/한글 입력 모드와 상관없이 단축키 사용하기 046
프로젝트(Project) 생성하기 047
프로젝트 및 이벤트 삭제하기 049
프로젝트 활성화하기(열기) 049

프로젝트 복제하기　050
프로젝트(이벤트) 이동 및 합쳐주기　050
프로젝트 속성(규격) 수정하기　054
프로젝트 렌더 파일 삭제하기　055
TIP 라이브러리와 이벤트 렌더 파일 삭제하기　056
타임 디스플레이(Time Display) 설정하기　057
프로젝트 저장하기(실시간 자동 저장 기능에 대하여)　057

04 편집용 미디어 파일 가져오기　058

동영상 파일 임포팅하기　058
하드 디스크에서 가져오기　058
장치(기기) 및 카메라를 통해 가져오기　062
임포팅되는 이벤트 선택 및 가져오는 방식, 변환 설정하기　065
레드(RED) 카메라 파일 가져오기　066
TIP 즐겨 사용되는 폴더 페이버릿(FAVORITES)에 등록하기　068
깨진 미디어 클립 재설정하기　074
작업에 사용된 미디어 클립 통합하기　076

오디오 파일 임포팅하기　077
하드 디스크에서 가져오기　077
뮤직(음악)과 사운드 이펙트에서 가져오기　078

이미지 파일 임포팅하기　081
스틸 이미지 파일 가져오기　081
NOTE 스틸 이미지 길이 조절하기　084
포토샵(PSD) 파일 가져오기　084
NOTE 뷰어의 레터박스 없애기　086
시퀀스(Sequence) 파일 가져오기　088
NOTE 전체 선택 시 클립의 길이가 틀릴 때　091
TIP 시퀀스 파일의 시간을 조절하는 또 다른 방법에 대하여　094
NOTE 임포트 사전 설정해 놓기　099
비디오 파일 안정화 작업　099

02 기본편집

01 어셈블 편집과 러프 편집　104
브라우저에서 편집하기　104
스키머(Skimmer)로 편집하기　104

{ Contents }

브라우저의 주요 기능 살펴보기 107
클립 분류하기 109
◈ NOTE 메타데이터에 대하여 117
뷰어와 스키머를 이용한 편집 117
스키머 100% 활용하기 117
마커(Marker) 활용하기 119
다양한 재생법 살펴보기 121
◈ NOTE 백그라운드 렌더(Background Render)에 대하여 123
뷰어(Viewer)에 대하여 126
◈ NOTE 클립 비활성화하기 127

02 타임라인을 이용한 기본 편집 128
편집 도구(Editing Tools)를 활용한 편집 128
드래그하여 적용하기 128
편집 도구(Tool)를 사용하여 적용하기 133
◈ NOTE 클릭(선택)한 클립의 지점으로 플레이헤드 이동하기 141
타임라인에 대하여 142
타임라인 구조 살펴보기 142
타임라인 주요 기능 살펴보기 143

03 타임라인을 이용한 세부 편집 147
편집 도구를 이용한 세부 편집 147
브라우저에서 가편집하기 147
편집 도구로 세부 편집하기 149
◈ NOTE 인/아웃 포인트에 빨간색 대괄호가 나타날 때 152
◈ NOTE 트림 편집 중 뷰어에서 피드백 보기 154
◈ NOTE 핸들(Handle)이란? 156
트림(Trim) 메뉴와 단축키를 이용한 편집 157
포지션(Position) 툴과 구간 선택(Range Selection) 툴 사용하기 162
💡 TIP 갭(Gap)의 활용법 163
💡 TIP 화살표 키를 이용하여 클립의 인/아웃 포인트로 이동하기 165
클립 잘라내기, 복사하기, 붙여넣기 166
◈ NOTE 클립이 적용될 때의 플레이헤드 포지션에 대하여 168
클립(장면)의 투명도 조절하기 172
오패서티(Opacity)를 이용한 불투명도 조절하기 172
◈ NOTE 키프레임으로 이동 및 초기화하기 175
◈ NOTE 키프레임 애니메이션(Keyframe animation)에 대하여 176

페이드 인/아웃(Fade In/Out)되는 장면 만들기 178
NOTE 클립 열기(Open Clip) 179
예제로 익히기 : 불투명도를 이용한 고스트 효과 180

04 비디오 이펙트와 트랜지션 181

비디오 이펙트 사용하기 181
이펙트 적용 및 설정하기 181
이펙트 마스크(Mask) 사용하기 183
마스크 이해하기 183
예제로 익히기 : 비디오 애니메이션(모자이크 효과) 187
NOTE 알파 모드로 마스크 영역 확인하기 191
TIP 단축키로 이펙트 적용하기 191
예제로 익히기 : 컬러에서 흑백으로 바뀌는 장면 192

주요 비디오 이펙트 살펴보기 193
베이직(Basic) 193
블러(Blur) 194
컬러(Color) 197
디스토션(Distortion) 199
키잉(Keying) 202
라이트(Light) 203
룩스(Looks) 206
마스크(Masks) 210
노스텔지어(Nostalgia) 212
스타일라이즈(Stylize) 214
텍스트 이펙트(Text Effects) 219
타일링(Tiling) 220
NOTE 이펙트 프리셋 등록 및 삭제하기 221
예제로 익히기 : 이미지 마스크의 활용 222

트랜지션(장면 전환 효과) 사용하기 223
트랜지션 적용 및 설정하기 223

주요 트랜지션 살펴보기 226
블러(Blurs) 226
디졸브(Dissolves) 227
라이트(Lights) 228
무브먼트(Movements) 230
오브젝트(Objects) 235
스타일라이즈(Stylized) 239
와이프(Wipe) 242

- NOTE 서드파티 플러그인에 대하여 243
- 예제로 익히기 : 멀티 스크린에 들어갈 장면 선택하기 244
- 예제로 익히기 : 디졸브를 이용한 점프 컷(Jump Cut) 만들기 246

05 시간에 관한 것들 248

정지 화면 248
- 프리즈 프레임으로 정지 화면 만들기 248
- 리타임(홀드)을 이용하여 정지 화면 만들기 249

리타임(재생 시간 조절) 251
- 슬로우/패스트 비디오 만들기 251
- 자동화 기능으로 속도 조절하기 256
- NOTE 속도 조절 시 비디오 퀄리티(Video Quality)에 대하여 258
- 역재생되는 장면 만들기 259

06 오디오 편집 261

기본 오디오 편집 261
- 트리밍 편집과 볼륨 조절하기 261
- NOTE 합쳐진 클립 해체하기 265
- TIP 볼륨 애니메이션 만들기 266
- NOTE 클리핑(Clipping)과 오디오 미터에 대하여 268
- 페이드 인/아웃 설정하기 268

고급 오디오 편집 270
- 오디오 싱크 맞추기와 대체하기 270
- 오디오 채널과 팬 설정하기 273
- TIP 인스펙터 공간 확장하기 275
- 오디오 균형 설정과 매칭하기 276
- 보이스오버(Voiceover)로 녹음하기 280
- NOTE 레코딩된 오디오 클립 완전히 제거하기 281

오디오 이펙트 사용하기 282
- 오디오 이펙트 적용 및 설정하기 282
- NOTE 이펙트 에디터 UI에 대하여 283
- 오디오 이펙트 살펴보기 283

07 타이틀(자막)과 제너레이터 288
- 타이틀(자막) 적용 및 설정하기 288
- NOTE 모션(Motion)에 대하여 289
- 3D 타이틀 사용하기 290

3D 시네매틱 사용하기 294
빌드 인/아웃 사용하기 296
NOTE 타이틀/액션 세이프 존에 대하여 299
범퍼/오프너 사용하기 300
크레딧 사용하기 303
엘리먼트 사용하기 305
로어 서드 사용하기 305

제너레이터 적용 및 설정하기 307
백그라운드 사용하기 307
엘리먼트 사용하기 308
솔리드와 텍스처 사용하기 309

03 고급편집

01 클립 합쳐서 작업하기 312

오디션(Audition) 클립 활용하기 312
클립 대체하기 312
오디션 클립 만들기 313
오디션 클립에서 장면 선택하기 314
오디션 클립 해체하기 314

세컨더리 스토리라인(Secondary storyline) 활용하기 315
선택된 클립 프라이머리 스토리라인에 적용하기 315
트랜지션을 적용하여 세컨더리 스토리라인 만들기 316

컴파운드(Compound) 클립 활용하기 318
오픈 클립으로 컴파운드 클립 만들기 318
오리지널 컴파운드 클립 만들기 321

02 모션 그래픽 제작하기 323

비디오 인스펙터를 이용한 모션 그래픽 323
트랜스폼(Transform) 활용하기 323
예제로 익히기 : 슬라이딩되는 장면 325
예제로 익히기 : PIP(Picture In Picture) 화면 330
NOTE 인스펙터의 단위에 대하여 335
크롭(Crop) 활용하기 335
예제로 익히기 : 트림 모션 337
디스토트(Distort) 활용하기 342

{ Contents }

포토샵 파일을 이용한 모션 그래픽 343

03 합성에 대한 모든 것 348
마스크(Mask)를 이용한 합성 348
드로우 마스크 사용법 익히기 01 348
NOTE 포인트 팝업 메뉴에 대하여 354
드로우 마스크 사용법 익히기 02 356
TIP 클릭 & 드래그해도 곡선이 만들어지지 않는다면? 359
예제로 익히기 : 특정 부분만 색상 변경하기 361
크로마키(Chroma key)를 이용한 합성 365
키어(Keyer)를 이용한 크로마키 작업 365
루마 키어(Luma Keyer)를 이용한 크로마키 작업 371
예제로 익히기 : 여러 개의 크로마키 영역에 장면 집어넣기 373
컴포지팅(Compositing)을 이용한 합성 375
블렌딩 모드 살펴보기 376

04 멀티캠(Multicam) 편집 383
멀티캠 클립 생성 및 편집하기 383
멀티캠 클립 생성 및 설정하기 383
멀티캠 클립 설정 및 편집하기 388
TIP 오디오의 문제 해결하기 392
NOTE 편집(분리)된 멀티캠 클립 합쳐주기 393

04 색 보정 & 출력

01 색 보정의 모든 것 396
비디오 스코프 이해하기 396
색(Color)에 대하여 396
RGB 이해하기 396
벡터스코프(Vectorscope) 사용하기 398
웨이브폼(Waveform) 사용하기 401
히스토그램(Histogram) 사용하기 403
색 보정 시작하기(프라이머리 보정) 405
자동화 기능으로 컬러(화이트) 밸런스 맞추기 405
NOTE 인간의 눈과 소프트웨어의 눈에 대하여 406

컬러 보드(Color Board)를 이용한 색 보정　407
TIP 비디오 스코프 훈련하기　411
매치 컬러(Match Color)로 색상 맞추기　412
NOTE 색 보정으로 표현할 수 있는 감정과 상태　413

부분 보정하기(세컨더리 보정)　415
크로마키를 이용한 색 보정　415
마스크를 이용한 색 보정　417
NOTE 색 보정 전문 프로그램인 다빈치 리졸브에 대하여　421

02 최종 출력하기(파일 만들기)　422

동영상 파일 만들기　422
셰어 목록에 옵션 추가하기　423
마스터 파일(Master File) 만들기　424
NOTE 설정 창에 경고(Warning) 메시지가 떴을 때　424
NOTE 특정 구간만 파일로 만들기　427
애플 기기용 파일 만들기　428
소셜 네트워크용 파일 만들기　428
DVD 및 Blu-ray 타이틀 만들기　431
NOTE 롤(Roles)을 이용하여 분리된 파일 만들기　432

스틸 이미지 파일 만들기　433
스틸 이미지 만들기　433
시퀀스 파일 만들기　434

그밖에 방법으로 파일 만들기　434
컴프레서(Compressor)를 이용한 파일 만들기　434
XML 파일 만들기　436
TIP 오디오 파일 만들기　437

파이널 컷 프로 주요 단축키　438
찾아보기　440

에필로그

들어가며...

유튜브의 관심이 뜨겁다. 덕분에 파이널 컷 프로(파컷)에 대한 관심도 높아졌다. 그동안 전문 프로덕션이나 방송국에서만 사용했던 파컷이 유튜브 방송을 제작하는 편집 프로그램으로도 널리 사용되고 있으니 말이다. 여하튼 이 뜨거운 관심 덕분에 4년만에 새로운 버전에 대한 파컷 책을 다시 쓰게 되었다. 4년전 처음 파컷 책을 쓰는 동안 맥 운영체제인 OS X에 대해서도 어느 정도 익숙해졌고, 파컷도 자유자재 사용할 수 있게 되었는데, 4년이 지난 지금 다시 파컷 책을 쓰려니 캄캄하다. 한동안 파컷을 사용하지 않은 후유증이다. 또한 그 동안 업그레이드된 파컷과 OS X 덕분에 맥북 프로를 신형으로 구입해야만 했다.

새로워진 파컷은 기존의 인터페이스와 달라진 것이 거의 없지만 시대에 맞는 새로운 몇몇 기능이 추가된 것이 눈에 띄었다. 파컷의 파컷만을 위한 발전이 많은 파컷 추종자가 생기지 않았나 생각이 들 정도로 파컷의 우수성은 경쟁 프로그램을 훨씬 앞서고 있는 것이다. 또한 이미 4년전에 썼던 데이터가 있었기에 이번에 쓴 새로워진 파이널 컷 프로는 예상보다 빨리 탈고를 하였고, 기존의 경험을 통해 불필요한 것은 가급적 다루지 않고 가장 필요한 것에 대해서만 기술하려고 하였다.

본 도서를 집필할 수 있도록 도움을 준 한주예술 감독과 모든 분들에게 감사하며, 뒤에서 항상 응원해 주는 가족과 친구들에게 고맙다는 말을 전한다.

e_yongtae@naver.com

학습자료 활용하기

본 도서의 내용을 학습하기 위해서는 네몬북 웹사이트에서 제공되는 다양한 학습자료 파일들을 이용하는 것이 좋습니다. 다음의 설명을 참고하여 학습자료 파일을 다운로드 받아 사용하기 바랍니다.

학습자료받기

인터넷 주소 입력 창에 **네몬.com**을 입력하여 웹사이트에 접속한 후 **네몬북** 섹션의 **파이널 컷 프로** 표지 하단의 **학습자료받기**를 클릭합니다. 그러면 **구글 드라이브**가 열리는데, 여기에서 **다운로드** 버튼을 눌러 해당 도서의 학습자료를 받습니다. 그다음 압축을 풀어 학습에 사용하면 됩니다.

학습자료 폴더 살펴보기

학습자료에는 학습에 필요한 Video, Audio, Image, Multi-Cam, RED, Sequence 등의 다양한 미디어 파일들이 있으며, 프로그램을 다운로드 받거나 유용하게 사용되는 정보가 링크된 웹사이트 바로가기 파일들이 있습니다. 효율적인 학습을 위해 잘 활용하기 바랍니다.

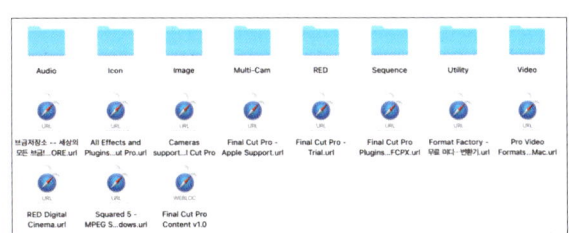

파컷 사용자가 알아두어야 할 용어들

16:9 동영상의 가로와 세로 화면 비율이 16:9인 고화질 비디오(HD : High Definition Video)를 말하며, 최근의 모든 영상 규격은 16:9 와이드 화면 비율을 사용하고 있습니다. 또한 이 비율은 초고화질 비디오인 UHD(Ultra High Definition Video)에서도 사용되며, HD의 해상도가 최대 1920x1080인데 반하여 UHD의 최대 해상도는 7680x4320까지 지원됩니다.

4:3 과거의 표준 화면 비율(SD : Standard Definition)로 해상도는 720x480입니다.

AAC(Advanced Audio Coding : 고급 오디오 코딩) 압축된 디지털 오디오를 인코딩하는 표준 방법으로 AAC로 인코딩된 파일은 MP3 파일보다 뛰어난 음질을 가지고 있습니다.

AC3(Advanced Codec 3 : 고급 코덱 3) 돌비 디지털(Dolby Digital) 포맷으로 압축된 오디오 형식으로 5.1 서라운드 사운드에 사용됩니다.

AIFF(Audio Interchange File Format : 오디오 교환 파일 형식) 애플이 개발한 크로스 플랫폼 오디오 파일 형식입니다. WAV 파일과 마찬가지로 샘플 속도와 비트 뎁스 정보가 비압축, 즉 무손실 압축 포맷으로 되어있어 고품질 오디오 CD를 제작할 때 사용됩니다.

Alpha Channel(알파 채널) 이미지의 색상 채널인 RGB(빨강, 초록, 파랑)에 투명 정보가 포함된 또 하나의 채널로써 종종 8 비트 이미지에 사용되지만 일부 프로그램에서는 16비트에서만 지원됩니다. 파이널 컷 프로에서 이미지(동영상)를 사용할 때 알파 채널 영역은 투명하게 처리되어 다른 이미지와 합성할 수 있으며, 이미지의 검은색이 100%일 때 완전히 투명하고, 흰색이 100%일 때 완전히 불투명하게 사용됩니다. TGA, TIFF, PNG, PSD, 애플 ProRes 4444 그리고 퀵타임 애니메이션 포맷이 알파 채널을 포함됩니다.

Apple ProRes(애플 프로레스) 멀티 스트림, 실시간 편집, 뛰어난 이미지 품질, 저장 속도의 탁월한 조합을 제공하는 애플 코덱으로써 모든 애플 ProRes 포맷은 SD, HD, 2K, 4K 및 6K의 화면 크기를 지원합니다. 참고로 애플 ProRes는 파이널 컷 프로에서의 사용되는 비디오 파일의 표준 포맷으로 사용됩니다.

Aspect Ratio(종횡비) 필름 또는 비디오 프레임(화면)의 가로와 세로 비율을 말합니다. 표준 해상도인 SD는 4:3, 고화질 HD는 16:9의 종횡비를 사용합니다.

Audio Sample Rate(오디오 샘플 속도) 오디오 신호가 디지털 신호로 변환되는 과정에서 측정되는 초당 샘플링 레이트(비율, 속도)를 말합니다. 높은 샘플링 레이트는 고품질 오디오 파일이 만들어지며, 파일의 크기도 증가됩니다.

Audio Waveform(오디오 파형) 시간에 따른 오디오 파형의 진폭 변화의 길이를 시각적으로 표시해 놓은 것입니다.

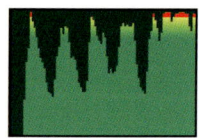

Audition(오디션) 파이널 컷 프로에서 편집 시 여러 개의 클립(장면)을 하나의 클립으로 묶어놓은 후 필요에 따라 선택할 수 있도록 해 주는 편집법입니다. 이와 같은 기법은 다른 프로그램에서는 테이크(Take)이라고도 합니다.

Automatic Audio Sync(자동 오디오 싱크) 멀티캠 편집은 여러 개의 앵글 장면(클립)을 사용하기 때문에 각 앵글의 영상과 오디오의 싱크가 일치되어야 합니다. 이럴 때 오토매틱 오디오 싱크는 오디오 클립의 파형을 분석하여 정밀하게 동기화합니다.

AVCHD 고화질(HD) 비디오 포맷(MPEG-4 파트 10 또는 H.264)으로써 블루 레이 플레이어에서는 이것을 표준 적색 레이저 디스크를 사용하여 재생할 수 있습니다.

Background Tasks Window(배경 태스크 윈도우) 파이널 컷 프로에서 편집을 하기 위해 임포팅(가져오기)한 파일의 트랜스코딩, 렌더링, 공유 등에 대한 분석을 백그라운드에서 수행하는 진행 상황을 보여주는 윈도우입니다.

Bezier Curve(베지어 곡선) 키프레임 애니메이션 설정 시 부드러운 움직임을 만들고, 섬세한 마스크 모양을 만들기 위해 사용되는 곡선으로써 곡선에 인접하는 선분의 조작은 핸들을 통해 이루어집니다.

Bit Rate(비트 레이트 : 데이터 전송률) 영상 및 오디오 데이터를 시간(초)당 전송하는 단위로써 비트의 수가 높을수록 높음 품질의 데이터(결과물)을 얻을 수 있지만 상대적으로 데이터 파일의 용량이 커지지 때문에 적당한 비트 레이트를 사용해야 합니다.

Broadcast Safe(브로드케스트 세이프) 영상의 휘도 및 색조에 대한 방송에 적합한 범위를 말하며, 파이널 컷 프로에서는 방송 안전 범위 보호를 위해 브로드케스트 세이프를 사용할 수 있습니다.

CAF(Core Audio Format : 코어 오디오 형식) 애플의 코어 오디오 포맷을 저장하고, 디지털 오디오 데이터를 조작하기위한 파일 형식입니다. 이것은 퀵타임 7과 맥 OS X 10.3 이상의 버전과 코어 오디오 API에서 지원됩니다. CAF는 높은 성능과 유연성을 제공하여 미래의 초고음질 오디오 녹음, 편집, 재생에 적합합니다.

Chroma Key(크로마키) 영상 클립의 배경을 빼내어 투명하게 한 후 다른 영상(이미지)과 합성하기 위해 사용되는 기법입니다. 배경은 일반적으로 파란색과 초록색을 사용하는데, 이것을 블루 스크린, 그린 스크린이라고 하며, 때론 알파 채널이나 루마 매트를 통해 합성 작업을 합니다. 일기 예보와 교육물, 액션 및 SF 영화 등에서 흔히 볼 수 있습니다.

Clip(클립) 파이널 컷 프로와 같은 편집 프로그램에서 편집을 하기 위해 가져온 파일(비디오, 오디오, 이미지 등)을 클립이라고 합니다. 가져온 클립은 브라우저와 타임라인에서 사용됩니다.

Clipping(클리핑) 오디오의 0dB(데시벨) 기준으로 최대 샘플 값을 초과하여 발생되는 현상을 말하며, 초과된 것을 크리핑 노이즈라고도 합니다.

Codec(코덱) 영상, 오디오, 이미지 파일에 대한 압축 및 압축 해제, 즉 인코딩(Encoding)과 디코딩(Decoding)을 위한 기술로써 애플 ProRes는 퀵타임(MOV) 표준 비디오 코덱입니다.

Color Balance(컬러 밸런스 : 색상 균형) 영상의 RGB 색에 대한 균형잡힌 혼합을 의미하며, 파이널 컷 프로에서는 하이라이트(밝은 영역), 미드톤(중간 밝기 영역), 셰도우(어두운 영역)의 컬러 밸런스를 조정할 수 있습니다.

Color Bars(컬러 바) 표준 색상 테스트를 위한 신호로써 영상의 색상을 확인 및 조정하는데 사용됩니다.

Color Correction(색 보정) 영상의 색을 다양한 형태로 보정하는 것으로써 일반적으로 편집의 마무리 단계에서 진행됩니다. 파이널 컷 프로에서는 하이라이트(밝은 영역), 미드톤(중간 밝기 영역), 셰도우(어두운 영역)을 통해 영상의 색을 정밀하게 보정할 수 있습니다.

Compositing(합성) 두 개 이상의 영상(이미지) 클립을 하나의 장면으로 합성하는 기법으로써 모든 합성은 타임라인의 트랙, 즉 스토리라인에서 이루어지며, 크로마키와 블렌드 모드, 마스크, 루마 매트 등을 통해 합성 작업이 가능합니다.

Compound Clip(컴파운드 클립) 타임라인에서 사용되는 여러 개의 클립들을 하나의 클립으로 합쳐놓은 클립을 말합니다. 하나로 합쳐진 컴파운드 클립은 다시 열어서 트리밍, 이펙트, 트랜지션 등의 작업을 할 수 있습니다.

Connected Clip(연결된 클립) 타임라인의 기본 편집 라인(트랙)인 프라이머리 스토리라인에서 사용되는 클립과 연결되어 있는 클립을 말하며, 커넥트 클립이라고도 합니다. 프라이머리 스토리라인을 제외한 다른 라인에 클립이 적용되면 그 클립은 항상 프라이머리 스토리라인에 있는 클립과 연결되는데 이것은 프라이머리 스토리라인에 있는 클립이 이동되거나 트리밍 또는 트랜지션(장면 전환)에 의해 변화가 생겼을 때에도 항상 동기화됩니다.

Contrast(콘트라스트 : 대조) 이미지의 가장 밝은 부분과 가장 어두운 부분의 값 사이에 대한 차이를 말하며, 높은 콘트라스트 장면(이미지)은 딱딱하고 강하게 표현되고, 낮은 콘트라스트는 그와 반대로 표현됩니다.

Cross Dissolve(크로스 디졸브) 두 장면, 즉 클립과 클립의 장면 전환이 이루어질 때 두 장면이 겹치면서 전환되는 기법을 말합니다.

Cutaway(변시 전환) 현재 대상에 관련된 동일한 시간에 발생되는 장면에서 원치 않는 장면을 가리기 위해 사용되는 기법으로써 오디오는 일반적으로 변시 전환 동안 지속적으로 남아있도록 합니다.

Data Rate(데이터 전송률) 초당 전송되는 데이터 전송량입니다. 데이터 전송률이 높을수록 품질이 향상되며, 더 많은 시스템 리소스(프로세서 속도 및 저장 공간 및 성능)를 필요로합니다.

Decibel(데시벨 : dB) 사운드 레벨의 측정 단위입니다. 인간의 귀로 들을 수 있는 소리의 크기를 설명하는데 사용되며, 1dB이 인간이 감지할 수 있는 가장 작은 소리입니다. 유사한 것으로 가청주파수(Audible Frequency)가 있으며, 인간은 보통 20~2만 헤르츠(Hz) 범위의 주파수를 가진 소리를 들을 수 있습니다.

Disk Utility(디스크 유틸리티) 보통 유틸리티라고 부르며, 맥 OS X에서 디스크 관련 작업을 수행하는 애플의 응용 프로그램입니다.

Downmixing(다운믹싱) 스테레오 채널을 모노 채널로 바꾸는 것을 말합니다.

DV(디지털 비디오) 8비트의 표준 영상 화질(SD)과 16비트, 48kHz 또는 12비트, 32kHz의 오디오 샘플링을 지원하는 방식입니다. DVCAM 및 DVCPRO 등도 유사한 규격을 가지고 있지만 컴포넌트 신호에 따른 미세한 차이가 있습니다.

Ease In/Out 애니메이션의 움직임이 시작되거나 끝날 때 천천히 감속하는 설정입니다. 이것은 자연스런 움직임을 줄 때 사용되는데, 현실에서 마찰에 의해 시뮬레이션되는 것을 유기적으로 시각화해 줍니다.

Edit Point(편집 점) 편집 점은 편집 작업 시 클립 또는 프로젝트의 시작 또는 끝부분을 지정하는 편집 지점을 말합니다. 또한 편집 점은 이전 클립의 끝 지점이 다음 클립의 시작 지점에 맞춰주는 포인트로도 사용됩니다.

Equalization(이퀄라이제이션) 보통 이퀄라이저 또는 EQ로 부르며, 오디오의 특정 주파수 대역의 레벨을 조정하여 사운드의 음색을 변형할 수 있습니다.

Event(이벤트) 파이널 컷 프로에서 임포트(가져오기)된 영상, 오디오, 이미지 등은 이벤트 브라우저에 등록되며, 라이브러리에 있는 각 이벤트는 맥(Mac)에서의 소스 미디어 또는 저장 장치를 의미합니다.

Exposure(노출) 영상(이미지)에 대한 빛의 양을 말하며, 노출은 영상의 전체적인 밝기뿐만 아니라 콘트라스트에도 영향을 줍니다.

Fade(페이드) 영상 및 오디오가 시작되는 장면과 소리를 아무것도 없는(들이지 않는) 상태에서 시작하거나 끝나는 것을 말하며, 시작되는 것을 페이드 인(Fade In), 끝나는 것을 페이드 아웃(Fade Out)이라고 합니다. 페이드는 일반적으로 검은색으로 사용하지만 때론 흰색이나 그밖에 색을 사용하는 경우도 있습니다.

Filmstrip(필름스트립) 비디오(영상) 클립의 형태를 비디오 프레임으로 나타내는 방식으로써 브라우저와 타임라인에서 나타나며, 때론 섬네일 뷰라고도 합니다. 오디오 클립일 경우에는 볼륨의 변화를 보여주는 파형(Waveform)으로 나타납니다.

FireWire(파이어 와이어) 애플이 개발한 IEEE 1394 표준 인터페이스로써 DV 캠코더에서 촬영된 신호를 컴퓨터에서 사용하기 위한 캡처(디지타이징) 장치로 사용됩니다.
Foley Effects(폴리 효과) 발자국 소리나 바람, 웃음, 자동차 그리고 다양한 소리를 인공적으로 제작한 효과음을 말하며, 파이널 컷 프로에는 기본적으로 제공되는 다양한 폴리 및 음향 효과를 이용할 수 있습니다.

Frame(프레임) 영상(비디오 및 영화)에서 움직임을 하나의 스틸 이미지로 구분하는 단위입니다. 일반적으로 TV는 30(29.97)FPS, 즉 초당 30개의 프레임으로 구성되며, 영화는 24개 그밖에 영상 규격에 따라 25나 60개의 프레임을 사용하기도 합니다. 이렇게 구성된 낱개의 프레임이 연속해서 진행되면 시각적으로 움직이는 영상으로 보여지게 됩니다.

Frame Blending(프레임 혼합) 프레임과 프레임 사이를 혼합하여 장면의 동작을 자연스럽게 연결되어도록 합니다.

Frame In/Out(프레임 인/아웃) 피사체(배우)가 화면(프레임) 밖에서 안으로 들어오는 것을 프레임 인, 다시 화면 밖으로 나가는 것을 프레임 아웃이라고 합니다.

Frame Rate(프레임 레이트) 영상 클립에서 초당 사용되는 프레임 개수를 말합니다.

Frame Size(프레임 크기) 프레임의 크기를 말하며, 프레임 크기는 해상도(Resolution)에 영향을 줍니다.

Frequency(프리퀀시) 음향 신호의 Hz(헤르츠) 당 사이클에서 측정된 진동 수를 말하며, 기록의 각 음향 주파수는 오디오의 피치와 연관되는데, 예를 들어 피아노의 키에 의해 발생된 각각의 음은 특정 주파수를 갖게 됩니다.

Gain(게인) 영상 및 오디오 신호를 인위적으로 증폭할 때 사용되는데 영상은 화이트 레벨을 증가하여 밝게 해 주고, 오디오는 볼륨을 증가해 줍니다.

Gamma(감마) 이미지(영상)의 강도(밝기와 명암)를 설정하며, 감마 조정은 종종 맥과 윈도우즈의 그래픽 카드와 디스플레이 사이의 차이를 보상하는데 사용됩니다.

Gap Clip(갭 클립) 타임라인의 스토리라인에서 아무 내용도 없는 빈 클립(빈 비디오 및 무음 오디오)을 말하여, 갭 클립 색상은 스토리라인의 현재 배경 색상에 의해 결정됩니다. 참고로 파이널 컷 프로 환경설정(Preferences)의 플레이백 설정 탭에서 플레이어의 배경 색상을 선택할 수 있습니다.

H.264 MPEG-4 파트 10 또는 AVC(고급 비디오 코딩) 방식으로써 촬영 및 배포할 수 있는 표준 압축이며, 인터넷 스트리밍이나 모바일 장치에서도 즐겨 사용되는 범용적인 압축 방식입니다.

HD(HighDefinition : 고화질 비디오) 표준 화질 NTSC나 PAL 비디오보다 높은 해상도이며, 일반적인 해상도는 1280x720(720)와 1920×1080(1080i로 또는 1080p)입니다. 참고로 i는 인터레이스, p는 프로그레시브 방식을 말합니다.

HDCAM 8비트 고화질(HD) 디지털 비디오 테이프 레코더의 포맷으로써 DCT의 압축된 3:1:1 녹화 방식에 1080i 호환 다운 샘플링 해상도(1440x1080)를 사용합니다.

HDV DV 테이프에 고화질(HD) 비디오를 기록하는 형식으로써 크로마 서브 샘플링 HDV는 8비트 샘플링과 MPEG-2 비디오 압축을 사용합니다. 비트 레이트가 19Mbps인 720 프로그레시브(1280x720)와 25Mbps의 1080 인터레이스(1920x1080) 두 가지 포맷이 지원됩니다.

Histogram(히스토그램) 색과 휘도의 각 비율에 픽셀들의 개수를 그래프화해서 영상을 통계적 분석하는 비디오 스코프입니다. 두 개의 영상 클립을 비교하여 색 보정을 할 때 유용합니다.

Hue(휴 : 색조) 영상에 대한 색상을 말합니다.

Import(임포트 : 가져오기) 편집 작업을 하기 위해 이벤트 브라우저로 소스 미디어 파일(클립)을 불러오는 것을 말합니다. 파이널 컷 프로에서는 캠코더 및 기타 USB 장치와 프리미어 프로나 다빈치 리졸브와 같은 다른 프로그램에서 작업된 파일도 임포트할 수 있습니다.

In/Out Point(시작/끝 점) 인 포인트는 영상 및 오디오 클립의 시작되는 시점이며, 아웃 포인트는 끝나는 시점입니다.

Insert Edit(인서트 편집) 기존에 삽입된 클립 사이에 새로운 클립을 끼워 넣기 위한 편집 기법입니다.

Inspectors(인스펙터) 파이널 컷 프로에서 선택한 클립나 이벤트, 프로젝트, 라이브러리 등의 속성을 확인하거나 변경하기 위해 사용되는 설정 윈도우입니다.

Interlace(인터레이스) 상하 두 필드로 구성된 비디오 프레임 방식이며, 분할할 때의 주사 방법은 서로 다른 시간에 스캐닝된 홀수 및 짝수 라인이 교대로 이루어져서 하나의 화면으로 표현됩니다.

IRE 라디오 학회에 의해 설정된 휘도 측정을 위한 아날로그 비디오 신호 유닛입니다.

JPEG 스틸 이미지 파일에서 가장 대중적인 포맷 방식입니다. 고도로 압축된 형식이기 때문에 파일 용량을 줄일 수 있으며, 압축률에 비해 화질 손실률이 적기 때문에 DSLR이나 영상 및 이미지 편집 프로그램에서 즐겨 사용됩니다.

Keyframe(키프레임) 움직임이 없는 영상(이미지) 클립에 움직임을 주거나 이펙트(효과) 결과가 시간에 따라 변하도록 하기 위해 사용되는 프레임입니다. 애니메이션이나 모션 그래픽 작업 시 키프레임은 매우 중요한 역할을 합니다.

Keying(키잉) 일반적으로 키라고 하며, 크로마키나 루마 매트 등을 사용한 합성 작업을 위해 사용됩니다.
Linear Editing(선형 편집) 디지털 비디오 편집, 즉 비선형 편집(Non linear Editing) 이전의 편집 방식으로써 원본 마스터 테이프를 통해 다른 테이프로 하나하나에서 장면을 복사하면서 편집을 하게 됩니다. 이와 같은 편집 방식은 편집 과정 중 화질에 대한 손실률이 높다는 것이 가장 큰 단점이며, 최근에는 거의 사라진 편집 방식입니다.

Lower Third(로워 서드) 프레임(화면) 하단 영역에 배치되며, 장면에 대한 부가적인 설명을 할 수 있도록 타이틀 및 간략한 자막을 표현하기 위해 사용됩니다. 예를 들어 스포츠 중계 시 선수의 이름이나 순위, 타율 등과 같은 기록 정보를 전달하기 위해 사용됩니다.

Luma(루마) 영상의 밝기(명도)를 나타내는 값의 범위입니다.

Luma Key(루마 키) 영상의 가장 밝은 영역과 어두운 영역을 기초하여 합성을 하는 방식입니다. 일반적인 크로마키는 파란색과 초록색 매트를 사용하지만 루마 키는 흰색과 검정색의 차이를 통해 합성이 이루어집니다. 루마 매트 작업 시 검정색(어두운) 영역은 투명하게 처리됩니다.

Marker(마커) 편집 시 특정 클립의 위치, 장면의 위치 등을 표시하는 것으로써 마커가 지정된 지점을 기준으로 클립을 배치하거나 편집할 수 있습니다. 파이널 컷 프로에서는 일반 마커(파란색), 씬 마커(주황색), 진행할 마커(빨간색), 진행 완료된 마커(초록색)로 구분됩니다.

Mask(마스크) 영상(이미지)의 특정 영역만을 불투명, 즉 표현하기위해 사용됩니다. 투명하게 처리된 영역은 다른 클립과 합성이 가능하며, 정교한 합성 작업을 위해 마스크의 활용은 필수적입니다.

MP3 MPEG-1 또는 MPEG-2 오디오 레이어 3의 압축 표준 파일 포맷으로써 인간이 들을 수 있는 소리 정보(가청주파수)만 담고, 나머지는 제거하여 저용량 오디오 파일이 생성되도록 합니다.

MPEG(Moving Picture Experts Group) MPEG-1을 포함하는 비디오 및 오디오 표준 압축 그룹으로써 MPEG-2, MPEG-4도 여기에 포함됩니다.

Multicam Clip(멀티캠 클립) 다양한 앵글에서 촬영된 다수의 영상 클립으로써 멀티캠 편집을 통해 다양하게 편집할 수 있습니다.

MXF 영상 및 오디오를 위한 표준 파일 형식입니다. 퀵타임(MOV) 파일과 마찬가지로 파일 내부에 프레임 레이트, 프레임 크기, 생성 날짜, 제작자 등의 정보가 포함되는데, 이러한 정보를 메타데이터라고 합니다.

Nested Sequence(네스트 시퀀스) 여러 개의 클립이 하나로 묶여진 시퀀스로써 파이널 컷 프로에서는 컴파운드 클립이라고 합니다.

NLE(Non linear Editing) 선형 편집과 대비되는 비선형 편집입니다. 디지털 편집이나 컴퓨터 편집이라고도 합니다.

Non-drop Frame(넌 드롭 프레임) NTSC 영상의 프레임 레이트 중 30프레임을 모두 사용했을 때를 넌 드롭이라 하고, 29.97프레임으로 사용했을 때를 드롭이라고 합니다. 이것은 흑백 TV에서 컬라 TV로 바뀌면서 색상 신호인 크로미넌스(Chrominance) 신호를 기존 신호에 섞어서 보냈을 때 생기는 문제를 보안하기 위해 사용됐습니다. 이렇게 프레임이 증가됨에 따라 1시간 기준의 재생 시간이 3.6초(3.6초 x 30프레임 = 108프레임)만큼 늘어나게 되기 때문에 시간을 정확하게 맞추기 위해서는 1분에 2프레임을 뺀 드롭 프레임으로 사용하게 됩니다.

Progressive(프로그레시브) 디지털 영상의 표준 표현 방식이며, 넌 인터레이스(Non Interlace)라고도합니다. 이 방식은 인터레이스 방식과는 다르게 화면(프레임)을 한번에 순차적으로 표현합니다.

 =

NTSC(National Television Standards Committee) 국제 텔레비전 표준 위원회에서 정의된 비디오 표준 규격으로써 아날로그 NTSC 방식의 영상은 프레임 당 525개로 비월 주사(인터레이스)되고, 29.97프레임, 720x480의 화면 해상도가 사용됩니다.

Offline Editing(오프라인 편집) 원본 영상 클립이 아닌 일반적으로 낮은 해상도의 프록시 클립으로 하는 편집을 말하며, 원본 클립의 지정된 경로에서 벗어나거나 삭제되었을 경우에도 오프라인 편집 상태가 됩니다. 후자의 경우엔 원본 클립을 다시 리링크(Relink)해 주어야 합니다.

PAL(Phase Alternating Line) 유럽 및 중국, 일본, 북한 등의 국가에서 사용되는 방식으로써 이 방식은 NTSC와는 다르게 프레임 당 625개로 비월 주사(인터레이스)되고, 25프레임, 720x576의 화면 해상도가 사용됩니다.

Pitch(피치) 사운드의 높거나 낮은 주파수들은 각 음파 사이클 당 횟수에 따라 인식되는데, 음악 주파수에서 가장 일반적으로 사용하는 단어가 바로 피치입니다. 느린 상태는 낮은 피치, 빠른 상태는 높은 피치를 생성합니다.

Pixel(픽셀) 영상(이미지)을 표현하는 가장 작은 단위로써 화소(점)라고도 합니다. 한 화면(프레임)에 사용되는 픽셀이 많을 수록 해상도가 좋아지며, 낮을 수록 해상도가 떨어지기 때문에 낮은 해상도에서는 화면을 확대했을 때 사각형 모양의 픽셀이 선명하게 드러납니다.

Post Production(포스트 프로덕션) 영상물 제작에 있어 모든 작업이 완성되는 최종 편집을 하는 단계입니다.

Project(프로젝트) 파이널 컷 프로에서의 프로젝트는 라이브러리와 이벤트 안에 포함되어있으며, 실제 미디어 클립을 사용하여 편집을 하는 공간(타임라인)을 말합니다. 프로젝트의 규격(속성)은 첫 번째 클립을 타임라인에 적용하거나 프로젝트를 생성할 때 결정됩니다.

Proxy File(프록시 파일) 작업 시 시스템 성능에 영향을 덜 받게 하기 위해 고해상도의 파일을 저해상도의 프록시 파일로 트랜스코드하여 사용할 수 있습니다. 파이널 컷 프로에서는 애플 ProRes 422를 프록시 코덱 및 JPGE 또는 PNG 스틸 이미지 프록시 파일로 트랜스코드합니다.

QuickTime(퀵타임) 애플의 크로스 플랫폼 멀티미디어 기술로써 확장자는 MOV입니다. 이것은 포스트 프로덕션, 비디오, 인터넷 등에서 널리 사용됩니다.

Render(렌더) 사용되는 미디어 클립을 정상적으로 볼 수 있게 하거나 최종 파일로 출력할 때의 과정을 말합니다. 렌더링된 파일은 파이널 컷 프로의 이벤트 및 프로젝트 파일로 저장되며, 다양한 형태로 재생할 수 있습니다.

Resolution(해상도, 품질) 해상도는 프레임 크기와 밀접한 관계가 있습니다. 영상의 픽셀 수가 많다는 것 또한 해상도가 높다는 것이지만 때론 스마트 기기에서는 높은 해상도의 파일이 문제가 될 수도 있으므로 적당한 해상도의 파일로 만들어야 할 것입니다.

Reverb(리버브) 소리가 벽이나 천장, 창문 등의 공간 내에서 음파에 부딪혀서 들리는 잔향을 말합니다.

RGB 빛의 3원색인 빨강, 초록, 파랑색을 말하며, 영상 및 이미지의 고유 색상이기도 합니다.

Roll Edit(롤 편집) 편집 점을 공유하는 두 개의 클립에 영향을 미치는 편집입니다. 예를 들어 클립 A 편집 시 B 클립의 편집 점도 동일하게 조절되는 것을 말하며, 이 프로젝트의 전체 기간은 동일하게 유지됩니다.

Rough Edit(러프 편집 또는 러프 컷) 스토리 진행에 따라 대충 클립의 순서를 나열한 초기 편집 형태로써 섬세한 시간 배분과 타이밍에 상관없이 단지 가장 잘된 장면만을 엄선하기 위한 편집 작업입니다.

Saturation(채도) 영상(이미지)의 색상에 대한 선명도를 말합니다.

Scene(장면) 같은 시간과 장소에서 촬영되는 하나의 씬을 말하며, 이러한 장면들이 모여 시퀀스가 되고, 최종적으로 하나의 완성된 프로그램(프로젝트)이 됩니다.

Sequence(시퀀스) 여러 개의 장면들로 구성된 하나의 에피소드이며, 파이널 컷 프로와 같은 영상 편집 프로그램에서는 종종 번호가 붙은 낱장으로 된 스틸 이미지 파일을 연속적으로 사용하기 위한 소스 미디어로도 사용됩니다.

Shot(샷, 쇼트) 하나의 완성된 영상물에 있어 가장 작은 단위의 세그먼트로써 영상물은 샷 - 씬 - 시퀀스로 구성됩니다.

Skimmer(스키머) 파이널 컷 프로에서 가져온 클립 위로 마우스 포인터를 이동할 때의 과정으로 스키머가 진행될 때에는 해당 클립의 영상 및 소리가 들리게 됩니다. 또한 맥용 마우스를 사용할 때 마우스 버튼 위에서 손가락을 좌우로 스치듯 지나가는 행위(스크롤)를 말하기도 합니다.

Slate(슬레이트) 하나의 샷을 촬영할 때 테이크, 날짜, 장면 번호와 같은 기본적인 촬영 정보를 식별하기 위해 사용되는 도구입니다.

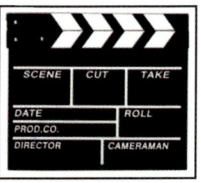

Sound Effects(음향 효과) 문을 닫는 소리나 개가 짖는 소리 등의 음향 효과를 말하며, 파이널 컷 프로에서는 1,300개 이상의 로열티 프리(무료)의 음향 효과를 제공합니다.

Source Media Files(소스 미디어 파일) 파이널 컷 프로에서 임포팅된 미디어 파일(영상, 오디오, 스틸 이미지)을 말하며, 파이널 컷 프로에서 변경된 클립은 원본 미디어 파일에는 영향을 주지 않습니다.

Special Effects(특수 효과) 모션 효과 및 합성을 위한 키잉 작업 등이 여기에 해당됩니다. 이것은 시각적인 요소를 강조하는 VFX(Visual Effects)와는 다르게 분류됩니다.

SD(표준 화질) NTSC 및 PAL 영상의 표준 규격을 말합니다.

Stereo(스테레오) 두 개의 서로 다른 사운드 채널을 스테레오라고 합니다. 스테레오 채널은 가장 일반적으로 사용되며, 그밖에 하나의 채널인 모노(Mone) 채널과 5.1 서라운드 채널 등이 있습니다.

Straight Cut(스트레이트 컷) 영상 및 오디오 클립을 모두 동시에 트리밍하는 것을 말합니다.

Sync(Synchronization : 동기화) 영상의 움직임, 예를 들어 말하는 입모양과 소리가 일치되는 것을 말하며, 파이널 컷 프로에서는 싱크를 맞춰주거나 유지하기 위한 유용한 기능들을 제공합니다.

Third party Plug in(서드파티 플러그인) 공식적으로 하드웨어나 소프트웨어를 개발하는 업체 외에 소규모의 개발자들에 의해 생산한 프로그램으로써 특정 프로그램에 설치하여 새로운 기능으로 사용됩니다. 일종의 메인 프로그램에 없는 부족한 기능을 보강하기 위한 부가적인 프로그램이지만 독립적으로 실행되지는 않습니다.

Three Point Editing(3점 편집) 적용된 지점에 있는 클립의 시작점과 적용되는 클립의 시작 및 끝점을 통해 편집되는 것을 말하며, 그밖에 편집 점이 3개일 때라고 이해하면 됩니다.

TIFF(Tagged Image File Format) 마이크로 소프트가 개발한 8비트 및 24비트 생상의 이미지 포맷이며, 투명 정보가 포함된 알파 채널을 지원합니다.

Timecode(타임코드) 영상 신호에 고유하게 기록되는 시간 정보를 말하며, 일반적으로 시간 : 분 : 초 : 프레임으로 구분됩니다.

Timeline(타임라인) 파이널 컷 프로 하단 부에 위치하고 있으며, 실제 편집 작업을 하기 위한 공간입니다.

Timeline Index(타임라인 인덱스) 타임라인 우측에 위치하고 있으며, 인덱스를 사용하여 클립 및 마커, 효과 등에 대한 연대기 목록을 볼 수 있습니다. 이 목록을 통해 원하는 클립을 찾거나 수정 및 삭제까지 가능합니다.

Tint(색조) 생상의 엷고 짙음에 대한 강도를 말합니다. 예를 들어 세피아 톤을 추가하면 오래된 사진이나 영화처럼 표현할 수 있습니다.

Transcode(트랜스코드) 영상 및 오디오 클립의 형식을 다른 형식으로 변환하는 것을 말하는데, 주로 영상의 프레임 크기, 프레임 속도, 데이터 레이트와 오디오의 샘플 레이트 등을 변경할 때 사용됩니다. 파이널 컷 프로와 함께 작동되는 애플의 응용 프로그램은 트랜스코딩을 빠르게 처리합니다.

Transition(장면 전환) 장면, 즉 클립과 클립 사이에 적용되는 효과로써 장면이 바뀔 때의 효과를 표현하기 위해 사용됩니다. 파이널 컷 프로에서는 다양한 영상 및 오디오 트랜지션 효과를 제공합니다.

Trim(트림) 타임라인에 적용된 클립(장면)의 편집 점을 잘라주는 것을 말합니다. 편집 점은 미세 조정이 가능하며, 파이널 컷 프로에서의 트리밍으로는 리플 편집, 롤 편집, 슬립 편집, 슬라이드 편집을 통해 다양하게 편집 작업을 수행할 수 있습니다.

Undo(언두) 작업 중 문제가 발생되었을 때 이전 작업 단계로 돌아가는 기능입니다. 파이널 컷 프로에서는 단축키 command + Z 키를 사용하며, 다시 원래대로 복귀하고자 한다면 shit + command + Z 키를 사용합니다. 이 단축키들은 누르는 횟수만큼 진행됩니다.

UHD(초고화질) 일반적으로 최소 3840x2160급의 영상 해상도를 말하며, 4K 영상이라고도 합니다.

Uncompressed(비압축) 압축을 하지 않은 최상의 해상도를 가진 영상을 말합니다. 영상의 품질은 최상이지만 파일의 용량이 크다는 단점이 있기 때문에 일반적으로는 사용되지 않습니다.

Variable Speed(가변 속도) 영상 및 오디오 클립의 데이터 양에 따라 동적으로 변화는 속도를 말하는데, 예를 들어 영상 클립의 색상이 많이 사용된 장면과 조금 사용된 장면에서의 데이터 전송 속도를 가변적으로 조절하게 되면 균형적인 재생에 도움이 됩니다.

VCR(Videocassette Recorder) 비디오 카세트 레코더라고 하며, 흔히 말하는 VTR(Video Tape Recoder)과는 다릅니다. 일반적으로 비디오 테이프에 녹화를 하거나 재생하기 위해 사용되며, 최근에 DVD 및 컴퓨터 플레이어에 의해 거의 사라진 상태입니다.

Vectorscope(벡터스코프) 영상(이미지)의 색상 분포를 보여주는 도구로써 섬세한 색 보정을 위해 사용됩니다.

Viewer(뷰어) 브라우저 및 타임라인에서 선택한 영상 및 오디오 클립을 보기 위해 사용되는 윈도우입니다.

Watermark(워터마크) 영상 및 이미지에 시각화한 그래픽 로고나 텍스트가 오버레이되어 저작권에 보호받고 있음을 나타내기 위한 마크입니다. 워터마크가 포함된 컨텐츠는 저작권자의 허가 없이 사용할 수 없습니다.

WAVE(또는 WAV) 가장 일반적으로 사용되는 비압축 오디오 포맷으로써 고음질 원형 오디오 데이터를 저장하거나 오디오 CD를 제작하기 위해 사용됩니다.

Waveform Monitor(파형 모니터) 영상 클립의 색상 및 휘도의 상대적 수준을 나타내는 모니터입니다.

Widescreen(와이드스크린) 과거의 4:3 화면 비율보다 가로가 넓은 16:9의 화면 비율을 말합니다. 픽셀 비율은 1.85(세로가 1일 때의 가로 비율) 및 2.40의 비율을 사용합니다.

XDCAM 테이프가 아닌 디스크에 직접 촬영(저장)되는 방식으로써 MXF 컨테이너 파일 안에 DVCAM IMX 및 비디오를 기록하는 소니가 개발한 광디스크 포맷입니다.

Y'CbCr 디지털 영상의 색 공간으로써 Y는 루마, 즉 감마 보정된 밝기를 말하고, CbCr은 파란색과 빨간색의 색차 정보입니다. 다. 이렇듯 세 개의 각 색 정보를 각각의 픽셀에 저장되도록 하는 방식입니다.

네몬 스튜디오

주소 서울 중랑구 봉우재로 41길 11 상봉스카이타워 B101
예약 www.네몬.com · **문의** 010 8287 9388
인테리어 시공 문의 010 3302 4858(디자인문)

모든 영상 콘텐츠 촬영이 가능한 멀티 네몬 스튜디오 렌탈(45평)

- 푸드 영상 콘텐츠(유튜브) 촬영
- 인물·뷰티·제품 촬영
- 그린·블루·화이트 스크린
- 크로마키 호리존(6x4x3)
- 150인치 대형 영상 스크린
- DSLR 및 촬영장비 무상 대여
- 파티·세미나·각종 모임 공간
- 업계 가장 합리적인 렌탈 가격

■ 키친 바

■ 크로마키 호리존(6x4x3)

■ 화이트 & 블랙(양면) 스크린/150인치 시네마(세미나) 스크린

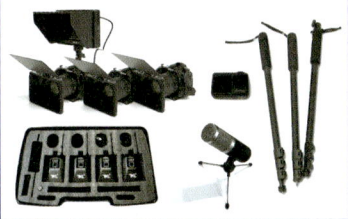

■ 다양한 촬영장비

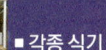
■ 각종 식기

■ 카페형 스튜디오

■ 스튜디오 전경

Final Cut Pro   Guide for Beginner

FCP
파이널컷프로

PART 01

 시작하기

01 파이널 컷 프로 설치하기
02 인터페이스 살펴보기
03 라이브러리, 이벤트, 프로젝트 생성하기
04 편집용 미디어 파일 가져오기

01 파이널 컷 프로 설치하기

파이널 컷 프로를 설치하기 위해서는 먼저 App Store(앱 스토어)에서 유료 결제를 해야 합니다. 현재 파이널 컷 프로는 10.5.2 버전까지 출시된 상태이기에 본 도서에서는 최신 버전인 10.5.2버전을 통해 학습을 할 것입니다.

파이널 컷 프로 설치전에 살펴보아야 할 것들

파이널 컷 프로(Final Cut Pro) 10.5 이상의 버전을 설치하기 위해서는 하드웨어 및 운영체제가 적합한 상태인지 확인해 보아야 합니다. 먼저 Intel 기반 64비트 프로세서가 설치되어있는지 확인하기 위해 데스크탑 화면 좌측 상단의 **애플 로고** 아이콘을 클릭하여 **이 Mack에 관하여** 메뉴를 선택합니다. 개요 섹션 창이 열리면 현재 사용되는 맥의 정보가 나타납니다.

파이널 컷 프로 10.5 이상의 버전을 정상적으로 설치하기 위해서는 다음과 같이 64비트 기반의 프로세서가 지원되어야 하며, 운영체제 또한 OS X 10.15.6 버전 이상이 설치되어있어야 합니다.

MacOS 버전 10.15.6(Catalina) 이상
프로세서 2.5 GHz 듀얼 코어 이상
메모리 8GB 이상
그래픽 메탈 지원 1GB 이상의 메모리

앱 스토어에서 다운로드 받기

데스크탑 하단의 독(Dock)에서 App Store을 클릭하여 앱 스토어를 열어줍니다. 앱 스토어가 열리면 검색기를 통해 Final Cut Pro를 찾아서 선택(클릭)합니다.

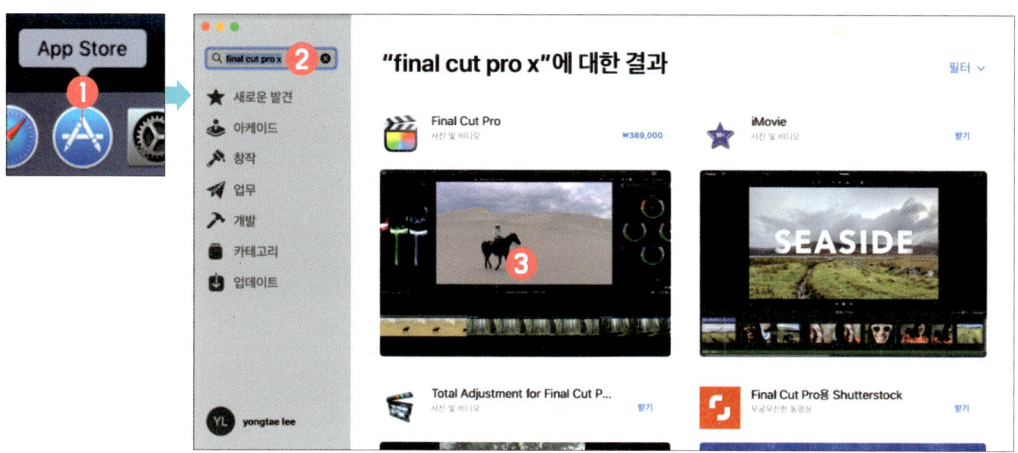

다음으로 열리는 페이지에서 **₩369,000** 가격 버튼을 클릭합니다. 그러면 가격 버튼이 앱 구입 버튼으로 바뀌게 됩니다. 이제 최종 결제를 위해 **앱 구입** 버튼을 클릭합니다.

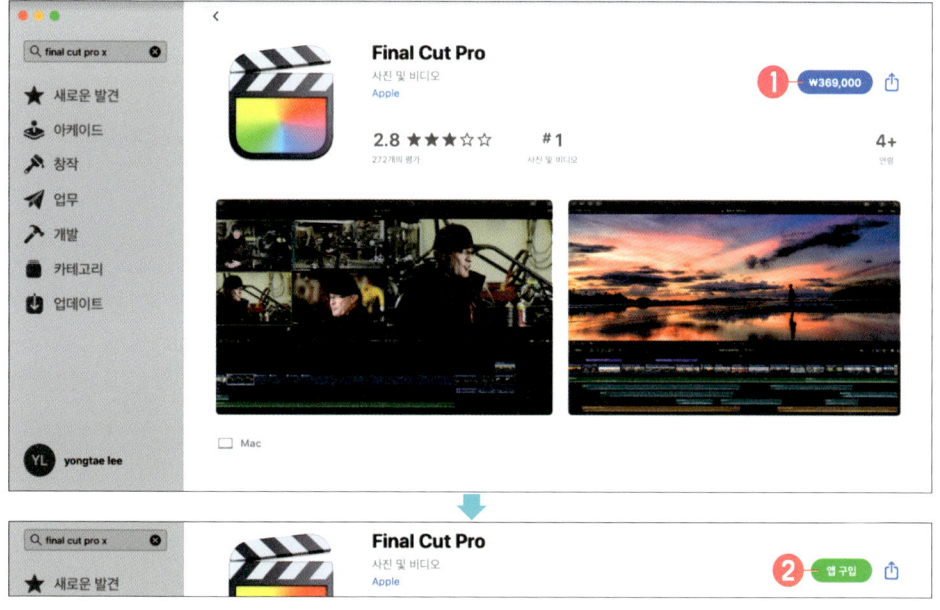

구입(결제)를 위해서는 **애플 앱 스토어 계정**이 필요합니다. 계정 정보를 입력한 후 **구입** 버튼을 누릅니다. 다음 과정은 결제에 대한 것이므로 여러분 스스로 마무리하면 됩니다.

애플.com에서 트라이얼 버전 다운로드 받기

파이널 컷 프로는 90일간 무료로 사용할 수 있는 트라이얼 버전을 제공합니다. 무료 버전을 다운로드 받기 위해서는 인터넷 주소 창에 https://www.apple.com/kr/final-cut-pro/trial을 입력하여 접속하거나 **학습자료** 폴더의 Final Cut Pro - Free Trial 파일을 실행하여 접속합니다.

애플 닷컴의 Final Cut Pro 다운로드 페이지가 열리면 상단의 Download now 버튼을 클릭합니다. 그러면 곧바로 파이널 컷 프로 트라이얼 버전이 다운로드됩니다.

파이널 컷 프로 설치하기

운영체제와 시스템 환경을 확인했다면 이제 파이널 컷 프로를 설치해 보겠습니다. 여기에서는 앞서 다운로드 받은 트라이얼 버전을 설치해 볼 것이며, 설치하는 방법은 각 섹션에서 설명하는 내용의 지시대로 진행하면 됩니다. 하단 **독(Dock)**에서 다운로드된 파이널 컷 프로 설치 파일을 **클릭**하여 다운로드된 목록을 열어준 후 방금 다운로드 된 FinalCutProTrial.dmg 파일을 선택합니다. 그러면 압축이 풀리고 설치 프로그램이 있는 폴더가 열리게 됩니다.

FinalCutProTrial.pkg 파일을 **더블클릭**하여 설치를 진행합니다. 프로그램 설치 창이 열리면 첫 번째 **소개**에서 **요약**까지 설치를 하면 됩니다.

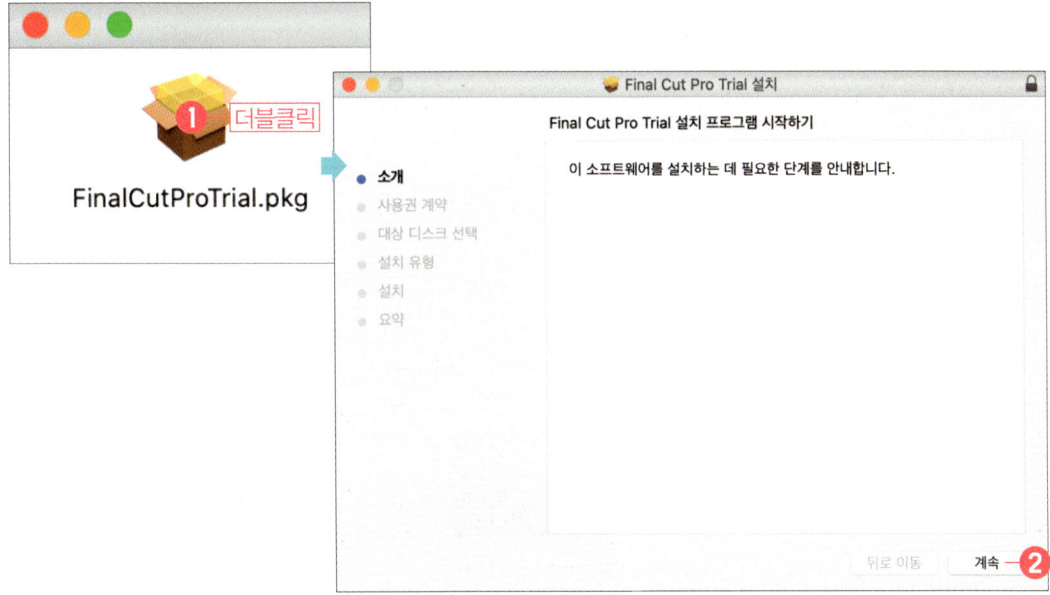

02 인터페이스 살펴보기

파이널 컷 프로 X의 인터페이스는 다른 동영상 편집 프로그램과는 다르게 라이브러리를 시작으로 이벤트와 프로젝트 생성을 통해 작업이 이루어지도록 구성되어있으며, 소스 미디어 클립들의 관리와 작업 뷰어 그리고 클립의 속성 및 제어가 가능한 인스펙터를 사용할 수 있습니다. 물론 실제 편집을 할 수 있는 타임라인이라는 공간은 다른 프로그램과 유사하면서도 완전히 다른 방식으로 사용됩니다.

파이널 컷 프로 인터페이스 살펴보기

파이널 컷 프로는 기존 버전과는 다르게 더욱 간결하고, 직관적인 인터페이스 형태로 바뀌었습니다. 물론 기존의 10.3이나 10.4 버전과 완전히 달라진 것은 아니기 때문에 기본 버전 사용자들도 새로운 버전에 익숙해지는 것은 특별한 문제가 없습니다.

파이널 컷 프로 실행하기

설치된 프로그램은 응용 프로그램 폴더에 설치됩니다. 먼저 파이널 컷 프로의 인터페이스에 대해 알아보기 위해 파이널 컷 프로를 실행해 보도록 합니다.

파컷(파이널 컷 프로) 실행 파일을 독(Dock)에 등록하기

데스크탑 하단에 마우스를 갖다 놓으면 나타나는 **독(Dock)**은 즐겨 사용되는 응용 프로그램을 쉽게 실행할 수 있도록 해 줍니다. 앞서 설치한 파컷 또한 독에 등록해 놓으면 편리하기 때문에 이 방법에 대해 살펴보겠습니다. 먼저 독에 있는 **Finder**(폴더 개념)를 **클릭**하여 새로운 파인더 창을 열어줍니다.

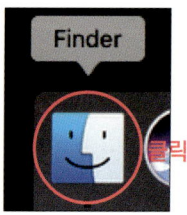

응용 프로그램을 선택하면 맥에 설치된 모든 프로그램 목록들이 나타납니다. 여기에서 직접 Final Cut Pro를 더블클릭하여 실행할 수 있습니다. 하지만 지금은 프로그램을 독에 등록해서 실행할 것입니다. 이제 **Final Cut Pro**를 끌어서(드래그 & 드롭) 독의 원하는 곳에 갖다 놓습니다. 그러면 파컷 실행 아이콘이 독에 등록됩니다.

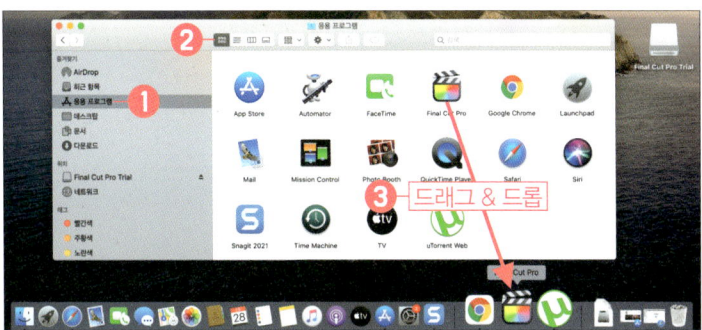

파컷을 독에서 실행하기

이제 등록된 파컷 실행 아이콘을 클릭하여 파이널 컷 프로를 실행해 봅니다. 이와 같은 방법으로 간편하게 프로그램을 실행할 수 있음을 기억해 두기 바랍니다.

파이널 컷 프로를 실행하면 최초로 Open Library 창이 열리는데, 라이브러리 창에서는 새로운 라이브러리를 생성하거나 가져올 수 있다. 자세한 것을 차후 살펴보기로 하고 여기에서는 일단 Cancel 버튼을 누르고 창을 닫습니다.

주요 인터페이스 살펴보기

파이널 컷 프로 X의 인터페이스는 크게 사이드바(Sidebar), 브라우저(Browser), 뷰어(Viewer), 인스펙터(Inspector), 타임라인(Timeline)으로 나뉘어집니다. 그중 타임라인은 스토리라인이 서로 연결되어 움직이기 때문에 마그네틱 타임라인(Magnetic Timeline)이란 이름으로 사용됩니다.

사이드바 (Sidebar)
사이드바는 소스 미디어 클립, 이벤트, 프로젝트를 관리하는 라이브러리 사이드바와 사진, 음악, 효과음을 사용할 수 있는 포토 and 오디오 사이드바 그리고 타이틀과 제너레이터 소스 아이템들을 사용할 수 있는 타이틀 and 제너레이터 사이드바로 구분됩니다.

브라우저 (Browser)
브라우저는 세 가지의 사이드바에서 선택된 이벤트, 프로젝트, 소스 미디어 클립, 사운드, 타이틀, 제너레이터를 선택했을 때 선택된 목록을 보여줍니다. 브라우저에 나타난 목록들은 실제 타임라인에서 편집이 가능한 소스 미디어 클립으로 사용됩니다.

뷰어 (Viewer)
뷰어는 브라우저에서 선택된 소스 미디어 클립과 타임라인에서 편집되어지는 과정을 볼 수 있는 뷰어(일종의 플레이어)로 사용됩니다.

인스펙터 (Inspector)	인스펙터는 선택된 프로젝트나 클립을 수정할 수 있는 곳으로 일반적으로 비디오 클립의 불투명도, 변형, 이펙트 설정 등의 작업을 위해 사용됩니다.
마그네틱 타임라인 (Magnetic Timeline)	마그네틱 타임라인은 소스 미디어 클립을 이용하여 실제 편집 작업을 할 수 있는 공간으로써 프라이머리 스토리라인을 기준으로 다양한 커넥트(연결된) 클립들을 이용할 수 있습니다.

인터페이스 변경하기

파이널 컷 프로의 인터페이스는 작업 상황이나 사용자의 취향에 따라 새롭게 변경할 수 있습니다. 마우스 포인터(커서)를 각 작업 창 사이에 갖다 놓은 후 이와 같은 ◆▶ 모양의 커서로 바뀌면 드래그하여 원하는 곳으로 이동합니다.

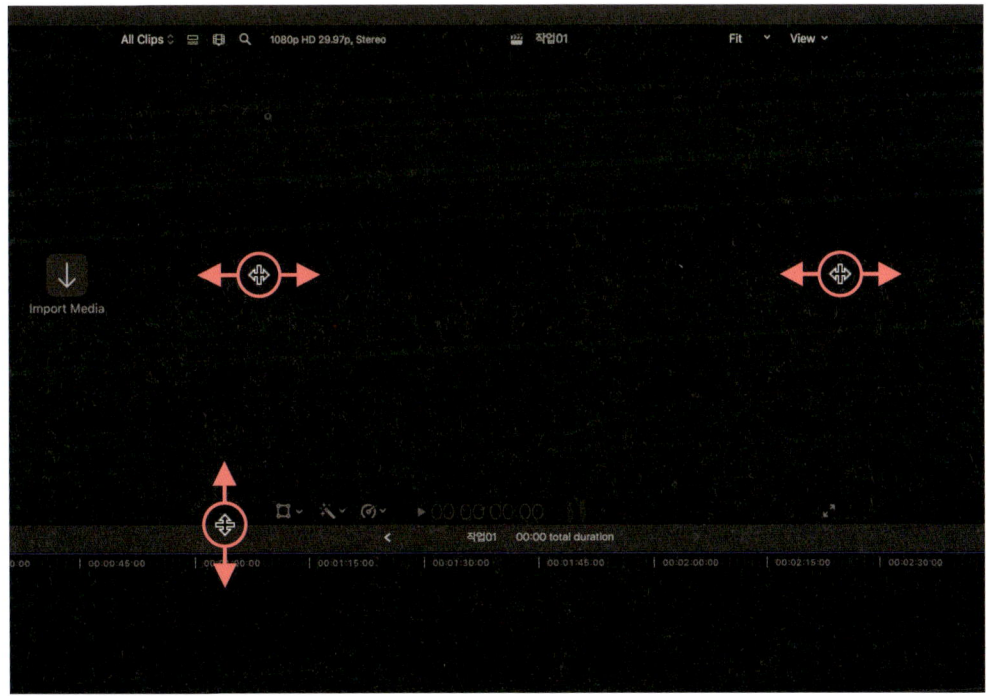

인터페이스 변경 후 상단 풀다운 메뉴에서 [Window] - [Workspaces] - [Save Workspace as]를 선택합니다. 그러면 Save Workspace 설정 창이 열리는데, 여기에서 새로 등록할 워크스페이스(인터페이스)의 **이름**을 입력한 후

Save 버튼을 클릭하여 저장합니다.

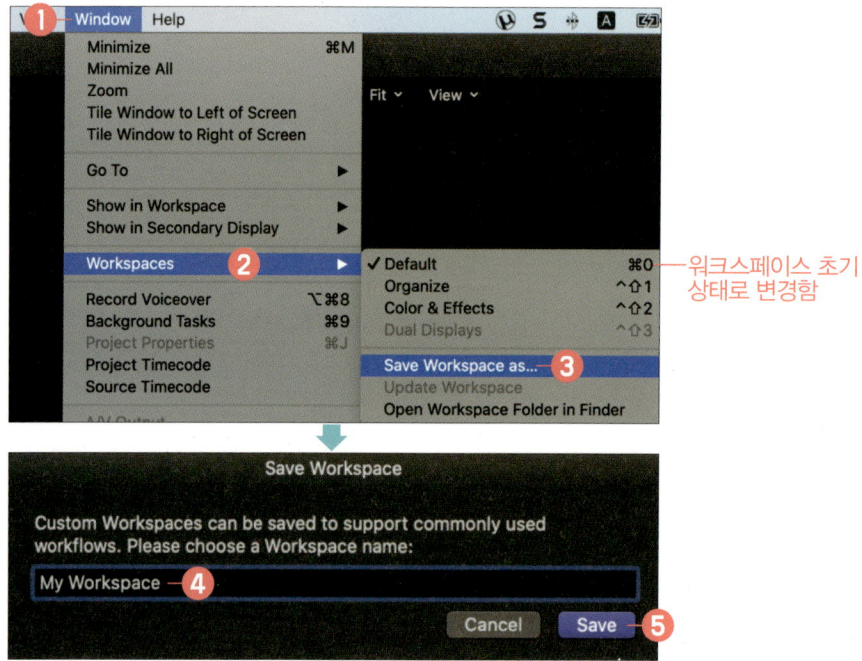

이제 방금 변경한 인터페이스가 제대로 등록되었는지 확인해 보기 위해 [File] - [Workspaces] 메뉴 맨 위쪽을 보면 새롭게 등록된 My Workspace란 레이아웃을 볼 수 있습니다. 이렇게 등록된 워크스페이스는 다른 워크스페이스 상에서도 신속하게 변경할 수 있어 작업의 효율성을 높여줍니다.

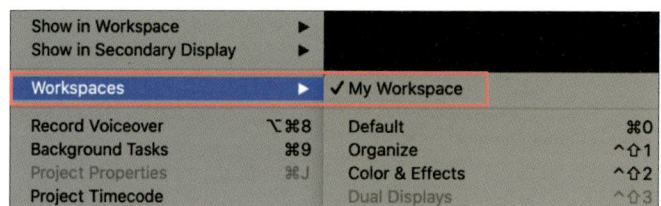

등록된 워크스페이스 확인 및 삭제하기
새롭게 등록된 워크스페이스 파일을 확인하거나 삭제하기 위해서 [Window] - [Workspaces] - [Open Workspace Folder in Finder]를 선택합니다. 파인더가 열리면 앞서 저장된 새로운 워크스페이스와 기본 워크스페이스를 볼 수 있습니다. 만약 새로 생성한 워크스페이스가 불필요하다고 느껴진다면 워크스페이스에서 RMB(우측 마우스 버튼 클릭)를 하여 휴지통으로 이동하면 됩니다.

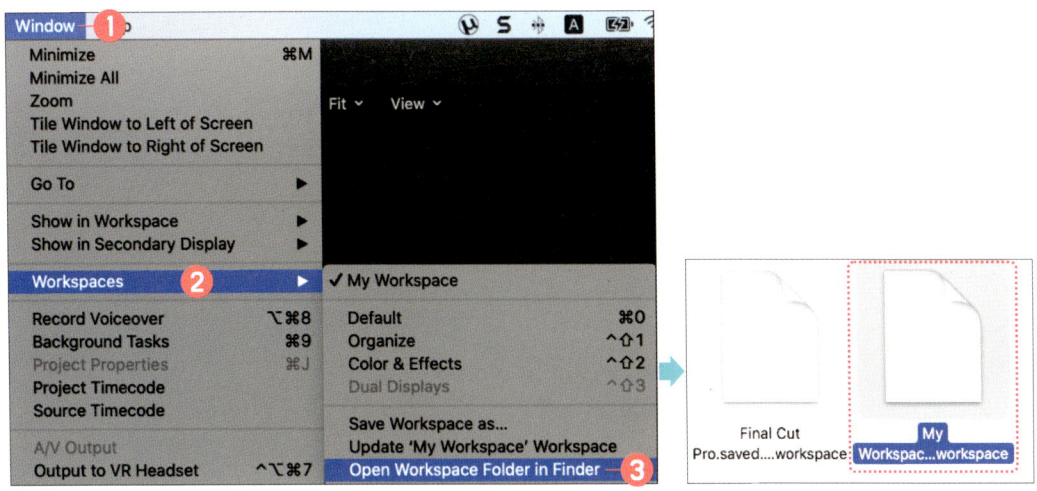

살펴본 것처럼 파이널 컷 프로의 인터페이스는 기교적 단순하면서도 직관적으로 되어있다는 것을 알 수 있습니다. 다음에는 실제 작업을 위한 라이브러리 생성 및 이벤트, 프로젝트를 생성하는 방법에 대해 알아볼 것이며, 인터페이스의 각 작업 창에 대해서는 차후 해당 학습에서 보다 자세히 살펴보기로 하겠습니다.

듀얼 모니터 사용하기

파이널 컷 프로와 같은 동영상 편집 프로그램은 대부분 듀얼 모니터(아이맥, 맥북 프로 기준)를 사용할 수 있습니다. 듀얼 모니터를 사용하면 부족한 인터페이스를 확장하여 쾌적한 공간에서 작업을 할 수 있는데 듀얼 모니터를 사용하기 위해서는 듀얼 모니터를 사용할 수 있는 별도의 모니터가 필요하며 또한 듀얼 모니터를 위한 어댑터가 필요합니다. 일반적으로 Mini Display Port-VGA 어댑터를 이용하여 듀얼 모니터를 구축하게 됩니다. VGR의 경우 화질의 선명도가 너무 차이가 나기 때문에 가능하면 DVI 이상으로 연결하는 것을 권장합니다.

 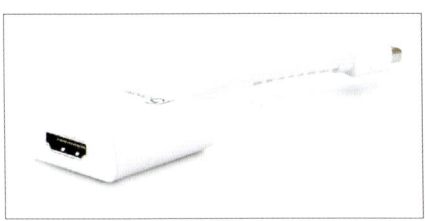

▲ Mini Display Port-VGA 어댑터(DVI 타입)   ▲ Mini Display Port-VGA 어댑터(HDMI 타입)

방금 설명한 장치가 구축이 되었다면 [시스템 환경설정] - [디스플레이] 섹션으로 들어가서 Mirror Displays 를 체크한 후 파이널 컷 프로의 [Window] - [Show in Secondary Display] 메뉴에서 세 가지 방식을 선택하면 됩니다.

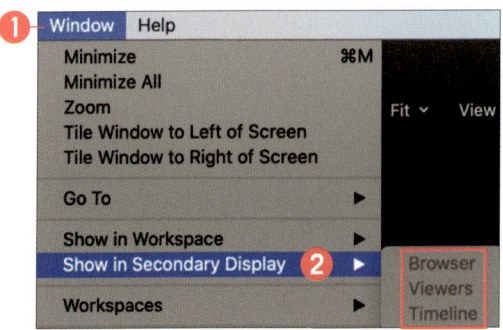

트리플 모니터 사용하기

듀얼 모니터로도 부족하다면 트리플 모니터를 사용할 수도 있습니다. 트리플 모니터를 구축하기 위해서는 추가적인 어댑터가 필요합니다. **매트록스사**의 DualHead2Go란 어댑터를 사용하여 세 개의 모니터를 구축할 수도 있습니다.

▶ 듀얼 모니터를 사용한 모습

파이널 컷 프로 초기화(리셋)하기

작업을 하다 보면 작업 창이 사라지거나 프로그램에 문제가 발생되기도 하는데 이럴 때는 프로그램을 초기화 (최초로 설치했던) 상태로 설정을 할 수 있습니다. 프로그램을 초기화하기 위해서는 풀다운 메뉴의 [Final Cut Pro] - [Quit Final Cut Pro] 선택하여 파이널 컷 프로를 종료한 후 다시 실행할 때 [option] + [command] 키를 누른 상태에서 Final Cut Pro 실행을 하면 됩니다.

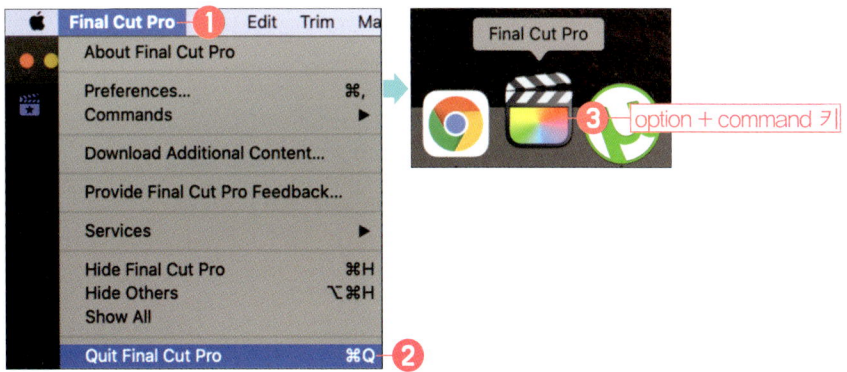

Do you want to delete the preferences 창이 뜨면 Delete Preferences 버튼을 클릭합니다. 그러면 파이널 컷 프로가 처음 설치했던 것처럼 **초기화** 상태로 실행됩니다.

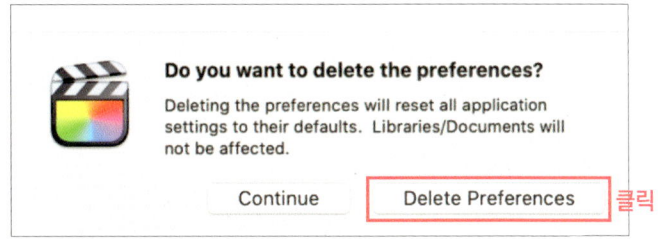

03 라이브러리, 이벤트, 프로젝트 생성하기

파이널 컷 프로의 작업을 시작하기 위해서는 먼저 라이브러리를 생성해야 합니다. 모든 시작은 항상 라이브러리부터입니다. 라이브러리는 작업을 하기 위한 다양한 이벤트, 프로젝트, 소스 미디어 파일(클립)을 불러와 관리하는 과정이며, 그 후 이벤트와 프로젝트 생성 단계로 진행됩니다.

라이브러리는 무엇인가?

파이널 컷 프로 X 10.1 이상의 버전에서는 아래 그림과 같은 라이브러리에서 작업을 구성할 수 있습니다. 라이브러리는 여러 개의 이벤트와 프로젝트를 생성할 수 있으며, 파이널 컷 프로 X를 처음 실행하면 작업에 사용될 동영상, 오디오, 이미지 폴더에 있는 소스 미디어들을 라이브러리 클립들로 등록 및 관리할 수 있습니다. 그 후 새로운 이벤트와 프로젝트를 생성하여 작업을 진행하게 되며, 라이브러리에 포함된 모든 소스 미디어 클립들은 편집 결정과 관련된 메타데이터를 추적합니다.

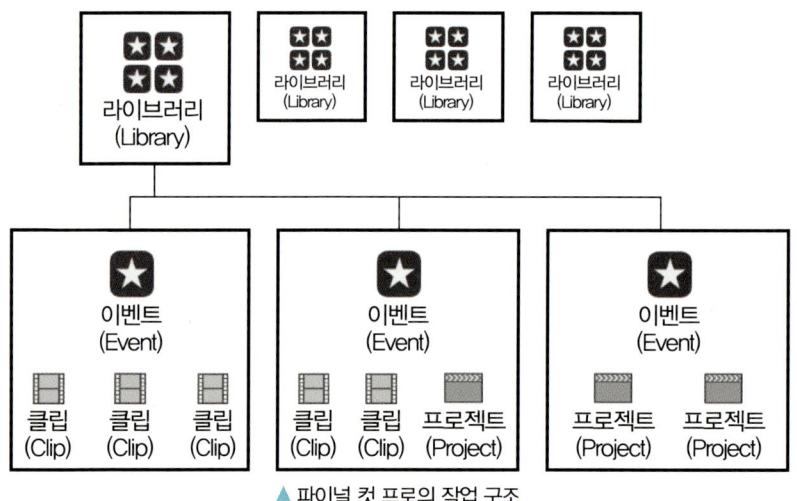

▲ 파이널 컷 프로의 작업 구조

또한 라이브러리는 여러 개의 라이브러리를 생성하여 작업 상황에 맞게 관리할 수 있으며, 라이브러리에 생성된 이벤트와 프로젝트는 복제하여 간단하고 신속하게 다른 시스템으로 소스 미디어 및 메타데이터를 이동하여 창의적인 작업을 할 수 있게 해 줍니다.

라이브러리(Library) 생성하기

파이널 컷 프로에서 작업을 하기 위해서는 반드시 **라이브러리**가 있어야만 합니다. 파컷을 실행하면 처음으로 Open Library 창이 열리는데, 이 창에서 라이브러리를 생성하면 됩니다. 라이브러리를 생성하기 위해 New 버튼을 클릭한 후 생성할 라이브러리의 이름과 저장될 경로(폴더)를 지정한 후 Save 버튼을 클릭합니다.

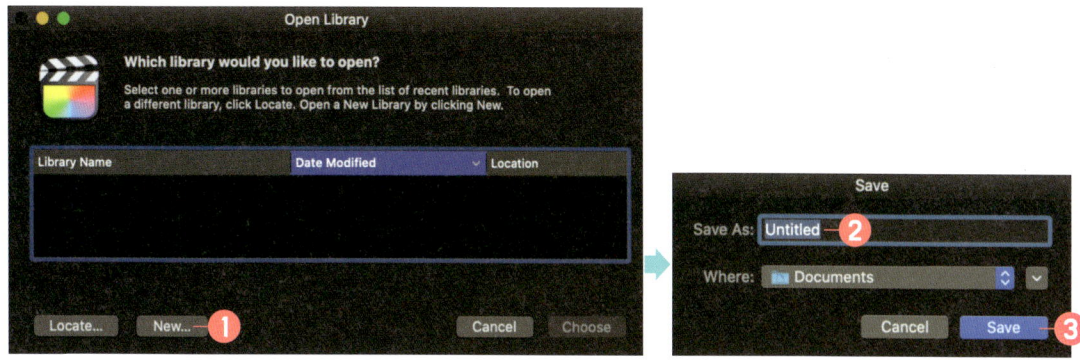

라이브러리 이름은 작업에 맞는 이름을 사용하면 되며, 라이브러리가 **저장될 위치**는 시스템과 프로그램이 설치된 드라이브가 아닌 별도의 드라이브를 이용하는 것을 권장합니다.

사이드바를 보면 방금 생성된 라이브러리가 있으며, 하위에 Smart Collections와 이벤트가 현재의 **년월일**로 표기됩니다. 여기서 **라이브러리**를 선택(클릭)해 보면 브라우저에는 Import Media란 아이콘이 나타나는데, 이 아이콘 버튼을 클릭하여 작업에 사용될 소스 미디어 파일들을 가져올 수도 있습니다.

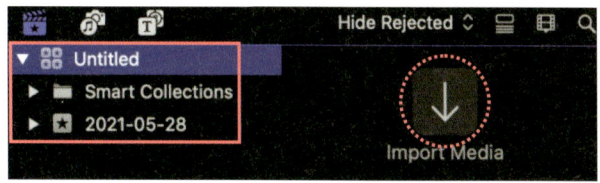

새로운 라이브러리를 생성해 보기 위해서는 상단 풀다운 메뉴에서 [File] - [New] - [Library]를 선택합니다.

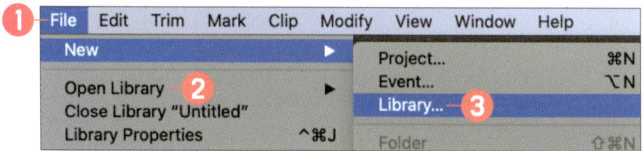

Library를 선택하면 Save 창이 열리게 되며, Save As 입력 필드에 적당한 라이브러리 이름을 해당 작업 주제에 맞게 사용하면 됩니다. 그리고 우측 ∨/∧(확대/축소) 버튼을 클릭하면 라이브러리 파일이 저장될 위치를 직접 지정할 수도 있습니다. 설정이 끝났다면 Save 버튼을 클릭하여 새로운 라이브러리를 생성합니다.

 라이브러리를 iCloud Drive에 저장하기
보통 라이브러리 파일은 하드디스크 및 외부 저장 장치에 생성하지만 iCloud Drive(아이클라우드 드라이브)에 저장하게 되면 인터넷상에 생성되기 때문에 파일이 유실되는 것을 방지할 수 있으며, 어느 곳에서든 파일을 공유할 수 있습니다. 하지만 무료로 사용할 수 있는 기본 스토리지가 5BG밖에 되지 않기 때문에 대용량의 영상 파일을 관리하기 위해서는 유료 결제 후 용량을 증가해야만 합니다.

사이드바를 보면 새로운 라이브러리가 생성된 것을 볼 수 있습니다. 이와 같은 방법을 통해 라이브러리를 간단하게 생성할 수 있습니다. 참고로 라이브러리 프로퍼티스 인스펙터의 스토리지 로케이션을 통해 라이브러리 파일들에 대한 저장 위치 및 백업 파일 위치 등을 새로 변경할 수 있습니다.

라이브러리 닫기

불필요한 라이브러리는 사이드바의 공간만 차지하기 때문에 닫아주거나 삭제할 필요가 있습니다. 먼저 라이브러리를 닫는 방법에 대해 알아봅니다. **Untitled** 라이브러리에서 **우측 마우스 버튼**(이하 우측 마우스 버튼 실행은 **RMB라고 표기할 것**)을 눌러서 나타나는 퀵 메뉴에서 Close Library "라이브러리 이름" 을 선택합니다. 그러면 해당 라이브러리가 사이드바에서 제거됩니다. 물론 이것은 라이브러리가 완전히 삭제되는 것이 아닌 사이드바에서만 사라지는 것이기 때문에 언제든지 다시 가져올 수 있습니다.

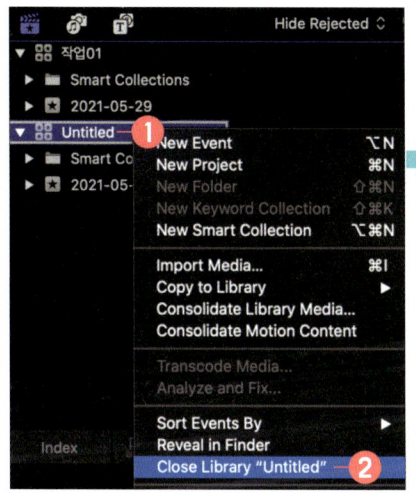
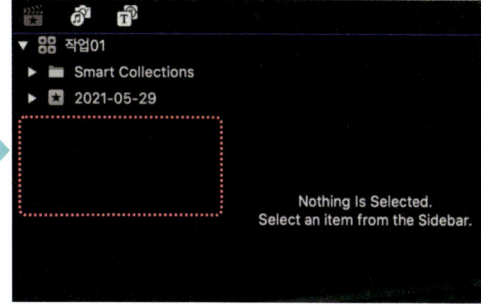

우측 마우스 버튼(RMB)을 통한 퀵 메뉴 사용하기

맥(Mac)에서 우측 마우스 버튼을 사용하기 위해서는 시스템 환경설정에서 우측 마우스 버튼을 보조 클릭으로 설정해야 합니다. 데스크탑 하단의 **독(Dock)**에서 시스템 환경설정을 선택한 후 시스템 환경설정 창이 열리면 마우스 섹션을 클릭합니다. 그리고 포인트 및 클릭 탭에서 보조 클릭을 오른쪽에서 클릭으로 설정하면 이제부터 파이널 컷 프로에서 **RMB** 퀵 메뉴를 사용할 수 있습니다.

이번엔 앞서 닫아놓은 라이브러리를 다시 가져오기 위해 풀다운 메뉴에서 [File] - [Open Library] - [Untitled]를 선택합니다. 그러면 닫혔던 라이브러리가 다시 사이드바에서 사용할 수 있게 됩니다.

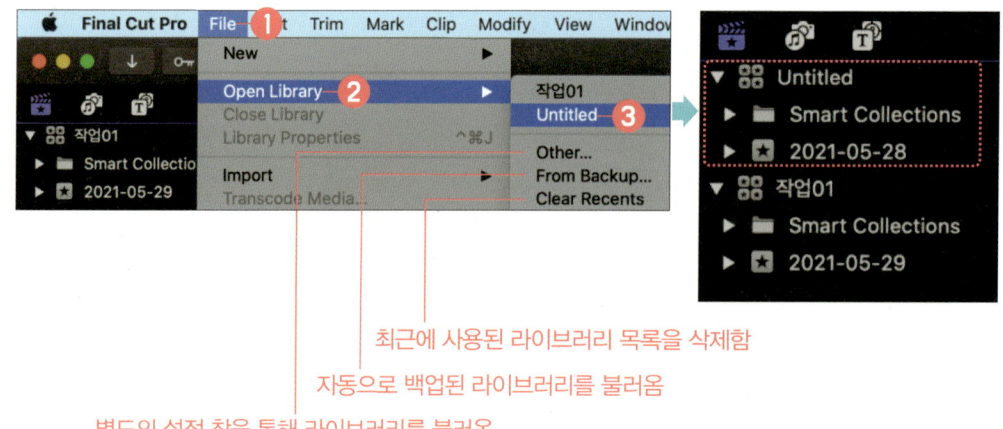

라이브러리 삭제하기

라이브러리를 완전히 삭제하고자 한다면 라이브러리가 생성된 폴더로 이동해야 합니다. 라이브러리가 있는 폴더를 열어주기 위해 아무 라이브러리에서 **RMB(우측 마우스 버튼 클릭)**를 하여 Reveal in Finder를 선택합니다. 문서 창이 열리면 삭제하고자 하는 **라이브러리(Untitled)**를 독의 **휴지통**으로 이동하여 삭제합니다.

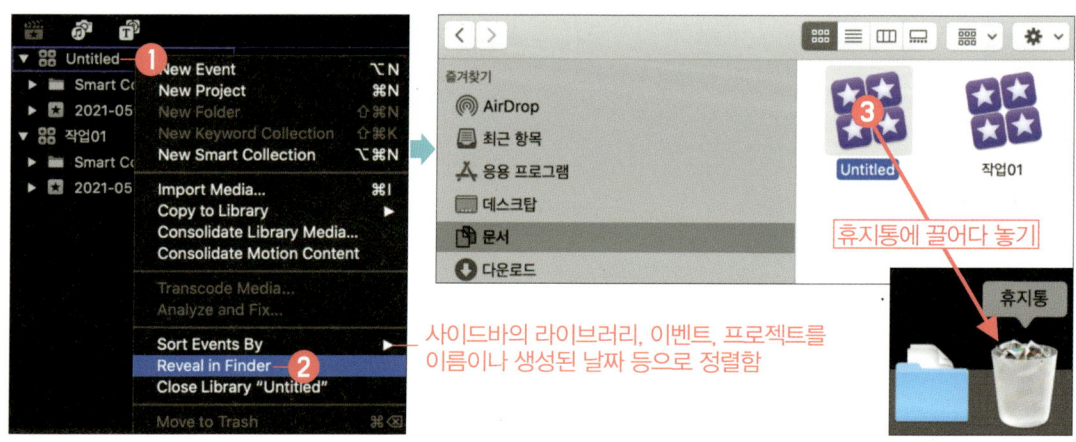

이렇게 삭제된 후 사이드바를 보면 아직까지 Untitled 라이브러리가 그대로 남아있습니다. 이것은 파이널컷 프

로를 종료했다가 다시 실행하면 사라지는데, 프로그램의 종료는 [Final Cut Pro] - [Quit Final Cut Pro]입니다. 참고로 휴지통으로 들어간 라이브러리는 아직 휴지통이 비워지지 않았기 때문에 다시 복원할 수 있습니다.

라이브러리 이름 바꾸기

라이브러리 이름을 바꿔주기 위해서는 바꾸고자 하는 라이브러리를 **한 번 클릭**합니다. 이름을 입력할 수 있는 상태로 전환되면 원하는 이름을 입력한 후 **[Return]** 키를 누르면 됩니다. 참고로 라이브러리뿐만 아니라 이벤트나 프로젝트 등의 이름 또한 같은 방법으로 수정할 수 있습니다.

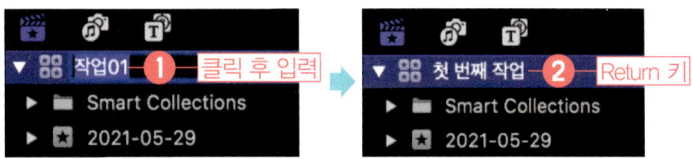

이벤트(Event) 생성하기

이벤트는 작업에 사용되는 모든 소스 미디어 클립들을 관리하는 공간입니다. 프로젝트가 생성되면 자동으로 하나의 이벤트가 생성되지만 때에 따라서는 하나의 라이브러리에 여러 개의 이벤트를 생성하여 사용하게 됩니다. 그러므로 이벤트는 사용되는 소스 미디어들을 어떠한 방식(촬영된 날짜. 장면, 형식 등)으로 구분해 놓을 것인지 결정하여 관리할 수 있는 중요한 공간으로 활용됩니다. 새로운 이벤트를 생성하는 방법은 몇 가지가 있습니다. 먼저 RMB를 통해 생성하는 방법에 대해 알아봅니다. 사이드바의 빈 곳에서 **RMB**를 하여 **New Event** 메뉴를 선택합니다. 그러면 새로운 이벤트를 생성할 수 있는 창이 나타나는데, 여기에서 원하는 이벤트 이름과 이벤트가 등록, 즉 위치하게 될 라이브러리 선택 그리고 프로젝트가 포함되도록 할 수 있습니다. 이번엔 기본 상태로 생성합니다.

확인을 해 보면 사이드바에 새로운 이벤트(현재 날짜 기준)가 생성된 것을 볼 수 있습니다.

이벤트를 생성하는 또 다른 방법으로는 풀다운 메뉴의 [File] - [New] - [Event] 메뉴가 있으며 그밖에 단축키 [option] + [N]을 사용할 수 있습니다. 여러 가시 방법 중 원하는 방법을 이용하여 이벤트를 생성하면 됩니다.

즐겨 사용되는 각 기능(메뉴)의 단축키 활용하기

즐겨 사용되는 메뉴나 기능은 단축키를 통해 신속한 작업을 할 수 있습니다. 단축키는 각 메뉴의 우측에 표시되어있기 때문에 중요한 단축키는 기억해 두기 바라며, 본 도서의 마지막 페이지에 소개되는 파이널 컷 프로 의 주요 단축키 목록을 참고하기 바랍니다.

효율적인 단축키 사용법

단축키(Shortcut)는 말 그대로 특정 메뉴와 기능을 직접 선택하는 과정을 단축하여 해당 키를 눌러주는 것으로 즉시 실행되도록 하는 키입니다. 파이널 컷 프로에서는 단축키를 새롭게 설정할 수 있으며, 한글 입력 모드에서는 단축키가 정상적으로 실행되지 않을 수 있기 때문에 단축키를 사용할 때에는 영문 입력 모드로 전환하기를 권장합니다.

단축키 설정 및 등록하기

즐겨 사용되는 단축키나 단축키가 없는 기능을 새로운 단축키로 새롭게 설정 및 등록할 수 있습니다. 물론 기본 단축키는 가급적 그대로 사용하는 것이 다른 프로그램에서의 헷갈림을 없앨 수 있습니다. 예를 들어 작업 실행 취소를 위한 **언두**(command + S) 키나 **복사**(command + C) 키와 같은 것입니다. 단축키를 설정하거나 등록하기 위해서는 [Final Cut Pro] - [Commands] - [Customize] 메뉴를 선택하여 커맨드 에디터를 열어줍니다. 그다음 재설정하거나 새로 등록하고자 하는 **기능(메뉴)**를 선택한 후 사용하고자 하는 **단축키** 조합을 키보드에서 눌러주는 것으로 쉽게 단축키를 설정할 수 있습니다.

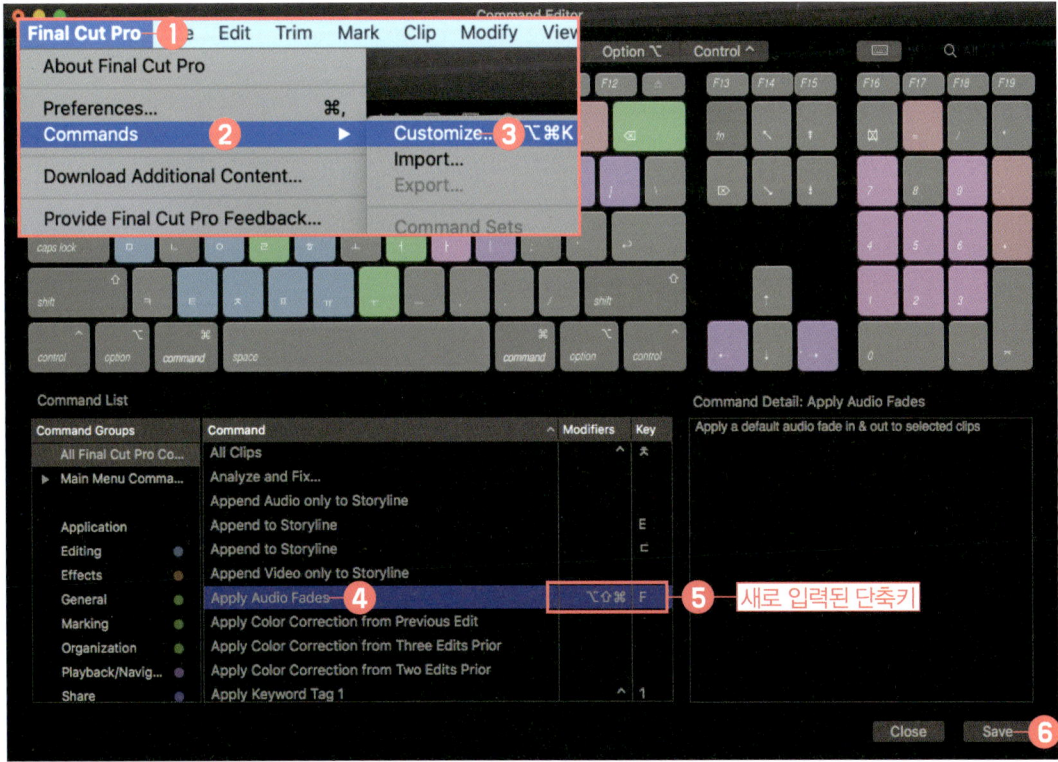

만약 새로 입력된 단축키가 다른 기능에서 사용하고 있다면 그림과 같은 메시지가 뜨는데, 이럴 땐 **취소**(Cancel)을 하고 중복되지 않는 다른 키를 사용하거나 **Make Copy** 버튼을 눌러 새로운 단축키로 생성할 수 있습니다. 참고로 단축키 설정을 할 때에는 영문 입력 모드로 전환한 후 입력하기를 권장합니다.

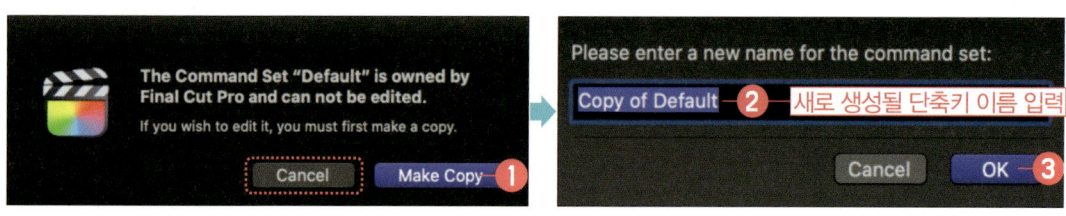

 영문/한글 입력 모드와 상관없이 단축키 사용하기

파이널 컷 프로에서 단축키를 사용할 때 한글 입력 모드로 되어있으면 단축키가 실행되지 않는 경우가 생깁니다. 이럴 땐 **[학습자료] - [Utility]** 폴더에 있는 EngKorFCPX 파일을 통해 영문/한글 입력 모드와 상관없이 단축키가 작동되도록 할 수 있습니다. 이 유틸리티를 등록하기 위해 **[Final Cut Pro] - [Commands] - [Import]** 메뉴를 선택한 후 EngKorFCPX 파일을 찾아 선택하여 열어줍니다. 그러면 불러오기가 성공되었다는 메시지가 뜨는데 **OK**를 한 다음 다시 **[Final Cut Pro] - [Commands]** 메뉴로 들어간 후 맨 아래쪽에 등록된 EngKorFCPX를 선택하면 됩니다.

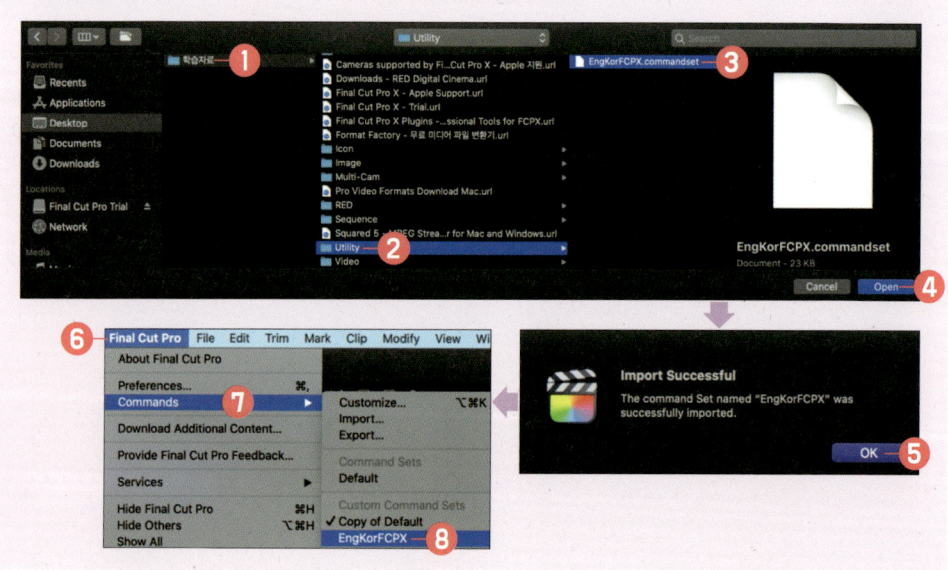

프로젝트(Project) 생성하기

프로젝트는 파이널 컷 프로의 작업 구조에서 마지막 단계로써 실제 편집 작업을 하기 위한 공간입니다. 소스 미디어 클립들을 불러와 편집 작업을 하기 위해서는 타임라인이 필요한데, 이 타임라인을 생성하기 위해서는 프로젝트가 생성되어야 합니다. 쉽게 말해 파이널 컷 프로에서는 프로젝트가 바로 타임라인이라고 이해하면 됩니다. 프로젝트를 생성하기 위해 몇 가지 방법을 이용할 수 있습니다. 앞서 이벤트를 생성했을 때와 마찬가지로 사이드바 빈 곳에서 **RMB**를 하여 **New Project**를 선택하거나 풀다운 메뉴의 [File] - [New] - [Project] 메뉴를 선택하여 생성할 수 있으며, 단축키 [command] + [N]을 통해서도 가능합니다. 그리고 타임라인에 있는 **New Project** 아이콘 버튼을 클릭하여 생성할 수도 있습니다. 방금 설명한 방법 중 하나를 사용하여 프로젝트를 생성해 봅니다.

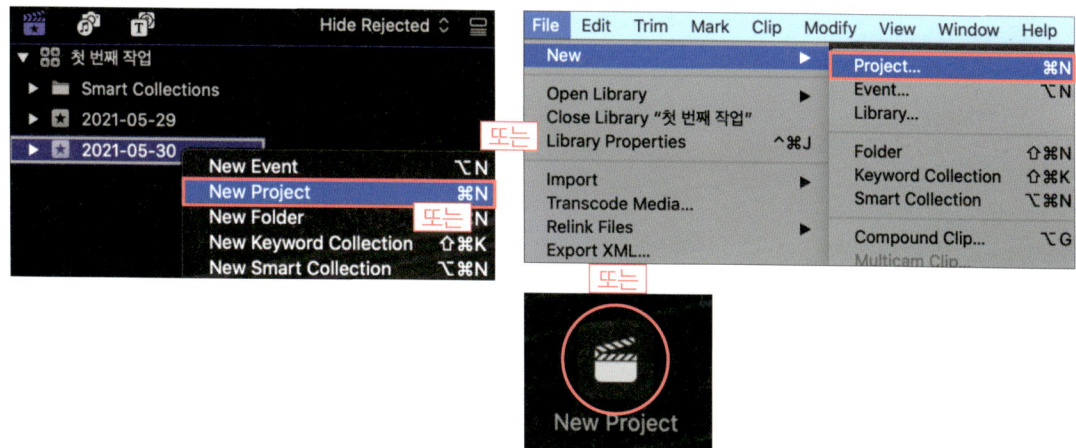

앞서 설명한 방법 중 하나를 사용하여 프로젝트를 생성하면 그림과 같은 프로젝트 설정 창이 나타납니다. 세부 설정을 하기 위해 **Use Custom Settings** 버튼을 클릭합니다.

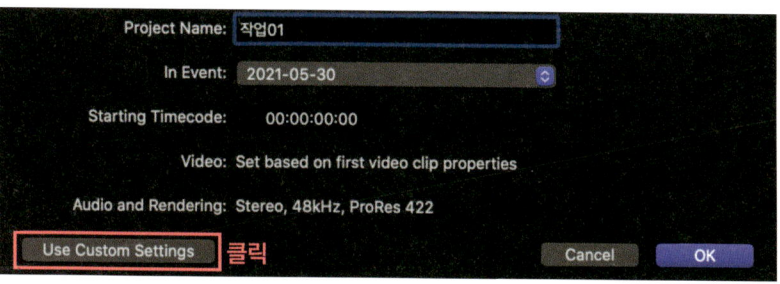

여기에서 프로젝트 이름과 프로젝트가 포함될 이벤트 선택 그리고 비디오 규격과 렌더링(파일 코덱) 등을 설정합니다. 필자는 다음의 그림처럼 설정했지만 이 규격은 학습을 위한 것이기 때문에 여러분이 원하는 규격으로 설정해도 무관합니다. 참고로 프로젝트의 규격은 최종적으로 만들어지는 파일 규격과는 다르지만 작업 시 사용되는 규격은 촬영된 원본 규격과 동일하게 해 주기를 권장합니다.

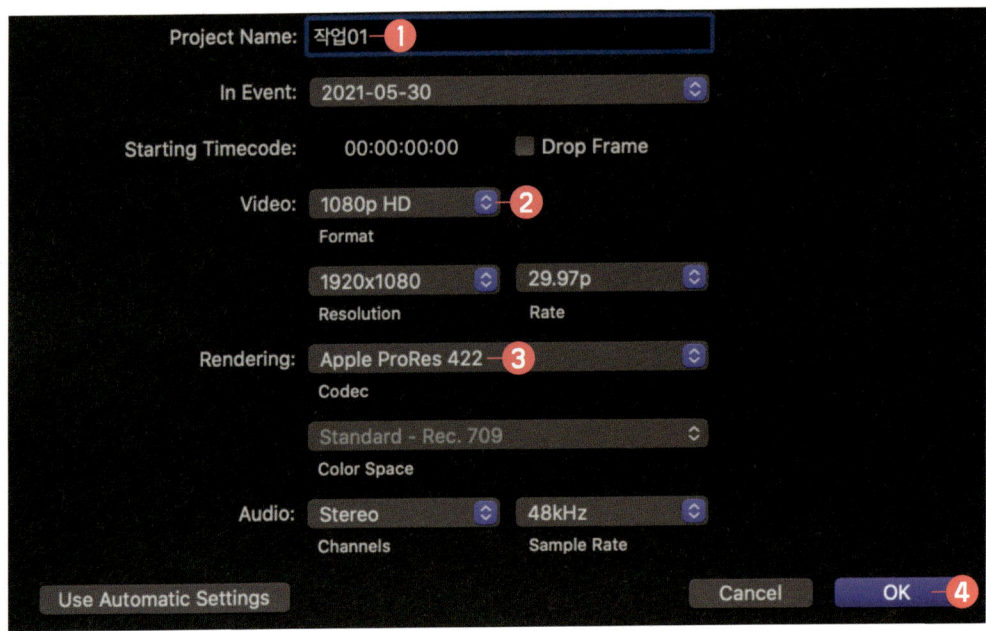

프로젝트 이름(Project Name) 프로젝트 이름 입력합니다.

인 이벤트(In Event) 프로젝트가 포함될 이벤트를 선택합니다.

스타팅 타임코드(Starting Timecode) 프로젝트(타임라인)가 시작될 시간을 설정(일반적으로 0프레임으로 함)합니다.

드롭 프레임(Drop Frame) 드롭 프레임 사용 유무를 결정합니다.

비디오(Video) 영상 규격을 설정하며, 그밖에 해상도와 프레임 레이트를 세부적으로 설정합니다.

렌더링(Rendering) 비디오 형식(영상 압축 방식)을 설정합니다.

오디오(Audio) 오디오 규격(품질)을 설정합니다.

이제 사이드바에는 새로운 프로젝트가 생성되었으며, 타임라인에도 작업이 가능한 프라이머리 스토리라인이 나타나는 것을 볼 수 있습니다. 참고로 현재 프로젝트는 2021. 05. 30이란 이벤트에 포함되어있습니다.

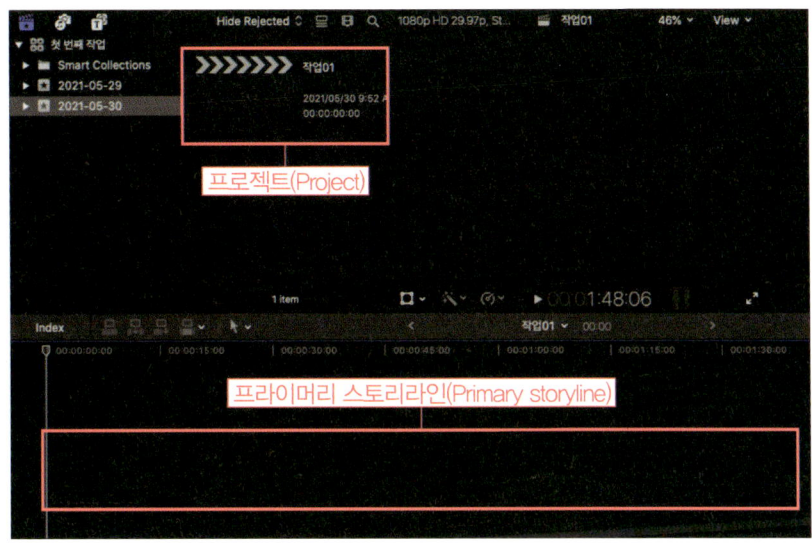

프로젝트 및 이벤트 삭제하기

앞서 살펴본 이벤트와 프로젝트는 라이브러리가 있는 폴더에서 삭제하지 않고 메뉴를 통해 삭제를 해야 합니다. 삭제하기 위해서는 해당 프로젝트 또는 이벤트에서 RMB를 하여 Move to Trash(이벤트일 경우 Move Event to Trach) 메뉴를 선택하거나 삭제할 대상을 선택한 후 [command] + [delete] 키를 누르면 됩니다. 이렇게 삭제된 프로젝트나 이벤트는 **언두(command + Z 키)**를 하여 복구할 수 있지만 작업이 많이 진행된 상태에서는 복구가 불가능하기 때문에 삭제 시 신중하게 결정해야 합니다.

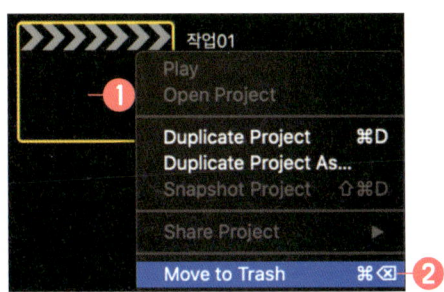

프로젝트 복제하기

프로젝트는 간편하게 복제하여 사용할 수도 있습니다. 일반적으로 하나의 프로젝트를 사용하지만 상황에 따라서는 백업용으로 사용하거나 특정 프로젝트 내용을 변경하여 색다른 결과물을 얻기 위해서 프로젝트를 복제할 경우도 있습니다. 프로젝트를 복제하는 방법은 두 가지가 있는데, 첫 번째는 원본 프로젝트와 똑 같은 프로젝트를 만들 때이며, 두 번째는 원본과 완전히 독립된 형태로 프로젝트를 만들 때 사용하는 방법입니다. 첫 번째 방법은 원본에 변화가 생겼을 때 복제된 프로젝트도 똑같이 변화가 생기며, 두 번째 방법은 원본에 변화가 생겨도 아무런 영향을 받지 않습니다. 복제하기 위해서는 복제할 프로젝트에서 **RMB(우측 마우스 버튼)**를 하여 **Duplicate Project**나 **Duplicate Project as Snapshot**를 선택하면 됩니다. 여기에서 Duplicate Project는 원본에 영향을 받는 방식이고, Duplicate Project as Snap shop은 원본에 영향을 받지 않은 완전히 독립된 프로젝트입니다.

프로젝트(이벤트) 이동 및 합쳐주기

프로젝트나 이벤트는 다른 이벤트나 라이브러리로 이동할 수 있습니다. 이것은 작업을 편리하게 관리할 수 있게 해 줍니다. 물론 처음부터 잘 정돈된 프로젝트나 이벤트는 다른 곳으로 이동할 필요는 없을 것입니다. 먼저 이벤트를 이동해 보도록 하겠습니다. 필자는 학습을 위해 미리 프로젝트(두 번째 작업)를 하나 더 생성해 놓은 상태입니다.

다른 이벤트와 합쳐주기

이벤트는 같은 라이브러리에 있는 다른 이벤트와 합쳐줄 수 있습니다. 합쳐주고자 하는 **이벤트(2021. 05. 30)**를 드래그하여 다른 **이벤트(2021. 05. 29)** 위로 갖다 놓습니다. 그러면 드래그해 놓은 2021. 05. 30 이벤트가 2021. 05. 29 이벤트로 합쳐집니다. 이로써 두 이벤트에 사용되었던 프로젝트 또한 합쳐지게 되었습니다. 확인이 끝나면 **언두**(command + Z 키)를 하여 다시 원래 상태로 복귀합니다.

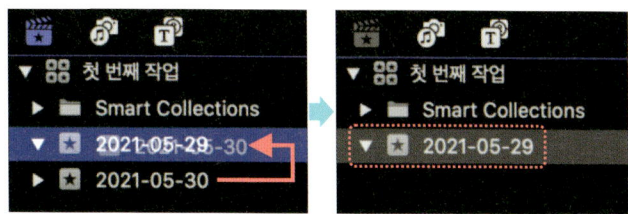

이벤트를 합쳐주는 또 다른 방법으로는 메뉴를 이용하는 것입니다. 합쳐주고자 하는 이벤트를 모두 선택합니다. 복수 선택은 Shift 키나 command 키를 누를 상태로 원하는 이벤트를 선택(클릭)하면 됩니다. 이 상태에서 상단 풀다운 메뉴의 [File] - [Merge Events]를 선택하면 됩니다. 확인이 끝나면 **언두**를 하여 다시 원래 상태로 복귀합니다.

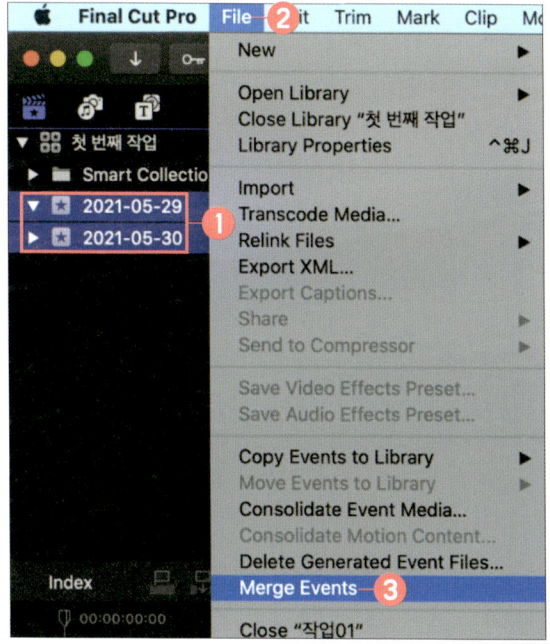

다른 라이브러리로 이벤트 복사하기

이벤트는 다른 라이브러리로 이동하여 복사할 수도 있습니다. 살펴보기 위해 먼저 [File] - [Library] 메뉴를 선택하여 **두 번째 작업**이란 라이브러리를 생성합니다. 그다음 이전에 생성한 **첫 번째** 라이브러리의 **이벤트**(2021.

05. 30)를 드래그하여 위쪽의 두 번째 작업이란 프로젝트 위로 갖다 놓습니다. 그러면 Copy the event to Library 창이 뜨는데, 기본적으로 Optimized media가 체크된 상태입니다. 옵티마이즈 미디어가 체크되면 복제되는 미디어가 최적화된 상태로 복제됩니다. Optimized media와 Proxy media에 대해서는 차후 해당 학습에서 자세히 살펴보기로 하고 일단 OK 버튼을 눌러 적용합니다. 그러면 두 번째 작업이란 라이브러리에 **이벤트**(2021. 05. 30. 1)가 만들어진 것을 알 수 있습니다.

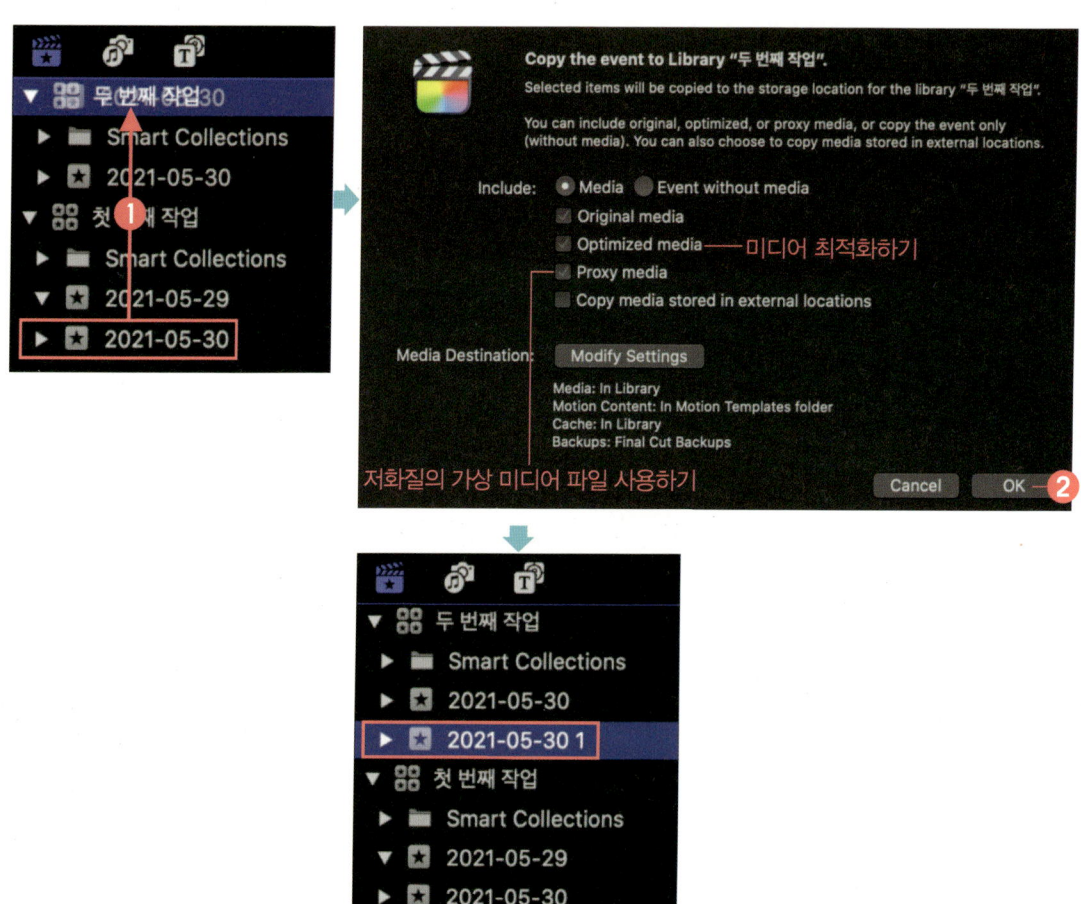

다른 라이브러리로 이벤트 이동하기

이벤트를 다른 라이브러리로 이동하기 위해서는 메뉴를 사용해야 합니다. 이동하고자 하는 **이벤트**(2021. 05. 29)를 선택한 후 풀다운 메뉴의 [File] - [Move Event to Library] - [**두 번째 작업**]을 선택합니다.

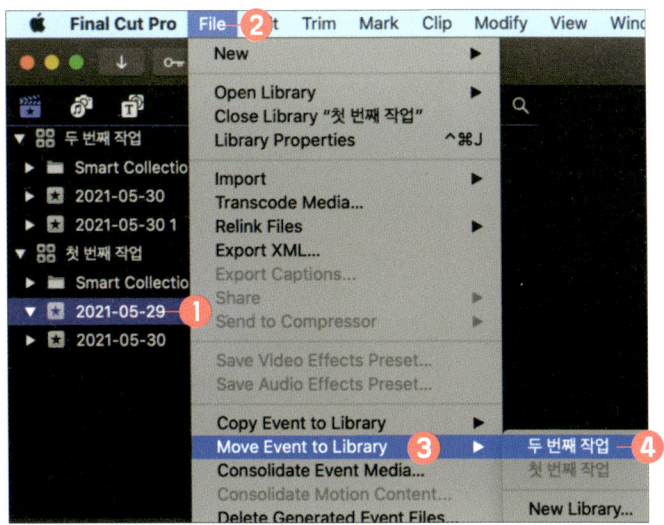

 그러면 Move the event to Library 창에 뜨는데 여기에서도 일단 OK 버튼을 클릭하여 적용합니다. 이것으로 이벤트(2021. 05. 29)이 두 번째 라이브러리로 이동되었습니다. 확인이 끝나면 언두(command + Z 키)를 하여 다시 원래 상태로 복귀합니다.

다른 이벤트로 프로젝트 이동 및 복사하기

이번엔 프로젝트를 이동하고 복사하는 방법에 대해 살펴보겠습니다. 먼저 **두 번째 작업** 라이러리의 2021. 05. 30. 1 이벤트에 적용되었던 **프로젝트(작업01)**을 드래그하여 **첫 번째 작업** 라이브러리의 2021. 05. 29 이벤트 위로 갖다 놓습니다. 그러면 Copy the project to Library 창이 뜨는데, OK 버튼을 클릭하면 선택되었던 프로젝트가 해당 이벤트로 복사됩니다.

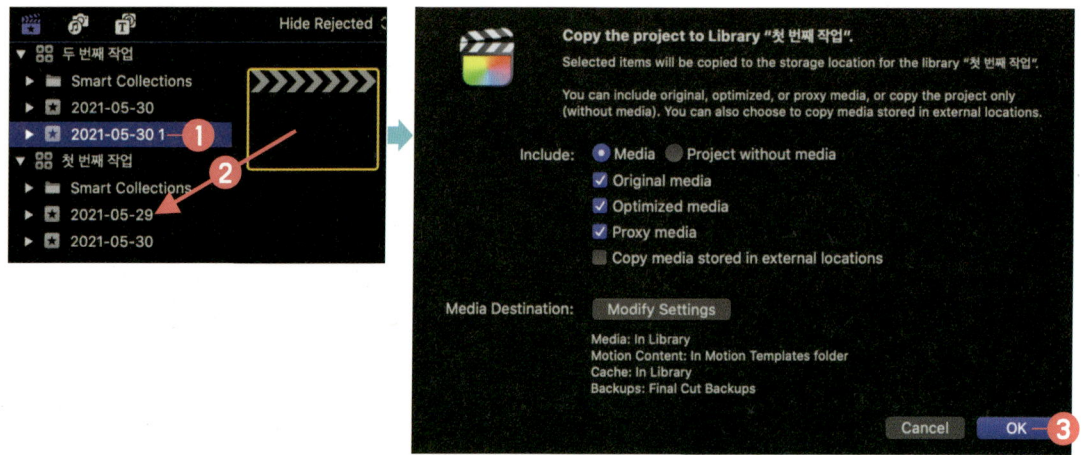

그밖에 메뉴를 통해서도 프로젝트를 이동하거나 복사를 할 수 있습니다. 먼저 이동 또는 복사할 프로젝트를 선택한 후 [File] – [Move Project to Library] 메뉴를 통해 원하는 라이브러리나 새로운 라이브러리를 생성하여 이동할 수 있으며, 같은 메뉴의 Copy Project to Library를 통해 프로젝트를 복사할 수도 있습니다.

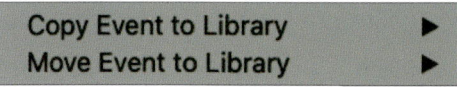

프로젝트 속성(규격) 수정하기

프로젝트의 규격은 **인포 인스펙터(Info Inspector)**에서 다시 수정을 할 수 있습니다. 수정을 하기 위해 수정할 **프로젝트(작업01)**를 선택합니다. 그러면 선택된 프로젝트 정보가 우측에 있는 **인포 인스펙터**에 나타납니다. 인스펙터 정보 창에서 Modify 버튼을 클릭합니다.

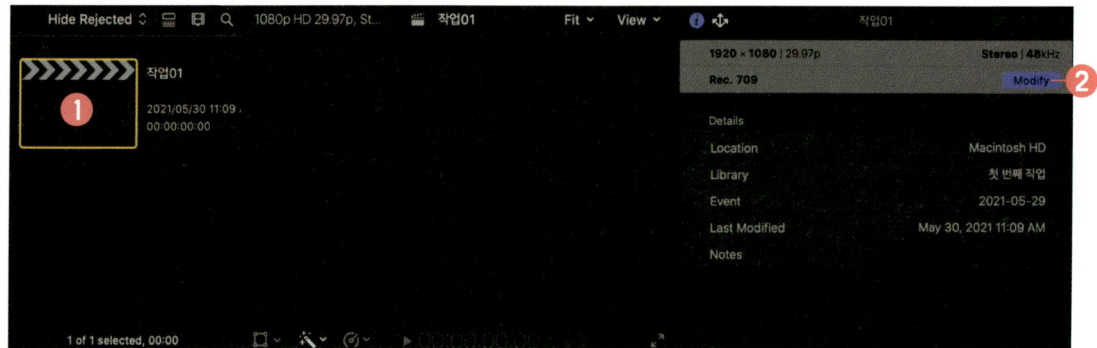

그러면 프로젝트 설정 창이 나타나는데, 여기에서 프로젝트 이름과 비디오, 프레임 레이트, 렌더링, 오디오 등을 수정할 수 있습니다. 하지만 해당 프로젝트, 즉 타임라인에 소스 미디어 클립이 적용된 상태라면 프레임 레이트(초당 프레임 개수)는 수정할 수 없기 때문에 프로젝트를 생성할 때 이 부분에 신경을 써야 할 것입니다. 수정이 끝나면 OK 버튼, 취소하고자 한다면 Cancel 버튼을 클릭합니다.

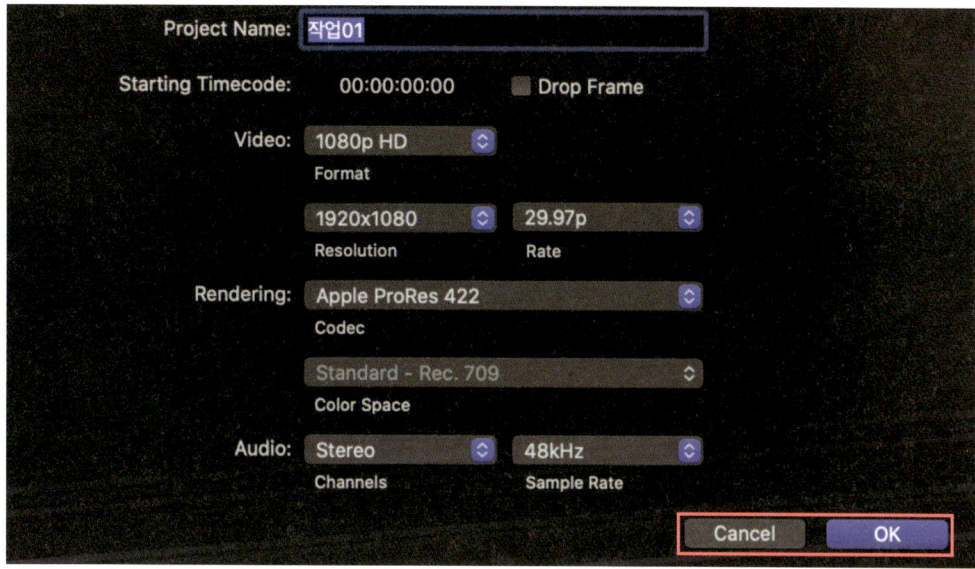

프로젝트 렌더 파일 삭제하기

원활한 작업 결과를 보기 위해 생성되는 **렌더(Render)** 파일은 편집된 결과를 실시간으로 볼 수 있도록 자동으로 생성되는 파일입니다. 렌더 파일은 사용되는 원본 클립에 변화(이펙트 적용이나 모션 그래픽 작업 등)가 생겼을 때 생성되는데, 이 렌더 파일이 증가되다 보면 저장 공간을 많이 차지하기 때문에 적절한 시기에 삭제해주는 것이 필요합니다. 프로젝트 렌더 파일을 삭제하기 위해서 먼저 삭제하고자 하는 프로젝트를 선택한 후 [File] - [Delete Generated Project Files] 메뉴를 선택합니다.

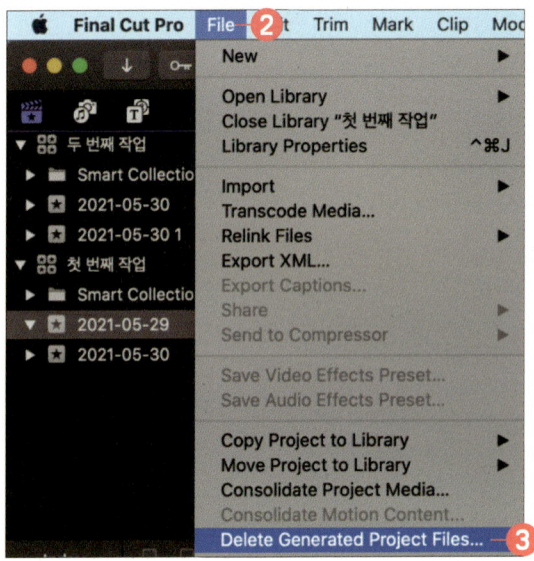

프로젝트 파일 삭제 창이 열리면 Delete Render Files를 체크하고 [OK] 버튼을 클릭합니다. 이것으로 렌더 파일이 삭제되었습니다. 아직은 소스 미디어 파일들을 불러와 작업을 한 상태는 아니지만 차후 작업이 많이 진행되었다면 이와 같은 방법을 통해 비대해지는 렌더 파일을 깨끗이 청소해 주기 바랍니다.

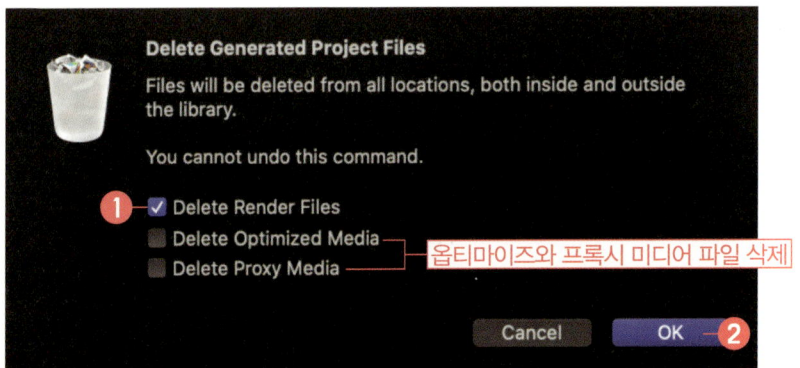

 라이브러리와 이벤트 렌더 파일 삭제하기
위와 같은 방법으로 라이브러리 전체에 있는 렌더 파일 및 이벤트에서 사용되는 렌더 파일들도 삭제할 수 있습니다. 사용법은 라이브러리나 이벤트를 선택한 후 [File] - [Delete Generated Library Files] 또는 Delete Generated Event Files 메뉴를 선택하면 됩니다.

타임 디스플레이(Time Display) 설정하기

타임 디스플레이는 작업 시간을 표시하는 방식으로 비디오 편집을 할 때에는 일반적으로 **시간:분:초:프레임**으로 디스플레이되는 SMPTE 타임코드 방식을 사용하지만 그밖에 영화나 애니메이션, 오디오 편집을 하기 위한 작업일 경우에는 해당 방식으로 타임코드를 전환하는 것이 좋습니다. 타임 디스플레이를 설정을 위해서는 [Final Cut Pro] - [Preferences] 메뉴를 선택하여 환경설정 창을 열어준 후 General 섹션에서 타임 디스플레이 설정을 할 수 있습니다.

HH:MM:SS:FF	비디오 편집 시 가장 일반적으로 사용되는 방식입니다.
HH:MM:SS:FF + Subframes	오디오 편집을 할 때 주로 사용하는 방식이며, 서브프레임은 비디오 프레임의 1/80로 설정할 수 있습니다.
Frames	프레임 개수로 표시되는 방식으로써 주로 애니메이션 작업 및 오디오 작업에서 주로 사용됩니다.
Seconds	초 단위로 표시되는 방식으로써 정교한 편집 작업에는 적합하지 않습니다.

 프로젝트 저장하기(실시간 자동 저장 기능에 대하여)

일반적으로 File 메뉴를 보면 Save나 Save as라는 이름의 작업된 내용을 저장하는 세이브 기능이 있기 마련입니다. 하지만 파이널 컷 프로에서는 이러한 공식을 넘어서 현재 진행되고 있는 모든 작업 내용을 즉각적으로 저장합니다. 그러므로 파이널 컷 프로 사용자들은 작업하다가 프로그램이 멈추거나(랙 : Lag) 컴퓨터가 갑자기 꺼져도 다시 실행하면 멈추거나 꺼졌던 이전의 작업부터 다시 진행할 수 있습니다.

04 편집용 미디어 파일 가져오기

라이브러리를 생성하고 이벤트와 프로젝트를 생성했다면 이제 실제 편집 작업을 하기 위한 소스 미디어 파일(클립)을 가져(임포팅 : Importing)와야 합니다. 파이널 컷 프로는 원본 작업 소스 미디어 파일을 그대로 사용하거나 라이브러리로 복사 또는 저품질 가상(프록시) 파일을 생성하여 불러오는 방법을 사용할 수 있습니다. 파이널 컷 프로에서 파일을 임포팅하는 과정은 다음과 같습니다.

파컷의 파일 임포팅 과정

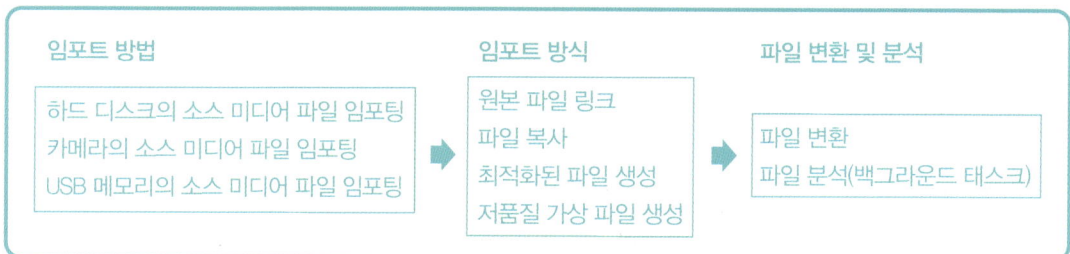

동영상 파일 임포팅하기

파이널 컷 프로의 대부분은 동영상 파일을 사용하여 작업을 합니다. 동영상 파일을 가져오는 방법은 비교적 간단한데, 하드 디스크에 있는 동영상 파일과 카메라에 있는 동영상 파일 그리고 USB 메모리에 있는 동영상 파일을 그대로 가져오면 되기 때문입니다.

하드 디스크에서 가져오기

소스 미디어 파일을 가져오는 방법은 이벤트가 생성되지 않았을 경우에는 브라우저 중앙에 있는 **Import Media** 아이콘 버튼을 클릭해서 가져올 수 있으며, 사이드바에서 **RMB**를 하여 **Import Media** 메뉴 그리고 사이드바 상단의 **Import Media** 버튼을 통해 가져오거나 [File] - [Import] - [Media] 메뉴를 통해 가져올 수도 있습니다. 또한 작업 소스 파일이 있는 **폴더**가 열려있을 경우라면 직접 브라우저로 **드래그**하여 가져올 수도 있습니다.

이제 작업에 사용할 소스 미디어 파일을 가져오도록 하겠습니다. 이번엔 앞서 언급하지 않은 단축키를 이용해 보겠습니다. 첫 번째 작업 라이브러리의 2021. 05. 29 이벤트로 파일을 가져오기 위해 해당 이벤트를 선택한 후 [command] + [I] 키를 눌러줍니다.

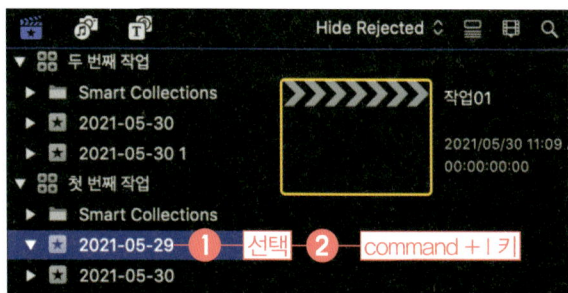

Media Import 창이 열리면 좌측 영역에서 장치 및 카메라를 선택할 수 있으며, 우측 옵션 영역에서는 임포팅되는 이벤트 선택 및 가져오는 방식과 변환 등에 관한 설정을 할 수 있습니다. 그다음 가져올 파일이 있는 **경로(폴더)**를 찾아 선택한 후 Import Selected 버튼을 누르면 되는데, 본 도서에서 제공되는 학습을 위한 파일을 사용하거나 여러분이 촬영한 파일을 사용해도 됩니다. 하지만 여기에서는 **학습자료** 폴더에 있는 파일들을 사용하여 설명을 할 것이기 때문에 **학습자료** 폴더를 **더블클릭**해서 들어갑니다.

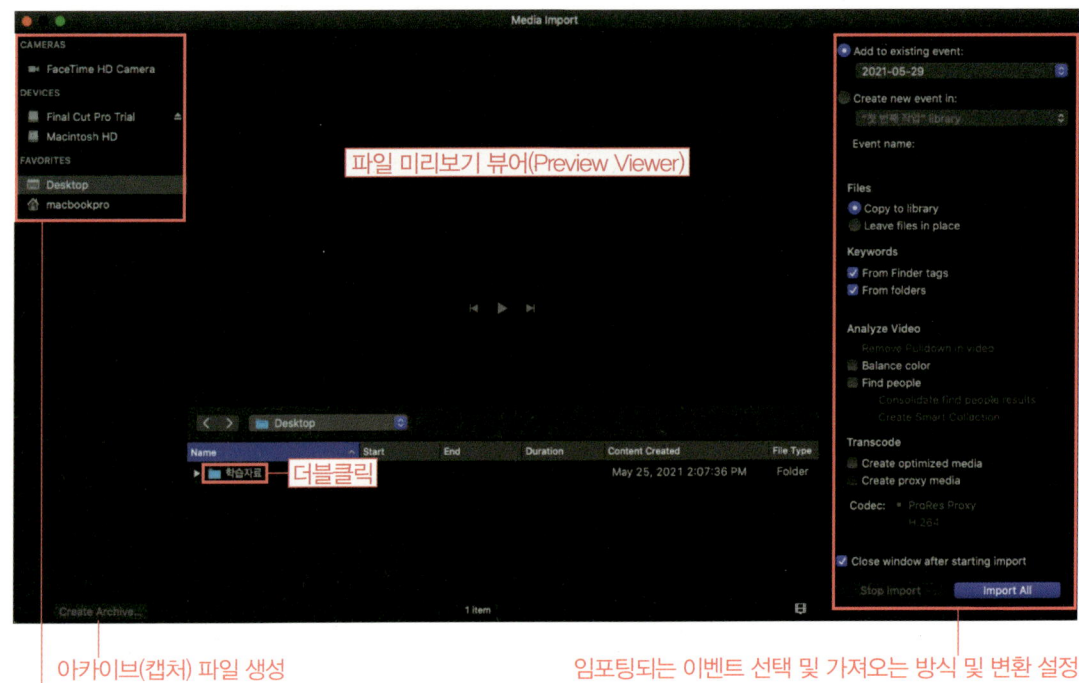

아카이브(캡처) 파일 생성
장치 및 카메라 선택

임포팅되는 이벤트 선택 및 가져오는 방식 및 변환 설정

학습자료 폴더로 들어가면 오디오부터 비디오까지 다양한 형식의 소스 미디어 파일들이 포함된 폴더가 있습니다. 여기에 있는 파일들은 앞으로 학습할 내용에 사용됩니다. 이번에는 **Video** 폴더로 들어가봅니다.

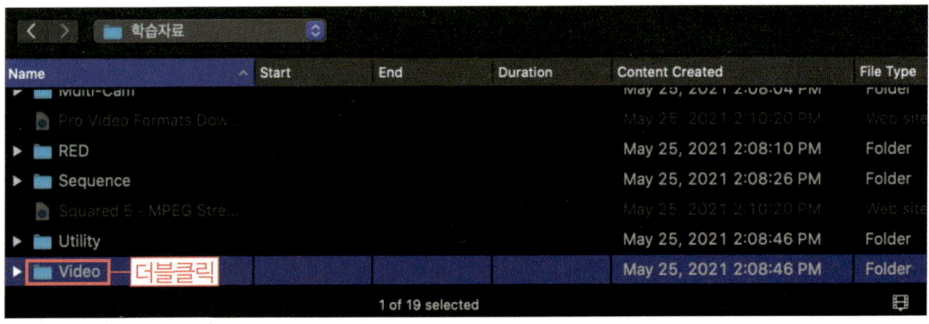

비디오 폴더로 들어오면 여러 개의 동영상 파일이 있을 것입니다. 동영상 파일은 모두 *.mp4 방식으로 되어있습니다. 그 이유는 MP4 방식이 학습에 적합한 저용량이면서 품질이 우수하여 유튜브 등 다양한 매체에서 사용하기 때문입니다. 일단 여기에서는 **Beach, Carousel, Clouds** 세 개의 파일을 선택(command 키를 이용함)한 후 Import Selected 버튼을 클릭하여 가져옵니다.

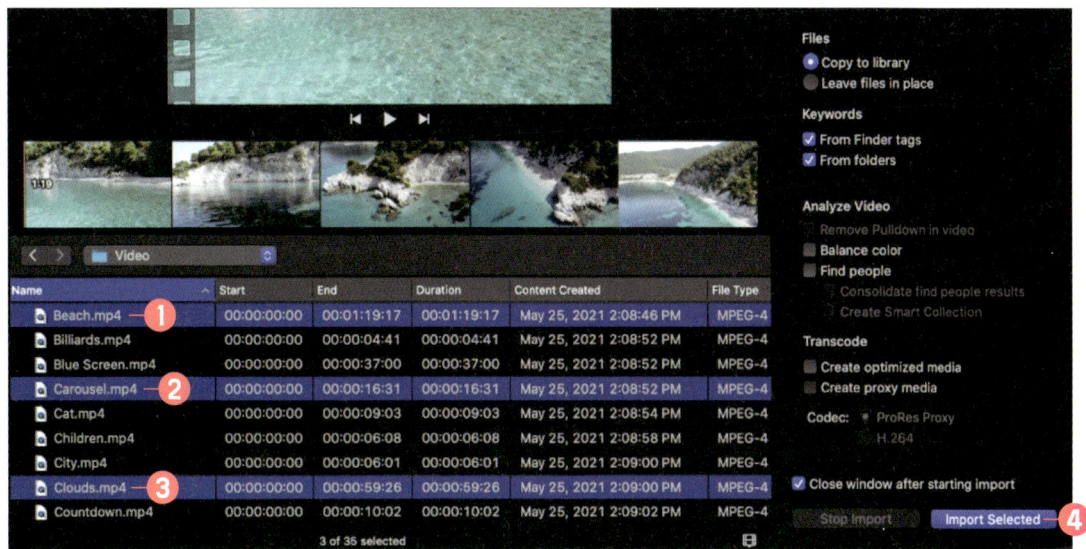

브라우저를 보면 방금 가져온 세 개의 파일들이 적용된 것을 알 수 있으며, 이 파일들은 2021. 05. 29 이벤트에 적용된 상태입니다. 이제 이 파일들은 프로젝트, 즉 타임라인에 적용하여 편집 작업을 할 수 있습니다. 편집에 대한 학습은 다음 파트에서 자세히 살펴볼 것입니다.

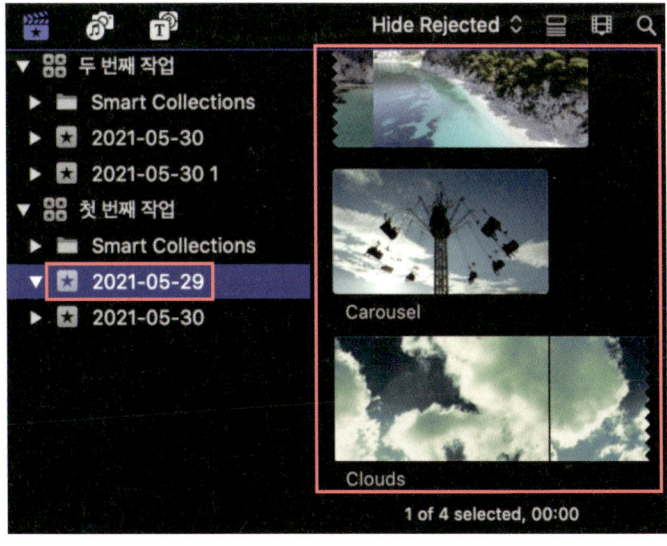

장치(기기) 및 카메라를 통해 가져오기

[command] + [I] 키를 눌렀을 때 열리는 임포트 미디어 창의 다양한 옵션들 중 **카메라**와 **디바이스**를 사용하면 카메라에 나타나는 사물이나 촬영된 장치 및 테이프에 녹화된 파일(장면)을 가져올 수 있습니다.

장치 및 카메라 선택하기

파이널 컷 프로에서는 카메라나 USB와 같은 외부 장치를 통해 소스 미디어 파일을 가져올 수 있는데 미디어 임포트 창의 좌측 영역을 보면 **CAMERAS, DEVICES**가 있습니다. 카메라는 컴퓨터와 연결된 카메라의 렌즈를 통해 비춰지는 사물을 가져올 수 있으며, 디바이스는 컴퓨터와 연결된 외부 장치를 통해 파일을 가져올 수 있습니다. 먼저 카메라에 대해 살펴보기 위해 현재 인식된 카메라를 선택해 보겠습니다.

카메라가 인식되면 장면(피사체)가 미리보기 뷰어에 나타납니다. 여기서 Import 버튼을 클릭하면 장면이 **캡처(Capture)**가 됩니다. 어느 정도 캡처가 진행되었다면 Stop Import 버튼을 클릭합니다. 그러면 현재까지의 장면이 동영상 파일로 만들어진 후 이벤트 브라우저에 자동으로 임포팅됩니다. 확인하기 위해 **닫기** 버튼을 누릅니다.

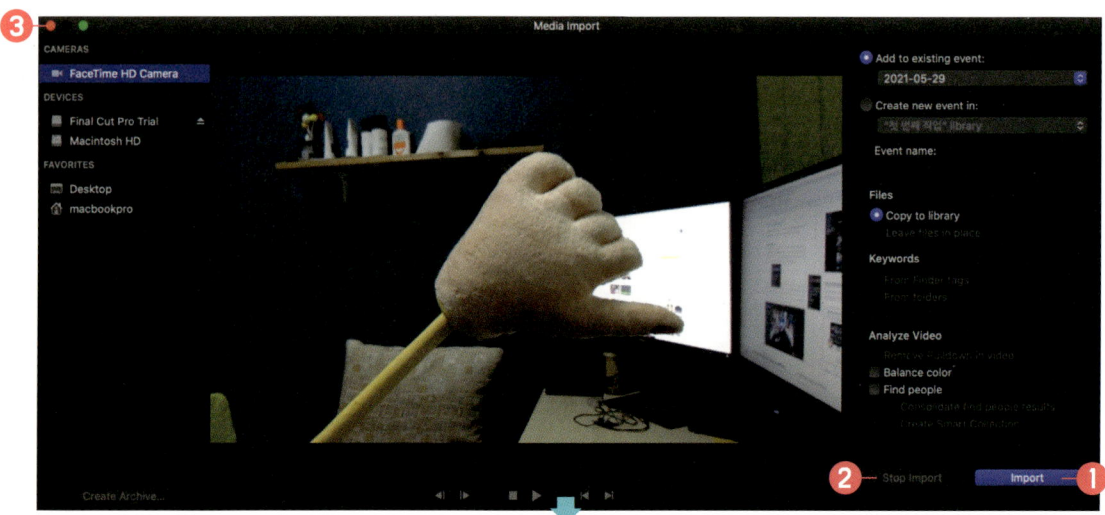

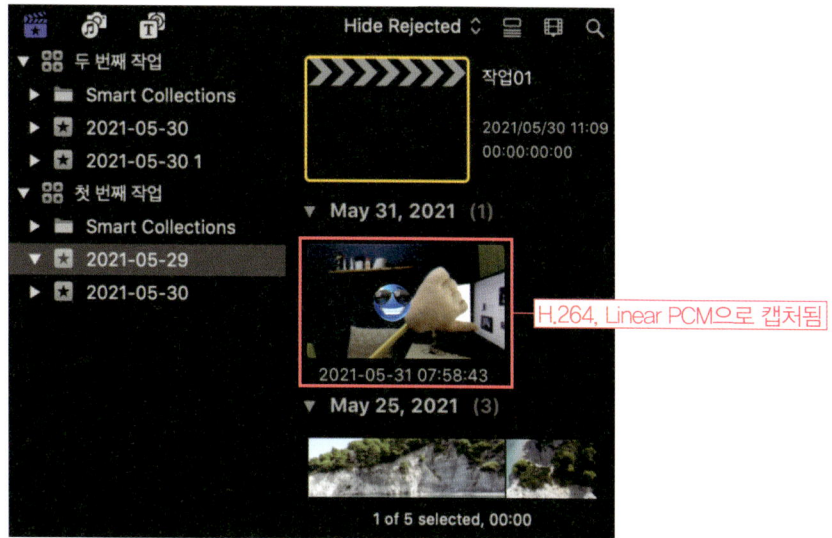

파이널 컷 프로에서 지원되는 카메라 종류 살펴보기

파이널 컷 프로에서는 다양한 모델의 카메라가 지원됩니다. 파컷에서 지원되는 카메라는 다음의 주소나 **학습자료** 폴더에 있는 웹사이트 바로가기 파일을 통해 확인할 수 있습니다.

https://support.apple.com/ko-kr/HT204203

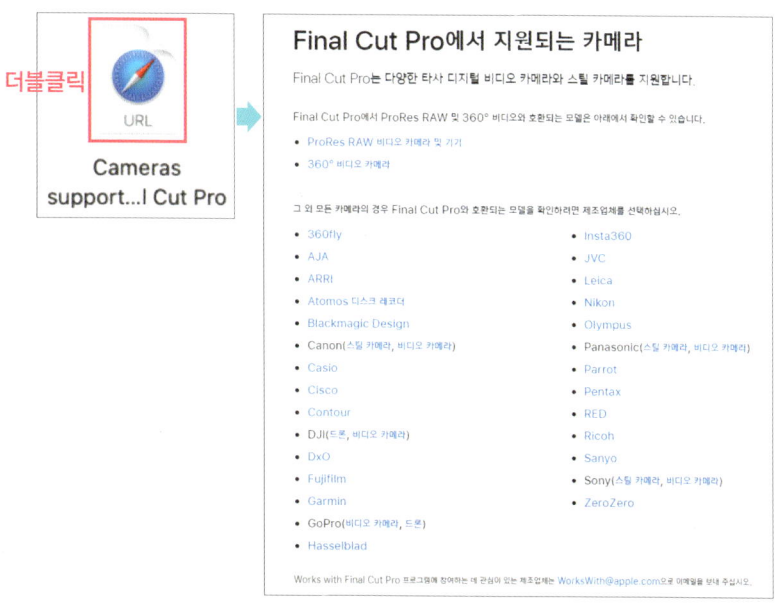

비디오 테이프에 촬영된 장면 캡처받기(아카이브 파일 만들기)
요즘은 사용하지 않는 비디오 테이프에 촬영된 영상을 편집하기 위해서는 캡처라는 과정을 거쳐야 합니다. **캡처**는 카메라에 들어오는 장면이나 비디오 테이프에 촬영된 영상을 디지털 비디오 파일로 만들어 주는 것을 말하며, **디지타이징(Digitizing)**이라고도 합니다. 파이널 컷 프로에서의 캡처는 하단의 Create Archive(크리에이트 아카이브)를 통해 가능하며, 아카이브를 하기 위해서는 **IEEE 1394(혹은 FireWire, i.Link)** 캡처 카드(단자)가 장착되어있어야 합니다. 만약 IEEE 1394 단자가 없는 맥을 사용한다면 IEEE 1394 단자가 있는 컴퓨터 또는 별도로 설치해서 캡처를 해야 합니다.

디바이스(장치)를 통해 가져오기

디바이스는 장치를 뜻하며, 외부 장치가 연결된 경우 자동(때에 따라 드라이버를 설치해야 함)으로 인식됩니다. 일반적으로 **USB** 장치를 통해 파일을 가져올 수 있습니다. 만약 USB 메모리를 사용한다면 컴퓨터 USB 단자에 연결하면 되고, **SD 카드** 방식이라면 **카드 리더기**를 통해 연결하면 됩니다. 정상적으로 연결이 되었다면 디바이스의 목록으로 표시되기 때문에 해당 장치로 들어가서 원하는 파일을 선택하여 불러오면 됩니다.

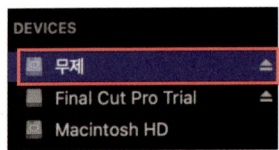

동영상 클립에 오디오 파형 표시하기

동영상과 함께 **오디오 파형**을 표시하고자 한다면 필름 모양의 Change the appearance of clips 아이콘을 클릭한 후 Waveforms를 체크하면 됩니다. 물론 오디오 파형이 나타나는 것으로 오디오를 편집할 수 있는 것은 아니지만 오디오 파형을 통해 오디오 정보를 알 수 있기 때문에 종종 필요할 경우가 있습니다.

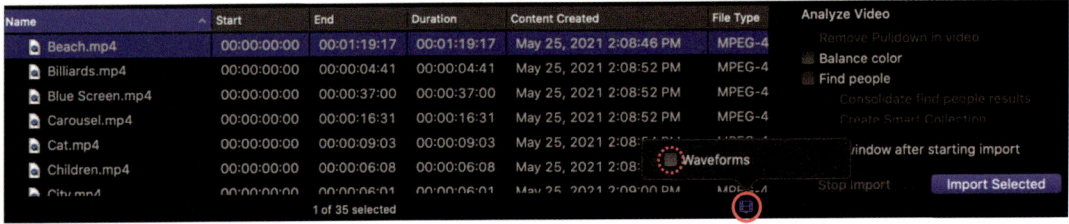

임포팅되는 이벤트 선택 및 가져오는 방식, 변환 설정하기

우측 옵션은 임포팅된 파일이 적용될 이벤트과 원본 파일의 경로 유지 및 복사 방식 그리고 트랜스코딩을 통해 파일을 최적화한 상태로 가져오거나 저품질 프록시 파일로 불러오는 등의 설정을 할 때 사용합니다.

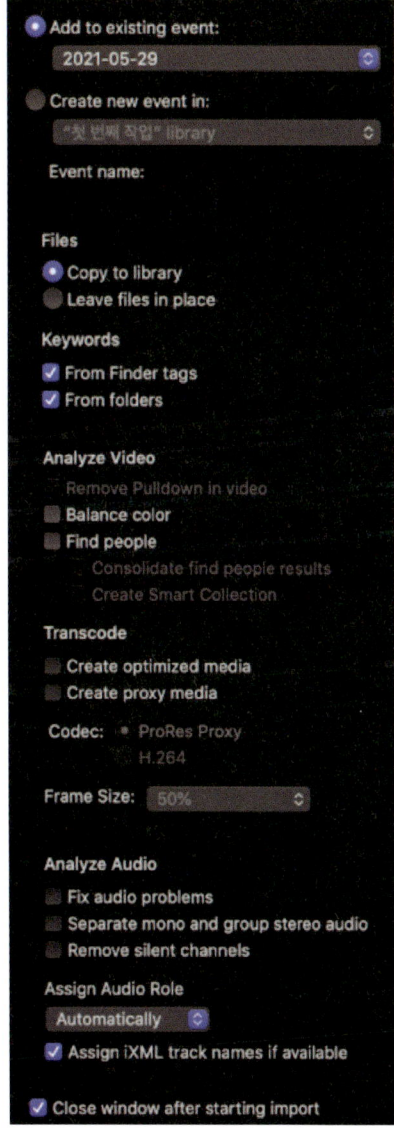

애드 투 이그지스팅 이벤트 (Add to existing event)	임포팅되는 파일이 적용될 이벤트를 선택합니다.
크리에이트 뉴 이벤트 인 (Create new event in)	새로운 이벤트를 생성하여 파일을 적용합니다.
카피 투 라이브러리 (Copy to library)	불러오는 파일을 복사하여 적용되며, 복사된 파일은 해당 라이브러리에 생성됩니다.
리브 파일 인 플레이스 (Leave files in place)	원본 파일을 가상으로 불러옵니다. 이것은 파일이 복사되는 것이 아니므로 원본이 삭제되거나 위치 변경이 생기게 되면 다시 찾아 연결(Link)해 주어야 합니다.
키워드 (Keywords)	파일을 쉽게 찾거나 정리할 수 있게 해 주는 옵션으로 From Finder tags는 메타데이터인 태그를 키워드로 가져올 때 사용되며, Form folders는 저장된 폴더의 이름이 키워드 카테고리로 적용됩니다.
크리에이트 옵티마이즈 미디어 (Create optimized media)	미디어 파일을 최적화해 줍니다. 기본적으로 H.264 포맷인 애플 ProRes 422 형식의 파일로 변환해 줍니다. 만약 원본 파일의 품질이 우수하다면 이 옵션은 사용하지 않아도 됩니다.
크리에이트 프록시 미디어 (Create proxy media)	저품질 파일을 만들어줍니다. 만약 고품질(4K 이상) 원본 파일 사용 시 시스템에 무리(느려지는 현상)가 생긴다면 프록시 파일로 만든 후 작업을 하는 것이 좋습니다. 작업 후 다시 원본 파일로 설정할 수 있기 때문에 최종 결과물에 대한 품질은 걱정하지 않아도 됩니다.

옵션	설명
리무브 풀다운 인 비디오 (Remove Pulldown in video)	영화를 위해 촬영된 24프레임 비디오를 30(29.97)프레임의 비디오로 풀다운 변환할 때 사용됩니다. 24와 30프레임은 초당 프레임 레이트(개수)가 다르기 때문에 문제가 되는 필드를 적절하게 재배치하여 안정적인 비디오를 만들어주어야 하기 때문입니다.
애널라이즈 비디오 포 밸런스 컬러 (Analyze video for balance color)	동영상의 컬러 밸런스를 자동으로 맞춰줍니다. 하지만 편집 시 색 보정 작업을 통해 컬러 밸런스를 맞춰주는 것을 권장합니다.
파인드 피플 (Fine people)	얼굴 인식이 아닌 장면 안에 몇 명의 인물들이 있는지 구별해 줍니다.
크리에이트 스마트 컬렉션 애프터 애널러시스 (Create Smart Collections after analysis)	이벤트의 스마트 컬렉션을 통해 유사한 클립들을 신속하게 정리할 수 있습니다.
애널라이즈 앤드 픽스 오디오 프라블럼 (Analyze and fix audio problems)	오디오를 분석하여 잡음과 같은 문제를 해결해 줍니다. 만약 오디오에 문제가 있다고 판단되면 이 옵션을 통해 미리 문제를 해결한 후 사용하는 것이 좋습니다.
세퍼레이트 모노 앤드 그룹 스테레오 오디오 (Separate mono and group stereo audio)	모노와 스테레오 오디오의 채널을 분리할 때 사용됩니다.
리무브 사일런트 채널 (Remove silent channels)	오디오 채널 중 소리가 없는 무음 채널을 삭제합니다. 무음 채널로 녹음된 트랙은 아무런 의미가 없기 때문에 지워주는 것이 좋습니다.

레드(RED) 카메라 파일 가져오기

레드(RED) 카메라는 주로 영화(최근엔 드라마에서도 사용됨) 촬영을 위해 사용되는 고품질(4K, 8K 등) 영상 파일을 생성합니다. RED 카메라에서 촬영된 **R3D** 형식의 파일을 가져오기 위해서는 해당 파일 형식을 인식할 수 있는 **코덱(Codec)**을 설치해야 합니다.

RED RAW 파일을 사용하기 위한 코덱 설치하기

RED 카메라 코덱을 설치하기 위해서 다음의 주소로 접속하거 **학습자료** 폴더에 있는 RED Digital Cinema 파일을 실행하여 접속한 후 Software 섹션에 있는 RED Apple Workflow Installer를 다운로드 받아 설치합니다.

https://www.red.com/downloads?category=Software&release=final

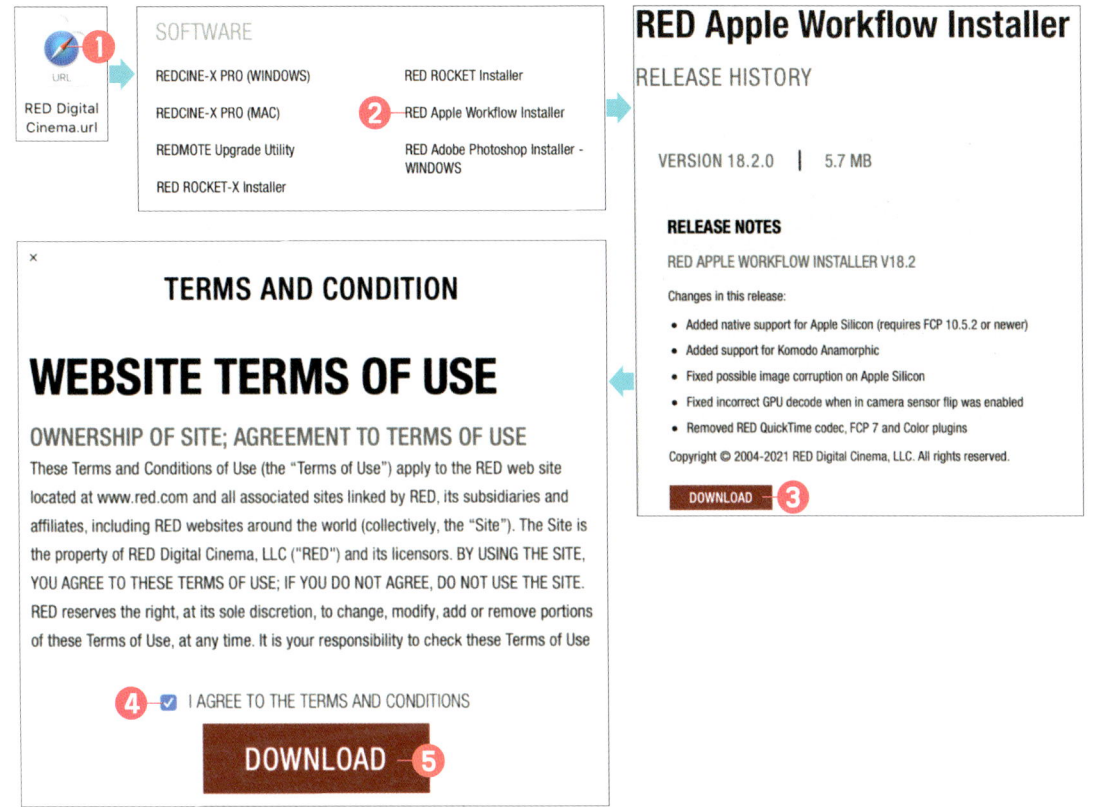

레드 코덱이 설치되었다면 설치된 **코덱**이 **인식**되도록 컴퓨터를 **재시동** 해야 합니다. 재시동 후 파이널 컷 프로를 실행합니다. 그다음 이제 [command] + [I] 키를 누르거나 그밖에 임포트 미디어 기능을 사용하여 가져오기 창을 열어줍니다. 그다음 [**학습자료**] - [REDˍ] 폴더로 들어가서 A001.R3D 파일을 선택한 후 Import Selected 버튼을 클릭하여 가져옵니다. 이때 트랜스코딩의 프록시 미디어를 사용하지 않기를 권장합니다. 그 이유는 RED 카메라 파일의 크기가 워낙 크기 때문에 파일을 먼저 가져온 후 원하는 클립만 개별로 프록시 파일로 변환하여 작업하는 것이 유리하기 때문입니다.

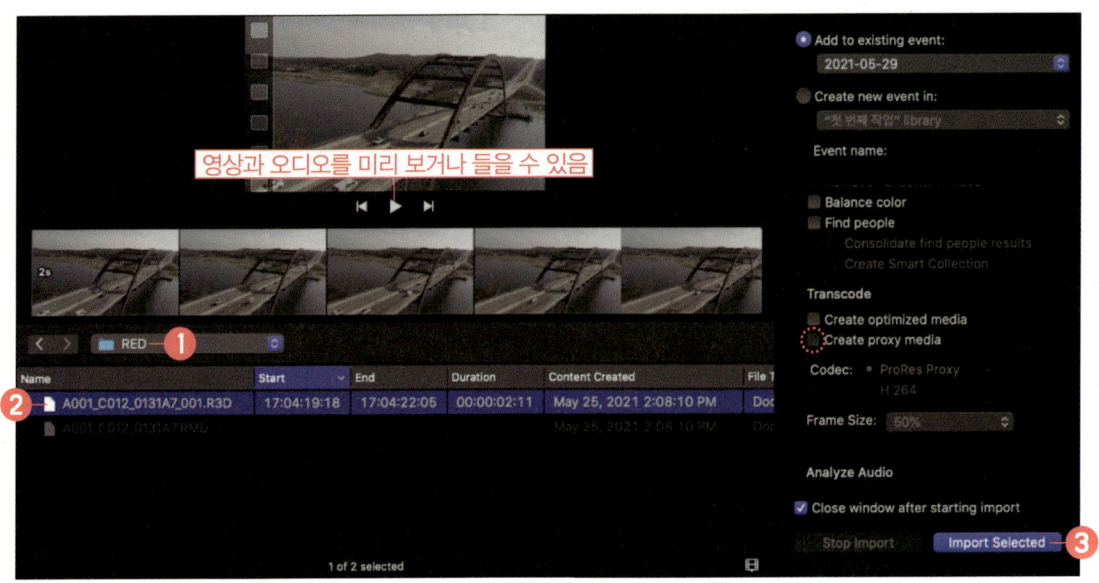

> **즐겨 사용되는 폴더 페이버릿(FAVORITES)에 등록하기**
> 임포트 미디어 창에서 즐겨 사용되는 파일들이 포함된 폴더를 즐겨 찾기 목록으로 등록해 놓으면 신속하게 원하는 파일을 가져올 수 있습니다. 즐겨 찾기에 등록할 폴더를 선택한 후 클릭 & 드래그하여 **FAVORITES** 글자가 있는 곳으로 갖다 놓으면 새로운 즐겨 찾기 목록으로 등록됩니다.

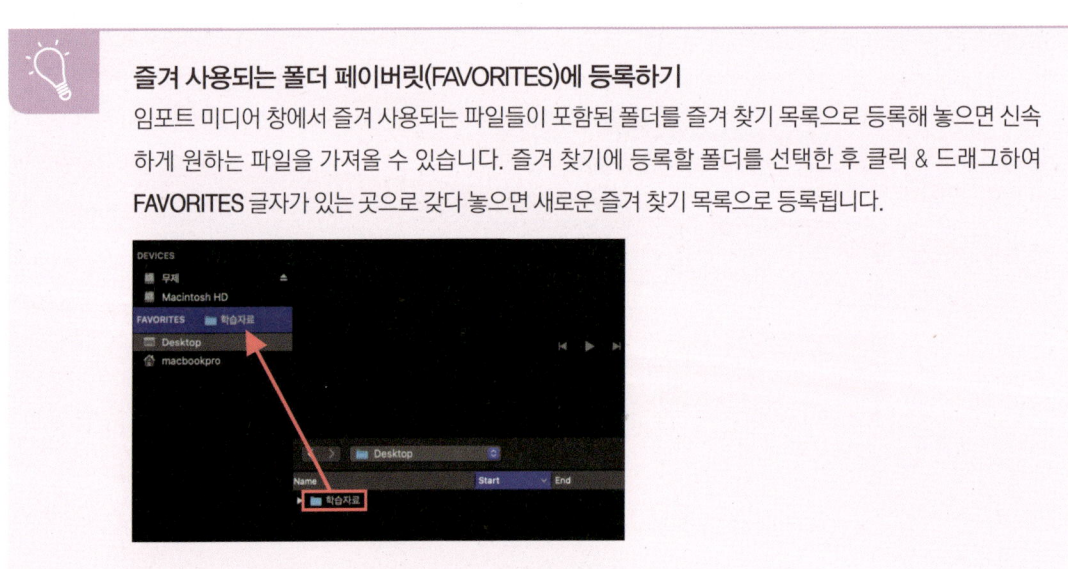

방금 가져온 A001.R3D 파일(클립)을 선택한 후 우측 **인포 인스펙터**(Info Inspector)를 선택해 보면 선택된 클립의 정보가 나타납니다. 현재는 프록시 파일이 생성되어있지 않았기 때문에 **Proxy**에 빨간색 삼각형이 나타납니다. 여기서 **Generate Proxy** 버튼을 클릭하면 저품질 프록시 파일이 생성되는데, 먼저 **Modify RED RAW Settings**에 대해 알아보기 위한 버튼을 **클릭**해 봅니다.

RED RAW Settings 창이 열리면 컬러 스페이스를 통해 촬영한 카메라나 색감을 선택할 수 있으며, 감마, ISO, 켈빈, 틴트, 채도, 밝기 등을 설정할 수 있습니다. 이렇듯 RED 카메라에서 촬영된 파일들에 대한 세밀한 설정이 가능합니다.

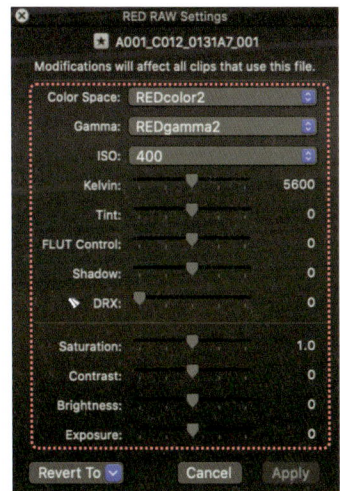

프록시 파일 생성하기

이제 RED RAW 파일을 저품질 프록시 파일로 생성해 보도록 하겠습니다. 프록시 파일을 생성하기 위해서는 앞서 언급한 대로 인포 인스펙터의 Transcode Media 버튼을 선택하거나 해당 클립에서 RMB(우측 마우스 버튼

클릭)을 하여 나타나는 Transcode Media 메뉴를 사용합니다. 트랜스코드 미디어 창이 열리면 Create proxy media를 체크한 후 OK 버튼을 클릭하여 프록시 파일을 생성합니다. 프록시 파일이 생성되면 **빨간색 삼각형** 표시가 **초록색 원**으로 바뀌게 됩니다.

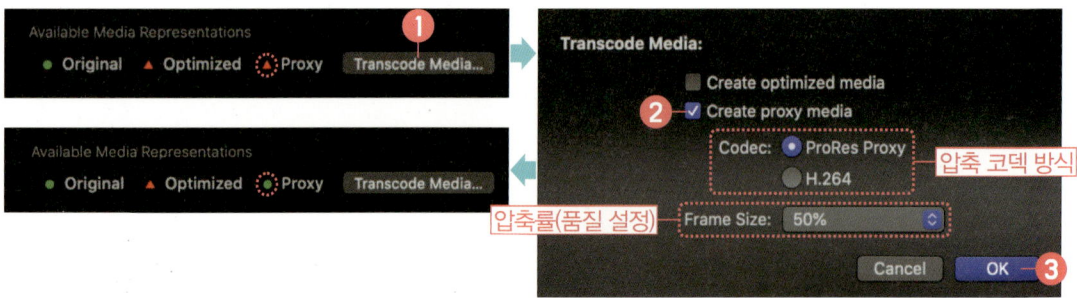

프록시 뷰로 전환하기

소스 미디어 파일을 가져올 때 저품질의 프록시 파일로 만들었다면 편집 시 프록시 모드와 옵티마이즈/오리지널(원본) 모드를 전환해 가면서 볼 수 있습니다. 뷰어(Viewer) 우측 상단의 View 메뉴를 보면 뷰어의 디스플레이 모드나 퀄리티, 미디어, 채널 등이 있는데, 이 중 미디어에서 Proxy를 선택하면 뷰어에 나타나는 화면은 저품질 **프록시 모드**로 전환됩니다. 프록시 모드에서는 작업을 수행하고, 최종 결과물을 만들 때에는 다시 옵티마이즈/오리지널 모드로 전환해야 고품질 파일을 만들 수 있습니다.

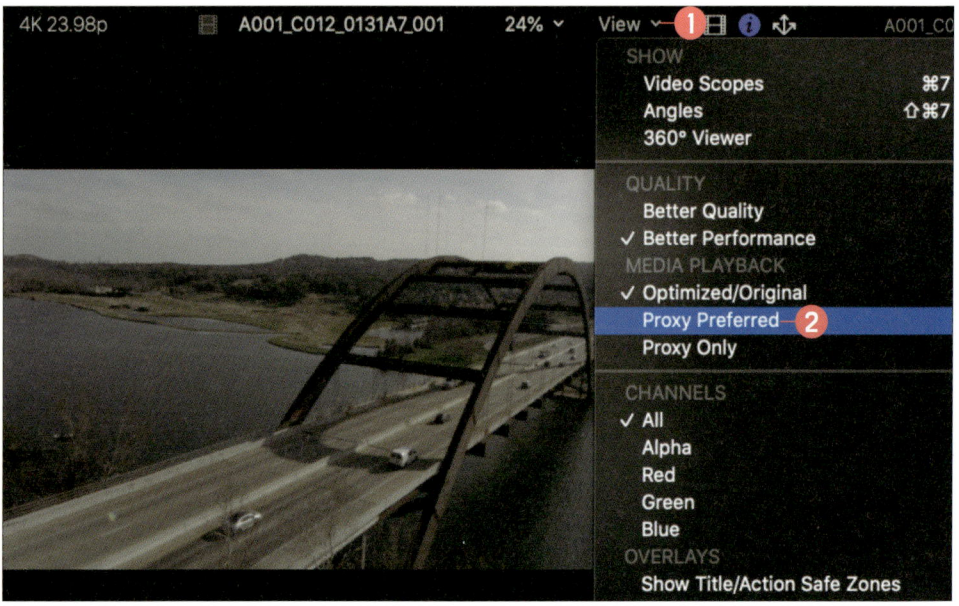

최적화된 파일 생성하기

옵티마이즈(Optimized)를 사용하면 최적화된 비압축 방식의 편집용 애플 ProRes 422 파일을 만들 수 있습니다. 앞서 가져온 RED RAW 파일은 이미 고품질 파일이지만 편집에 적합하지는 않습니다. 이와 같이 편집에 적합하지 않는 파일일 경우에는 옵티마이즈를 통해 최적화된 파일로 만들어주는 것이 좋습니다. 참고로 저품질 파일은 최적화한다고 해도 원본 자체의 품질이 떨어지기 때문에 최적화하는 의미가 없습니다. A001(RED RAW) 클립에서 RMB를 하여 Transcode Media 메뉴를 선택합니다.

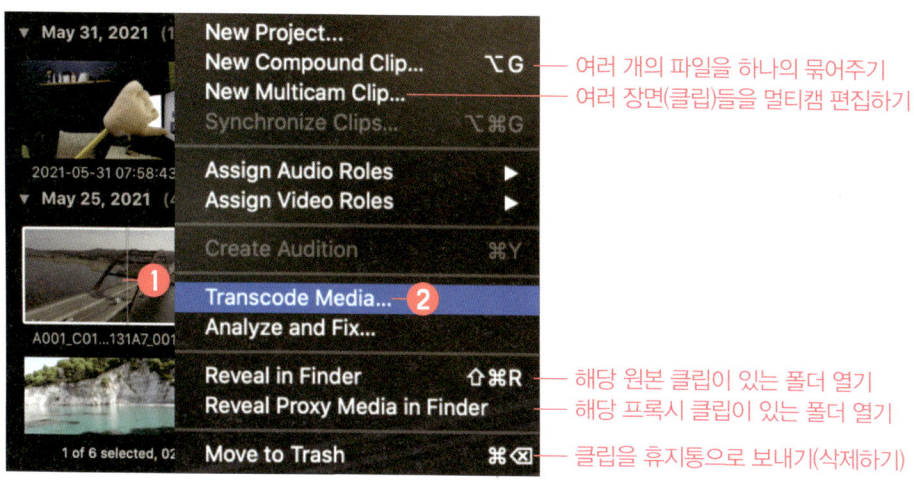

트랜스코딩 미디어 창이 열리면 Create optimized media를 체크한 후 OK 버튼을 클릭합니다. 최적화된 파일이 생성되면 이제 인포 인스펙터의 Optimized에도 빨간색 삼각형이 **초록색** 원으로 바뀌게 됩니다. 이로써 파일을 최적화하는 방법에 대해서도 살펴보았습니다. 참고로 Create proxy media는 앞서 생성했기 때문에 비활성화된 상태입니다.

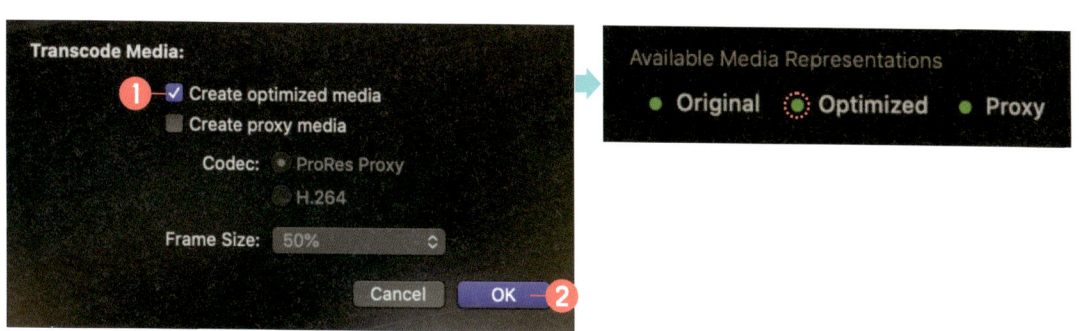

라이브러리 내부 살펴보기

이번에는 앞서 생성된 프록시와 옵티마이즈 클립이 어떤 위치에 생성되었는지 확인해 보도록 하겠습니다. 확인을 하기 위해 **먼저 첫 번째** 작업 라이브러리에서 [**우측 마우스 버튼**] - [Reveal in Finder] 메뉴를 선택합니다.

가장 상위 레벨인 라이브러리로 들어오면 앞서 생성해 놓은 첫 번째와 두 번째 작업의 라이브러리 폴더가 보입니다. 라이브러리는 각 라이브러리에 대한 파일이 포함된 패키지입니다. 라이브러리를 더블클릭하면 해당 라이브러리가 활성화(파이널 컷 프로의 이벤트 브라우저에서 활성화)되며, 라이브러리에서 **RMB**를 하여 **패키지 내용 보기** 메뉴를 선택하면 패키지 안에 들어있는 다양한 파일들을 확인할 수 있습니다. 살펴보기 위해 **첫 번째 작업** 라이브러리의 **패키지 내용 보기** 메뉴를 선택합니다.

첫 번째 작업 라이브러리 내부로 들어가 보면 여러 개의 폴더와 파일들이 있을 것을 볼 수 있습니다. 여기에 있는 파일들은 해당 라이브러리에서 작업된 흔적들이 고스란히 남아있는데, Temp 폴더는 임시 파일들이 있는 폴더이기 때문에 삭제해도 무관합니다. 그리고 CurrentVersion.plist 파일은 프로퍼티 리스트로써 현재 파킷 버전의 속성 정보가 저장된 파일이며, CurrentVersion.flexolibrary 파일은 현재의 파킷 라이브러리 파일입니다. 그밖에 Settings.plist 파일은 파킷 설정 정보 파일이며, Motion Templates 폴더는 모션(Motion)이란 프로그램과 연동해서 작업되는 파일이 있는 곳입니다. 이번엔 2021-05-29 폴더 안으로 들어가봅니다.

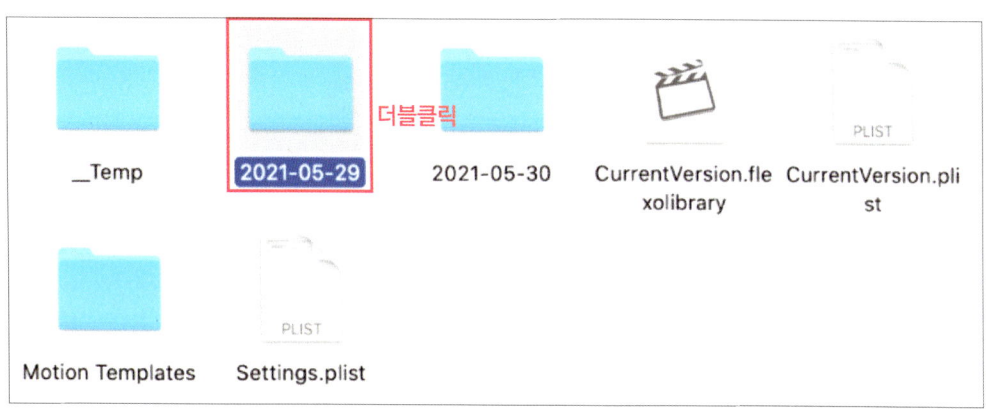

2021-05-29 폴더 안에 있는 Original Media 폴더는 파일을 가져올 때 복사된 파일들이 있으며, Render Files 폴더는 렌더링된 파일 그리고 Transcoded Media 폴더는 앞서 생성한 프록시와 옵티마이즈 파일들이 해당 이름의 폴더로 정리되어있습니다. 이 폴더와 파일들은 작업이 끝나기 전까지는 삭제하지 않는 것이 좋습니다.

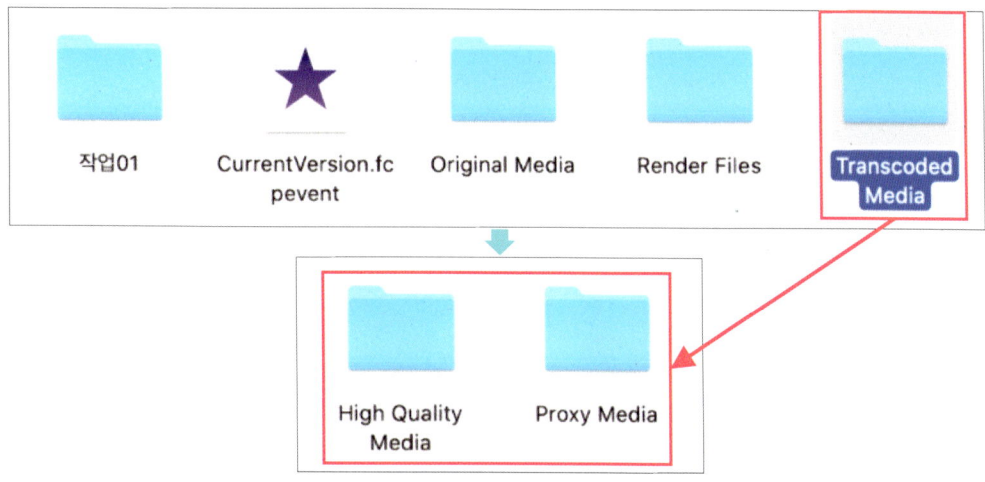

깨진(파일 경로 인식 불가) 미디어 클립 재설정하기

작업을 하다 보면 사용되는 미디어 클립의 경로가 바뀌거나(외장 하드나 하드 디스크이 이름이 바꼈을 때도 해당됨) 부주의로 파일이 삭제되면 브라우저에 있는 클립들이 정상적으로 나타나지 않고 **빨간색**으로 바뀌게 됩니다. 이럴 땐 경로가 깨진 미디어 클립의 경로를 다시 **리링크(Relink)**해 주어야 정상적인 작업이 가능합니다. 리링크 작업을 해 보기 위해 먼저 앞서 학습했던 **라이브러리 내부 살펴보기**를 참고하여 [**첫 번째 작업 라이브러리**] - [2021-05-29] - [Original Media] 폴더에 있는 Carousel, Clouds 두 파일을 휴지통으로 이동합니다.

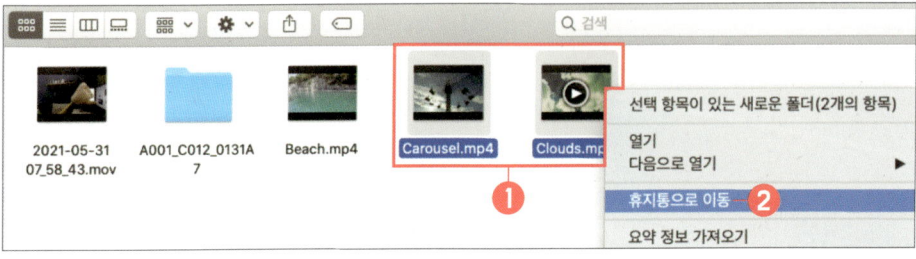

다시 파이널 컷 프로로 돌아오면 방금 **휴지통**으로 버려진 두 개의 파일이 **빨간색(경로 알 수 없음 표시)**으로 처리된 것을 알 수 있습니다. 이제 리링크 작업을 통해 다시 정상적으로 사용할 수 있도록 해 봅니다. 그다음 삭제된 클립들이 있는 **첫 번째** 라이브러리를 택한 후 [File] - [Relink Files] - [Original Media] 메뉴를 선택합니다.

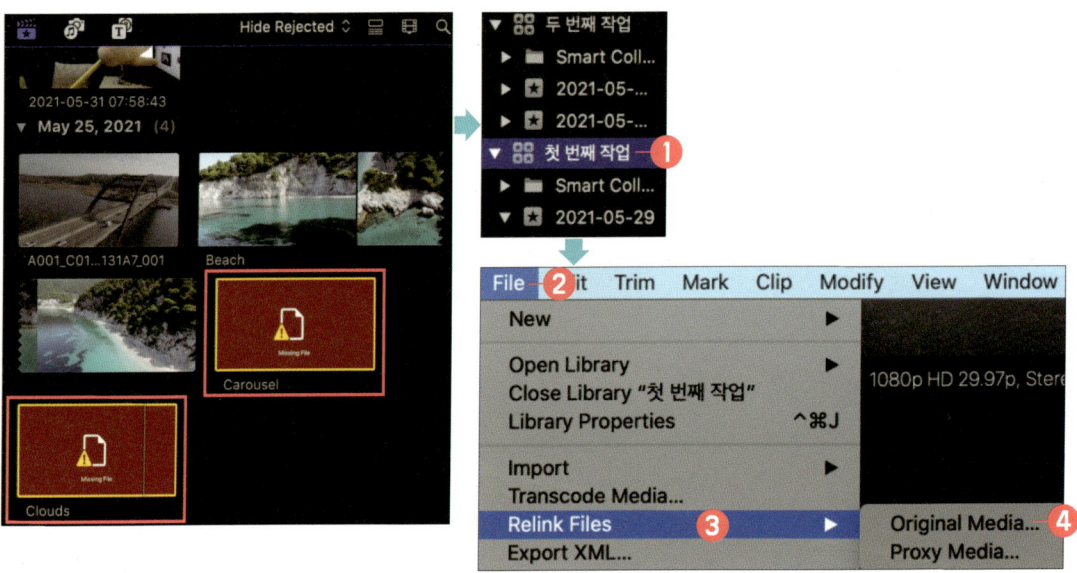

리링크 파일 창이 열리면 Missing을 체크한 후 문제의 **두 클립**이 **선택**된 상태에서 Locate Selected 버튼을 클릭합니다. 그다음 경로가 깨진 두 개의 파일과 리링크할 파일이 있는 곳(원본 파일이나 경로가 바뀐 파일)의 폴더로 들어간 후 Choose 버튼을 클릭합니다.

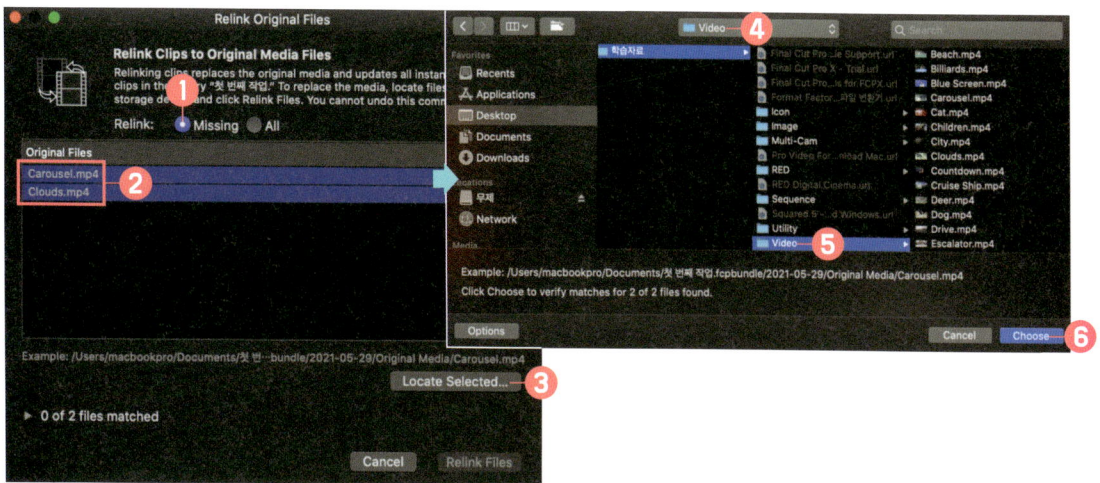

정상적으로 리링크되었다면 이제 리링크 파일 창에 있었던 두 개의 미씽 파일이 사라지게 되는데, 이제 Relink Files 버튼을 클릭하여 적용합니다. 그러면 앞서 **빨간색**으로 바뀌었던 두 개의 클립이 정상적으로 보이는 것을 알 수 있습니다. 이처럼 작업에 사용되는 미디어 파일의 경로가 인식되지 않을 때에는 이와 같은 방법으로 해결하면 됩니다.

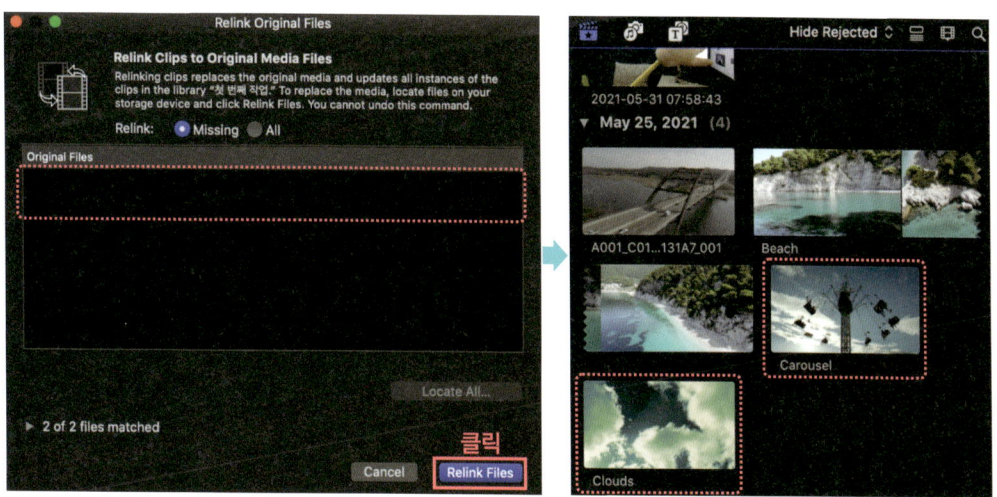

다시 [첫 번째 작업 라이브러리] - [2021-05-29] - [Original Media] 폴더로 들어가 보면 앞서 삭제한 Carousel, Clouds 두 개의 파일이 복구된 것을 알 수 있습니다. 하지만 무언가 원래의 모습과는 달라보입니다. 그것은 현재 복구된 파일은 원본 파일을 가상으로 사용되는 파일이기 때문입니다. 참고로 리링크된 가상의 복구 파일은 삭제가 되어도 자동으로 다시 생성됩니다. 다음은 가상 파일을 미디어 파일로 만들어주는 방법에 대해 학습해 보기로 합니다.

작업에 사용된 미디어 클립 통합하기

이제 복구된 가상 파일을 실제 미디어 파일로 만들어주기 위해 2021. 05. 29 이벤트를 선택한 후 [우측 마우스 버튼] - [Consolidate Event Media] 메뉴를 선택합니다. 그다음 콘솔리데이트 이벤트 미디어 창이 뜨면 원본 파일만 이동하기 위해 Original Media만 **체크**한 후 OK 버튼을 클릭합니다. 참고로 Consolidate Event Media는 가상 파일을 만들어줄 때도 사용되지만 일반적으로는 작업에 사용된 미디어 클립들을 **한 공간**으로 **통합**하기 위해 사용됩니다. 통합된 미디어 파일들은 공유 작업을 위해 사용되며, 다른 컴퓨터로 옮겨놓고 사용할 때도 아주 유용합니다.

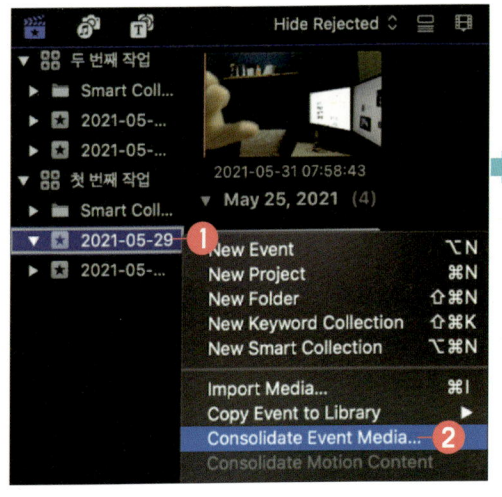
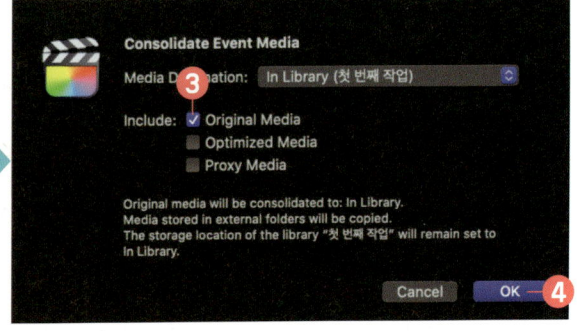

Original Media 폴더로 다시 들어가 보면 두 개의 가상 파일들이 정상적으로 나타나는 것을 알 수 있습니다. 살펴본 것처럼 콘솔리데이트 이벤트 미디어는 가상 파일 및 작업에 사용되는 파일들을 한 곳으로 통합하고자 할 때 아주 유용합니다. 참고로 이벤트가 아닌 라이브러리나 프로젝트를 통합하기 위해서는 라이브러리를 선택한 후 **RMB(우측 마우스 버튼)**를 하거나 **File** 메뉴에서 **Consolidate Library(Project) Media**를 선택하면 됩니다.

오디오 파일 임포팅하기

오디오 파일을 가져오는 방법은 앞서 살펴본 동영상 파일을 가져올 때와 같으며, 파이널 컷 프로에서는 아이튠즈(Itunes)의 음악 파일과 무료로 제공되는 사운드 이펙트를 사용할 수 있습니다.

하드 디스크에서 가져오기

하드 디스크에 WAV나 MP3와 같은 오디오 파일이 있다면 작업에 사용할 수 있습니다. 오디오 파일을 가져오기 위해 먼저 가져올 파일들이 적용될 **이벤트(2021. 05. 29)**를 선택한 후 단축키 **[command] - [I]** 키 또는 그밖에 임포트 미디어 기능을 사용합니다. 미디어 임포트 창이 열리면 **[학습자료] - [Audio]** 폴더로 들어갑니다. 여기에서 BGM01과 BGM02.wav 파일을 선택한 후 **Import Selected** 버튼을 클릭합니다.

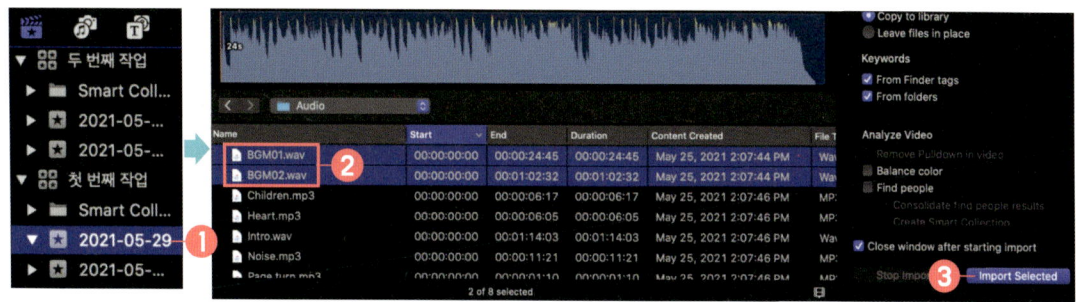

방금 가져온 두 개의 오디오 클립들은 영상 클립처럼 선택된 이벤트 브라우저에 적용된 것을 알 수 있습니다. 이렇듯 오디오 클립은 영상 클립과 마찬가지로 불러오는 것에 대한 특별한 차이는 없습니다.

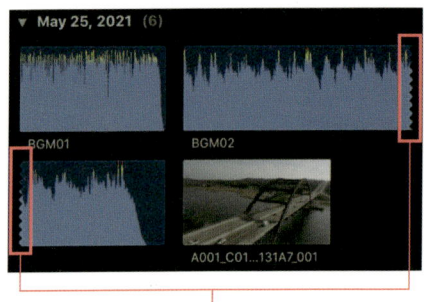

하나의 오디오 클립(영상 클립도 동일함)의 길이가 길었을 때 나뉘어진 상태로 표시됨

뮤직(음악)과 사운드 이펙트에서 가져오기

오디오 파일은 주로 하드 디스크에 있는 파일을 사용하게 되지만 애플 뮤직이나 멜론과 같은 음악 사이트에서 파일을 다운로드하여 사용할 수도 있습니다. 살펴보기 위해 먼저 사이드바에서 **Photos and Audio sidebar**를 선택합니다. 그러면 **뮤직**과 **사운드 이펙트**를 사용할 수 있는 사이드바 목록이 나타면 **Music**을 선택합니다. 현재 필자는 애플 뮤직 및 재생한 오디오가 하나도 없기 때문에 아무 것도 나타나지 않습니다.

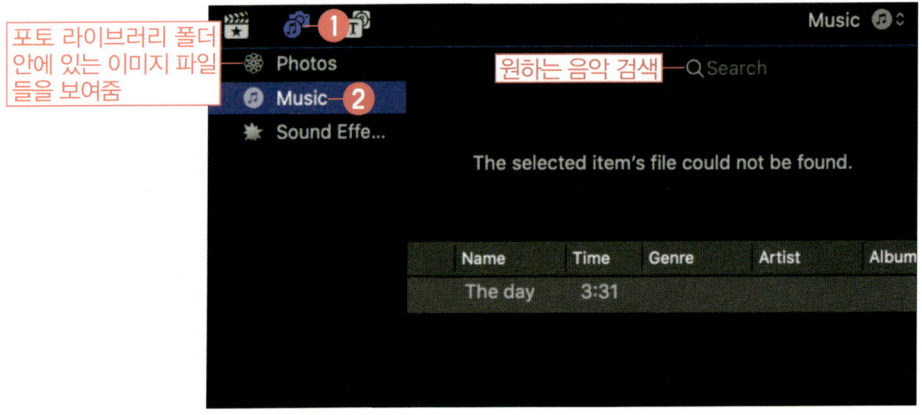

만약 **애플 뮤직**의 음악을 작업 파일로 사용하고자 한다면 애플 뮤직으로 로그인하여 원하는 음악을 **다운로드(유료 결제)**하여 사용할 수 있습니다.

이제 **뮤직**에 작업에 사용할 음악 파일을 적용하기 위해 **[학습자료] - [Audio]** 폴더로 들어가 아무 **오디오(널 닮은 너에게)** 파일을 실행해 봅니다. 그러면 실행된 오디오 파일이 **최근 항목**에 등록됩니다.

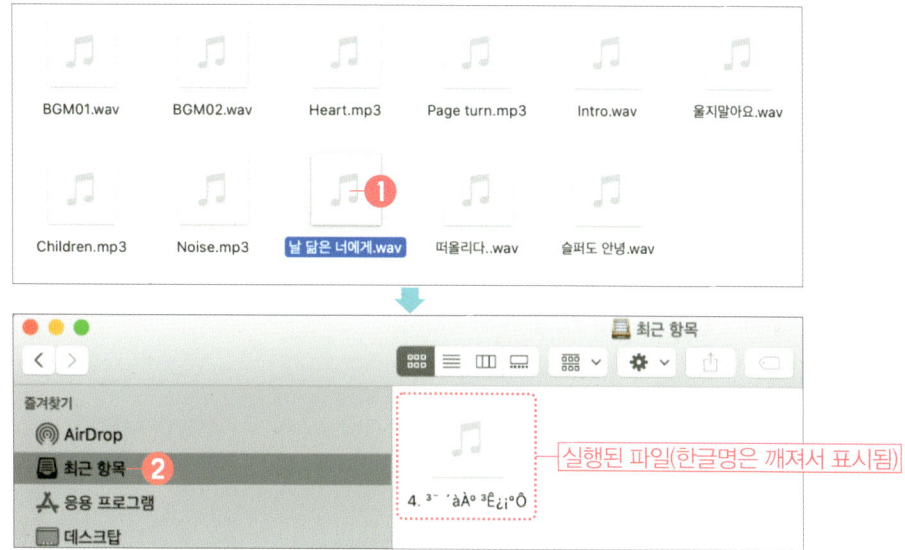

다시 파이널 컷 프로로 돌아와 확인해 보면 **뮤직**에 방금 실행한 오디오 파일이 목록으로 등록된 것을 알 수 있습니다. 이렇듯 **최신 항목**에 등록된 오디오 파일은 작업에 사용될 목록으로 사용됩니다.

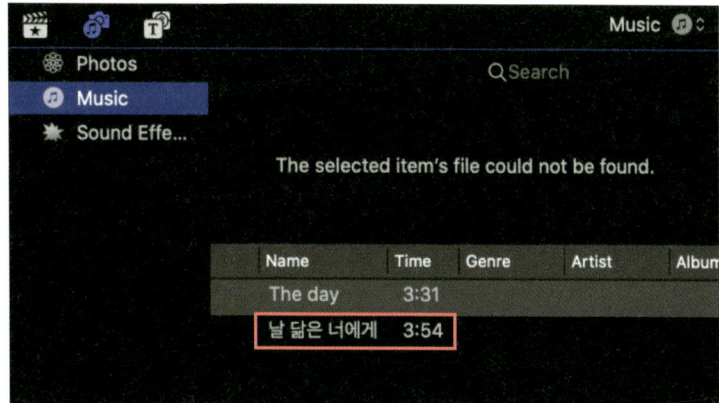

우측 상단 플레이리스트 메뉴를 보면 **Music**과 **음악**으로 나누어져 보관되는 것을 알 수 있습니다.

계속해서 이번엔 Sound Effects를 선택해 봅니다. 사운드 이펙트에도 현재는 아무 효과음이 없을 것입니다. 이제 무료로 제공하는 효과음을 다운로드 받기 위해 먼저 [Final Cut Pro] - [Download Additional Content] 메뉴를 보면 파이널 컷 프로에서 사용할 수 있는 콘텐츠를 다운로드 받을 수 있지만 OSX(운영체제) 업데이트 문제가 있을 수 있기 때문에 여기에서는 애플 웹사이트에서 직접 다운로드 받아 설치해보도록 하겠습니다. 다음의 주소 또는 학습자료 폴더의 Final Cut Pro Content v1.0 파일을 실행합니다. https://support.apple.com/kb/dl1394

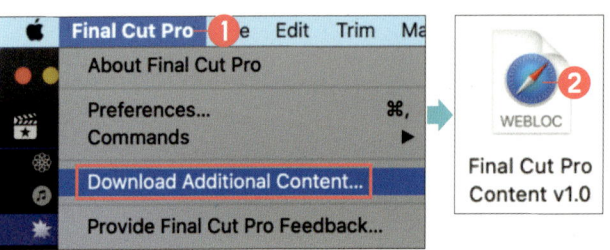

Final Cut Pro Content v1.0 다운로드 창이 열리면 **다운로드** 버튼을 클릭하여 다운로드 받은 후 설치합니다.

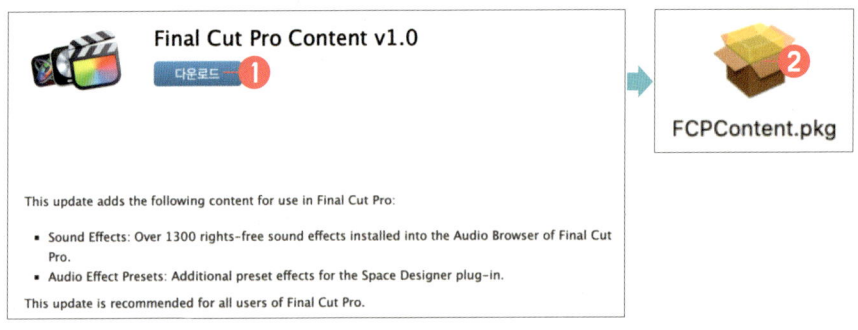

설치가 끝나면 다시 파이널 컷 프로로 돌아와서 **사운드 이펙트**를 확인해 봅니다. 그러면 비행기(Airport) 소리부터 창문(Window) 소리까지 무료로 사용할 수 있는 1,300개의 사운드 효과가 적용된 것을 볼 수 있습니다. 사용하기 위해서는 먼저 사운드 이펙트 목록에 있는 효과 음원을 들어보아야 합니다. 음원을 들어보기 위해서는 각 음원 좌측의 플레이 버튼을 누르면 되며, 편집에 사용하기 위해서는 직접 드래그하여 타임라인에 적용하거나 인서트(Insert)나 오버라이트(Overwrite) 등의 기능을 통해 타임라인에 적용할 수 있습니다. 이 부분은 차후 해당 학습에서 자세히 살펴볼 것입니다. 참고로 사운드 이펙트를 장르별로 구분하기 위해서는 브라우저 우측 상단의 카테고리 **선택 뷰**(Choose an effects category to view) 팝업 메뉴를 열어서 원하는 장르만 선택할 수도 있습니다.

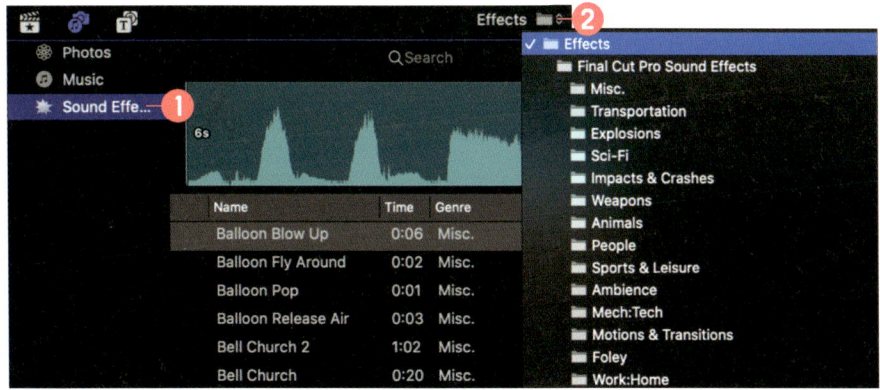

이미지 파일 임포팅하기

작업에 사용되는 소스 미디어 파일 중 이미지 파일은 동영상이나 오디오와는 다소 다른 형태로 가져오게 됩니다. 물론 불러오는 방법은 동일하지만 이미지 파일은 한 장으로 된 정지 이미지(Still Image)이기 때문에 한 장의 이미지가 사용되는 길이(시간)을 조절해야 하기 때문입니다.

스틸 이미지 파일 가져오기

이미지 파일 중 가장 일반적으로 사용되는 포맷은 BMP, JPG(JPGE), PNG, GIF 등의 형식입니다. 이미지 파일을 가져오기 위해 먼저 파일이 적용될 **이벤트**를 선택한 후 임포트 미디어 버튼 또는 [command] + [I] 키를 누릅니다. 임포트 미디어 창이 열리면 [**학습자료**] – [Image] 폴더로 들어가서 하나의 **이미지(Image02)** 파일을 선택한 후 가져옵니다.

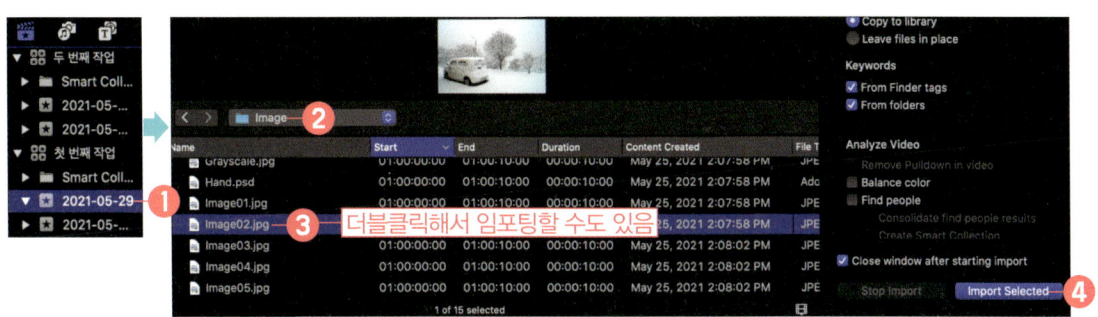

이미지 파일을 타임라인(프로젝트)에 적용해 보도록 하겠습니다. 적용하기 위해 앞서 가져온 **이미지** 클립을 드래그하여 아래쪽의 **타임라인**으로 갖다 놓습니다. 그러면 자동으로 **프라이머리 스토리라인(파란색으로 표시된 영역)**에 적용됩니다. 보다 자세한 타임라인 사용법에 대해서는 차후 해당 학습에서 살펴볼 것입니다.

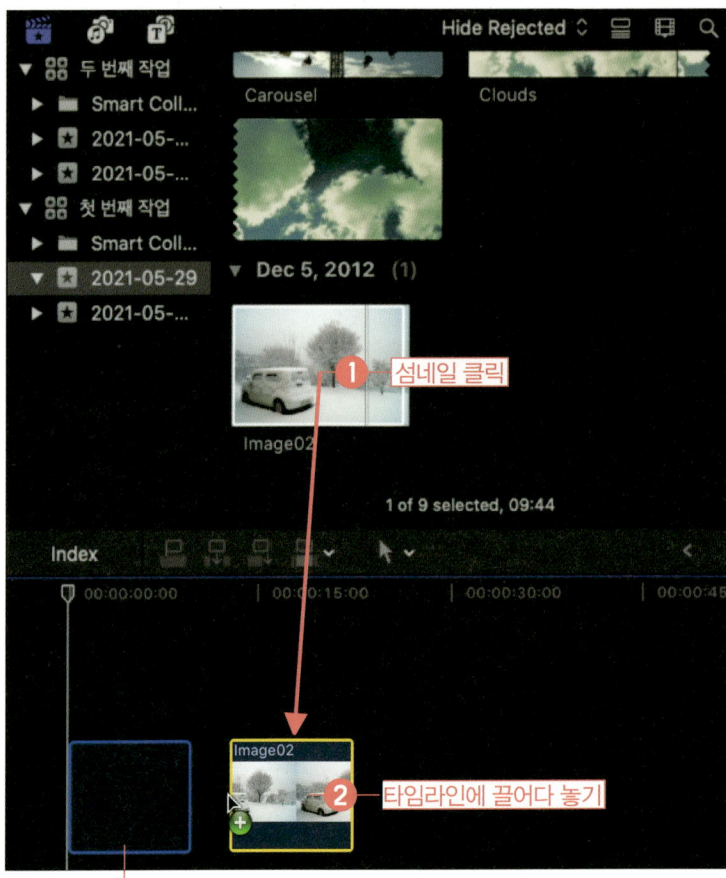

처음 적용되는 클립은 기본적으로 프라이머리 스토리라인에 적용됨

미디어 클립을 타임라인에 적용할 때 클립을 선택하지 않은 상태에서 그냥 끌어오게 되면 **구간**이 설정될 수 있으므로 반드시 클립을 클릭하여 **선택한 후** 클립에 **노란색 테두리**가 만들어진 상태에서 타임라인에 적용해야 합니다.

스페이스 바(Space bar)나 뷰어의 플레이(Play) 버튼을 눌러서 재생을 해 봅니다. 그러면 현재의 이미지 클립의 길이가 4초까지만 재생되는 것을 알 수 있습니다. 이렇듯 이미지 클립은 영상이나 오디오 클립과는 다르게 기본적으로 정해진 길이를 사용합니다. 물론 이미지 클립의 길이는 원하는 만큼 얼마든지 조절이 가능합니다.

스틸 이미지의 기본 길이 조절하기

이제 이미지 클립의 기본 길이를 설정하기 위해 [Final Cut Pro] - [Preferences] 메뉴를 선택합니다. 프레퍼런스에서는 파이널 컷 프로의 환경설정에 대한 옵션들을 사용할 수 있습니다. 환경설정 창에서 Editing 섹션으로 이동한 후 Still images를 8초로 설정합니다.

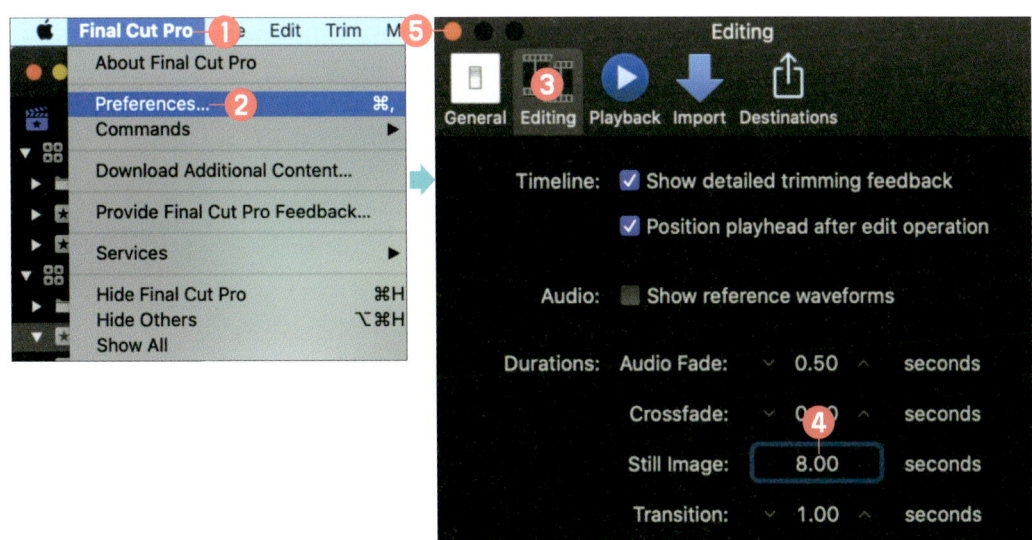

스틸 이미지 길이 조절하기

타임라인에 적용된 스틸 이미지 클립의 길이는 해당 클립의 **시작 점**(In Point)과 **끝 점**(Out Point)을 통해 조절이 가능합니다. 그림처럼 이미지 클립의 **끝 점**을 **클릭(선택)**하면 **노란색**으로 표시되는데, 이 끝 점을 **좌우**로 **이동(드래그)**하여 원하는 길이만큼 조절할 수 있습니다. 이것은 스틸 이미지가 영상이나 오디오 클립처럼 정해진 시간(길이)이 없기 때문에 가능한 것입니다.

포토샵(PSD) 파일 가져오기

포토샵 파일도 일종의 스틸 이미지와 동일하기 때문에 불러오는 방법 또한 동일합니다. 하지만 포토샵에서 사용되는 레이어(계층 구조)는 일반적인 이미지에서는 없는 것이기 때문에 이 레이어는 그대로 보존되어야 합니다. 파이널 컷 프로에서는 이처럼 포토샵에서 사용된 레이어 형태를 그대로 반영하여 사용할 수 있습니다. 포토샵 파일을 가져오기 위해 **임포트 미디어 창**(command + I)을 열어줍니다. 그다음 [학습자료] -[Image] 폴더에서 Land 포토샵 파일을 불러옵니다. 참고로 랜드 포토샵 파일은 여러 개의 레이어로 구성되었으며, 일반 이미지 파일과는 다르게 각 레이어에 모션(인스펙터의 트랜스폼이나 디스토트를 사용하여 움직임을 줄 수 있음) 작업이 가능하기 때문에 동영상처럼 취급됩니다.

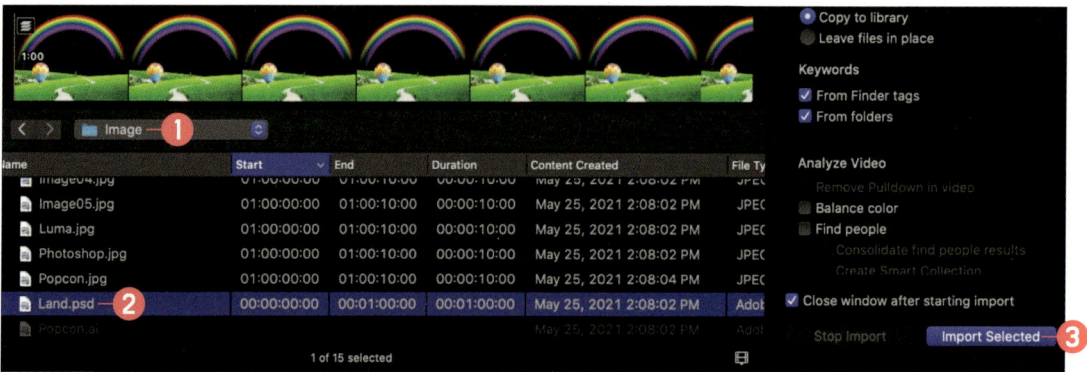

Land 포토샵 클립을 끌어다 타임라인에 적용합니다. 그러면 앞서 적용된 두 개의 이미지 클립 뒤쪽에 적용됩니다. 현재는 포토샵 클립의 길이가 길기 때문에 타임라인을 축소해서 모든 클립들이 보이도록 합니다. 타임라인의 확대/축소는 타임라인 우측 상단 필름 모양의 Change the appearance of the clips in the Timeline 메뉴에서 맨 위쪽에 있는 -/+ 버튼을 클릭하거나 **슬라이더**를 좌우로 이동하는 방법과 단축키 [command] + [+]와 [command] + [-] 키를 사용하여 조절하는 방법이 있습니다.

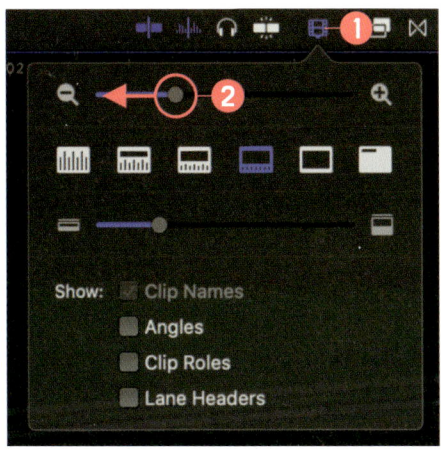

축소 후 만약 클립들의 모습이 화면에 보이지 않는다면 **마우스 위쪽** 부분을 **좌우로 스키머**(매직 마우스를 사용할 경우)하여 이동할 수 있으며, 타임라인 아래쪽 스크롤 바를 통해 직접 이동할 수도 있습니다. 포토샵 파일의 모습이 아직까지는 다른 이미지 클립과 별다른 차이점이 없어 보이는데, 이것은 지금의 포토샵 클립이 하나로 합쳐진 상태이기 때문입니다. 이제 포토샵 클립을 **더블클릭**해 봅니다.

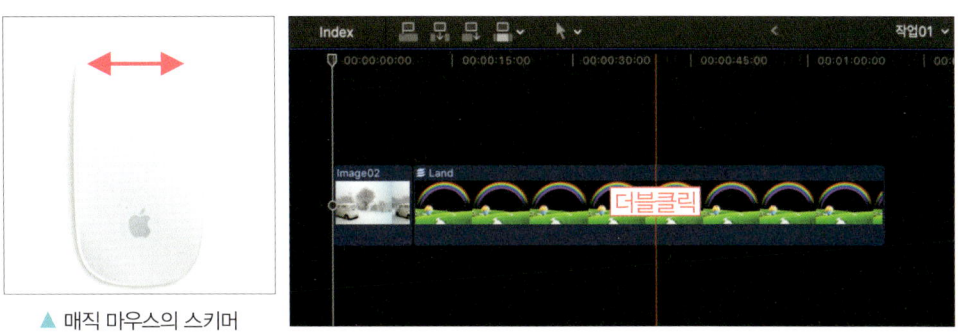

▲ 매직 마우스의 스키머

타임라인 확대/축소 키 [command] + [+]와 [command] + [-]입니다. 즐겨 사용하기 때문에 기억해 두기 바랍니다.

그러면 합쳐졌던 포토샵 클립이 다른 타임라인 공간에서 해제되어 나타나는 것을 알 수 있습니다. 이렇듯 포토샵 클립은 사용된 레이어들이 그대로 반영되며, 별도의 타임라인에서 개별 작업을 할 수 있습니다. 모션에 대한 학습은 차후 자세히 살펴보기로 하겠습니다. 확인이 끝나면 다시 원래 **마그네틱 타임라인(Magnetic timeline)**으로 이동하기 위해 **타임라인 히스토리**의 Go back in Timeline history 버튼을 클릭합니다.

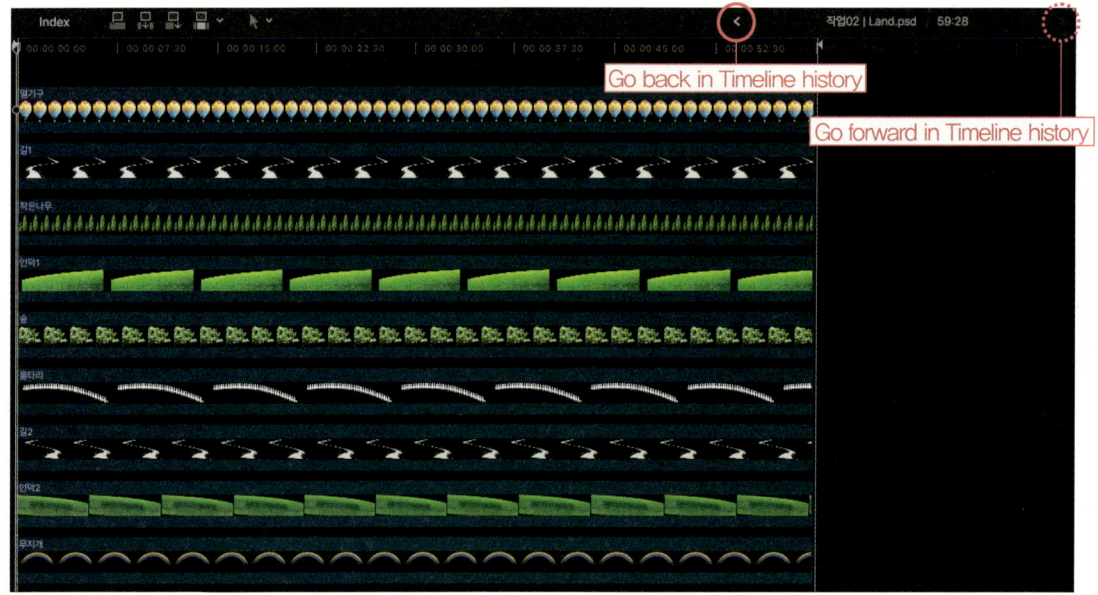

마그네틱 타임라인으로 이동한 후 랜드 포토샵 클립의 **끝 점**을 **클릭**해 보면 이미지 클립과는 다르게 **빨간색**으로 표시되는데, 이것은 더 이상 길이를 늘려줄 수가 없다는 의미입니다. 이렇듯 포토샵 파일은 이미지 파일이기는 하지만 레이어를 개별로 사용할 수 있는 별도의 타임라인에서 길이가 정해지기 때문에 만약 길이를 늘려주고자 한다면 포토샵 클립을 별도의 타임라인으로 열어놓고 길이를 늘려주어야 합니다.

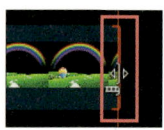

 뷰어의 레터박스 없애기

앞서 가져온 이미지 클립(포토샵 클립 포함)들을 뷰어에서 보면 양쪽에 **검정색 영역(레터 박스)**이 나타납니다. 이것은 현재 프로젝트의 규격(비율)이 가져온 이미지 클립과는 다른 1280x720이기 때문에 생기는 현상입니다. 그러므로 가급적 프로젝트 규격(비율)과 동일한 규격의 이미지 클립을 사용하기를 권장합니다. 하지만 지금처럼 규격이 다른 이미지를 어쩔 수 없이 사용해야 한다면 인스펙터를 통해 조절을 할 수도 있습니다.

비율이 맞지 않아 생기는 레터박스(공간)

만약 이미지 클립의 비율, 즉 크기를 조절하여 현재 레터박스를 없애주고자 한다면 포토샵 클립을 선택한 후 **비디오 인스펙터**에서 Spatial Conform의 **Show**를 클릭하여 해당 옵션이 열리게 한 다음 **Type**을 **Fill**로 설정하면 됩니다. 필 방식은 레터박스가 생긴 영역을 기준으로 이미지의 크기를 확대하여 맞춰줍니다. 그러므로 상하의 이미지 또한 확대되어 일부 잘려진 상태로 사용해야 합니다.

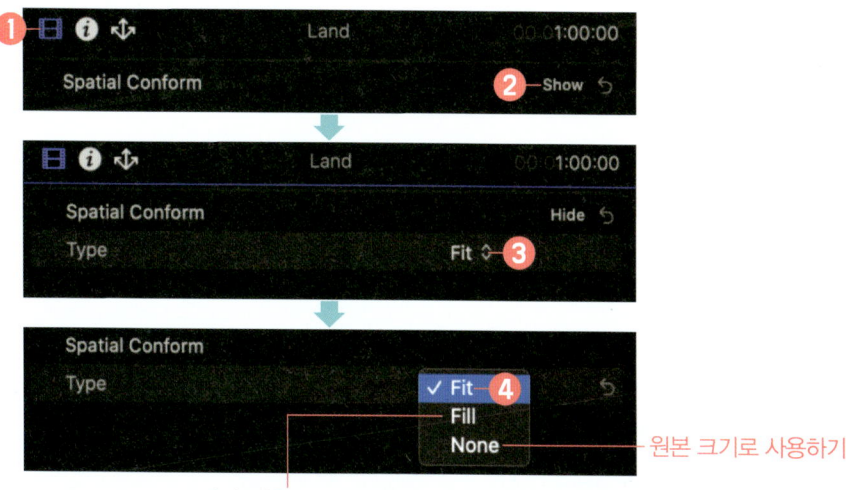

편집용 미디어 파일 가져오기 **087**

시퀀스(Sequence) 파일 가져오기

시퀀스는 서열, 배열, 순서라는 뜻을 가진 단어로써 영상 편집과 같은 작업에서는 낱장으로 된 스틸 이미지를 순서대로 사용한다는 의미로 사용됩니다. 시퀀스 파일은 주로 **타임 랩스(Time lapse : 인터벌)** 촬영에서 얻어진 이미지를 동영상처럼 움직임을 갖게 하기 위해 사용되며 또한 3D 프로그램에서 만든 인트로 및 타이틀 등의 파일을 불러와 편집할 때 주로 사용됩니다. 파이널 컷 프로에서는 별도의 시퀀스 옵션이 없기 때문에 **컴파운드(Compound)**라는 기능을 사용하여 동영상 클립처럼 표현할 수 있습니다.

타임 랩스(Time lapse : 인터벌)로 촬영된 파일 가져오기

시퀀스 파일을 가져오기 위해 이번엔 2021. 05. 30 이벤트를 선택합니다. 그다음 임포트 미디어 창을 열어준 후 [학습자료] - [Sequence] - [Time lapse] 폴더로 들어갑니다. 타임 랩스 폴더로 들어가면 Sunset이란 이름의 번호가 붙은 스틸 이미지 파일들이 0~89번까지 있는 것을 볼 수 있습니다. 이렇듯 시퀀스 파일은 번호가 붙어있어야 하는데, 그 이유는 **번호순**으로 **배치(연결)**가 되기 때문입니다. 지금의 파일들을 하나하나 살펴보면 일몰되는 장면인 것을 알 수 있습니다. 여기서 먼저 Sunset_000000번 이미지만 선택한 후 가져옵니다.

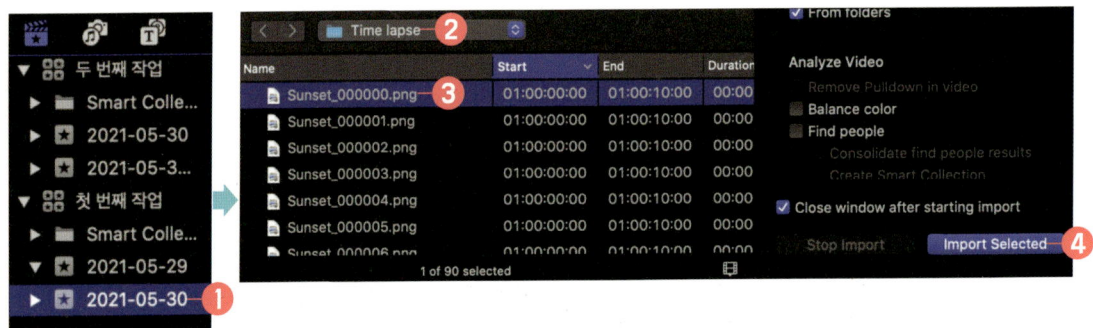

그다음 방금 가져온 Sunset_000000번 이미지 파일의 **필름스트립(섬네일)** 위에 마우스 **포인트(커서)**를 갖다 놓고 확인해 보면 해당 장면만 나타납니다. 이것은 즉 현재 이미지 파일 하나만 사용된다는 것입니다.

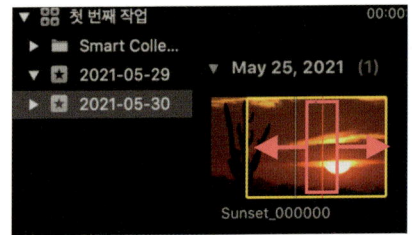

섬네일 위에서 노란색 테두리는 타임라인에 적용된 구간인데, 이 노란색 테두리의 **양쪽 끝**을 이용하여 **컷 편집**을 할 수도 있습니다. 살펴보기 위해 **마우스 커서**를 노란색 테두리의 **우측** 부분을 **클릭**한 후 **좌측**으로 이동해 봅니다. 그러면 노란색 영역이 조절되는 것을 알 수 있습니다. 이와 같은 방법으로 타임라인에 적용되기 전에 간단한 컷 편집을 할 수 있습니다.

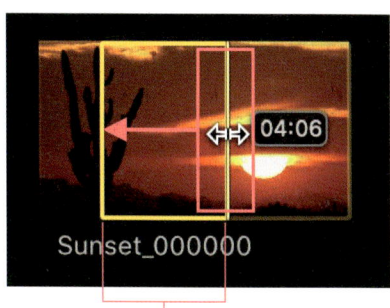

노란색 박스 인/아웃 포인트를 드래그하여 사용할 길이 조절을 할 수 있음

계속해서 이번엔 모든 파일을 가져오기 위해 다시 미디어 임포트 창을 열어준 후 0~89번 파일을 모두 선택합니다. 모든 파일의 선택은 shift 키나 option 키를 누른 상태로 선택할 수 있지만 [command] + [A] 키를 눌러 한 번에 모두 선택할 수도 있습니다. 이제 모두 선택된 파일을 가져옵니다.

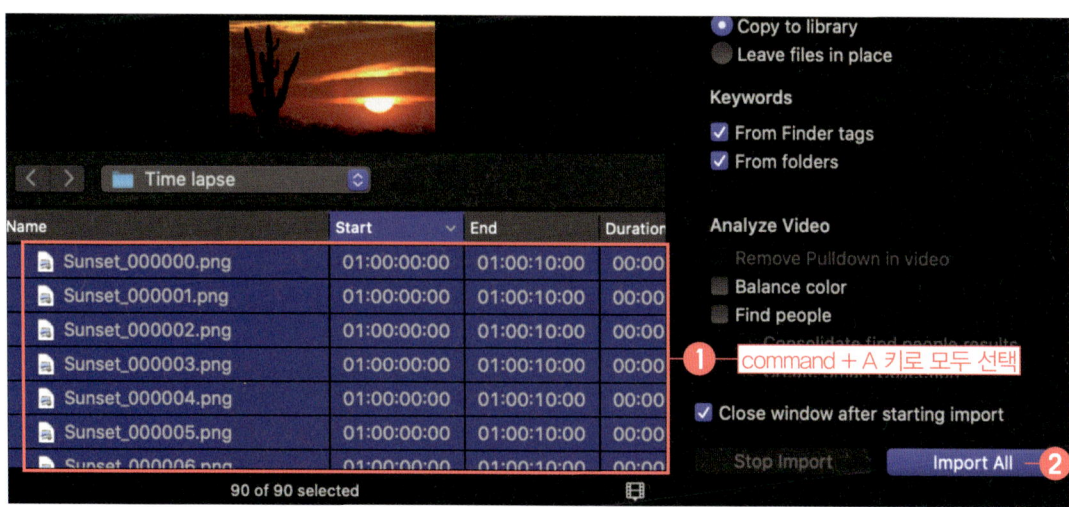

총 **90개**의 이미지가 임포팅되었습니다. 이것을 만약 **초당 30프레임(레이트)**으로 계산한다면 **3초**에 해당되는

영상이 만들어질 것입니다. 브라우저에 많은 클립들이 적용되었기 때문에 브라우저 우측 상단의 **Toggle clip…filmstrip and list modes**를 클릭해 봅니다. 그러면 필름스트립 모드에서 **리스트 모드**로 간소화됩니다. 하지만 필자는 익숙한 **필름스트립 모드**로 다시 전환 하였습니다.

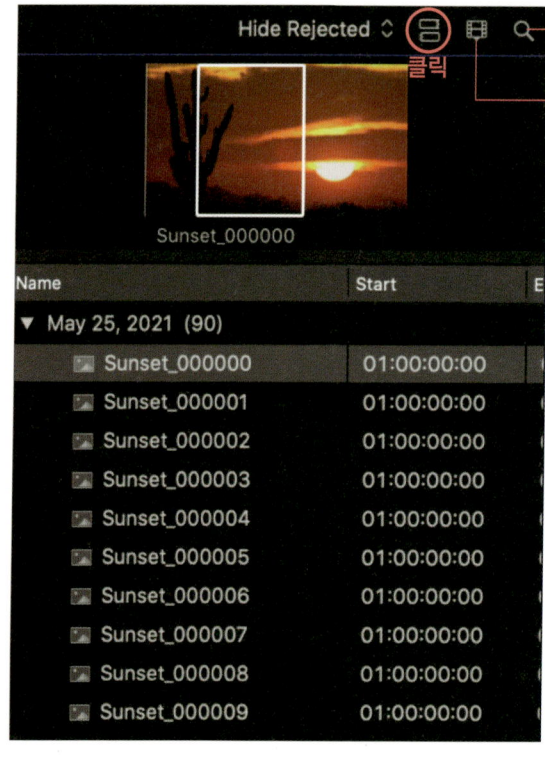

2021-05-30 이벤트의 타임라인을 사용하기 위해 **슬레이트** 모양의 **작업01 프로젝트**를 **더블클릭**합니다. 2021-05-30 이벤트에는 앞선 학습에서 복사한 프로젝트가 있어야 하지만 만약 복사된 프로젝트가 없다면 [command] + [N] 키를 눌러 프로젝트를 생성해 줍니다.

이제 모든 이미지 클립들을 [command] + [A] 키를 눌러 모두 선택한 후 **드래그**하여 **타임라인**에 갖다 놓습니다. 그러면 선택된 모든 클립들이 **번호순**으로 적용된 것을 알 수 있습니다.

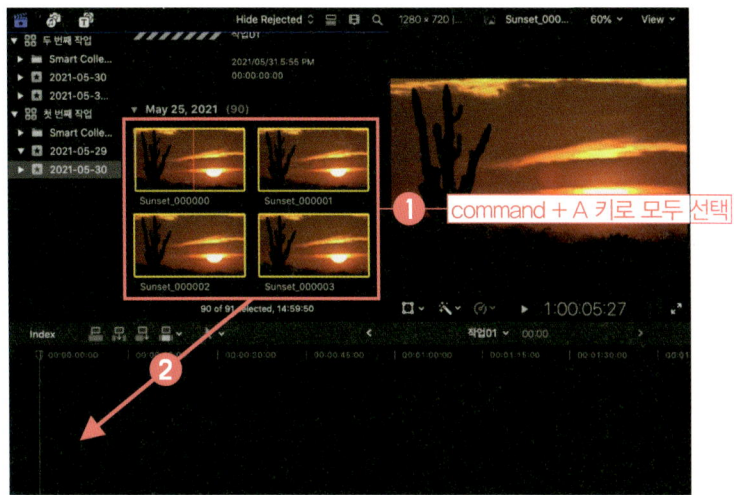

만약 적용된 클립의 번호순이 뒤바뀌었을 때에는 뒤바뀐 클립을 직접 끌어다 순서를 바꿔주어야 합니다. 파컷의 타임라인은 마그네틱 형식이기 때문에 클립의 순서를 바꿀 때 나머지 클립들은 자동으로 밀려납니다.

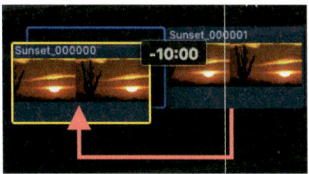

 전체 선택 시 클립의 길이가 틀릴 때
모든 클립을 선택할 때 클립들의 길이가 모두 같아야 합니다. 그것은 일정한 시간으로 보여야, 즉 재생돼야 하기 때문입니다. 만약 전체 선택된 이미지 클립의 길이가 다를 경우에는 브라우저에 있는 모든 클립을 스틸 이미지의 전체 길이인 10초로 늘려준 후에 전체 선택을 해야 합니다.

컴파운드(Compound) 클립 만들기(시퀀스 파일 시간 조절하기)

컴파운드 클립은 여러 개의 클립 또는 특정한 하나의 클립을 하나로 묶어놓은 클립을 말합니다. 앞선 작업에서처럼 여러 개로 나열된 시퀀스 클립들을 하나로 묶을 때 컴파운드 클립은 매우 유용합니다. 컴파운드 클립을 만들기 위해 먼저 타임라인을 축소하여 모든 클립들을 보이게 한 후 적용된 모든 클립들을 [command] + [A]

키를 눌러 선택합니다. 이때 타임라인이 활성화되어있어야 합니다. 만약 브라우저와 같은 다른 작업 창이 선택(활성화)되어있다면 선택된 창의 클립들이 선택되기 때문에 주의해야 합니다.

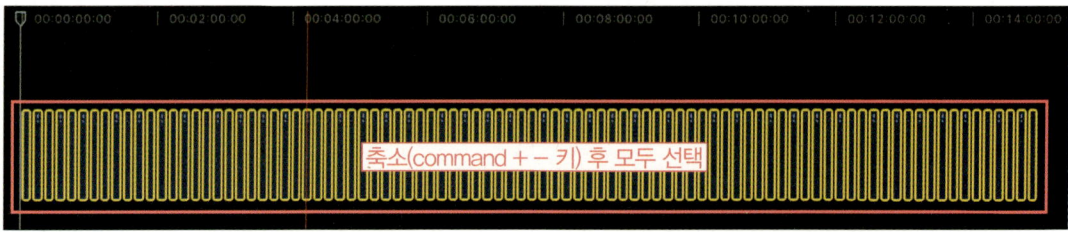

이제 [File] - [New] - [Compound Clip]을 선택합니다. 그리고 컴파운드 클립 설정 창에서 이름을 **타임랩스**로 입력하고, in Event를 20-21-05-30로 설정하여 **컴파운드 클립**이 해당 이벤트에 적용되도록 설정한 후 OK합니다.

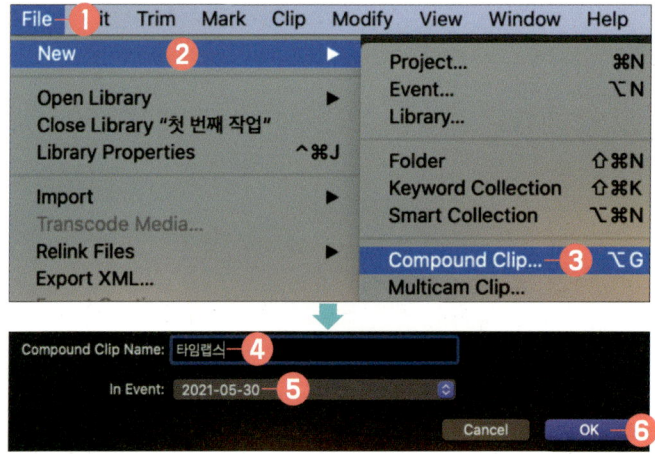

그러면 선택된 모든 클립들이 하나로 합쳐진 것을 알 수 있습니다. **스페이스 바**를 눌러 플레이를 해 보면 앞서 10초의 클립들이 합쳐진 것이기 때문에 각 장면들이 10초 이후에 바뀌는 것을 알 수 있습니다. 이제 이 합쳐진 **컴파운드 클립의 속도**를 빠르게 하여 전체가 **3초동안** 재생되는 클립으로 만들어보겠습니다.

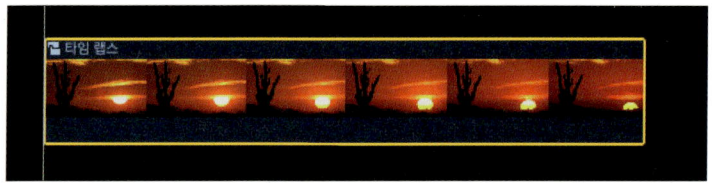

컴파운드 클립이 선택된 상태에서 **뷰어 하단**(또는 Modify 메뉴의 Retime 메뉴)의 리타이밍 옵션(Retiming opions) 메뉴를 열고 Custom을 선택합니다. **리타임**에서는 클립의 속도 및 정지 영상 등을 만들어 줄 수 있습니다.

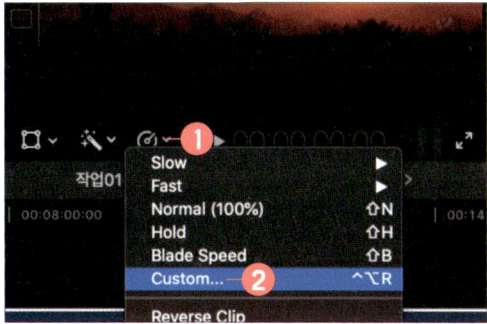

선택된 클립 위쪽에 Custom Speed 설정 창이 뜨면 Duration을 체크한 후 시간(타임코드)을 3초(00:00:03:00)로 설정한 후 return 키를 눌러 적용합니다.

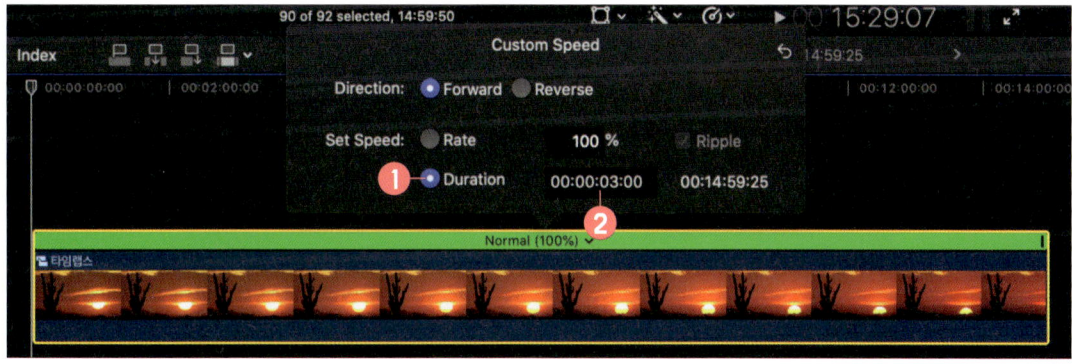

이제 **스페이스 바**를 눌러 플레이해 보면 정상적인 속도로 보이는 것을 알 수 있습니다. 이렇듯 타임 랩스(인터벌)로 촬영된 영상은 컴파운드 클립과 속도를 조절하여 정상적인 속도로 표현할 수 있습니다.

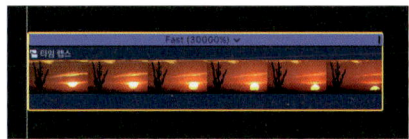

컴파운드 클립을 더블클릭하면 컴파운드 클립의 타임라인을 열어서 수정 작업을 할 수 있습니다.

인트로 시퀀스 파일 가져오기

인트로 영상은 주로 시네마 4D와 같은 3D 프로그램이나 애프터 이펙트와 같은 모션 그래픽 프로그램에서 제작됩니다. 물론 파이널 컷 프로에서도 타이틀 소스가 제공되지만 보다 수준 높은 타이틀 제작을 위해서는 이와 같은 전문 프로그램을 사용하는 것이 좋습니다. 이제 준비된 인트로 시퀀스 파일을 가져오기 위해 사이드바의 빈 곳에서 **RMB(우측 마우스 버튼)**를 하여 **New Event** 메뉴를 선택합니다.

이벤트 설정 창이 열리면 이름을 **인트로**라고 입력하고 라이브러리는 **첫 번째 작업**을 그대로 사용합니다. 이번에는 이 설정 창에서 새로운 프로젝트를 사전에 만들어놓고 진행하기 위해 Create New Project를 체크합니다. 그밖에 속성은 앞서 사용했던 프로젝트 규격과 동일하게 해 줍니다.

이벤트와 프로젝트, 라이브러리의 이름은 가급적 해당 작업과 관련된 이름을 사용하는 것을 권장합니다.

계속해서 새로 생성된 인트로 이벤트에서 프로젝트의 이름을 **인트로**01로 수정합니다. 이벤트처럼 프로젝트의 이름도 해당 작업과 관련된 이름을 사용하는 것을 권장합니다.

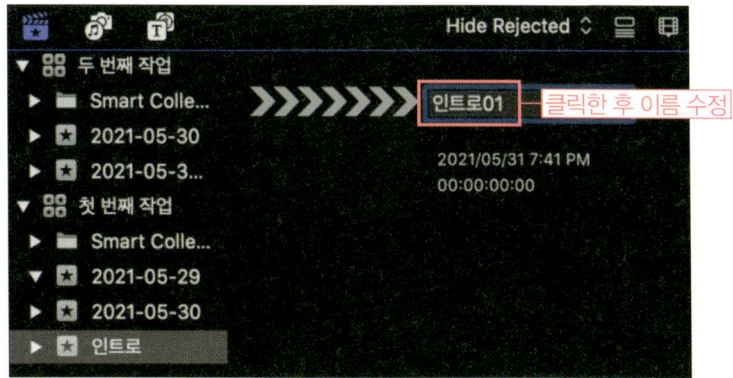

이제 인트로 시퀀스 파일을 가져오기 위해 [command] + [I] 키 또는 상단 **임포트 미디어** 버튼을 눌러 **미디어 임포트 창**을 열어준 후 [학습자료] - [Sequence] - [Intro] 폴더로 들어갑니다. 그다음 인트로 폴더에 있는 모든 파일을 **선택**(command + A)한 후 가져옵니다.

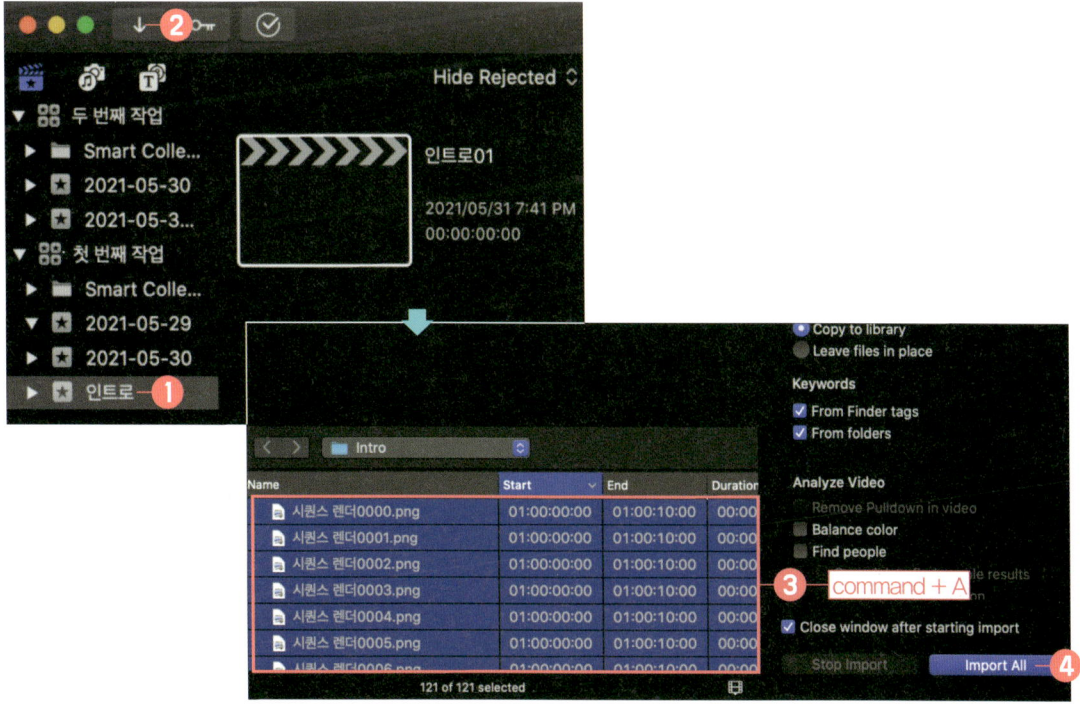

이제 가져온 인트로 시퀀스 파일들을 앞서 학습한 컴파운드 클립을 만들어서 속도를 조절해 봅니다. 먼저 **시퀀스 렌더0000** 클립의 섬네일을 클릭해 봅니다. 그러면 앞서 설정된 **8초**에 해당하는 길이만큼 구간이 선택되는 것을 알 수 있습니다. 첫 번째 클립은 다른 **클립(10초)**보다 약간 짧은 길이로 사용합니다.

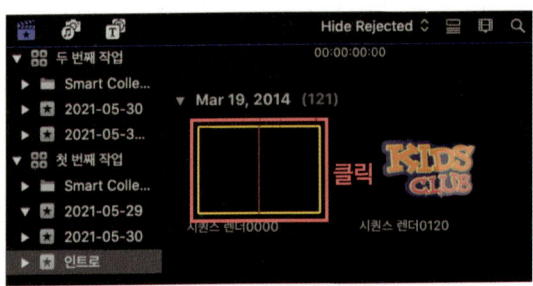

계속해서 시퀀스 파일들을 타임라인에 적용해야 하는데, 현재 필름스트립 모드에서는 시퀀스 파일들의 번호가 뒤죽박죽 되어있기 때문에 **리스트 모드**로 전환한 후 Name 컬럼를 클릭하여 이름의 순서(숫자 우선순위)에 맞게 배열합니다. 그다음 전체 선택한 후 **타임라인**에 적용합니다. 그다음 타임라인에 적용된 인트로 클립들을 **모두 선택**(command + A)한 후 선택된 클립에서 RMB를 하여 New Compound Clip을 선택합니다.

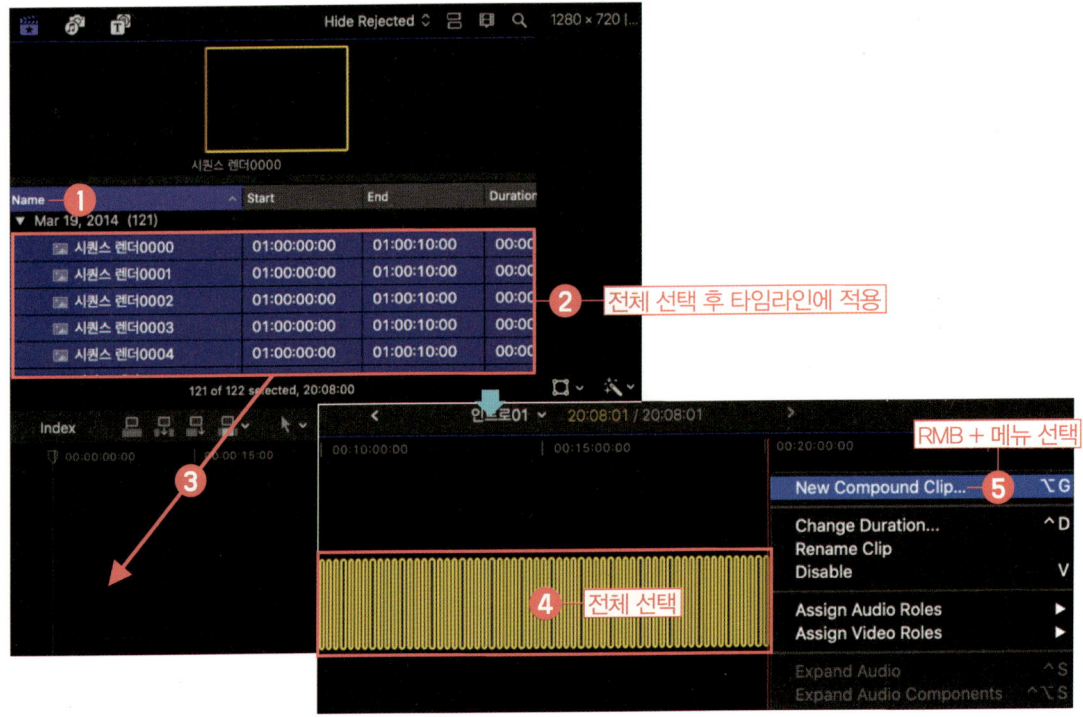

컴파운드 이름을 **인트로01 컴파운드 클립**이란 이름으로 해 주고, 속도를 조절하기 위해 컴파운드 클립을 선택한 후 앞서 학습한 것처럼 뷰어 하단의 리타이밍 옵션에서 커스텀을 선택합니다. 단축키는 [control] + [option] + [R] 키입니다. 커스텀 스피드를 **듀레이션**으로 **체크**한 후 **4초**로 설정한 후 return 키를 눌러 적용합니다. 인트로 시퀀스 클립이 총 120개이기 때문에 **4초**로 설정해야 정상적인 속도로 재생됩니다.

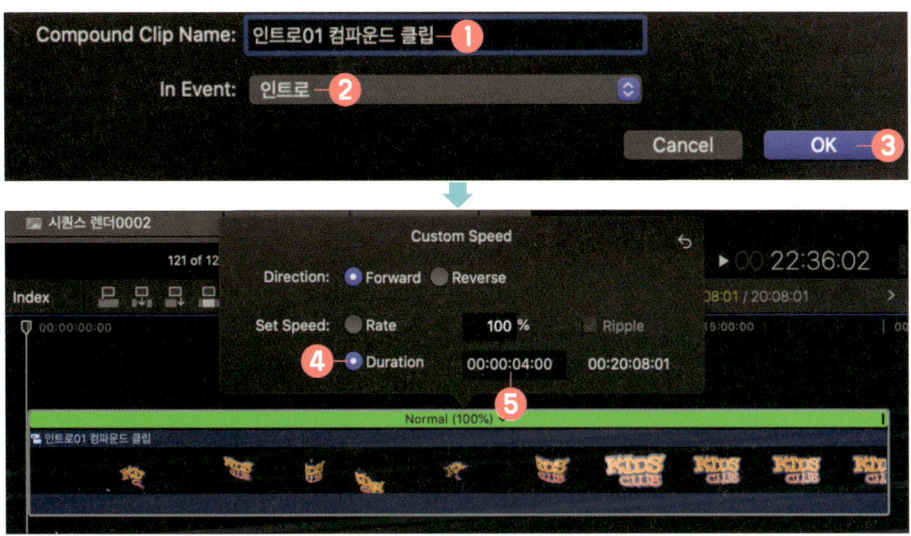

이제 **스페이스 바**를 눌러 확인을 해 보면 정상적인 속도로 재생되는 것을 알 수 있습니다. 하지만 배경에 아무 것도 없기 때문에 왠지 허전해 보입니다. 다음으로 배경을 적용하여 완성해 보도록 하겠습니다.

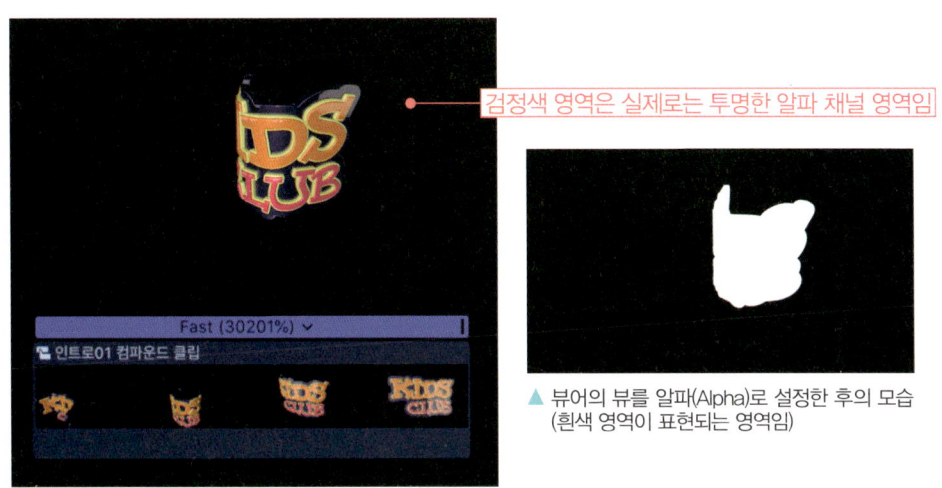

▲ 뷰어의 뷰를 알파(Alpha)로 설정한 후의 모습
(흰색 영역이 표현되는 영역임)

이제 마지막으로 인트로 배경을 만들어주기 위해 Titles and Generators 사이드바를 선택한 후 Generators 섹션의 Backgrounds 목록을 열어줍니다. 여기에서 인트로와 어울리는 배경을 드래그하여 그림처럼 **인트로 컴파운드 클립 아래쪽**에 적용하였습니다. 적용 후의 결과를 보면 인트로 클립의 로고를 제외한 영역이 **투명(알파 채널)**하기 때문에 투명한 영역에는 아래쪽 배경 영상이 나타나는 것을 알 수 있습니다. 사용된 **인트로 시퀀스** 클립이 배경이 **투명**한 **알파 채널**이 포함된 PNG 형식의 파일이기 때문입니다. 이것으로 다양한 형식의 소스 미디어 파일을 불러오는 방법과 설정 그리고 간단한 사용법에 대해 살펴보았습니다.

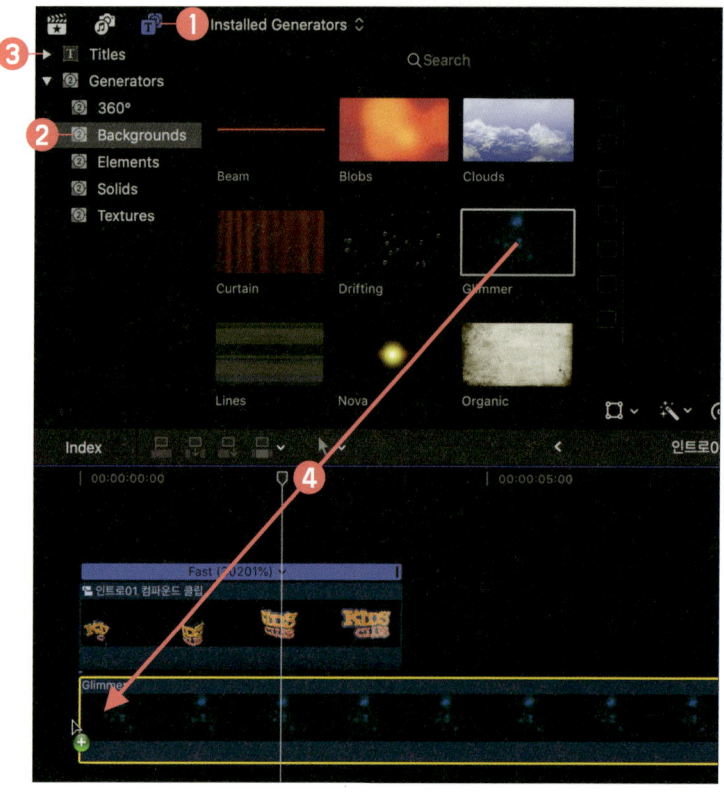

배경이 투명한 알파 채널이 포함되는 이미지 파일 형식은 PNG, TIFF, TGA, PSD, GIF 등이 있습니다.

학습 결과물

임포트 사전 설정해 놓기

임포트 미디어를 할 때 미디어 임포트 창에서 설정하는 옵션들은 환경설정(**command + ,**)의 **Import** 섹션에서 미리 설정해 놓고 지속적으로 사용할 수 있습니다.

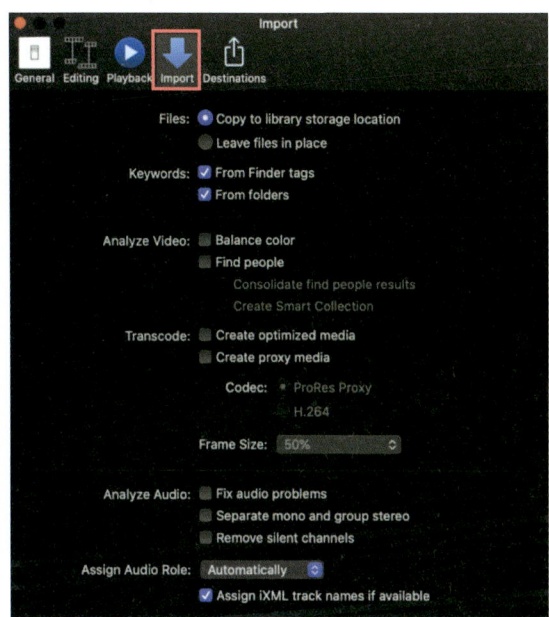

비디오 파일 안정화 작업

촬영 시 카메라가 흔들리거나 **롤링 셔터**(Rolling Shutter)로 인해 출렁이듯 곡되는 현상이 있는 비디오 클립은 파이널 컷 프로의 **안정화** 기능을 통해 문제를 해결할 수 있습니다. 이번 학습에서는 이와 같은 문제를 해결하는 방법에 대해 알아 보겠습니다.

스테이빌라이제이션을 이용한 흔들리는 화면 안정화하기

보통 멀리 있는 피사체를 촬영할 때에는 망원렌즈나 줌 인(Zoom In)은 극대화해야 하기 때문에 흔들리지 않도록 삼각대로 고정한 후 촬영을 하게 되는데, 만약 이러한 조건을 갖추지 않고 촬영을 하게 되면 카메라가 흔들리게 됩니다. 이러한 문제의 상태에서 촬영된 동영상 클립은 **스테이빌라이제이션**이란 기능으로 안정적인 화면으로 만들어 줄 수 있습니다. 현재 **화면 안정화**라는 새로운 **이벤트와 프로젝트**가 생성된 상태이며, 타임라인에는 [학습자료] - [Video] 폴더에 있는 Stabilization 클립이 적용된 상태합니다. 플레이 해 보면 화면이 다소 심하게 흔들리는 것을 알 수 있습니다. 이제 이 문제를 해결하기 위해 타임라인에 적용된 클립을 선택한 후 비디오 인스펙터의 Stabilization을 체크합니다. 그러면 화면을 자동으로 분석하여 흔들리는 문제를 해결해 줍니다.

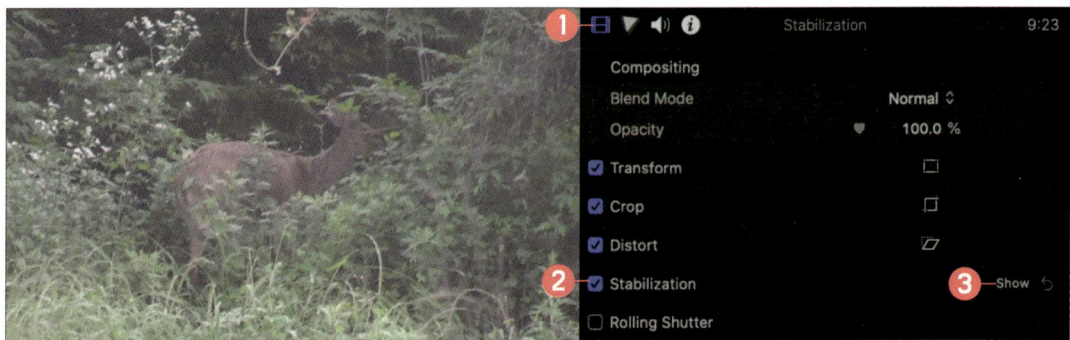

안정화 작업 후 확인을 해 보면 이전보다 훨씬 안정화된 것을 알 수 있습니다. 하지만 마치 슬로우 비디오처럼 움직이는 모습이 나타납니다. 계속해서 세부 설정을 위해 Show 버튼을 클릭하여 설정 옵션이 나타나도록 펼쳐줍니다. 스테이빌라이제이션은 보통 Automatic을 선택하여 자동으로 분석하지만 보다 섬세한 설정을 하고자 한다면 메소드(Method)를 SmoothCam으로 선택하여 세부 설정을 하게 됩니다. 스무스 캠 방식은 다음과 같은 세 가지 설정 옵션을 제공합니다.

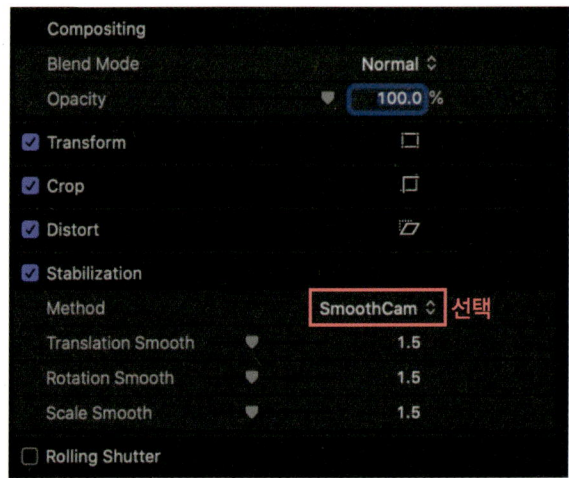

| 트랜슬레이션 스무스 (translation Smooth) | 수평/수직으로 움직이는 것을 안정화할 때 사용합니다. 수치가 높아질수록 안정화되는 강도가 높아집니다. 일반적으로 2.5 정도의 수치를 사용합니다. |

로테이션 스무스
(Rotation Smooth)

회전되는 움직임을 안정화할 때 사용합니다. 수치가 높아질수록 안정화되는 강도가 높아집니다. 일반적으로 1.0 정도의 수치를 사용합니다.

스케일 스무스
(Scale Smooth)

크기에 대한 변화를 통해 안정화할 수 있습니다. 수치가 높아질수록 안정화되는 강도가 높아집니다. 일반적으로 1.0 이하의 수치를 사용하는데, 수치가 높아지게 되면 화면이 확대되어 화질에 영향을 줄 수 있으므로 주의해야 합니다.

롤링 셔터를 이용한 출렁이는 화면 진정시키기

롤링 셔터(Rolling Shutter)는 스마트 폰이나 DSRL과 같은 카메라로 비디오 촬영 시 카메라를 빠르게 움직일 때 물결이 치듯 출렁이는 왜곡 현상을 말합니다. 현재 [학습자료] - [Video] 폴더에 있는 Rolling Shutter 클립이 타임라인에 적용된 상태이며, 확인해 보면 카메라가 좌우로 패닝하는 장면인 것을 알 수 있습니다. 이때 카메라 패닝 시의 모습을 보면 화면이 많이 기울어지면서 출렁이는 것을 볼 수 있습니다.

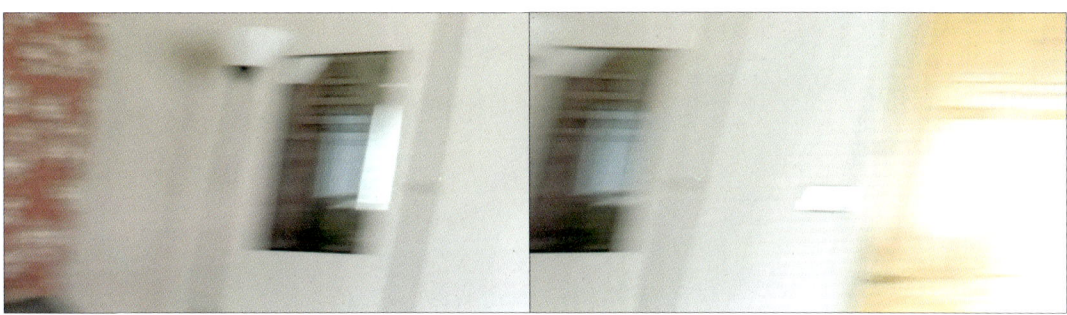

이제 클립을 선택한 후 비디오 인스펙트의 Rolling Shutter를 체크해 봅니다. 그러면 이전보다 기울어짐이 줄어들고 출렁이는 모습도 줄어든 것을 알 수 있습니다. 이어서 보다 안정된 결과를 얻기 위해 Amount를 Extra High로 변경합니다. 그러면 화면이 조금 확대되면서 이전보다 훨씬 안정적인 화면으로 바뀐 것을 알 수 있습니다. 이처럼 롤링 셔터를 이용하면 롤링 셔터 현상을 완화시켜 줄 수 있습니다.

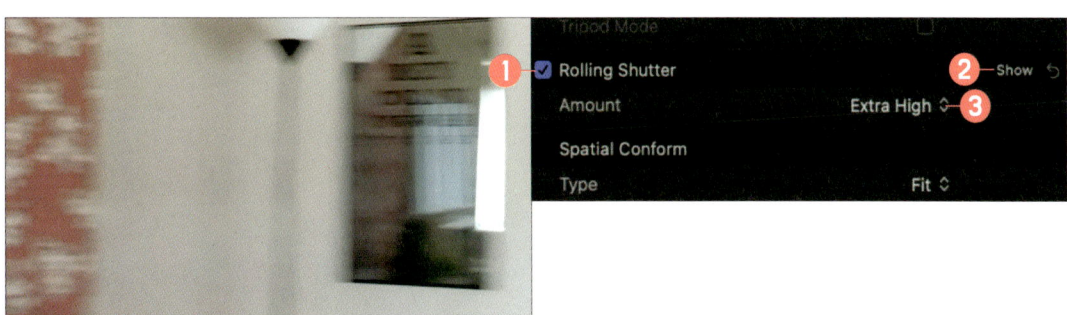

Final Cut Pro Guide for Beginner

FCP
파이널컷프로

PART 02

◀ 기본편집

01 어셈블과 편집과 러프 편집
02 타임라인을 이용한 기본 편집
03 타임라인을 이용한 세부 편집
04 비디오 이펙트와 트랜지션
05 시간에 관한 것들
06 오디오 편집
07 타이틀(자막) 및 제너레이터 제작

01 어셈블 편집과 러프 편집

어셈블 편집(Assemble editing)은 원본 영상(오디오) 클립의 필요한 부분만 발췌하는 편집 과정이며, 러프 편집(Rough editing)은 어셈블 편집 후 얻어진 영상(오디오) 클립의 앞뒤(인/아웃 포인트) 장면 중 문제가 되는 부분만을 대략적으로 편집해 놓는 과정입니다. 하지만 컴퓨터 프로그램을 사용하는 넌리니어(Non Linear) 편집에서는 세부 편집을 하기 전의 대략적인 가편집을 하는 과정의 시작이라고 이해하면 됩니다.

브라우저에서 편집하기

파이널 컷 프로에서는 임포팅한 클립을 브라우저에서 직접 컷 편집을 할 수 있습니다. 물론 세부 편집이 아닌 **스키머(Skimmer)**를 통한 러프 편집 정도지만 매우 간편하고 편리하게 사용할 수 있습니다.

스키머(Skimmer)로 편집하기

스키머는 미디어 **클립** 위에 **마우스 커서**를 갖다 놓았을 때 커서의 위치에 따라 해당 클립의 장면이 보이거나 소리가 들리도록 하는 편리한 기능입니다. 스키머 편집을 위해 먼저 **새로운 라이브러리**와 **이벤트** 그리고 **프로젝트**를 생성합니다. 필자는 그림처럼 **기본 편집**이란 라이브러리와 **어셈블 & 러프 편집**이란 이벤트 그리고 **브라우저 편집**이란 프로젝트를 생성하였으며, 프로젝트의 규격은 **1280 x 720, 29.97p(프레임)**으로 설정하였습니다.

- 새로운 작업(학습)을 할 때에는 항상 새로운 라이브러리, 이벤트, 프로젝트를 생성하기를 권장합니다.
- 앞으로 만들어지는 프로젝트의 규격은 앞선 학습과 동일하다는 것을 기억하기 바랍니다.

어셈블 & 러프 편집 이벤트에 [학습자료] - [Video] 폴더에 있는 Beach, Cruise Ship, River, Sea 비디오 클립을 임포팅합니다. 방금 가져온 클립들은 각각 길이(재생 시간)이 다른데, 특히 Beach 클립의 필름스트립만 크고 (길고) 나머지 3개의 클립의 크기는 모두 동일합니다. 이것은 **Clip Appearance and Filtering Menu**에서 필름스트립이 표현되는 길이(시간)이 기본적으로 **30초**로 되어있기 때문에 30초가 넘는 클립은 길게 표현되는 것입니다. 이제 방금 설명한 메뉴를 열고 **시간**(Duration)을 1분(1m)으로 늘려보면 길게 보였던 Beach 클립의 필름스트립도 나머지 클립과 같은 크기로 줄어들어 브라우저 공간을 여유롭게 활용할 수 있습니다.

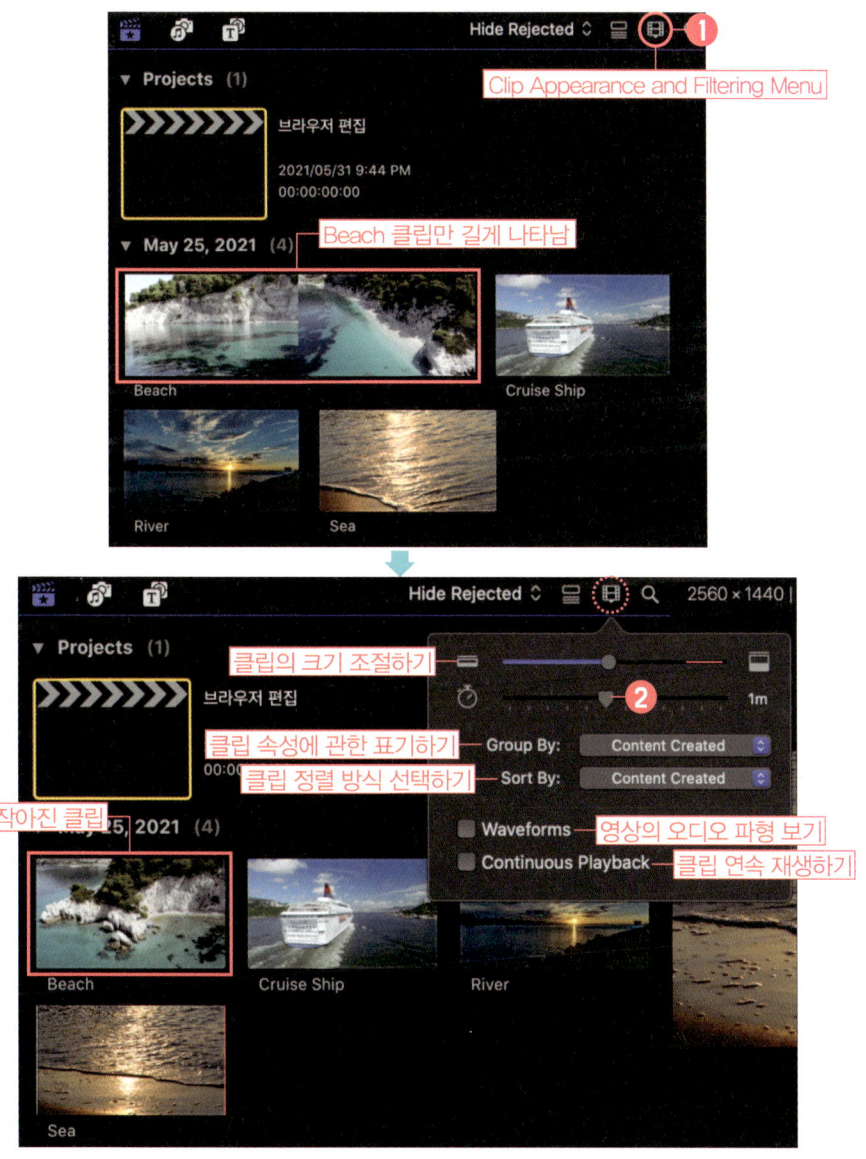

브라우저에 있는 클립 위에 **마우스 커서**를 갖다 놓습니다. 그러면 우측 뷰어에는 커서가 위치한 지점의 장면이 나타납니다. 계속해서 **커서**를 **좌우**로 스키밍을 해 보면 커서 위치의 장면이 **뷰어**에 실시간으로 전달됩니다.

한번 클릭과 클릭 & 드래그의 차이

클립을 **한번 클릭**하게 되면 해당 클립 **전체 장면(프레임)**이 선택되지만 특정 **지점**에서 클릭한 후 **좌우로 드래그**하면 해당 지점이 편집 영역으로 만들어집니다. 그림에서 노란색 박스로 표시된 영역이 실제 타임라인에 적용되는 구간입니다. 참고로 클릭 & 드래그하여 생긴 노란색 영역을 해제하기 위해서는 **option** 키를 누른 상태에서 클립을 **클릭**하면 됩니다. 이와 같은 방법으로 러프 편집 점(구간)을 찾아주면 됩니다.

[option] + [클릭]하면 해제됨

또한 클립을 클릭했을 때의 지점은 정지 프레임 상태로써 **하얀색 선**으로 표시되고, 스키밍 중에는 **빨간색 선**으로 표시되는데, 빨간색 선의 위치가 실제 뷰어에 나타나는 프레임(장면)입니다.

스키밍을 하다 보면 그림처럼 뷰어 좌우측에 아이콘이 뜨는데, 좌측에 **필름** 모양이 뜨면 해당 클립의 **시작 프레임(장면)**이며, 우측에 」 모양이 뜨면 해당 클립의 **마지막 프레임(장면)**이라고 이해하면 됩니다. 이와 같은 표시는 편집 시 특정 클립의 시작과 끝 점을 파악하는데 유용합니다.

끝 점(Out Point) 표시

클립의 시작 점(In point) 표시

클립 필터링하기(사용하지 않는 클립 정리하기)

브라우저에 있는 클립 중 타임라인에서 사용되고 있지 않은 클립만 남겨두고자 한다면 브라우저 좌측 상단의 Clip Filtering을 열어준 후 Unused를 선택하면 됩니다. 이것은 작업에 사용하지 않는 클립들을 정리(삭제)할 때 유용합니다. 평상시에는 All Clips을 사용합니다.

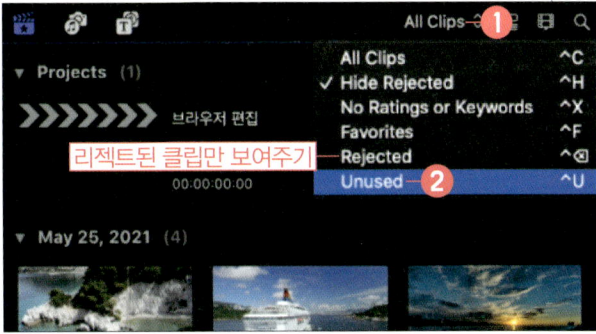

브라우저의 주요 기능 살펴보기

브라우저는 소스 미디어 클립들을 관리하는 곳으로써 몇 가지 유용한 기능을 익혀두면 보다 효율적인 작업을 할 수 있습니다. 여기에서는 주요 기능에 대해서 살펴볼 것입니다.

브라우저에 있는 클립 위에서 **RMB(우측 마우스 버튼)**를 하여 나타나는 퀵 메뉴를 보면 컴파운드 클립이나 멀티캠 클립을 만들 수 있는 기능과 트랜스코드, 분석, 해당 클립이 있는 폴더(파인더) 열기, 휴지통으로 이동하기 등의 기능들을 사용할 수 있습니다.

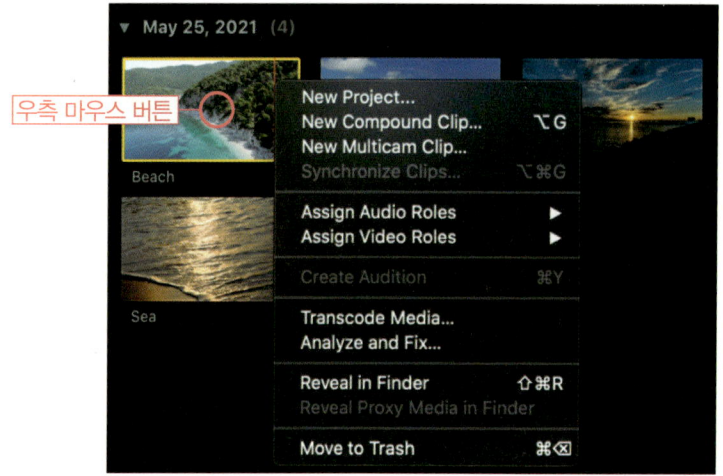

클립의 퀵 메뉴에 있었던 **Open Clip** 메뉴는 상단 풀다운 메뉴의 **Clip** 메뉴에서 사용할 수 있습니다. **오픈 클립** 메뉴는 해당 클립을 별도의 타임라인에서 열어줄 수 있기 때문에 독립적으로 작업할 때 사용됩니다.

브라우저의 빈 곳에서 **RMB**를 하면 클립 위에서 **RMB**를 했을 때 나타나는 메뉴들과는 다른 메뉴들이 나타납니다. 그 중 **Clip Name Size** 메뉴를 통해 클립 이름의 크기를 조절할 수 있습니다. 필자는 가장 큰 Large로 설정했습니다.

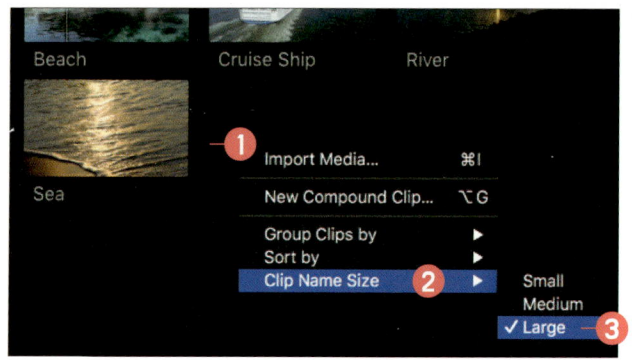

클립 분류하기

클립의 분류는 클립 형식이나 속성과 이름 그밖에 롤(Roles)과 키워드 등을 통해 가능하며, 클립을 분류함으로써 특정 클립만 나타나게 하거나 편집이 끝난 후 최종 파일을 만들 때 불필요한 클립들을 필터링할 수 있습니다.

스마트 컬렉션(Smart Collections)로 클립 분류하기

스마트 컬렉션은 사이드바에서 사용할 수 있는 간편한 분류기라고 할 수 있습니다. 모든 영상 클립을 보여주는 All Video, 오디오 클립만 보여주는 Audio Only, 즐겨 찾기로 등록된 클립만 보여주는 Favorites, 프로젝트만 보여주는 Projects, 이미지 파일만 보여주는 Stills를 통해 분류를 할 수 있습니다. 이중 스마트 컬렉션 중 페이버릿은 즐겨 찾기로 등록된 클립만 보여주는데, 즐겨 찾기로 등록하기 위해서는 클립을 선택한 후 [Mark] - [Favorite] 메뉴를 선택하면 됩니다. 페이버릿이 적용되면 클립 상단에는 초록색 띠가 생성되는데, 페이버릿 클립은 주로 앞으로 편집을 해야하는 클립을 표시해 두기 위한 목적으로 사용됩니다.

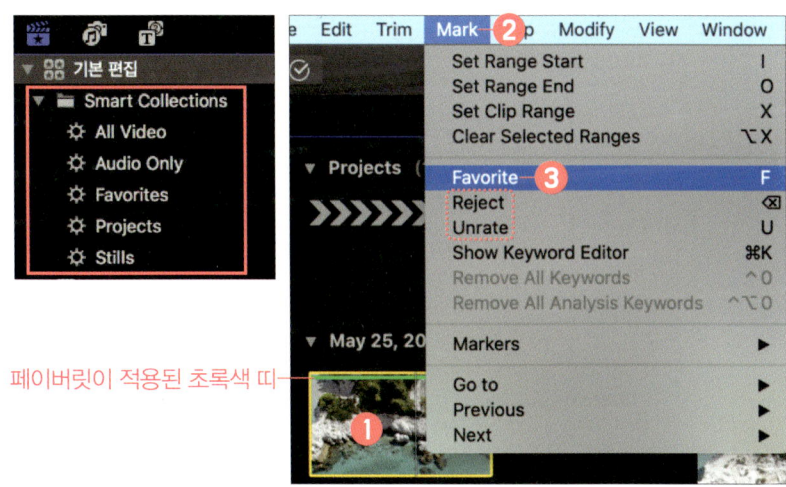

리젝트(Reject) 메뉴는 사용하지 않고자 하는 클립이나 사용이 완료된 클립을 표시하기 위해 사용되며, **빨간색 띠**로 표시됩니다. 리젝트는 스마트 컬렉션에서 분류하지 않고 브라우저 우측 상단의 클립 필터링에서 선택할 수 있습니다. 그리고 **언레이트(Unrate)** 메뉴는 아무런 표시도 하지 않는 기본 상태로 되돌아갈 때 사용합니다.

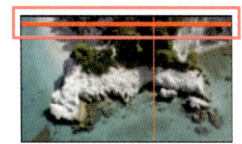

롤(Roles)을 사용하여 클립 분류하기

롤은 필름, 즉 영상과 오디오 클립에 대한 역할을 기준으로 분류하기 위한 기능으로써 주로 실제 타임라인에서 작업을 할 때 장면, 즉 클립의 속성에 따라 사용하거나 사용하지 않게 할 때 유용합니다. 롤을 적용하기 위해 먼저 브라우저에 있는 하나의 클립을 선택한 후 RMB를 하여 Assign Video Roles 메뉴를 열어줍니다. 이 메뉴를 보면 두 개의 롤과 롤을 편집할 수 있는 메뉴가 있습니다. 여기서 먼저 기본 Video를 Titles로 변경합니다. 그러면 선택된 클립은 이제 비디오 롤이 아니라 타이틀 롤로 변경됩니다.

오디오 롤은 기본적으로 비디오 롤보다 다양한 롤 형식을 가지고 있으며, 사용법은 동일합니다.

계속해서 이번엔 다른 클립을 선택한 후 RMB를 하여 Assign Video Roles가 기본 Video 롤로 되어있는지 확인합니다. 이것으로 두 개의 클립이 서로 다른 롤인 것을 확인하였습니다.

이제 롤 설정이 끝난 두 클립을 그림처럼 **위아래**의 트랙으로 **타임라인**에 적용합니다. 그다음 Index를 열고, Roles 모드를 선택합니다. 그러면 앞서 설정한 타이틀과 비디오 두 개의 롤이 표시되는 것을 알 수 있습니다.

현재는 롤에 상관없이 모든 클립의 모습이 정상적으로 나타납니다. 참고로 아래쪽 **다이얼로그(Dialogue)**는 오디오 롤로써 대화 형태의 롤이라고 이해하면 됩니다.

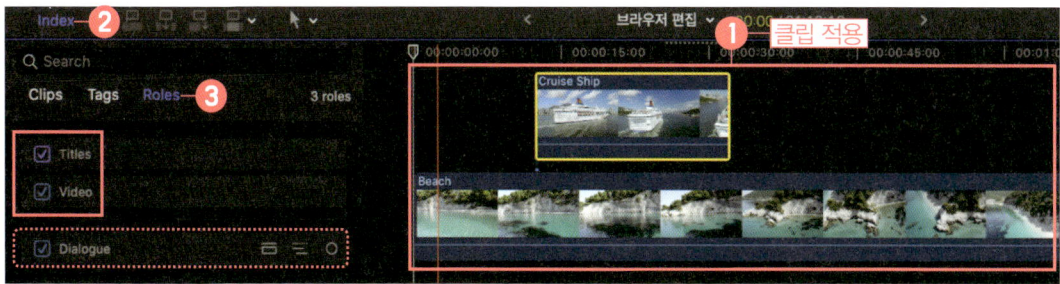

이제 롤을 활용하기 위해 먼저 Video 롤을 선택해 봅니다. 그러면 **비디오 롤** 클립만 **하이라이트**되어 밝게 표시됩니다. 다음으로 Titles 롤을 선택해 봅니다. 역시 타이틀 롤 클립만 하이라이트되는 것을 알 수 있습니다. 이렇듯 각각의 롤에 해당되는 클립을 간편하게 구분할 수 있다는 것을 알 수 있습니다. 계속해서 이번엔 Video 롤의 **체크** 박스를 **해제**해 봅니다. 그러면 비디오 롤 클립이 흑백으로 바뀌게 되고, 뷰어에는 아무런 화면도 나타나지 않습니다. 즉 사용하지 않겠다는 의미로 보면됩니다.

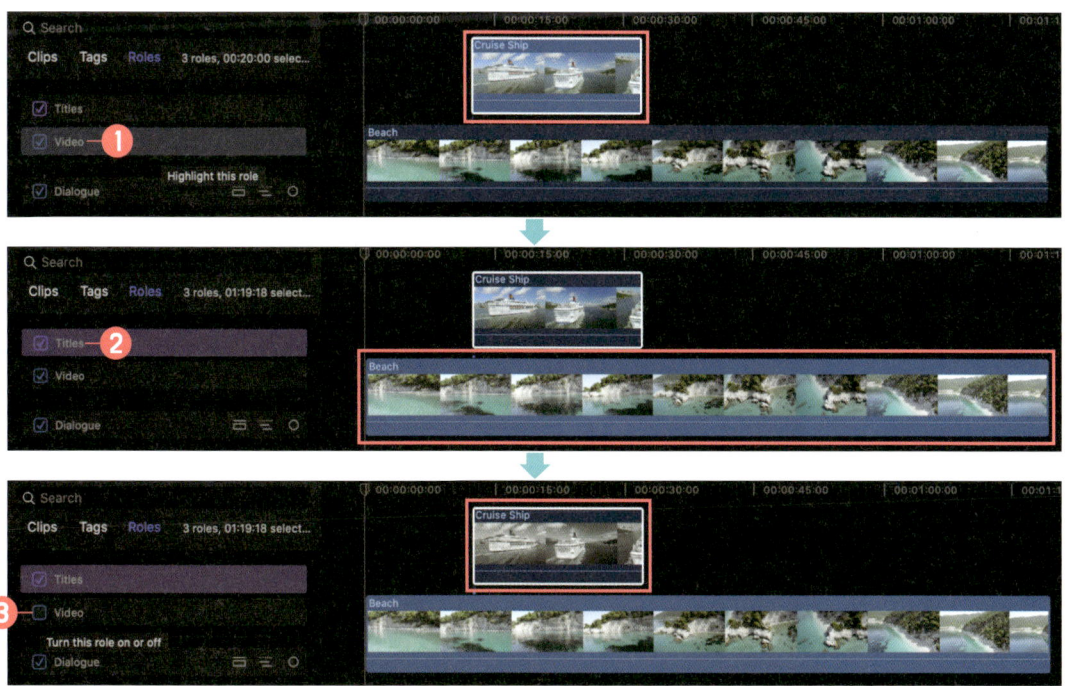

여기서 만약 각 클립에 롤 정보(이름)를 보여주고자 한다면 타임라인 우측 상단의 Change the appearance to the clips in the Timeline을 열어준 후 Clip Roles를 체크하면 됩니다.

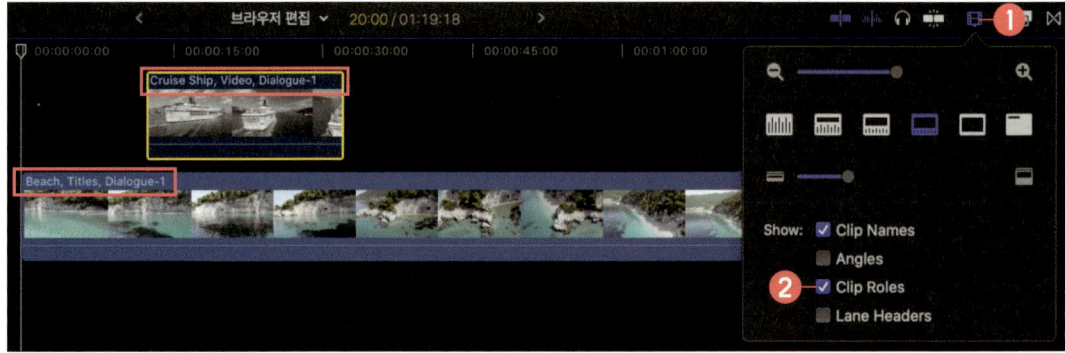

롤(Roles) 편집하기

롤은 기본 롤을 그대로 사용해도 되지만 필요에 따라 추가하여 보다 다양하게 활용할 수도 있습니다. 롤 편집을 위해 브라우저에 있는 클립에서 RMB를 하여 [Assign Video Roles] - [Edit Roles] 메뉴를 선택합니다. 롤 에디터가 열리면 비디오 롤에 있는 Video의 Subrole 우측의 + 버튼을 클릭하여 B-롤이라는 이름의 서브 롤을 추가합니다.

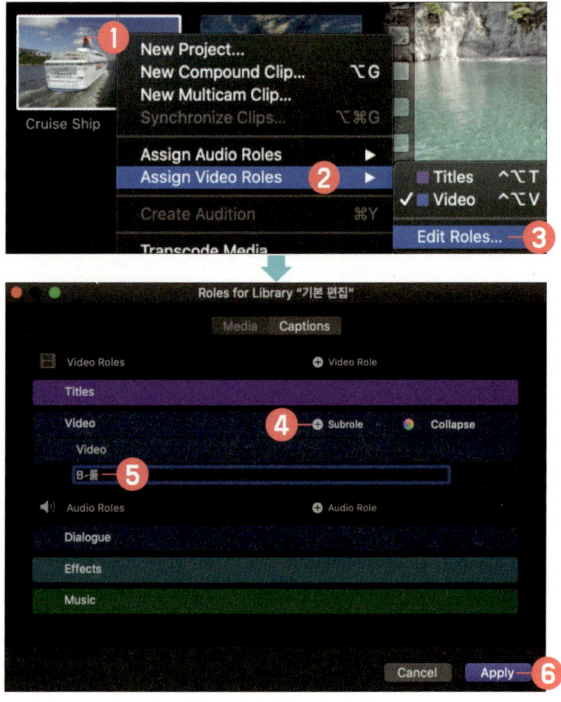

이와 같은 방법으로 타이틀 또는 비디오에 서브 롤을 추가할 수 있습니다. 이제 앞서 추가한 비디오 B-롤을 다른 클립에 적용해 봅니다.

이제 B-롤이 적용된 클립을 타임라인에 적용합니다. 그다음 확인해 보기 위해 **인텍스**의 비디오에서 Expand를 클릭하여 비디오 롤 목록을 펼쳐줍니다. 그러면 앞서 새로 추가한 B-롤 목록도 보이는 것을 알 수 있습니다. 살펴본 것처럼 파이널 컷 프로에서는 다양한 방법을 통해 클립들을 분류할 수 있다는 것을 알 수 있습니다. 다음은 키워드를 통해 클립을 분류하는 **키워드 컬렉션**에 대해 알아보겠습니다.

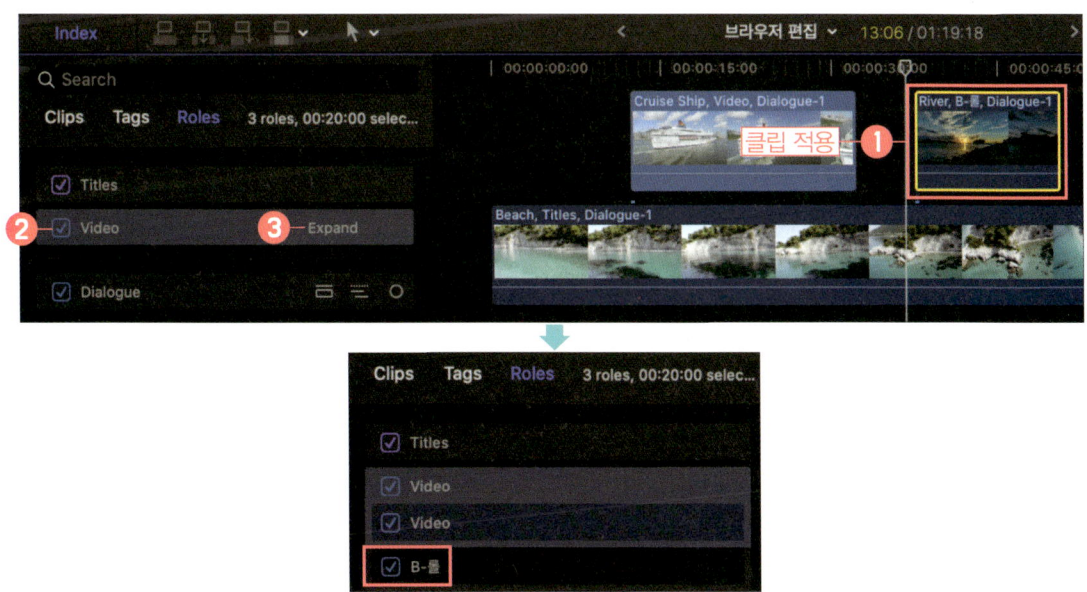

장면의 중요도(역할)에 따라 **타이틀 – 비디오 – A롤 – B롤** 순으로 나눌 수 있습니다.

키워드 컬렉션(Keyword Collection)을 사용하여 클립 분류하기

키워드 컬렉션은 미리 지정된 **키워드(문자)**를 통해 클립을 분류하는 방식입니다. 앞서 살펴본 두 방법에 비해 구체적인 분류를 할 수 있으며, 단축키를 통해 클립을 쉽게 등록할 수 있다는 것이 가장 큰 차이점입니다. 이제 키워드 컬렉션을 사용하기 위해 사이드바 상단의 열쇠 모양의 **키워드 에디터(Keyword Editor)**를 선택합니다.

키워드 에디터가 열리면 먼저 ∧1이라고 된 곳 우측의 키워드 입력 필드에 **강**이라고 입력한 후 return 키를 누릅니다. 그러면 **강**이란 키워드가 생성됩니다.

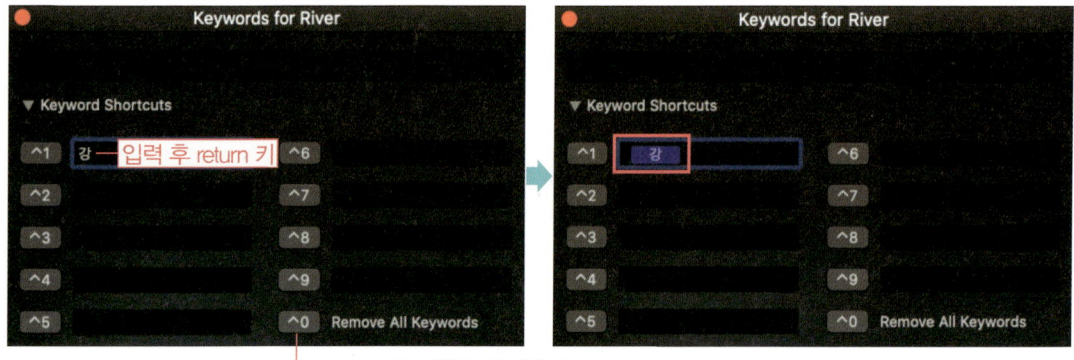

그다음 브라우저에서 **강**에 관련된 두 클립을 선택하는데, 하나는 다음의 그림처럼 **일부 구간**만 선택해 줍니다. 이제 앞서 만든 키워드를 방금 선택된 두 클립에 적용하기 위해 ∧1 버튼을 누릅니다.

그러면 앞서 선택된 두 개의 **클립 상단**에 **하늘색** 띠가 생성됩니다. 이제 이 하늘색 띠를 통해 키워드가 적용된 것을 알 수 있으며, 사이드바의 해당 이벤트에도 **강**이란 이름의 키워드 컬렉션이 생성된 것을 알 수 있습니다. 여기에서 **강** 키워드를 **선택**해 보면 해당 키워드가 적용된 클립만 브라우저에 나타나게 됩니다. 이렇듯 키워드 컬렉션은 보다 구체적으로 클립을 분류할 수 있습니다.

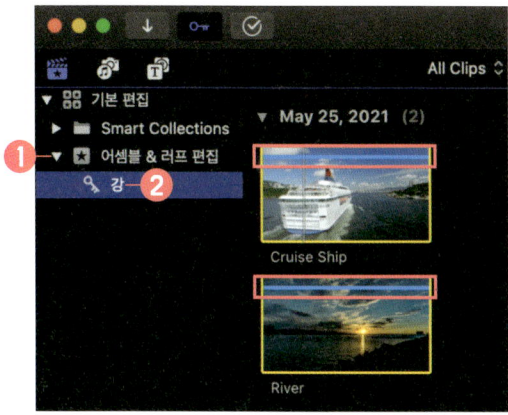

- 클립에 키워드 적용은 단축키인 [control] + [1], [2], [3], [4], [5], [6], [7], [8], [9]를 사용할 수 있습니다.
- 일부 구간만 선택된 키워드 컬렉션은 일종의 서브클립(Subclip)으로 사용할 수 있습니다.

키워드 삭제하기

불필요한 키워드를 삭제하기 위해서는 사이드바에 있는 키워드 위에서 RMB를 하여 Delete Keyword Collections 또는 단축키 [command] + [delete] 키를 눌러 삭제하면 됩니다. 실무에서는 수백 개에서 수천 개의 다양한 클립들을 사용하기 때문에 상황에 맞게 클립들을 관리하기 바랍니다.

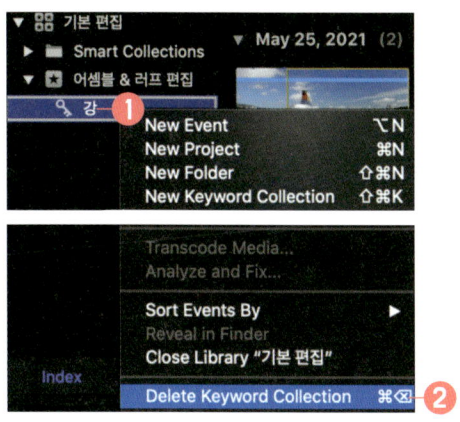

메타데이터에 대하여

메타데이터는 클립(파일)의 정보를 가지고 있는 데이터라고 할 수 있습니다. 클립의 길이, 코덱, 프레임 레이트, 프레임 사이즈, 확장자, 샘플 레이트, 제작자, 저작권 그리고 앞서 학습했던 롤과 같은 클립에 대한 모든 속성에 대한 정보가 담겨있습니다. 메타데이터는 단순히 클립의 속성을 확인하기 위해서만 필요한 것이 아닌, 클립을 분류하기 위해서도 중요한 요소가 됩니다. 파이널 컷 프로에서의 메타데이터는 우측 인포 인스펙터를 통해 확인 및 수정이 가능하며, 메타데이터는 Basic부터 MXF까지 분류하여 세부적인 정보를 확인할 수 있습니다. 만약 클립의 세부적인 속성에 대한 정보를 얻고자 한다면 메타데이터를 활용해 보기 바랍니다.

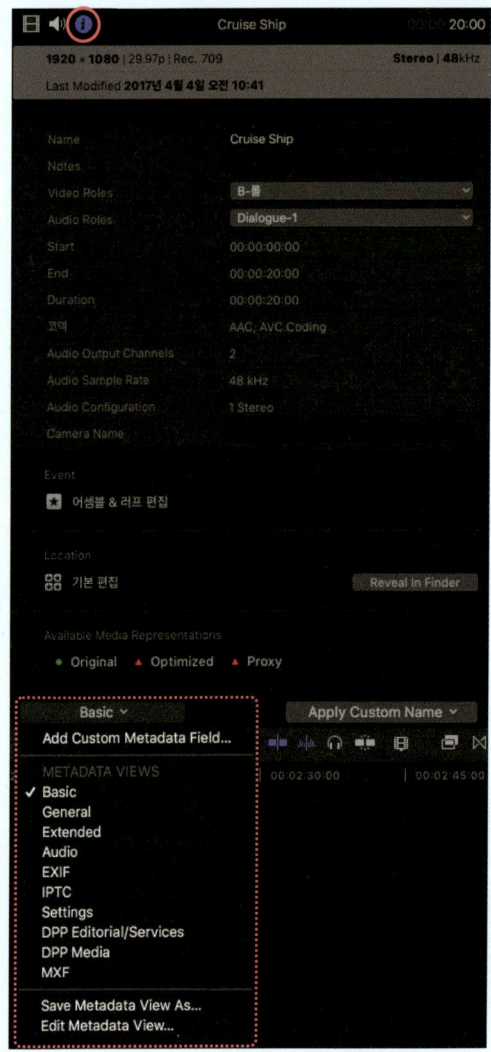

뷰어와 스키머를 이용한 편집

앞선 학습에서 브라우저에 있는 필름스트립의 스키밍을 통해 편집을 하는 방법에 대해 간략하게 살펴보았습니다. 스키밍 편집을 보다 섬세하게 해 주기 위해서는 뷰어(Viewer)의 도움이 필요합니다. 뷰어는 큰 화면에서 장면을 볼 수 있는 장점을 가지고 있기 때문입니다.

스키머 100% 활용하기

스키머를 완벽하게 활용하면 보다 효율적인 작업을 할 수 있습니다. 다음의 첫 번째 그림을 보면 필름스트립에서 스키밍을 했을 때 상단에 해당 클립의 정보가 나타나는 것을 볼 수 있습니다. 이처럼 스키밍 과정에서 클립의 정보를 확인하고자 한다면 [View] - [Browser] - [Skimmer Info]를 선택하면 됩니다.

 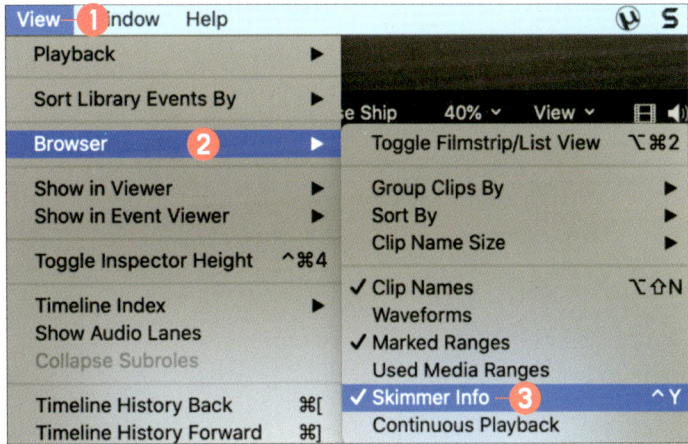

마크 인(Mark In)과 마크 아웃(Mark Out) 지정하기

마크 인/아웃은 클립의 시작과 끝 프레임에 대한 편집 점을 말합니다. 스키밍 편집에서 마크 인/아웃을 잡는 방법은 아주 간단합니다. 먼저 **마우스 커서**를 클립의 편집이 시작될 지점으로 갖다 놓고 **클릭**합니다. 그러면 현재의 지점에 **하얀색 정지선**이 생성됩니다. 그다음 [Mark] - [Set Range Start] 메뉴 또는 단축키 I 키를 누릅니다. 그러면 방금 생성된 정지선이 **마크 인**으로 지정됩니다.

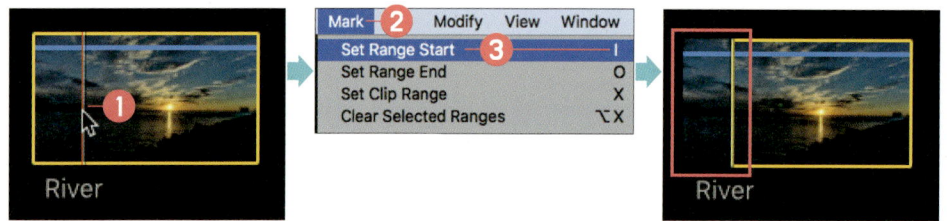

계속해서 이번엔 마크 아웃을 잡아주기 위한 지점을 클릭합니다. 그다음 [Mark] - [Set Range End] 메뉴 또는 단축키 O 키를 누릅니다. 그러면 역시 마크 아웃으로 지정됩니다. 이와 같은 방법을 통해 필름스트립에 마크 인/아웃 편집 점을 만들 수 있습니다.

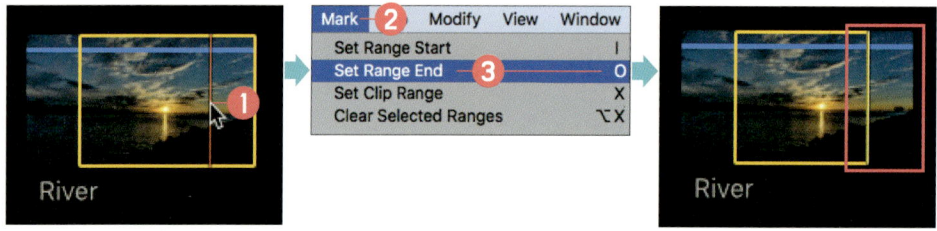

마크 인/아웃의 단축키는 [I]와 [O]이며, 이 키조합은 타임라인에 있는 클립에도 공통적으로 사용됩니다.

필름스트립 전체 구간 선택 및 해제하기

앞선 학습에서도 언급한적이 있듯이 option 키를 누른 상태에서 **클립(섬네일 부분)**을 **클릭(선택)**하면 선택되었던 구간이 **해제**되며, 단순히 **한번 클릭**하면 **전체 구간**이 **선택**이 됩니다. 이와 같은 작업은 X와 [option] + [X] 키로도 가능합니다.

X 키 전체 구간 선택하기   [option] + [X] 키 해제하기

마커(Marker) 활용하기

마커는 클립의 특정 지점을 표시하기 위해 사용되는 기능으로써 표시된 지점은 클립과 클립의 위치를 맞춰주거나 영상과 오디오의 싱크를 맞춰주는 등의 작업 그리고 작업 지시 상황을 메모할 때 사용되며, 마커의 이름과 마커 속성 등을 변경할 수도 있습니다. 마커를 만들어주기 위해 마커가 만들어질 지점을 **클릭**한 후 [Mark] - [Markers] - [Add Marker] 메뉴 또는 단축키 M 키를 누릅니다. 그러면 정지선이 있는 지점에 마커가 생성됩니다.

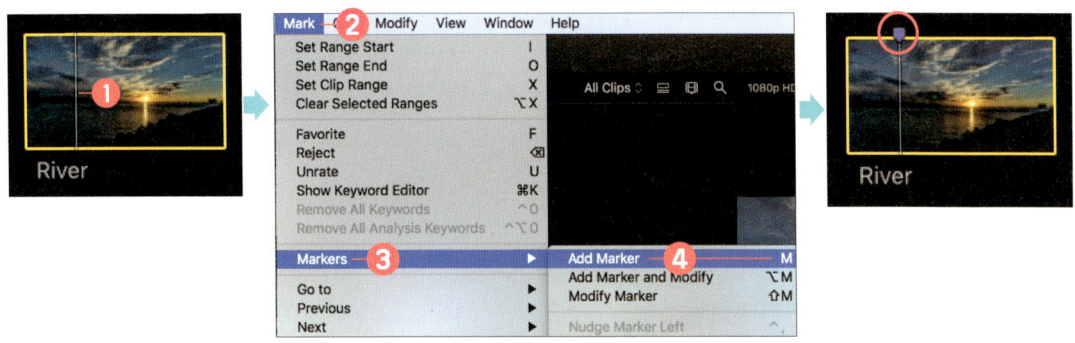

이번엔 단축키 M 키를 사용해서 위와 같은 방법으로 다른 위치에 또 다른 마커를 생성해 봅니다.

마커 삭제, 수정, 위치 이동하기

마커는 때에 따라서는 마커의 위치를 다른 곳으로 이동하거나 마커의 속성을 바꿔주어야 하는 경우가 생깁니다. 또한 불필요한 마커는 삭제해야 하는데, 먼저 마커를 삭제하는 방법에 대해 살펴보겠습니다. 필름스트립에서의 마커를 삭제하기 위해서는 삭제하고자 하는 마커 위에 **커서**를 갖다 놓은 후 **RMB(우측 마우스 버튼)**를 하여 Delete Marker 메뉴를 선택하면 됩니다. 하지만 이번엔 클립을 타임라인에 적용한 후 마커를 설정해 보도록 합니다.

앞서 두 개의 마커가 생성된 클립을 **타임라인**에 적용한 후 하나의 마커를 클릭하여 **선택(마커가 살짝 커짐)**합니다. 그다음 [Mark] - [Markers] 메뉴에서 Delete Marker를 선택하면 선택된 마커가 삭제됩니다. 같은 메뉴에 있는 Delete Marker in Selection은 선택된 클립의 모든 마커를 삭제합니다. 그밖에 마커를 삭제하는 방법은 다양한데 단축키를 기억하지 못했다면 해당 마커에서 앞서 살펴본 **RMB(우측 마우스 버튼)**를 하여 나타나는 **퀵 메뉴**를 사용하는 것이 가장 신속하게 마커를 삭제할 수 있습니다.

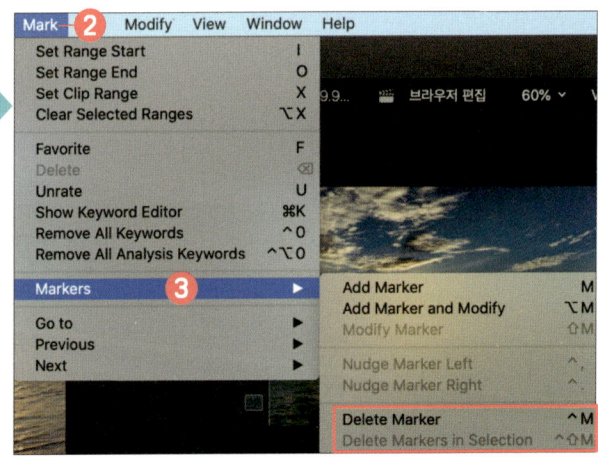

파이널 컷 프로에서의 마커는 커서로 이동할 수 없기 때문에 메뉴나 단축키를 사용해야 합니다. 이동하고자 하는 마커를 선택한 후 [Mark] - [Markers] 메뉴에 있는 Nudge Marker Left 혹은 Right 메뉴나 단축키 [control] + [,]와 [control] + [.] 키를 이용하면 됩니다.

- 마커 이동 단축키는 **[control] + [,]와 [control] + [.]**입니다.
- 인덱스의 **태그(Tags)**를 이용하면 특정 마커를 쉽게 선택할 수 있습니다. 146 페이지를 참고 하십시오.

마커 속성 변경하기

마커의 이름이나 속성을 변경하기 위해서는 마커를 **더블클릭**하여 나타나는 설정 창에서 가능합니다. 설정 창 상단에 있는 세 개의 마커 속성이 있는데, 첫 번째는 **일반(Standard)** 마커, 즉 작업을 할 예정인 뜻으로 사용되며, **파란색**으로 사용됩니다. 두 번째는 작업이 **진행 중인(To Do)** 마커로써 **빨간색**으로 사용되는데, 진행 중인 마커를 선택하면 Completed 옵션이 나타나며, 이 옵션을 체크하면 작업이 완성됐다는 의미의 **초록색** 마커로 전환됩니다. 마지막 세 번째는 DVD를 만들 때 사용되는 **씬 챕터(장면 찾기를 위한)**로 사용됩니다.

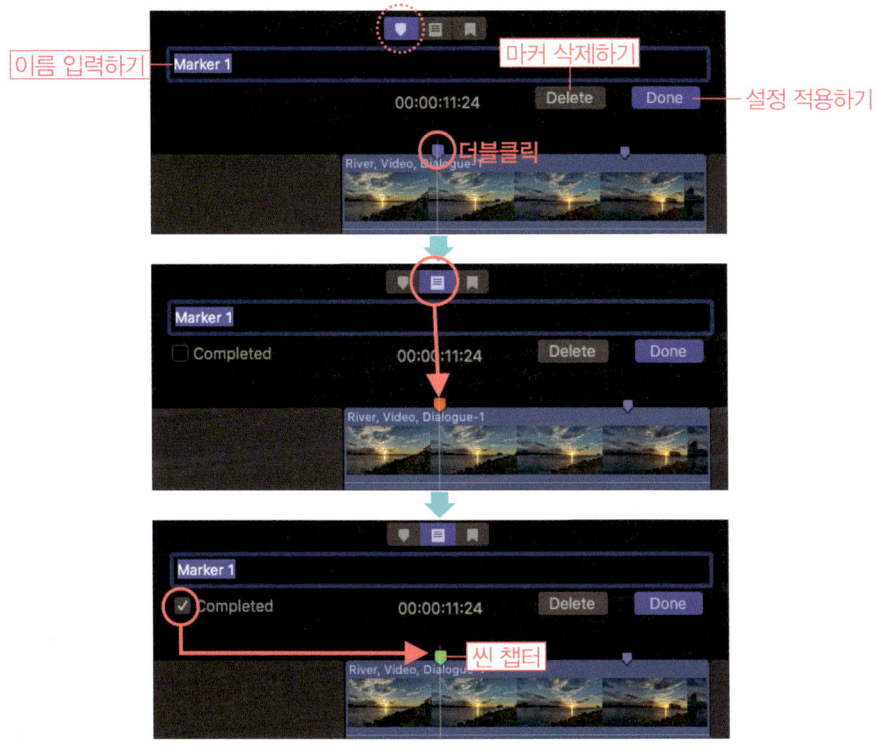

마커를 선택하기 위한 단축키는 [control] + [;]와 [control] + [']입니다.

다양한 재생법 살펴보기

선택된 클립을 확인해 보기 위한 가장 간편한 방법은 스키밍을 하는 것이지만 정상적인 속도로 재생을 할 수 없기 때문에 플레이에 관한 메뉴를 이용해야 합니다. 가장 일반적으로는 **스페이스 바**를 눌러 플레이를 하는 것이며, 그밖에 선택된 클립만 재생하거나 특정 영역만 재생하거나 시작 프레임부터 재생, 반복 재생 등 다양한 재생법을 사용할 수 있습니다. 참고로 이와 같은 재생법은 브라우저의 클립과 타임라인의 클립이 모두 동일하게 사용됩니다.

스페이스 바를 이용한 기본 재생

일반적으로 플레이를 하기 위해서 스페이스 바를 사용하는데, 플레이할 때 어떤 클립이 선택되었느냐가 중요합니다. 예를 들어 브라우저가 활성화되었다면 브라우저의 클립이 재생되고, 타임라인이 활성화되었다면 타임라인의 클립이 재생됩니다. 여기서 중요한 것은 재생이 시작되는 시점이 어디냐는 것입니다. 특정 장면(프레임)에서 클릭을 했을 때 생기는 **플레이헤드(Playhead)**의 정지선은 재생 및 편집을 위한 역할을 하지만 스키머가 위치한 지점은 정지선 보다 우선권을 갖게 됩니다. 즉 **스페이스 바**를 눌러서 플레이를 할 때에는 스키머가 위치한 지점을 우선적으로 재생한다는 것입니다.

스페이스 바를 누르면 플레이가 진행되며, 다시 한번 누르면 **정지**됩니다. 정지가 되는 지점은 마지막으로 재생된 장면(프레임)이 되며, 다시 스페이스 바를 누르면 정지된 지점에서 다시 재생됩니다. 이처럼 스페이스 바는 일반적인 재생할 때 가장 즐겨 사용되는 기능입니다.

재생 시 스키머는 플레이헤드 정지선보다 먼저 재생되는 우선권을 가지고 있습니다.

백그라운드 렌더(Background Render)에 대하여

백그라운드 렌더는 파일을 가져오거나 사용 중인 클립에 이펙트(스테이빌라이제이션이나 롤링 셔터 포함) 등을 적용하여 변화를 주었을 때 파이널 컷 프로에서 **리얼 타임**으로 **재생**을 할 수 있도록 클립을 분석하는 렌더를 말합니다. 그림처럼 타임라인 상단의 **시간 자(Time Ruler)**에 점으로 표시되는 구간은 정상적인 재생이 되고 있지 않음을 의미하는 것으로 백그라운드 렌더가 필요한 구간을 말합니다. 물론 파컷은 이 구간을 자동으로 렌더를 해 줍니다.

만약 백그라운드 렌더가 어떻게 진행되고 있는지 확인하고자 한다면 사이드바 상단의 **Background Tasks** window를 열어보면 됩니다. 백그라운드 태스크에서는 파일을 처음 불러왔을 때와 작업 중인 클립에 변화가 생겼을 때 백그라운드 렌더의 진행 과정을 보여줍니다.

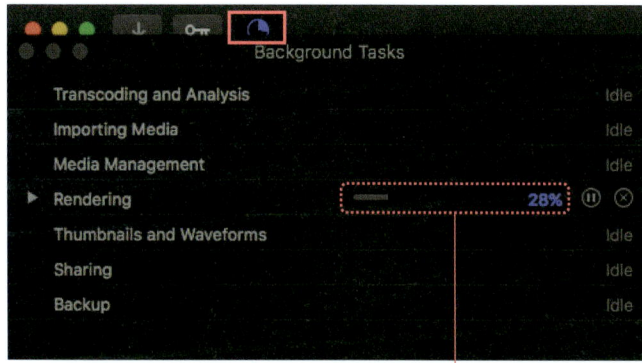

렌더가 진행되는 모습

선택된 구간만 재생하기

클립의 특정 구간만 선택하여 재생할 수도 있은데, 먼저 단축키 I와 O 키를 사용하여 클립의 구간을 지정한 후 View] - [Playback] - [Play Selection] 메뉴 또는 단축키 /를 누릅니다. 그러면 클립에 지정된 구간만 재생됩니다.

Set Range Start [I]
Set Range End [O]

이 방법은 타임라인에서도 동일하게 작동하는데, 타임라인 편집법은 차후 보다 자세히 살펴볼 것입니다.

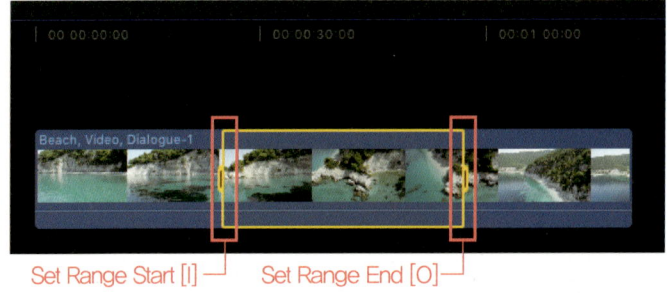

어라운드(Around)로 재생하기

어라운드 재생은 플레이헤드의 정지선이나 스키머가 있는 지점보다 몇 초 앞 장면에서 시작되고, 초 끝 장면 몇 초 뒤에서 정지되도록 하는 재생 방식입니다. 클립의 재생 지점을 클릭하거나 스키머를 갖다 놓고 [View] - [Playback] - [Play Around] 메뉴 또는 [shift] + [?] 키를 눌러보면 지정된 지점보다 2초 앞에서 시작하고 2초 뒤에서 정지될 것입니다. 이것은 현재 시작과 끝이 2초로 설정되어있기 때문입니다. 그라운드 재생의 시작과 끝 시간을 설정하기 위해서는 [Final Cut Pro] + [Preferences] 메뉴를 선택하여 환경설정 창을 열어준 후 Playback 섹션의 Pre-Roll Duration(시작되는 여유 시간)과 Post-Roll Duration(끝나는 여유 시간)에서 시간을 설정하면 됩니다. 플레이백 환경설정에서는 재생에 관한 다양한 옵션을 설정할 수 있습니다.

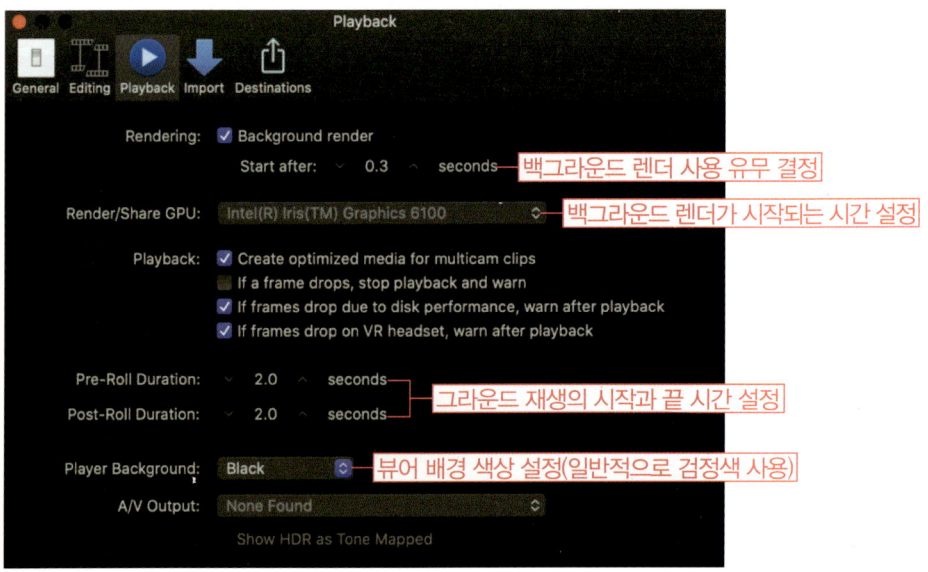

그밖에 시작 프레임부터 재생되는 Play from Beginning과 끝에서 재생하는 Play to End가 있으며, 뷰어를 **전체화면**으로 전환한 후 재생하는 Play Full Screen, 반복 재생을 할 수 있도록 해주는 Loop Playback이 있습니다.

 작업 윈도우 활성화하기

재생을 하거나 그밖에 작업 시 현재 활성화된, 즉 사용되고 있는 작업 창의 활성화는 매우 중요합니다. 예를 들어 브라우저의 클립을 재생하고자 하는데 타임라인이 활성화되어있다면 당연히 타임라인이 재생될 것입니다. 각 작업 창을 활성화가기 위해서는 해당 작업 창을 클릭하면 되며 또한 **[Window] − [Go To]** 메뉴에서 활성화하고자 하는 작업 창을 선택하면 됩니다. 활성화된 작업 창은 상단에 **파란색** 얇은 선이 나타납니다.

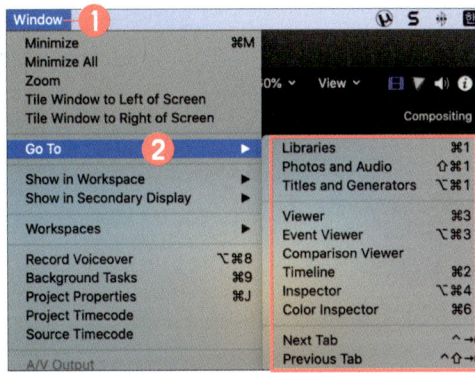

[J], [K], [L] 키로 재생하기

JKL 키를 사용하면 스키머나 플레이헤드가 있는 지점부터 재생을 할 수 있는데, J 키를 한번 누르면 반대, 즉 역재생되며, K 키를 누르면 정지, L 키를 한번 누르면 정방향으로 재생됩니다. J와 L 키는 누르는 횟수마다 재생 속도가 두 배로 빨라집니다. J와 L 키로 재생 중 정지는 K 키가 아닌 **스페이스 바**를 사용하기도 합니다.

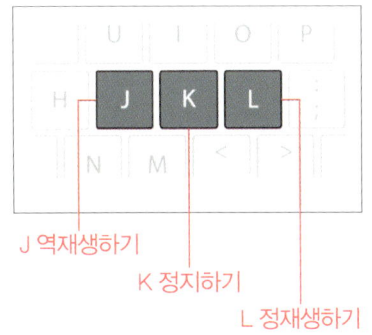

뷰어(Viewer)에 대하여

뷰어는 스키밍이나 재생할 때의 프레임, 즉 장면을 볼 수 있는 곳입니다. 뷰어는 다른 작업 창에서 제공되는 기능보다 비교적 간소하지만 실제 작업을 할 때에는 가장 중요한 역할을 하는 기능 중에 하나입니다. 뷰어에 대해서는 차후 다양한 학습을 통해 살펴 볼 것입니다.

이벤트 뷰어와 같이 사용하기

파이널 컷 프로는 뷰어를 두 개로 나뉘어서 사용할 수도 있습니다. 이벤트 브라우저의 클립과 타임라인의 클립을 모두 동시에 보고자 한다면 [Window] - [Show in Workspace] - [Event Viewer] 메뉴를 선택하여 두 개의 모니터를 열어놓고 사용할 수 있습니다. 이것은 작업된 클립과 원본 클립을 비교할 때 유용합니다.

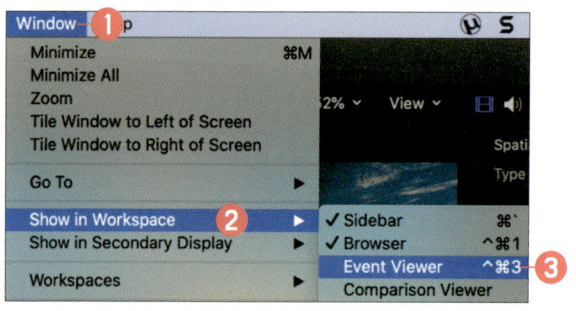

열린 두 개의 뷰어를 보면 **좌측**이 **이벤트** 뷰어이며, **우측**이 **타임라인** 뷰어입니다. 작업 공간을 위해 일반적으로 이벤트 뷰어는 꺼놓고 사용하게 됩니다.

▲ 이벤트 뷰어　　　　　　　　　　　　　　▲ 타임라인 뷰어

 클립 비활성화하기

복잡한 작업 시 작업의 편의를 위해 특정 클립을 보이지 않도록 해야 할 경우가 있습니다. 이럴 땐 비활성화할 클립에서 **RMB(우측 마우스 버튼)**를 하여 Disable 메뉴를 선택하거나 **V** 키를 누르면 됩니다. 비활성화된 클립은 어둡게 변하며 뷰어에는 나타나지 않습니다. 반대로 다시 활성화하고자 한다면 같은 메뉴의 **Enable**이나 **V** 키를 사용합니다.

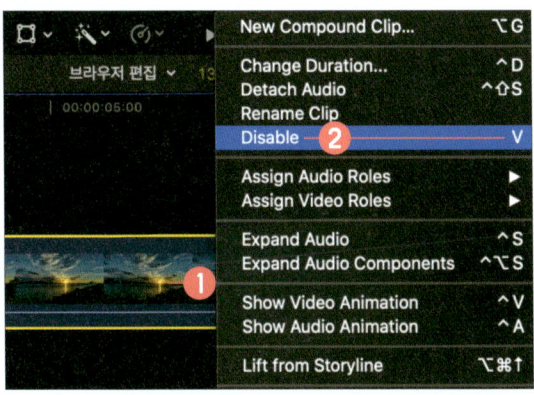

어셈플 편집과 러프 편집 **127**

02 타임라인을 이용한 기본 편집

타임라인에서의 편집은 브라우저의 스키머를 통한 편집보다 훨씬 다양하고 정교한 편집을 할 수 있기 때문에 실제 편집은 대부분 타임라인에서 이루어지게 됩니다. 파이널 컷 프로에서는 기존의 타임라인에서 벗어나 마그네틱 타임라인(Magnetic timeline)과 스토리라인(Stroyline)이라는 개념의 트랙을 제공합니다.

편집 도구(Editing Tools)를 활용한 편집

브라우저에서의 어셈블과 러프 편집이 끝난 클립(장면)들은 타임라인의 **스토리라인**이라는 **트랙(이하 트랙이란 명칭은 생략함)**에 적용하여 세부 편집을 하게 됩니다. 앞선 학습에서는 클립을 트랙으로 드래그하여 적용하는 방법에 대해 살펴보았는데, 이번 학습에서는 다양한 편집 도구를 통해 타임라인으로 적용하고 편집하는 방법에 대해 알아보겠습니다.

드래그하여 적용하기

브라우저에서 스키밍을 통한 가편집이 끝난 클립, 즉 장면은 타임라인의 스토리라인에 적용해야 합니다. 이번에는 다시 한번 클립을 직접 드래그하여 적용하는 방법을 사용해 보겠습니다.

브라우저에서 클립 인/아웃 포인트 지정하여 적용하기
먼저 브라우저에 있는 클립 중 하나의 클립은 **원본** 그대로 선택하고, 다른 하나는 그림처럼 **인/아웃 포인트**를 지정해 줍니다.

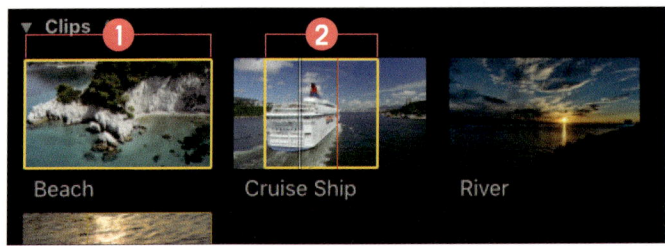

이제 두 클립을 타임라인에 적용해 봅니다. 먼저 편집 점이 **원본** 전체로인 **클립**(Beach)을 선택한 후 드래그하여 타임라인의 **검정색**으로 되어있는 **스토리라인**으로 갖다 놓습니다. 그러면 드래그하여 갖다 놓은 클립이 스토리라인의 맨 처음 지점에 적용됩니다. 지금 적용된 스토리라인은 기본 편집을 위한 **프라이머리 스토리라인**(Primary storyline)입니다. 파이널 컷 프로에서의 모든 편집은 이 프라이머리 스토리라인을 기준으로 이루어지게 됩니다.

이번엔 **가편집**이 된 두 번째 **클립**(Cruise Ship)을 드래그하여 적용합니다. 적용하는 지점은 앞서 적용된 클립 우측의 **프라이머리 스토리라인(이하 편의상 스토리라인으로 칭함)** 아무 지점에 적용합니다. 그러면 역시 적용된 지점과는 상관없이 앞서 적용된 클립의 **아웃 포인트** 뒤쪽에 정확하게 밀착되어 적용됩니다. 이것이 바로 파이널 컷 프로의 **마그네틱 타임라인**의 특성입니다. 여기서 중요한 것은 브라우저에서 가편집된 장면, 즉 인/아웃 포인트로 지정된 그 구간만 타임라인에 적용된다는 것입니다.

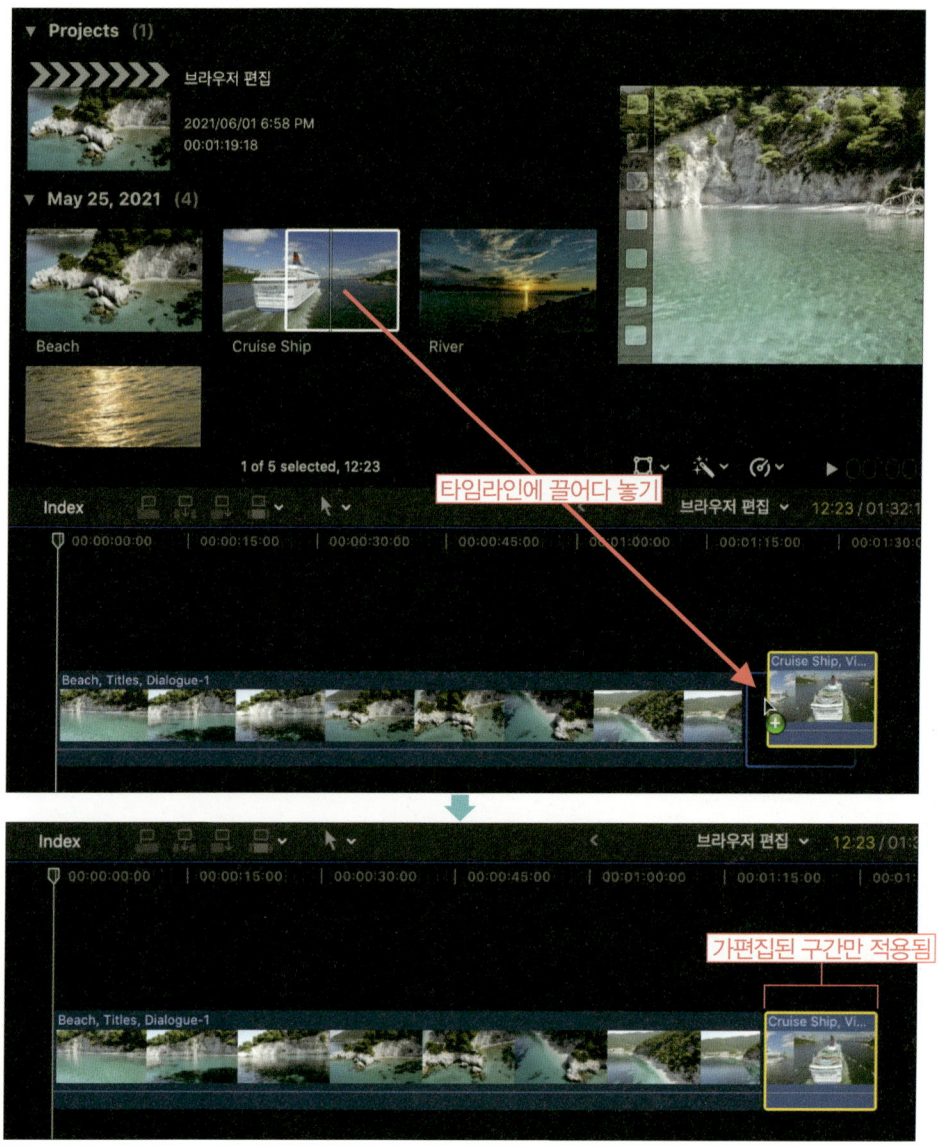

계속해서 다른 클립(River)을 적용해 봅니다. 이번에는 **스토리라인**이 아닌 **위쪽 공간**에 적용해 봅니다. 그러면 위쪽에 새로운 **커넥트 클립(Connect Clip)**으로 적용됩니다. 커넥트 클립은 프라이머리 스토리라인에 부가적인 장면을 연출하기 위해 사용됩니다. 또한 커넥트 클립의 인 포인트 하단을 보면 두 클립을 연결해 주는 **커넥트 라인(Connect Line)**이 생성되는 것을 알 수 있습니다. 이 커넥트 라인은 연결된 프라이머리 스토리라인의 클립이 이동될 때마다 똑같이 이동됩니다.

이번엔 네 번째 클립(Sea)을 스토리라인 **아래쪽 공간**에 적용합니다. 그러면 역시 **커넥트 라인**이 생성되면서 적용되는 것을 알 수 있습니다.

일반적으로 프라이머리 스토리라인을 기준으로 위쪽은 합성을 위한 **클립과 자막(타이틀)** 클립을 사용하고, 아래쪽은 **BGM(배경음악)** 과 **내레이션**, **효과음** 등을 위해 사용합니다.

클립 이동하기

클립의 이동은 **실렉트** 툴이나 **포지션** 툴(이 두 툴은 차후 다시 살펴볼 것임)을 사용하는데, 스토리라인에 적용된 클립의 이동과 커넥트 클립(연결된 클립)이 이동될 때와는 차이점이 있습니다. 먼저 스토리라인에 적용된 두 개의 클립 중 앞쪽에 적용된 **클립(Beach)** 클립을 우측으로 이동(드래그)해 봅니다. 그러면 뒤쪽에 있는 클립과 순서가 바뀌게 되며, 위아래 연결된 커넥트 클립도 똑같이 이동되는 것을 알 수 있습니다. 여기서 순서가 바뀐 두 클립은 자동으로 밀착되어 틈이 생기지 않게 되는데, 이 또한 마그네틱 타임라인의 특성입니다.

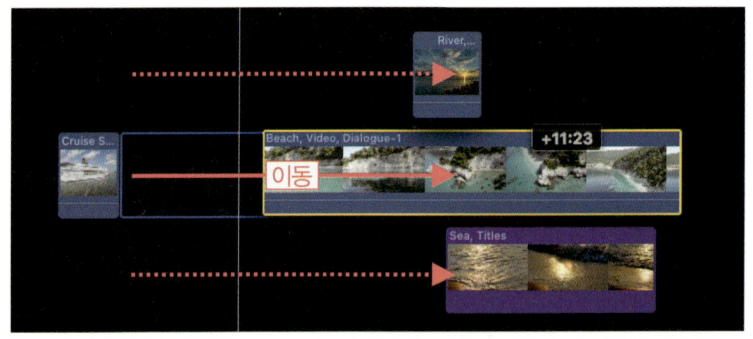

다시 원래 상태로 복귀하기 위해 **언두**(command + Z)를 합니다. 그다음 스토리라인 아래쪽에 적용된 **클립**(Sea)을 이동하여 그림처럼 스토리라인의 두 번째 **클립**(Cruise Ship)이 있는 구간으로 갖다 놓습니다. 그러면 **커넥트 라인** 또한 첫 번째 클립에서 두 번째 클립으로 이동됩니다.

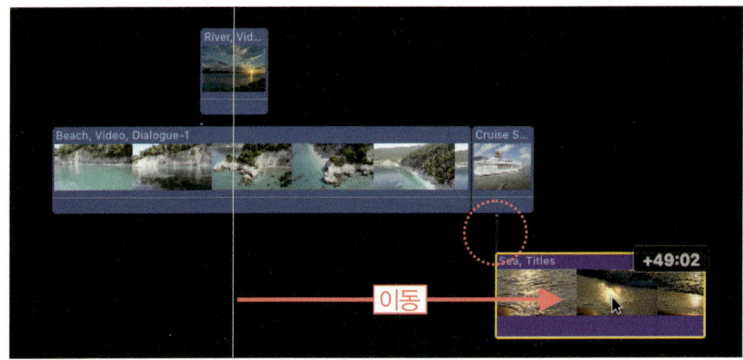

컨넥트 클립은 연결된 스토리라인 클립과 항상 똑같이 이동되지만, 커넥트 클립만을 독립적으로 원하는 지점으로 쉽게 이동할 수 있습니다. 직접 이동하거나 단축키 **,**와 **. 로 1프레임**씩 이동할 수도 있습니다.

이제 스토리라인의 두 번째 클립을 이동해 보면 아래쪽 커넥트 클립도 같이 이동되는 것을 알 수 있습니다.

클립 삭제하기

클립을 삭제하는 방법은 아주 간단합니다. 파컷에서의 클립 삭제는 두 가지 방법이 있는데, 하나는 일반적으로 사용되는 방법은 이런 ⌫ 모양의 **delete** 키입니다. 여기에서 스토리라인의 두 번째 클립을 선택한 후 **delete** 키를 눌러보면 해당 클립은 삭제되지만 클립이 있었던 자리에 **갭(Gap)**이 남아있게 됩니다.

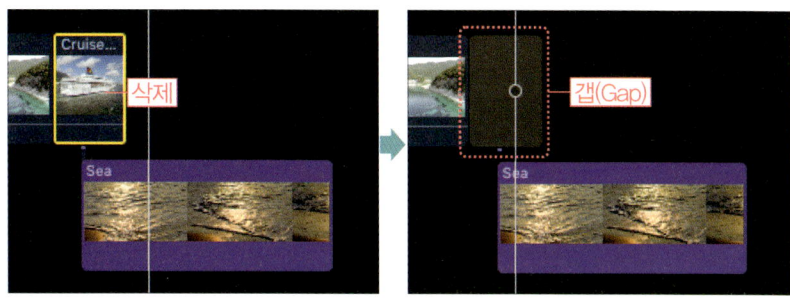

- 프라이머리 스토리라인에 있는 클립을 삭제하면 연결된 커넥트 클립도 같이 삭제됩니다.
- 갭은 단순히 편집 영역에 대한 정보만 있으며, 실제 뷰어에 나타나는 것은 아무것도 없습니다.
- 갭 영역은 그대로 나두었다가 다른 클립으로 **대체(Replace)**하여 사용할 수 있습니다.

언두를 한 후 이번엔 이런 ⌦ 모양의 **delete** 키를 눌러봅니다. 그러면 선택된 클립이 갭 없이 삭제되고, 연결된 커넥트 클립 또한 같이 삭제되는 것을 알 수 있습니다. 이렇듯 파컷에서는 두 가지의 삭제법이 있으므로 상황에 맞게 잘 활용하기 바라며, 삭제에 관한 메뉴로는 Edit 메뉴의 Delete와 Replace with Gap이 있습니다.

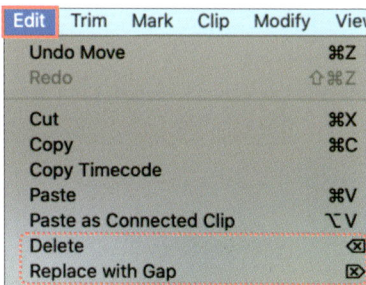

편집 도구(Tool)를 사용하여 적용하기

이번에는 편집 도구들을 활용하여 타임라인에 적용하는 방법에 대해 알아보도록 하겠습니다. 편집 도구를 사용하면 드래그 방식보다 세밀하게 적용할 수 있습니다. 파이널 컷 프로는 트랙이 아닌 스토리라인이라는 개념이기 때문에 편집 도구를 사용하는 것이 보다 효율적일 수 있습니다. 하지만 작업자에게 익숙하거나 편리하게 느껴지는 방법을 사용하는 것이 더욱 중요합니다.

타임라인에 최초로 클립 적용하기

타임라인에 아무 것도 없는 상태, 즉 처음으로 편집 작업을 할 경우에는 커넥트 클립을 적용하는 **도구**(Connect the selected clip to the primary storyline : 이하 커넥트 툴로 칭함)를 제외한 나머지 적용 도구를 사용해도 된다는 것을 참고하면서 먼저 타임라인에 적용될 클립을 선택한 후 Insert 툴을 클릭합니다. 그러면 선택된 클립이 스토리라인 맨 처음 지점에 적용됩니다.

타임라인에 아무 것도 없는 상태에서는 그밖에 Append 툴이나 Overwrite 툴을 사용해도 마찬가지의 결과를 얻게 됩니다. 그러므로 최초로 클립을 적용할 때에는 세 가지 툴 중 아무 툴이나 하나를 사용하면 됩니다.

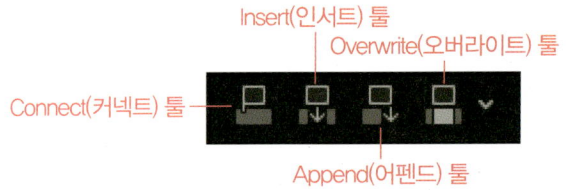

인서트(Insert) 툴로 적용하기

인서트는 특정 장면, 즉 클립 사이에 새로운 장면을 삽입하는 것을 말합니다. 살펴보기 위해 **플레이헤드**를 삽입(적용)하고자 하는 지점으로 이동합니다. 플레이헤드의 위쪽 **헤드** 부분을 좌우로 드래그하여 이동하거나 타임코드가 있는 **시간 자(Time ruler)** 부분을 클릭하여 이동하면 됩니다.

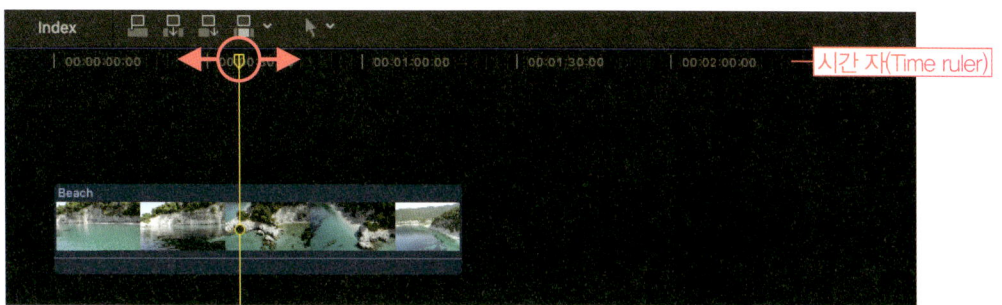

그다음 브라우저에 있는 적용할 클립을 선택한 후 타임라인의 편집 도구 중 **Insert** 툴을 클릭합니다. 그러면 앞서 지정한 플레이헤드가 위치한 지점을 기준으로 클립이 적용되며, 적용된 클립의 **길이(시간)**만큼 이전에 적용되었던 클립이 잘려서 뒤쪽(우측)으로 밀려나간 것을 알 수 있습니다.

인서트는 기존의 클립에 사이에 적용되며, 적용된 길이만큼 잘려서 뒤로 밀려납니다.

오버라이트(Overwrite) 툴로 적용하기

오버라이트는 특정 장면(클립) 사이에 새로운 장면을 덮어씌우는 것을 말합니다. 살펴보기 위해 먼저 **언두**(command + Z)를 하여 인서트 전으로 복귀합니다. 그다음 브라우저에 있는 클립을 선택한 후 Overwrite 툴을 클릭합니다. 그러면 **플레이헤드**가 위치한 지점을 기준으로 장면(클립)이 적용되며, 적용된 클립의 길이(시간)만큼 이전에 적용되었던 클립을 덮어씌웁니다. 다시 말해 이전의 클립은 새로 적용된 클립만큼 삭제되어 삭제된 자리는 새로운 클립으로 대체됩니다.

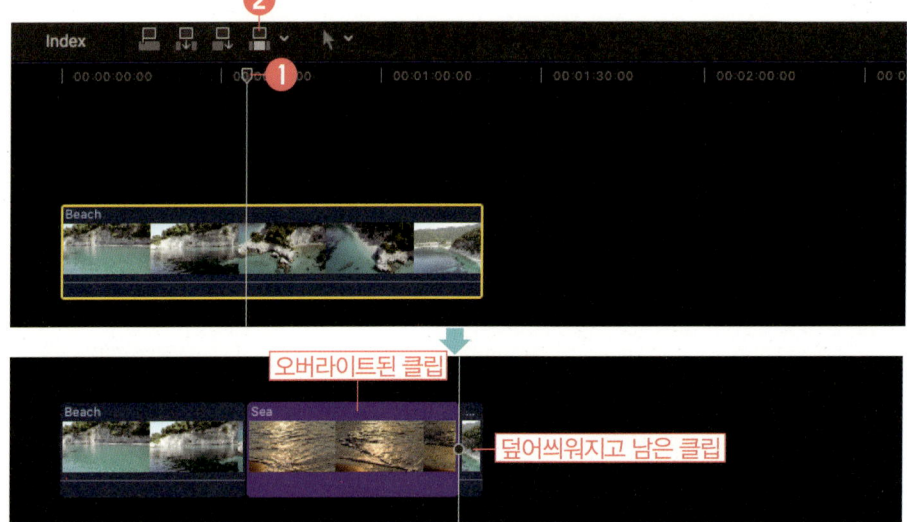

어펜드(Append) 툴로 적용하기

어펜드는 타임라인에 적용된 클립과는 상관없이 맨 마지막 지점에 적용되도록 합니다. 살펴보기 위해 브라우저에서 적용될 클립을 선택합니다. 이때 **플레이헤드**는 어떠한 지점에 있어도 상관없습니다. 그다음 Append 툴을 클릭합니다. 그러면 맨 마지막 클립 뒤쪽에 적용됩니다.

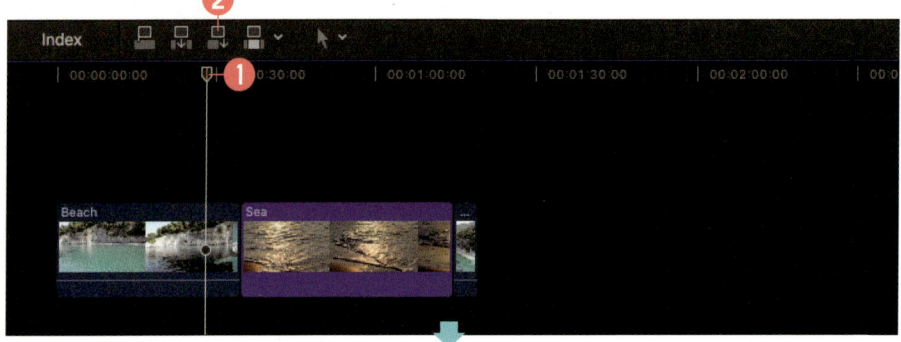

커넥트(Connect) 툴로 적용하기

커넥트는 스토리라인에 적용하는 것이 아닌 스토리라인에 적용된 클립과 연결되는 커넥트 클립으로 적용할 때 사용됩니다. 살펴보기 위해 클립이 적용될 지점으로 **플레이헤드**를 위치시킨 후 브라우저에서 클립을 선택합니다. 그다음 Connect 툴을 클릭합니다. 그러면 플레이헤드가 위치했던 지점을 기준으로 위쪽에 적용됩니다. 적용된 커넥트 클립을 보면 같은 시점에 있는 스토리라인의 클립과 연결된 것을 볼 수 있습니다.

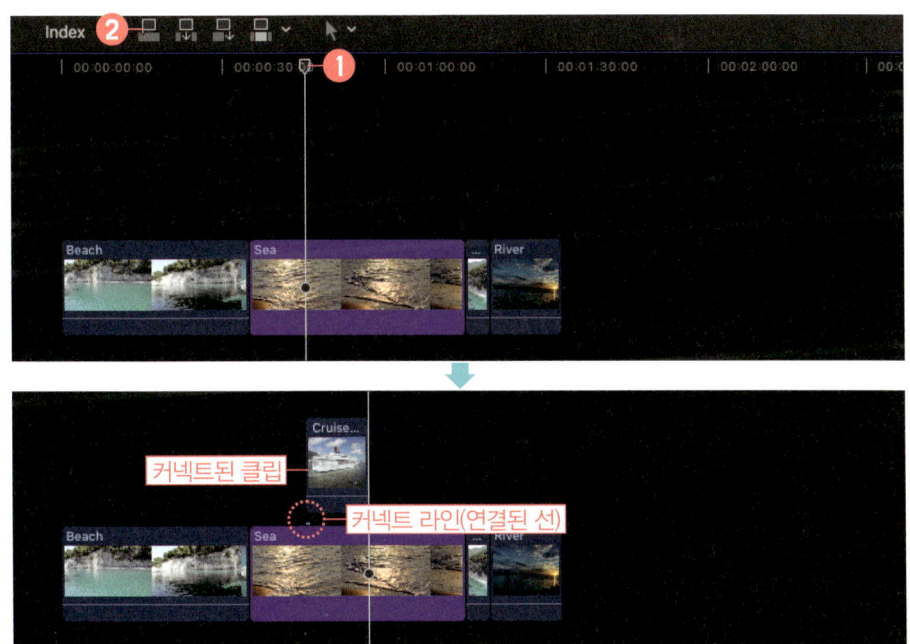

계속해서 이번엔 **플레이헤드**를 앞서 커넥트 클립으로 적용된 클립 중간 정도에 갖다 놓습니다. 그다음 다시 한번 Connect 툴을 클릭합니다. 그러면 기존의 커넥트 클립 위쪽에 새로운 커넥트 클립이 적용되며 또한 같은 시점에 있는 스토리라인의 클립과 연결됩니다. 이처럼 커넥트 툴은 스토리라인이 아닌 커넥트 클립을 적용하기 위해 사용됩니다.

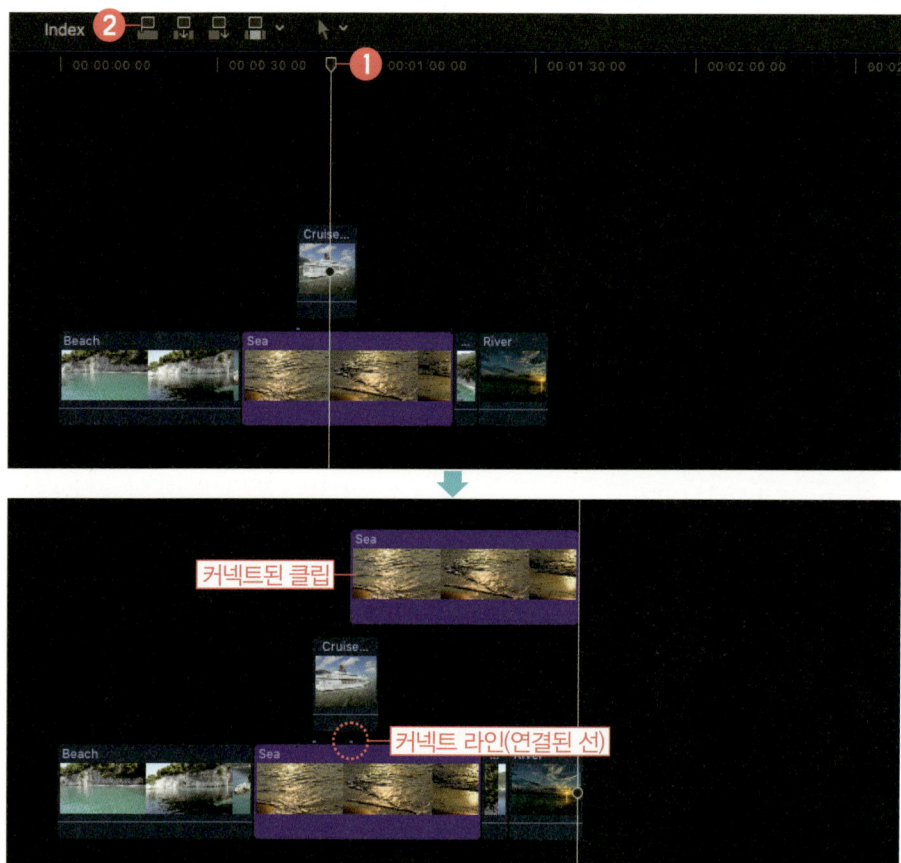

영상과 오디오를 따로 적용하기

클립을 타임라인에 적용할 때 기본적으로 영상(비디오)과 오디오가 함께 적용되지만 만약 영상 혹은 오디오만 적용하고자 한다면 편집 도구 맨 오른쪽에 있는 V모양의 팝업 메뉴를 열어서 원하는 방식으로 적용할 수 있습니다.

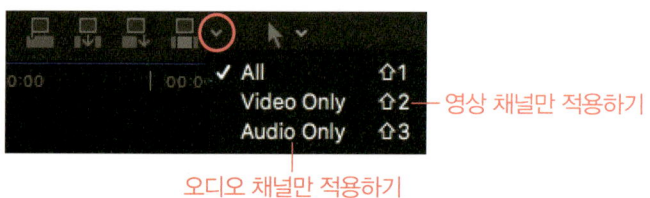

커넥트 라인(연결된 선) 이동하기

커넥트 클립은 독립적으로 이동, 선택, 삭제가 가능하지만 스토리라인의 클립이 이동되거나 삭제되었을 때에는 스토리라인의 클립에 영향을 받게 됩니다. 만약 작업 중 커넥트 클립의 위치를 다른 스토리라인의 클립과 연결해 주고 싶다면 [option] + [command] 키를 누른 상태에서 다른 스토리라인의 클립과 연결하고자 하는 지점을 클릭하면 됩니다. 이때 클릭하는 지점은 스토리라인의 클립이 아닌 연결 선을 이동하고자 하는 커넥트 클립이어야 하며, 커넥트 클립의 길이가 연결하고자 하는 스토리라인의 클립이 있는 지점보다 길어야 합니다.

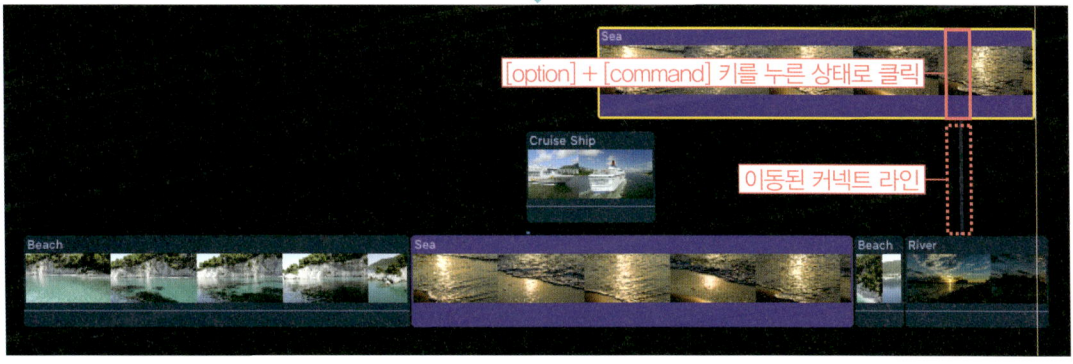

커넥트 라인은 삭제될 수 없으므로 항상 특정 스토리라인의 클립과 연결됩니다.

타임라인에서 스키머 100% 활용하기

스키머는 편집 시 아주 유용한 기능입니다. 하지만 때론 스키머로 인한 장면 때문에 헷갈리거나 오디오 클립의 소리로 인해 집중력이 떨어지기도 합니다. 이번 학습에서는 타임라인에서 사용되는 스키머를 효율적으로 활용하는 방법에 대해 알아보겠습니다.

스키머 켜거나 끄기

편집 시 유용하게 사용되는 스키머는 때론 세밀한 작업을 할 때 집중력을 저하시키는 요인이 되곤 하는데, 만약 스키머를 끄고자 한다면 [View] - [Skimming] 메뉴를 선택하여 스키머를 꺼주거나 단축키 S를 누르면 됩니다. 스키머를 끈 후 타임라인의 클립에 커서를 갖다 놓으면 항상 커서를 따라다녔던 스키머가 더 이상 나타나지 않는 것을 알 수 있습니다. 또한 하얀색이었던 **플레이헤드**가 **빨간색**으로 바뀌게 됩니다. 확인이 끝나면 다시 S 키를 눌러 스키머를 켜줍니다.

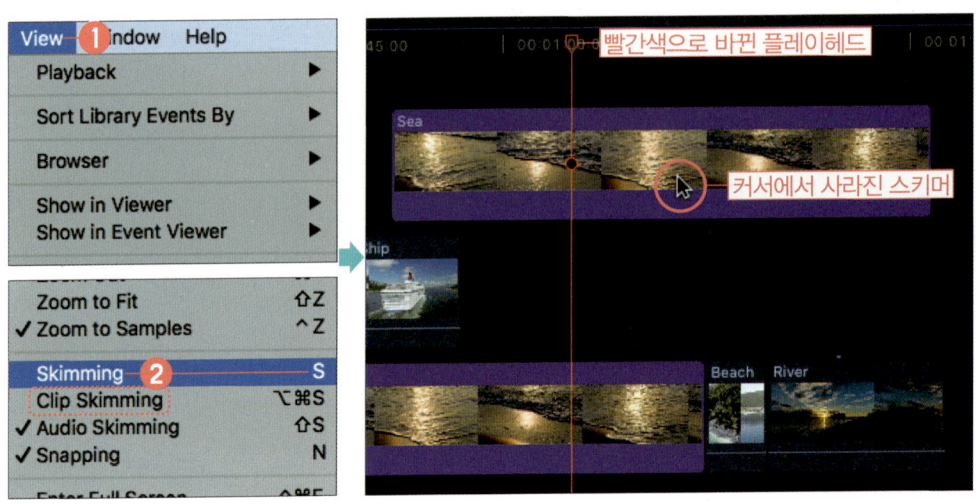

계속해서 같은 메뉴에 있는 Clip Skimming은 커서가 위치한 타임라인 전체 클립의 시점에서 스키밍되는 것이 아니라 커서가 위치한 클립만 스키밍 할 때 사용됩니다. 살펴보기 위해 클립 스키밍을 선택하거나 [option] + [command] + [S] 키를 누릅니다. 그다음 커서를 특정 클립에 갖다 놓습니다. 그러면 타임라인 전체 시점이 아닌 해당 클립의 시점에만 스키밍되는 것을 알 수 있습니다. 확인이 끝나면 [option] + [command] + [S] 키를 눌러 다시 전체 스키밍으로 바꿔줍니다.

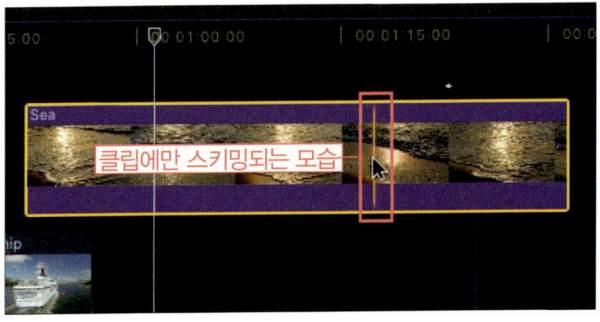

오디오 스키머 켜거나 끄기

오디오 또한 스키머를 켜거나 꺼줄 수 있습니다. 오디오 스키머는 자칫 소음으로 들일 수 있기 때문에 작업 시 영상보다 빈번하게 사용됩니다. **오디오 스키머의 온/오프** 기능은 앞서 살펴본 [View] - [Audio Skimming] 메뉴나 단축키 [shift] + [S]를 통해 사용이 가능합니다. 또한 타임라인 우측 상단의 도구들을 통해서도 가능한데, 오디오 파형 모양의 Turn audio skimming on or off를 클릭하여 **비활성화(회색)**되면 오디오 스키밍은 되지 않습니다. 참고로 좌측에 있는 Turn video and audio skimming on or off는 영상에 대한 스키밍 유무를 결정합니다. 만약 스키머 온/오프 단축키를 기억하지 못했다면 지금의 두 도구를 이용하는 것을 권장합니다.

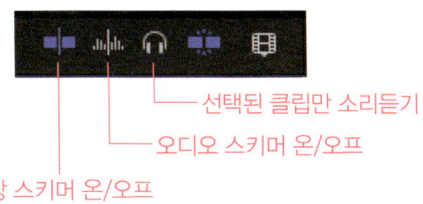

 클릭(선택)한 클립의 지점으로 플레이헤드 이동하기

일반적으로 플레이헤드의 이동은 위쪽 헤드 부분이나 커서를 시간 자 또는 타임라인 빈 곳을 클릭하여 이동되며, 클립위에서 클릭했을 때에는 해당 클립이 선택됩니다. 하지만 option 키를 누른 상태에서 클립을 클릭하게 되면 해당 지점으로 플레이헤드가 이동됩니다. 이와 같은 방법을 통해 어떤 위치에서도 플레이헤드를 원하는 지점으로 이동할 수 있기 때문에 보다 신속하게 작업을 진행할 수 있습니다.

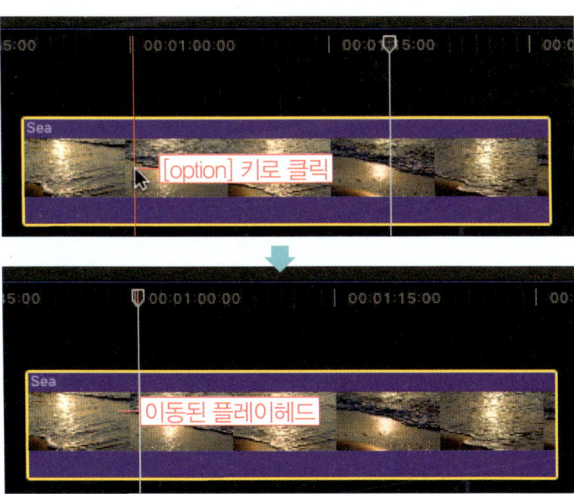

타임라인에 대하여

타임라인은 실제 편집 작업을 할 때 가장 많이 사용되는 중요한 공간입니다. 그러므로 타임라인에서 제공되는 기능들은 확실하게 익혀두어야 합니다. 이번 학습에서는 타임라인의 주요 기능에 대해서 살펴보도록 하겠습니다.

타임라인 구조 살펴보기

파이널 컷 프로의 타임라인은 자석(마그네틱)과 같은 특성을 가지고 있으며, 스토리라인이라는 독특한 방식의 편집 트랙을 통해 사용하기 간편하면서도 정교한 작업을 수행할 수 있도록 해 줍니다. 아래 그림은 파이널 컷 프로의 타임라인 구조로써 가운데 **프라이머리 스토리라인(Primary storyline)**을 기준으로 위쪽에 또 다른 비디오 클립(커넥트 클립 : 연결된 클립)이 하나 있고, 그 위쪽에 자막(타이틀)이 있습니다. 그리고 아래쪽엔 두 개의 오디오 클립이 있으며, 오디오 클립 또한 스트로라인의 클립과 연결되어 있습니다. 그밖에 타임라인 좌측엔 클립들을 분류하는 인덱스가 있으며, 우측으로는 비디오/오디오 효과를 적용하거나 장면전환 효과를 적용하는 이펙트/트랜지션 브라우저가 있습니다.

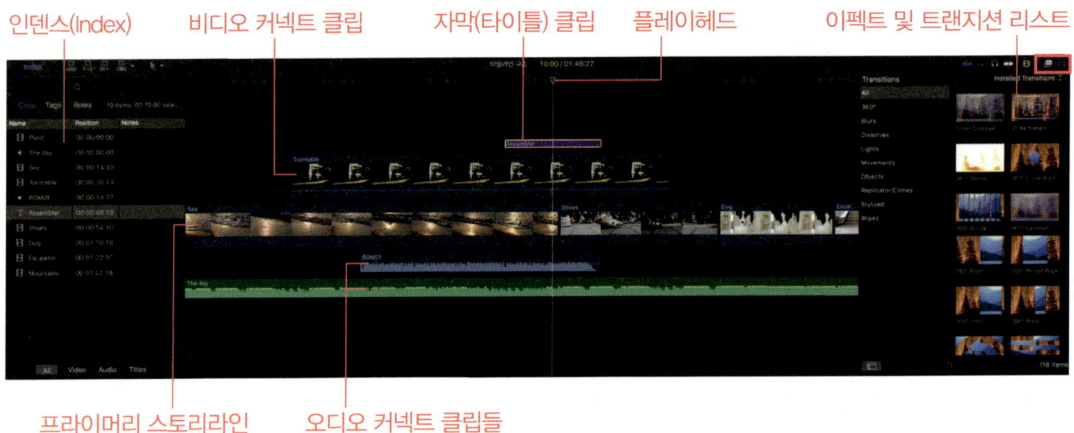

타임라인은 레이어(계층) 구조로 되어있기 때문에 스토리라인을 기준으로 상위에 있는 비디오 클립이 우선권, 즉 플레이헤드가 위치한 지점에 클립이 위아래로 있을 때에는 항상 위쪽에 있는 클립의 모습이 뷰어에 나타납니다. 하지만 자막(타이틀)의 경우엔 글자를 제외한 나머지 영역에는 하위 클립의 모습이 나타납니다. 이것은 자막 이외의 영역이 **투명(알파 채널)**하기 때문입니다. 반대로 스토리라인 아래쪽의 오디오 클립은 같은 시점에 여러 개의 클립이 있어도 모든 오디오 클립의 소리가 동시에 들리게 됩니다.

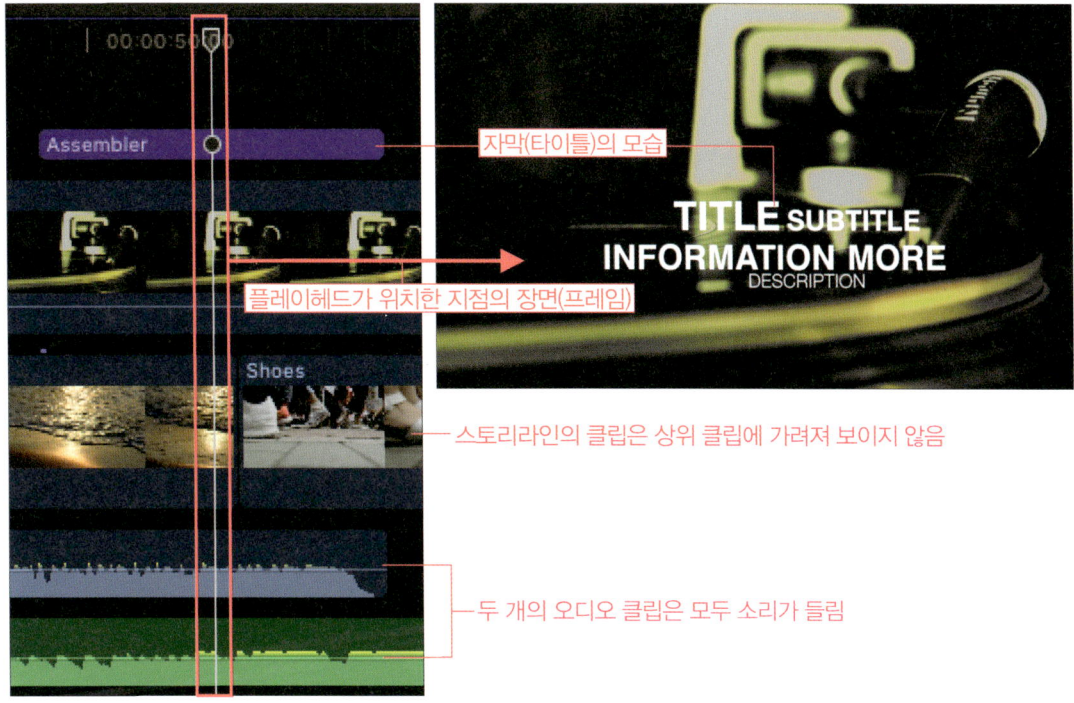

타임라인 주요 기능 살펴보기

타임라인은 크게 스토리라인(트랙)과 인덱스 그리고 이펙트 브라우저, 편집 도구 그밖에 옵션들로 구성되어 있습니다. 여기에서는 타임라인의 주요 기능에 대해 알아보도록 하겠습니다.

스냅(Snap)으로 편집 점에 정확하게 맞추기

타임라인 우측 상단에 있는 **스내핑(Snapping)**은 편집 점, 즉 클립의 인/아웃 포인트나 마커가 있는 지점에 다른 클립의 인/아웃 포인트나 플레이헤드 또는 스키머를 정확하게 일치되도록 해 주는 기능입니다. 스냅이 활성화되면 **파란색**으로 표시되고, 해제되면 회색으로 표시됩니다.

다음의 그림 중 위쪽은 스냅이 켜진 상태로써 스키밍 도중 특정 클립의 **인/아웃 포인트**에 가까워졌을 때 자동으로 인/아웃 포인트로 맞춰지는 모습으로 스냅이 켜지면 스키머는 **노란색** 선으로 표현됩니다. 그리고 아래쪽 그림은 스냅이 해제, 즉 꺼져있을 때로써 인/아웃 포인트에 가까워졌을 때에도 그냥 무시하고 지나치게 되며, 스키머는 **빨간색**으로 사용됩니다.

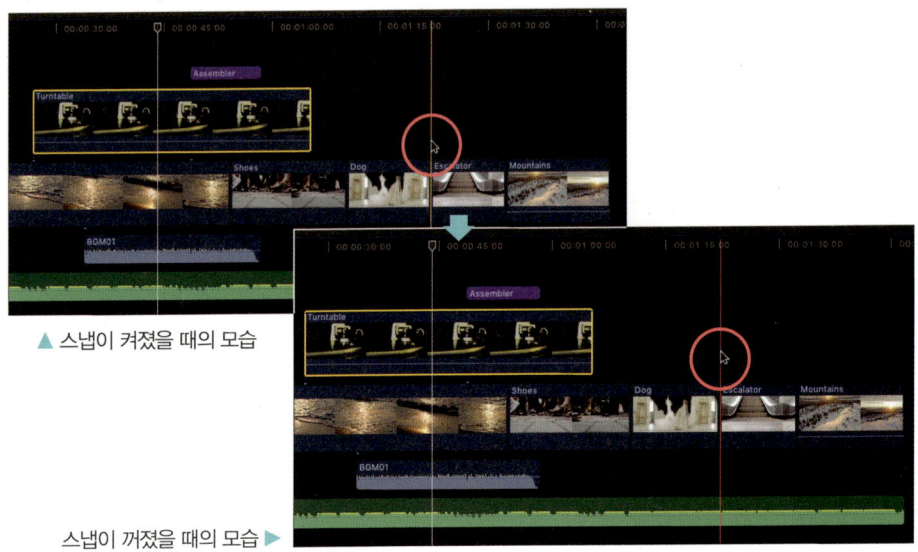

▲ 스냅이 켜졌을 때의 모습

스냅이 꺼졌을 때의 모습 ▶

타임라인 및 클립 확대/축소하기

스냅 오른쪽에 있는 Change the appearance to the clips in the Timeline은 타임라인과 클립을 확대/축소하거나 클립의 필름스트립 상태를 설정할 때 사용되는 기능들을 제공합니다. 맨 위쪽에 있는 여섯 개의 **디스플레이 옵션**(Select a clip display option)들은 클립에 나타나는 장면, 즉 필름스트립 상태를 보이지 않게 하거나 세부적으로 보여주기, 이름으로만 보여주기 등의 설정을 할 수 있습니다. 보통 네 번째 옵션을 사용하지만 시스템에 무리를 주지 않기 위해 아무 모습도 보이지 않게 해 주는 첫 번째 옵션을 사용하기도 합니다.

— 클립의 디스플레이 설정

1번 디스플레이

장면을 보여주지 않음

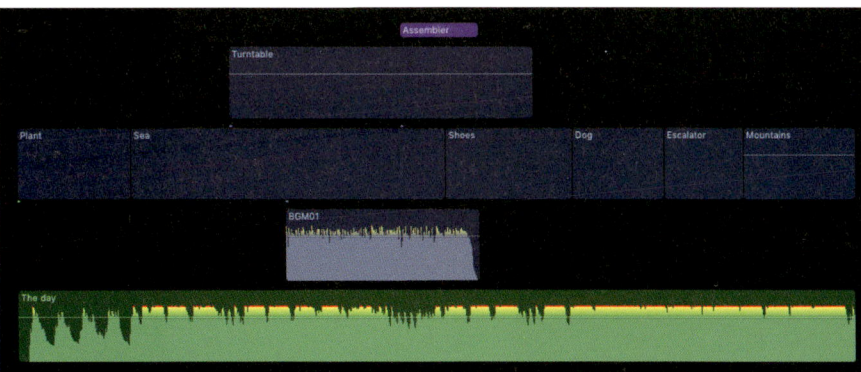

2번 디스플레이

비디오와 오디오가 균등하게 사용됨

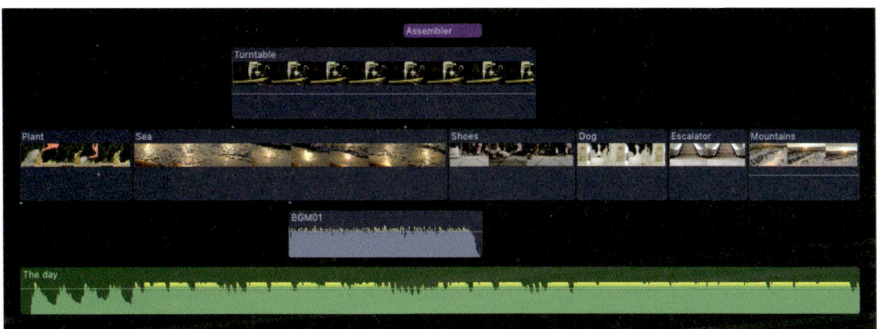

6번 디스플레이

클립의 이름만 사용됨

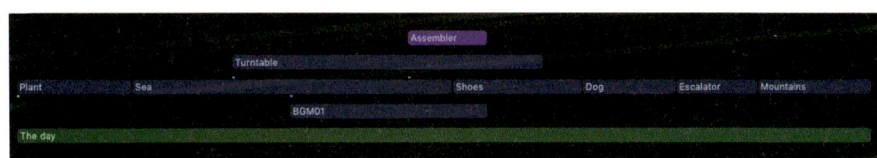

그밖에 아래쪽에는 클립의 크기(높이)를 조절할 수 있는 옵션과 타임라인의 시간을 확대/축소할 수 있는 **줌 인/아웃**(Zoom In/Out) 옵션이 있습니다. 줌 인/아웃은 작업을 할 때 자주 사용되기 때문에 **단축키**(command + - 또는 +)를 외워두는 것이 좋습니다. 그리고 맨 아래쪽에 있는 Show는 앞선 학습에서 살펴보았듯이 클립의 속성(이름, 앵글, 롤)을 보여주고자 할 때 사용됩니다.

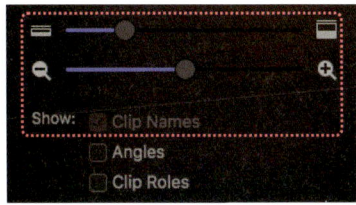

타임라인의 시간 확대는 [command] + [+] 키이고, 축소는 [command] + [−] 키입니다.

인덱스(Index)로 클립 분류하기

인덱스는 앞선 학습에서도 살펴본 적이 있듯이 타임라인에서 사용되는 클립을 속성별로 분류하기 위해 사용됩니다. 분류된 클립들은 이동, 삭제, 복사 등의 작업에 유용합니다. 인덱스는 크게 클립(Clips), 태그(Tags), 롤(Roles) 세 가지로 분류됩니다. 클립은 비디오, 오디오, 타이틀 클립으로 분류되며, 이미지 클립은 비디오 클립과 같은 형식으로 분류됩니다. 예를 들어 타이틀로 분류를 하면 인덱스 목록은 타이틀, 즉 자막 클립만 나타나게 되며 특정 자막을 선택하게 되면 해당 자막이 선택됩니다. 선택된 자막은 이동, 삭제 등의 작업을 할 수 있습니다.

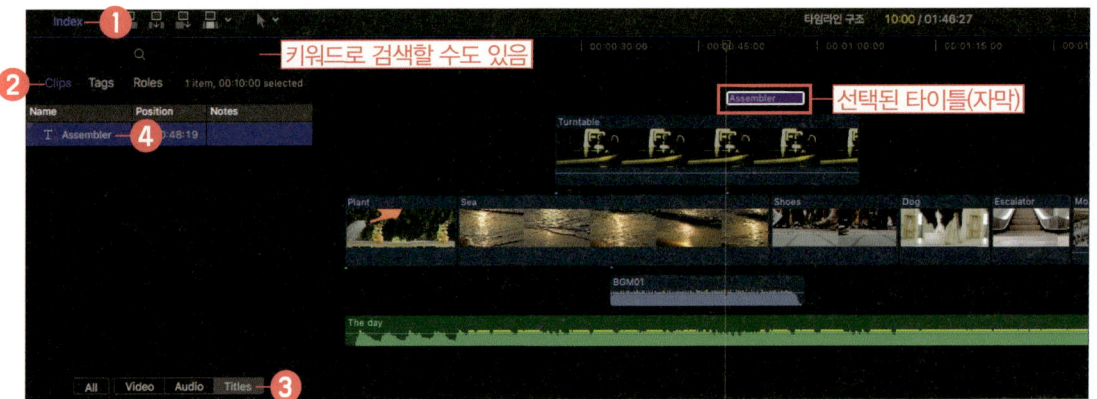

그밖에 태그(Tags)는 클립에 적용된 마커나 챕터, 키워드와 같은 메타데이터 속성으로 분류를 하여 특정 마커와 챕터를 선택(더블클릭하여 선택)할 수 있으며, 롤(Rolis)은 앞선 학습에서 살펴보았듯이 롤 형식으로 분류를 합니다. 복잡한 작업일수록 인덱스의 역할이 중요하기 때문에 각각의 분류법에 대해서도 충분히 살펴보기 바랍니다. 이펙트와 트랜지션은 차후 해당 학습에서 자세히 살펴볼 것입니다.

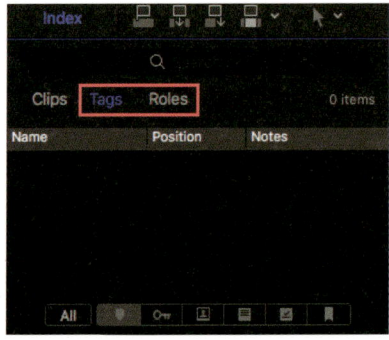

03 타임라인을 이용한 세부 편집

세부 편집이란 불필요한 장면을 프레임 단위로 편집, 즉 트리밍하는 것을 말합니다. 브라우저가 사용될 장면을 대략적인 가편집을 위해 사용된다면 타임라인은 실제 사용될 장면을 세밀하게 편집하고, 각 장면을 자연스럽게 배열하는 등의 세부 작업을 합니다. 파이널 컷 프로에서의 진보된 편집 도구와 기능들은 보다 간편하게 편집할 수 있도록 해 줄 것입니다.

편집 도구를 이용한 세부 편집

편집 도구는 앞서 학습한 가편집된 클립을 타임라인에 적용하기 위해서도 사용되지만 타임라인에 적용된 클립, 즉 장면을 세밀하게 다듬어주기 위해서도 사용됩니다. 이번 학습에서는 앞선 학습에서 살펴보지 않았던 선택(Select), 트림(Trim), 포지션(Position), 레인지 선택(Range Selection), 자르기(Blade) 등의 도구들을 사용하는 방법에 대해 살펴보겠습니다.

브라우저에서 가편집하기

세부 편집을 하기 전에 먼저 브라우저에서 가편집을 한 후 타임라인에 적용해 보도록 하겠습니다. 이번 학습은 앞선 학습에서 살펴본 것과 중복되는 것도 있지만 다시 한번 살펴보기 위한 것임을 참고하기 바랍니다. 먼저 [학습자료] -[Video] 폴더에서 **Salad days01, 02, 03** 파일을 가져옵니다.

> **영화 [샐러드 데이즈]**
>
> Salad Days는 2016에 제작된 한주예슬(설치미술가/영화감독) 감독의 독립영화이며, 한주예슬 감독의 데뷔작이기도 합니다. 감독은 이 영화를 괴기하면서 사랑스러운 젊은 나날의 초상. 셰익스피어의 안토니와 클레오파트라의 대사에서 영감을 받았다고 합니다.

먼저 Salad days01 클립을 편집해 봅니다. 해당 클립을 선택한 후 **스페이스 바**를 눌러 재생해 보면 **슬레이트**와 **액션** 이라는 소리가 들릴 것입니다. **플레이헤드**를 감독의 신호가 끝난 직후인 **9초 16프레임**에서 정지한 후 I 키를 눌러 **마크 인 포인트**를 잡아줍니다. 계속해서 **마크 아웃 포인트**를 잡아줍니다. 감독이 **컷** 하기 바로 전에서 마크 아웃을 하면 되며, 마크 아웃 단축키는 O입니다.

마크 인/아웃 설정 시 좌우 화살표 키를 사용하면 장면을 한 프레임씩 이동해 가면서 찾을 수 있습니다.

위와 같은 방법으로 나머지 클립들도 마크 인/아웃 포인트를 지정해 줍니다.

타임라인에 적용하기

이제 브라우저에서 가편집해 놓은 클립들을 타임라인에 적용합니다. 앞서 학습했던 적용에 관한 네 가지의 편집 도구를 이용하면 됩니다. 이번 작업은 프라이머리 스토리라인에 모두 적용하였습니다.

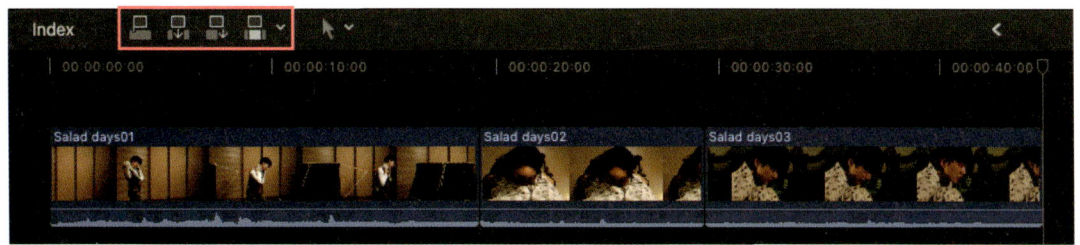

편집 도구로 세부 편집하기

스토리라인에 적용된 세 개의 클립에 대한 세부 편집을 하기 위해서는 다양한 편집 도구를 사용해야 합니다. 앞선 작업에 이어서 세부 편집을 위한 주요 도구에 대한 설명과 도구를 사용하여 세부 편집을 하는 방법에 대해 알아보도록 합니다.

실렉트(Select) : 클립 이동 및 인/아웃 트리밍(리플 편집)하기

실렉트, 즉 선택 도구는 기본적으로 선택되어있는 툴로써 클립을 선택 및 이동, **자리바꿈**을 할 때 사용됩니다. 작업 시 가장 많이 사용되는 툴이며 클립을 이동하는 것 이외에 클립의 **인/아웃 포인트(시작 점/ 끝 점)**를 드래그하여 편집을 할 때도 사용됩니다. 참고로 실렉트 툴은 스토리라인에서는 자리바꿈만 되며 위아래 위치 이동은 할 수 없습니다. 하지만 커넥트 클립으로 사용하기 위해 위쪽 공간으로의 이동은 가능합니다. 단축키는 A입니다.

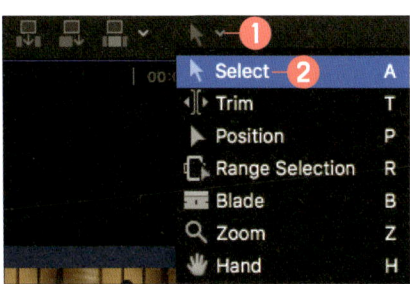

이제 실렉트 툴을 사용하여 클립의 인/아웃 포인트를 편집해 봅니다. 먼저 첫 번째 클립의 **시작 점**을 클릭합니다. 그러면 **노란색 대괄호** 모양이 나타나는데 이 상태에서 **클릭 & 우측**으로 **드래그**합니다. 그러면 클립의 시작 점을 기준으로 이동된 시간(거리)만큼 장면이 잘려나가는 것을 알 수 있습니다. 장면이 잘려나가는 즉, 트리밍되는 시간은 **타임코드(시간 표시)**를 통해 확인할 수 있습니다.

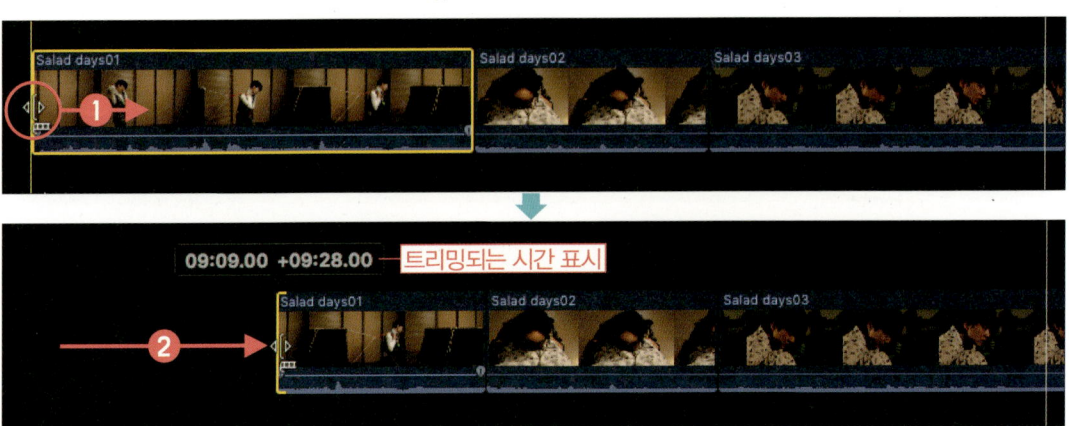

이번엔 첫 번째 클립의 **아웃 포인트**를 편집하기 위해 클립의 끝 점을 클릭합니다. 그러면 역시 **노란색 대괄호** 모양이 나타나는데 이 상태에서 **클릭 & 좌측**으로 **드래그**합니다. 그러면 클립의 끝 점을 기준으로 이동된 시간만큼 장면이 잘려나갑니다. 이때 뒤쪽(우측)에 있는 두 개의 클립들은 첫 번째 클립이 편집된 시간만큼 이동되어 공간이 생기지 않게 해 줍니다.

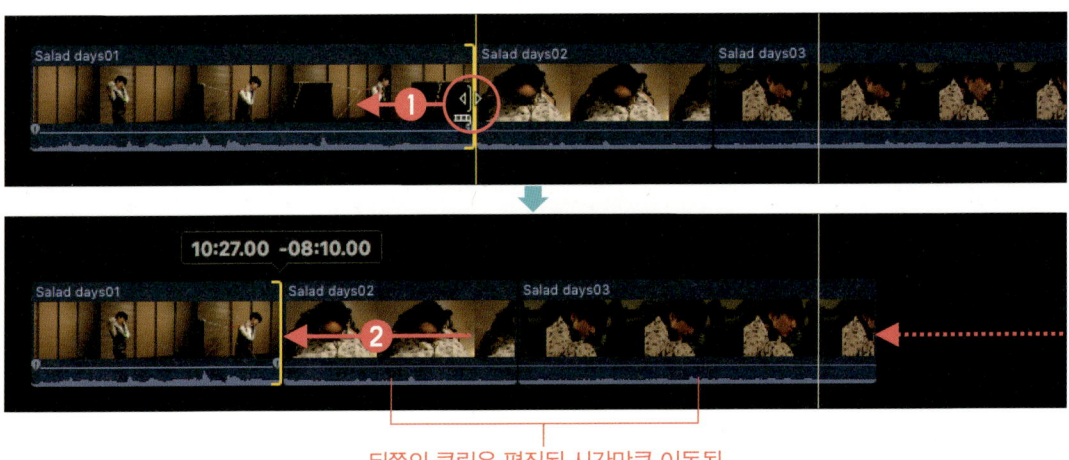

트리밍된 장면은 완전히 잘려지는 것이 아니므로 **인/아웃 포인트**를 이동하여 다시 되살려줄 수 있습니다.

트리밍되는 장면은 뷰어에서 분할된 화면 모드를 통해 확인할 수 있어 쉽게 편집을 할 수 있습니다. 분할 화면의 왼쪽은 앞 장면 클립의 끝 프레임의 모습이며, 오른쪽은 뒤 장면 클립의 시작 프레임의 모습입니다. 이처럼 실렉트 툴을 사용하면 클립의 시작 점과 끝 점을 드래그하여 트리밍 편집을 할 수 있습니다. 작업이 끝나면 **언두**(command + Z)를 하여 다시 원래 상태로 복귀합니다.

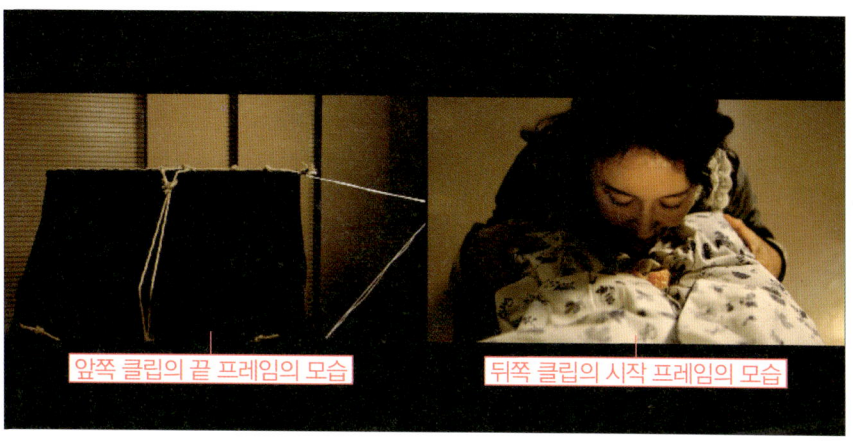

넛지(Nudge)를 이용한 프레임 편집

넛지는 조금씩, 즉 한 프레임씩 트리밍을 할 때 사용되는 기능으로써 편집 도구에 있는 기능은 아니지만 학습의 흐름상 지금 살펴보도록 하겠습니다. Trim 메뉴의 맨 아래쪽을 보면 Nudge Left/Right 메뉴가 있는데 넛지는 단축키를 주로 사용하기 때문에 해당 메뉴들의 단축키인 , 와 . 를 기억해 두기 바랍니다.

넛지를 사용하기 위해 클립의 **인** 또는 **아웃 포인트**를 선택해 봅니다. 그다음 앞서 살펴본 단축키 , 또는 . 키를 한번씩 눌러봅니다. 그러면 선택된 인 또는 아웃 포인트가 **한 프레임**씩 트리밍되는 것을 알 수 있습니다. 이렇듯 넛지를 사용하면 프레임 단위로 세밀한 편집을 할 수 있습니다.

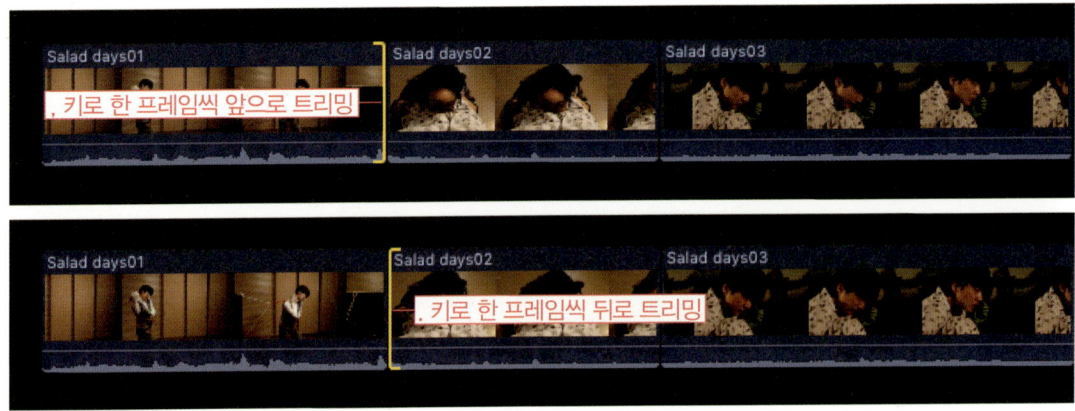

계속해서 이번엔 넛지를 사용하여 한 프레임이 아닌 **20프레임**씩 트리밍을 해 보도록 하겠습니다. 앞선 작업처럼 넛지 트리밍을 할 클립의 인 또는 아웃 포인트를 선택한 후 [shift] + [,] 또는 [shift] + [.] 키를 눌러줍니다. 그러면 **20프레임** 단위로 트리밍되는 것을 알 수 있습니다.

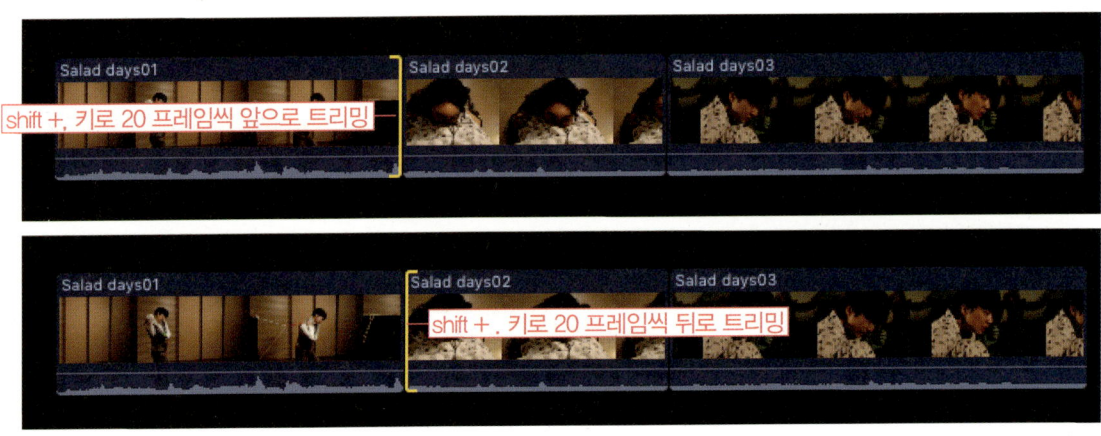

 인/아웃 포인트에 빨간색 대괄호가 나타날 때

트리밍된 장면을 다시 되살려줄 때에 클립의 인/아웃 포인트에 **빨간색** 대괄호가 나타난다면 이것은 해당 클립의 원본 길이의 **마지막 장면**이라는 뜻입니다.

트림(Trim) : 장면 다듬기

트림 툴은 장면을 다듬어주기 위해 사용되며 앞서 살펴본 실렉트처럼 클립의 인/아웃 포인트를 통한 편집뿐만 아니라 클립 가운데 부분이나 클립과 클립 사이에서의 편집이 가능하기 때문에 보다 정교한 편집을 할 수 있습니다. 트림 툴의 단축키는 T입니다.

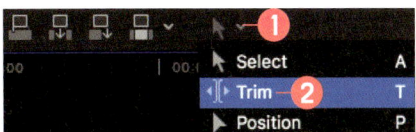

먼저 트림 툴의 기본 모드인 **슬립(Slip)**에 대해 알아보겠습니다. 트림 툴이 선택된 상태에서 첫 번째 클립에 커서를 갖다 놓습니다. 그러면 커서 모양이 그림처럼 **슬립 모드**로 바뀌게 됩니다. 이 상태에서 클립의 가운데 부분을 좌우로 드래그해 봅니다. 그러면 클립의 길이는 변하지 않고 이동된 시간만큼만 장면이 바뀌는 것을 알 수 있습니다. 이렇듯 슬립 트리밍은 클립의 길이는 유지한 상태에서 인/아웃 지점의 장면만 순환되면서 편집됩니다.

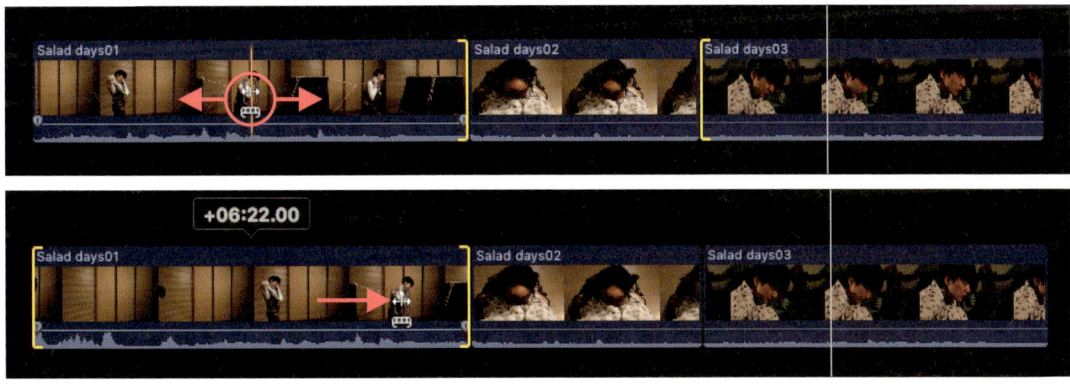

슬립 모드는 모든 클립에서도 사용이 가능합니다. 확인하기 두 번째 클립의 가운데 부분을 드래그해 보면 역시 클립의 길이에는 영향을 주지 않고 장면만 바뀌는 것을 알 수 있습니다.

이번엔 **롤(Roll)** 모드에 대해 알아보기 위해 클립과 클립 사이에 커서를 갖다 놓고 클릭합니다. 그러면 해당 지점의 앞쪽에 있는 클립은 아웃 포인트, 뒤쪽에 있는 클립은 인 포인트가 **노란색 대괄호**로 선택됩니다. 이 상태가 바로 롤 모드이며, 선택된 지점을 좌우로 드래그해 보면 두 클립의 인/아웃 포인트를 기준으로 트리밍되는 것을 알 수 있습니다. 롤 트리밍은 선택된 두 클립의 전체 길이에는 영향을 주지 않는데, 이것은 트리밍되는 한쪽 클립의 길이가 조절될 때 다른 클립의 길이에 의해 상쇄되기 때문입니다.

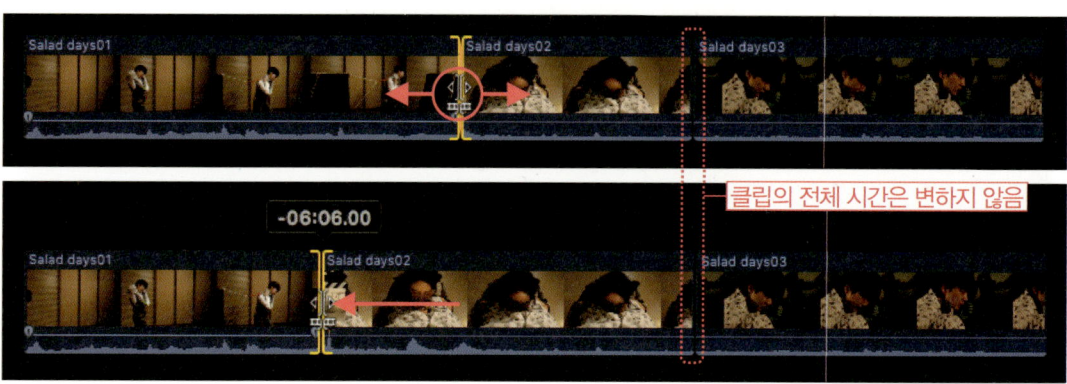

트림 툴을 이용하면 **블레이드** 툴에 의해 잘려진 클립의 인/아웃 포인트를 **delete** 키를 눌러 다시 합쳐줄 수 있습니다. **393**페이지의 멀티캠 클립을 합쳐주는 방법을 참고하십시오.

 트림 편집 중 뷰어에서 피드백 보기
트림 편집 중 뷰어에서 피드백을 얻고자 한다면 **환경설정(command + ,)** 창으로 들어간 후 **Editing** 섹션의 **Show detailed trimming feedback**이 체크되어있어야 합니다.

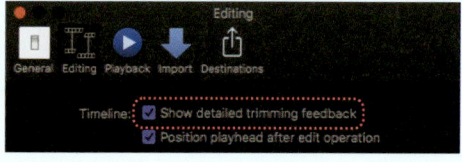

마지막으로 **슬라이드(Slide)** 모드에 대해 알아보기 위해 가운데 있는 클립에서 **option** 키를 누릅니다. 그러면 슬라이드 모드로 바뀌게 되는데 이 상태에서 좌우로 드래그하면 선택된 클립이 이동되는 되는 것을 알 수 있으며, 이동되는 방향에 따라 왼쪽 혹은 오른쪽 클립의 인/아웃 포인트가 트리밍됩니다. 다시 말해 슬라이드되는 클립이 오른쪽으로 이동되면 좌측 클립의 아웃 포인트가 늘어나고, 우측 클립의 인 포인트는 트리밍됩니다.

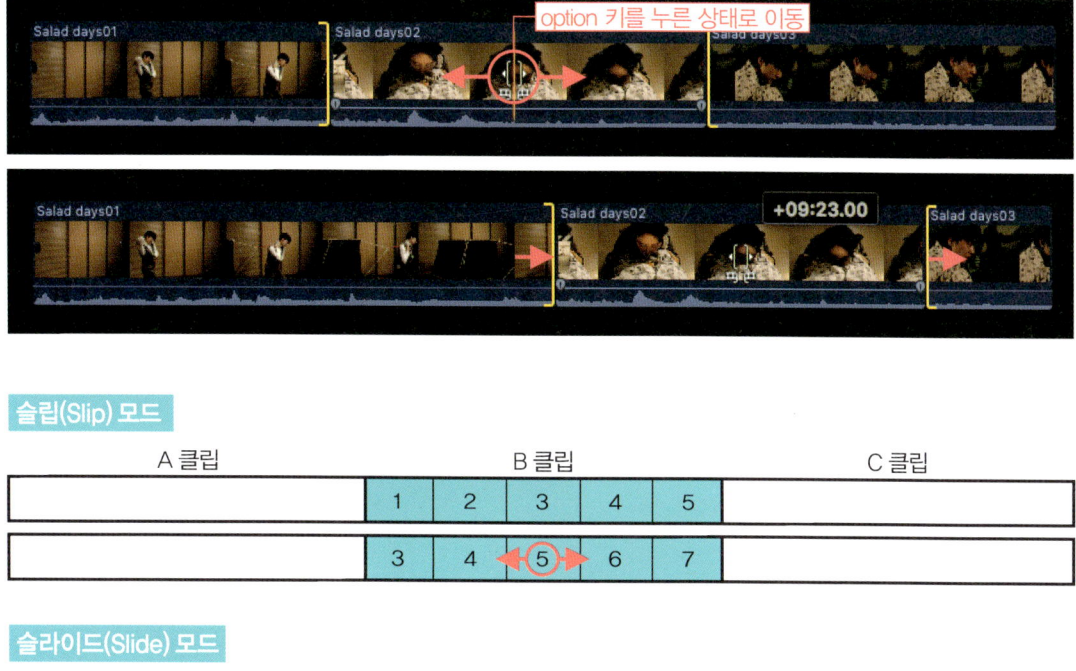

슬립(Slip) 모드

슬라이드(Slide) 모드

롤(Roll) 모드

정밀 편집기(Precision editor) : 스토리라인 펼쳐서 편집하기

정밀 편집기는 클립과 클립 사이를 확장하여 보다 정교한 편집을 할 수 있도록 **프리시전 에디터** 모드로 전환합니다. 살펴보기 위해 **클립과 클립 사이**를 **더블클릭**합니다.

두 클립에 펼쳐지면 그림처럼 위쪽은 앞쪽 장면, 아래쪽은 뒤쪽 장면으로 나뉘어집니다. 여기서 가운데에 있는 **에디트 라인 핸들(Edit line handle)**을 좌우로 이동하여 두 클립의 인/아웃 포인트를 편집할 수 있습니다.

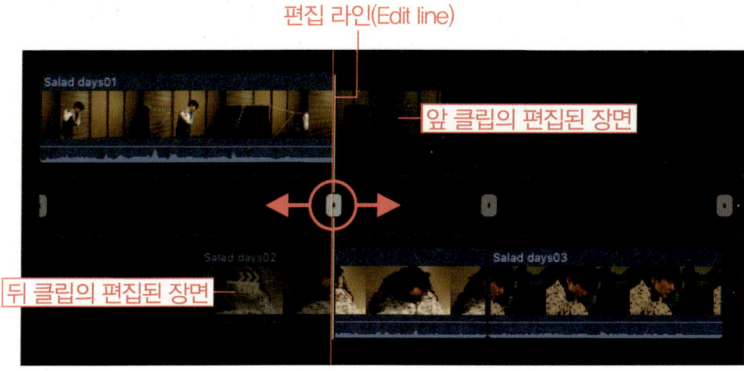

핸들(Handle)이란?

핸들은 클립의 시작 점(In Point)과 끝 점(Out Point)을 기준으로 **편집된 장면**을 말합니다. 이 편집된 장면은 조절, 즉 핸들링하여 다시 복구할 수 있는 영역입니다. 트리밍 작업을 하거나 트랜지션(장면 전환 효과)를 적용할 때에도 이와 같이 핸들링이 가능한 편집된 영역이 있어야만 정상적인 작업이 가능합니다.

또한 위쪽(앞쪽) 클립의 아웃 포인트를 선택하여 좌우로 이동하거나 아래쪽 클립의 인 포인트를 이동할 경우에는 해당 **편집 점(라인)**을 기준으로 트리밍되기 때문에 조절되는 만큼 클립의 길이, 즉 시간에도 변화가 생깁니다. 예를 들어 위쪽 클립의 아웃 포인트를 좌측으로 이동하여 **1초**로 트리밍했다면 전체 시간도 **1초** 줄어든다는 것입니다. 참고로 각 클립의 편집된 장면, 즉 핸들 영역을 좌우로 이동하여 해당 핸들 영역의 범위를 넓게 혹은 줄어들게 할 수 있습니다.

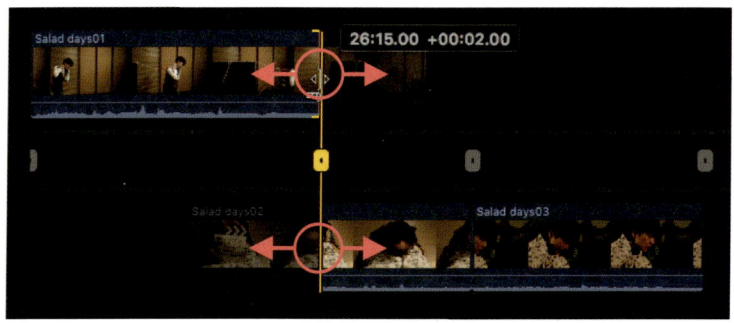

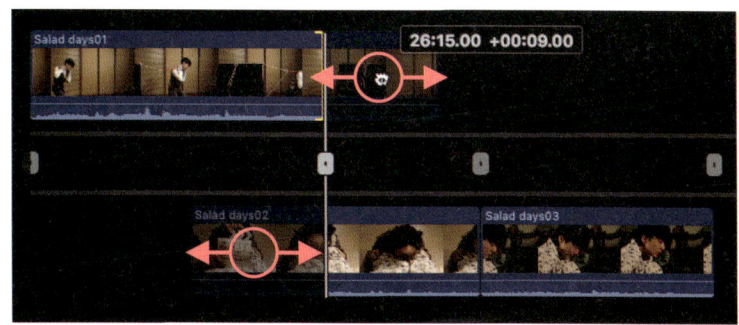

이번엔 다른 **에디트 라인 핸들**(Edit line handle)을 클릭해 봅니다. 그러면 클릭한 지점의 두 클립에 대한 정밀 편집을 할 수 있도록 프리시전 에디터 모드가 클릭(선택)한 쪽으로 전환됩니다. 살펴본 것처럼 스토리라인을 펼쳐놓은 상태로 계속 작업을 해도 되겠지만 **하나**의 **스토리라인**에서도 충분히 원하는 편집을 할 수 있기 때문에 지금의 정밀 편집기는 필요할 때에만 사용하는 것을 권장합니다.

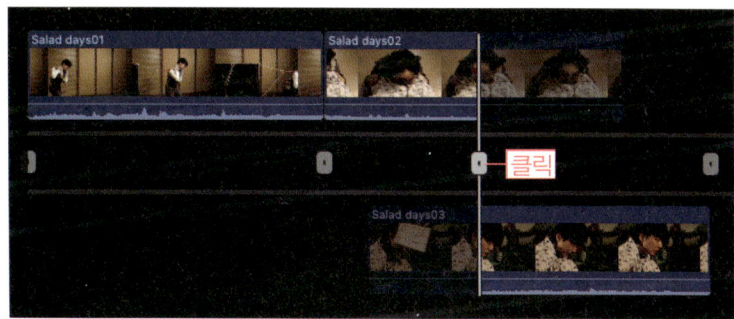

다시 하나의 스토리라인으로 되돌아가고자 한다면 **에디트 라인 핸들**을 **더블클릭**하면 되며, 원래의 스토리라인으로 돌아오면 작업 중이었던 두 클립 사이는 트림 모드 상태로 선택됩니다.

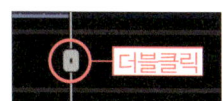

트림(Trim) 메뉴와 단축키를 이용한 편집

트림 메뉴는 앞서 살펴본 넛지가 포함된 메뉴로써 클립을 두 개로 잘라주거나 **플레이헤드**가 위치한 지점을 기준으로 **인/아웃 포인트**를 트리밍할 때 사용되는 메뉴들로 구성되어있습니다.

블레이드(Blade)를 이용한 클립 자르기

블레이드는 하나의 클립을 잘라 두 개 또는 그 이상으로 분할할 때 사용되며, 메뉴와 편집 도구에서도 사용할 수 있어 작업 상황에 맞게 활용하면 됩니다. 살펴보기 위해 먼저 자르고자 하는 클립을 선택한 후 **플레이헤드**를 자르고자 하는 지점으로 이동합니다. 그다음 [Trim] - [Blade] 메뉴 또는 [command] + [B] 키를 누릅니다. 그러면 플레이헤드가 위치한 지점을 기준으로 클립이 두 개로 잘려집니다.

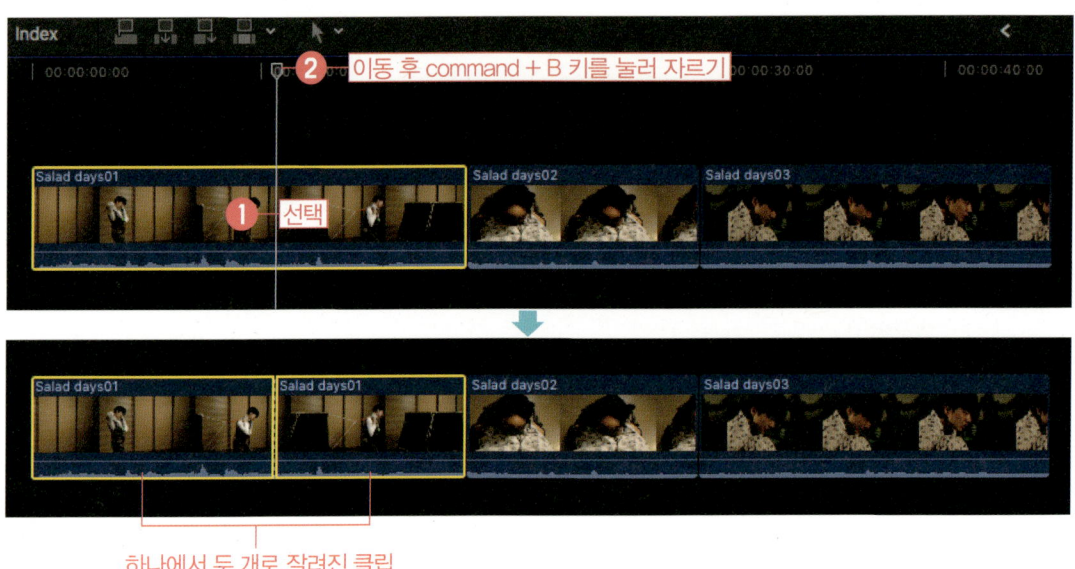

이번엔 편집 도구의 블레이드 툴을 사용하여 잘라보도록 하겠습니다. 편집 도구에서 **칼** 모양의 **Blade**를 선택하거나 단축키 B 키를 누릅니다.

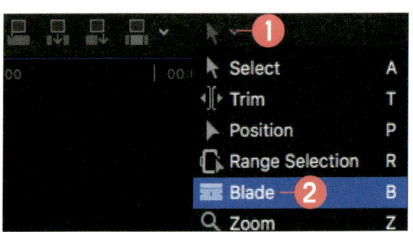

그다음 자르고자 하는 클립에서 자르고자 하는 지점을 클릭합니다. 그러면 해당 클립이 두 개로 잘려집니다. 이것은 앞서 살펴본 **블레이드** 메뉴와 동일한 역할을 합니다. 참고로 하나의 클립이 두 개로 잘려진 후에는 잘려진 지점이 **점선**으로 처리됩니다.

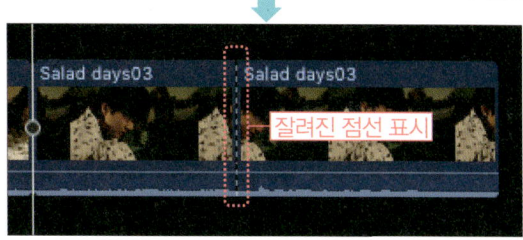

 동일한 시점에 있는 모든 클립 자르기

블레이드 메뉴와 블레이드 툴은 모두 하나의 클립을 잘라주기 위해 사용됩니다. 만약 플레이헤드가 위치한 지점에 있는 하나의 클립이 아닌 여러 개의 클립을 동시에 잘라주고자 한다면 어떨까요? 이와 같은 결과를 얻기 위해서는 블레이드 툴을 사용할 때 shift 키를 누른 상태에서 잘라주어야 합니다. 블레이드 툴 사용 시 **시프트** 키를 누르면 커서의 모양이 하나의 칼날에서 두 개의 칼날로 바뀌게 되는데, 이 때 잘라주면 됩니다.

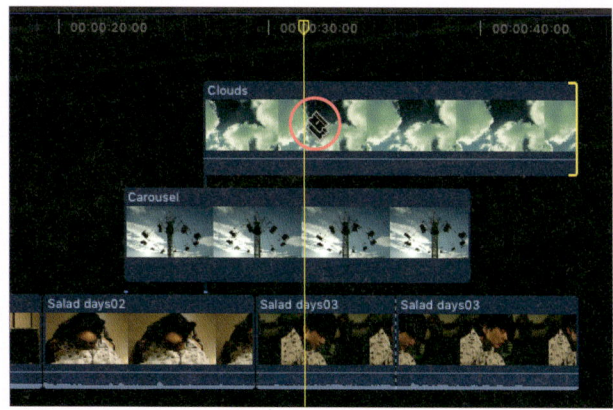

또한 Trim 메뉴의 Blade All 또한 동일한 시점의 모든 클립을 잘라줄 수 있습니다.

트림 메뉴와 단축키로 트리밍하기

트림 메뉴에 있는 Trim Start/End, Trim To Playhead, Extend Edit는 스키머 또는 플레이헤드가 있는 지점을 기준으로 클립의 인/아웃 포인트를 트리밍하고자 할 때 사용하는데 주로 단축키를 많이 사용합니다.

트리밍하기 위한 클립을 선택한 후 **플레이헤드** 또는 **스키머**를 자르고자 하는 지점으로 이동합니다. 그다음 단축키 [option] + [[ ]키를 눌러보면 플레이헤드가 위치한 지점의 **인 포인트**가 트리밍됩니다.

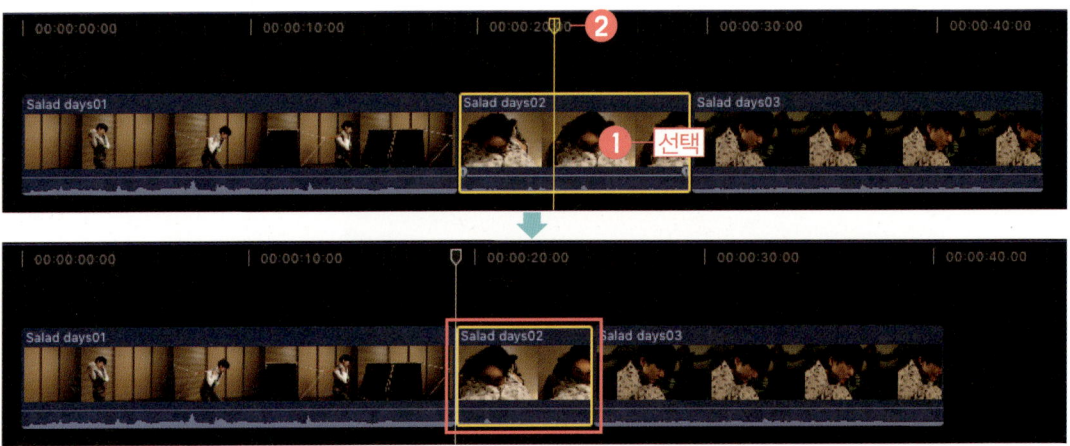

이번엔 아웃 포인트를 트리밍을 하기 위해 트리밍하고자 하는 클립을 선택한 후 자를 지점으로 플레이헤드를 이동합니다. 그다음 단축키 [option] + [ ]] 키를 누르면 플레이헤드 지점을 기준으로 **아웃 포인트**가 트리밍됩니다.

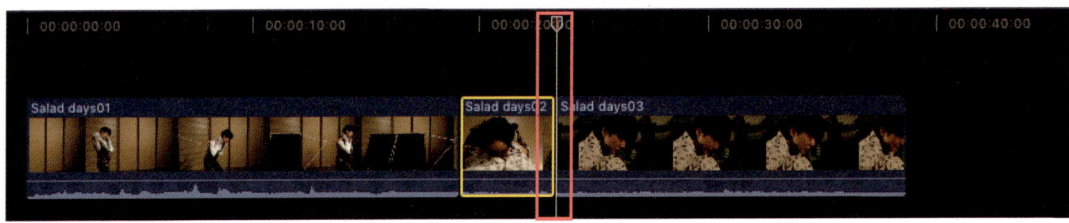

계속해서 플레이헤드가 위치한 지점을 기준으로 선택된 클립의 짧은 비율 부분이 트리밍되는 **트림 투 플레이헤드**에 대해 알아봅니다. 트리밍될 클립을 선택한 후 자르고자 하는 지점으로 **플레이헤드**를 이동합니다. 아래 그림은 플레이헤드가 위치한 지점을 기준으로 클립의 왼쪽 부분이 훨씬 짧은 것을 알 수 있습니다.

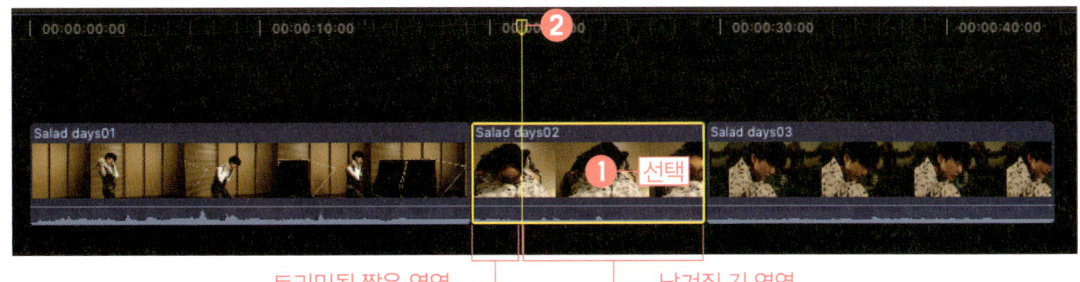

이제 트림 투 플레이헤드를 적용하기 위해 [option] + [\] 키를 눌러보면 선택된 클립의 짧은 쪽 영역이 트리밍되는 것을 알 수 있습니다.

마지막으로 **익스텐드 에디트**는 스키머가 위치한 지점을 기준으로 선택된 클립의 인/아웃 포인트를 늘려줍니다. 살펴보기 위해 클립의 **인 포인트**를 선택합니다. 그다음 **스키머**를 그림과 같은 위치로 갖다 놓습니다.

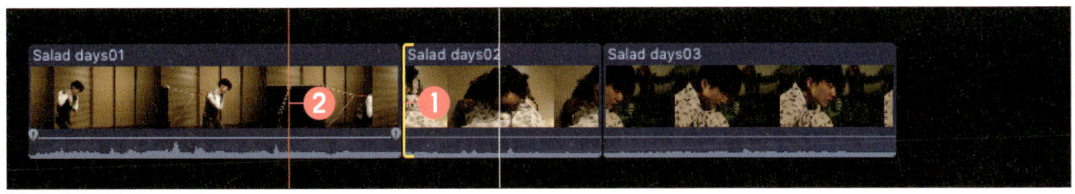

그다음 [shift] + [X] 키를 눌러보면 선택된 인 포인트가 스키머가 있는 지점까지 늘어난 것을 알 수 있습니다. 단, 늘어날 장면이 부족할 경우에는 원본 클립이 길이까지만 늘어가게 됩니다.

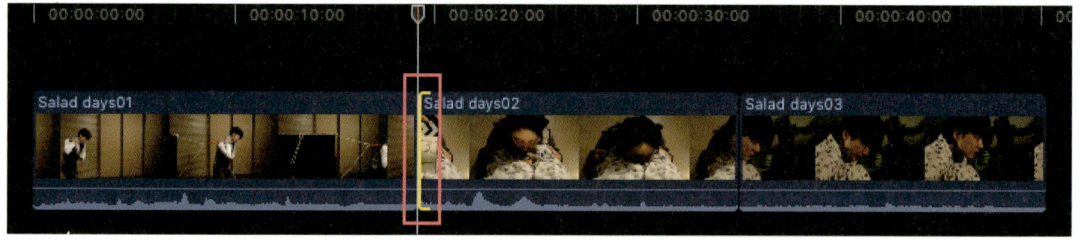

포지션(Position) 툴과 구간 선택(Range Selection) 툴 사용하기

편집 도구의 **포지션** 툴은 스토리라인에 있는 클립의 위치를 이동할 수 있으며, **레인지 실렉션** 툴은 클립의 구간 선택을 위해 사용됩니다.

포지션(Position) : 클립 위치 바꾸기

기본적으로 선택되어있는 **실렉트** 툴은 스토리라인에서 사용되는 클립들의 자리바꿈을 할 수는 있지만 위아래 위치를 바꿔줄 수는 없습니다. 만약 스토리라인에 있는 클립의 위치를 변경하고자 한다면 **포지션** 툴을 사용해야 합니다. 포지션 툴의 단축키는 P입니다.

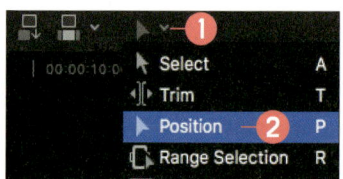

포지션 툴을 선택한 후 스토리라인에 있는 클립을 그림처럼 우측으로 이동해 봅니다. 그러면 실렉트 툴과는 다르게 원하는 위치로 이동되는 것을 알 수 있습니다. 이처럼 포지션 툴을 사용하면 스토리라인의 클립도 원하는 위치로 이동할 수 있습니다. 이때 이동된 클립이 있던 영역은 **갭**이 생성됩니다.

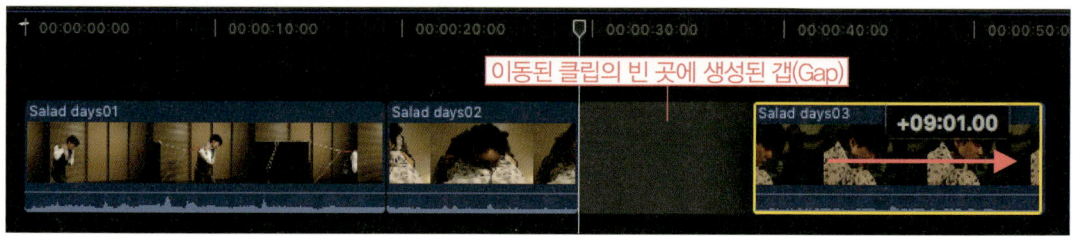

갭(Gap)의 활용법

갭은 단순히 클립과 클립 사이의 벌어진 틈 정도라고 생각하면 큰 오산입니다. 갭은 클립을 삭제했을 때 만이 아닌 정상적인 클립을 고의로 갭으로 만드는 경우도 있기 때문입니다. **[Edit] - [Replace with Gap]** 메뉴는 선택된 클립을 갭으로 대체하는데, 대체된 후 원래의 클립은 사라지지만 그 영역은 그대로 갭 영역으로 유지하고 있기 때문에 차후 다른 클립과 대체할 수 있습니다. 일종의 미완의 **씬(Scene)**이라고 할까요. 쉽게 말해 아직 결정되지 않은 장면을 위해 자리를 보존하고 있는 역할을 한다고 이해하면 될 것입니다. 갭과 같은 클립을 다른 클립으로 대체하는 방법은 차후 해당 학습에서 살펴볼 것입니다.

리프트(Lift)를 이용하여 클립 이동하기

리프트는 들어올린다는 뜻으로 스토리라인에 있는 클립을 위쪽 커넥트 클립으로 올려줄 때 사용됩니다. 그림처럼 커넥트 클립으로 올려줄 클립을 선택한 후 [Edit] - [Lift from Storyline] 메뉴를 선택하거나 [option] + [command] + [↑] 키를 누르면 선택된 클립에 바로 위쪽의 커넥트 클립으로 이동됩니다. 이때 위쪽으로 이동된 커넥트 클립이 있던 자리는 **갭** 영역으로 남아있게 됩니다.

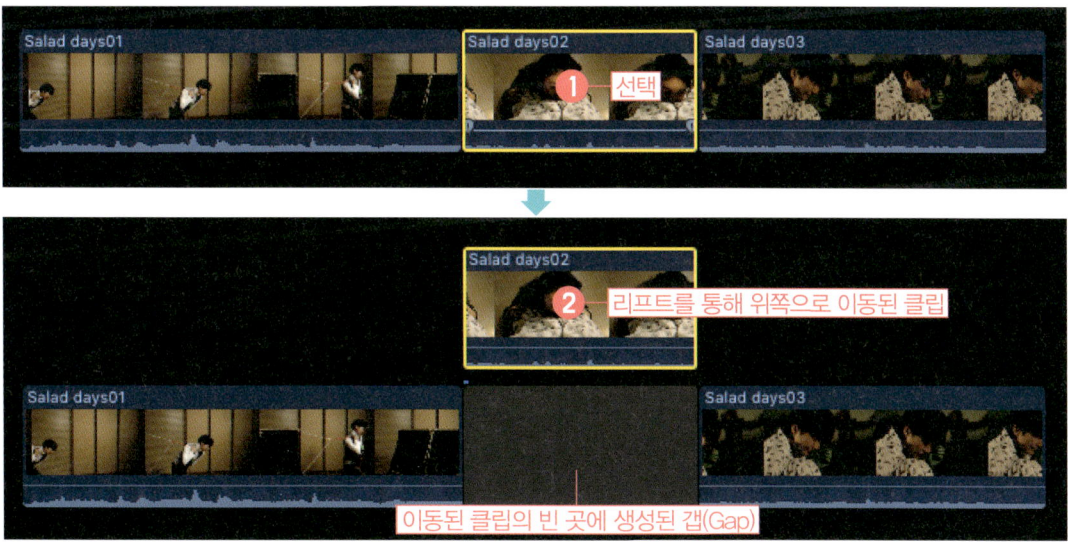

생성된 갭은 나중에 다른 클립으로 **리플레이스(대체)**할 수 있습니다. 이 방법은 차후 살펴보기로 하고, 방금 위로 올렸던 클립을 다시 원래 자리도 되돌아오도록 한다면 어떨까요? 물론 지금은 **언두**(command + Z)를 하면 되겠지만 이미 작업이 많이 진행된 상태라면 다른 방법을 찾아야 합니다. 현재 위쪽으로 이동된 **커넥트 클**

립을 원래 있었던 스토리라인으로 드래그하여 갖다 놓으면 그림처럼 **갭** 영역이 밀려나거나 앞쪽에 배치되는 형태가 됩니다.

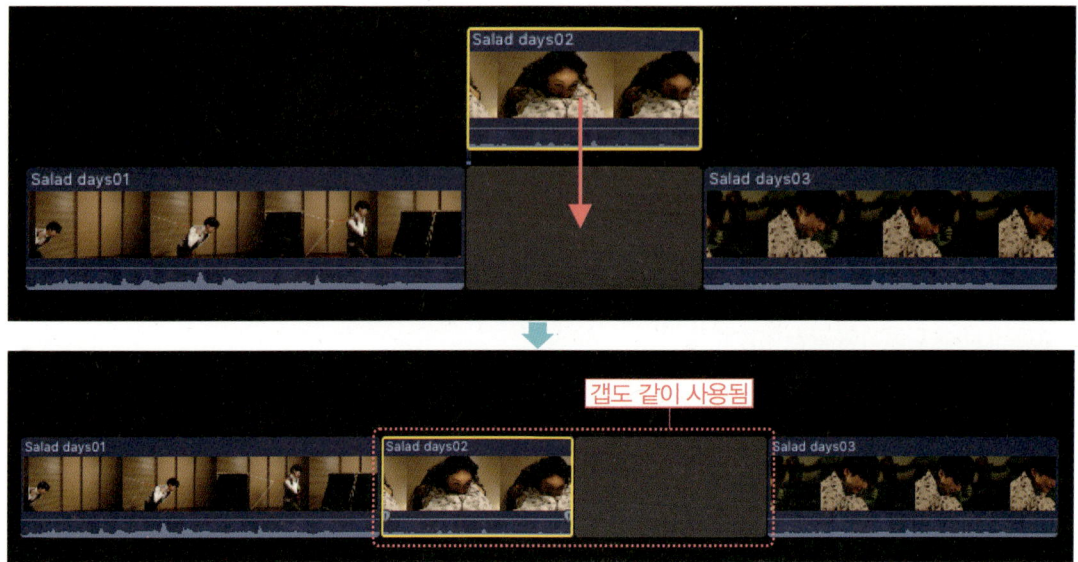

또는 갭을 지운 후 클립을 아래로 내리려고 한다면 갭이 지워지는 순간 위쪽 연결된 컨넥트 클립도 같이 삭제되기 때문에 이 또한 문제가 될 것입니다. 여기서 가장 적합한 방법은 커넥트 클립 위에서 **RMB(우측 마우스 버튼)**를 하여 나타나는 퀵 메뉴에서 Overwrite to Primary Storyline(option + command + ↓) 메뉴를 사용하는 것입니다. 그러면 원래 있었던 바로 아래쪽 스토리라인에 그대로 갭을 덮어씌우며 적용됩니다.

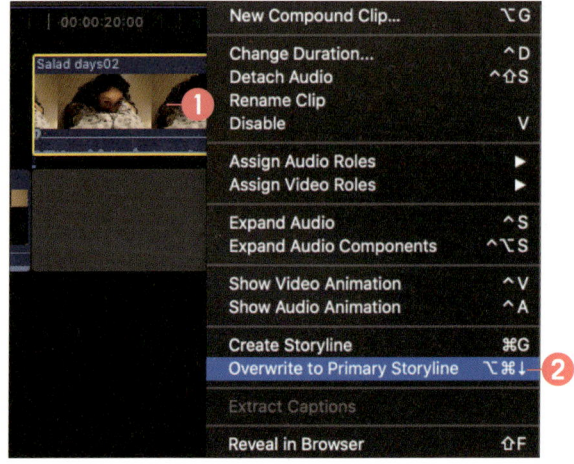

화살표 키를 이용하여 클립의 인/아웃 포인트로 이동하기
플레이헤드를 각 클립의 시작 점이나 끝 점으로 정확하게 이동하기 위해서는 ↑ 또는 ↓ 키를 사용하면 되며, 플레이헤드를 한 프레임씩 정교하게 이동하기 위해서는 ← 또는 → 키를 사용하면 됩니다.

레인지 실렉션(Range Selection) : 클립의 구간 선택하기

레인지 실렉션은 하나의 클립에서 편집될 구간을 지정할 때 사용되며 설정된 구간은 복사, 삭제 등의 작업을 할 수 있습니다. 레인지 실렉션의 단축키는 R이며, 마크 인/아웃 포인트를 지정하는 I와 O 키로도 구간을 지정할 수 있습니다.

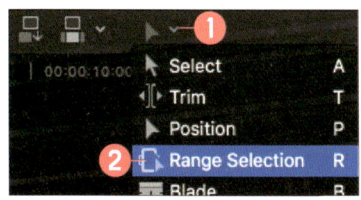

레인지 실렉션 툴을 선택한 후 구간 선택을 위한 클립에서 클릭 & 드래그하여 편집될 구간을 지정합니다. 지정된 구간은 시작 점과 끝 점을 통해 재설정할 수 있습니다.

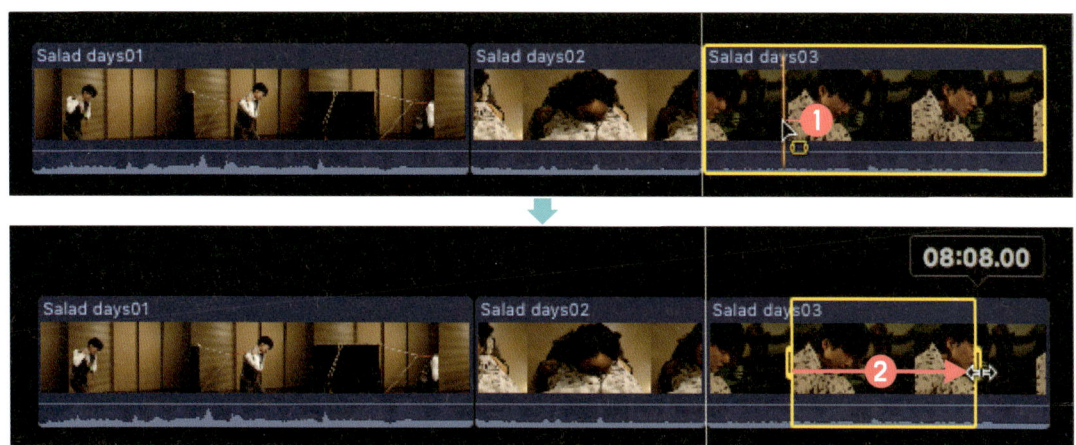

레인지 실렉션 툴로 구간을 선택한 후 delete ⌫ 키를 눌러보면 선택된 구간이 삭제됩니다. 참고로 또 다른 delete ⌦ 키를 누르면 선택된 구간이 삭제되고 그 자리가 갭으로 대체됩니다. 확인 후에는 **언두**를 합니다.

반대로 선택된 구간만 남기고 나머지 영역을 삭제할 수도 있습니다. **트림** 메뉴에는 **Trim Selection** 메뉴가 새롭게 나타나는데, 이 메뉴는 레인지 실렉션 툴로 구간이 선택되었을 때에만 사용됩니다. **트림 실렉션** 메뉴 또는 [option] + [\] 키를 눌러봅니다. 그러면 지정된 구간만 남고 나머지 영역은 삭제되는 것을 알 수 있습니다.

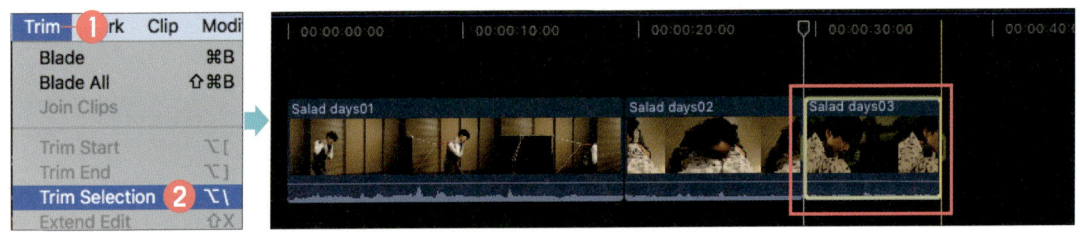

레인지 실렉션 툴로 선택된 구간의 해제는 다른 편집 도구 또는 영역을 클릭하는 것입니다.

클립 잘라내기, 복사하기, 붙여넣기

클립을 잘라내거나 복사한다는 것은 하나의 클립을 여러 번 사용하거나 복사된 클립에 적용된 이펙트나 속성을 다른 클립에 상속하기 위해서입니다. 이번 학습에서는 클립을 복사 또는 복제하는 방법과 붙여넣기하는 다양한 방법에 대해 알아보겠습니다.

클립 잘라내기

클립을 잘라내는 것은 매우 간단합니다. 잘라내고자 하는 클립을 선택한 후 **Edit** 메뉴의 **Cut**을 선택하거나 단축키 [command] + [X]를 누르면 선택된 클립이 잘라내기 됩니다. 다음의 그림처럼 잘라내기 된 클립은 사라지고 난 후 그 자리에 뒤쪽(우측)에 있던 클립들이 이동하여 자리(공간)를 채워줍니다.

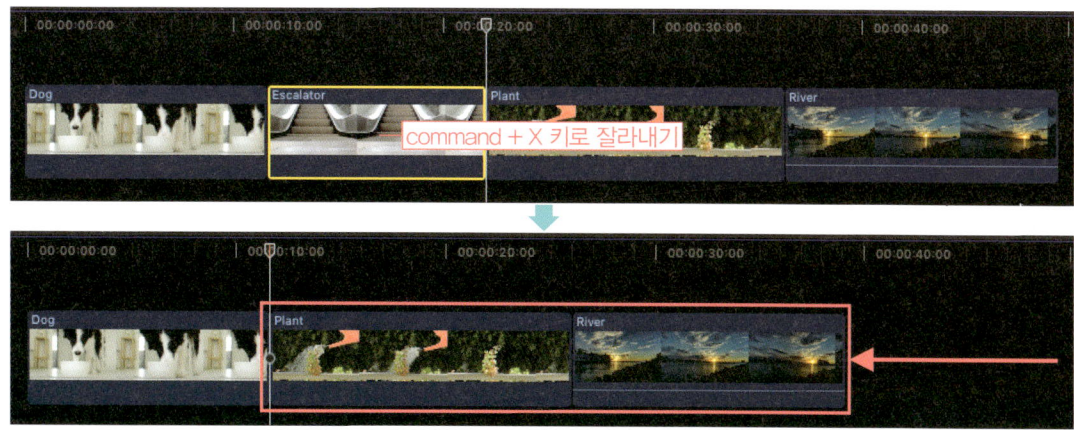

잘려진 클립은 삭제된 것이 아니라 복사한 것처럼 **백그라운드(클립보드)**에 보관이 되어있는 상태입니다. 만약 잘라내기 한 클립을 다시 사용하고자 한다면 Edit 메뉴의 Paste 메뉴를 선택하거나 단축키 [command] + [V] 키를 누르면 됩니다. 그러면 **플레이헤드(스키머가 있다면 스키머)**가 있는 지점을 기준으로 스토리라인에 붙여넣기 됩니다. 이것은 편집 도구의 인서트 툴과 유사한 방식으로 플레이헤드의 위치에 따라 스토리라인에 있던 클립 사이에 적용될 수도 있습니다.

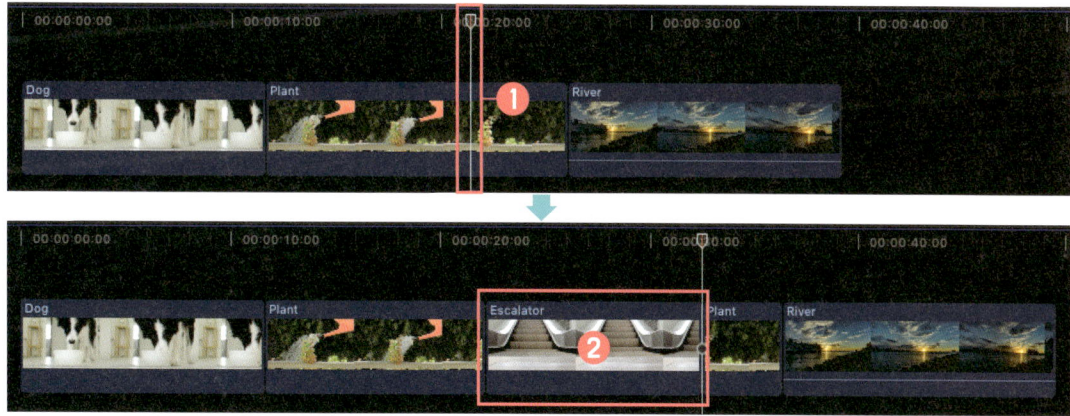

클립 복사하기

클립의 복사는 복사된 클립을 보관했다가 다시 사용한다는 의미로는 앞서 살펴본 잘라내기와 유사하지만 복사된 클립이 그대로 스토리라인에 보존된다는 것이 잘라내기와 다릅니다. 클립을 복사하기 위해서는 Edit 메뉴의 Copy를 선택하거나 단축키 [command] + [C] 키를 누르면됩니다. 그러면 복사된 클립은 그대로 남아있습니다. 복사된 클립은 다른 곳에서 사용할 수 있는데, 이번에는 두 번째 그림처럼 맨 마지막 지점으로 플레이헤드를 갖다 놓은 후 [command] +[V] 키를 눌러 붙여넣기 합니다. 이처럼 클립의 복사는 하나의 클립을 여러 번 반복적으로 사용하기 위해 사용됩니다.

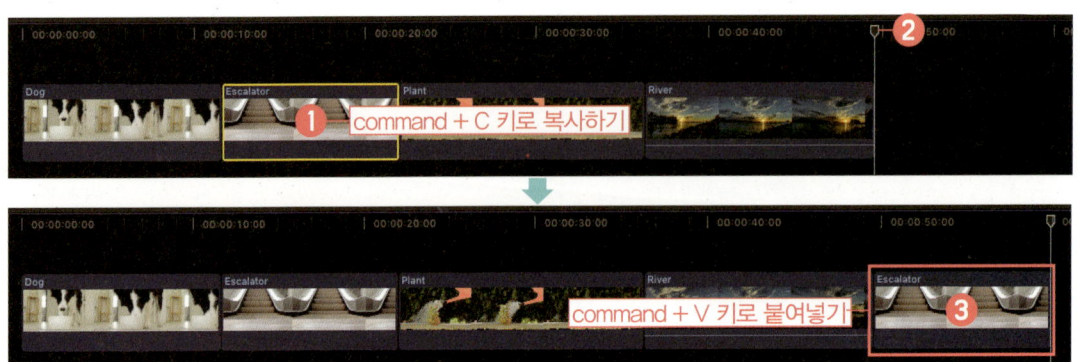

 클립이 적용될 때의 플레이헤드 포지션에 대하여

붙여넣기 된 클립 그리고 브라우저에 있는 클립을 타임라인에 적용한 후의 플레이헤드의 위치는 항상 적용된 클립의 아웃 포인트에 위치하게 되는데, 만약 플레이헤드의 위치를 원래 있었던 지점에 그대로 머물러있도록 한다면 **환경설정**(command + ,)의 Editing 섹션에서 Position playhead edit operation 을 해제하면 됩니다. 이 옵션은 보통 체크한 상태로 사용합니다.

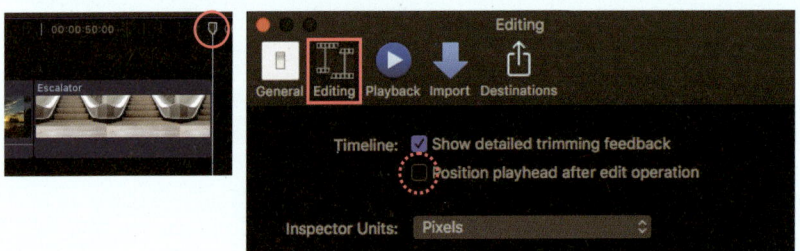

클립 붙여넣기(이펙트 및 속성을 다른 클립에 상속하기)

붙여넣기는 잘라내기 또는 복사한 클립을 다시 사용하기 위한 작업으로써 단순히 스토리라인에 붙여넣기와 커넥트 클립으로 붙여넣기 그리고 클립의 속성 붙여넣기 등 다양한 방법으로 붙여넣기를 할 수 있습니다. 앞서 단순한 **붙여넣기**(command + V)는 살펴보았기 때문에 이번에는 그밖에 붙여넣기에 대해 알아보겠습니다. 살펴보기 위해 먼저 하나의 클립을 **복사**(command + C)합니다.

이번엔 커넥트 클립으로 붙여넣기 하기 위해 먼저 붙여넣기 할 지점으로 **플레이헤드**를 위치시키고, Edit 메뉴의 Paste as Connected Clip을 선택하거나 단축키 [option] + [V] 키를 누릅니다. 그러면 플레이헤드가 위치한 지점을 기준으로 위쪽 커넥트 클립으로 적용됩니다.

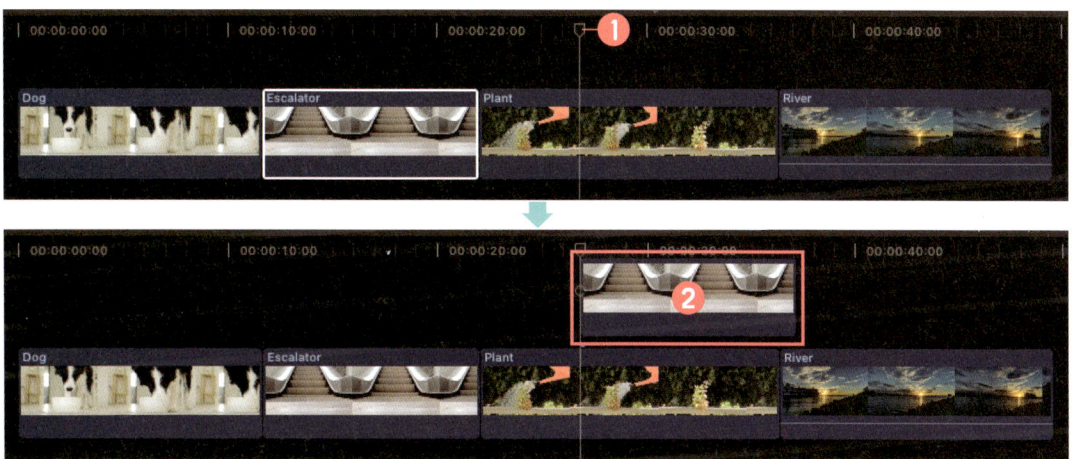

계속해서 복사된 클립에 적용된 **속성 데이터(이펙트 및 인스펙터)**를 다른 클립에 붙여넣기, 즉 상속하는 방법에 대해 알아보겠습니다. 먼저 **이펙트 브라우저**를 열고, 맨 위쪽에 있는 50s TV 이펙트를 드래그하여 원하는 클립 위에 **적용(갖다 놓음)**합니다. 그러면 해당 클립이 50s TV 이펙트인 흑백으로 바뀌게 됩니다.

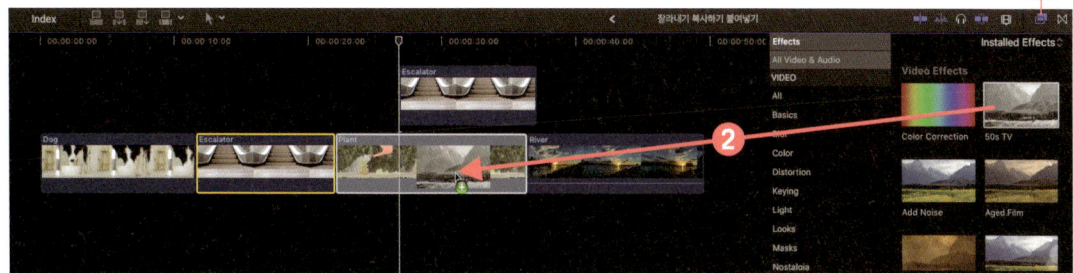

이제 이펙트가 적용된 클립을 **복사**(command + C)합니다. 그다음 복사된 클립의 이펙트를 상속받을 클립을 선택한 후 [Edit] - [Paste Effects] 메뉴를 선택하거나 [option] + [command] + [V] 키를 누릅니다. 그러면 선택된 클립에 복사된 클립의 이펙트가 상속되어 흑백 영상으로 바뀌게 됩니다. 이처럼 이펙트와 같은 클립의 속성을 다른 클립에 상속할 수 있어 반복되는 작업일 경우 효율적으로 활용할 수 있습니다.

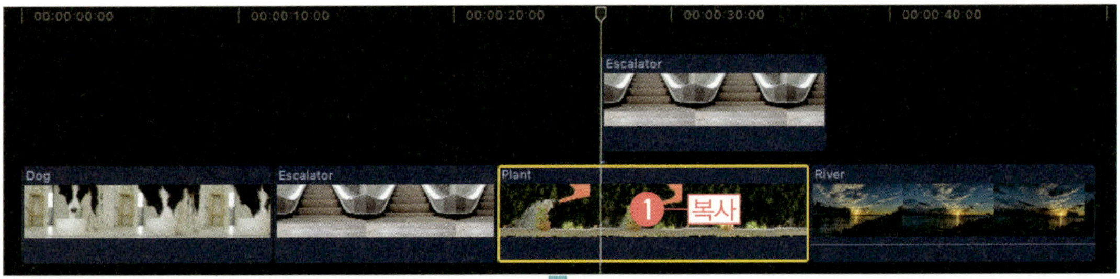

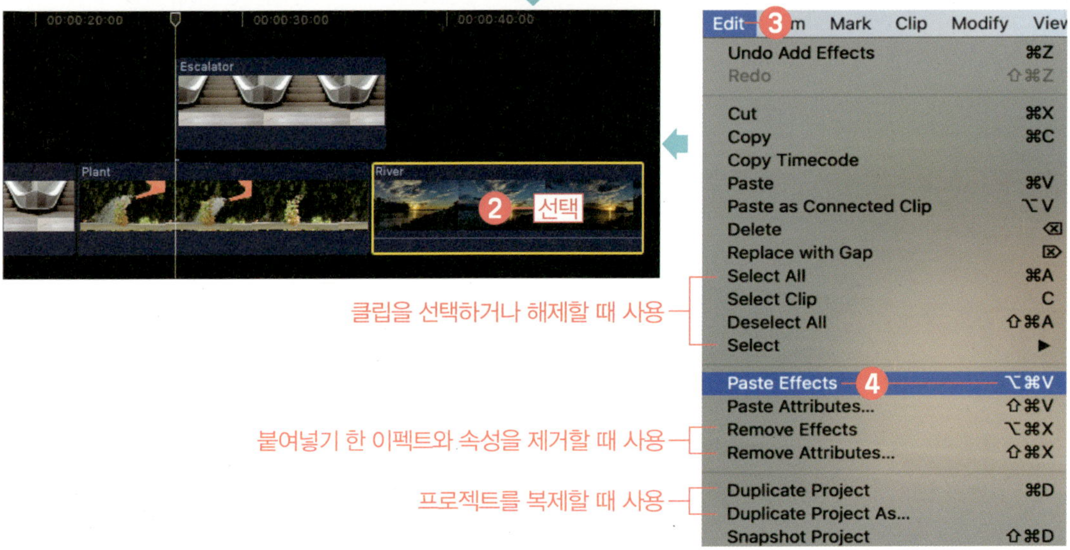

학습 결과물

이펙트가 상속되기 전의 원본 모습

이펙트가 상속된 후의 모습

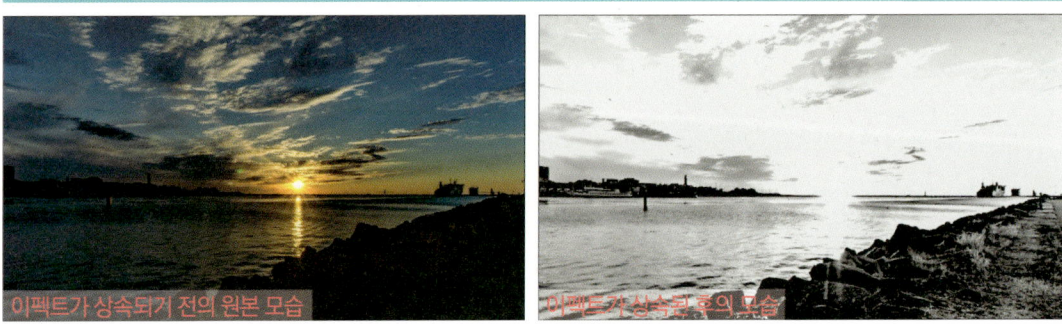

이번엔 인스펙터를 통한 변형 및 합성 등이 작업된 클립의 속성을 다른 클립에 상속하는 Paste Attributes에 대해 알아보기 위해 하나의 클립을 선택한 후 뷰어 좌측 하단의 **트랜스폼**(Transform)을 선택하여 활성화해 놓고, 그림처럼 화면의 모서리를 드래그하여 크기를 줄여줍니다.

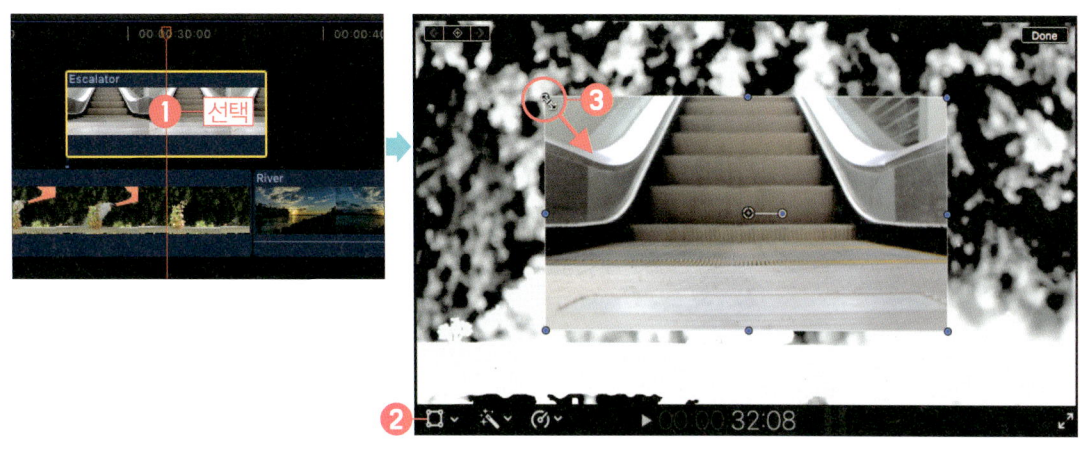

이제 변형된 클립을 **복사**(command + C)한 후 변형된 클립의 속성을 상속받을 클립을 선택합니다. 그다음 [Edit] + [Paste Attributes] 메뉴를 선택하거나 [shift] + [command] + [V] 키를 눌러줍니다.

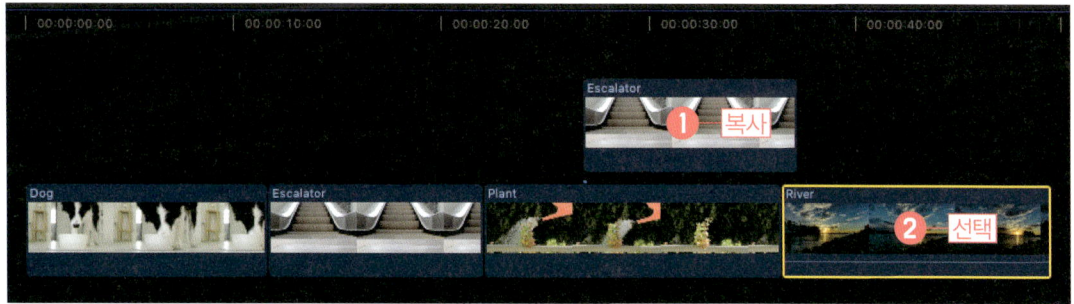

그러면 다음의 그림처럼 페이스트 **어트리뷰트**(Paste Attributes) 설정 창이 열리는데, 여기에서는 복사된 클립의 속성 중 어떤 속성을 상속할 것인지 선택할 수 있습니다. 현재는 크기에 대한 변형만 했기 때문에 **Scale**만 체크하면 됩니다. 속성 선택이 되었다면 **Paste** 버튼을 클릭하여 적용합니다. 적용 후 해당 클립을 뷰어를 통해 확인해 보면 앞서 크기를 변형한 클립과 똑같은 크기로 변형된 것을 알 수 있습니다. 이처럼 속성 붙여넣기는 반복되는 작업을 쉽게 다른 클립에 상속할 수 있기 때문에 작업 시간을 단축할 수 있습니다.

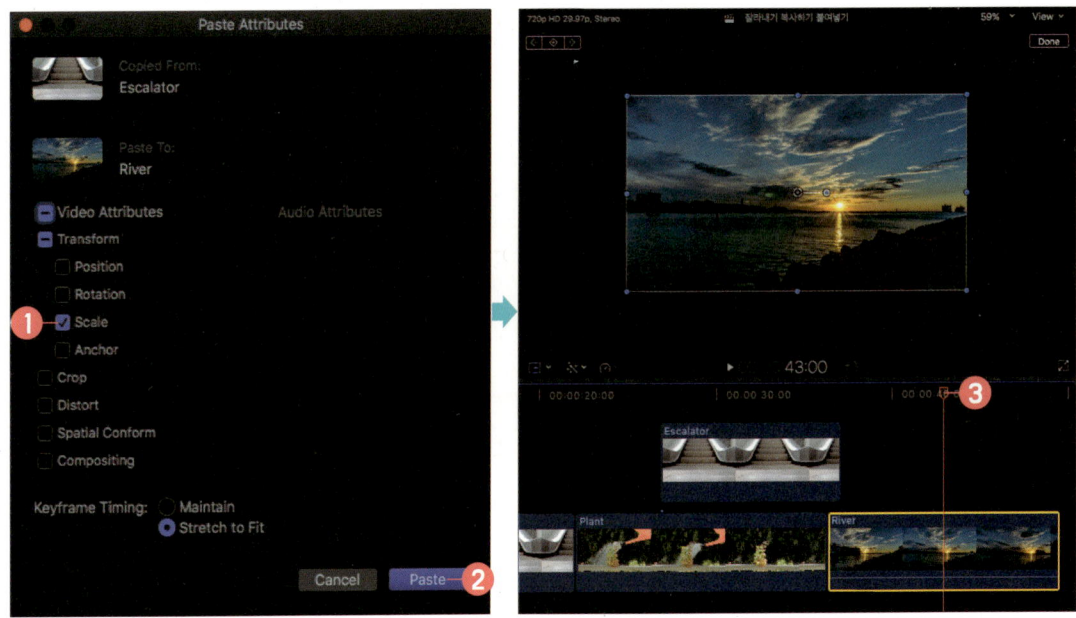

페이스트 어트리뷰트/이펙트는 오디오 클립에 대한 속성도 상속할 수 있습니다.

클립(장면)의 투명도 조절하기

장면의 (불)투명도 조절을 하는 이유는 다른 클립과 **오버랩**(Overlap)되게 하거나 고스트 효과 등과 같은 다양한 합성 장면을 표현하고자 할 때 사용하며 또한 장면의 시작과 끝을 **페이드 인/아웃**(Fade In/Out)하기 위해 사용되기도 합니다. 이번 학습에서는 클립(장면)의 투명도 설정에 대해 알아봅니다.

오패서티(Opacity)를 이용한 불투명도 조절하기

파이널 컷 프로에서 클립의 투명도를 조절하기 위해서는 **오패서티(불투명도)**를 사용합니다. 오패서티는 불투명 값을 조절하여 투명하게 처리할 수 있으며 시간에 따라 투명도가 변하는 장면(애니메이션)을 표현할 수도 있습니다. 살펴보기 위해 두 개의 클립을 다음의 그림처럼 스토리라인과 커넥트 클립으로 배치한 후 위쪽 커넥트 클립을 선택합니다.

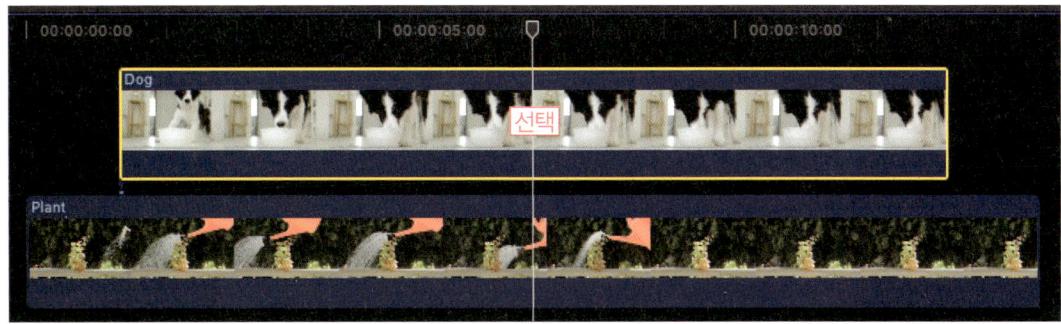

그다음 **비디오 인스펙터**를 열고 Opacity 값을 50% 정도로 낮춰줍니다. 그러면 선택된 위쪽 클립이 반투명해졌기 때문에 아래쪽 스토리라인의 클립과 겹쳐(오버랩되어)서 나타나는 것을 알 수 있습니다. 이와 같은 장면은 일반적으로 두 영상의 연관성을 보여주거나 회상 장면을 표현할 때 사용합니다.

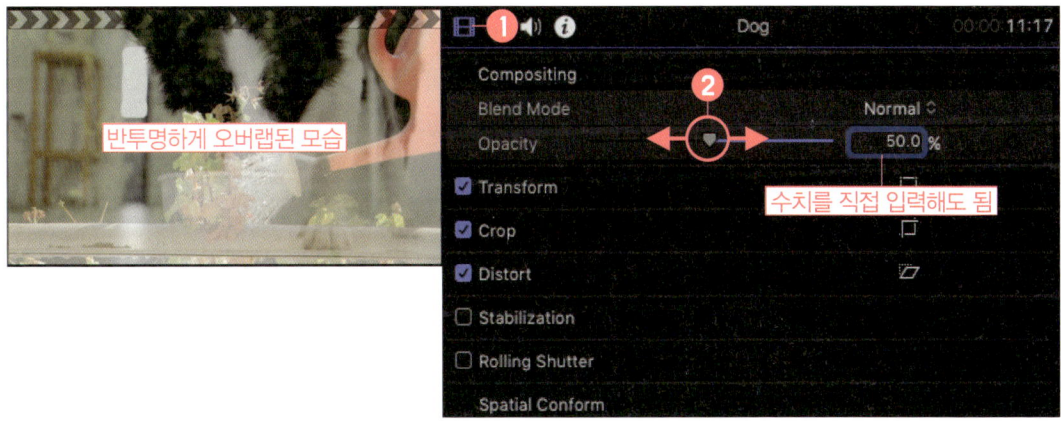

시간에 따라 투명도가 바뀌는 장면 만들기

오패서티에 **키프레임(Keyframe)**을 이용하면 시간에 따라 투명도가 바뀌는 장면을 표현할 수도 있습니다. 오패서티 우측을 보면 **다이아몬드** 모양의 **키프레임 추가하기(Add a Keyframe)**을 이용하면 됩니다.

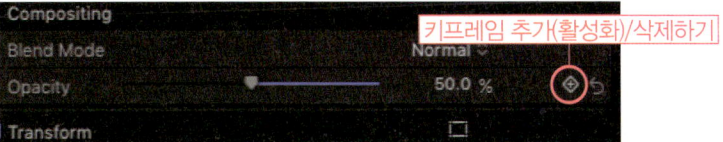

키프레임을 추가한다는 것은 키프레임 상태를 그대로 유지, 즉 계속 켜놓는 다는 뜻입니다.

플레이헤드를 커넥트 클립의 **시작 점**으로 갖다 놓고, Opacity 값을 50으로 설정합니다. 그러면 현재의 화면은 위아래 클립의 모습이 모두 겹쳐서 나타나게 됩니다. 그다음 **인스펙터**의 Add Keyframe을 클릭하여 현재 시간에 키프레임을 생성합니다. 이제 생성된 키프레임은 Opacity가 50%인 값을 가지게 됩니다. 이 키프레임 값의 변화로 인해 시간에 따라 변화되는 **장면(모션)**이 표현되는 것입니다.

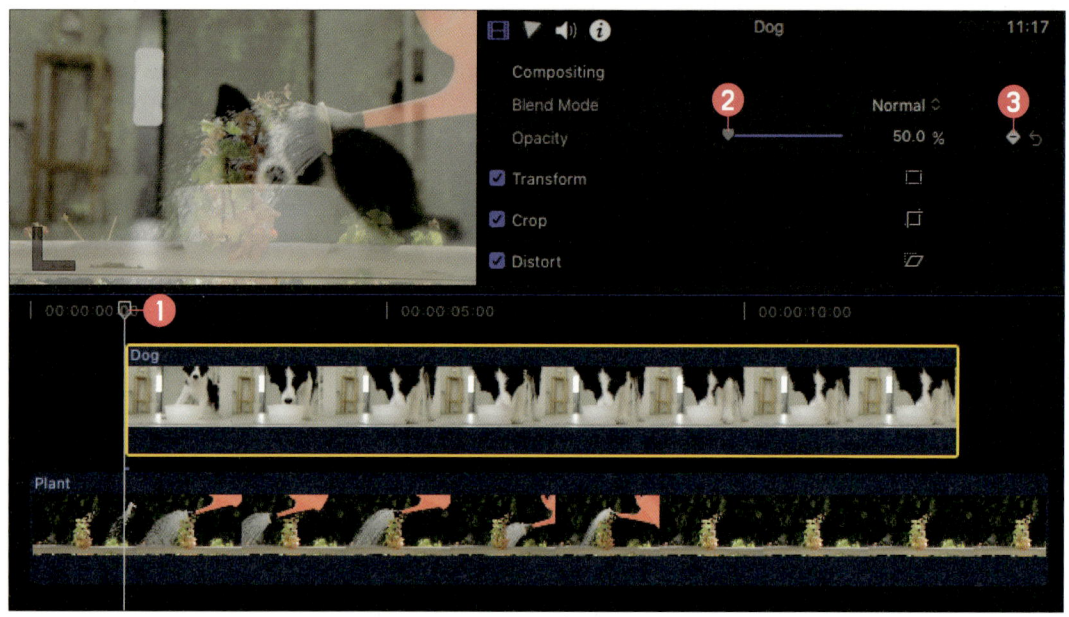

계속해서 시간, 즉 **플레이헤드**를 1초 뒤(우측)로 이동한 후 Opacity 값을 100으로 설정합니다. 그러면 앞서 키프레임을 생성(활성화)하였기 때문에 현재 시간에 자동으로 Opacity 값이 100%인 새로운 키프레임이 추가됩니다. 뷰어를 확인해 보면 위쪽 클립의 불투명도가 100%이기 때문에 아래쪽 클립은 보이지 않고 위쪽 클립의 모습만 화면에 나타납니다.

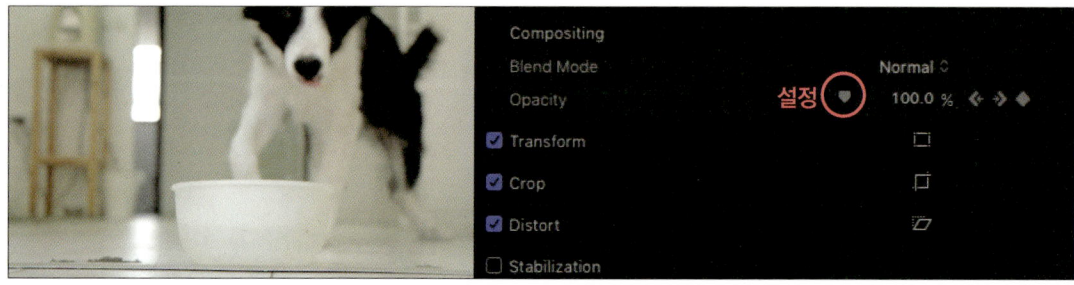

키프레임으로 이동 및 초기화하기

키프레임 작업을 하다 보면 특정 키프레임으로 이동(선택)하거나 특정 키프레임 값을 **초기값**으로 되돌려주어야 하는 경우가 생기는데, 키프레임 옆에 있는 **Previous Keyframe**과 **Next Keyframe**을 통해 앞/뒤 키프레임으로 이동할 수 있으며, **리셋(Reset)**을 통해 해당 파라미터의 값을 초기값으로 되돌려줄 수 있습니다.

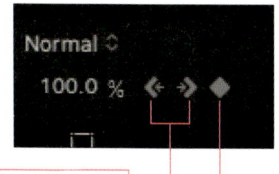

이번엔 시간을 **2초** 뒤로 이동한 후 **Opacity** 값을 0으로 설정해 봅니다. 그러면 해당 클립은 완전히 투명해지기 때문에 아래쪽 클립의 모습만 나타나게 됩니다. 지금의 키프레임 작업은 다음의 그래프와 같습니다. 앞으로 키프레임을 통해 다양한 **모션(애니메이션)** 작업을 할 것이므로 키프레임의 원리를 빨리 이해하기 바랍니다.

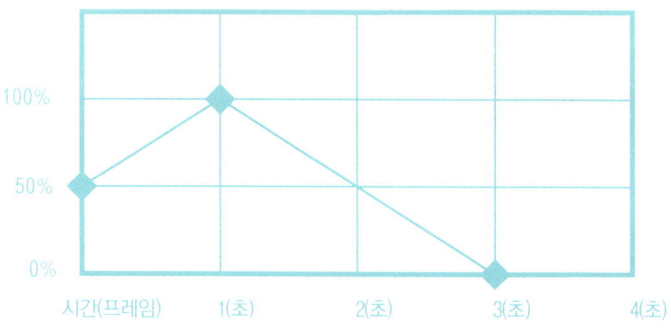

학습 결과물

키프레임과 키프레임 **사이(Between)**에는 두 키프레임 값이 유기적으로 변화하여 자연스러운 장면, 즉 **애니메이션(모션)**이 표현됩니다.

키프레임 애니메이션(Keyframe animation)에 대하여
키프레임 애니메이션은 멀티미디어 응용에서 **애니메이션(시간에 따라 변화하는 것)**을 표현하기 위한 기술입니다. 이러한 키프레임은 시작(이전) 프레임(Start key frame)과 끝(이후) 프레임(End frame)을 생성하여 이들 키 프레임 사이에서 장면이나 소리 등이 자연스럽게 변화하도록 합니다. 이렇듯 서로 다른 값을 가진 키프레임 사이에서는 오브젝트, 즉 장면에 동작(소리의 변화, 색상의 변화, 밝기의 변화, 위치의 변화, 크기의 변화, 회전의 변화 등)이 만들어지게 됩니다.

비디오 애니메이션 사용하기(키프레임 세부 설정)
비디오 애니메이션은 애니메이션을 보다 세밀하게 설정할 수 있게 해 줍니다. 비디오 애니메이션을 사용하기 위해서는 해당 클립에서 RMB를 하여 Show Video Animation을 선택하거나 [control] + [V] 키를 누르면 됩니다.

비디오 애니메이션 창 열리면 이 곳에서 앞서 작업한 불투명도에 대한 키프레임 설정뿐만 아니라 변형 작업을 위한 **트랜지션**(Transform)과 **화면 자르기**(Trim), **왜곡하기**(Distort)에 대한 키프레임 설정도 가능합니다. 현재는 불투명도에 대한 키프레임 작업이 된 상태이기 때문에 **세 개**의 **키프레임**을 볼 수 있으며, 키프레임 **선택** 및 **위치(시간)**를 변경할 수 있습니다. 보다 세밀한 설정을 위해 우측 **확장**(Expand) 버튼을 클릭합니다.

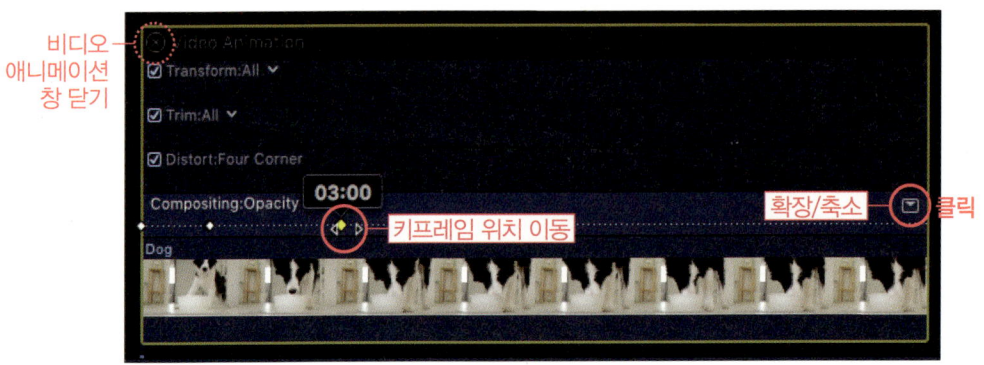

이제 펼쳐진 Opacity의 **베지어 핸들(Bezier Handles)**을 통해 각 키프레임의 수치를 조절할 수 있습니다. 여기에서는 키프레임을 위아래로 이동하여 불투명도 값만 조절이 가능하며, 시간에 대한 설정은 할 수가 없습니다. 참고로 비디오 애니메이션에서도 키프레임을 추가할 수 있는데, **플레이헤드**를 키프레임이 생성될 위치로 이동한 후 앞서 살펴보았듯이 **인스펙터**의 Add Keyframe을 클릭하면 됩니다.

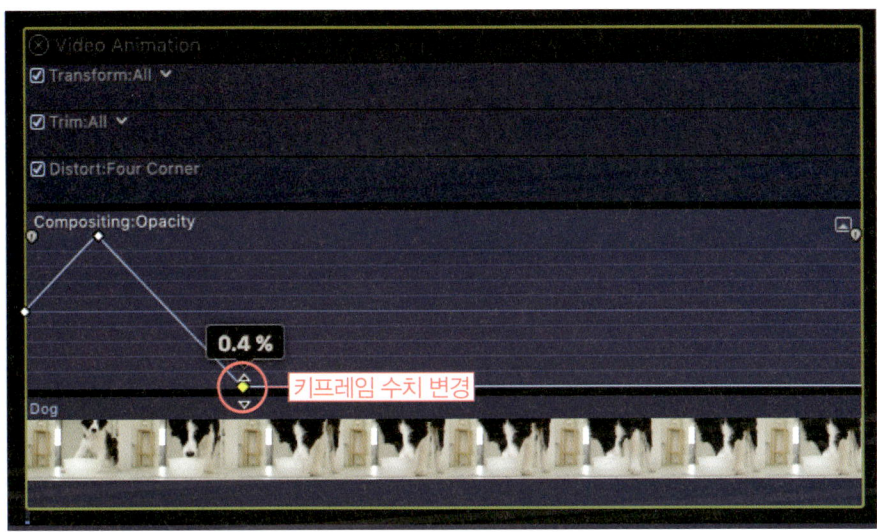

키프레임 삭제하기

불필요한 키프레임이 있을 경우에는 삭제해야 하는데, 비디오 애니메이션에서 삭제하고자 하는 키프레임에서 **RMB(우측 마우스 버튼)**를 하여 Delete Keyframe을 선택하는 방법과 **인스펙터**에 있는 Delete Keyframe을 선택하는 방법이 있습니다. 이 두 가지 방법을 통해 불필요한 키프레임을 삭제하면 되지만 만약 지금처럼 비디오 애니메이션이 열려있다면 직접 키프레임을 선택한 후 Delete 키를 눌러 간편하게 삭제할 수도 있습니다.

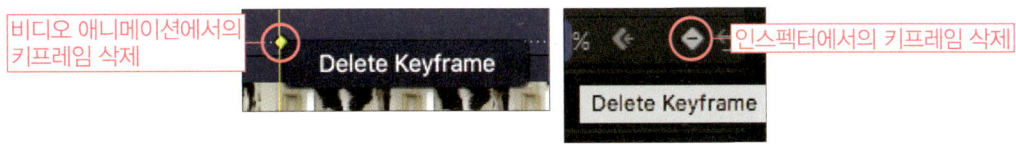

인스펙터에서의 키프레임 삭제는 삭제할 키프레임으로 **플레이헤드**를 이동(키프레임 선택)한 후에 사용할 수 있습니다.

페이드 인/아웃(Fade In/Out)되는 장면 만들기

페이드 인은 장면이 시작될 때 아무것도 없는 **어두운(때론 색을 사용하기도 함)** 상태에서 서서히 밝아지는, 즉 정상적인 화면으로 나타나는 것을 말하며, **페이드 아웃**은 장면이 끝날 때 서서히 **어두워지면서 사라지는 것**을 말합니다. 파이널 컷 프로에서는 두 가지 방법으로 페이드 인/아웃을 표현할 수 있습니다.

키프레임을 이용한 페이드 인/아웃

앞에서 학습한 것처럼 **불투명도(Opacity)**의 키프레임을 이용하여 **페이드 인/아웃**되는 장면을 표현할 수 있습니다. **페이드 인**은 시작 프레임에서 Opacity 값이 **0%**인 키프레임을 생성하고, 화면이 정상적으로 나타나는 지점 (시간)에서 Opacity 값이 **100%**인 두 번째 키프레임을 생성하면 되며, **페이드 아웃**은 반대로 페이드 아웃이 시작되는 지점에서 Opacity 값이 100%, 화면이 완전히 어두워질 지점에서 Opacity 값이 0%인 키프레임을 생성합니다.

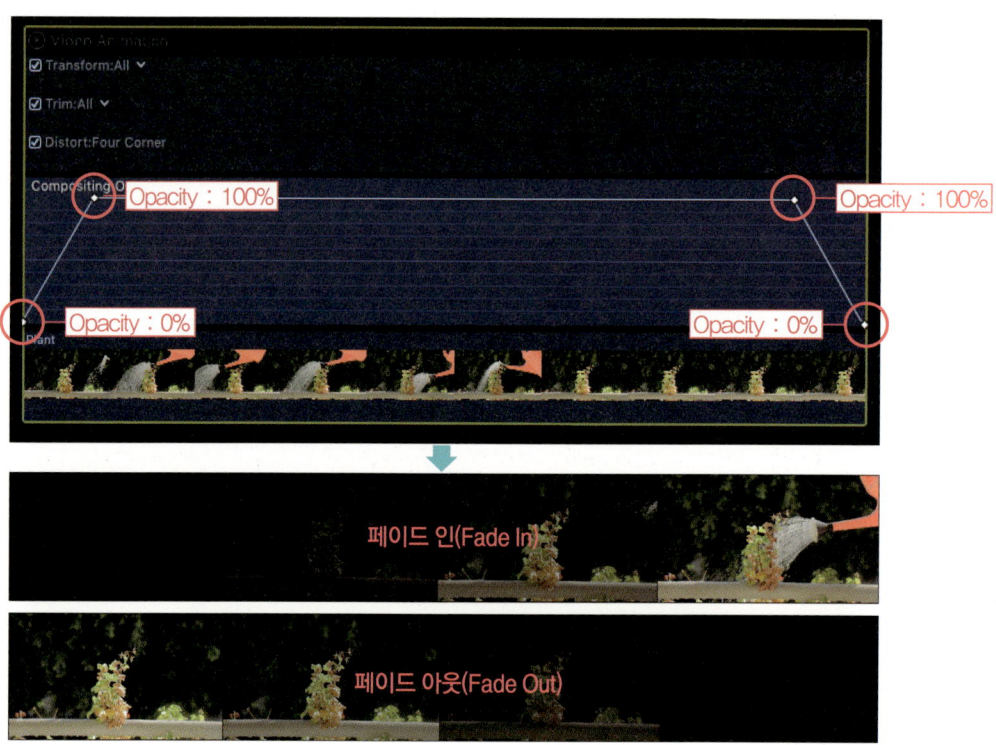

페이드 핸들(Fade Handle)을 이용한 페이드 인/아웃

단순히 페이드 인/아웃을 위한 작업이라면 키프레임을 사용하는 것보다는 **페이드 핸들**을 이용하는 것이 보다 효과적입니다. 페이드 핸들은 비디오 애니메이션 창에서 가능합니다. Opacity 양쪽 끝을 보면 **작은 버튼**이 있는데 이것이 바로 **페이드 핸들**입니다. 이 페이드 핸들을 그림처럼 이동하면 **페이드 인/아웃**되는 장면을 간편하게 표현할 수 있습니다.

클립 열기(Open Clip)

복잡한 작업을 할 경우 특정 클립만 선택하여 독립적으로 작업을 하는 것은 쉽지 않습니다. 이럴 때 파이널 컷 프로는 특정 클립만을 별도의 타임라인에서 작업을 할 수 있게 해 줍니다. 별도의 타임라인에서 독립적으로 작업을 하고자 하는 클립을 선택한 후 **[Clip] - [Open Clip]** 메뉴를 선택하면 새로운 타임라인에는 선택한 클립만 적용되어 나타납니다. 이 타임라인에서 트리밍이나 이펙트, 인스펙터를 통한 변형 등의 작업이 가능하며 또한 새로운 클립을 적용할 수도 있습니다. 참고로 새로운 타임라인에서 작업을 한 후 다시 원래 타임라인으로 이동하고자 한다면 **타임라인 히스토리** 버튼을 이용합니다.

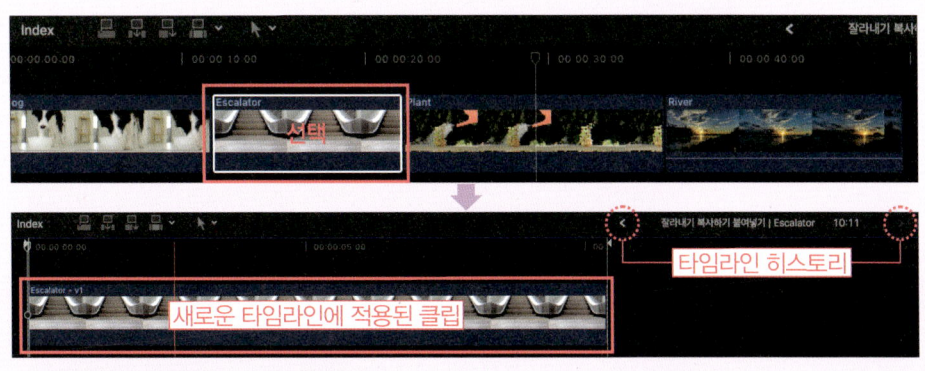

▲ 하나의 클립만 사용되는 새로운 타임라인

{ 예제로 익히기 : 불투명도를 이용한 고스트 효과 }

01 불투명도를 이용하면 영혼이 빠져나가는 고스트 효과를 쉽게 표현할 수 있습니다. **[학습자료] – [Video]** 폴더에서 **Ghost01, 02** 파일을 불러옵니다. Ghost01은 누워만 있는 장면이고 Ghost02는 같은 자세로 누워있다가 일어나는 장면입니다. 이 두 장면을 그림처럼 Ghost01은 아래, Ghost02는 위쪽에 적용합니다.

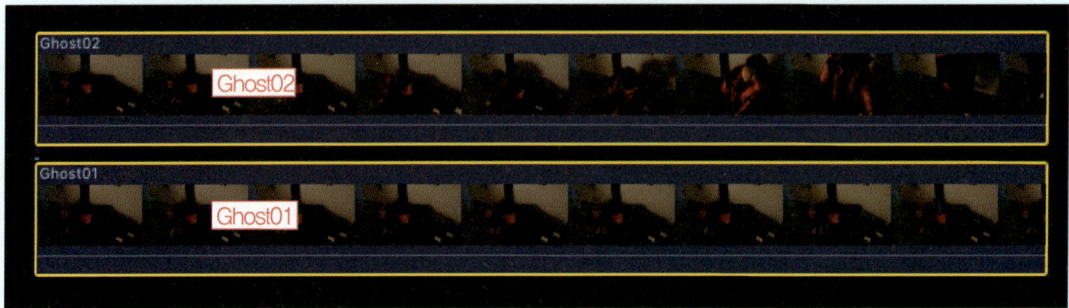

02 이제 위쪽에 있는 **Ghost02** 클립의 **불투명도**를 **50%**로 낮춰줍니다. 불투명도는 인스펙터나 비디오 애니메이션 어디에서든 상관없습니다. 불투명도 설정 후 확인해 보면 누워있던 사람이 일어나는 것을 알 수 있습니다. 이것은 위쪽 클립이 반투명하기 때문에 아래쪽 누워있는 모습만 있는 클립의 장면과 겹쳐서 나타나는 것이며, 결과는 마치 영혼이 빠져나가는 것 같은 장면이 표현됩니다.

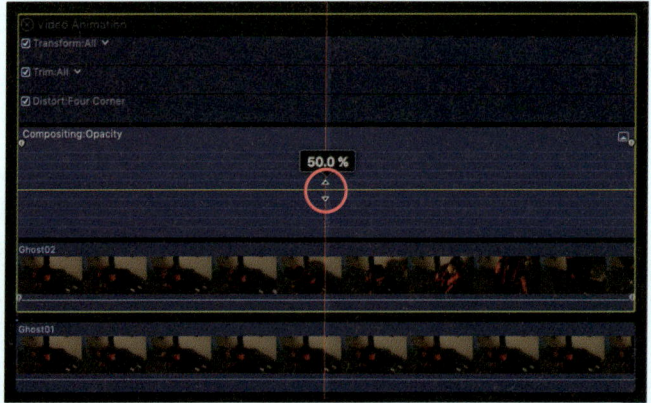

학습 결과물

04 비디오 이펙트와 트랜지션

이펙트는 맑은 하늘에 비가 내리는 장면으로 만들거나 모자이크를 처리하거나 색상을 바꾸거나 필름 룩(Film Look)으로 만들어주는 등의 다양한 표현을 할 수 있게 해 줍니다. 파이널 컷 프로에서는 다양한 비디오 효과와 오디오 효과를 제공하며, 트랜지션에서는 장면과 장면이 바뀔 때 사용되는 다양한 장면 전환 효과를 제공합니다.

비디오 이펙트 사용하기

파이널 컷 프로의 비디오 효과는 서드파티 플러그인 없이도 실용적으로 사용할 수 있는 다양한 종류의 효과를 제공하며, 사용하기 위해서는 **이펙트 브라우저(Effects Browser)**를 열어주어야 합니다.

이펙트 적용 및 설정하기

이펙트의 적용은 적용할 이펙트를 **드래그**하여 적용될 클립에 갖다 놓거나 적용될 **클립**을 **선택**한 후 적용할 이펙트를 **더블클릭**하는 것입니다. 참고로 여러 개의 클립을 선택하면 한꺼번에 이펙트를 적용할 수도 있습니다.

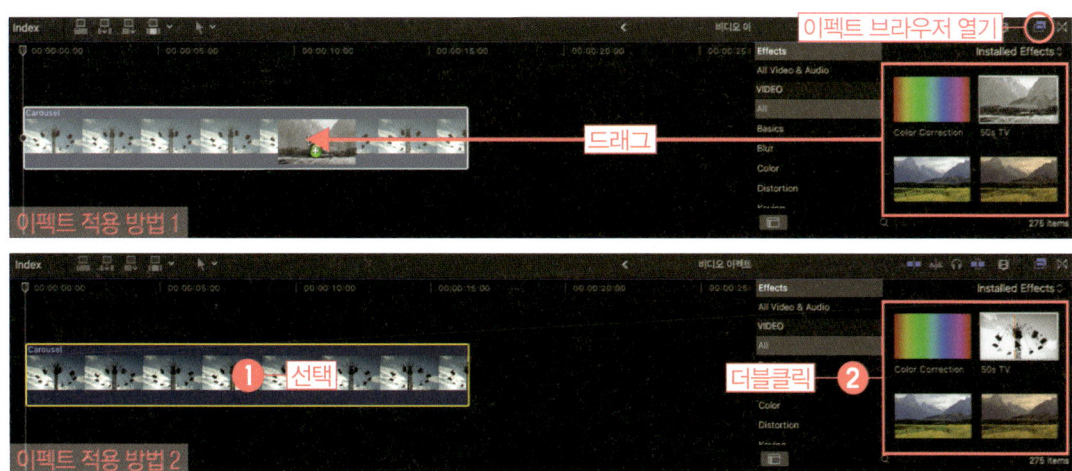

비디오 이펙트를 사용하기 위해서는 먼저 어떤 이펙트가 있는지 살펴보아야 합니다. 커서를 특정 이펙트에 갖다 놓으면 현재 선택된 클립의 모습으로 바뀌면서 해당 이펙트의 모습을 미리 볼 수 있습니다. 이와 같은 방법으로 파이널 컷 프로에서 제공되는 비디오 이펙트를 확인해 보기 바랍니다.

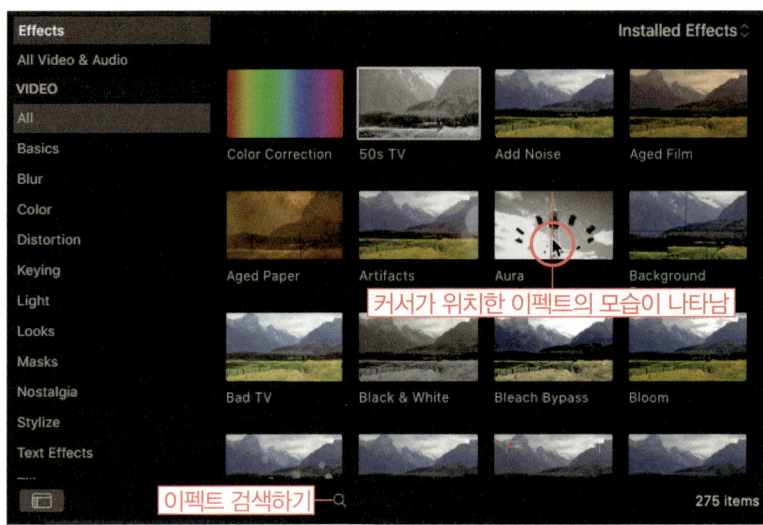

적용된 비디오 이펙트를 설정하기 위해서는 비디오 인스펙터 상단의 Effects에서 가능한데, 현재 필자는 50s TV라는 이펙트가 적용된 상태이기 때문에 Amount와 Brightness 두 옵션만 나타납니다. 설정법은 옵션의 슬라이더를 좌우로 이동하거나 파라미터 값을 직접 입력하는 것입니다. 참고로 이펙트가 적용된 후 일시적으로 해당 이펙트를 해제하고자 한다면 이펙트 이름 왼쪽의 체크를 해제하면 되며, 적용된 전체 이펙트를 모두 해제하고자 한다면 위쪽의 Effects 체크를 해제하면 됩니다.

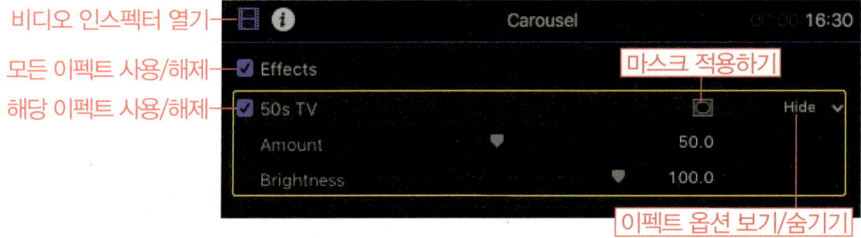

이펙트 제거하기

불필요한 이펙트는 제거를 해야 합니다. 이펙트를 제거하기 위해서는 제거하고자 하는 이펙트가 적용된 클립을 선택한 후 [Edit] - [Remove Effects] 메뉴를 선택하거나 비디오 인스펙터에서 제거하고자 하는 이펙트를 선택한 후 Delete 키를 누르는 것입니다. 또한 단축키 [option] + [command] + [X] 키를 사용해도 됩니다.

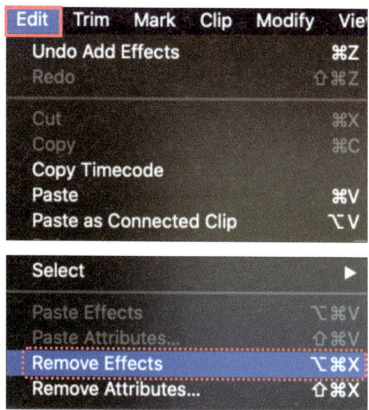

이펙트 마스크(Mask) 사용하기

일반적으로 이펙트는 장면, 즉 화면 전체에 변화를 주기 위해 사용되지만 때에 따라서는 특정 영역만 효과를 표현하기 위해 사용되기도 합니다. 이와 같은 작업을 하기 위해서는 **마스크(Mask)**라는 기능을 사용해야 합니다. 파이널 컷 프로의 마스크로 포토샵이나 애프터 이펙트 등의 마스크와 같은 개념으로 사용됩니다.

마스크 이해하기

아래 그림에서 첫 번째는 원본, 두 번째는 자동차 부분만 마스크를 생성한 그림이며, 세 번째는 마스크 영역만 원본의 자동차 모습이 보이고 나머지 영역은 투명, 즉 알파 채널로 처리된 그림입니다. 그리고 마지막 네 번째는 투명한 영역에 다른 이미지(장면)를 합성한 최종 결과입니다. 이렇듯 마스크는 마스크 영역을 보호(표현)하기 위해 사용되며, 최종적으로는 다른 이미지와 합성을 위해 사용됩니다.

원본 이미지

마스킹된 모습

마스크 영역만 표현됨

최종 합성 결과

마스크 적용 및 설정하기

마스크를 적용하고 설정하기 위해 [학습자료] - [Video] 폴더에서 Beach 파일을 타임라인에 적용합니다. 그다음 Colorize 비디오 이펙트를 Beach 클립에 적용한 후 **비디오 인스펙터**에서 **마스크 적용**(Apply a shape or color mask...) 버튼을 클릭하여 나타나는 메뉴에서 Add Shape Mask를 적용합니다.

이펙트에 있는 마스크는 모양을 만들어 표현하는 Shape Mask 방식과 지정된 색상 영역을 마스크로 표현하는 Color Mask 방식이 사용되며, 특정 영역을 강조하기 위해서도 사용됩니다.

쉐이프 방식의 마스크를 적용하면 그림처럼 **원형**의 마스크가 적용되며, 마스크가 적용된 영역만 이펙트의 모습이 표현되는 것을 알 수 있습니다. 이렇듯 마스크는 **마스크 영역**만 **표현**하기 위해 사용됩니다. 쉐이프 마스크의 설정은 가이드 라인을 통해 이루어지는데, **초록색 포인트**를 이동하여 **크기**를 조절하며, **흰색(밝은 회색) 포인트**로 **둥근 모서리** 또는 **각진 모서리**를 만들어줍니다.

그리고 안쪽의 엷은 **초록색 프인트**로 **회전**을 할 수 있으며, **바깥쪽 선**을 이동하여 **마스크 경계**를 부드럽게 하거나 뚜렷하게 할 수 있습니다.

또한 앞서 학습한 **비디오 애니메이션**을 통해 이펙트에 대한 애니메이션도 가능합니다. 이것은 잠시 후에 다시 살펴보기로 하겠습니다.

그리고 비디오 인스펙터에서 해당 이펙트에 적용된 마스크의 모습을 Enable or Disable...을 통해 보이기/숨기기 할 수 있으며, 우측 Add Keyframe을 이용하여 마스크 형태가 바뀌는 애니메이션도 가능합니다.

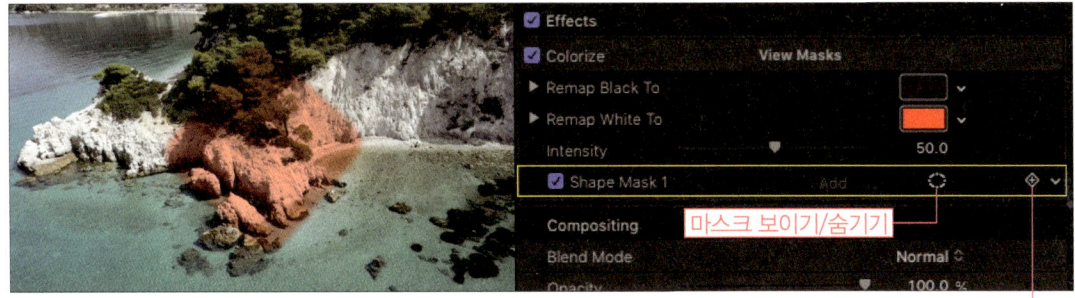

마스크 모드 설정하기

계속해서 **셰이프 마스크**를 하나 더 **추가**해 줍니다. 그러면 두 개의 마스크가 사용됩니다. 두 개 이상의 마스크를 사용할 때에는 마스크 모드를 통해 마스크 영역을 더할 것인지, 교차된 마스크 영역을 뺄 것인지 등을 설정할 수 있습니다. 일단 새로 만든 마스크를 좌측으로 이동하여 그림처럼 두 마스크가 **교차**하도록 합니다.

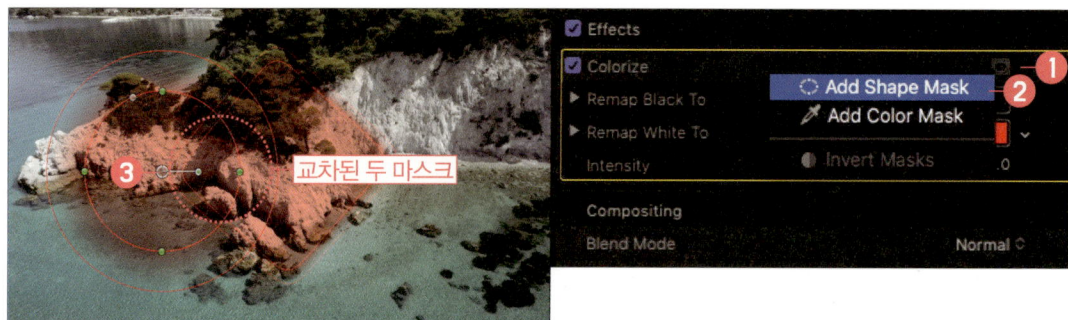

새로 만든 **마스크 모드**를 열어보면 Add, Subtract, Intersect 세 개의 모드가 있습니다. **애드**는 기본 모드로써 두 개(이상)의 마스크를 **합쳐**줄 때 사용하며, **서브트랙**은 마스크1에서 마스크2를 **뺀** 부분만 표현됩니다. 그리고 **인터섹트**는 마스크의 **교차**된 부분만 표현됩니다.

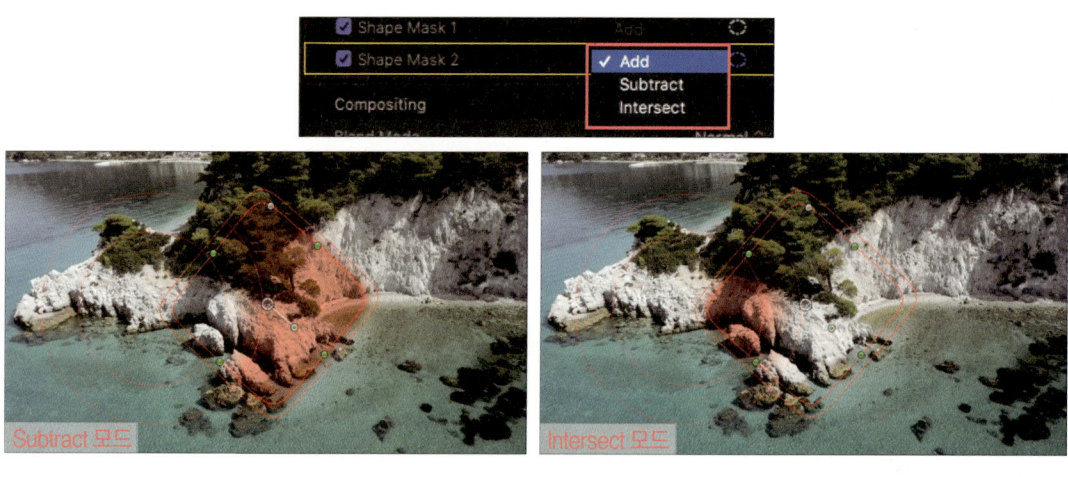

마스크 제거하기

불필요한 마스크는 제거해야 합니다. 마스크의 제거는 제거하고자 하는 마스크를 선택한 후 **delete** 키를 누르는 것으로 간단하게 해결할 수 있습니다.

{ 예제로 익히기 : 비디오 애니메이션(모자이크 효과) }

01 [학습자료] – [Video] 폴더에서 **Picture** 파일을 불러와 타임라인에 적용합니다. 적용된 클립을 보면 사진을 들고 있는 모습이며 약간의 움직임이 있습니다. 이제 이 영상 속에 있는 사진을 모자이크처리를 한 후 애니메이션 작업을 통해 사진의 움직임에 맞게 마스크도 움직이도록 하기 위해 적용한 클립에 **Censor** 이펙트를 적용합니다. 그러면 그림처럼 가운데 부분에 **모자이크**가 처리됩니다. 여기서 마스크의 크기를 조금만 키워서 **사진**이 완전히 가려지도록 해 줍니다.

 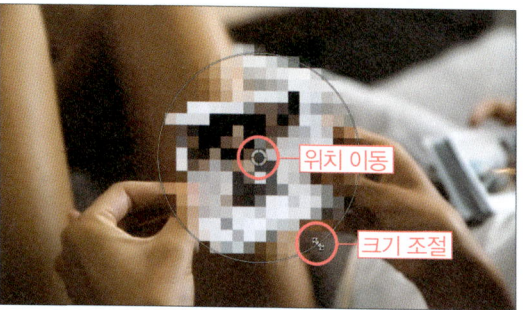

02 이제 애니메이션 작업을 위해 **플레이헤드를 시작 프레임**으로 이동한 후 **모자이크 효과**를 사진이 있는 곳으로 **이동**합니다. 그다음 Censor 이펙트의 **Amount(모자이크 크기)**를 조금만 줄여주고, **Center(모자이크 위치)**에 **키프레임을 생성(활성화)**합니다. 이것으로 시작 프레임에 키프레임이 생성되었습니다.

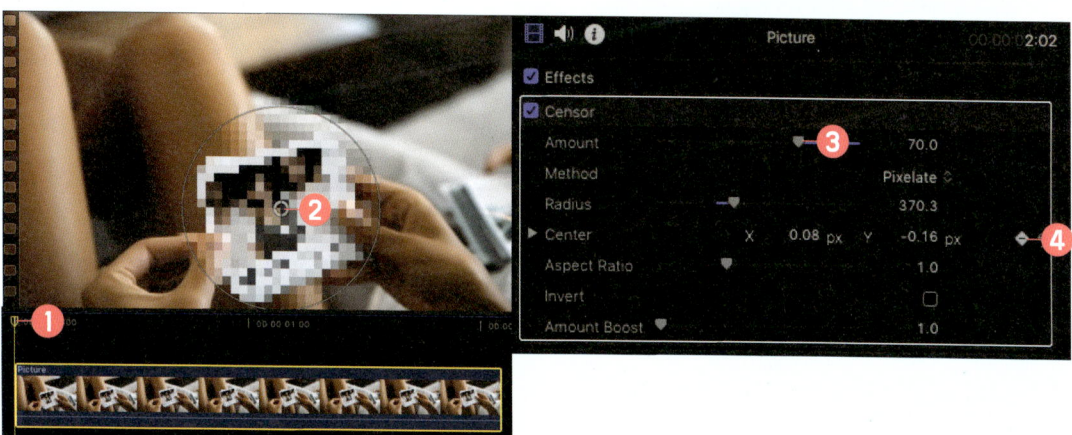

03 계속해서 **시간(플레이헤드)**을 클립의 **아웃 프레임**으로 이동합니다. 이때 완전히 마지막 프레임까지 이동하게 되면 모자이크 이펙트가 사라지기 때문에 **마지막 프레임**에서 **1프레임 전**으로 이동해야 합니다. 그다음 모자이크 효과의 위치를 이동된 사진과 똑같은 곳으로 이동합니다. 그러면 영상 속 사진의 움직임을 따라가는 모

자이크 애니메이션이 완성됩니다. 참고로 애니메이션 중간에 변화를 주고자 한다면 해당 시간으로 플레이헤드를 이동한 후 원하는 형태로 변화를 주면 됩니다.

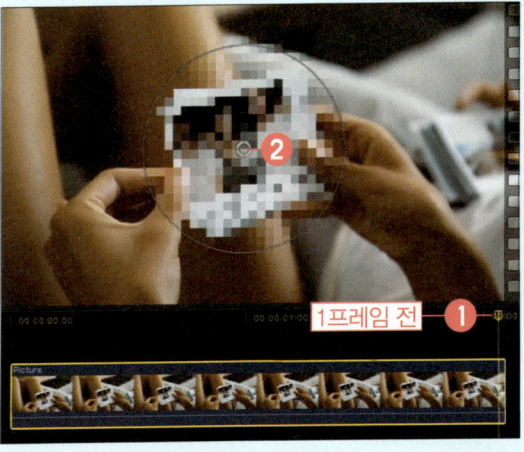

> 학습 결과물

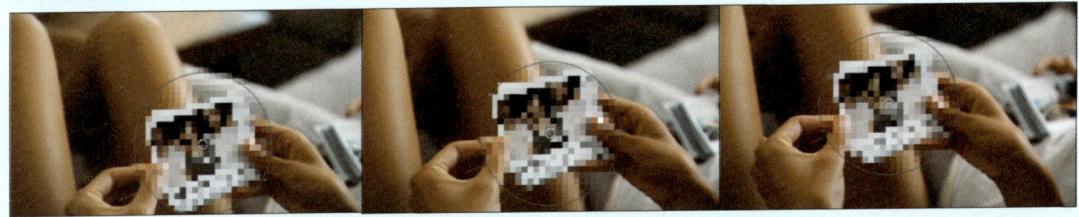

Censor 이펙트의 **Method**를 **Pixelate**가 아닌 **Blur**로 사용하면 모자이크로 표현된 영역이 흐린 블러로 표현되며 그밖에 어둡게 하는 Darken 등을 사용할 수 있습니다. 참고로 이펙트 조절을 위한 가이드 라인은 최종적으로 파일을 만들 때에는 보이지 않는 것이므로 숨겨놓을 필요는 없습니다.

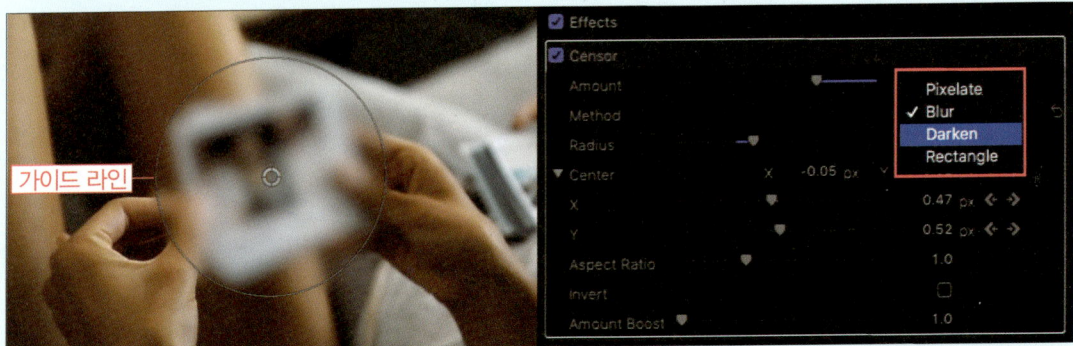

컬러 마스크 사용하기(특정 영역만 흑백으로 만들기)

컬러 마스크는 장면의 특정 색에 마스크를 지정하는 방식입니다. 일반적으로는 셰이프 마스크를 사용하거나 보다 정교한 모양을 만들어주는 **드로우 마스크**를 사용하지만 뚜렷한 색 차이를 가지고 있는 장면이라면 컬러 마스크 또한 탁월한 효과를 얻을 수 있습니다. 학습을 위해 [학습자료] - [Video] 폴더에서 Tulip 파일을 불러와 타임라인에 적용합니다. 튤립 클립은 보이는 것처럼 보라색 꽃과 초록색 줄기로 되어있습니다.

지금의 장면은 튤립의 꽃과 줄기의 색이 비교적 뚜렷하기 때문에 컬러 마스크의 효과를 확실하게 표현할 수 있습니다. 이번에는 꽃의 색상은 살리고 **줄기**는 **흑백**으로 처리해 보도록 하겠습니다. 그러기 위해 Black & White 이펙트를 적용합니다. 그러면 그림처럼 흑백 영상으로 바뀌게 됩니다.

이제 **비디오 인스펙터**에서 방금 적용한 블랙 & 화이트의 마스크를 Add Color Mask로 적용합니다.

이제 컬러 마스크의 색상을 지정하기 위해 **스포이트**를 선택한 후 뷰어에 나타나는 장면 중 튤립의 줄기 부분을 **클릭**합니다. 그러면 지정된 **색(초록색)** 영역이 마스크 영역으로 처리됩니다. 그러나 아직은 미흡하기 때문에 설정이 필요합니다.

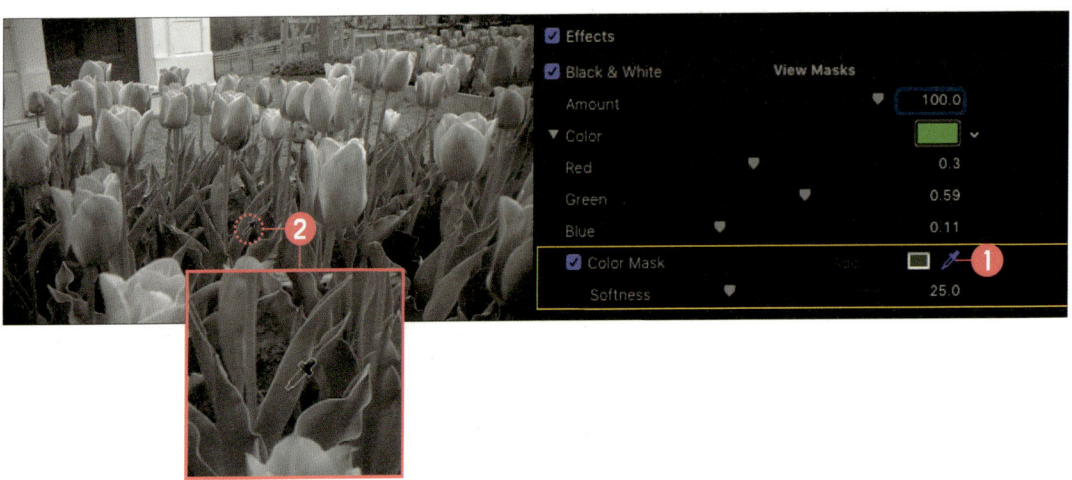

Softness 값을 최대로 증가합니다. 그러면 튤립 줄기 부분이 더욱 **확장(실제로는 부드러워진 것임)**되어 흑백의 모습이 더욱 뚜렷해진 것을 알 수 있습니다. 이처럼 컬러 마스크는 특정 색상을 마스크로 사용할 수 있어 응용하여 다양한 장면을 표현할 수 있습니다.

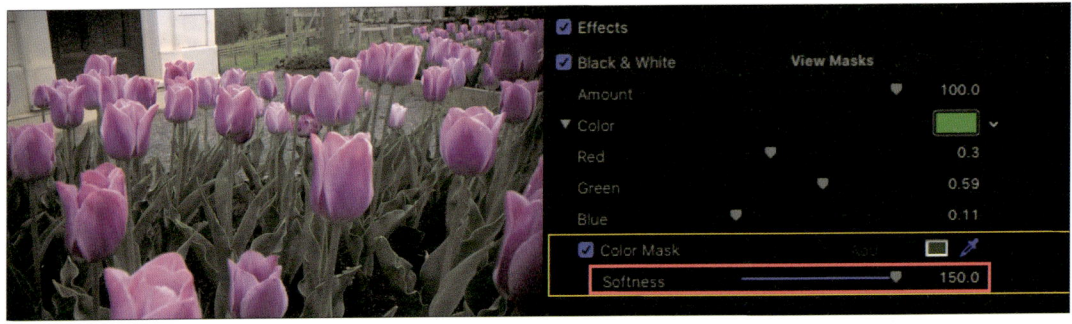

마지막으로 **마스크 영역**을 **반전**하여 튤립의 꽃 부분을 흑백, 줄기는 원래 색상으로 표현해 보겠습니다. 그러기 위해 마스크의 Invert Masks를 선택합니다. 그러면 마스크 영역이 반전되어 튤립의 꽃 부분이 흑백, 줄기 부분이 컬러로 전환됩니다.

알파 모드로 마스크 영역 확인하기

마스크 영역을 **알파 모드**로 보면 보다 정확하게 마스크 영역을 확인할 수 있습니다. **비디오 인스펙터**의 이펙트에서 **View Maks**를 클릭하면 마스크 모드가 **알파 모드**로 전환되어 **하얀색(불투명)**과 **검정색(투명)**으로 표현됩니다. 여기서 검정색은 **알파**, 즉 **투명한 영역**이기 때문에 원본 클립(튤립의 줄기)의 모습이 정상적으로 나타나는 것입니다.

셰이프 마스크나 컬러 마스크보다 정교한 마스크 작업을 원한다면 **드로우 마스크(Draw Mask)**를 사용해야 합니다. 드로우 마스크는 차후 해당 학습에서 자세히 살펴볼 것입니다.

단축키로 이펙트 적용하기

즐겨 사용되는 이펙트는 [option] + [E] 키를 눌러 선택된 클립에 적용할 수 있습니다. [Edit] – [Add Color Correction] 메뉴를 보면 **컬러 커렉션**이 디폴드(기본) 이펙트로 등록된 상태이지만, 다른 이펙트를 단축키로 사용하고자 한다면 원하는 이펙트에서 [RMB] – [Make Default Video Effect]를 선택하면 됩니다.

해당 이펙트를 모션이란 프로그램으로 가져가 작업할 수 있게 함

{ 예제로 익히기 : 컬러에서 흑백으로 바뀌는 장면 }

01 앞서 사용했던 튤립 장면을 새로운 프로젝트에 적용한 후 이펙트는 블랙 & 화이트를 적용합니다. 그다음 Amount 값을 0으로 설정하여 원본 색상이 나타나게 한 후 키프레임을 생성합니다.

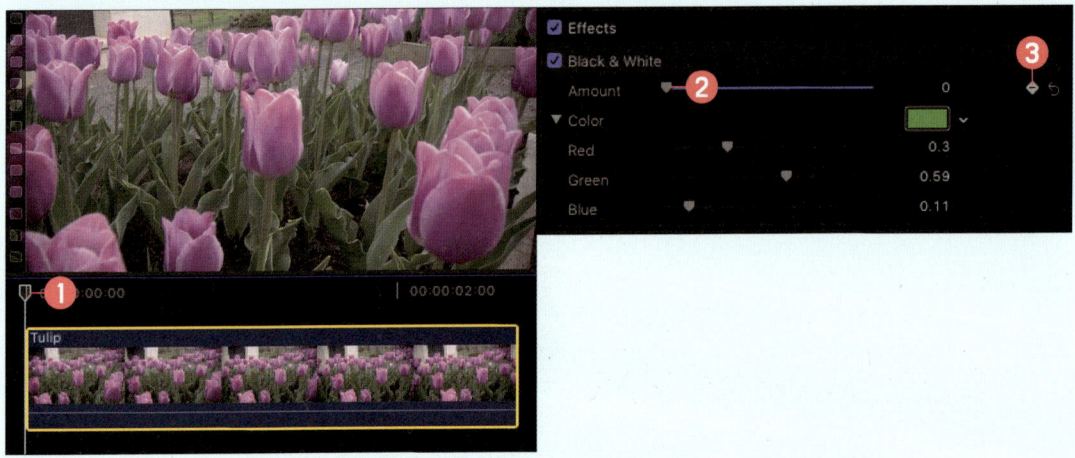

02 계속해서 시간을 끝 프레임으로 이동한 후 Amount 값을 100으로 설정하여 흑백으로 표현합니다. 이것으로 컬러에서 흑백으로 바뀌는 장면이 연출됩니다.

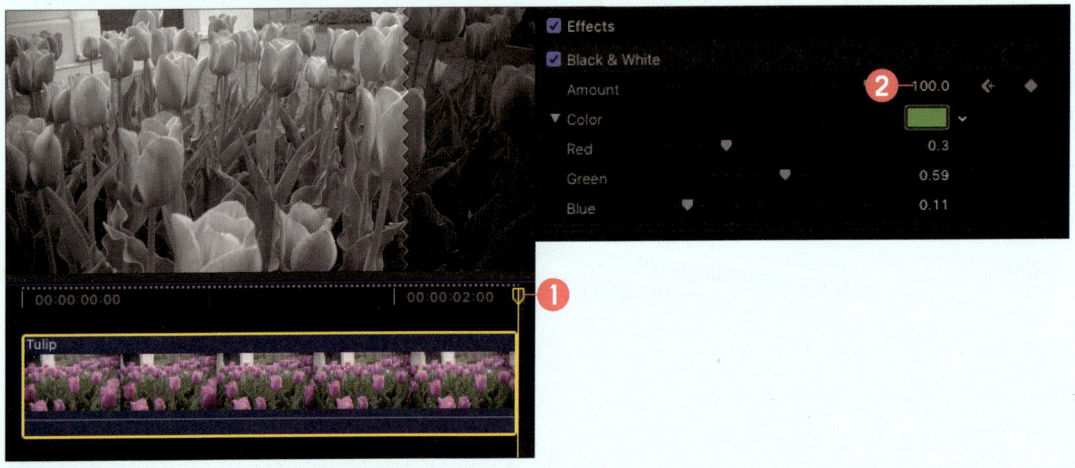

학습 결과물

주요 비디오 이펙트 살펴보기

현재 파이널 컷 프로에서 제공되는 비디오 이펙트는 총 166개이며, 프로그램이 업데이트되면서 실용적으로 사용할 수 있는 이펙트의 수는 더욱 늘어날 것이다. 이번 학습에서는 즐겨 사용되는 그룹 별 주요 비디오 이펙트에 대해서 살펴보기로 하겠습니다.

베이직(Basic)

베이직 이펙트 그룹은 콘트라스트, 밝기, 색상 반전, 타임코드, 진동 등과 같은 기본적인 이펙트들을 제공합니다.

쓰레숄드(Threshold)

쓰레숄드는 색상의 밝음과 어두움의 차이를 통해 색이 바랜 색차 효과를 얻을 수 있습니다.

Light Color 밝은 영역의 색상을 설정합니다. RGB 각 색상별로 설정이 가능합니다.
Dark Color 어두운 영역의 색상을 설정합니다.
Smoothness 어둡고 밝은 색의 경계를 부드럽게 하거나 뚜렷하게 해 줍니다.
Threshold 색상의 밝음과 어두움의 허용 범위를 설정합니다.
Intensity 색상 차에 대한 밝기를 설정하며, 높은 수치일수록 채도가 낮아집니다.

타임코드(Timecode)

화면에 타임코드가 나타나도록 합니다. 촬영 원본과 같은 느낌을 주기 위해 사용됩니다.

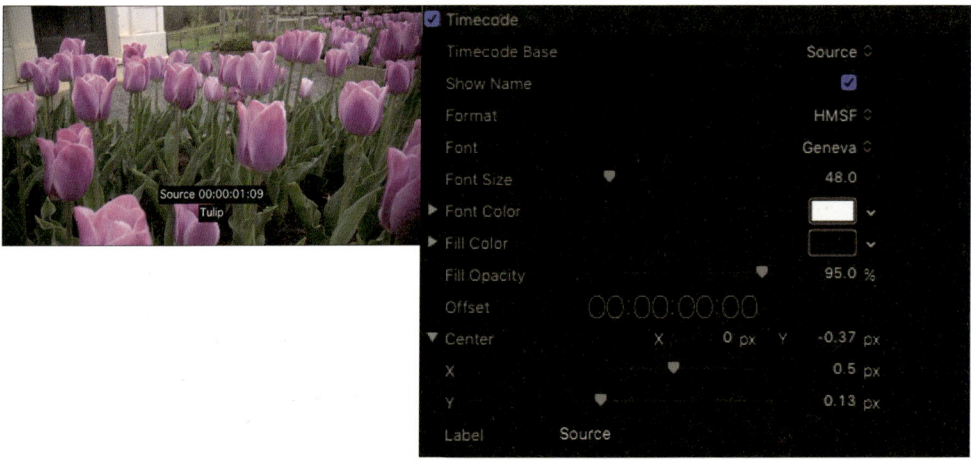

Timecode Base 타임코드의 프레임 레이트를 선택할 수 있습니다.
Show Name 클립의 이름을 보여주기/숨기기할 수 있습니다.
Format 타임 디스플레이 방식을 선택할 수 있습니다. 비디오는 HMSF(SMPTE) 방식으로 사용합니다.
Font/Font Size 타임코드로 사용되는 글꼴을 선택하고, 크기를 설정합니다.
Font Color 타임코드로 사용되는 글자의 색을 선택합니다.
Fill Color 타임코드의 배경 색을 선택합니다.
Fill Opacity 타임코드 배경의 불투명도를 설정합니다.
Offset 타임코드 간격을 설정합니다. 시작되는 타임코드를 설정할 수 있습니다.
Center 화면에 나타나는 타임코드의 위치를 설정합니다.
Label 타임코드 이름을 입력합니다. 입력 필드에서 직접 입력하면 됩니다.

블러(Blur)

이미지를 전체적으로 또는 부분적으로 흐리게 하고, 속도감, 아웃 포커스 효과와 반대로 뚜렷하게 해 주는 이펙트들을 제공합니다.

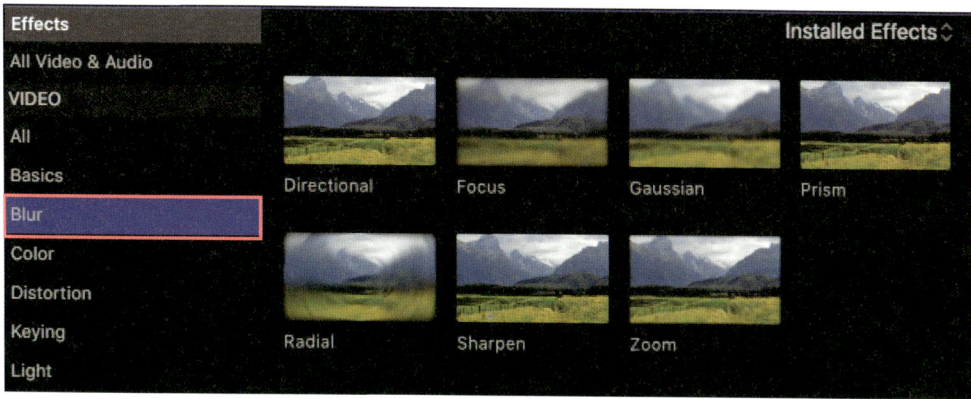

포커스(Focus)

특정 지점을 집중적으로 포커스 인(Focus In)을 해 줍니다. 포커스 인 이후의 영역은 포커스 아웃이 되어 흐리게 표현됩니다.

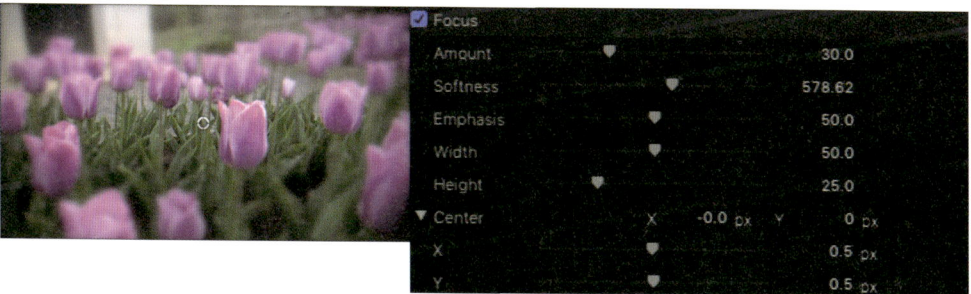

Amount 포커스 강도를 설정합니다.
Softness 포커스 인/아웃 경계를 부드럽게 하거나 뚜렷하게 해 줍니다.
Emphasis 포커스 인/아웃의 대비되는 영역을 강조합니다.
Width/Height 포커스 영역의 크기를 가로/세로로 조절합니다.
Center 포커스 위치를 설정합니다.

가우시안(Gaussian)

이미지 전체를 흐리게 해 주는 효과로써 블러 이펙트 중에 가장 일반적으로 사용됩니다. 마스크를 사용하면 부분적으로 흐리게 할 수도 있습니다.

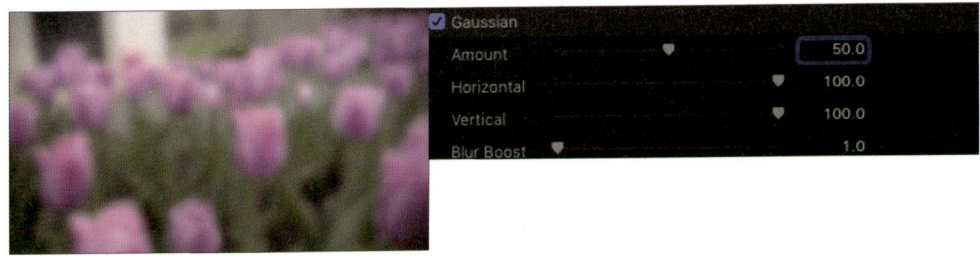

Amount 블러의 강도를 설정합니다.
Horizontal/Vertical 블러의 방향을 가로/세로로 설정합니다.
Blur Boost 블러의 강도를 극대화합니다.

프리즘(Prism)

프리즘을 통해 보는 효과로써 이미지의 핀트가 흐트러져 혼란스런 장면을 표현합니다.

Amount 핀트가 어긋나는 간격을 조절합니다.
Angle 핀트가 어긋나는 각도를 설정합니다.

레이디얼(Radial)

방사형(회전형) 블러를 표현합니다. 물체에 집중하는 느낌을 표현할 때 사용합니다.

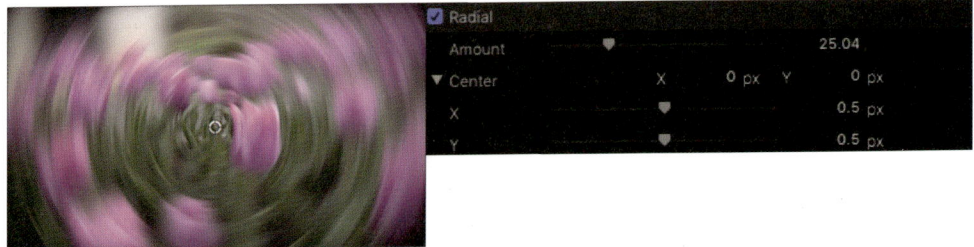

Amount 블러의 강도를 설정합니다.
Center 블러의 위치를 설정합니다.

컬러(Color)

색 보정이나 흑백 영상, 브로드캐스트 컬러, 색상, 채도, 톤 등에 대한 이펙트들을 제공합니다.

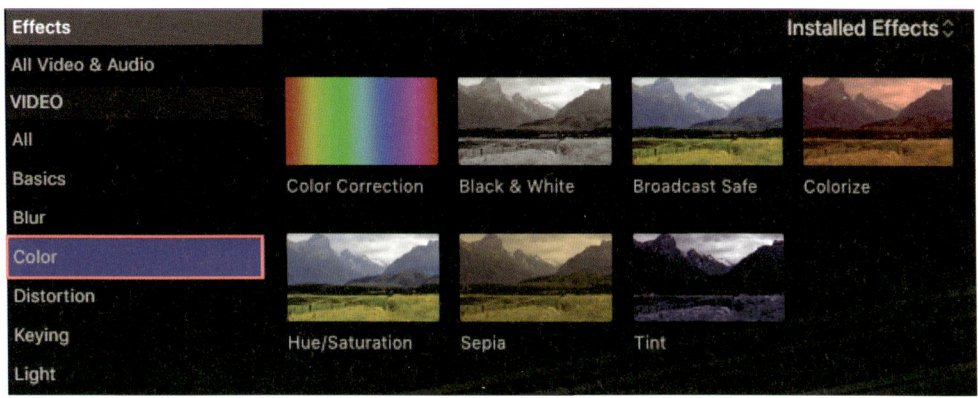

블랙 & 화이트(Black & White)

컬러 영상을 흑백으로 만들어줍니다.

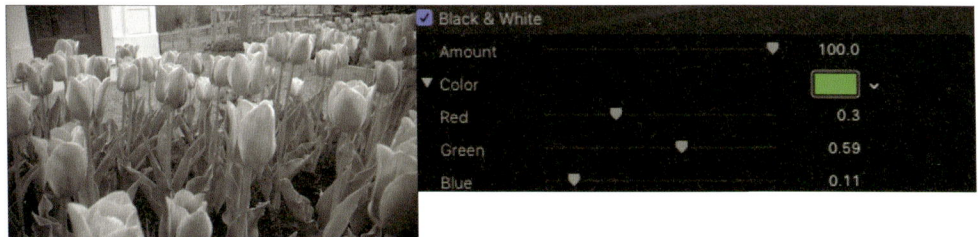

Amount 채도 값을 설정합니다.
Color 각 색상 채널(RGB)의 채도를 설정합니다. 흑백 효과이기 때문에 각 채널의 밝기에 영향을 줍니다.

브로드캐스트 세이프(Broadcast Safe)

색상, 명도, 채도에 대하여 방송에 적합한 상태로 자동 보정을 해 줍니다. 색상, 명도, 채도가 지나치게 높거나 낮을 때 사용합니다.

Amount 색 공간(색상, 명도, 채도)의 강도를 설정합니다.
Color Space 설정된 각 방송 규격에 대한 선택을 할 수 있습니다.

휴/세츄레이션(Hue/Saturation)

색상 전환과 색의 순도를 설정하고 명도를 설정할 때 사용합니다.

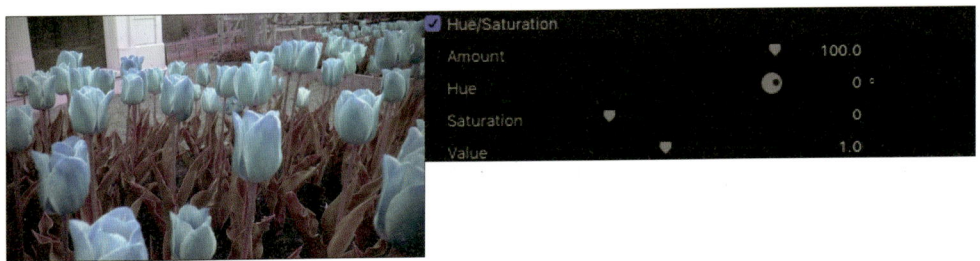

Amount 색상의 강도를 설정합니다.
Hue 색상을 전환합니다. 원본과 전혀 다른 색으로 바꿔줄 때 유용합니다.
Saturation 색상의 순도, 즉 채도를 설정합니다.
Value 명도를 설정합니다.

세피아(Sepia)

세피아(갈색) 톤의 이미지(장면)를 표현합니다. 여유롭고 고전적인 느낌을 표현할 때 사용합니다.

Amount 세피아 톤의 강도를 설정합니다.
Wash 색상 톤을 탈색할 때 사용됩니다. 수치가 높을수록 색이 바랜 느낌이 더해집니다.
Protect Skin 피부 톤을 보호하기 위해 사용됩니다.

틴트(Tint)

이미지의 색상 톤을 단일 톤으로 표현합니다.

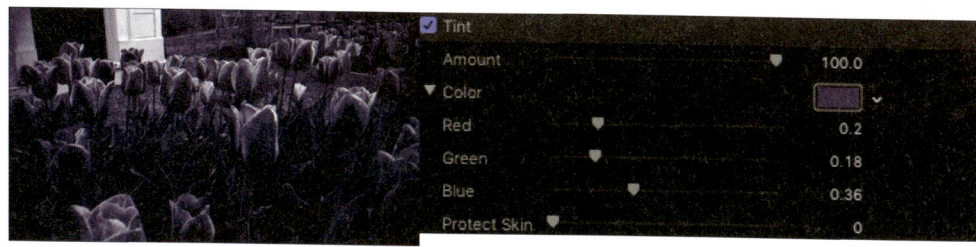

Amount 색상 톤의 강도를 설정합니다.
Color 단일 톤의 색상을 각 색상 채널 별로 설정합니다.
Protect Skin 피부 톤을 보호하기 위해 사용됩니다.

디스토션(Distortion)

조각난 이미지, 잘려진 이미지, 볼록 렌즈, 울퉁불퉁한 유리, 물결, 흐르는 액체, 반사 등 이미지를 왜곡하기 위한 이펙트들을 제공합니다.

백그라운드 스퀘어(Background Squares)

화면을 여러 개로 분할하여 흔들리게 합니다. 주로 배경으로 사용합니다.

Layout 분할된 조각의 위치 및 크기를 설정합니다.
Speed 흔들리는 속도를 설정합니다.
Amount 속도에 대한 강도를 설정합니다.
Blur 화면을 흐리게 해 줍니다.

어스퀘이크(Earthquake)

흔들리는 화면을 표현합니다. 지진이 일어난 효과를 위해 사용합니다.

Amount 핀트가 어긋나는 정도를 설정합니다.
Layers 흔들릴 때의 잔상의 개수를 설정합니다.
Epicenter 흔들릴 때의 회전축을 설정합니다.

플립(Fliped)

화면을 상하좌우로 뒤집어 줄 때 사용합니다.

Amount 뒤집히는 정도(%)를 설정합니다.
Direction 뒤집히는 방향을 선택합니다. Both는 상하좌우를 모두 뒤집어줍니다.

미러(Mirror)

거울에 반사되어 나타나는 화면을 표현합니다.

Center 반사되는 중심점의 위치를 설정합니다.
Repeat Border Pixels 반사 영역이 작아졌을 때 빈 곳을 늘려서 채워주거나 빈 상태로 보존합니다.
Angle 반사되는 각도를 설정합니다.

트레일(Trails)

화면 속 움직이는 물체에 잔상을 만들어줍니다. 물체의 속도감을 표현할 때 사용되며, 빠르게 움직이는 물체에 더욱 효과적입니다.

Duration 잔상이 발생되는 시간(간격)을 설정합니다.
Echoes 잔상의 개수를 설정합니다.
Trail On 잔상으로 표현될 밝기 영역을 선택합니다.

워터 페인(Water Pane)

빗방울이 유리창에 부딪혀 흘러내리는 장면을 연출합니다.

Refraction Amount 빗방울의 굴절되는 강도를 설정합니다.
Refraction Softness 굴절의 부드러운 정도를 설정합니다.
Vignette Size 비네트, 즉 화면 바깥쪽의 어두운 영역의 범위를 설정합니다.
Vignette Falloff 비네트 영역의 한계치를 설정합니다.
Darken Vignette 비네트 영역의 밝기를 설정합니다.
Tint Color 비네트 색상을 선택합니다.
Tint Intensity 틴트 컬러의 강도를 설정합니다.

키잉(Keying)

크로마키와 같은 배경을 뺀 영역에 다른 영상을 합성하기 위해 사용되는 이펙트들을 제공합니다.

라이트(Light)

예술 조명, 전조등, 달리는 지하철 창문에서 비추는 빛, 집중 조명 등 빛에 의해 발생되는 다양한 조명 이펙트들을 제공합니다.

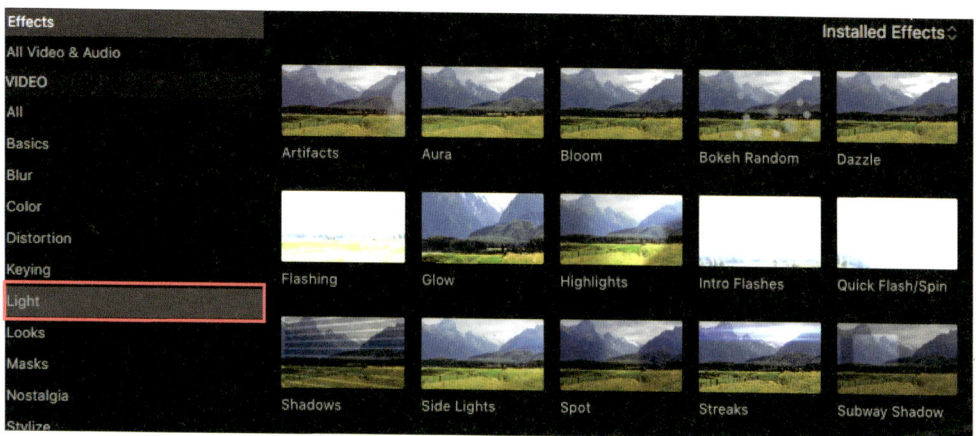

아트팩트(Artifacts)

예술적인 분위기의 인공 조명의 빛을 연출합니다. 인위적이고 과장된 빛 효과를 표현할 때 사용합니다.

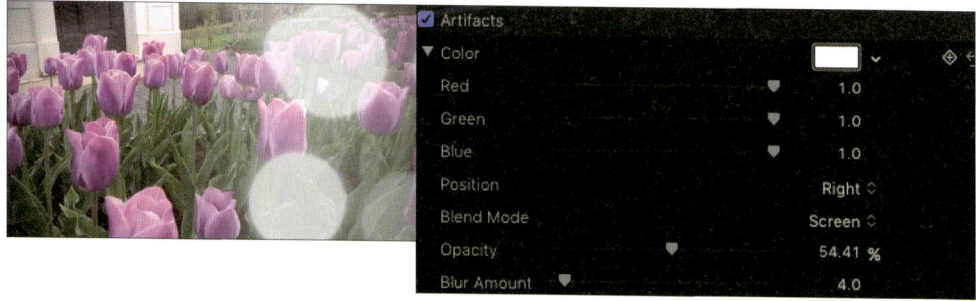

Color 조명의 색상을 선택합니다.
Position 조명의 위치를 설정합니다.
Blend Mode 장면과 빛이 혼합되는 방식을 설정합니다. (블렌드 모드에 대해서는 375페이지 컴포지팅에 관한 학습을 참고하십시오.)
Opacity 조명의 불투명도를 설정합니다.
Blur Amount 조명 가장자리의 부드러움 정도를 설정합니다.

대즐(Dazzle)

사물 가장자리에 눈부실 정도로 밝은 빛이 반사되는 장면을 연출합니다. 일종의 하이라이트 효과를 표현할 때 사용됩니다.

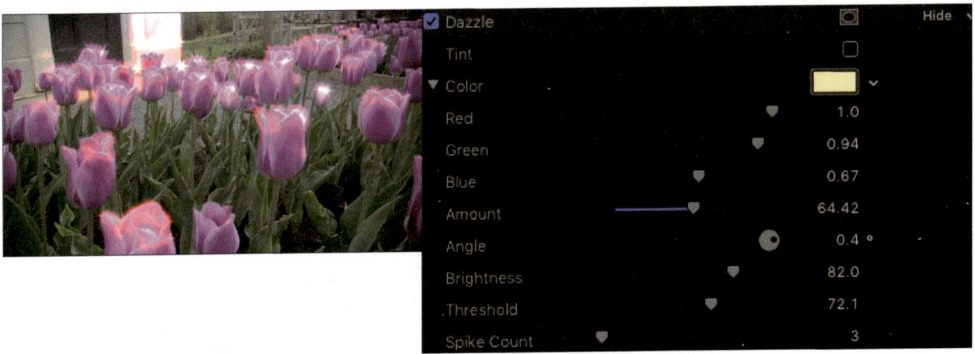

Tint 틴트 사용 유무를 결정합니다. 단일 톤이나 세피아 톤의 장면을 연출할 수 있습니다.
Color 틴트 색상을 선택합니다.
Amount 사물에 반사되는 빛의 하이라이트 강도를 설정합니다.
Brightness 빛과 화면의 밝기를 설정합니다.
Threshold 하이라이트가 적용될 범위를 설정합니다.
Spike Count 하이라이트 경계에서 분산되는 뾰족한 빛 조각 개수를 설정합니다.

플래싱(Flashing)

카메라 셔터를 눌렀을 때 동시에 터지는 플래시 조명 효과를 연출합니다.

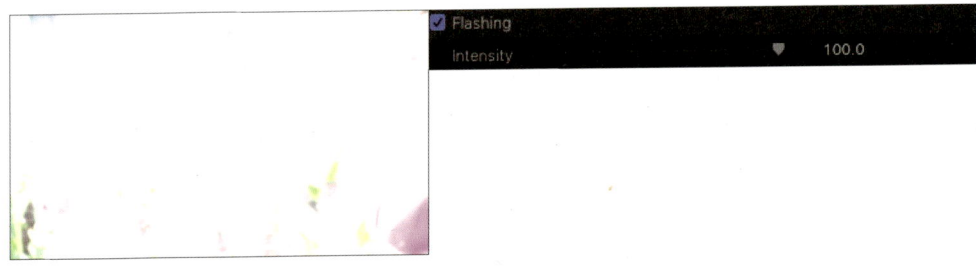

Intensity 플래시 조명의 강도를 설정합니다.

글로우(Glow)

사물의 가장자리에 은은한 빛이 발산되도록 해 줍니다. 앞서 살펴본 대즐 효과와는 차이가 있습니다.

Amount 글로우의 강도를 설정합니다.

퀵 플래시/스핀(Quick Flash/Spin)

앵글과 거리를 바꿔가면서 연속으로 촬영하는 장면을 연출합니다. 정적인 장면을 역동적인 움직으로 표현할 때 사용됩니다. (옵션 없음)

서브웨이 셰도우(Subway Shadow)

달리는 지하철 창문 사이로 비추는 조명을 표현합니다.

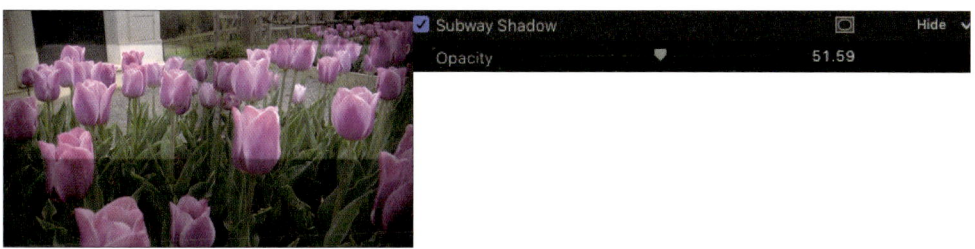

Opacity 창문에 비추는 빛의 강도를 설정합니다.

룩스(Looks)

색상, 채도의 톤을 통해 고급스럽고, 세련된 느낌의 장면을 연출합니다. 다양한 이펙트를 제공하기 때문에 일일이 설정하지 않아도 되며, 특히 영화 같은 색상 톤(색온도)을 표현할 때 유용합니다.

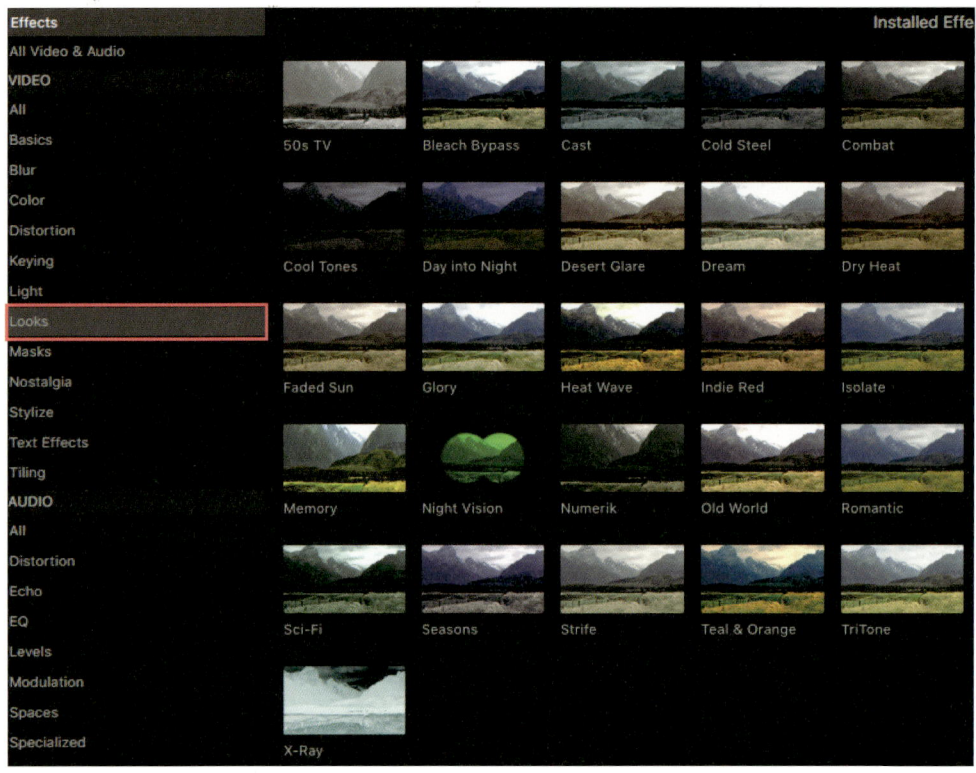

50s TV

1950년대 흑백 텔레비전에서 보는 화면처럼 표현합니다. 이것은 블랙 & 화이트와는 다른 느낌입니다.

Amount 색상에 대한 채도를 설정합니다.
Brightness 화면의 밝기를 설정합니다.

콜드 스틸(Cold Steel)

장면을 차갑고, 딱딱한 느낌으로 표현합니다. 계절적으로 추운 겨울이 연상되도록 합니다.

Amount 차갑고 딱딱한 정도를 설정합니다.
Protect Skin 피부 톤을 보호합니다.
Shadows 화면의 밝기를 설정합니다.

데저트 글래어(Desert Glare)

뜨겁고, 건조하고, 황막한 사막의 느낌을 표현할 수 있습니다.

Amount 뜨겁고, 건조한 정도를 설정합니다.
Protect Skin 피부 톤을 보호합니다.

드림(Dream)

희뿌연 꿈(환상) 속을 거니는 느낌을 연출합니다. 요정이나 여신 등과 같은 캐릭터가 등장할 때의 몽환적인 느낌을 표현할 수 있습니다.

Amount 희뿌연 정도를 설정합니다.

글로리(Glory)

드림보다 강렬한 몽환적인 느낌을 표현합니다. 신의 재림이나 천국에 있는 느낌을 표현할 때 사용합니다. 타이틀(자막)에 사용하면 백라이트 효과를 표현할 수도 있습니다.

Amount 빛이 뻗어나가는 길이를 설정합니다.
Threshold 빛이 뻗어나가는 한계 범위를 설정합니다.
Use Alpha 알파 채널을 사용합니다. 알파 값이 없는 이미지는 빛 효과가 완전히 사라집니다.
Center 빛이 뻗어나가는 방향을 설정합니다.

라이트 비전(Night Vision)

야간에 적외선 망원경을 통해 보는 장면을 표현합니다.

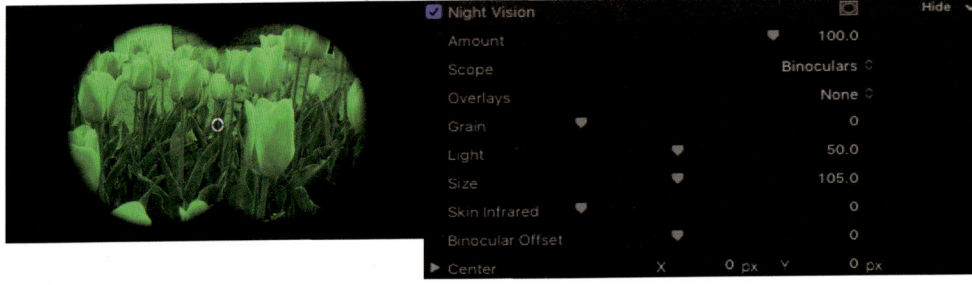

Amount 렌즈의 강도를 설정합니다.
Scope 렌즈 타입을 선택합니다. 단 렌즈, 쌍안경 렌즈, 전체 화면 등을 선택할 수 있습니다.
Overlays 렌즈 앞에 거리와 초점 등의 정보를 보여주는 HUD(헤드 업 디스플레이)를 보여줍니다.
Grain 야간 촬영 시 나타나는 작은 입자들을 설정합니다.
Light 렌즈 안의 밝기를 설정합니다.
Skin Infrared 피부 톤을 보다 선명하게 볼 수 있도록 설정합니다.
Binocular Offset 쌍안경 렌즈를 사용할 때 양쪽 렌즈의 폭을 설정합니다.
Center 렌즈의 위치를 설정합니다.

사이파이(Sci-Fi)

에이리언 영화와 같은 SF(공상 과학) 느낌의 분위기를 연출합니다.

Amount 색상 톤을 설정합니다.

시즌(Seasons)

계절적인 느낌을 표현할 때 사용됩니다. 하나의 이펙트로 모든 계절을 표현할 수 있습니다.

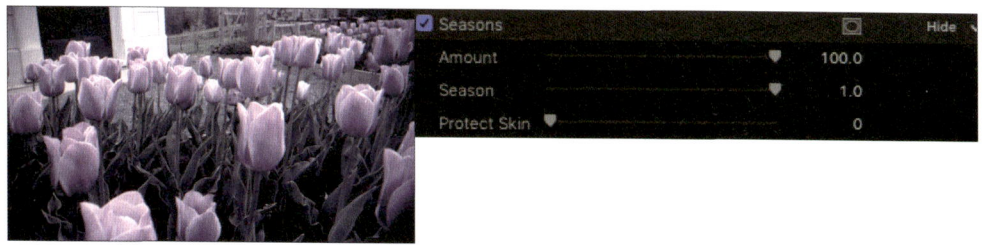

Amount 색상 톤을 설정합니다.
Season 계절별 색상 톤을 설정합니다.
Protect Skin 피부 톤을 보호합니다.

마스크(Masks)

특정 영역을 보호(표현)하는 다양한 마스크 이펙트들을 제공합니다.

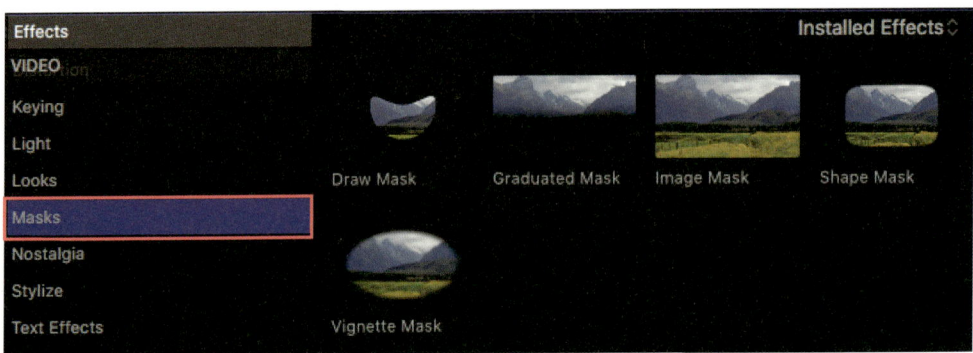

드로우 마스크(Draw Mask)

드로잉하여 가장 정교한 모양의 마스크를 생성합니다. 드로우 마스크는 차후 해당 학습에서 자세히 살펴볼 것입니다.

그래주에이트 마스크(Graduated Mask)

선형의 마스크를 생성합니다. 검정색 영역은 투명하기 때문에 아래쪽에 클립(장면)이 있다면 합성 효과를 얻을 수 있습니다.

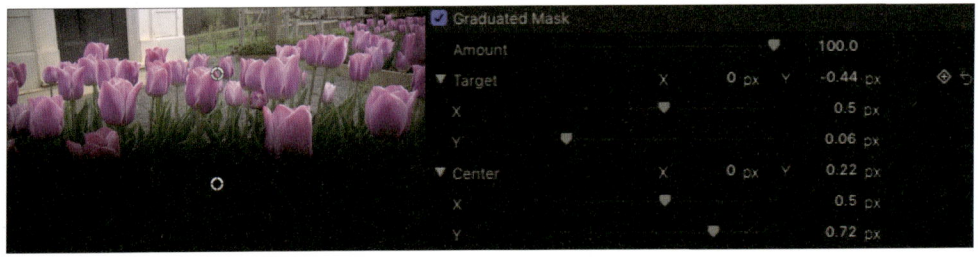

Amount 검정색(알파) 영역의 불투명도를 설정합니다.
Target 검정색(알파) 영역을 회전합니다.
Center 검정색(알파) 영역의 위치를 설정합니다.

이미지 마스크(Image Mask)

이미지를 통한 마스크를 표현합니다. 이미지는 주로 알파 채널이 포함된 포토샵(PSD) 파일이나 PNG, TGA, TIFF와 같은 파일을 이용합니다. 이미지 마스크 사용법은 차후 해당 학습에서 자세히 살펴볼 것입니다.

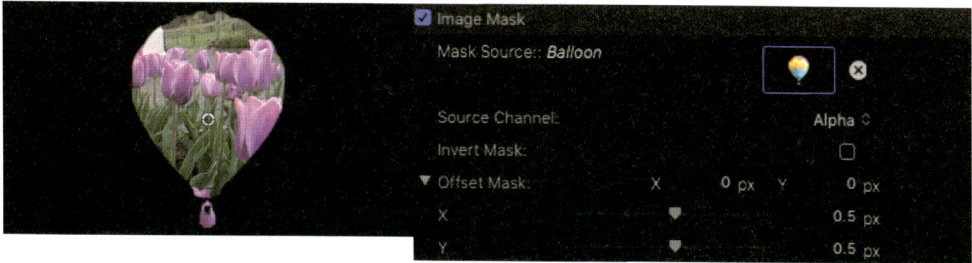

Mask Source 마스크로 사용될 이미지 소스를 불러옵니다.
Source Channel 마스크로 사용될 채널을 선택합니다. 주로 알파 채널 방식으로 사용하며, 때에 따라서는 이미지의 밝고(검정) 어두운(하얀) 영역을 이용하여 마스크 영역을 만들어줍니다.
Invert Mask 마스크 영역을 반전시킵니다.
Offset Mask 마스크 영역의 위치를 설정합니다.

셰이프 마스크(Shape Mask)

사각형 또는 원형 마스크를 생성합니다. 각진 사각형과 둥근 모서리의 사각형을 만들어줄 수 있습니다.

Radius 마스크의 전체 크기를 설정합니다.
Curvature 모서리의 반지름을 설정하며, 설정 값이 높아질수록 원형에 가까운 마스크가 됩니다.
Invert Mask 마스크 영역을 반전시킵니다.
View 컴포지트, 즉 합성 모드로 보여줄 것인지 원본 모습을 그대로 보여줄 것인지 선택합니다. 일반적으로 합성 모드인 컴포지트로 사용합니다.
Feather 마스크 경계를 부드럽게 해 줍니다.
Falloff 마스크 영역의 한계치를 설정합니다.
Transforms 마스크의 위치, 회전, 크기를 설정합니다.

Control Points 마스크 모양을 포인트로 조정하는 포인트 모드로 전환합니다. 전환 후에는 4개의 포인트로 조정이 가능하며, 새로운 포인트를 추가하여 모양을 세부적으로 변경할 수 있습니다. 하지만 복잡한 모양의 마스크 작업은 주로 드로우 마스크를 사용하기를 권장합니다.

비네트 마스크(Vignette Mask)

일반적인 비네트 효과처럼 바깥쪽 영역을 마스크 영역으로 표현합니다. 마스크 영역 이외는 투명하기 때문에 다른 클립과 합성이 가능합니다.

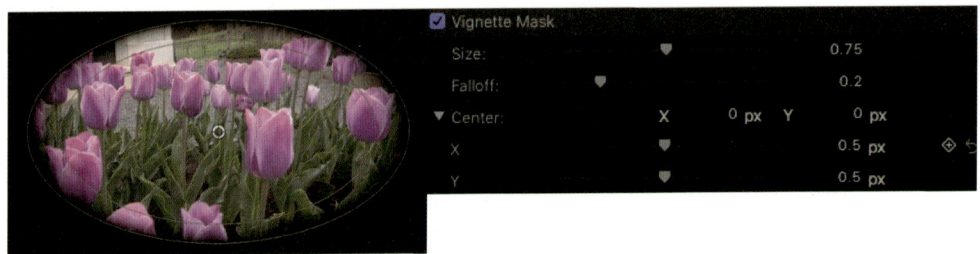

Size 마스크 영역의 크기를 설정합니다.
Falloff 마스크 크기의 한계치를 설정합니다.
Center 마스크의 위치를 설정합니다.

노스텔지어(Nostalgia)

신문의 인쇄(프린팅) 느낌과 CCTV 화면 느낌을 표현합니다.

뉴스프린트(Newsprint)

신문과 같은 인쇄물 느낌으로 표현할 수 있습니다.

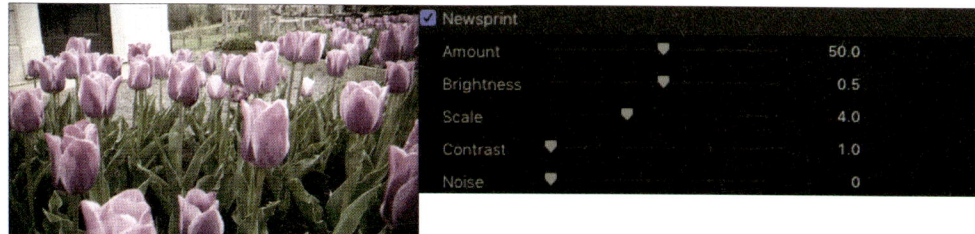

Amount 색상 채도와 비네트 효과를 설정합니다. 수치가 높을수록 채도 값이 떨어지며, 비네트 효과가 뚜렷해집니다.
Brightness 화면의 밝기를 설정합니다.
Scale 인쇄 망점(도트)의 크기를 설정합니다.
Contrast 콘트라스트 값을 설정합니다. 콘트라스트 값이 낮으면 화면이 탁해지고, 높으면 선명해 집니다.
Noise 노이즈를 증가하거나 줄여줍니다.

시큐리티(Security)

CCTV에서 찍힌 장면을 연출할 수 있습니다. 이것은 단순한 CC 카메라의 느낌이 아니라 수평 라인, 채도, 해상도, 시간 등에 대한 정보까지 표현할 수 있습니다.

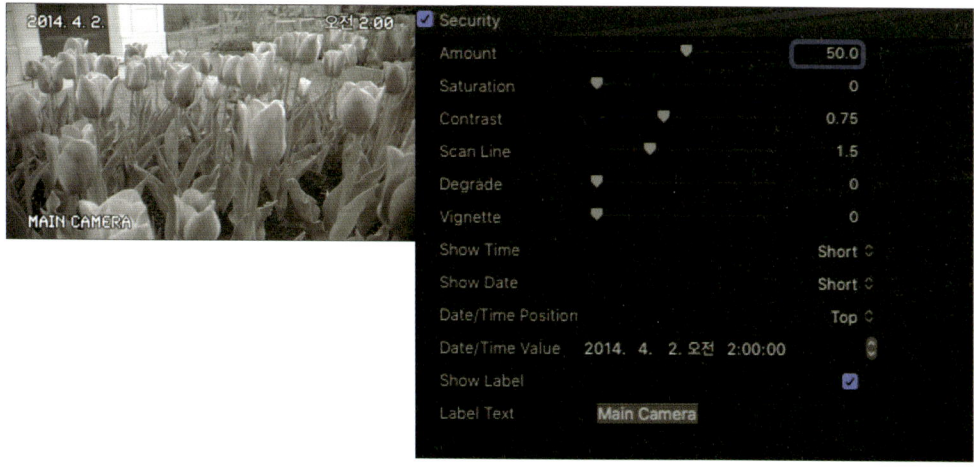

Amount 색상 채도를 설정합니다. 수치가 높을수록 채도가 떨어지며, 화면이 볼록해 집니다.
Saturation 화면의 전체 채도 값을 설정합니다.
Contrast 콘트라스트 값을 설정합니다. 콘트라스트 값이 낮으면 화면이 탁해지고, 높으면 선명해 집니다.
Scan Line 수평 라인의 선명도 설정과 위아래 라인을 바꾸어줍니다.
Degrade 화면의 해상도를 설정하며, 화면을 훼손할 때 사용합니다.
Vignette 비네트 효과를 표현할 때 사용합니다.
Show Time 촬영된 시간 정보를 숨기거나 다양한 방식으로 보여줍니다.

Show Date 촬영된 날짜 정보를 숨기거나 다양한 방식으로 보여줍니다.
Date/Time Position 날짜와 시간 정보가 나타나는 위치를 선택합니다.
Date/Time Value 날짜와 시간 정보를 설정합니다. 직접 입력해서 사용합니다.
Show Label 카메라 이름 사용 여부를 결정합니다.
Label Text 카메라 이름을 입력합니다.

스타일라이즈(Stylize)

스타일라이즈는 비디오 이펙트 그룹에서 가장 많은 목록을 제공하며, 가장 다양하고 실용적으로 사용할 수 있는 효과들이 제공됩니다.

에이지 필름(Aged Film)
낡고 오래된 필름 효과를 표현합니다.

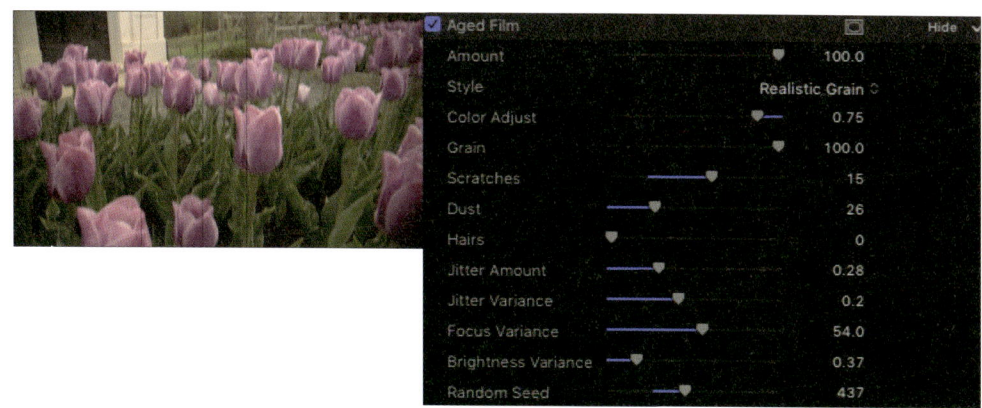

Amount 에이지 필름 효과의 전체 강도를 설정합니다.
Style 에이지 필름 효과의 타입을 아이무비 타입으로 할 것인지 리얼리스틱 타입으로 할 것인지 선택합니다.
Color Adjust 색상 강도를 설정합니다.
Grain 미세 입자를 설정합니다.
Scratches 굵힌 자국을 표현하는 스크래치를 설정합니다.
Dust 먼지와 같은 미세 입자를 설정합니다.
Hairs 머리카락 같은 헤어 라인을 설정합니다.
Jitter Amount/Variance 흔들리는 정도와 격차를 설정합니다.
Focus Variance 포커스 격차를 설정합니다.
Brightness Variance 밝기 격차를 설정합니다.
Random Seed 흔들리기 시작하는 위치를 랜덤(무작위)하게 설정합니다.

캠코더(Camcorder)

캠코더에서 촬영되고 있는 모습을 보여줍니다.

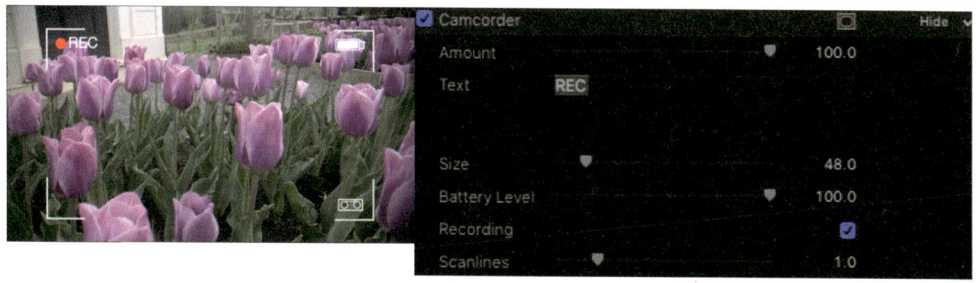

Amount 촬영되고 있는 표시의 투명도를 설정합니다.
Text 화면에 나타나는 글자를 입력합니다.

Size 글자 크기를 설정합니다.
Battery Level 배터리의 충전(Charge) 상태를 설정합니다.
Recording 레코드 글자 사용 유무를 결정합니다.
Scanlines 스캔 라인(주사선)의 밝기를 설정합니다.

드롭 셰도우(Drop Shadow)

클립의 투명한 영역에 그림자를 생성합니다. 클립의 크기를 줄여서 뷰어 상에 공간이 생기게 하거나 투명한 영역이 있는 이미지를 사용할 때 효과적입니다.

Color 그림자 색상을 설정합니다.
Opacity 그림자의 불투명도를 설정합니다.
Presets 그림자 타입을 선택합니다. 평면적인 그림자와 원근감이 느껴지는 입체적인 그림자를 표현할 수 있습니다.
Blur 그림자 경계를 부드럽게 해 줍니다.
Blur Falloff 그림자 경계의 부드러운 정도의 한계치를 설정합니다.
Position 그림자의 위치를 설정합니다.
Perspective Point 그림자 타입을 입체로 선택했을 때 사용되며, 그림자의 중심점 위치를 설정합니다.
Perspective Amount 원근감의 너비를 설정합니다.

프레임(Frame)

화면에 필름이나 사진 액자와 같은 느낌의 프레임을 만들어줍니다. 다양한 테두리 효과를 표현할 때 사용합니다.

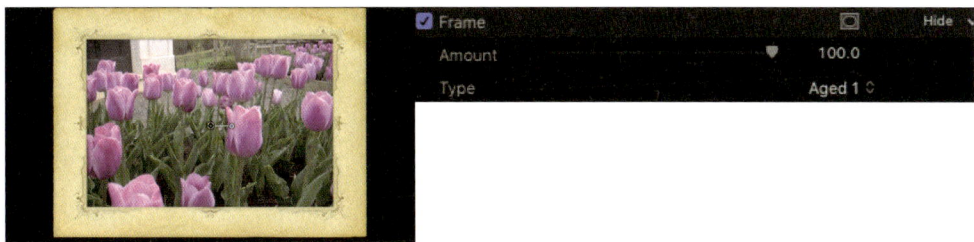

Amount 프레임이 날아오는 장면을 표현할 수 있습니다.
Type 다양한 프레임 타입을 선택할 수 있습니다.

포토 리콜(Photo Recall)

배경을 흐리게 하고, 흐려진 배경 위로 선명한 장면이 나타나게 합니다.

Amount 위쪽에 있는 사진이 날아오는 장면을 표현할 수 있습니다. 날아올 때의 투명도는 자동으로 설정됩니다.
Style 다양한 테두리(일종의 프레임) 타입을 선택할 수 있습니다.
Separation 배경의 색상 톤을 설정합니다.
Center 위쪽에 있는 사진의 위치를 설정합니다.
Scale 위쪽에 있는 사진의 크기를 설정합니다.

픽셀레이트(Pixellate)

화면(이미지)를 픽셀로 표현합니다. 크기를 조절하여 화면 전체에 모자이크 효과를 표현할 수 있습니다.

Amount 픽셀의 크기를 설정합니다.
Center 픽셀들의 위치를 설정합니다.

레인(Rain)

비 내리는 효과를 표현합니다. 참고로 빗방울이 바닥에 떨어지는 효과는 레인 효과 다음에 있는 레인드롭 (Raindrops)를 사용하면 됩니다.

Amount 화면의 밝기를 설정합니다. 수치가 높을수록 흐리고 어두운 날처럼 됩니다.
High Quality 빗줄기를 보다 선명하게 표현할 수 있습니다.
Density 비의 밀도, 즉 빗물의 양을 설정합니다.
Colorize 색상화에 대한 설정을 합니다. 수치가 낮을수록 원본에 까가워집니다.
Brightness 빗물의 밝기를 설정합니다.
Angle 빗줄기의 방향을 설정합니다.

스케치(Sketch)

장면을 연필로 스케치한 느낌으로 만들어줍니다.

Intensity 스케치 선, 즉 드로잉 강도를 설정합니다.

SLR

DSLR 카메라 렌즈로 촬영되는 장면을 표현합니다.

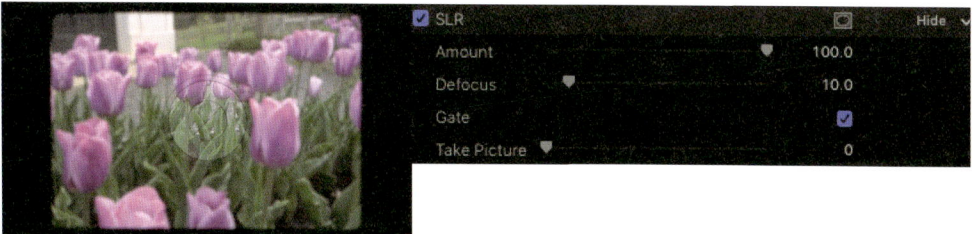

Amount 카메라 렌즈의 선명도를 설정합니다.
Defocus 포커스 인/아웃을 설정합니다.
Gate 카메라 렌즈 게이트를 숨기거나 보여주는 유무를 결정합니다.
Take Picture 셔터를 누를 때 조리개가 닫혔다 열리는 장면을 연출할 수 있습니다.

텍스트 이펙트(Text Effects)

텍스처 소스를 통해 화면에 입체 무늬를 전사하는 이펙트입니다.

데칼(Decal)

텍스처 소스를 통해 데칼코마니 효과를 표현하며, 화면에 워터마크 효과를 표현할 때 효과적입니다.

Amount 돌출되는 효과의 강도를 설정합니다.
Mask 마스크 방식을 알파로 할 것인지 루마(밝기 차이)로 할 것인지 선택합니다.
Sloppiness 픽셀의 이동되는 간격을 설정합니다.
Brightness 화면의 밝기를 설정합니다.
Show Background 마스크 방식을 루마로 했을 때 나타나는 이미지를 보여주거나 숨겨줍니다.
Drop Zone 텍스처 소스로 사용할 영상 및 이미지를 불러옵니다. 우측 화살표 버튼을 클릭하여 불러오면 됩니다. 자세한 사용법은 222 페이지에서 다루는 이미지 마스크의 활용 예제를 활용하기 바랍니다.
Scale 화면의 크기를 설정합니다.

타일링(Tiling)

비디오 이펙트 그룹의 마지막으로써 화면을 분할하거나 만화경(Kaleidoscope)처럼 변화무쌍한 장면을 표현할 수 있는 이펙트들을 제공합니다.

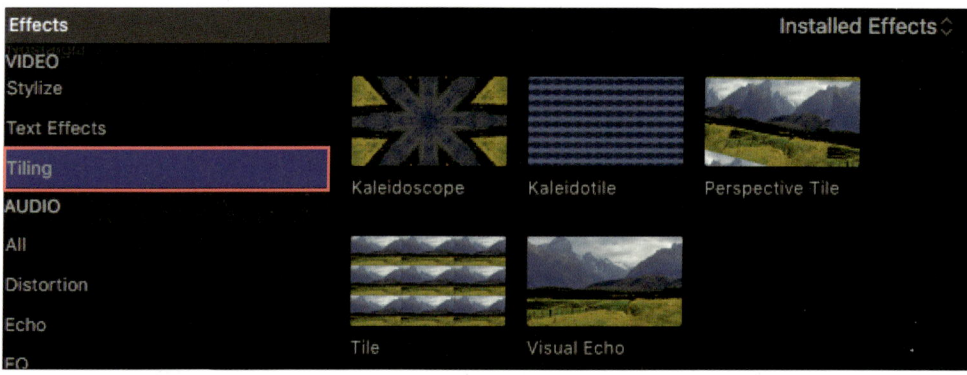

타일(Tile)

화면을 여러 개로 분할하여 보여줍니다.

Amount 분할되는 화면의 개수를 설정합니다.

이펙트 프리셋 등록 및 삭제하기

이펙트를 적용한 후 작업 상황에 맞게 설정한 후 이 설정된 값을 다음 작업에서도 지속적으로 사용해야 한다면 해당 이펙트와 설정 값을 **프리셋**으로 등록해 주는 것이 좋습니다. **비디오 인스펙터** 맨 아래쪽을 보면 Save Effects Preset 버튼이 있는데, 이 버튼을 클릭하면 Save Video Effects Preset 창이 열립니다.

Save Video Effects Preset 창에서 새로 등록할 **프리셋 이름**과 등록될 **위치(Category)**를 선택한 후 Save 버튼을 누릅니다. 참고로 프리셋은 비디오 이펙트뿐만 아니라 인스펙터에서 사용되는 트랜스폼, 컴포지팅 등의 작업 속성 값도 가능하며, 오디오 이펙트 또한 프리셋으로 등록할 수 있습니다.

프리셋으로 등록된 속성 값에 키프레임이 적용되었을 때 그 키프레임의 시간(간격)이 적용될 클립에 그대로 반영(Maintain Timing)할 것인지 아니면 적용될 클립의 길이(시간)에 맞출(Stretch to Fit) 것인지 선택할 수 있음

그러면 선택된 위치에 이펙트 프리셋이 등록된 것을 알 수 있습니다. 만약 새로 등록된 프리셋을 삭제하고자 한다면 삭제할 이펙트에서 **RMB**를 하여 **Reveal in Finder**를 선택한 후 해당 폴더(파인더)를 열어준 후 삭제하고자 하는 프리셋 파일에서 **RMB**를 하여 **휴지통**으로 넣어주면 됩니다.

{ 예제로 익히기 : 이미지 마스크의 활용 }

01 이미지 마스크 사용법에 대해 알아보기 위해 **[학습자료] – [Video]** 폴더에서 **Tulip** 파일과 **Image** 폴더에서 **Balloon** 파일을 불러온 후 **튤립** 파일만 타임라인에 적용합니다. 그리고 **Image Mask** 이펙트를 적용한 후 비디오 **인스펙터**에서 방금 적용된 이미지 마스크의 **Mask Source**의 **가져오기** 버튼을 클릭합니다.

02 그러면 뷰어가 두 개의 분할 화면으로 바뀌게 되는데, 좌측에 있는 화면이 이미지 마스크로 사용될 소스의 모습이 보이는 화면입니다. 이제 앞서 가져온 **벌룬** 클립을 선택합니다. 그러면 분할된 뷰어의 모습이 그림처럼 좌측은 이미지 마스크로 사용되는 벌룬, 우측은 마스크가 적용된 튤립의 모습이 나타나게 됩니다. 이처럼 이미지 마스크는 투명 정보가 있는 알파 이미지를 사용하면 보다 효과적으로 사용할 수 있습니다. 적용하기 위해 **return** 키를 누릅니다.

03 이미지 마스크가 적용된 상태에서 아래쪽에 클립을 적용하게 되면 그림처럼 서로 다른 두 개의 화면을 동시에 나타나게 할 수도 있습니다.

이미지 마스크 합성 결과 ▶

트랜지션(장면 전환 효과) 사용하기

트랜지션은 클립과 클립, 즉 장면과 장면이 바뀔 때 사용되는 장면 전환 효과입니다. 파이널 컷 프로에는 실용적으로 사용할 수 있는 다양한 종류의 장면 전환 효과를 제공하며, 사용하기 위해서는 **트랜지션 브라우저**(Transitions Browser)를 열어주어야 합니다. 단축키는 [shift] + [command[+ [5]입니다.

트랜지션 적용 및 설정하기

트랜지션을 적용하는 방법은 비디오 이펙트와 특별한 차이는 없지만 한 장면에 하나의 트랜지션만 사용된다는 것이 비디오 이펙트와 다르며 또한 트랜지션이 적용될 지점은 두 클립의 인/아웃 포인트에 **핸들**(Handles) 영역이 있어야 한다는 것입니다. 핸들은 앞서 살펴보았듯이 클립의 원본이 편집(트리밍)된 장면, 즉 영역을 말합니다. 예를 들어 1초의 트랜지션이 적용되기 위해서는 클립에 1초 이상의 핸들이 필요한데, 이것은 실제 트랜지션으로 사용되는 장면(시간)이 바로 이 핸들 영역을 끄집어내어 사용하기 때문입니다.

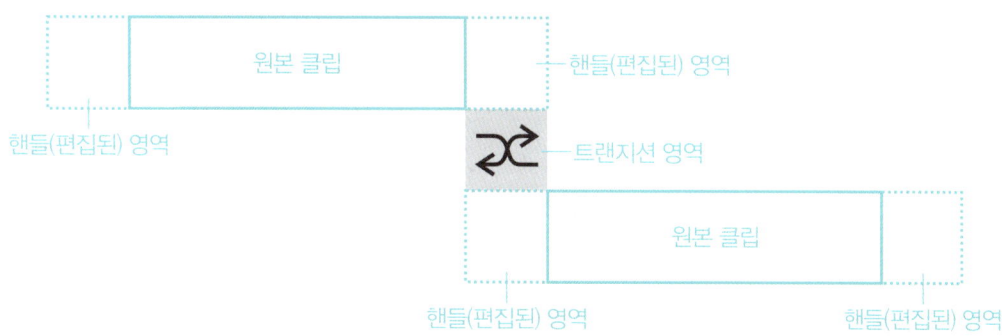

트랜지션의 구조(원리)

클립의 시작 점이나 끝 점을 클릭했을 때 그림처럼 **빨간색** 표시가 나타나게 되면 편집되지 않은, 즉 핸들 영역이 없는 것이므로 트랜지션이 적용되었을 때 트랜지션 길이만큼 원본 클립의 인 포인트가 줄어들게 되어 클립의 길이도 전체적으로 짧아지게 됩니다. 트랜지션을 설정하기 위해서는 적용된 트랜지션을 선택해야 하며, 트랜지션 인스펙터에서 세부 설정을 할 수 있습니다. 트랜지션도 이펙트와 마찬가지로 트랜지션에 따라 설정 옵션들이 각기 다르기 때문에 직접 한번씩 설정을 통해 확인하기를 바랍니다.

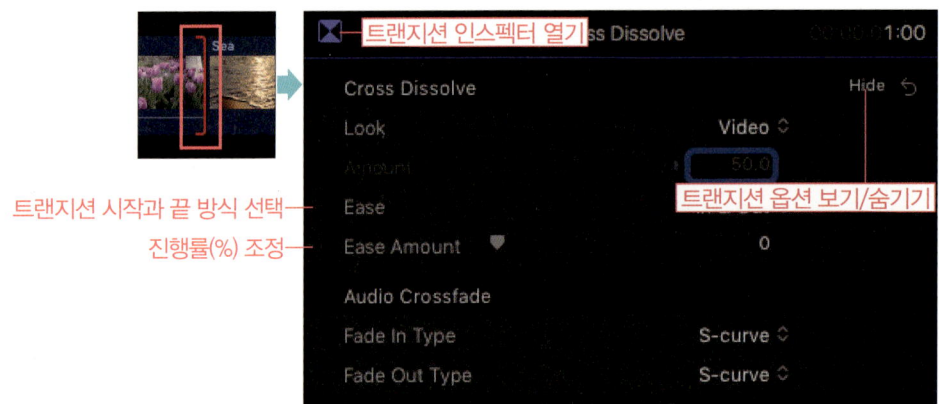

트랜지션의 길이 조절은 클립의 인/아웃 포인트를 이용하여 조절할 때처럼 **트랜지션 인/아웃 포인트**를 좌우로 이동하여 조정이 가능하며 또한 트랜지션이 적용된 영역을 더블클릭하여 스토리라인을 펼쳐놓은 상태, 즉 **정밀 편집기**(Precision editor)를 통해서도 가능합니다.

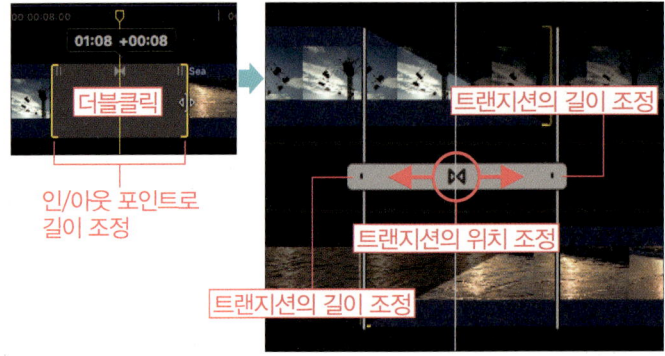

또한 직접 입력하여 트랜지션의 길이를 조정할 수도 있습니다. 트랜지션에서 **RMB**를 하여 **Change Duration** 또는 [control] + [D] 키를 누른 후 뷰어 하단의 대시보드의 타임코드가 **파란색**으로 바뀌었을 때 원하는 길이를 입력하면 됩니다. 예를 들어 **2초**에 해당되는 길이로 변경하고자 한다면 **200**이란 숫자를 입력하면 됩니다.

대시보드를 더블클릭한 후 시간을 입력해서 플레이헤드의 위치를 이동할 수도 있습니다.

모든 클립에 한꺼번에 적용하기

트랜지션을 타임라인에 적용된 모든 클립에 한꺼번에 적용하기 위해서는 적용될 클립을 모두 **선택**(command + A 또는 드래그하여)한 후 적용하고자 하는 트랜지션을 더블클릭하면 됩니다.

단축키로 트랜지션 적용하기

트랜지션은 [Edit] - [Add Cross Dissolve] 메뉴의 단축키인 [command] + [T] 키를 이용하여 선택된 클립이나 플레이헤드 근처에 있는 클립에 적용할 수 있습니다.

트랜지션 제거하기

트랜지션을 제거하기 위해서는 제거하고자 하는 트랜지션을 선택한 후 delete 키를 누르는 것으로 간단하게 제거할 수 있습니다.

디폴트 트랜지션 설정하기

모든 장면에 특정 트랜지션을 적용하거나 단축키로 트랜지션을 적용할 때 사용되는 디폴트 트랜지션은 기본적으로 크로스 디졸브로 되어있지만 다른 트랜지션으로 바꿔줄 수도 있습니다. 디폴트 트랜지션으로 바꾸고자 하는 트랜지션에서 **RMB(우측 마우스 버튼)**를 하여 Make Default 메뉴를 선택하면 됩니다.

주요 트랜지션 살펴보기

파이널 컷 프로에서 제공되는 트랜지션은 총 118개입니다. 이번 학습에서는 그룹 별 주요 트랜지션에 대해서만 살펴보도록 하겠습니다.

블러(Blurs)

장면 전환이 될 때 화면을 흐리게 해주는 이펙트들을 제공합니다. 특정 방향으로 흐려지게 하거나 전체적으로 흐리게 하기, 원형, 줌 등을 사용할 수 있습니다.

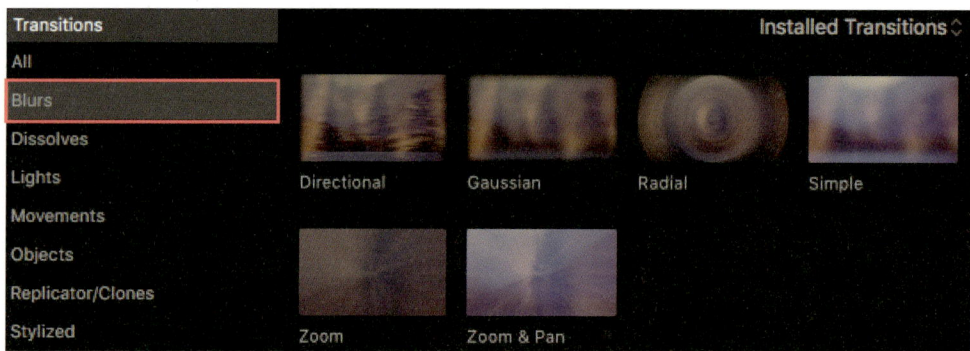

가우시안(Gaussian)

화면을 전체적으로 흐리게 하면서 장면 전환됩니다.

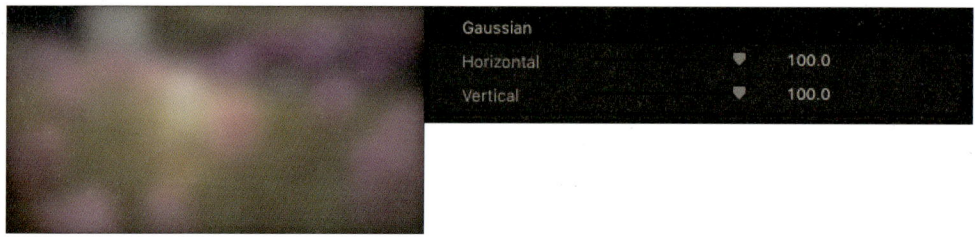

Horizontal/Vertical 흐려지는 방향을 가로/세로로 설정합니다.

디졸브(Dissolves)

앞뒤 장면이 교차되면서 장면 전환되는 트랜지션들을 제공합니다.

크로스 디졸브(Cross Dissolve)

디폴트로 지정된 가장 일반적으로 사용되는 트랜지션으로 앞뒤 장면이 교차되면서 장면 전환됩니다.

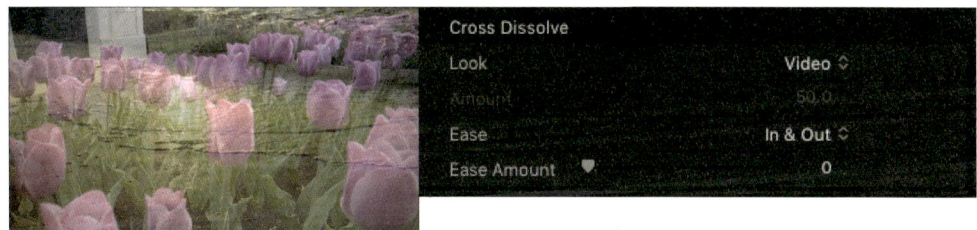

Look 교차되는 합성 방식을 선택합니다.
Amount 합성 방식에 따라 사용 여부가 결정되며, 합성되는 정도를 설정합니다.
Ease 장면 전환되는 시작과 끝 점을 선택합니다.
Ease Amount 장면 전환되는 진행률(%)을 설정합니다.

디바이드(Divide)

화면이 여러 개로 분할되면서 장면 전환됩니다.

Number of Sections 분할되는 화면의 개수를 설정합니다.

페이드 투 컬러(Fade To Color)

지정된 색상으로 바뀌었다가 다시 화면으로 나타나는 장면 전환입니다. 주로 검정색으로 사용하여 페이드 인/아웃 효과로 사용합니다.

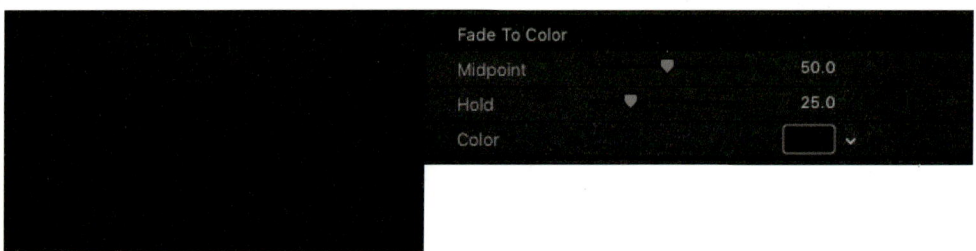

Midpoint 색상이 나타나는 채도 값을 설정합니다.
Hold 색상이 지속되는 채도 값을 설정합니다.
Color 페이드 컬러로 사용될 색상을 선택합니다.

라이트(Lights)

빛에 의해 발생되는 현상으로 장면 전환되는 트랜지션들을 제공합니다.

플래시(Flash)

카메라 셔터가 눌려질 때의 조명이 터지듯 장면 전환됩니다. 설정 옵션 없는 트랜지션입니다.

렌즈 플래어(Lens Flare)

카메라 렌즈에 빛이 비춰지고 이동되면서 장면 전환됩니다.

Center Start 빛이 시작되는 위치를 설정합니다.
Center End 빛이 끝나는 위치를 설정합니다.

스태틱(Static)

방송 수신이 잘 되지 않았다가 다시 정상적인 화면으로 돌아오는 장면 전환입니다.

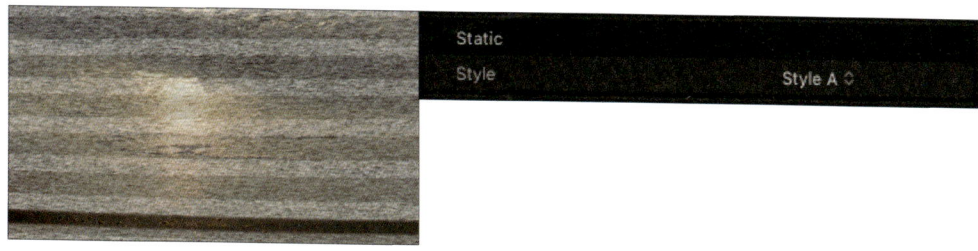

Style 스태틱 트랜지션의 타입을 선택합니다.

무브먼트(Movements)

다양한 모양과 방식으로 움직이면서 장면 전환이 되는 트랜지션들을 제공합니다.

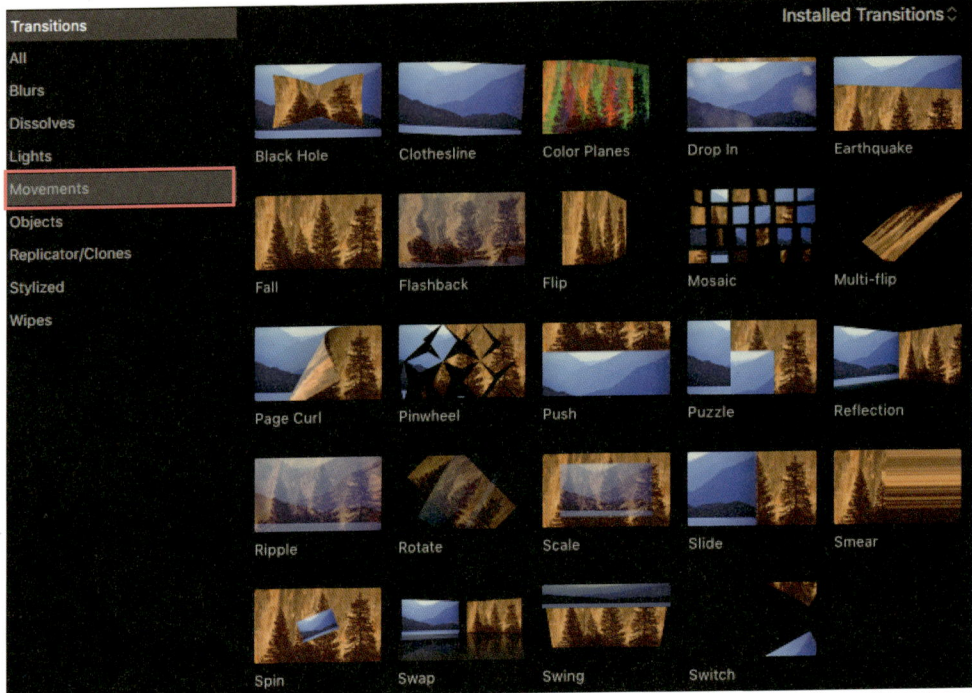

블랙홀(Black Hole)

앞 장면이 블랙홀에 빠져들어가듯 장면 전환됩니다.

Trails 움직이는 장면 뒤로 잔상을 만들어줍니다.
Echoes 트레일, 즉 잔상의 개수를 설정합니다.
Trail On 잔상이 생기는 기준을 밝게 할 것인지 어둡게 할 것인지 선택합니다.

Trail Opacity 잔상의 불투명도를 설정합니다.

클로스라인(Clothesline)

줄에 매달린 화면이 이동되면서 장면 전환됩니다.

Direction 매달린 화면이 이동될 방향을 설정합니다.

어스퀘이크(Earthquake)

앞 장면이 흔들리면서 바닥으로 떨어지고 난 후 먼지가 일어나는 장면 전환입니다.

Smoke 장면이 바닥으로 떨어진 후 먼지가 일어날 것인지에 대한 유무를 결정합니다.

플래시백(Flashback)

물결이 일렁이면서 장면 전환됩니다. 설정 옵션 없는 트랜지션입니다.

플립(Flip)

장면이 상하좌우로 뒤집히면서 장면 전환됩니다.

Direction 뒤집히는 방향을 상화좌우로 선택할 수 있습니다.
Color 뒤집힐 때의 빈 곳에 나타나는 색상을 선택할 수 있습니다.

모자이크(Mosaic)

여러 조각으로 분할된 화면이 회전되면서 퍼즐이 맞춰지듯이 장면 전환됩니다.

Style 조각난 분할 화면이 어떤 방식으로 움직일 것인지 설정합니다.
Border 조각난 분할 화면의 테두리 두께를 설정합니다.

페이지 컬(Page Curl)

페이지가 휘어지면서 넘어가는 장면 전환입니다.

Preset 페이지가 넘어가는 방향을 설정합니다.
Direction 페이지가 열리거나 닫히는 방식을 선택합니다.
Radius 넘어가는 페이지가 휘어지는 반지름을 설정합니다.
Back Color 페이지 뒷장의 색상을 선택합니다. 색상을 선택하지 않으면 해당 장면의 모습이 반사되어 나타납니다.

푸시(Push)

화면을 상하좌우로 밀어내면서 장면 전환됩니다.

Direction 화면을 밀어내는 방향을 상하좌우로 선택할 수 있습니다.

리플(Ripple)

동심원 모양으로 파형이 일어나면서 장면 전환됩니다.

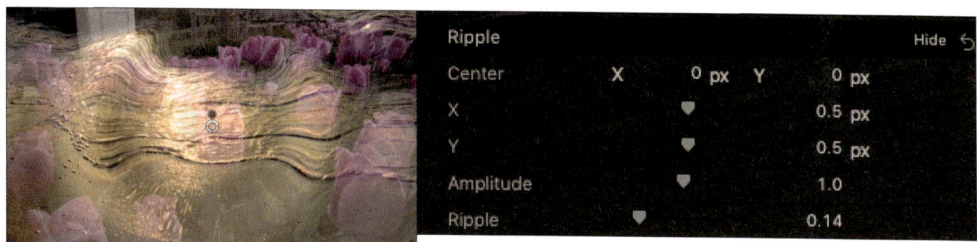

Center 파형이 일어나는 위치를 설정합니다.
Amplitude 파형의 높이(파고)를 설정합니다.
Ripple 파형의 진폭(개수)을 설정합니다.

스케일(Scale)

앞 장면의 크기가 커지거나 작아지고, 프레임 인 또는 아웃되면서 장면 전환됩니다.

Direction 크기가 변화하는 방향을 설정합니다.

스미어(Smear)

빠른 속도로 움직이는 물체의 잔상처럼 화면을 선형으로 왜곡시키면서 장면 전환됩니다.

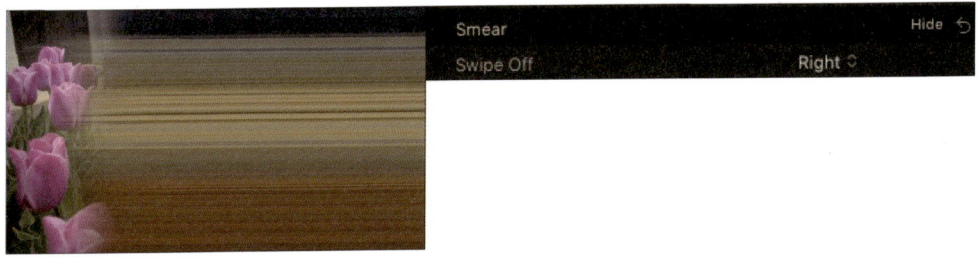

Swipe Off 화면이 왜곡되는 방향을 설정합니다.

스왑(Swap)

바닥에 세워진 입체적인 두 화면이 서로 교환되면서 장면 전환됩니다.

Direction 화면이 교환되는 방향을 설정합니다.

오브젝트(Objects)

오브젝트, 즉 물체의 모양을 이용하여 장면 전환되는 트랜지션들을 제공합니다.

큐브(Cube)

정육면체가 회전되면서 장면 전환됩니다.

Spin Direction 육면체가 회전되는 방향을 설정합니다.
View 화면이 나타나는 면이 육면체의 바깥쪽 또는 안쪽을 선택할 수 있습니다.

커튼(Curtains)

커튼이 열리거나 닫히면서 장면 전환됩니다.

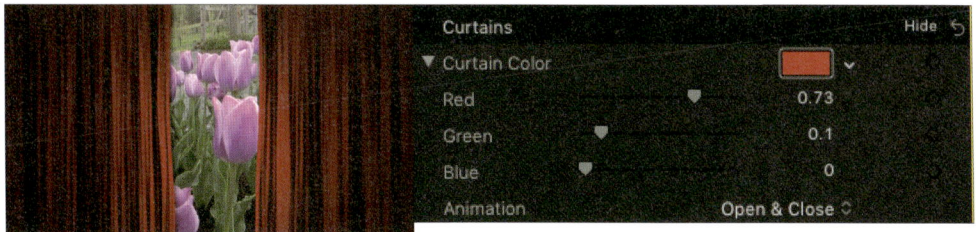

Curtain Color 커튼의 색상을 선택합니다.
Animation 커튼이 닫힐 것인지 열릴 것인지 결정합니다.

리브즈(Leaves)

낙엽이 떨어지면서 장면 전환됩니다.

Season 낙엽의 종류를 계절 별로 선택할 수 있습니다.
Custom Color 낙엽의 종류를 사용자 정의(Custom)으로 설정했을 때의 색상을 선택합니다.

베일(Veil)

베일이 바람에 날리듯 흔들리며 아래로 떨어지면서 장면 전환됩니다.

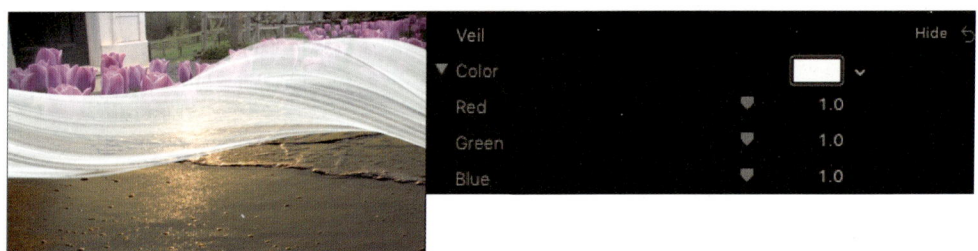

Color 베일의 색상을 선택합니다.

리플리케이터/클론(Replicator/Clones)

여러 개의 화면이 반복되거나 복제된 형태로 장면 전환이 되는 트랜지션들을 제공합니다.

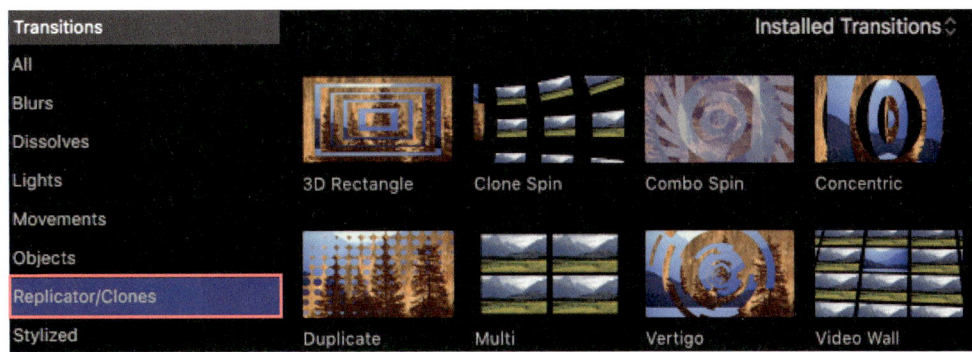

클론 스핀(Clone Spin)

멀티 스크린 장면들이 회전되면서 장면 전환됩니다. 각 스크린에는 타임라인에 사용되는 장면(클립)이 나타나도록 할 수 있습니다.

Black Background 멀티 스크린 빈 곳의 색상을 검정색으로 지정할 수 있습니다. 멀티 스크린에 들어갈 장면들을 선택하는 방법은 주요 트랜지션 소개가 끝나는 부분에서 [예제로 익히기 : 멀티 스크린에 들어갈 장면 선택하기]를 통해 살펴볼 것입니다.

콤보 스핀(Combo Spin)

여러 가지의 도형들이 회전하면서 장면 전환됩니다.

Motion Blur 회전되는 도형들의 속도감을 주기 위한 모션 블러를 만들어줍니다.

콘센트릭(Concentric)

여러 개의 링 또는 렉탱글(사각형)들로 분리되어 회전하면서 장면 전환됩니다.

Shape 링 또는 렉탱글 모양을 선택할 수 있습니다.

멀티(Multi)

4개의 멀티 스크린이 하나로 합쳐지면서 장면 전환됩니다.

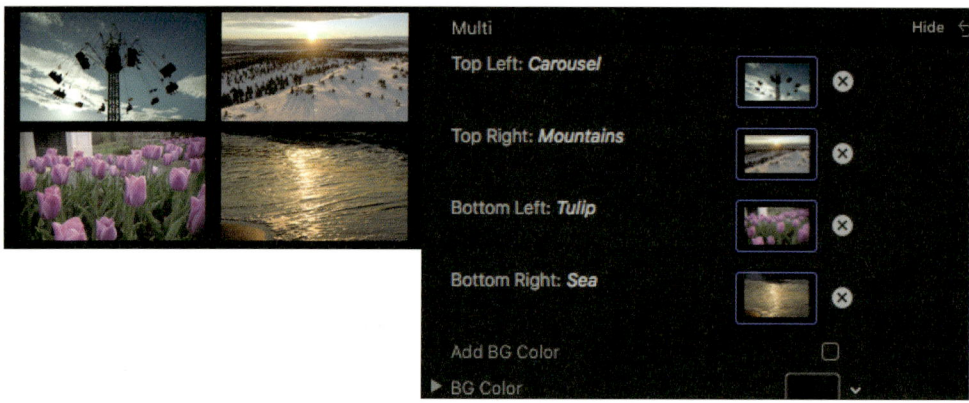

Top Left/Right/Left/Right 각각의 화면을 브라우저에 있는 클립을 선택하여 스크린에 적용합니다. 비디오 이펙트의 [예제로 익히기 : 이미지 마스크의 활용]에서처럼 ↓ 아래쪽 방향 화살표 버튼을 클릭한 후 브라우저에 있는 클립 중 원하는 클립을 선택한 후 return 키를 눌러 적용합니다.

비디오 월(Video Wall)

평면으로 된 9개의 멀티 스크린의 가운데 화면이 커지면서 장면 전환됩니다. 비디오 월의 화면은 트랜지션이 적용된 클립의 앞쪽과 뒤쪽 클립의 모습이 사용됩니다.

Black Background 멀티 스크린의 빈 곳에 나타날 색상을 선택합니다.

스타일라이즈(Stylized)

컬러 패널, 포토 앨범, 웹툰, 라인, 필름, 파티클, 멀티 스크린 등 트랜지션 중에 가장 다양한 목록과 화려한 트랜지션들을 제공합니다.

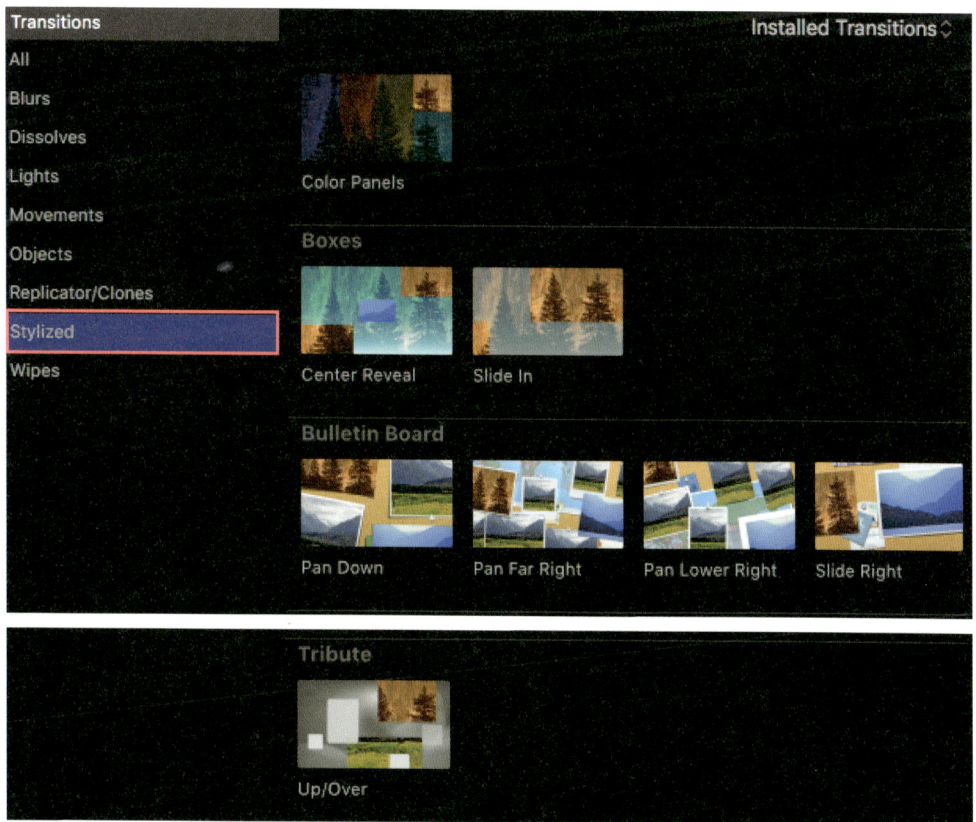

컬러 패널(Color Panels)

4개의 색상 패널이 차례대로 내려오면서 장면 전환됩니다.

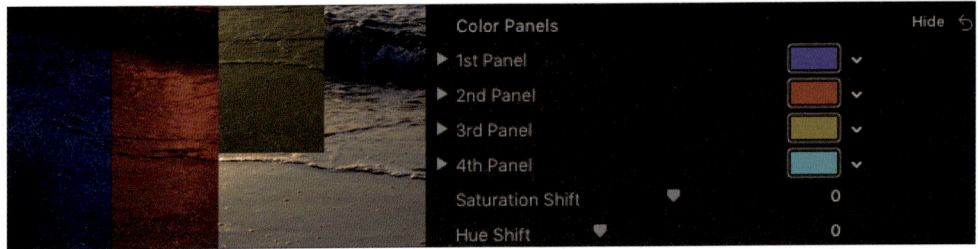

1/2/3/4st Panel 각 패널의 색상을 선택합니다.
Saturation Shift 각 패널의 색상 채도를 설정합니다.
Hue Shift 패널의 전체 색상을 설정합니다.

팬 파 라이트(Pan Far Right)

바닥에 흩어진 여러 개의 사진들이 이동하면서 장면 전환됩니다. 사용되는 사진들은 총 6개이며, 트랜지션이 적용된 앞뒤 클립의 장면을 사용합니다. 설정 옵션이 없는 트랜지션입니다.

라이트 스위프(Light Sweep)

강한 빛과 함께 나타나는 장면 전환입니다.

Shape 빛의 배경에 나타나는 도형의 모양을 선택합니다.
Color 빛과 배경의 색상을 선택합니다.

팬 다운(Pan Down)

카툰 느낌의 틀에 흩어진 여러 개의 사진들이 이동하면서 장면 전환됩니다. 사용되는 사진들은 총 6개이며, 트랜지션이 적용된 앞뒤 클립의 장면을 사용합니다. 설정 옵션이 없는 트랜지션입니다.

하트(Heart)

하트 모양의 라인이 그려진 후 하트 모양으로부터 장면 전환됩니다.

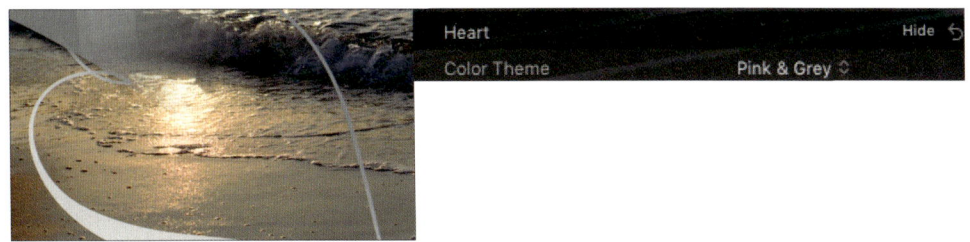

Color Theme 라인의 색상을 선택합니다.

팬 다운 패스트(Pan Down Fast)

필름 모양의 프레임에 여러 개의 장면들이 나타나면서 장면 전환됩니다. 설정 옵션이 없는 트랜지션입니다.

로워(Lower)

여러 개의 박스, 잎사귀, 삼각형 들이 마치 모션 그래픽처럼 다이내믹하게 움직이면서 장면 전환됩니다.

Shape 움직이는 도형을 선택합니다.
Color Theme 온도 별로 색상을 선택합니다.
Image Well 도형 맨 아래쪽에 사용될 장면을 선택합니다. 브라우저에 있는 클립을 선택할 수 있습니다.

글라이드(Glide)

다양한 모양의 파티클들이 날아다니고, 라인이 그려지면서 장면 전환됩니다.

Color Theme 파티클과 라인의 색상을 선택합니다.
Shape 파티클의 모양을 선택합니다.

와이프(Wipe)

가장 기본적인 트랜지션들로써 여러 개로 분할된 화면들이 하나로 합쳐지거나 회전 및 크기가 변화하면서 장면 전환되는 트랜지션들을 제공합니다.

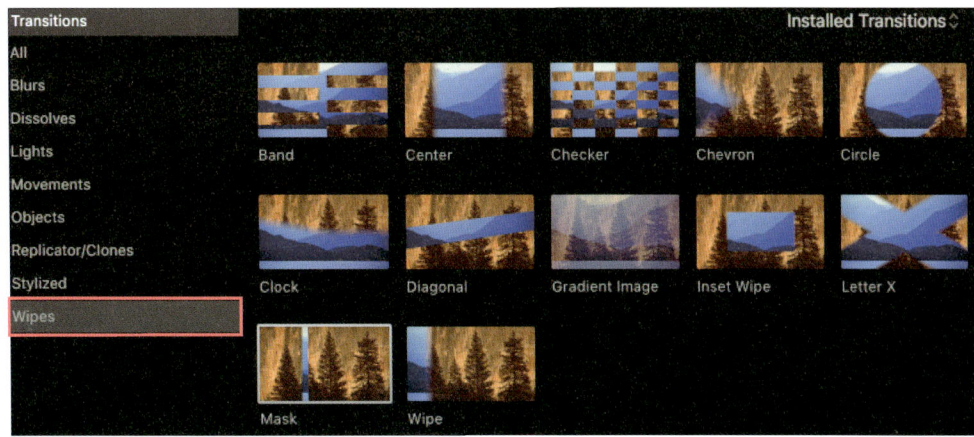

클락(Clock)

시계 바늘이 회전되듯 회전되면서 장면 전환됩니다. 시간이 흘렀음을 암시할 때 주로 사용됩니다.

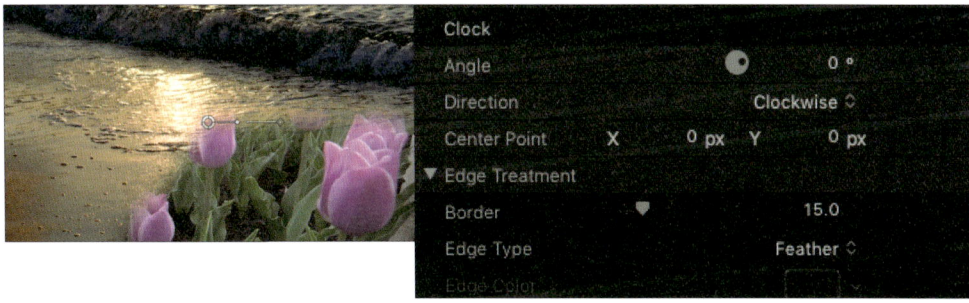

Angle 회전되는 각도를 설정합니다.
Direction 회전되는 방향을 설정합니다.
Center Point 회전축의 위치를 설정합니다.
Edge Treatment 회전 경계의 두께, 타입, 색상을 설정합니다.

서드파티 플러그인에 대하여

서드파티 **플러그인(Plug In)**은 파이널 컷 프로에서 표현할 수 없거나 부족한 기능을 대신하기 위해 사용되는 보조 프로그램입니다. 주로 이펙트나 트랜지션이나 타이틀과 같은 효과를 위해 사용되며, 플러그인을 설치하면 그 종류에 따라 비디오/오디오 이펙트나 트랜지션, 타이틀 목록 등에 새롭게 추가됩니다.

{ 예제로 익히기 : 멀티 스크린에 들어갈 장면 선택하기 }

01 멀티 스크린으로 사용될 클립들을 [학습자료] – [Video] 폴더에서 가져와 그림처럼 타임라인에 적용합니다. 멀티 스크린에 사용할 클립(장면)들은 다양할수록 좋습니다.

02 멀티 스크린을 위해 **Clone Spin**을 적용하고자 하는 클립과 클립 사이에 적용합니다. 적용된 모습을 보면 총 9개의 멀티 스크린인 것을 알 수 있으며, 타임라인과 뷰어에는 각각의 스크린에 번호가 붙어있는 것을 알 수 있습니다.

03 이제 타임라인에 있는 각각의 번호를 이동하여 멀티 스크린에 나타내고자 하는 장면이 있는 곳으로 갖다 놓습니다. 그러면 이동된 번호의 클립이 해당 멀티 스크린의 번호와 일치되는 것을 알 수 있습니다. 이처럼 멀티 스크린 트랜지션은 여러 가지의 다양한 클립을 사용할 경우에 더욱 유용합니다.

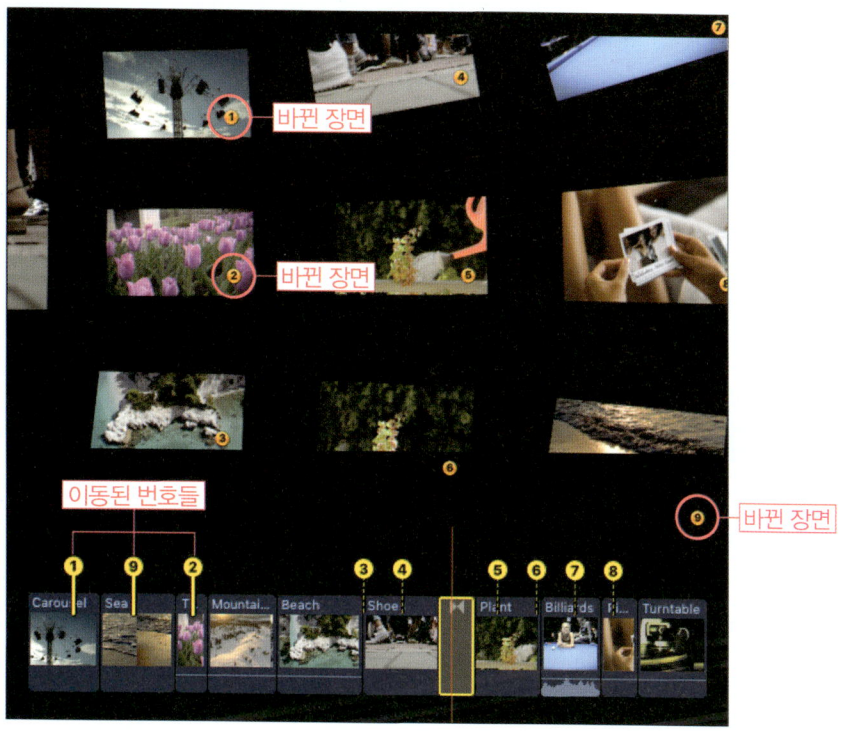

파이널 컷 프로에서 사용할 수 있는 플러그인으로는 www.fcpeffects.com, www.motionvfx.com, www.colorgradingcentral.com, www.fxfactory.com, www.pixelfilmstudios.com 등 다양합니다.

{ 예제로 익히기 : 디졸브를 이용한 점프 컷(Jump Cut) 만들기 }

01 A 공간에서 B 공간으로 순간적으로 이동하는 점프 컷을 표현해 보기 위해 **[학습자료] - [Video]** 폴더에 있는 Salad days02 파일을 불러옵니다. 그다음 타임라인에 적용한 후 시작 점을 그림처럼 배우가 화면 안으로 들어오기 시작하는 **프레임 인(Frame In)** 장면까지 트리밍합니다.

점프 컷의 원천 소스는 기본적으로 픽스(고정) 촬영된 장면이어야 합니다.

02 그림처럼 배우가 프레임 인이 된 후 앞으로 조금 이동되었을 때의 시점에서 **[command] + [B]** 키 또는 편집 도구의 **블레이드** 툴을 사용하여 잘라줍니다.

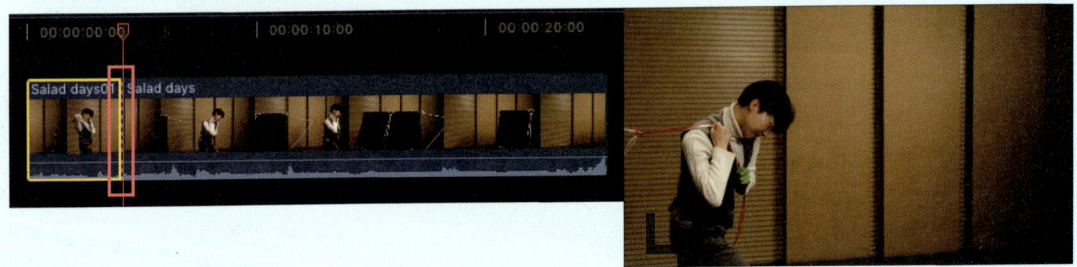

03 잘려진 두 클립 중 뒤쪽(우측)에 있는 클립의 시작 점을 그림처럼 배우가 우측 화면 밖으로 나가기 전의 장면까지 **트리밍**합니다.

04 이제 편집된 두 클립 사이에 **크로스 디졸브** 트랜지션을 적용합니다. 그리고 뷰어를 통해 확인을 해 보면 배우

가 트랜지션이 적용된 지점에서 위치가 갑자기 앞으로 이동되는 것을 알 수 있습니다. 이렇듯 점프 컷은 고정된 카메라를 통해 움직이는 피사체를 촬영한 후 중간의 이동 과정을 생략(편집)한 후 **크로스 디졸브**나 **컷** 편집을 통해 표현이 가능합니다.

점프 컷은 한 장면이 지나치게 오래 지속될 때 지루함을 없애거나 공간 이동되는 장면을 표현하기 위해 사용합니다.

학습 결과물

05 시간에 관한 것들

편집 작업에서 시간적 개념은 재생되는 시간을 조절하여 화면을 느리게 하거나 반대로 빠르게 하는 것을 말하며, 시간이 완전히 정지된 것 또한 시간적 의미에 포함됩니다. 파이널 컷 프로에서는 이러한 시간에 관한 작업을 매우 정교하게 설정할 수 있습니다.

정지 화면

정지 화면은 중요한 장면을 집중적으로 보기 위해 사용하며, 프로그램의 마지막 부분에 크레딧 자막의 배경을 위해서도 사용됩니다. 또한 포토샵이나 그밖에 다양한 용도를 위해 별도의 스틸 이미지 파일로 만들기 위해서도 사용됩니다. 파이널 컷 프로에서 정지 화면을 만들 수 있는 방법은 두 가지 방법이 사용됩니다.

프리즈 프레임으로 정지 화면 만들기

정지 화면을 만들기 위해 [학습자료] - [Video] 폴더에서 Dog 파일을 불러와 타임라인에 적용합니다. 그다음 정지 화면으로 만들 지점으로 **플레이헤드**를 이동해 놓습니다.

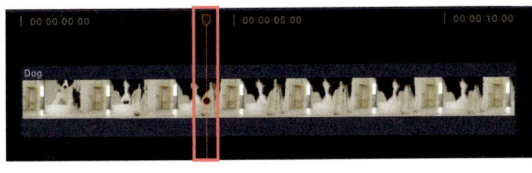 

이제 [Edit] - [Add Freeze Frame] 메뉴를 선택하거나 [option] + [F] 키를 누릅니다. 그러면 앞서 플레이헤드가 위치한 지점의 장면이 **정지 프레임(화면)**으로 적용된 것을 알 수 있습니다. 적용된 정지 프레임의 길이는 스틸 이미지의 기본 길이와 같은 **4초(환경설정 - Editing 섹션 - Still images에서 설정된 시간)**인 것을 알 수 있습니다.

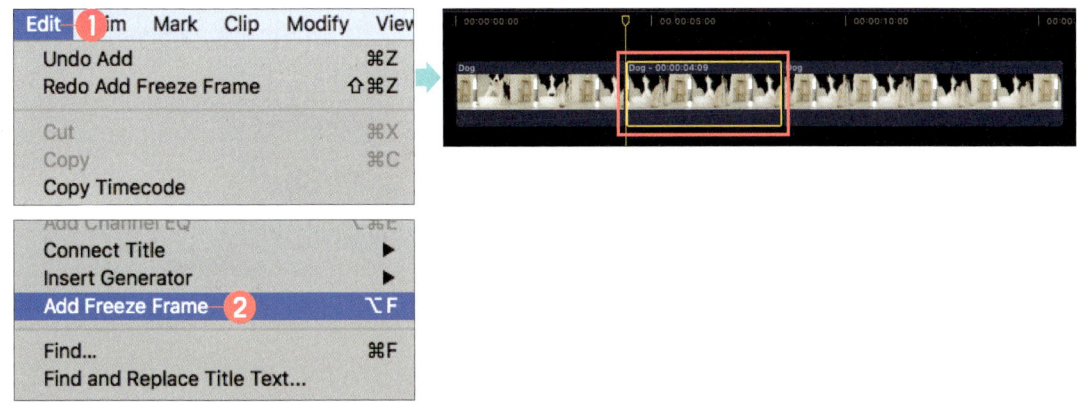

정지 프레임의 길이는 앞선 학습에서 살펴본 것처럼 시작/끝 점을 이용하여 원하는 길이로 설정할 수 있으며 또한 [control] + [D] 키를 눌러 대시보드를 통해 원하는 길이로 설정할 수도 있습니다.

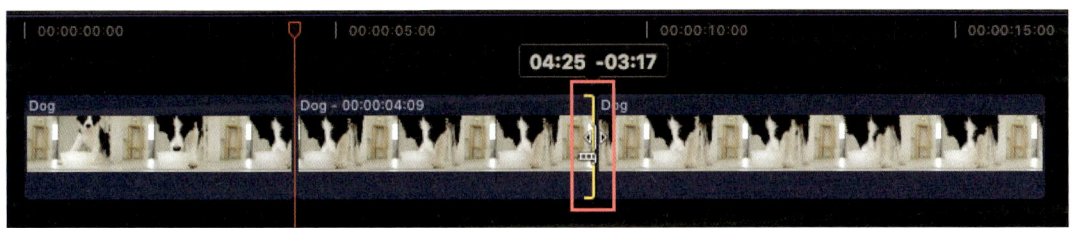

리타임(홀드)을 이용하여 정지 화면 만들기

리타임(Retime)은 시간을 다양하고 세밀하게 설정할 수 있는 기능으로써 리타임의 **홀드(Hold)**를 이용하면 특정 장면을 정지 화면으로 만들 수 있습니다. 정지 화면을 만들기 위해 먼저 정지 화면으로 만들 장면으로 **플레이헤드**를 이동합니다.

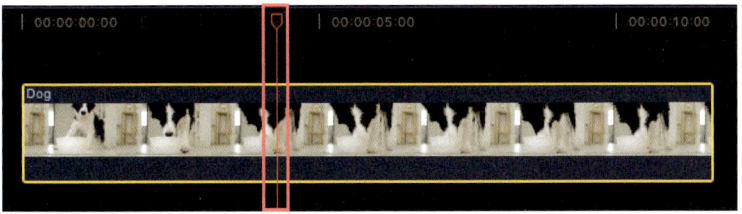

그다음 [Modify] - [Retime] - [Hold] 메뉴 또는 단축키 [shift] + [H] 키를 누릅니다. 그러면 두 번째 그림처럼 플레이헤드가 위치한 지점을 기준으로 **2초**의 길이만큼 **정지(홀드)**된 것을 알 수 있습니다.

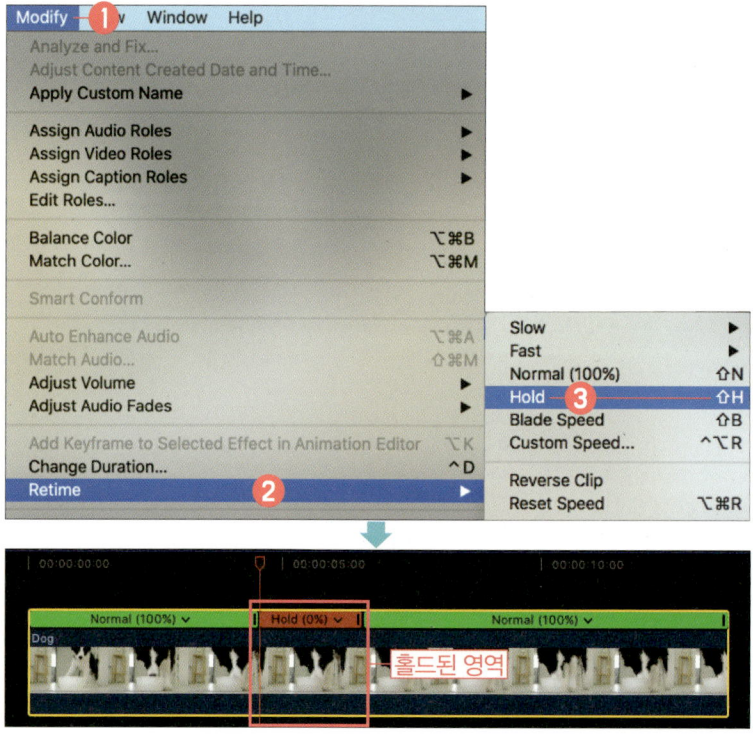

리타임을 사용하게 되면 시간에 대한 설정을 구간마다 할 수 있는 상태의 **리타임 에디터(Retime Editor)**가 나타납니다. 일단 여기에서 정지 화면의 길이를 설정하기 위해 Hold 영역의 **인** 또는 **아웃 포인트**를 좌우로 이동해 봅니다. 그러면 클립의 길이를 조절할 때처럼 정지 화면의 길이가 조절되는 것을 알 수 있습니다. 살펴본 것처럼 특정 장면을 정지 화면으로 만들어주는 방법은 **프리즈 프레임**과 **리타임 홀드** 두 가지 방법이 있다는 것을 알 수 있습니다.

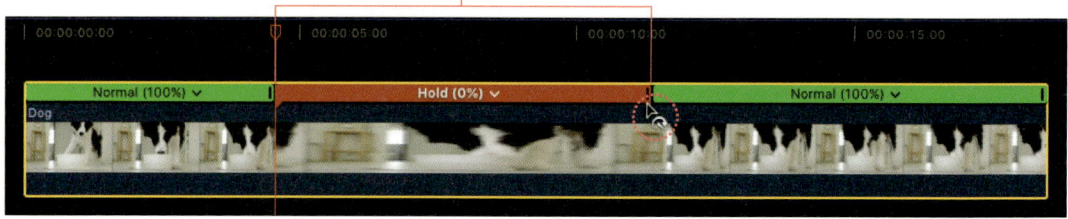

리타임(재생 시간 조절)

리타임(Retime)은 앞서 살펴보았듯이 시간의 설정을 각 구간마다 개별적으로 세밀하게 할 수 있습니다. 이번엔 각 구간을 설정하여 **구간별**로 **속도**를 다르게 하거나 **역재생**되는 장면을 표현해 보도록 하겠습니다.

슬로우/패스트 비디오 만들기

느린 화면은 스포츠 중계에서 플레이 상황을 정확하게 살펴보기 위해 사용되며 그밖에 영화나 뮤직비디오, 다큐멘터리, 애니메이션 등에서도 자주 볼 수 있습니다. 반대로 빠른 화면은 이야기 전개를 빠르게 보여주기 위해 사용됩니다. 파이널 컷 프로에서는 **슬로우/패스트 비디오**를 다른 프로그램에 비해 간편하면서도 정교하게 표현을 할 수 있습니다. 슬로우 비디오를 만들기 위한 방법은 **모디파이** 메뉴의 **리타임**과 뷰어 하단의 **리타이밍** 옵션 두 가지 방법을 사용합니다.

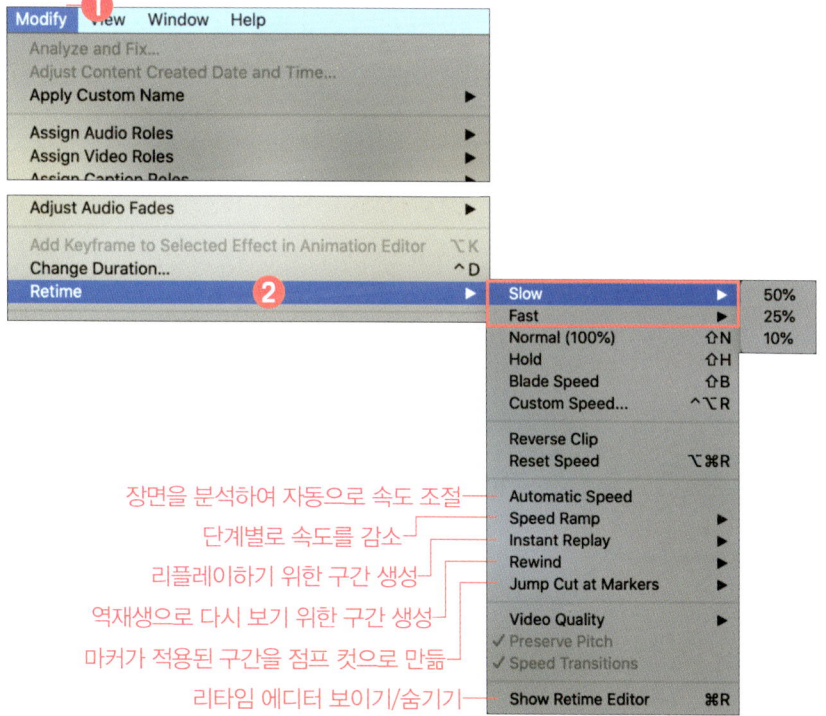

뷰어 하단의 리타이밍 옵션도 모디파이 메뉴에 있는 리타임은 같은 것이며, 리타이밍의 기능 중 중요한 기능에 대해서는 차후 다시 살펴볼 것입니다.

슬로우 비디오 만들기(클립 전체의 속도 조절)

느린 화면을 만드는 방법은 크게 두 가지로 나눌 수 있습니다. 하나는 전체 장면(클립)을 느린 화면으로 만들거나 다른 하나는 구간별로 느린 화면을 만드는 것입니다. 먼저 선택된 클립 전체를 느리게 재생되도록 해 보겠습니다. 이번 학습에서는 회전 그네 장면이 있는 carousel 파일을 불러와 타임라인에 적용한 후 슬로우 비디오 만들기 위해 선택합니다.

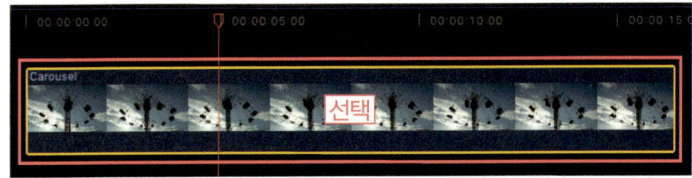

리타이밍 옵션에서 Slow를 25%로 선택합니다. 그러면 선택된 클립이 25%로 느려졌기 때문에 클립의 길이 또한 그만큼 늘어난 것을 알 수 있습니다.

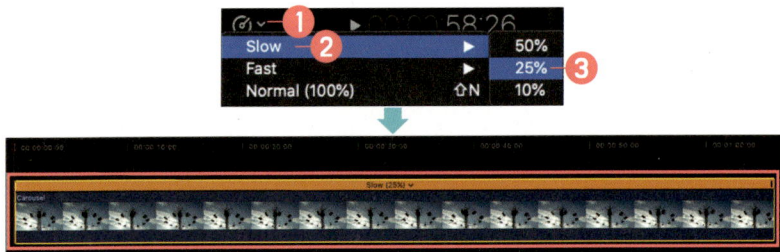

리타임 에디터를 보면 Slow (25%)라고 되어있는데, 이 곳을 클릭해 보면 속도를 설정할 수 있는 메뉴가 나타납니다. 이 메뉴를 통해 슬로우, 패스트, 기본 속도(Normal), 사용자 설정(Custom)에 대한 옵션을 사용할 수 있습니다. **노멀**을 선택하여 다시 **원래 속도**로 되돌려 놓습니다.

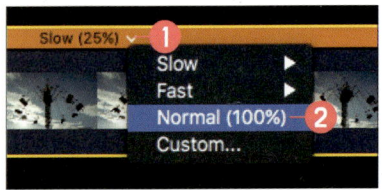

이번엔 사용자가 직접 설정하기 위해 Custom 메뉴를 선택해 봅니다. 그러면 선택된 클립 위쪽에 커스텀 스피

드 설정 창이 뜹니다. 여기에서는 재생 방향(Direction)을 정방향 재생(Forward), 역방향 재생(Reverse)으로 선택할 수 있으며, Set Speed를 통해 속도를 퍼센테이지(Rate)로 설정하기와 시간(Duration)으로 설정하기를 선택할 수 있습니다. 또한 리플(Ripple)를 체크하여 속도가 조절된 클립의 길이만큼 뒤쪽의 클립이 자동으로 이동되도록 할 수 있습니다.

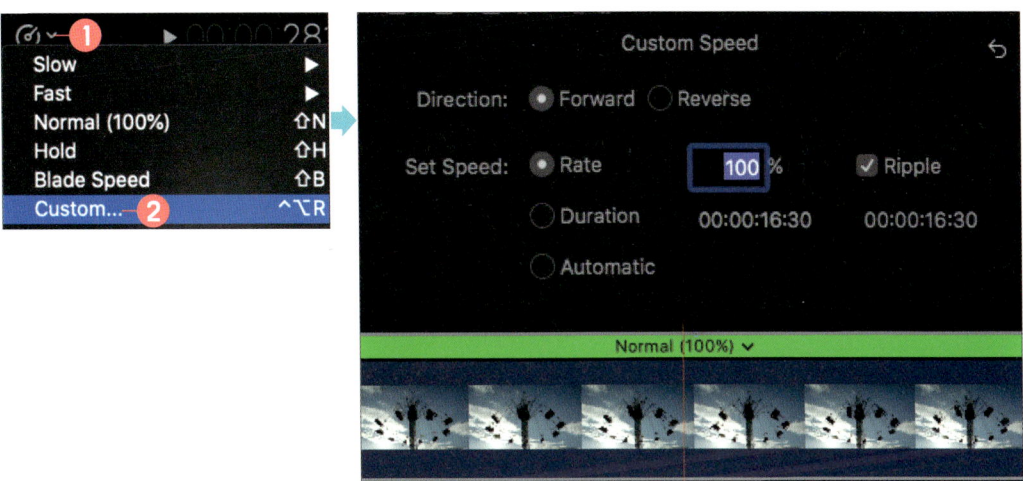

커스텀 스피드 창을 닫기 위해서는 타임라인의 빈 곳을 클릭하면 됩니다.

슬로우 비디오 만들기(구간별 속도 조절)

이번엔 구간별로 속도를 조절하는 방법에 대해 알아보도록 하겠습니다. 먼저 **플레이헤드**를 속도에 대한 변화를 주고자 하는 지점으로 이동합니다. 그다음 **리타이밍** 옵션에서 Blade Speed 또는 단축키 [shift] + [B]를 누릅니다.

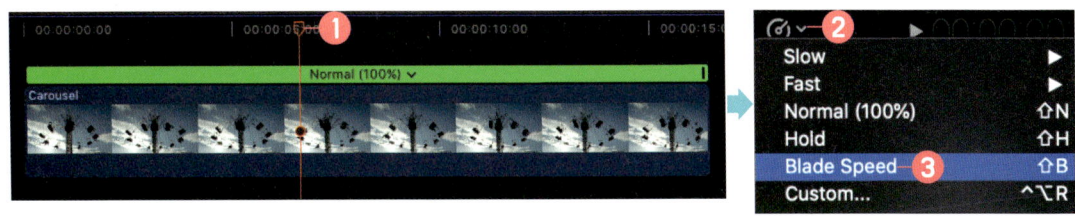

그러면 다음의 첫 번째 그림처럼 플레이헤드가 있던 지점을 기준으로 클립의 **리타임 에디터**가 **두 개**로 잘려진 것을 알 수 있습니다. 이제 잘려진 두 개의 리타임 에디터를 통해 개별로 속도를 설정할 수 있게 되었습니다.

계속해서 이번엔 다른 지점(시간)으로 **플레이헤드**를 이동한 후 Blade Speed 또는 단축키 [shift] + [B]를 눌러 새로운 리타임 에디터 구간을 만들어줍니다.

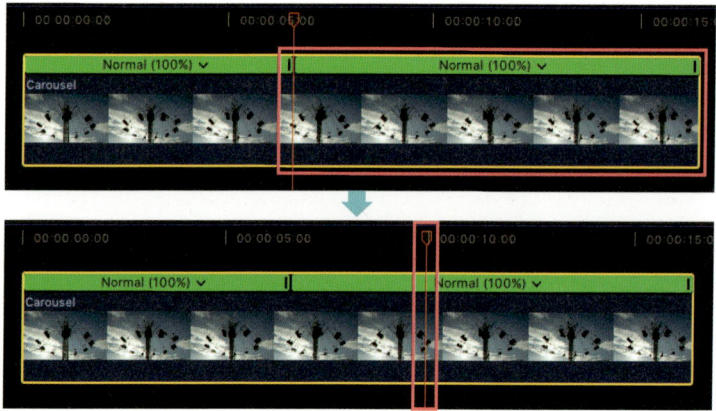

이제 앞서 만든 3개의 리타임 에디터에서 속도의 변화를 주고자 하는 구간의 속도를 설정해 보겠습니다. 이번엔 가운데 구간의 **속도를 25%**로 느리게 해 봅니다.

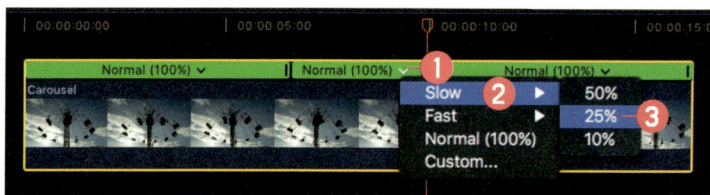

그러면 가운데 구간의 속도가 25% 느려졌기 때문에 클립의 길이도 그만큼 늘어난 것을 알 수 있으며, 뒤쪽 클립의 위치 또한 길어진 만큼 이동된 것을 알 수 있습니다. 이것이 바로 **리플(Ripple)**이 사용되기 때문입니다.

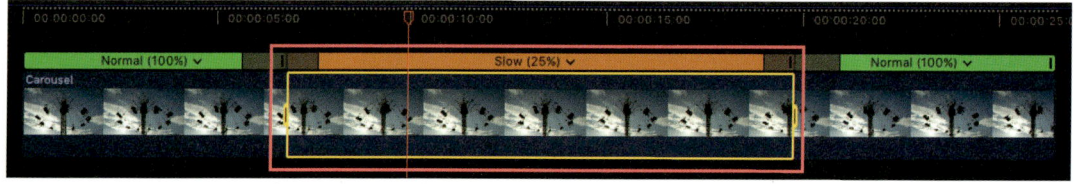

또한 속도는 리타임 에디터의 **인/아웃 포인트**를 이용하여 설정할 수도 있습니다.

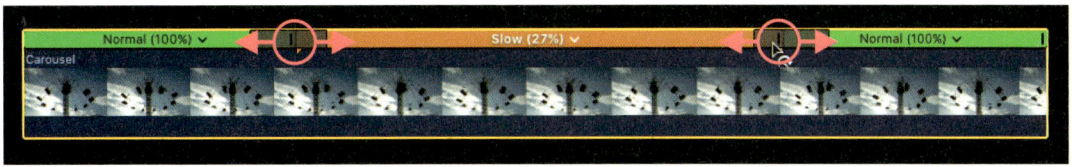

모든 구간의 속도 초기값으로 설정하기

설정된 모든 구간의 속도를 초기 상태로 되돌려 주기 위해서는 **클립**을 **선택**한 후 **리타이밍** 옵션에서 Reset Speed 또는 단축키 [option] + [command] + [R]을 누르면 됩니다. 이것으로 선택된 클립의 모든 구간이 하나로 합쳐지고 속도는 100%로 되돌아왔습니다.

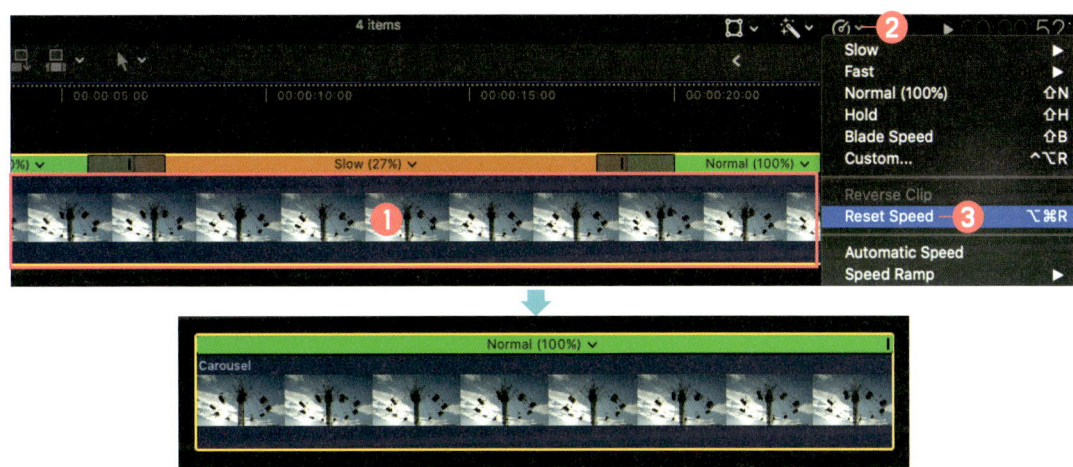

패스트 비디오 만들기

빠른 영상 또한 느린 영상을 만들 때와 마찬가지로 메뉴(기능)만 다를 뿐 구간별 설정법은 동일합니다. 이번엔 패스트 비디오를 만들 수 있는 방법에 대해서만 살펴보기로 하겠습니다. 뷰어 하단의 **리타이밍** 옵션을 통해 빠른 영상을 만들 수 있으며, 클립에 **리타임 에디터**가 열려있는 상태에서는 에디터를 통해서도 빠른 영상을 만들 수 있습니다. 패스트 비디오의 설정 단위는 **배속(x)**입니다.

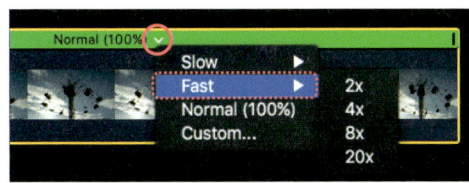

자동화 기능으로 속도 조절하기

속도 조절을 자동으로 설정해 주는 기능을 사용하면 간단하게 속도를 조절할 수 있습니다. 하지만 이 설정 값은 시스템이 정해놓은 것이기 때문에 불규칙적인 속도 제어를 원한다면 작업자가 직접 설정하는 것을 권장합니다. **속도**의 **자동화** 기능은 **모디파이** 메뉴나 뷰어 하단의 **리타이밍** 옵션에서 사용할 수 있습니다.

오토매틱 스피드(Automatic Speed)

클립의 장면 속 피사체가 움직이는 속도에 따라 가장 이상적인 속도로 자동 조절해 줍니다. 아래 두 개의 그림 중 위쪽은 빠르게 움직이는 회전 그네이기 때문에 50%로 속도가 느려졌으며, 아래쪽은 비교적 느리게 움직이는 강아지이기 때문에 속도가 오히려 120%로 빨라진 것을 알 수 있습니다.

▲ 50%로 느려진 클립

◀ 120%로 빨라진 클립

스피드 램프(Speed Ramp)

속도를 단계적으로 조절할 수 있습니다. 해당 메뉴에서 to 0%는 백분율을 기준으로 단계별로 더욱 느려지게 하며, from 0%는 완전히 느렸다가 단계별로 빨라지게 합니다.

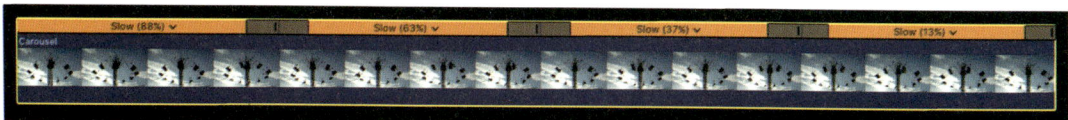

▲ to 0%일 때의 단계별 변화

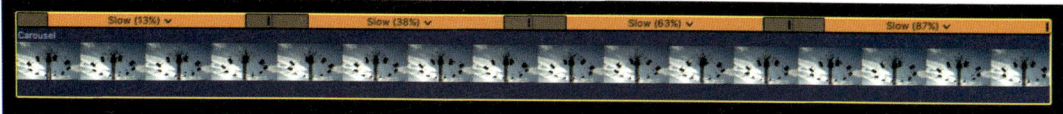

▲ from 0%일 때의 단계별 변화

인스턴트 리플레이(Instant Replay)

뒤쪽에 새로운 클립을 생성하여 다시 한번 장면을 볼 수 있게 해 주기 위해 사용되며, 해당 장면에 **자막**까지 생성해 주기 때문에 아주 유용합니다. 아래 그림은 **인스턴트 리플레이** 값을 **50%**으로 했을 때의 모습과 인스턴트 리플레이의 자막이 생성된 모습입니다. 자막 사용법은 차후 해당 학습에서 자세히 살펴볼 것입니다.

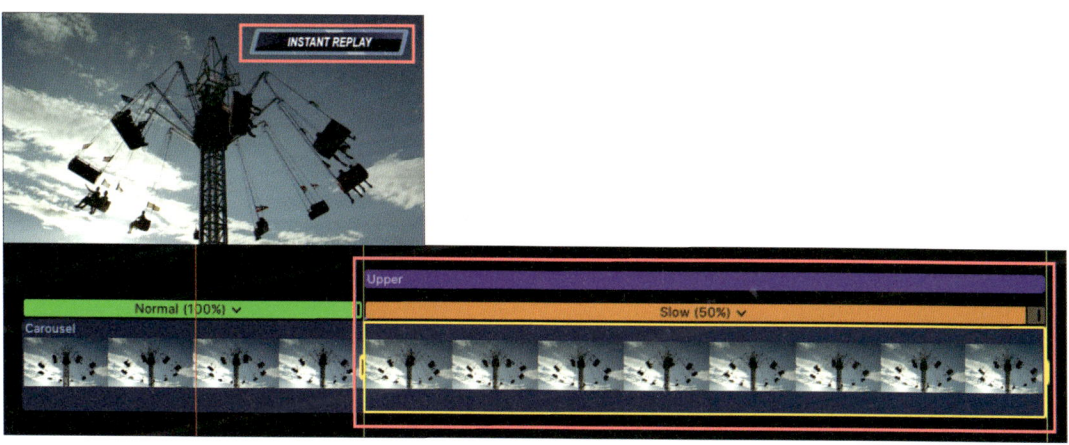

리와인드(Rewind)

특정 장면을 **리와인드(역재생)**으로 만들 때 사용됩니다. 아래 그림은 **2배속(x2)**으로 리와인드된 상태이며, **파란색** 구간이 리와인드되는 구간입니다. 이 구간은 인/아웃 포인트를 통해 길이 및 위치 설정이 가능합니다.

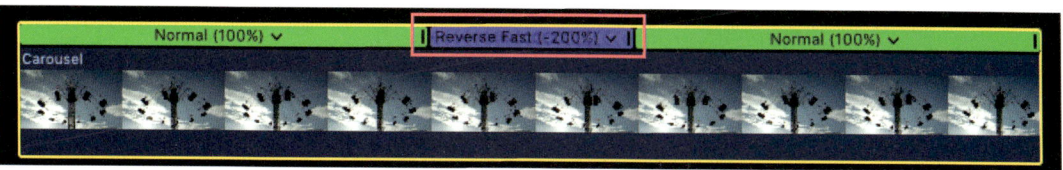

점프 컷 앳 마커(Jump Cut at Markers)

마커가 있는 지점을 기준으로 **점프 컷**을 만들어줍니다. 그림처럼 원하는 지점에 **마커**를 생성해 놓은 후 **플레이헤드**를 이동하여 단축키 **M**을 눌러 생성하면 됩니다.

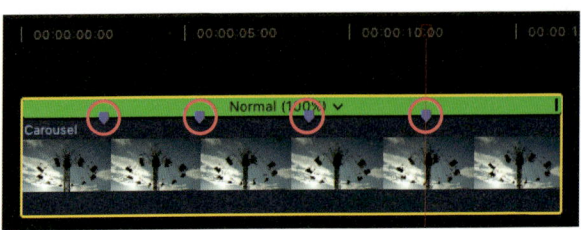

마커가 생성되면 **리타이밍** 옵션의 Jump Cut at Markers를 10 frames로 선택합니다. 그러면 마커가 지정된 지점마다 **10프레임**씩 점프하여 다음 장면으로 넘어가게 됩니다.

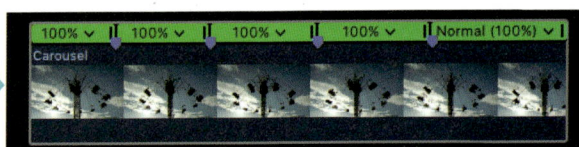

 속도 조절 시 비디오 퀄리티(Video Quality)에 대하여

비디오 퀄리티는 속도가 조절될 때의 프레임을 최적화할 수 있습니다. **Normal**은 아무 변화가 없으며, **Frame Blending**은 프레임과 프레임 사이를 블렌딩(혼합)하여 자연스런 움직임을 표현할 수 있게 해 줍니다. 그리고 **Optical Flow**는 광학 흐름을 사용하여 속도를 느리게 하면 고속 카메라로 촬영한 것처럼 부드럽고, 자연스런 움직임을 표현할 수 있습니다.

역재생되는 장면 만들기

특정 장면을 반복해서 보거나 코믹스런 장면을 표현하기 위해 사용되는 역재생 역시 클립 전체 또는 구간별로 역재생되도록 할 수 있습니다.

클립 전체를 역재생하기

특정 클립 전체를 역재생시키기 위해서는 역재생하고자 하는 **클립**을 **선택**한 후 **리타이밍** 옵션의 Reverse Clip을 선택하는 것만으로 간단하게 원하는 장면을 만들어줄 수 있습니다. 리버스 클립을 선택하면 선택된 클립에 리타임 에디트가 나타나며, Reverse Normal이란 이름이 표시됩니다. 그리고 리타임 에디트의 옵션을 사용하면 역재생된 상태에서의 속도를 느리게 혹은 빠르게 설정할 수도 있습니다.

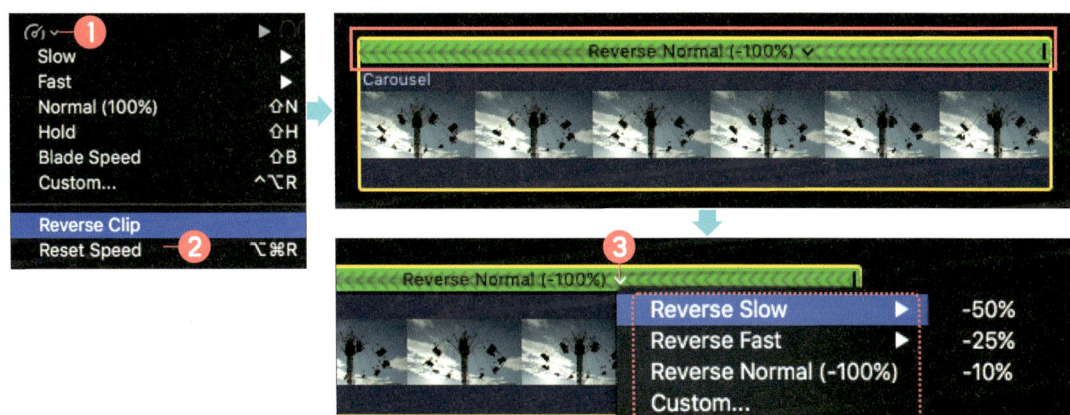

역재생하는 또 다른 방법은 **리타이밍** 옵션의 Custom을 선택했을 때 클립 상단에 나타나는 팝업 설정 창입니다. 이 설정 창에서 Direction을 Reverse로 체크하면 됩니다.

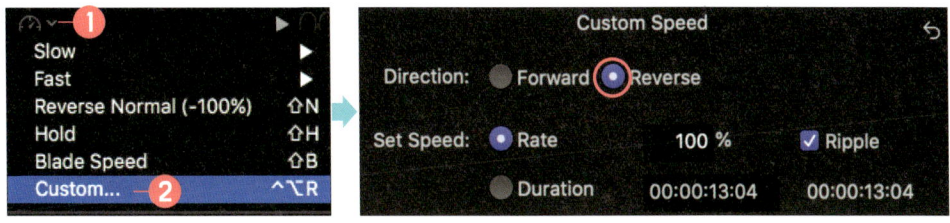

구간별 역재생하기

역재생되기 위한 메커니즘 때문에 다소 까다로운 점이 있습니다. 앞서 살펴본 것처럼 클립을 선택한 후 **리타이밍** 옵션에서 Rewind를 선택하여 선택된 클립의 가운데 지점을 기준으로 역재생되도록 할 수 있지만 이것은 원하는 구간에 대한 역재생이 아닙니다.

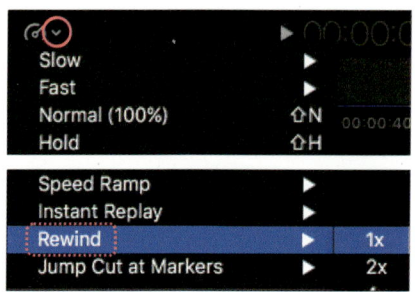

그러므로 역재생되기 위한 지점을 먼저 지정한 후 **리와인드** 메뉴를 사용해야 합니다. 그림처럼 I와 O 키를 사용하여 클립에 **마크 인/아웃** 구간을 만들어놓습니다. 그다음 **리타이밍** 옵션의 Rewind 메뉴의 **1배속**을 선택합니다. 그러면 방금 지정한 구간을 기준으로 역재생되는 구간이 새롭게 생성됩니다. 이때 역재생되는 구간 옆에는 다시 정방향으로 되돌아오는 구간이 같이 생성됩니다.

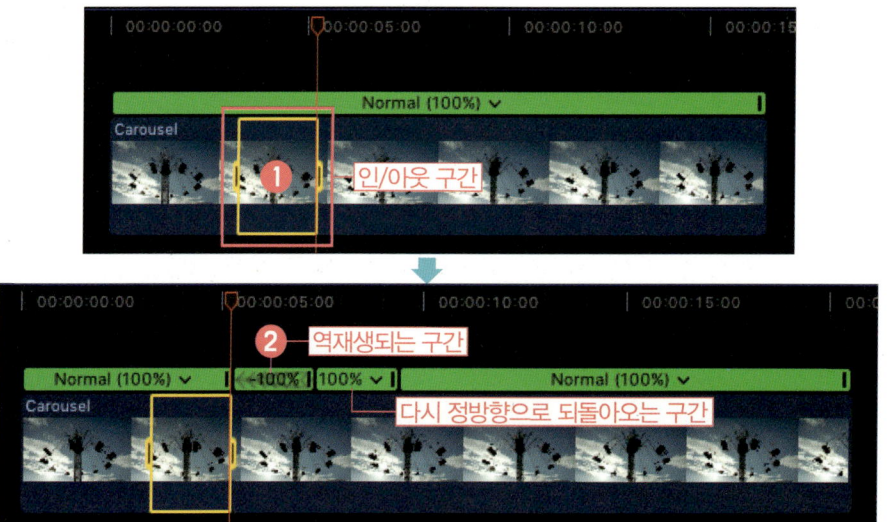

역재생되는 구간을 여러 개 만들고자 한다면 위와 같은 방법으로 먼저 원하는 지점에 **마크 인/아웃** 영역을 만든 후 **리와인드** 메뉴를 사용하면 됩니다.

06 오디오 편집

오디오 편집은 오디오의 불필요한 부분을 삭제하고, 볼륨을 조절하고, 채널에 대한 설정 그리고 오디오 이펙트를 통한 소리의 변화와 효과음을 적용하는 등의 작업을 말합니다. 이렇듯 소리는 영상과 더불어 감정과 감동을 전달하는 요소입니다.

기본 오디오 편집

오디오 편집의 기본은 불필요한 부분을 트리밍하거나 볼륨 조절, 페이드 인/아웃, 채널 설정, 잡음(노이즈) 제거 등과 같은 작업들로써 오디오 편집은 비디오 편집보다 단조로운 형태로 작업됩니다.

트리밍 편집과 볼륨 조절하기

오디오 클립의 트리밍 또한 비디오 클립의 트리밍과 동일하지만 볼륨은 오디오 클립에만 있는 요소로써 클립의 전체 또는 구간별로 설정할 수 있어야 하며, 문제가 있는 오디오에 대해서는 수정 작업이 필요합니다.

오디오 최적화하기

오디오 작업 시 오디오에 **문제(일반 노이즈, 험 노이즈, 레코딩된 채널 문제 등)**가 없는지 확인 후 있다면 먼저 수정한 후 작업에 사용해야 합니다. 학습을 위해 [학습자료] - [Video] 폴더에서 Children 파일을 불러온 후 클립을 선택한 후 오디오 기능 향상을 위해 [Modify] - [Auto Enhance Audio] 메뉴를 선택합니다.

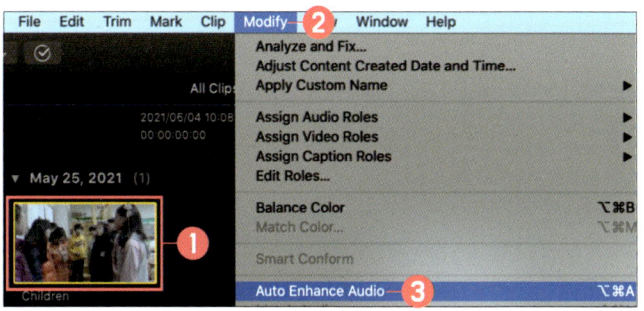

그러면 선택된 오디오 클립의 문제를 자동으로 개선해 주며, 우측 **오디오 인스펙터**가 열립니다. 오디오 인스펙터를 보면 Audio Analysis, Loudness, Noise Removal, Hum Removal에 **초록색** 체크 표시가 나타난 것으로 해당 옵션에 대한 오디오 개선 작업이 수행된 것을 알 수 있습니다. 하지만 이것만으로 완벽하게 문제를 해결된 것이 아닐 수 있기 때문에 개선된 소리를 직접 들어보고 문제가 해결되지 않았을 경우에는 이를 해결해야 합니다. 예를 들어 음성 배경에서 들리는 **노이즈(녹음 시 주변의 선풍기, 에어컨, 냉장고 등의 잡음)**가 개선이 되지 않았을 경우, **Noise Removal**을 체크한 후 **Amount**를 통해 가장 깨끗한 소리가 되도록 설정해야 합니다.

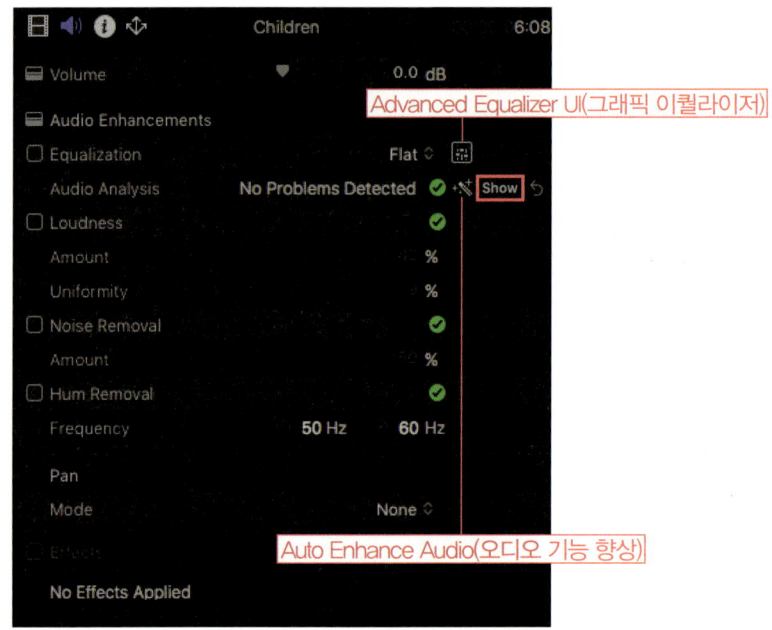

이퀄라이제이션
(Equalization)
특정 오디오 주파수를 줄이거나 증폭하여 소리를 균등화하거나 전혀 다른 주파수대의 음색으로 변형할 때 사용됩니다. 우측 프리셋과 Advanced Equalizer UI 버튼을 클릭하여 설정 창을 통해 미세한 설정을 할 수 있습니다.

오디오 애널리시스
(Audio Analysis)
오디오 최적화를 위한 분석 결과를 보여줍니다. 현재는 No Problems Detected(문제없음)로 각각의 옵션이 문제가 없는 초록색으로 체크되었지만 만약 오디오 최적화 후에도 문제가 발생된다면 각각의 옵션에 노란색(경고 : 잠재적인 문제가 있음)이나 빨간색(개선 : 심각한 문제)으로 표시됩니다. 다시 최적화하기 위한 오디오 기능 향상(Auto Enhance Audio)을 하기 위해서는 우측의 마술 봉 모양의 버튼을 클릭합니다.

라운드니스
(Loudness)
실제 오디오의 볼륨을 조절하지 않으면서 압축 효과를 적용하여 오디오 신호의 피크를 낮춰줍니다. 이것을 통해 오디오 신호를 개선하고, 더 균일하게 해 주며, 오디오의 음량은 전체적으로 커집니다. 이 옵션을 체크하여 직접 설정을 할 수도 있는데, Amount는 음량(증가 시 압축 비율을 감소), Uniformity는 균일성 비율을 설정합니다.

노이즈 리무벌 (Noise Removal)	음성 배경에 들리는 일정한 주파수대의 잡음을 제거합니다. 이 옵션은 자동으로 문제를 해결하기 보다는 Amount를 직접 설정하기를 권장합니다.
험 리무벌 (Hum Removal)	50Hz(헤르츠) 또는 60Hz에서 발생되는 공통 전기적 잡음을 감소합니다. 노이즈가 50Hz(유럽)인지 60Hz(북미)인지를 선택하면 됩니다.
팬(Pan)	스테레오 또는 서라운드에서 소리를 분산하여 균형있게 하거나 특정 방향으로 소리가 집중되도록 할 수 있습니다.

노이즈 제거를 위해 **[학습자료]** - **[Audio]** 폴더의 Noise 파일을 가져와 잡음을 직접 제거해 보기 바랍니다.

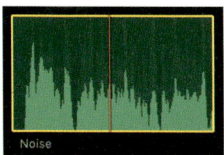

오디오 클립 트리밍하기

오디오 클립 또한 비디오 클립과 마찬가지로 클립의 **인/아웃 포인트**를 이용하여 트리밍할 수 있습니다. 오디오 편집은 소리를 듣거나 **오디오 파형(웨이브폼)**을 보면서 편집하게 되며, 영상과 함께 포함된 오디오는 그림처럼 아래쪽에 작은 파형으로 나타나기 때문에 오디오 위주의 편집을 하고자 할 때에는 불편한 점이 있습니다.

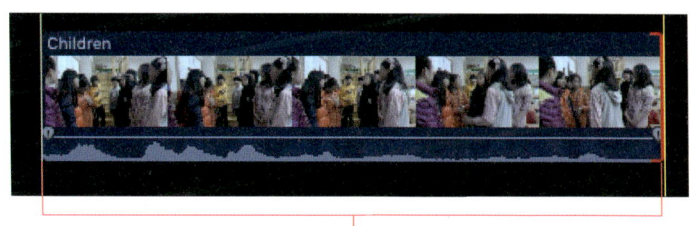

오디오 클립의 인/아웃 포인트를 이용하여 트리밍

만약 오디오 클립을 보다 크게 나타나도록 하고자 한다면 역시 Change the appearance... 메뉴에서 클립의 크기와 방식을 적절하게 설정할 수 있습니다.

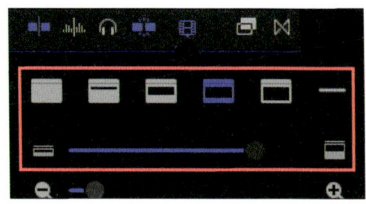

비디오와 오디오 클립 확장, 분리, 독립하기

오디오 편집 시 오디오 채널만 확장, 분리, 완전한 독립이 되도록 할 수 있습니다. 먼저 오디오 채널만 확장해 보도록 하겠습니다. 클립을 선택한 후 [Clip] - [Expand Audio] 메뉴를 선택하거나 [control] + [S] 키를 누르면 그림처럼 비디오와 오디오 채널이 두 개로 나눠지는 것을 알 수 있습니다.

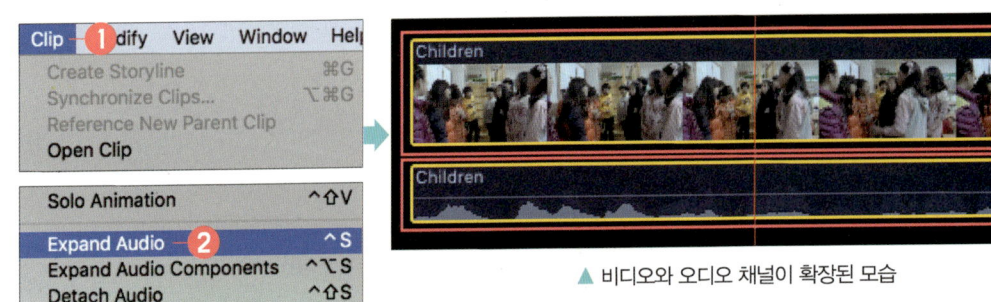

▲ 비디오와 오디오 채널이 확장된 모습

두 개로 나눠진 클립은 완전히 해체된 것은 아니기 때문에 비디오 또는 오디오 클립, 즉 채널을 이동하거나 삭제할 경우 나머지 채널도 같이 이동되고 삭제됩니다. 하지만 오디오 채널의 **인/아웃 포인트를 트리밍**해 보면 비디오 채널에는 영향을 주지 않는 것을 알 수 있습니다. 이것은 비디오와 오디오가 하나의 그룹이지만 트리밍 시에는 서로 독립적으로 사용된다는 의미입니다.

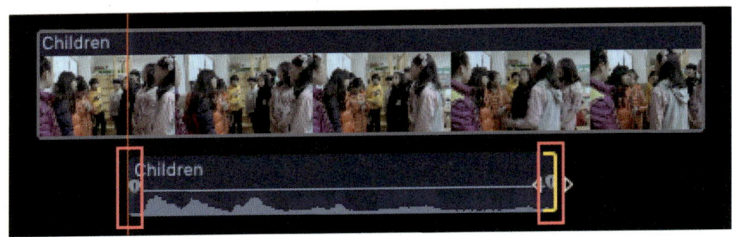

확장된 비디오/오디오 채널을 다시 합쳐주기 위해서는 같은 메뉴의 **Expand/Collapse Audio** 메뉴 또는 **[control] + [S]** 키를 누르면 됩니다.

계속해서 이번엔 [Clip] - [Expand Audio Components] 메뉴 또는 [control] + [option] + [S] 키를 눌러봅니다. 그러면 비디오와 오디오 채널이 분리된 것을 알 수 있습니다. 얼핏 보면 앞서 살펴본 Expand Audio와 유사하게 보이지만 오디오 클립의 시작 점을 보면 필름 모양의 아이콘이 있는 것을 알 수 있습니다. 이 상태에서는 두 채널(비디오/오디오) 중 한 채널을 이동할 경우 나머지 채널도 같이 이동되지만 오디오 채널만을 독립적으로 삭제할 수 있습니다.

분리된 비디오/오디오 채널은 같은 메뉴의 Expand/Collapse Audio Components 메뉴를 통해 다시 합쳐줄 수 있습니다.

이번엔 마지막으로 비디오와 오디오 채널을 완전히 분리, 독립시키는 방법에 대해 알아보겠습니다. [Clip] - [Detach Audio] 메뉴를 선택하거나 [control] + [shift] + [S] 키를 눌러봅니다. 그러면 그림처럼 비디오와 오디오 채널이 완전히 독립된 클립으로 사용됩니다. 그러므로 이동, 트리밍, 삭제까지 개별로 작업이 가능합니다.

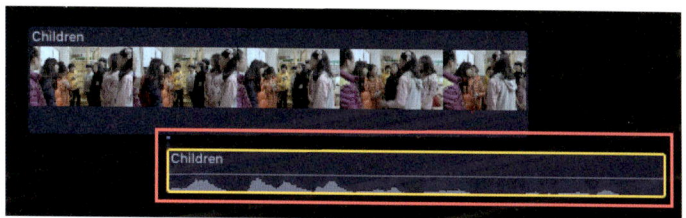

디태치 오디오는 비디오와 오디오가 완전히 해체되는 것이기 때문에 **싱크(동기화)**가 어긋날 수 있다는 것을 명심해야 합니다.

 합쳐진 클립 해체하기

[클립] - [Break Apart Clip Items] 메뉴는 얼핏 앞서 살펴본 **익스팬드** 그리고 **디태치** 메뉴와 유사하게 보이지만 실제로는 비디오와 오디오 채널을 분리하기 위한 것이 아닌 여러 클립들을 하나로 묶어놓은 **컴파운드(Compound)**나 **오디션(Audition)** 클립을 해체하기 위해 사용되는 메뉴입니다.

볼륨 조절하기

오디오의 볼륨 조절은 비디오의 불투명도를 조절하는 것과 비슷합니다. 비디오에 포함된 오디오의 볼륨을 조절할 경우에는 오디오 인스펙터의 볼륨을 사용하거나 오디오 채널을 확장 또는 분리해야 하는데 먼저 **인스펙터**를 통해 볼륨을 조절해 보기 위해 오디오 클립 또는 오디오가 포함된 비디오 **클립**을 **선택**한 후 Audio Inspector를 열어줍니다. 인스펙터 맨 위쪽에는 슬라이더나 직접 수치를 통해 **dB(데시벨)** 값을 설정할 수 있는 Volume 옵션이 있습니다.

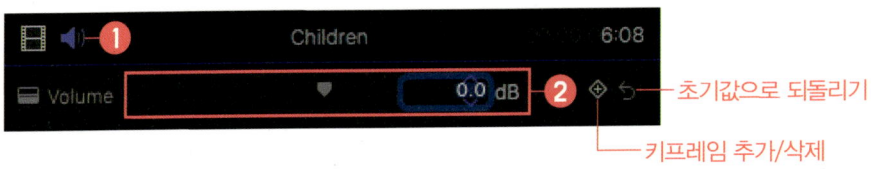

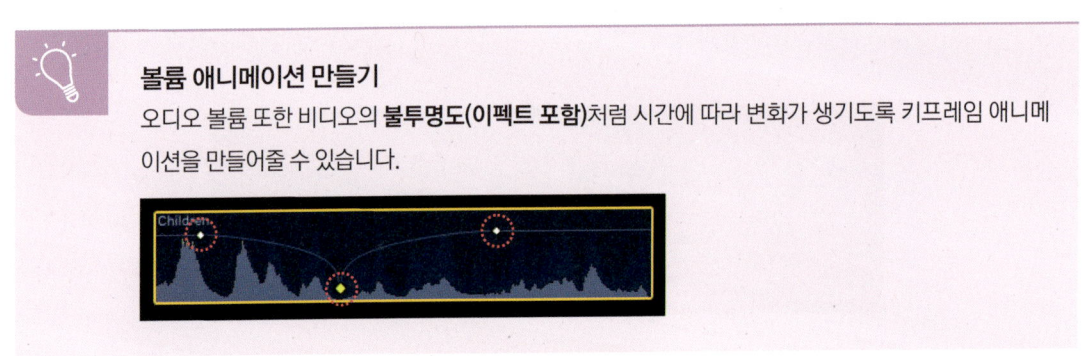

비디오에 포함된 오디오 채널에서 직접 볼륨을 조절하기 위해서는 일단 클립을 **익스팬드(Expand)**해야 합니다. 물론 오디오 클립 자체를 사용한다면 별다른 설정 없이 그림처럼 오디오 클립(채널)의 수평선, 즉 **볼륨 컨트롤(Volume Control)**을 위아래로 이동하여 원하는 볼륨을 설정할 수 있습니다.

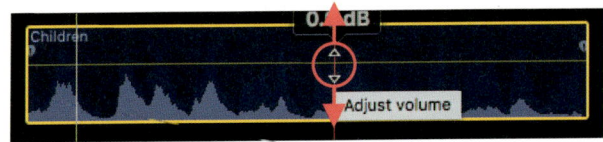

그밖에 볼륨을 조절하는 방법은 [Modify] - [Adjust Volume] 메뉴의 Up, Down, Silence(무음), Reset(초기값)으로 가능합니다. 또한 Absolute와 Relative 메뉴를 통해 선택된 오디오 클립의 전체 볼륨을 절대적 혹은 상대적으로 한꺼번에 조절할 수 있습니다. 여기서 즐겨 사용되는 볼륨 조절 메뉴는 단축키를 기억해 두기 바랍니다.

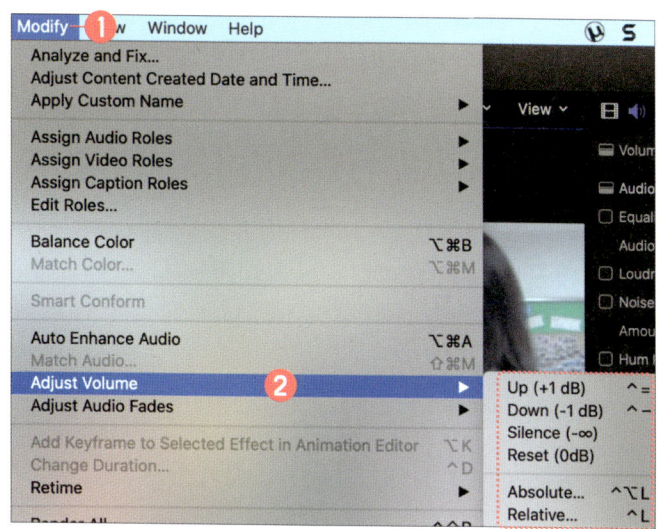

절대적 또는 상대적 볼륨 조절하기

각 구간마다 볼륨이 설정된 상태에서 설정된 상태를 유지한 채로 전체 볼륨을 조절하거나 이것을 무시하고 절대적으로 볼륨을 조절해야 한다면 앞서 살펴본 [Modify] - [Adjust Volume] 메뉴의 Absolute와 Relative 메뉴를 사용하면 됩니다. 아래 그림은 키프레임을 통해 시간에 따라 볼륨이 변하도록 한 것입니다. 이 상태에서 먼저 상대적 볼륨을 설정하기 위해 Relative 또는 [control] + [L] 키를 누릅니다.

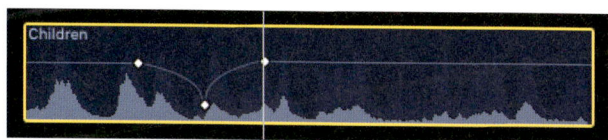

뷰어 하단의 대시보드에 상대적 볼륨을 직접 입력할 수 있는 상태로 전환되면 15를 입력한 후 return 키를 누릅니다. 그러면 선택된 오디오 클립의 볼륨이 전체적으로 15(데시벨)만큼 올라가는 것을 알 수 있습니다. 이때 오디오 볼륨을 설정한 키프레임 또한 설정된 수치만큼 같이 올라가게 됩니다.

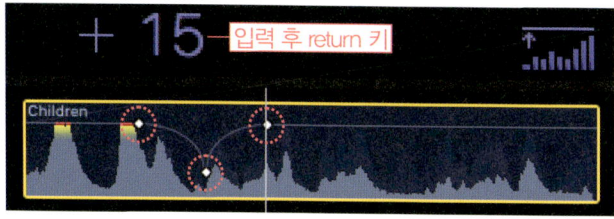

클리핑(Clipping)과 오디오 미터에 대하여

클리핑은 **음량**이 **0dB**을 넘어간다는 것을 말하며, **클리핑 노이즈(Clipping Noise)**는 **0dB**이 넘어버린 음량이 출력되면서 **0dB** 이하로 잘려서 생기는 일종의 변형된 음을 말합니다. 그림을 보면 0데시벨이 넘은 부분이 **빨간색 피크**로 나타난 것을 볼 수 있는데, 이것이 바로 클리핑되었다는 것을 의미합니다. 만약 이와 같은 현상이 발생되어 듣기에 문제가 된다면 볼륨 조절을 통해 문제가 없도록 해야 하며, 작업 전체의 오디오 볼륨 확인은 **오디오 미터**를 통해 가능합니다. [Window] – [Show in Workspace] – [Audio Meters] 메뉴를 통해 오디오 미터를 사용할 수 있으며, 미터기 위쪽에 빨간 램프가 들어오지 않도록 주의하면서 작업하기를 권장합니다.

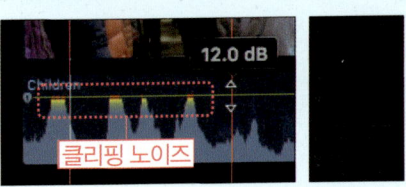

▶ 스테레오 모드의 오디오 미터

계속해서 이번엔 절대적 볼륨을 조절해 보겠습니다. 역시 같은 메뉴에서 Absolute를 선택해 봅니다. 그러면 대시보드가 절대적 볼륨을 입력할 수 있는 상태로 전환되는데, 이번엔 -10을 입력한 후 [return] 키를 누릅니다. 그러면 그림처럼 선택된 오디오 클립의 볼륨이 전체적으로 -10(데시벨)만큼 내려간 것을 알 수 있습니다. 그러나 앞서 살펴본 상대적 볼륨과는 다르게 적용되었던 키프레임이 모두 사라진 것을 알 수 있습니다. 이렇듯 절대적 볼륨은 말 그대로 키프레임을 무시한 채 설정된 값으로 모두 설정됩니다.

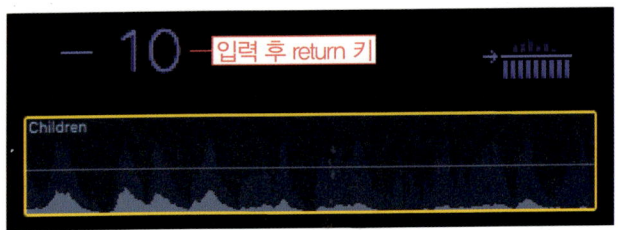

페이드 인/아웃 설정하기

오디오에서의 **페이드 인/아웃**은 오디오의 시작을 서서히 들리게 하거나 서서히 작아지면서 사라지게 하는 것을 말합니다. 파이널 컷 프로에서의 오디오 클립의 페이드 인/아웃은 앞서 살펴본 오디오 **인스펙터**의 **볼륨**을 통해 **시작과 끝 점**을 기준으로 키프레임을 생성하여 설정이 가능하지만, 이 방법보다는 자동화 기능이나 **페이드 핸들**(Fade handle)을 이용하는 것이 보다 편리합니다. 아래 그림처럼 오디오 클립의 시작과 끝 점에 있는 **페이드 컨트롤**에 **커서**를 갖다 대면 화살표 모양의 커서로 바뀔 때 좌우로 이동하여 페이드 인/아웃 범위를 조절할 수 있으며, 페이드 컨트롤에서 RMB를 하면 페이드되는 속도를 선택할 수 있습니다.

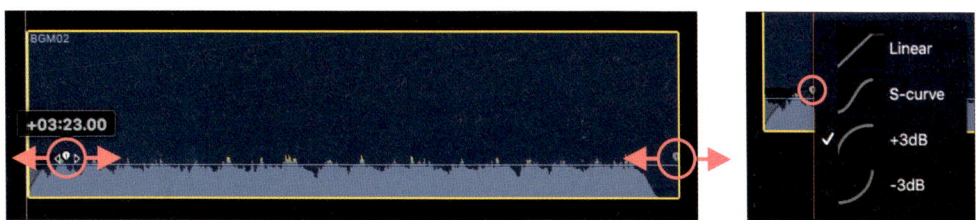

리니어(linear)	선형 페이드로써 페이드가 일정한 속도로 유지됩니다.
S-커브(S-Curve)	0dB에서의 시작하여 일정한 속도로 유지되었다가 마지막 지점에서 느려집니다.
+ 3dB	기본 페이드이며, 빨리 시작했다가 서서히 끝나는 가장 자연스러운 볼륨을 만들어줍니다.
-3dB	천천히 시작했다가 빠르게 끝납니다.

또한 [Modify] - [Adjust Volume] - [Apply Fades] 메뉴를 선택하면 오디오 클립의 인/아웃 지점에 자동으로 페이드 인/아웃 영역이 만들어집니다.

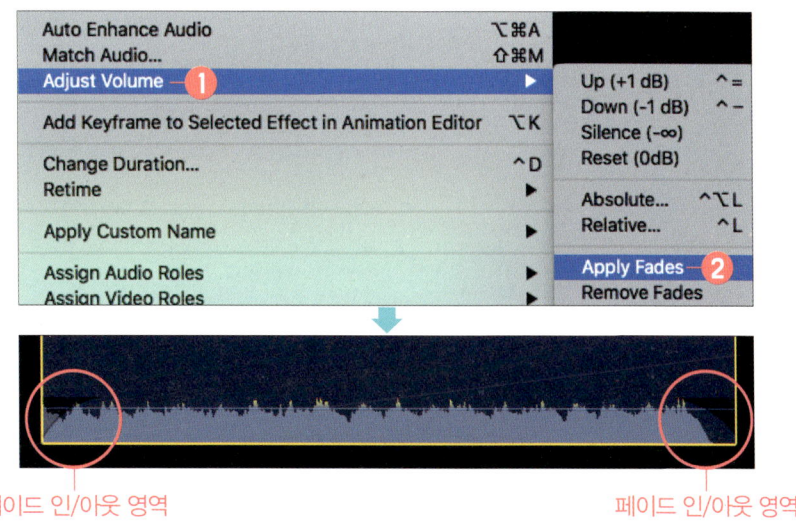

오토 페이드 인/아웃의 기본 범위는 **환경설정**의 General 섹션 탭에 있는 Default fade duration is에서 초단위로 설정할 수 있습니다.

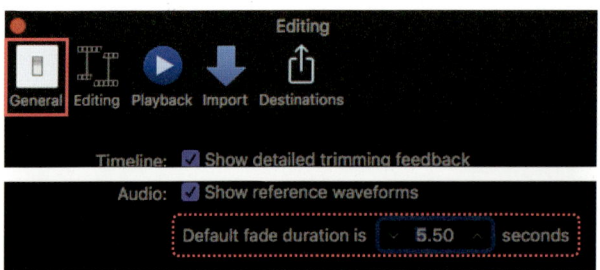

고급 오디오 편집

오디오의 싱크를 맞추거나 문제가 있는 오디오 채널과 클립을 문제가 없는 채널과 클립으로 교체 그리고 **팬(Pan)** 설정과 **균형(Equalization)** 등은 오디오 편집에 있어 전문성이 요구되는 작업들입니다.

오디오 싱크 맞추기와 대체하기

여러 대의 카메라를 통해 촬영된 영상을 편집할 때 특정 카메라에서 녹음된 오디오 채널에 문제가 있을 경우에는 문제가 없는 오디오 채널로 대체해야 합니다. 이때 대체하고자 하는 카메라에서 촬영된 오디오 채널과 원본 비디오 채널의 싱크가 서로 맞지 않게 되는데 이럴 땐 원본 비디오에 포함된 문제가 있는 오디오 채널과 대체할 오디오 채널과의 싱크 작업을 통해 이와 같은 문제를 해결할 수 있습니다.

오디오 싱크 맞추기

이번에는 문제가 있는 오디오와 싱크를 맞춰준 후 새로운 소스 미디어 클립으로 만들어보도록 하겠습니다. [학습자료] - [Video] - [Children] 비디오 파일과 [Audio] - [Children] 오디오 파일을 가져옵니다. 가져온 두 클립의 오디오를 보면 비디오에 포함된 오디오의 파형이 너무 낮아 오디오 클립의 파형으로 대체해야 합니다.

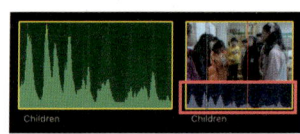

이제 비디오에 포함된 오디오를 오디오 클립과 싱크를 맞춰준 후 새로운 미디어 클립으로 만들어주기 위해 **두 클립**을 **선택**합니다. 그다음 RMB를 하거나 [Clip] - [Synchronize Clips] 메뉴를 선택합니다.

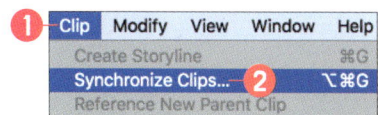

싱크로나이즈 설정 창이 열리면 새로 생성될 클립의 이름과 그밖에 설정을 한 후 OK합니다. 그러면 앞서 선택된 두 오디오 채널에 대한 싱크로나이즈 작업이 자동으로 이루어진 후 동기화된 새로운 클립이 생성됩니다. 이와 같은 방법으로 문제가 있는 오디오 클립의 문제를 해결할 수 있습니다.

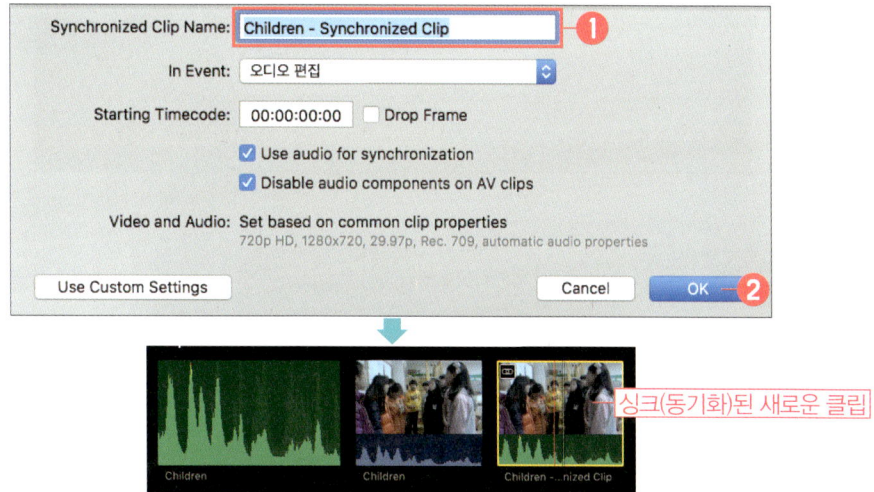

클립 대체하기

클립 대체하기는 타임라인에 사용되는 클립을 다른 클립으로 대체하는 것을 말합니다. 이것은 오디오와 비디오 클립에서도 사용이 가능합니다. 그림은 Children 클립을 비디오와 오디오로 **디태치(265페이지 참고)**한 상태입니다. 비디오에 포함된 오디오 채널을 대체할 경우엔 지금처럼 완전히 독립적인 클립으로 만들어주어야 합니다.

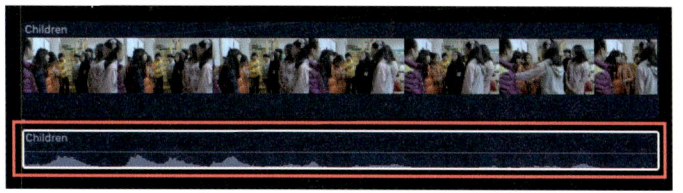

이제 브라우저에서 앞선 학습에서 불러온 Children 오디오 클립을 독립된 오디오 클립 위에 갖다 놓습니다.

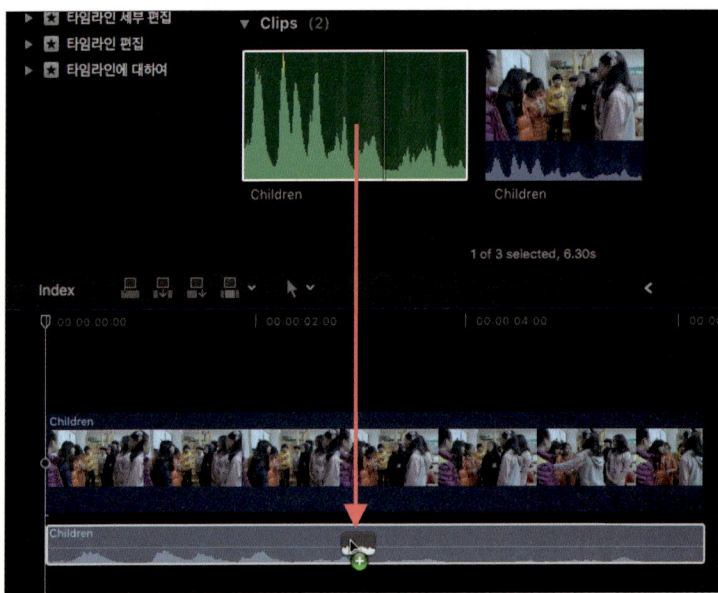

그러면 해당 클립 위쪽에 팝업 메뉴가 나타나는데, 여기서 **Replace** 메뉴를 선택합니다. 그러면 타임라인에 있는 오디오 클립이 브라우저에 있는 오디오 클립과 **대체**됩니다. 이러한 방법으로 타임라인 상에 있는 클립을 간편하게 다른 클립으로 대체할 수 있습니다.

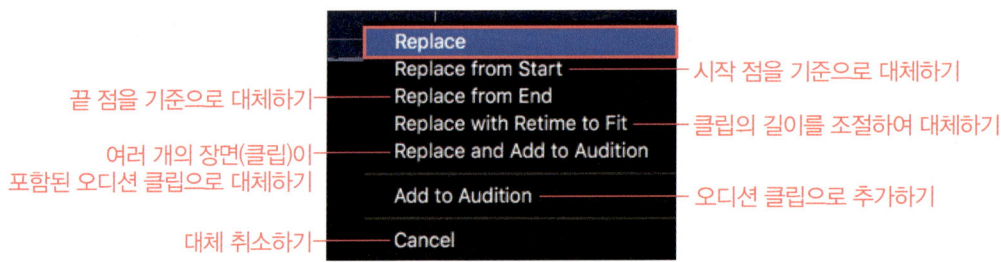

- 대체하는 또 다른 방법으로는 브라우저에 있는 클립을 선택한 상태에서 타임라인의 클립을 선택한 후 [option] + [R] 키를 누르는 것입니다.

- 대체 후 비디오와 오디오 클립을 하나로 합쳐주기 위해서는 **컴파운드** 클립으로 만들어야 합니다. 컴파운드 클립은 차후 해당 학습에서 자세히 살펴보겠습니다.

- 대체된 클립은 이전 클립에 적용되었던 **속성(이펙트 및 트랜스폼, 크롭, 디스토트)**은 사라집니다.

오디오 채널과 팬 설정하기

오디오의 채널은 소리의 방향성을 말하는데, 모노(Mono)일 경우를 제외한 스테레오(Stereo)와 서라운드(Surround)는 각각의 방향성을 갖게 됩니다. 일반적으로 사용되는 **스테레오**는 **좌우(LR)** 채널을 통해 서로 다른 소리가 들리게 되며, **서라운드는** 5.1 **채널**을 사용하기 때문에 전방위 입체 사운드를 느낄 수 있습니다.

오디오 채널 설정하기

오디오의 채널 설정은 문제가 있는 채널의 소리를 없애거나 각 채널들의 소리를 비교하기 위해 사용합니다. 학습을 위해 [학습자료] - [Audio] 폴더에 있는 The day 오디오 파일을 불러와 타임라인에 적용한 후 **오디오 인스펙터** 맨 아래쪽을 보면 Audio Configuration이 있습니다. 오디오 컨피그래이션은 선택된 오디오 클립의 채널 속성을 확인하고 설정할 수 있도록 합니다. 현재는 스테레오 채널이 하나로 합쳐진 상태이므로 이것을 Dual Mono로 바꿔봅니다. 그러면 아래쪽 파형, 즉 채널이 좌우 스테레오 채널로 분리됩니다.

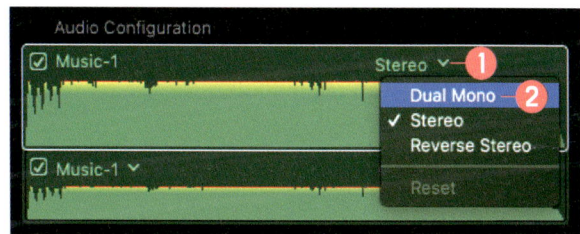

분리된 두 채널 중 문제가 있다고 판단되는 채널의 체크를 해제하면 해당 채널의 소리는 들리지 않게 됩니다. 물론 이것은 해당 채널이 완전히 삭제되는 것은 아니고 소리를 들리지 않게 하는 것입니다. 하지만 이 상태에서 작업을 완료한 후 파일을 만든다면 **체크 해제**된 채널의 소리는 포함되지 않습니다. 이와 같은 방법으로 채널에 대한 문제를 간단하게 해결할 수 있습니다.

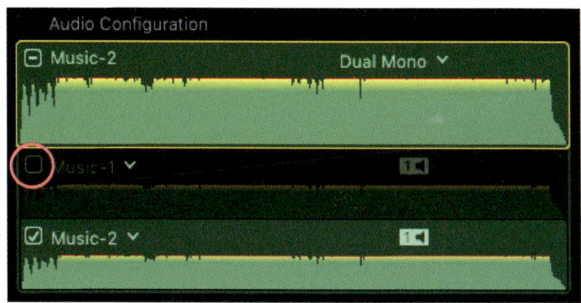

팬(Pan) 설정하기

팬을 이용하면 소리의 **음량**에 대한 **분포**를 설정을 할 수 있습니다. 즉 좌우 스테레오 채널을 사용할 경우 좌측 채널에서 들리는 소리를 우측 채널의 소리보다 크게 들리도록 하기 위해 팬을 이용하여 특정 채널의 음량을 증가시킬 수 있다는 것입니다. 현재 타임라인에 적용된 오디오 클립은 앞서 사용했던 The day입니다. 이 오디오 클립의 **오디오 인스펙터**에 있는 **팬** 모드를 보면 현재 None으로 되어있습니다. 이것은 팬을 사용하지 않는 다는 것이므로 Stereo Left/Right로 바꿔줍니다.

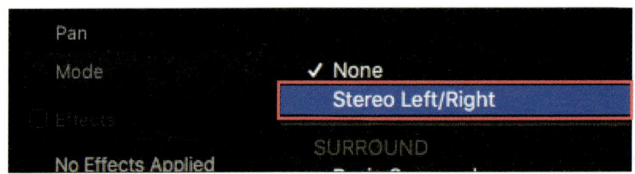

그러면 아래쪽에 Amount 옵션이 나타납니다. 여기서 슬라이더를 좌측으로 이동하여 -70 정도로 설정해 봅니다. 그리고 플레이를 해 보면 좌측 스피커에서 들리는 소리가 더욱 커진 것을 알 수 있습니다. 이렇듯 팬을 통해 특정 채널의 음량을 조절할 수 있습니다. 또한 키프레임을 이용하여 팬의 위치가 변하는 애니메이션도 가능합니다.

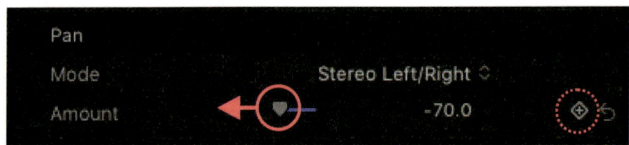

이번엔 서라운드 팬에 대한 설정을 하기 위해 모드를 Basic Surround로 선택합니다. 참고로 그밖에 아래쪽 메뉴들은 사전에 설정된 서라운드 팬의 프리셋입니다.

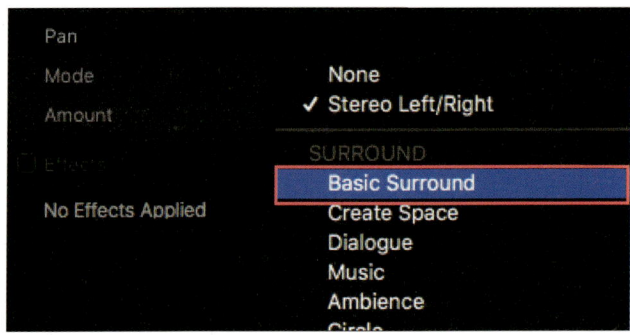

서라운드 패너(Surround Panner)로 바뀌게 되면 앞서 살펴본 스테레오였을 때의 팬과는 다른 모습으로 나타나는 것을 알 수 있습니다. 서라운드 패너는 기본적으로 **5.1 채널**을 갖게 되며, 초기 상태는 전방 좌우, 중앙, 후방 좌우, 우퍼(저음) 채널의 위치가 모두 앞쪽 중앙으로 배치됩니다. 서라운드 채널은 일반적으로 전방위에서 소리가 들리도록 하기 위한 것이기 때문에 서라운트 컨트롤을 드래그하거나 더블클릭하여 가운데로 이동합니다. 그러면 일반적인 5.1 서라운드 형태로 바뀌게 됩니다. 서라운드 또한 키프레임을 이용하여 소리의 방향을 애니메이션할 수 있기 때문에 입체적인 사운드 효과를 표현할 수 있습니다.

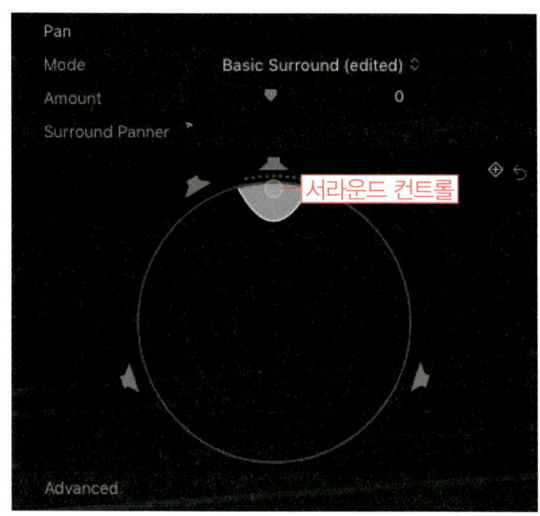 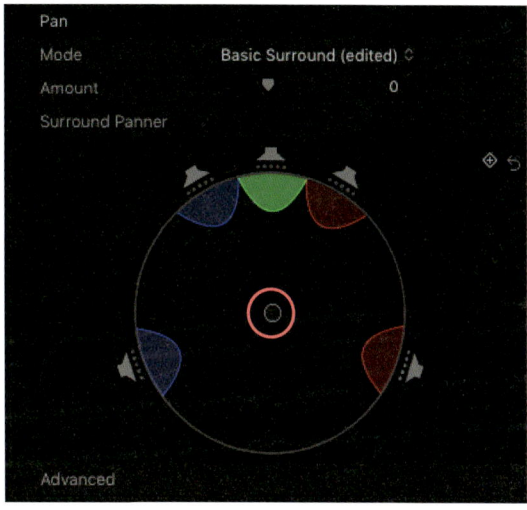

 인스펙터 공간 확장하기

기본 인스펙터 영역은 다른 작업 영역보다 좁기 때문에 가끔 인스펙터의 공간을 넓혀주어야 하는 경우가 생깁니다. 특히 서라운드 패너를 사용하게 되면 공간이 더욱 부족해 지기 때문에 인스펙터를 확장해야 합니다. 이때는 **인스펙터 상단**의 **빈 곳**을 **더블클릭**하여 인스펙터를 넓게 활용할 수 있습니다. 반대로 축소할 때에도 더블클릭하면 됩니다.

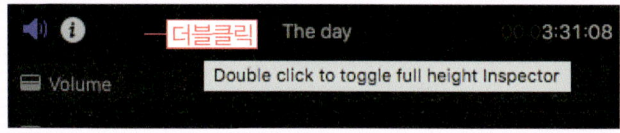

서라운드 패너를 통한 설정을 했다면 소리만 들어보지 말고 오디오 미터 또한 서라운드로 전환하여 확인해 보아야 할 것입니다. 오디오 미터를 바꿔주기 위해 브라우저에 있는 해당 프로젝트를 선택하여 **인포 인스펙터**를

열어놓은 후 **Modify** 버튼을 클릭합니다.

프로젝트 설정 창이 열리면 아래쪽 Audio에서 기존의 스테레오를 **서라운드**로 바꿔준 후 OK 버튼을 클릭하고 나옵니다. 그러면 스테레오였던 오디오 미터가 **5.1 채널**의 서라운드 방식으로 바뀐 것을 알 수 있습니다.

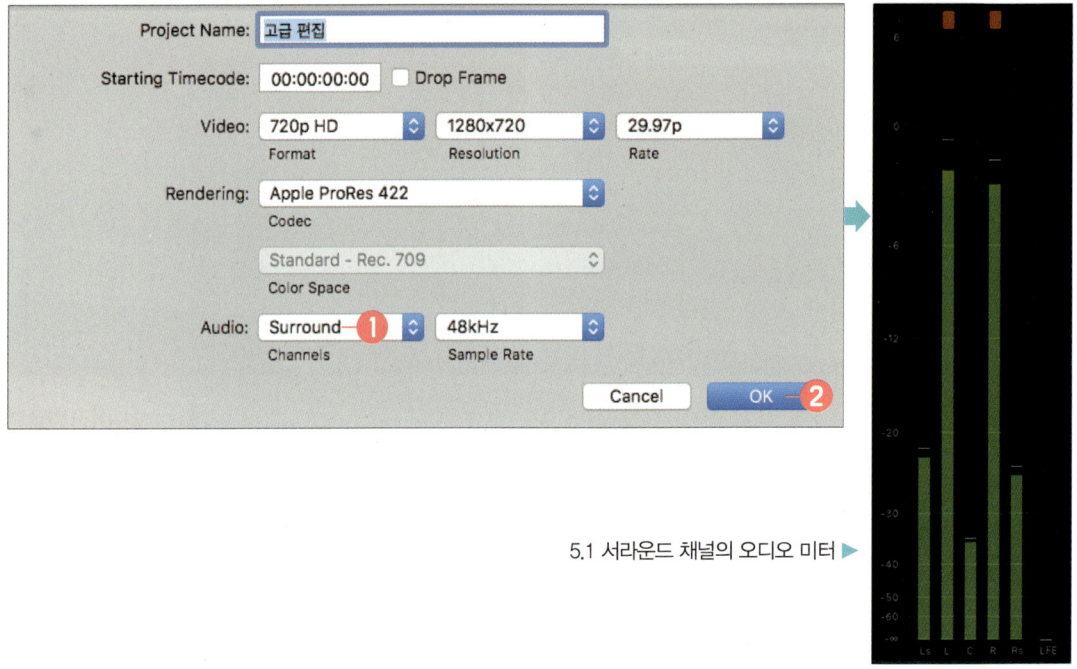

▶ 5.1 서라운드 채널의 오디오 미터

오디오 균형 설정과 매칭하기

오디오의 균형, 즉 밸런스는 EQ(이퀄라이저)를 통해 이루어지며, 특정 주파수 대역의 레벨을 설정하여 음색을 보정하거나 특유의 음색으로 변조할 수 있습니다. 이와 같이 음색을 보정한 후에는 **매칭 오디오(Match Audio)**를 이용하여 다른 클립에 반영할 수 있습니다.

이퀄라이저 활용하기

이퀄라이저는 주로 EQ라는 약자로 사용하며, 오디오의 주파수 대역을 설정하여 음색의 균형을 잡거나 음색 변조를 위해 사용됩니다. 이퀄라이저를 사용하기 위해서는 **오디오 인스펙터**의 Equalization(이퀄라이제이션)을 체크해야 하며, 우측 프리셋을 통해 사전 설정된 값을 선택할 수 있습니다. 이퀄라이저를 직접 설정하고자 한다면 Show the Advanced Equalizer UI 버튼을 클릭하여 그래픽이퀄라이저를 열어줍니다.

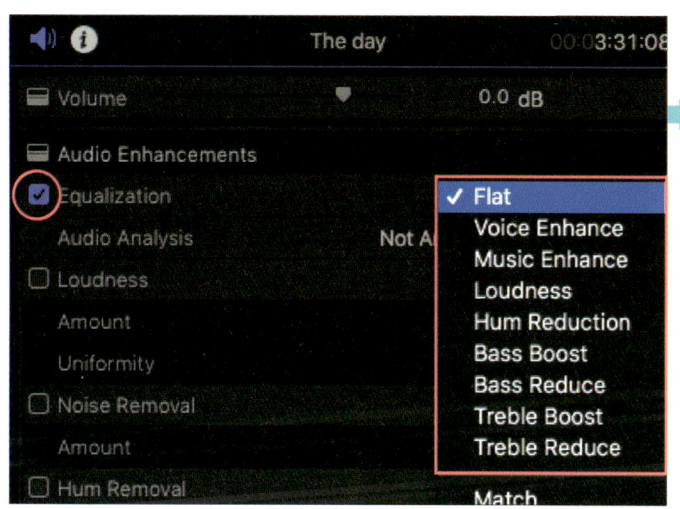
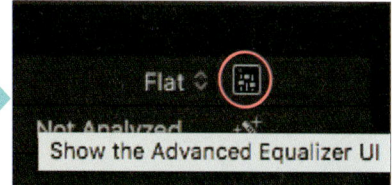

EQ의 사용 방법은 보정하고자 하는 주파수를 선택한 후 상하로 이동하여 원하는 음색을 찾는 것인데, 음색 조정 시 해당 주파수를 선택한 후 최대로 끌어 올린 다음 서서히 내리면서 자신이 원하는 음색이 나올 때까지 낮춰주는 형태로 설정합니다.

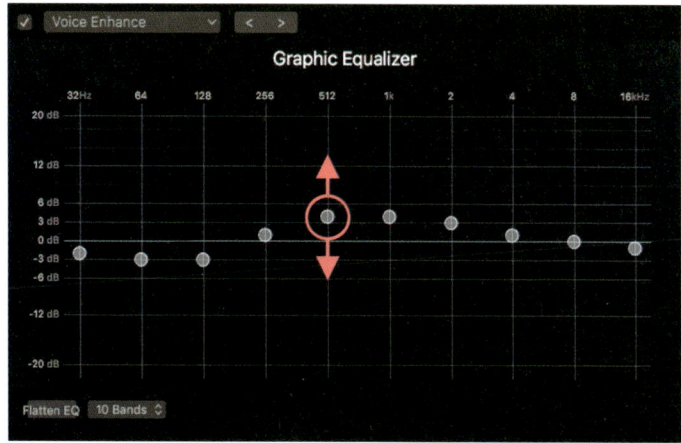

EQ는 주파수 청음 훈련이 되어있는 전문 엔지니어일 경우에는 곧바로 조정이 가능하지만 훈련이 되어있지 않은 경우에는 아래 표의 수치를 통해 조정합니다.

악기	주파수(Hz)	dB 증감	목적
목소리	150	+2~3	꽉 찬 느낌을 줍니다.
	200~250	-2~3	먹먹한 느낌을 줍니다.
	3K	+2~4	깨끗한 느낌을 더합니다.
	5K	+1~2	존재감을 더합니다.
	7.5~10K	-2~3	치찰음을 줄여줍니다.
	10K	+2~3	호흡감과 밝은 느낌을 더합니다.

설정한 음색을 다른 클립에 매치하기

EQ를 통해 음색을 보정한 후 보정된 값을 다른 클립에 적용하기 위해서는 **매치 오디오(Match Audio)**를 이용합니다. 매치 오디오는 **이퀄라이제이션**의 프리셋 메뉴 또는 뷰어 하단의 Choose color correction and audio enhancement option 메뉴를 통해서 사용할 수 있습니다. 여기에서는 뷰어 하단에 있는 옵션 메뉴를 통해 **매치 오디오**를 사용해 보겠습니다. 먼저 몇 개의 소스 미디어 클립을 가져와 타임라인에 적용한 후 **하나의 클립을 선택**하여 EQ 설정을 해 놓습니다.

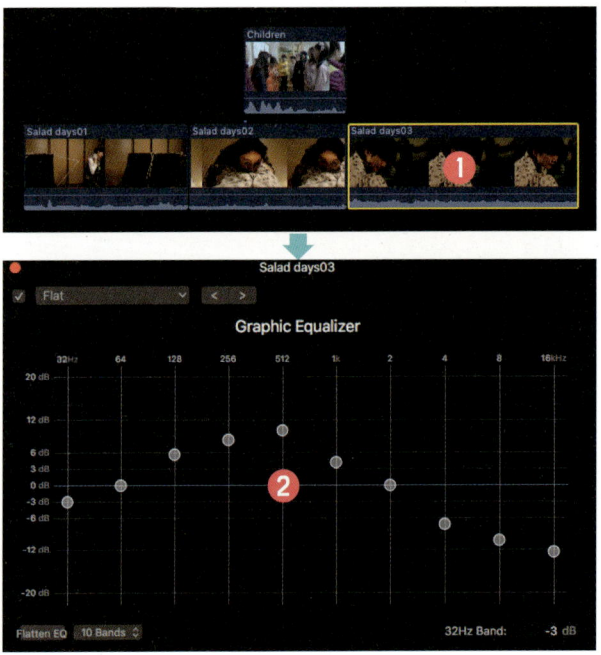

계속해서 방금 음색을 설정한 클립과 같은 음색으로 매칭할 클립을 **선택**합니다. 그리고 뷰어 하단의 옵션에서 **Match Audio** 메뉴를 선택합니다. 그러면 뷰어가 두 화면으로 분할되며 좌측 화면이 매칭될 클립의 모습을 보여줍니다. 이제 음색을 매치할 클립을 선택합니다.

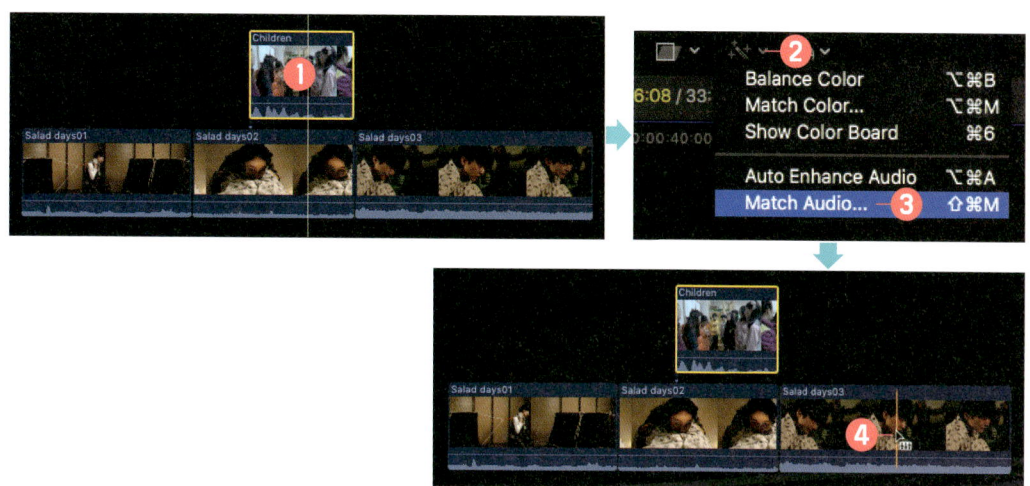

마지막으로 뷰어 하단의 **Apply Match** 버튼을 클릭합니다. 그러면 나중에 선택한 클립의 설정 값을 먼저 선택한 클립에 매칭됩니다. 매칭 후 소리를 들어보면 음색이 동일하게 바뀐 것을 알 수 있습니다. 이와 같은 방법을 통해 특정 오디오 클립의 음색을 다른 클립에 쉽게 상속할 수 있습니다.

매치를 취소하고자 한다면 이퀄라이제이션을 체크 해제하거나 **프리셋**을 **Flat**으로 설정합니다.

보이스오버(Voiceover)로 녹음하기

레코드는 마이크를 통해 목소리 녹음을 하는 내레이션 작업을 위해 사용되며, 보통 방음 장치가 잘 되어있는 전문 스튜디오에서 진행되지만 이와 같은 조건이 충족된다면 방이나 사무실 같은 곳에서도 레코딩 작업이 가능합니다. 녹음을 하기 위해 [Window] - [Record Voiceover] 메뉴를 선택합니다.

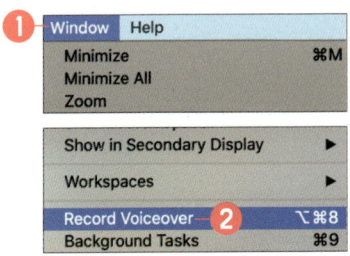

레코더 보이스오버 창이 열리면 그림과 같이 **빨간색** 원형 Start Recording 버튼이 보이며, 우측 옆에는 마이크로 들어오는 소리가 오디오 미터로 표시됩니다. 그밖에 레코딩되는 소리의 음량을 증폭하거나 생성될 오디오 파일의 이름을 입력할 수 있으며, Advanced에서는 **인풋(Input) 장치** 선택 및 모니터링을 할 수 있는 옵션들을 사용할 수 있습니다. 이제 적당한 **이름**을 입력한 후 **스타트 레코딩** 버튼을 클릭하여 내레이션을 시작해 봅니다. 뷰어에서 카운트 시그널이 3-2-1까지 진행된 후에 본격적으로 레코딩이 시작됩니다.

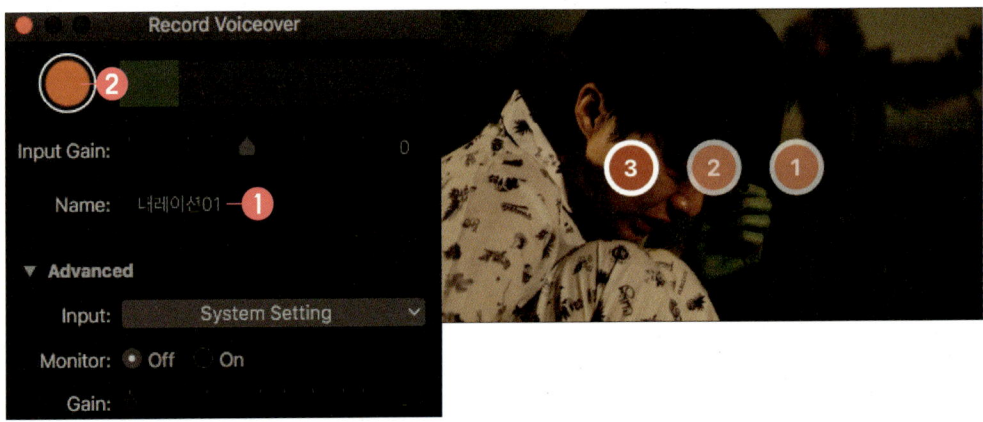

레코딩은 **플레이헤드**가 있는 지점부터 레코딩이 진행되며, 레코딩되는 오디오 클립은 **프라이머리 스토리라인** 아래쪽에 생성됩니다.

인풋 게인 (Input Gain)   레코딩되는 음량을 조절합니다.

네임(Name)	레코딩된 후 생성되는 오디오 파일명을 입력합니다.
인풋(Input)	레코딩에 사용될 마이크(MIC) 장치를 선택합니다.
모니터(Monitor)	레코딩될 때 타임라인에 있는 다른 오디오 클립들의 소리를 들을 수 있게 해 줍니다. 하지만 일반적으로 내레이션 소리만 별도로 사용하기 때문에 특별한 경우를 제외하고는 이 옵션은 사용하지 않습니다.
게인(Gain)	모니터 옵션을 사용할 때 출력되는 소리의 음량을 조절합니다.
이벤트(Event)	레코딩된 오디오 클립의 위치할 이벤트를 선택합니다.
롤(Role)	레코딩된 오디오 클립의 롤 속성을 선택합니다.

레코딩 작업을 끝마치려면 **스톱 레코딩**(Stop Recording) 버튼을 클릭하면 되며, 레코딩 작업이 잘못되었다면 **언두**를 하거나 생성된 오디오 클립을 삭제한 후 다시 레코딩 작업을 하면 됩니다.

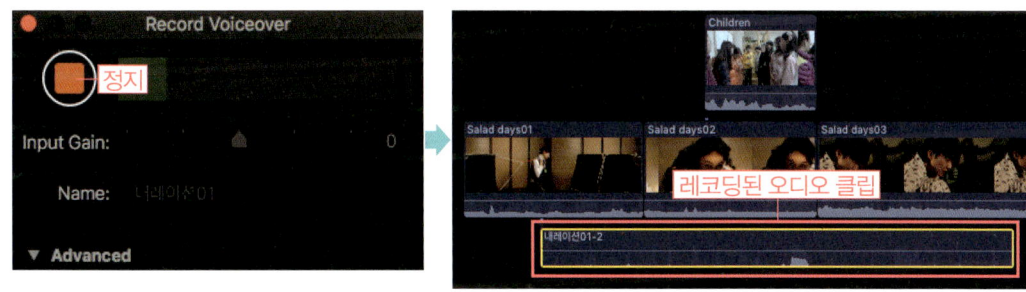

 레코딩된 오디오 클립 완전히 제거하기

잘못된 레코딩 파일을 삭제하는 가장 즐겨 권장하는 방법은 브라우저에 있는 오디오 클립에서 **RMB**를 통해 **Reveal in Finder**를 선택하여 해당 오디오 파일 폴더를 열어 삭제하면 됩니다.

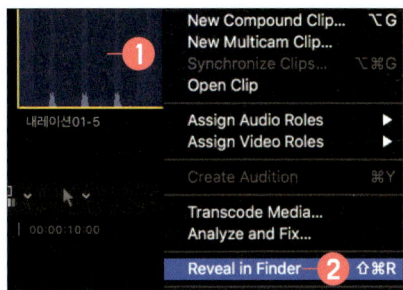

오디오 이펙트 사용하기

영상 편집에 있어 오디오 이펙트는 특정 장면에 적재적소로 적용되는 오디오 이펙트는 프로젝트의 완성도를 높일 뿐만 아니라 재미와 지루함을 없애주거나 장면을 더욱 집중할 수 있게 해 줍니다.

오디오 이펙트 적용 및 설정하기

오디오 이펙트 또한 비디오 이펙트와 같은 방법인 오디오 클립을 선택한 후 오디오 이펙트를 더블클릭하거나 직접 드래그하여 적용하며, 여러 개의 오디오 이펙트를 하나의 오디오 클립에 중복하여 적용할 수도 있습니다. 또한 [Edit] = [Add Channel EQ] 메뉴 또는 [option] + [command] + [E] 키를 이용하여 클립에 채널 EQ 효과 컨트롤을 추가할 수도 있습니다.

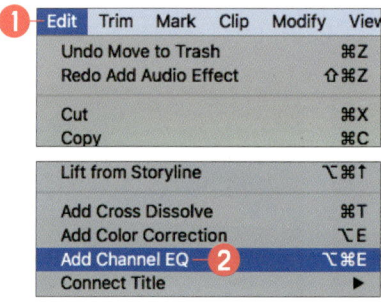

즐겨 사용하는 **디폴트 오디오 이펙트**의 선택은 비디오 이펙트처럼 디폴트로 지정할 오디오 이펙트에서 RMB를 하여 Make Default Audio Effect를 선택하면 됩니다.

오디오 이펙트의 설정은 비디오 이펙트보다 전문적인 지식이 필요합니다. 그림에서처럼 몇 개의 기본 옵션뿐만 아니라 EQ 모양의 이펙트 에디터(Effect Editor) UI를 열어서 세부적인 설정을 해야 하기 때문입니다. 물론 파이널 컷 프로는 오디오 전문가가 아니더라도 다양한 프리셋을 제공하기 때문에 단순히 이펙트를 적용하는 것만으로도 원하는 오디오 효과를 얻을 수 있습니다.

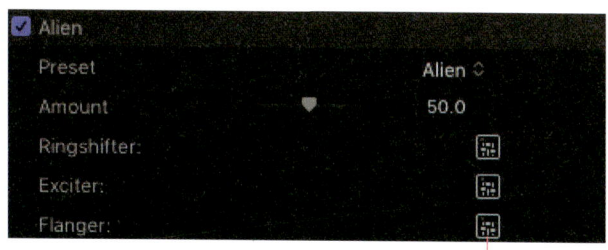

이펙트 에디터 UI

오디오 이펙트 살펴보기

파이널 컷 프로에서 제공되는 오디오 이펙트는 총 109개이며, 파이널 컷과 전문 오디오(미디) 편집 프로그램인 **로직(Logic)**의 이펙트로 구분됩니다. 또한 오디오 이펙트는 각각의 주제별로 구분되어있어 간편하고 매우 실용적으로 사용됩니다. 이번 학습에서는 그룹별 오디오 이펙트에 대해 살펴보기로 하겠습니다.

디스토션(Distortion)

오디오 신호를 극단적으로 증폭시킴으로 생기는 효과로써 소리가 찌그러지는 효과를 얻을 수 있습니다. 예로는 메가폰, 락(rock), 전화기(Telephone), 텔레비전(Television), 워키토키(Walkie Talkie), 기타(Guitar) 톤 등이 있습니다

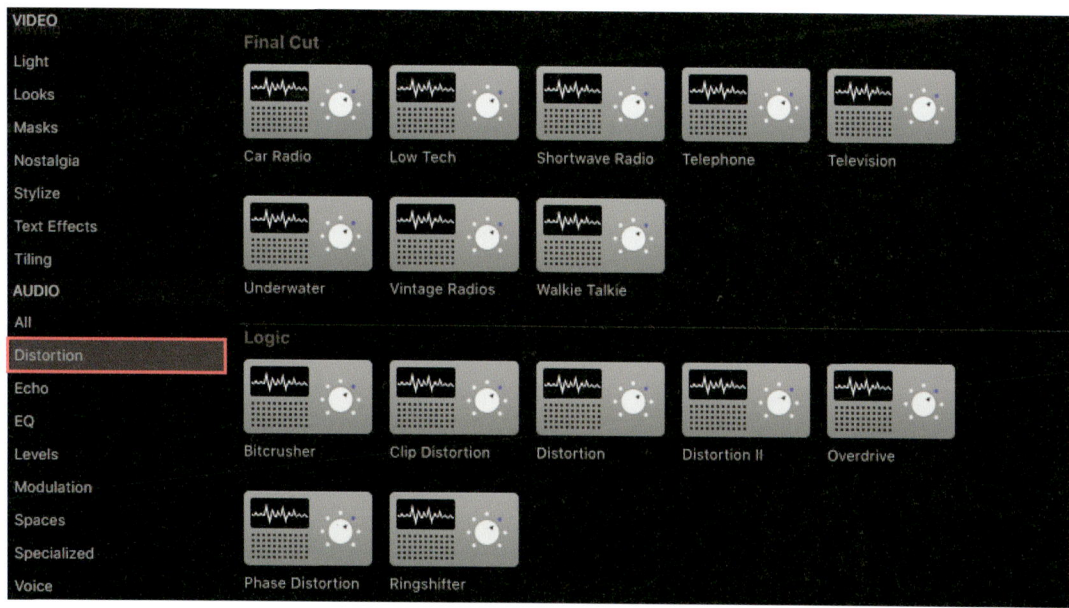

에코(Echo)

지연 시간과 반복할 횟수에 맞추어 지연된 소리를 여러 번 출력시켜 공간감을 표현합니다. 예로는 메아리, 잔향 등이 있습니다.

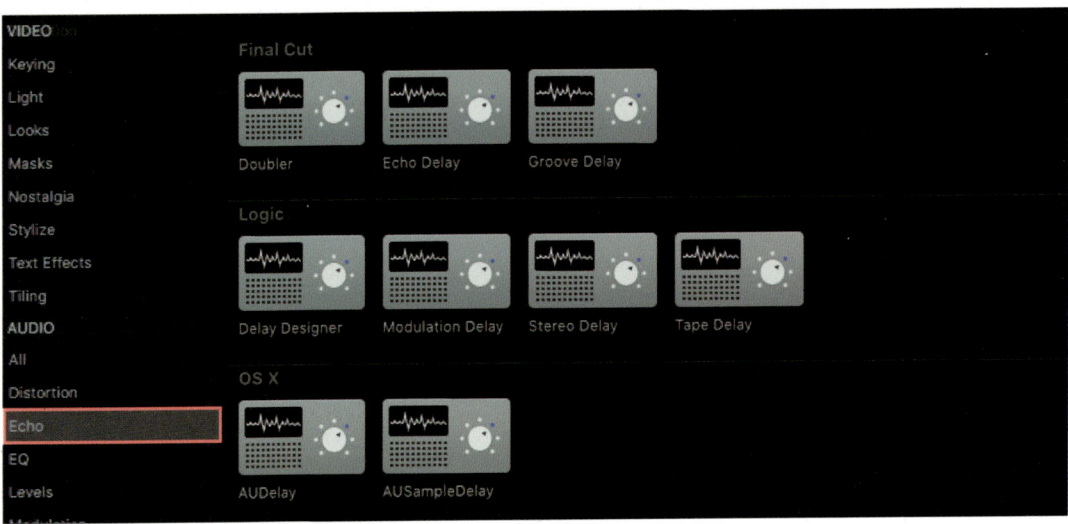

EQ

저음역, 중음역, 고음역의 음량을 조절하여 음색에 변화를 줍니다. 예로는 남자 목소리를 200~250Hz로 설정하여 존재감을 살릴 수 있습니다

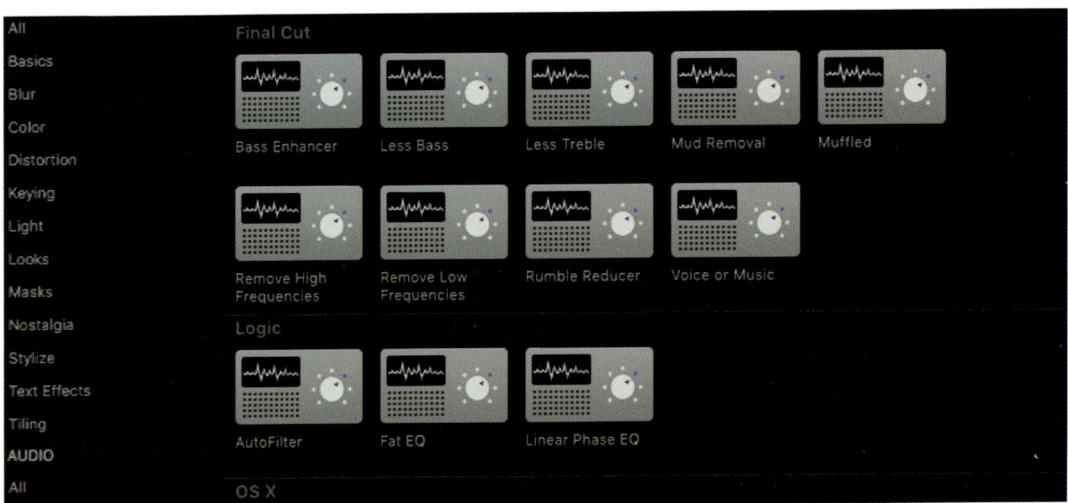

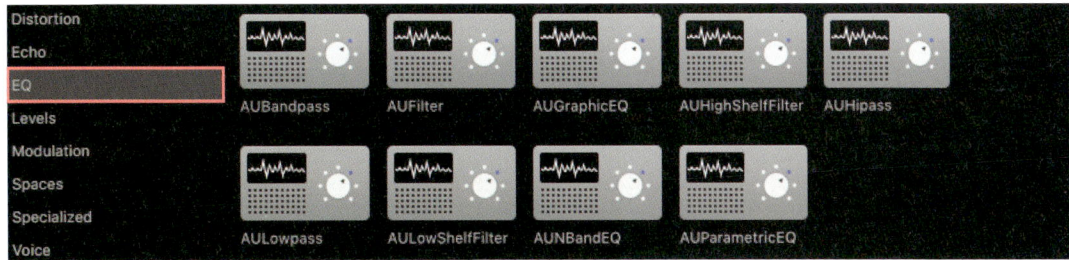

레벨(Level)

설정한 경계 값(음량)을 넘는 음량의 소리를 압축시켜 일괄적으로 음량을 제어할 수 있습니다.

모듈레이션(Modulation)

음량, 피치, 위상 등을 설정한 값들로써 규칙적으로 변화시켜 소리에 효과를 줄 수 있습니다. 예로는 합창 효과 등이 있습니다.

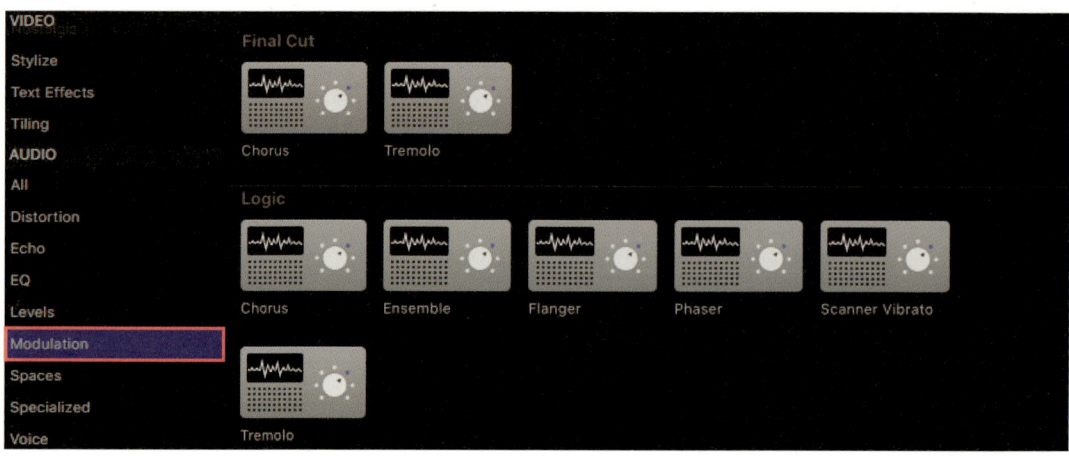

스페이스(Spaces)

입력한 소리에 대한 잔향(울림)을 만들어내어 음향 공간(음장)을 표현할 수 있습니다. 예로는 콘서트 홀, 방, 오일 탱크의 울림 등이 있습니다.

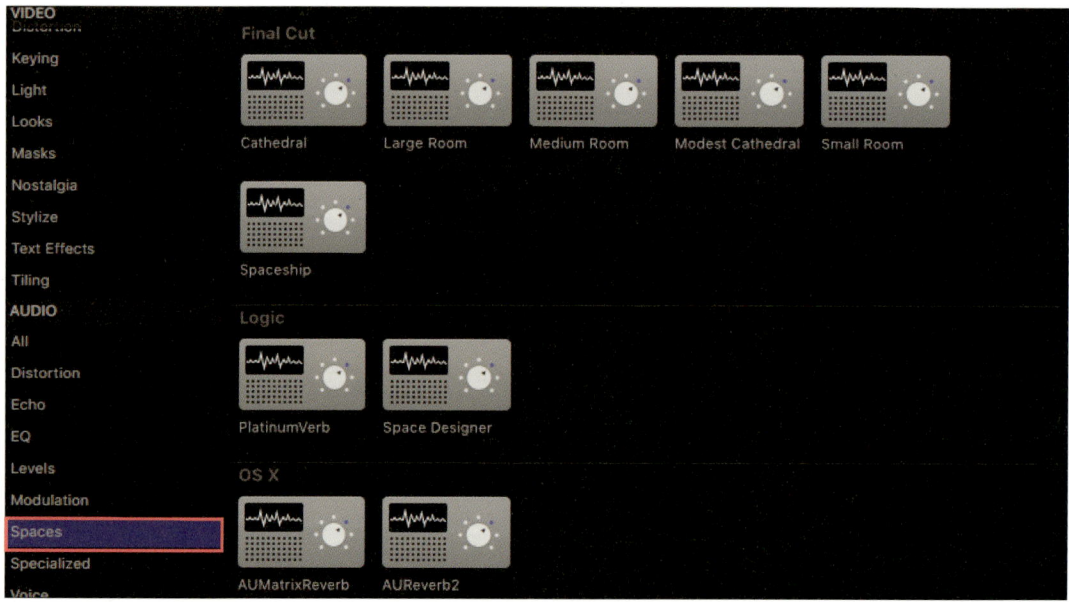

스페셜라이즈(Specialized)

노이즈를 제거(De-noise)하거나, 초저역대 음을 추가(Sub-bass), 소리의 좌우 이미지 조절(Stereo spread), 특정 파형 및 노이즈를 생성(Test Oscillator)하는 등과 같은 효과들을 제공합니다.

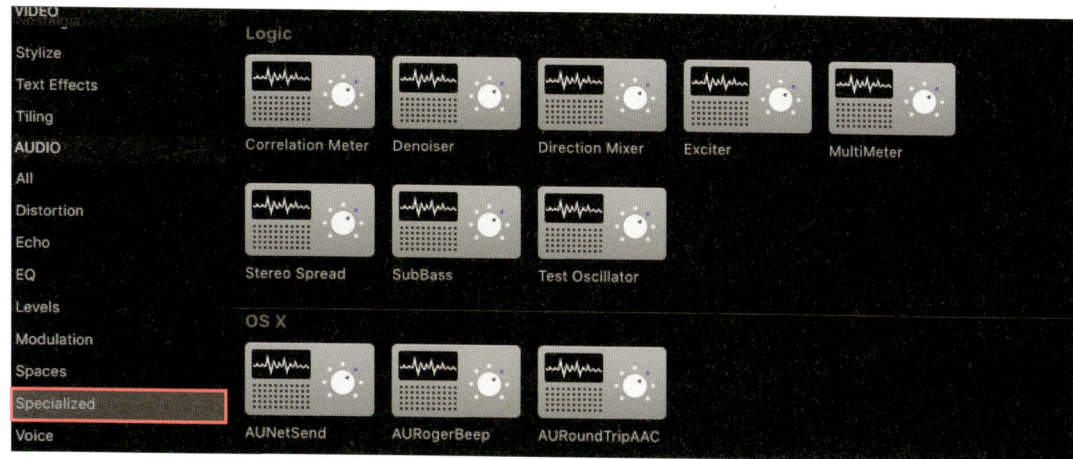

보이스(Voice)

모듈레이션 계열의 이펙터와 피치쉬프트 이펙터를 이용하여 에이리언이나 몬스터, 헬륨 가스, 로봇 등의 재미있는 목소리로 변조시킬 수 있으며, 치찰음을 조절(DeEsser)할 수 있는 이펙트들을 제공합니다.

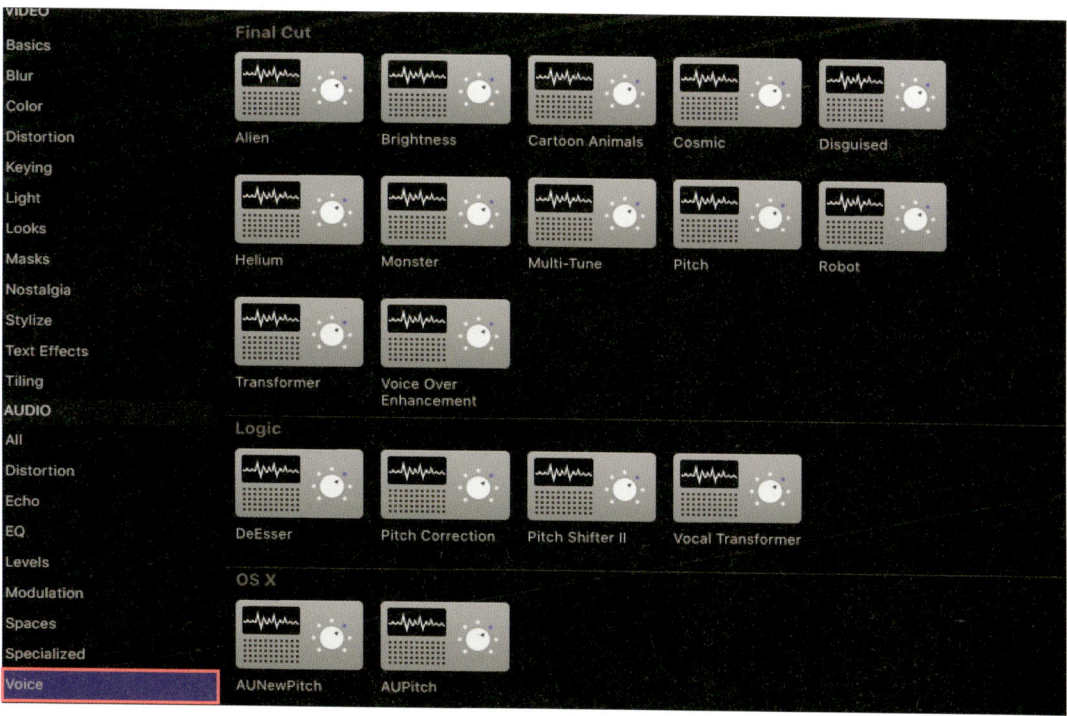

07 타이틀(자막)과 제너레이터

타이틀(자막)은 장면에 부가적인 설명과 뉴스를 전달하기 위해 사용하며, 최근엔 영상의 심미적인 요소를 위해서도 사용됩니다. 예를 들어 출연자의 얼굴이 빨개지는 장면이나 두꺼운 입술, 쫑긋한 귀 그밖에 코믹적이거나 감정을 전달하는 등의 극적인 장면을 연출하기 위해 사용됩니다. 파이널 컷 프로에서는 일반적인 자막을 비롯하여 3D 자막, 로어 서드, 모션 타이틀 등의 다양한 자막을 제공합니다.

타이틀(자막) 적용 및 설정하기

파이널 컷 프로에서 제공되는 타이틀은 입체적인 느낌을 그대로 반영하는 3D부터 인/아웃트로(In/Outro)를 위한 빌드(Build), 엔딩 씬을 위한 크레딧(Credits) 그리고 화면 하단에 사용되는 로어 서드(Lower Thirds) 등을 제공하여 대부분의 자막과 타이틀 제작이 가능합니다. 자막에 대해 살펴보기 위해 먼저 **Titles and Generators** 사이드바를 열고, Generators 섹션의 Background에서 Glimmer 배경 소스를 프라이머리 스토리라인에 적용한 후 길이를 **10초** 정도로 조절합니다. 자막은 보통 메인 화면이나 배경 위에 나타나야 하기 때문에 지금과 같이 배경 소스를 사용한 것이지만 실제로는 여러분이 사용하는 영상을 사용하게 될 것입니다. 물론 인트로와 같은 타이틀은 배경 화면 없이 독립적으로 사용(프라이머리 스토리라인)하기도 합니다.

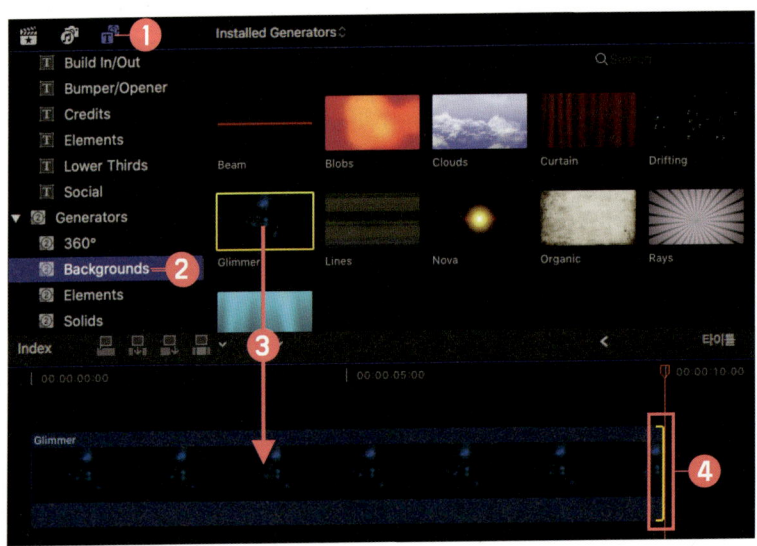

모든 자막과 타이틀 프리셋은 **스키밍(Skimming)**을 통해 해당 프리셋의 상태를 뷰어에서 확인이 가능합니다.

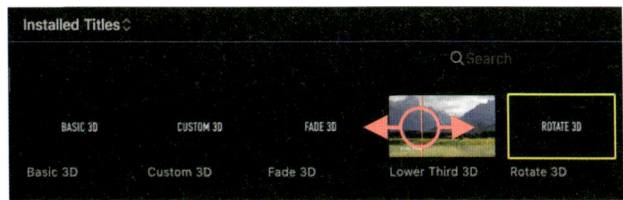

또한 배경이 포함된 소스일 경우에는 **모션(Motion)**이라는 프로그램을 열어서 배경을 바꿔주거나 그밖에 자막(타이틀) 글자의 모션(애니메이션)을 수정할 수도 있습니다. 물론 프리셋에 따라 파이널 컷 프로에서 수정할 수 있는 배경도 있습니다.

모션(Motion)에 대하여

모션은 **애플**에서 개발한 모션 그래픽 제작 프로그램으로써 **어도비**의 **애프터 이펙트**와 유사합니다. 모션의 장점은 안정적인 애플 OS X 운영체제에서 사용된다는 것과 파이널 컷 프로의 프로젝트 파일 및 자막(타이틀), 제너레이터, 이펙트, 트랜지션이 호환되기 때문에 두 프로그램 사이를 자연스럽게 오가며 작업을 할 수 있다는 것입니다. 가능하다면 파이널 컷 프로를 학습한 후 모션 또한 살펴보기를 권장합니다.

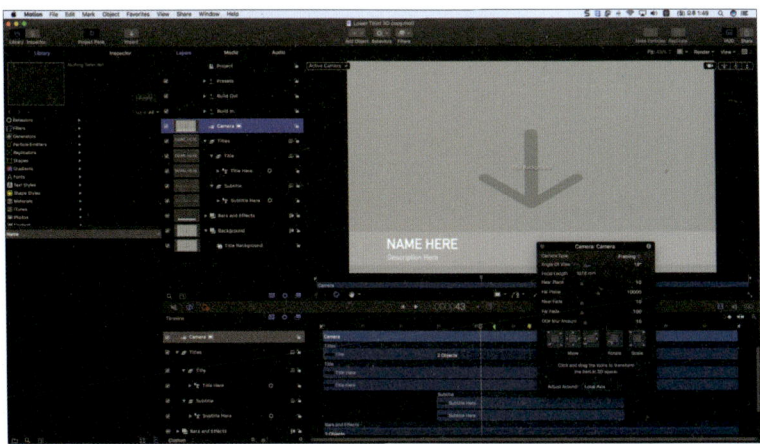

◀ 모션 인터페이스

자막 또한 비디오/오디오, 트랜지션처럼 메뉴 또는 단축키를 이용하여 적용할 수 있으며, 디폴트를 다른 자막 소스로 바꿔줄 수도 있습니다. 방법은 비디오/오디오, 트랜지션과 같습니다. 하지만 자막과 제너레이터는 직접 드래그하거나 편집 도구를 통해 타임라인에 적용하는 경우가 대부분이기 때문에 메뉴와 단축키를 사용하는 경우는 흔치 않습니다.

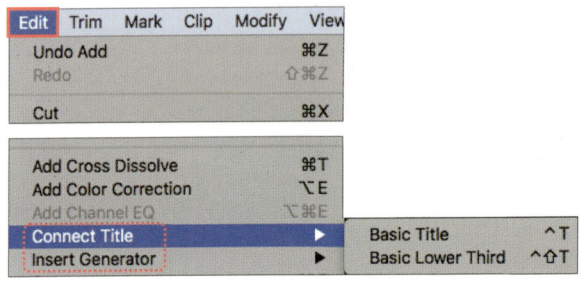

3D 타이틀 사용하기

3D 타이틀 섹션은 일반적인 3D 타이틀을 사용하기 위한 다양한 프리셋 타이틀 소스들을 제공합니다. 타이틀 스타일은 평범하지만 다양한 애니메이션이 적용된 상태이기 때문에 글자와 색상 등을 수정하는 것만으로 간편하게 사용할 수 있습니다. 3D 타이틀을 적용하기 위해 원하는 **프리셋**을 **드래그**하여 앞서 적용한 배경 위쪽에 적용합니다. 그러면 비디오 클립보다 얇은 커넥트 클립으로 적용됩니다. 필자는 3D 타이틀의 모습이 잘 표현되는 Tumble 3D 프리셋을 적용하였습니다.

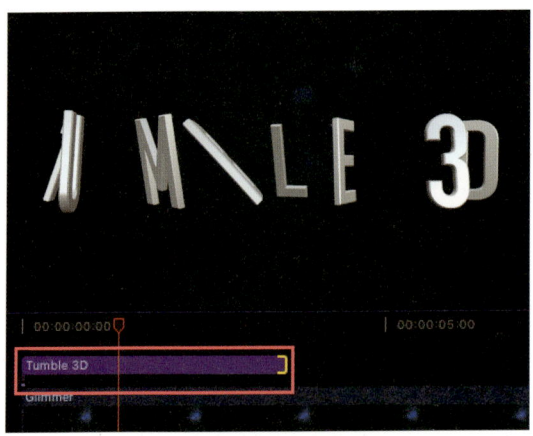

타이틀 클립의 길이도 **인/아웃 포인트**를 이동하여 조절이 가능하지만 너무 짧게 되면 애니메이션되는 장면도 잘려지기 때문에 주의해야 합니다.

타이틀 스타일 및 글자 수정하기

타이틀 프리셋의 애니메이션은 기본 상태 그대로 사용하는 경우가 많지만 사용될 글자나 글꼴, 크기, 색상, 매터리얼(재질) 등의 스타일은 수정을 해야 합니다. 타이틀 스타일 및 글자를 수정하기 위해서는 수정하고자 하는 타이틀 클립을 선택한 후 수정할 글자가 완전히 나타나는 지점으로 **플레이헤드**를 이동합니다. 그다음 뷰어에 나타나는 **타이틀**을 클릭(선택)합니다.

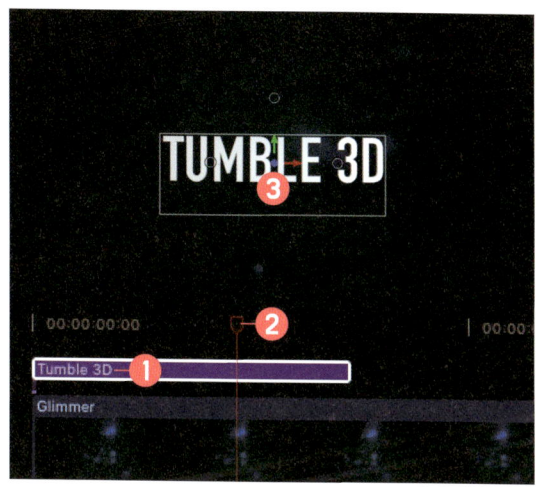

선택된 타이틀은 위치 이동, 회전이 가능하며, **더블클릭**하여 글자를 수정할 수도 있지만 글자의 수정은 **텍스트 인스펙터**을 이용하기를 권장합니다.

이제 글자를 수정하기 위해 **텍스트 인스펙터(Text Inspector)**의 Text 입력 필드에 수정할 글자를 입력합니다. 한글 및 영문을 입력하기 위해서는 한글과 영문이 지원되는 글꼴을 선택해야 합니다. 필자는 기본 글자보다 많이 입력했기 때문에 Size를 통해 글자 크기를 조금 줄여주었습니다.

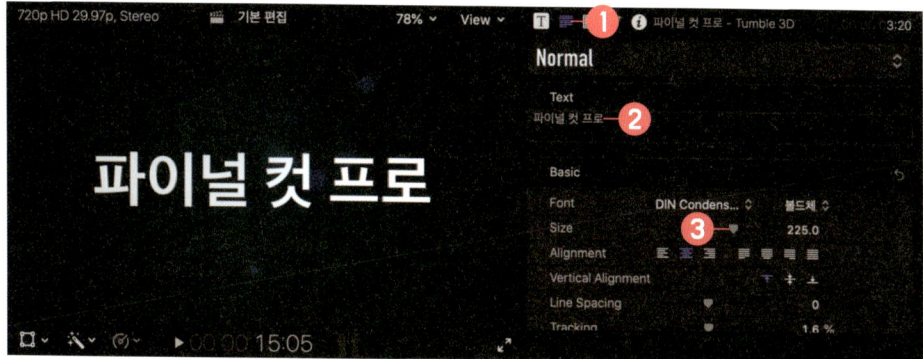

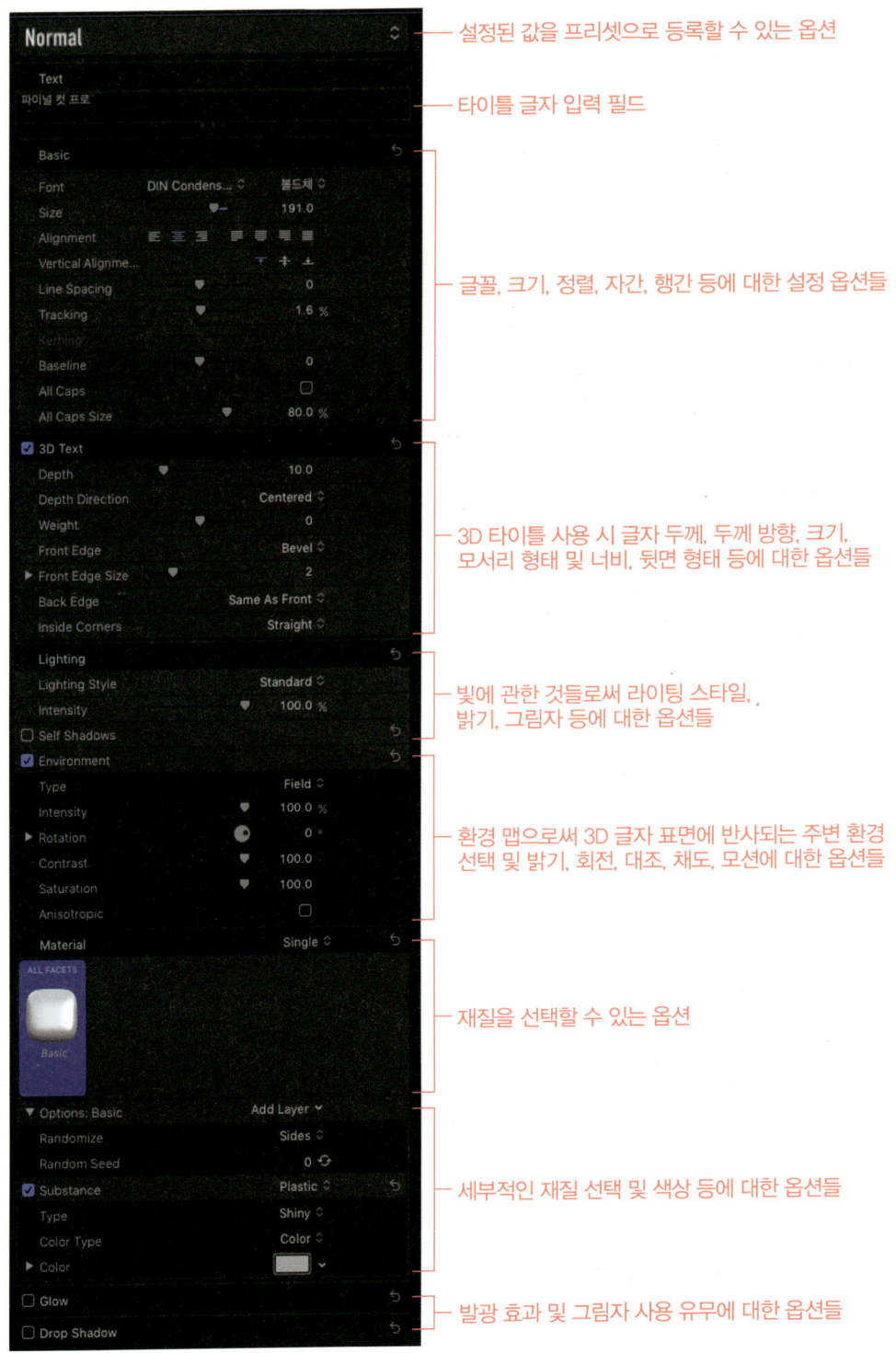

— 설정된 값을 프리셋으로 등록할 수 있는 옵션

— 타이틀 글자 입력 필드

— 글꼴, 크기, 정렬, 자간, 행간 등에 대한 설정 옵션들

— 3D 타이틀 사용 시 글자 두께, 두께 방향, 크기, 모서리 형태 및 너비, 뒷면 형태 등에 대한 옵션들

— 빛에 관한 것들로써 라이팅 스타일, 밝기, 그림자 등에 대한 옵션들

— 환경 맵으로써 3D 글자 표면에 반사되는 주변 환경 선택 및 밝기, 회전, 대조, 채도, 모션에 대한 옵션들

— 재질을 선택할 수 있는 옵션

— 세부적인 재질 선택 및 색상 등에 대한 옵션들

— 발광 효과 및 그림자 사용 유무에 대한 옵션들

여기서 타이틀 글자의 **두께(Depth)**를 조금 더 두껍게 해 주고, 매터리얼(재질)을 [Matal] - [Nickel]로 선택해 봅니다. 그러면 그림처럼 글자 두께가 두꺼워지고, 니켈 금속 재질로 바뀐 것을 알 수 있습니다. 이와 같은 방법으로 상황에 맞게 설정해 보기 바랍니다.

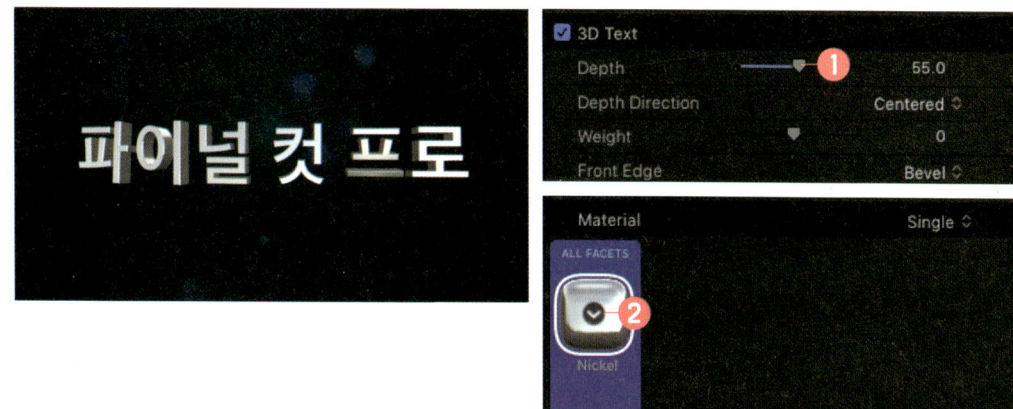

타이틀 애니메이션 수정하기

타이틀 애니메이션의 수정은 **타이틀 인스펙터(Title Inspector)**에서 이루어지며, 애니메이션 스타일과 빌드 인/아웃, 속도, 리타임, 페이드 인/아웃 등에 대한 설정을 할 수 있습니다.

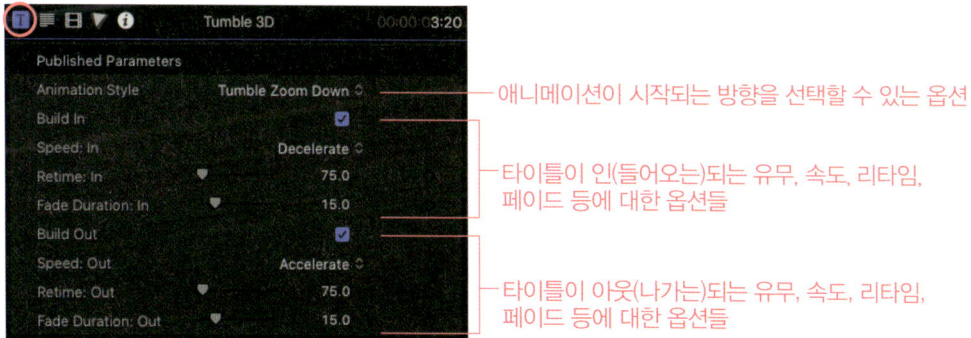

타이틀 인스펙터와 텍스트 인스펙터는 모든 타이틀 섹션의 인스펙터와 유사하기 때문에 다음에 살펴볼 타이틀/텍스트 인스펙터에 대해서는 여기에서 살펴보지 않았던 주요 옵션에 대해서만 살펴볼 것입니다.

3D 시네매틱 사용하기

3D **시네매틱(Cinematic)**은 말 그대로 영화에 흔히 볼 수 있는 3D 타이틀을 제작하기 위한 프리셋을 제공합니다. 몇몇 프리셋은 실용적으로 사용할 수 있을 정도로 세련되고 감각적입니다.

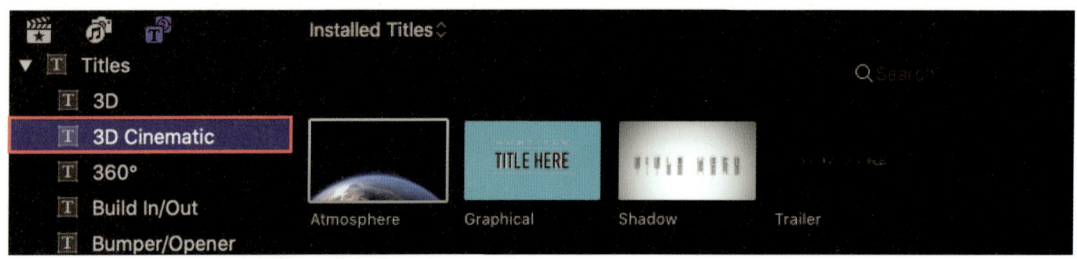

애트머스피어(Atmosphere)

우주 배경으로 자전하고 있는 지구의 모습의 시네매틱 프리셋입니다. 헐리웃 영화에서 많이 보았던 전형적인 3D 타이틀 애니메이션 형태이며, 글자의 수정은 앞서 학습한 3D 섹션에서처럼 텍스트 인스펙터에서 가능하며, 타이틀 인스펙터에서는 지구로 사용되는 배경의 모습에 대한 유무를 선택할 수 있습니다.

해제하면 지구 배경이 제거됨

그래피컬(Graphical)

3D 타이틀이지만 카툰 느낌의 단순한 질감을 사용합니다. 둥근 물체를 휘감아 돌아오듯 여러 개의 글자들이 연속적으로 날아오는 애니메이션 형태이며, 부드럽게 정지하는 것이 특징입니다. 텍스트 인스펙터에서는 글자의 색상과 블렌드(합성) 모드와 불투명도, 라인 길이, 배경 색상 등을 설정할 수 있으며, 배경에 대한 사용 유무를 선택할 수 있어 원하는 배경 영상(이미지)를 사용할 수 있습니다. 여러 개의 글자들이 사용되었을 때에는 각각의 글자를 선택하여 개별로 수정을 해야 합니다.

그래피컬 프리셋의 텍스트 **인스펙트 매터리얼(Material)**을 보면 설정된 재질을 확인할 수 있기때문에 해당 프리셋에 대한 분석을 통해 학습 효과를 얻을 수 있습니다.

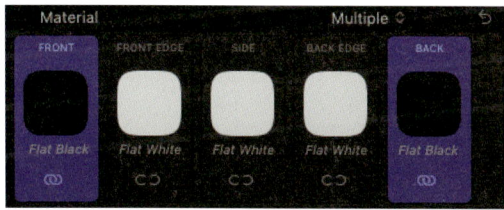

셰도우(Shadow)

밀크 배경에 3D 글자들이 입체적으로 돌출되는 애니메이션 형태이며, 상단에 배치된 조명에 의한 그림자가 보다 감각적으로 느껴집니다. 전체적으로 정적이며, 클래시한 느낌의 3D 타이틀입니다. 텍스트 인스펙터에서는 애니메이션되는 글자 형식, 방향, 크기, 배경 색상, 배경에 대한 사용 유무와 외부 이미지를 선택할 수 있습니다.

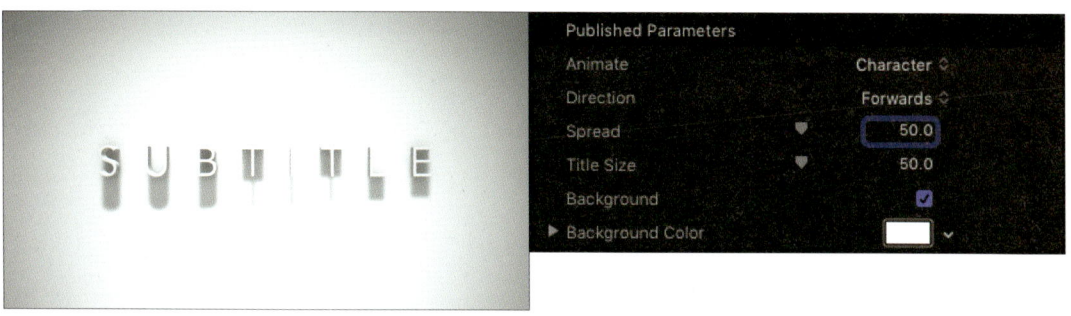

트레일러(Trailer)

트레일러는 영화 예고편에 어울리는 3D 타이틀 애니메이션 타이틀로써 3D 매터리얼(재질)과 조명, 두께 등을 설정할 수 있습니다.

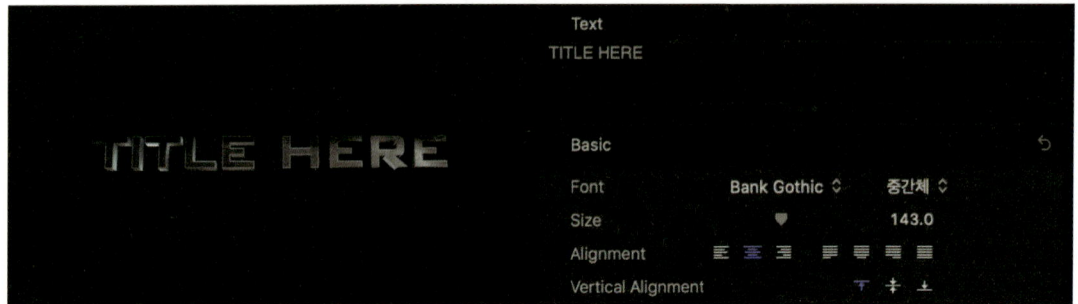

360° 사용하기

360° 타이틀은 360도 카메라에서 촬영된 장면에 적합한 타이틀입니다. 이 타이틀을 사용하기 사용하기 위해서는 360도로 촬영된 비디오 클립과 작업 뷰를 360° Viewer일 때 가능합니다.

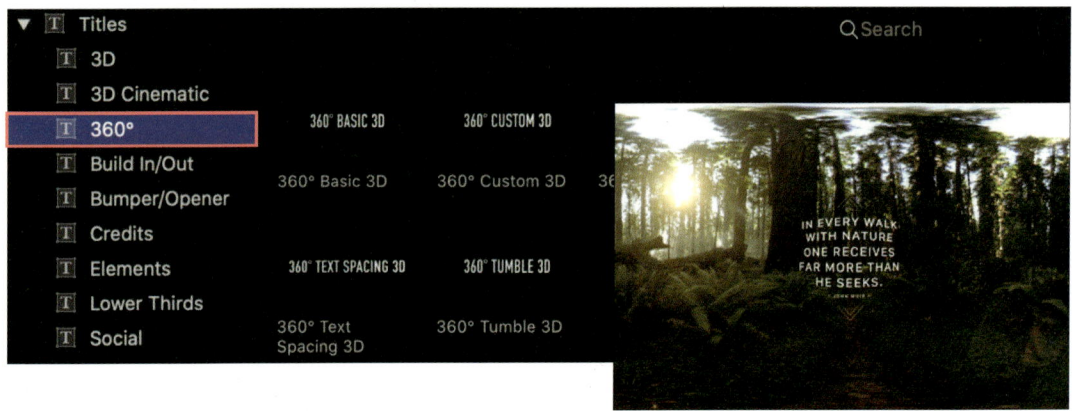

빌드 인/아웃 사용하기

빌드 인/아웃(Build In/Out) 플랫, 즉 2D 타이틀로써 인/아웃트로 타이틀 및 라이징(줄기가 자라나는), 파티클 등 비교적 정적인 애니메이션 프리셋들을 제공합니다.

블러(Blur)

블러는 타이틀이 흐린 상태에서 서서히 선명해지는 애니메이션 형태로써 인/아웃트로 및 일반 자막을 표현하기 위해서도 사용됩니다. 타이틀 인스펙터에서는 블러 사용 유무, 글꼴, 색상, 크기 방향, 지속 시간 등에 대한 애니메이션을 설정할 수 있습니다.

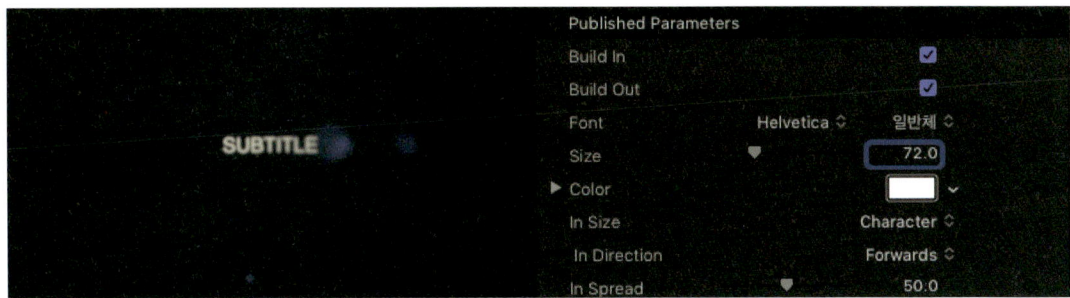

타이틀의 위치를 뷰어에서 직접 이동할 수 있으며, 텍스트 인스펙터에서는 글자 입력, 크기 등을 설정할 수 있습니다. 또한 3D Text를 체크하면 2D 타이틀에서 3D 타이틀로 전환할 수 있으며, Outline을 체크하여 테두리를 생성할 수도 있습니다.

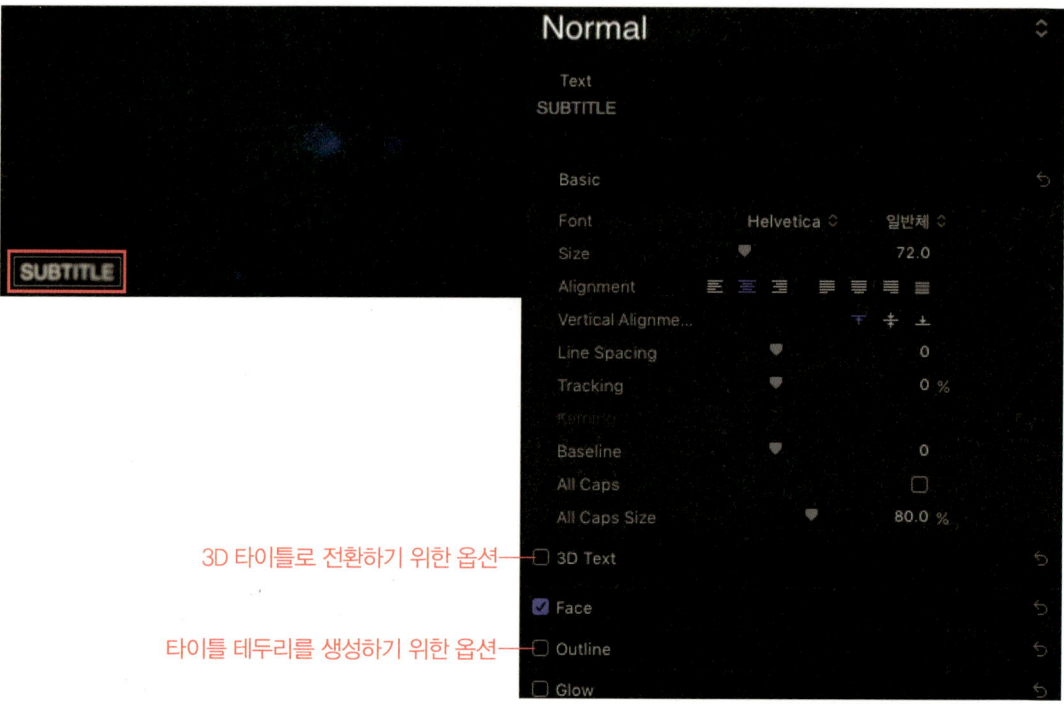

오네이트(Ornate)

타이틀 주변에 장식을 이용하며, 장식이 마치 식물의 줄기가 잘라나듯이 성장하는 애니메이션입니다. 타이틀 인스펙터에서는 성장하는 애니메이션 유무, 글꼴, 색상 등을 설정하며, 텍스트 인스펙터는 앞서 살펴본 블러와 넉 아웃 프리셋과 동일합니다. 장식을 다른 것으로 바꾸기 위해서는 모션(Motion) 프로그램을 이용해야 합니다.

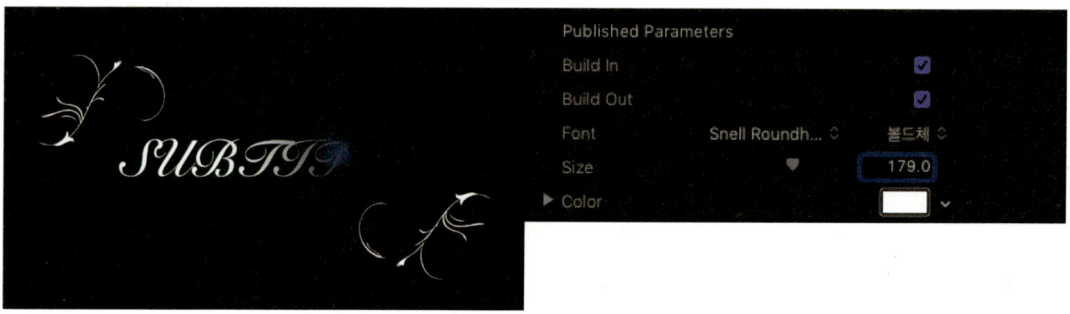

픽시 더스트(Pixie Dust)

작은 입자들이 지나간 자리에 타이틀이 나타나는 애니메이션 형태로써 **파티클(Particle)** 애니메이션과 같은 느낌을 줍니다. 타이틀/텍스트 인스펙터에서는 애니메이션 유무, 글꼴, 색상, 글자 입력 등과 같은 일반적인 설정이 가능하며, 파티클(입자)들은 모션 프로그램을 통해 설정이 가능합니다.

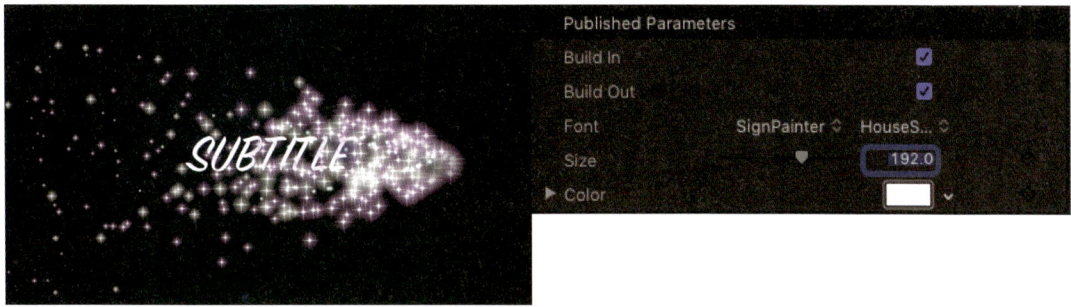

 ### 타이틀/액션 세이프 존에 대하여

뷰어 우측 상단의 View 메뉴의 Show Title/Action Safe Zones을 선택하면 화면에 두 개의 박스가 나타나는데, 바깥쪽은 화면, 즉 장면을 보호하기 위한 영역이며, 안쪽은 타이틀을 보호하기 위한 영역입니다.

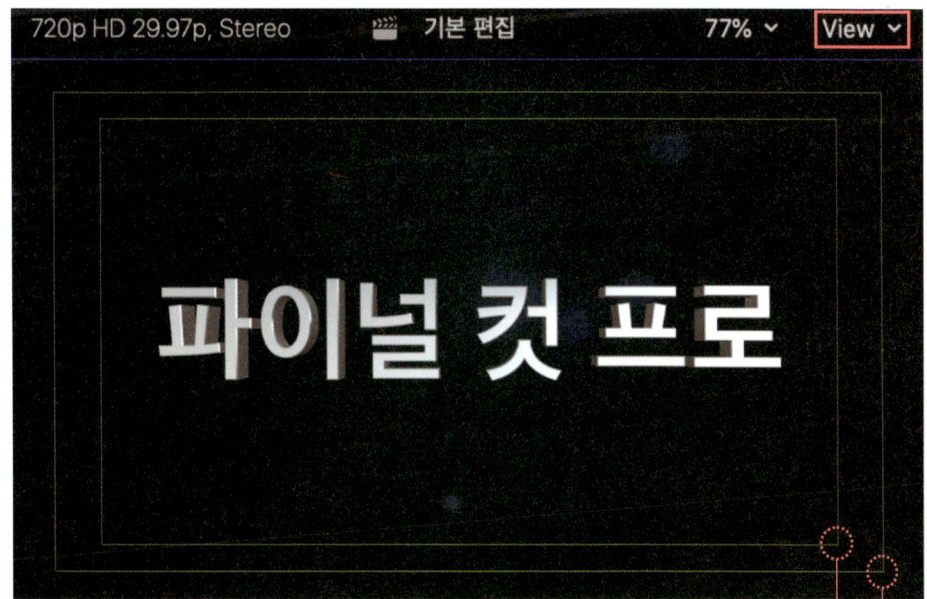

범퍼/오프너 사용하기

범퍼/오프너(Bumper/Opener) 섹션에서는 타이포 그래피를 포함하여, 테마형, 코믹 북, 도큐멘터리, 필름스트립, 뉴스 타이틀, 포토 앨범 등과 같은 가장 다채롭고 화려한 모션 그래픽 타이틀 프리셋들을 제공합니다.

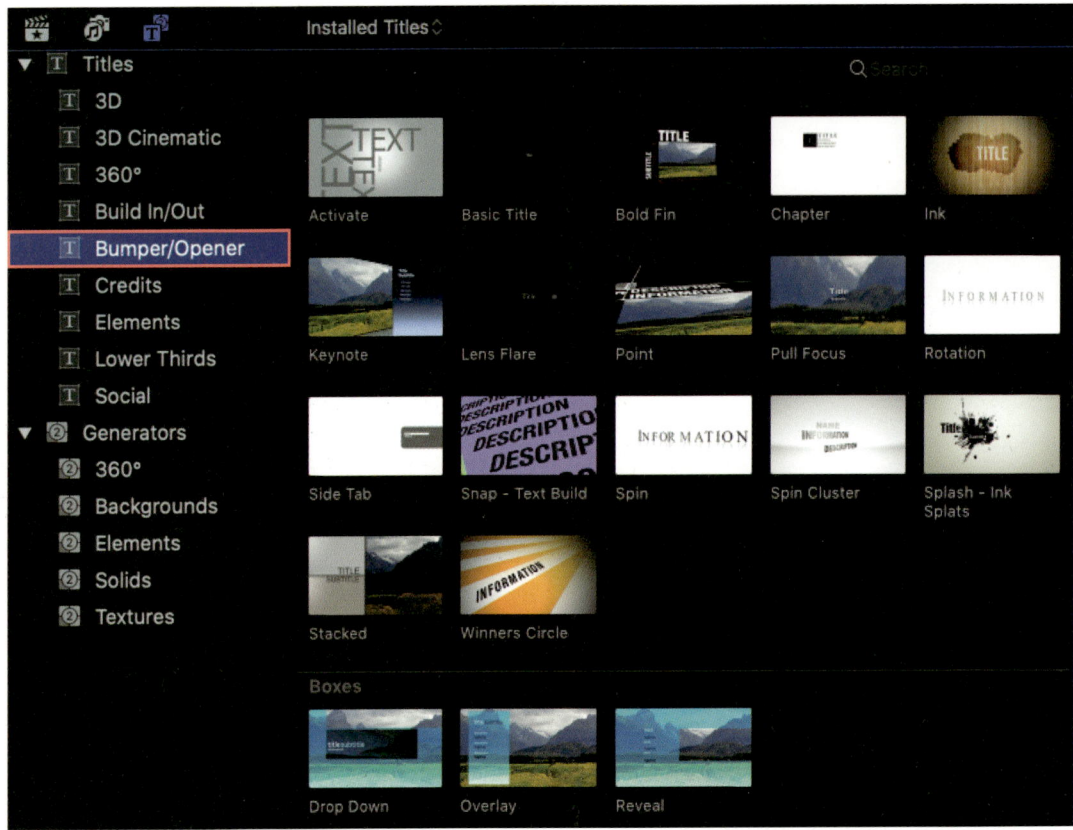

액티베이트(Activate)

여러 개의 글자들이 각각 다양한 각도와 위치에서 서로 다이내믹하게 움직이는 전형적인 타이포 그래피 애니메이션 형식으로써 타이틀 인스펙터에서는 배경 사용 여부를 선택할 수 있습니다. 최근엔 빠른 템포의 음악 관련 영상에서 가사를 리드미컬하게 표현할 때 많이 사용됩니다.

포인트(Point)

라인과 글자와 장면이 어우러져 다이내믹한 애니메이션을 만들어줍니다. 타이틀 인스펙터에서는 그림자와 색상, 블러, 각도, 라인에 대한 설정이 가능하며, 미디어 웰(Media Well) 1, 2를 통해 브라우저에 있는 클립(장면)을 선택하여 사용할 수 있습니다. 적용 방법은 앞선 비디오 이펙트와 트랜지션에서 살펴보았던 방법과 동일합니다.

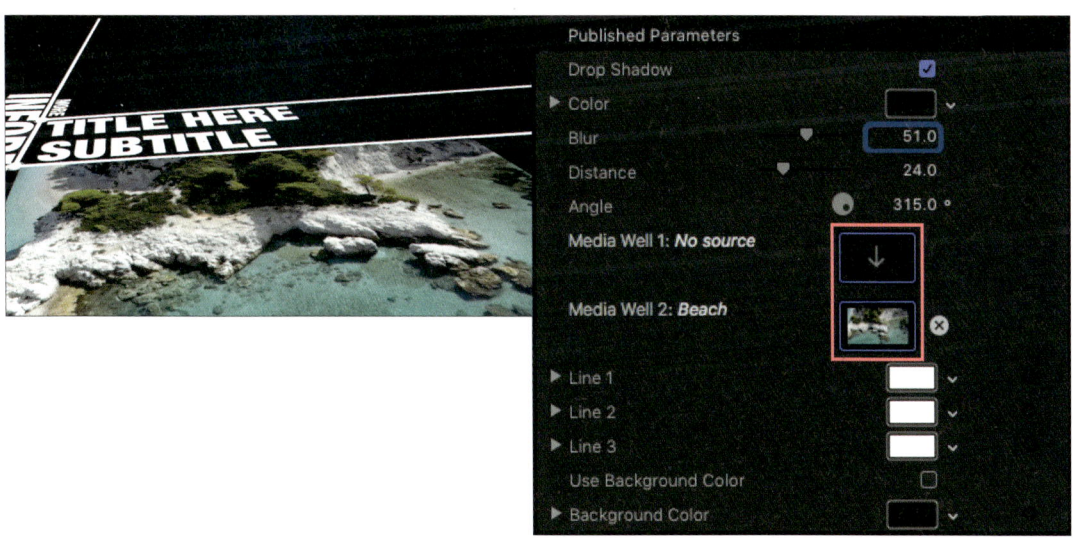

스플래시 - 잉크 스플래트(Splash - Ink Splats)

잉크가 번지고, 붓으로 그림이나 글자가 써지는 잉크 타이포 그래피 애니메이션으로써 타이틀 인스펙터에서는 애니메이션 사용 유무, 배경 유무, 잉크의 색상, 글꼴 및 글자 크기 등을 설정할 수 있습니다.

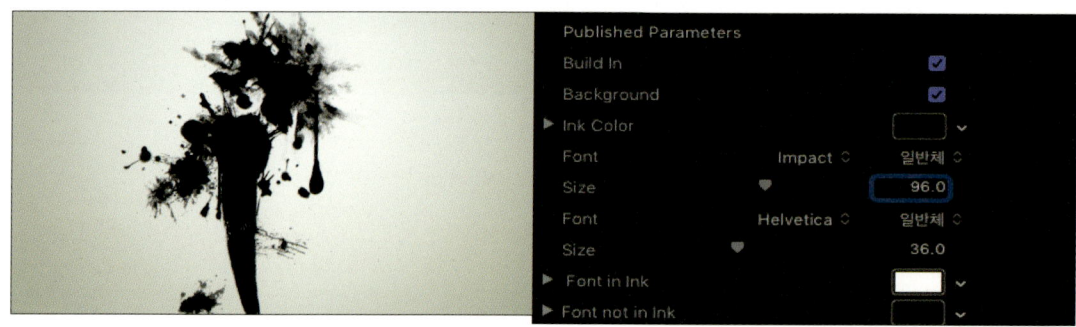

불리틴 보드(Bulletin Board)

게시판에 지도 및 카드, 우표 등의 게시물이 붙어있고, 사진 틀에는 프라이머리 스토리라인에 있는 비디오 클립의 모습이 나타납니다. 주로 여행이나 예능 프로그램의 섹션 타이틀로 사용됩니다.

슬라이드(Slide)

마치 만화책 표지를 연상케 하며, 표지 메인에 나타나는 장면은 프라이머리 스토리라인에 있는 비디오 클립의 모습이 나타납니다. 타이틀 인스펙터에서는 애니메이션 유무, 글꼴, 크기, 컬러를 설정합니다.

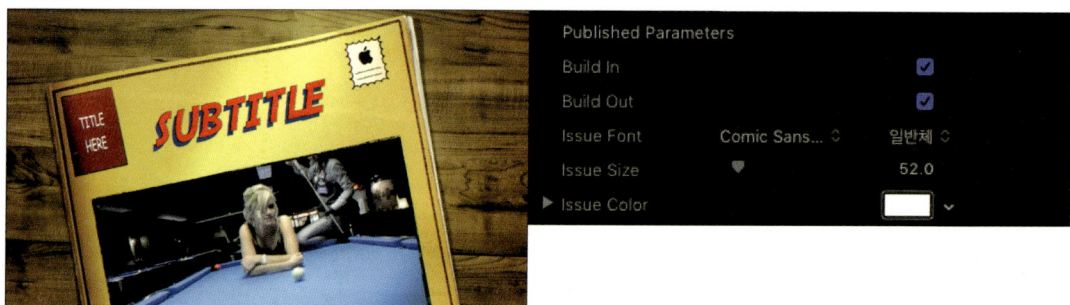

푸시(Push)

필름스트립에 마그네틱 타임라인에 있는 비디오 클립의 모습이 나타납니다. 타이틀 인스펙터에서는 애니메이션 유무를 선택합니다.

줌 인(Zoom In)

탁자 위에 가죽 무늬의 노트 표지가 나타나는 장면이 확대되면서 풀 화면으로 바뀌는 애니메이션 형식으로써 타이틀 인스펙터에서는 애니메이션 유무를 선택합니다.

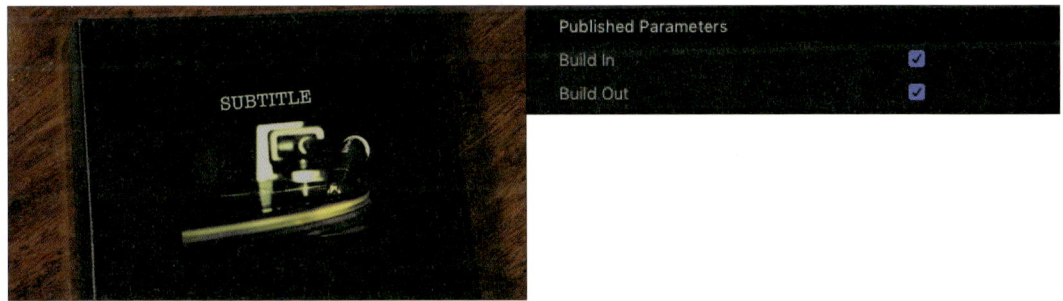

크레딧 사용하기

크레딧(Credits) 섹션은 프로그램의 마지막 엔딩 부분에 사용되는 프리셋들을 제공합니다. 일반적인 스크롤링부터 코믹 북, 포토 앨범 등의 콘셉트로 다양한 크레딧 타이틀을 활용할 수 있습니다.

스크롤링(Scrolling)

가장 일반적인 크레딧 형식으로써 프로그램 제작에 참여한 감독, 배우, 스텝 등의 정보를 보여주기 위해 사용됩니다. 타이틀 인스펙터에서는 주사 방식 선택과 블러를 설정하며, 텍스트 인스펙터에서는 크레딧 타이틀에 나타날 글자를 입력합니다.

슬레이트(Slate)

각 씬에 대한 정보를 나타내기 위해 사용되는 서브 타이틀입니다. 타이틀 인스펙터에서는 각 씬을 나타내기 위한 장면을 미디어 웰(Media Well)을 통해 적용할 수 있으며, 로고 및 배경 이미지도 선택할 수 있습니다.

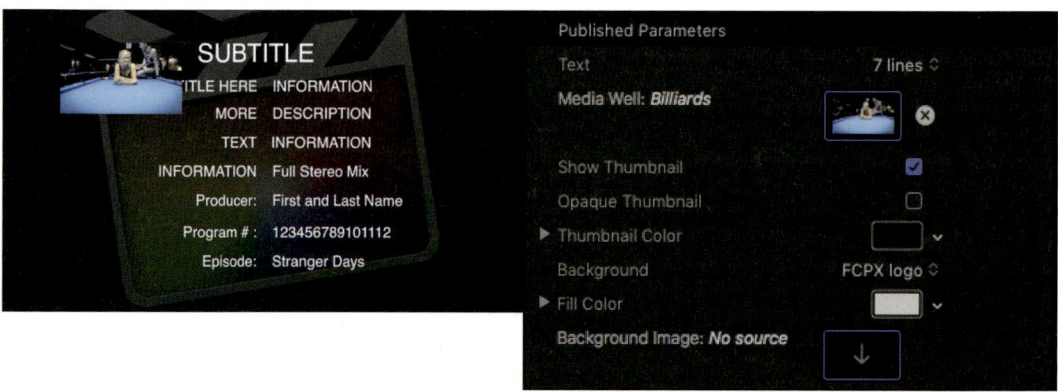

엘리먼트 사용하기

엘리먼트(Elements)는 타이틀의 기본 요소 정도로 이해하면 되는데, 리플레이, 풍선말, 스탬프, 카드, 스코어 표시 등의 엘리먼트 아이템들을 사용할 수 있습니다.

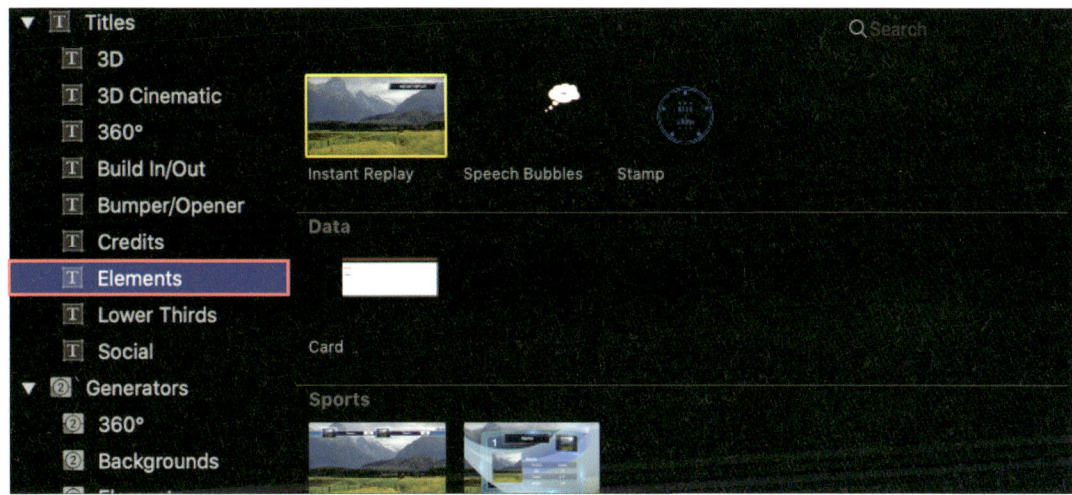

로어 서드 사용하기

로어 서드(Lower Thirds)는 화면 하단에 나타나는 타이틀로써 인터뷰한 출연자의 정보 및 스포츠 중계에서 선수들의 승률, 타율, 방어율, 골 개수 등과 같은 정보를 나타내기 위해 사용됩니다.

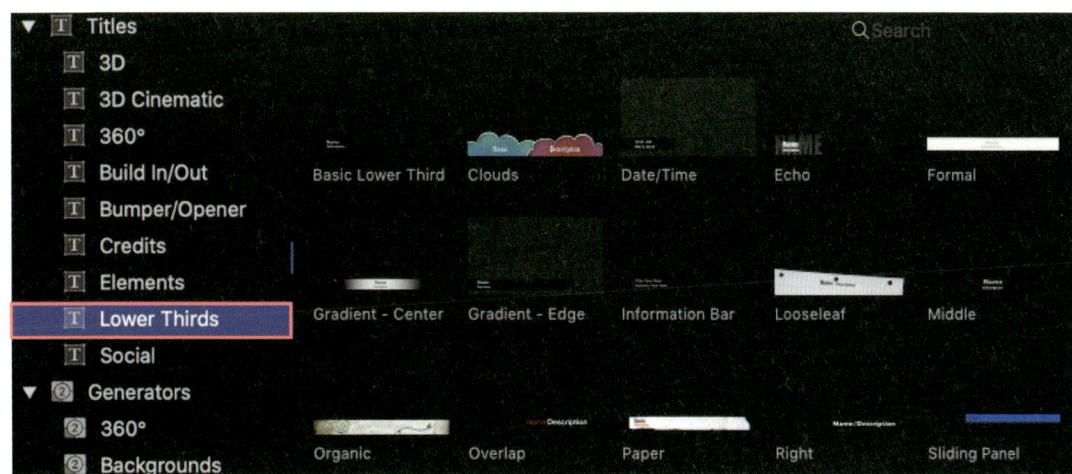

레프트(Left)

좌측에서 우측으로 라인과 함께 타이틀로 나타나며, 좌측 작은 화면에는 로고나 그밖에 장면을 적용할 수 있습니다. 타이틀 인스펙터에서는 애니메이션 유무, 라인 색상, 글꼴, 로고 드롭 존(Logo Drop Zone)을 통해 로고나 장면을 적용할 수 있습니다.

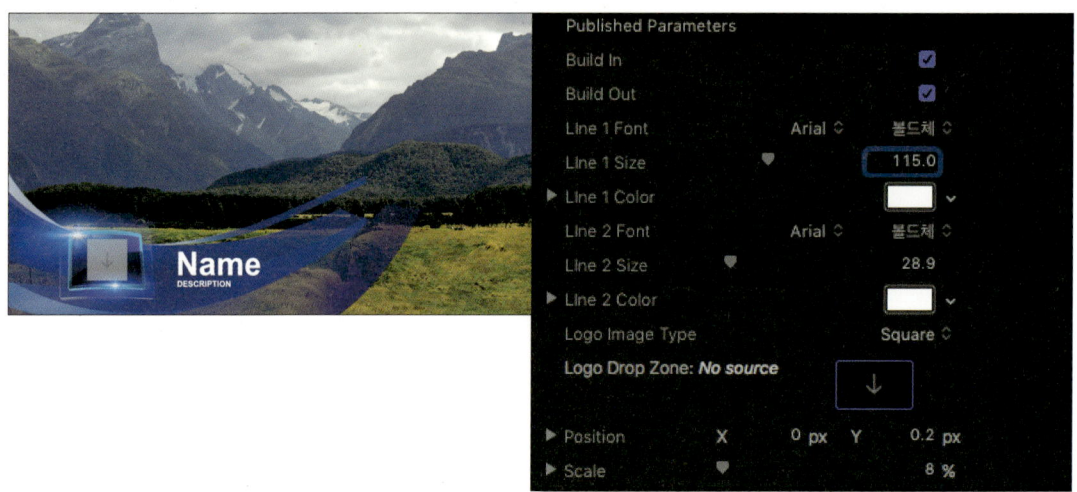

소셜 사용하기

유튜브, 페이스북, 인스타그램 등의 SNS(소셜 네트워크 서비스)에 적합한 다양한 타이틀을 제공합니다.

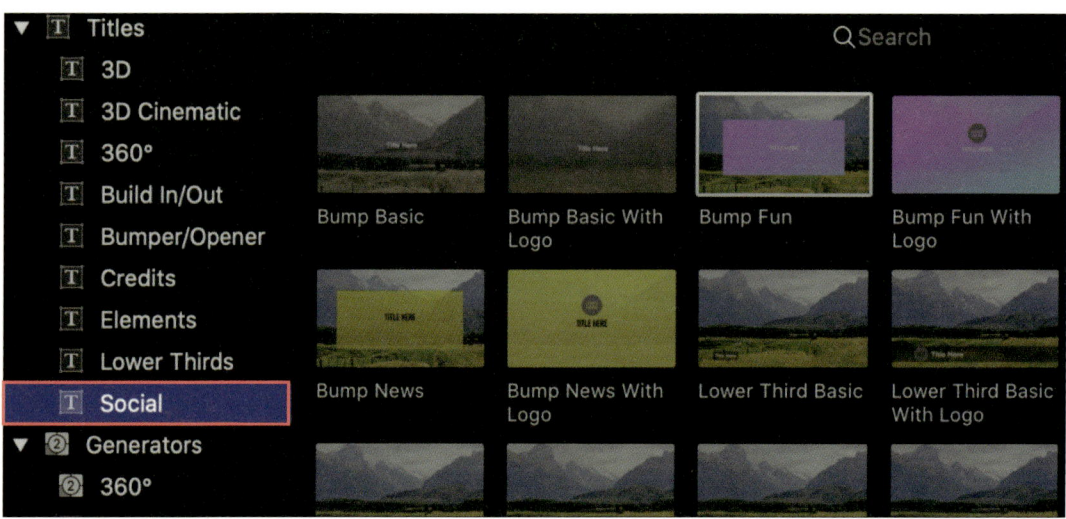

제너레이터 적용 및 설정하기

제너레이터(Generators)는 타이틀 배경이나 독립적인 배경을 위한 다양한 백그라운스 프리셋과 다양한 종류의 엘리먼트 아이템 그리고 단일 색상의 배경 및 합성 소스로 사용할 수 있는 솔리드 등의 다양한 텍스처들을 사용할 수 있습니다.

백그라운드 사용하기

백그라운드(Backgrounds)는 말 그대로 배경을 위해 사용되는 다양한 아이템들을 제공합니다. 배경 소스는 타이틀 배경 또는 독립적인 배경으로 사용되며, 때론 다른 장면과 합성을 위해서도 사용됩니다.

블로드(Blods)

위, 아래, 배경을 기준으로 3가지 색상이 흐릿하게 혼합되어 비춰지면서 움직이는 배경입니다. 제너레이터 인스펙터에서는 각각의 색상을 선택할 수 있습니다.

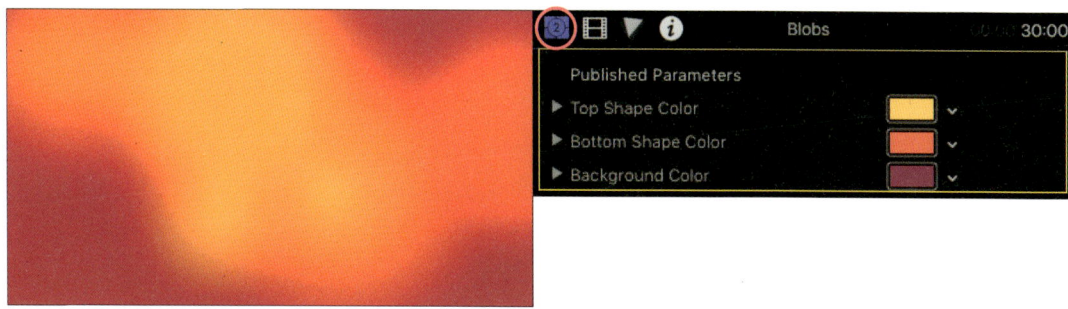

레이(Rays)

사방으로 흩어지는 레이저와 만화에서 볼 수 있는 집중선과 같은 배경입니다. 제너레이터 인스펙터에서는 포인트, 즉 선의 개수와, 회전되는 속도, 랜덤한 크기, 반지름, 위치, 선, 서클, 색상 등을 설정할 수 있습니다.

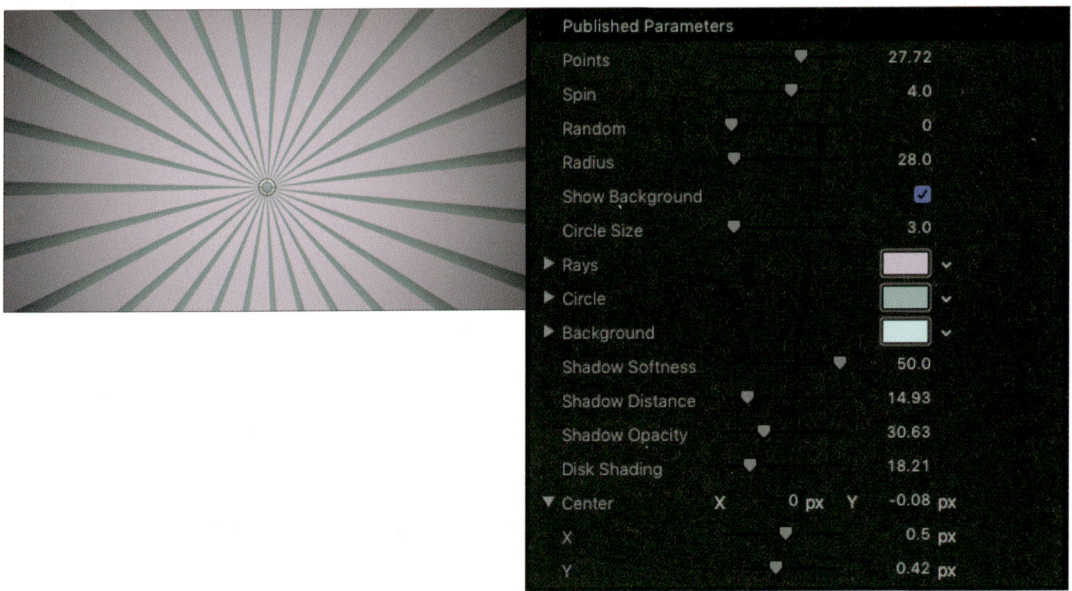

엘리먼트 사용하기

엘리먼트(Elements)는 카운터, 타임코드, 기본 도형 그리고 아직 결정되지 않은 장면을 대신해서 사용하는 플레이스홀더 등을 사용할 수 있습니다.

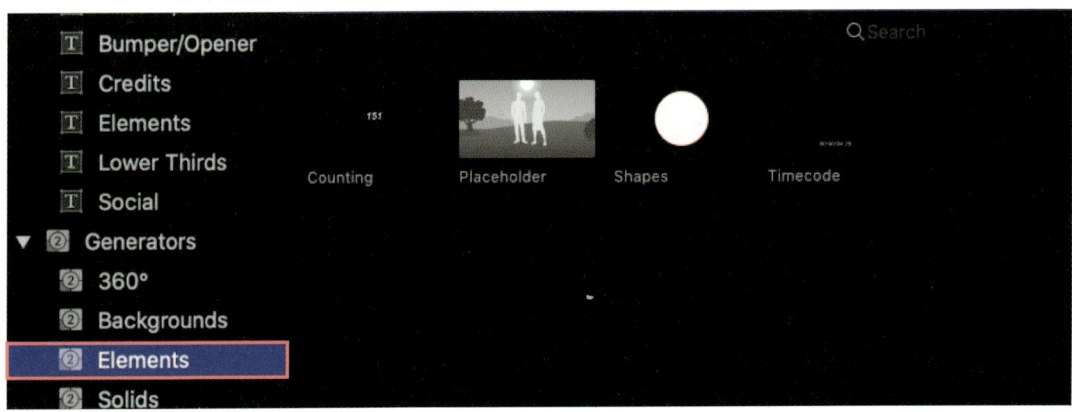

플레이스홀더(Placeholder)

플레이스홀더는 아직 결정되지 않은 장면을 사전에 적용하였다가 최종적으로 사용될 장면(클립)과 대체하기 위해 사용됩니다. 제너레이터 인스펙터에서는 씬의 프레이밍을 선택하거나 등장할 배우의 명수와 성별, 배경, 하늘, 실내, 뷰 노트 등을 설정할 수 있습니다.

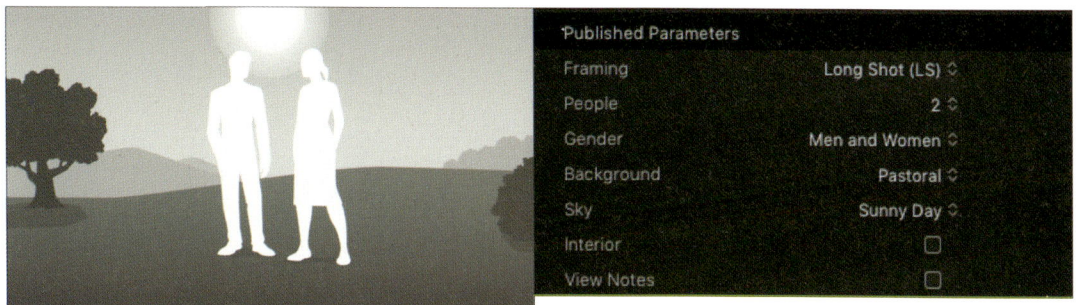

솔리드와 텍스처 사용하기

솔리드(Solids)는 단일 색상의 배경을 사용할 수 있으며, 텍스처(Textures)는 다양한 무늬의 텍스처를 사용할 수 있습니다. 이 아이템들은 타이틀 배경이나 독립적인 형태 그밖에 합성을 위한 소스로 사용되며, 제너레이터 인스펙터를 통해 색상 및 무늬를 설정할 수 있습니다.

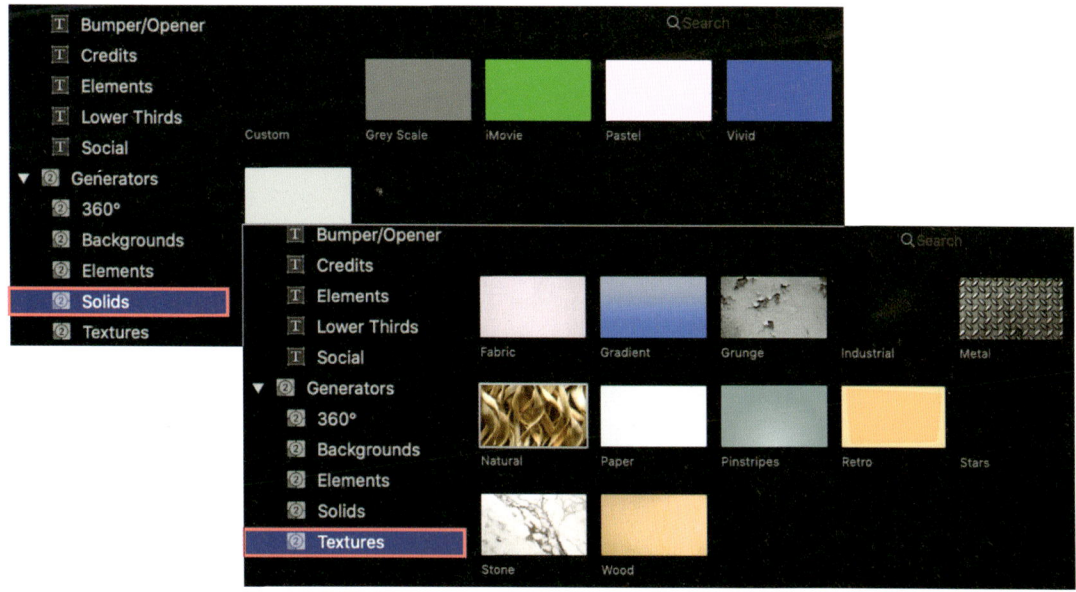

Final Cut Pro　Guide for Beginner

FCP
파이널컷프로

PART 03

 고급편집

01 클립 합쳐서 작업하기
02 모션 그래픽 제작하기
03 합성에 대한 모든 것
04 멀티캠(Multicam) 편집

01 클립 합쳐서 작업하기

클립을 합친다는 것은 복잡하게 얽혀있는 타임라인의 공간을 정리하여 여유롭게 사용하기 위한 것이지만 스토리라인에서의 의미는 자유자재로 이동되는 커넥트 클립들을 프라이머리 스토리라인처럼 고정시키기 위한 것이기도 합니다.

오디션(Audition) 클립 활용하기

오디션은 결정되는 않은 장면(클립)에 대한 심사를 한 후에 최종적으로 결정한 장면을 사용하기 위한 장치(기능)으로써 사용할 장면(클립)을 우선적으로 선별하였다가 앞뒤 장면과 비교하여 가장 잘 어울리는 장면을 최종적으로 선택할 수 있습니다. 아래 그림은 여러 개의 클립을 스토리라인에 적용한 상태이며, 세 번째 클립은 아직 결정되지 않은 장면을 대신할 **갭(Gap)** 클립을 적용한 상태입니다. 물론 이와 같은 상황에서는 그냥 비워두거나 **플레이스홀더**를 적용해 놓아도 됩니다.

갭(Gap) 클립 영역이 적용된 상태

갭은 [Edit] - [Insert Generator] 메뉴에서 Gap을 선택하여 적용할 수 있으며, 플레이스홀더 또한 같은 메뉴의 Placeholder 메뉴 또는 제너레이터(타이틀)의 엘리먼트 섹션에서 사용할 수 있습니다.

클립 대체하기

앞서 설명한 상태로 타임라인에 클립을 배치하였다면 이제 **브라우저**에서 **대체할 클립** 하나를 선택한 후 드래그하여 **갭** 클립 위에 갖다 놓습니다. 그러면 팝업 메뉴가 뜨는데 여기에서는 갭 클립의 길이에 맞게 대체하기 위해 Replace from Start를 선택하여 적용되는 클립의 **시작 점**을 기준으로 대체되도록 합니다.

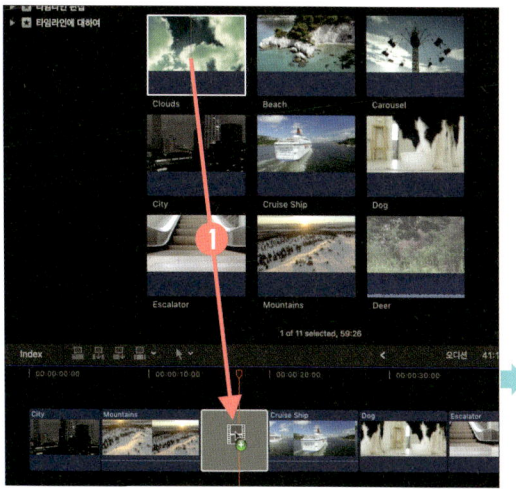 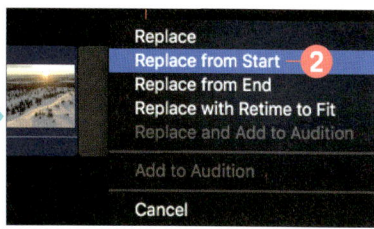

학습에 사용되는 미디어 클립들은 **학습자료** 폴더에 있는 것이 아닌 **여러분이 촬영**한 **비디오** 파일을 사용해도 무관합니다.

오디션 클립 만들기

계속해서 **브라우저**에 있는 또 다른 클립을 드래그하여 앞서 **대체한 클립** 위로 갖다 놓습니다. 그러면 앞에서 와 같은 메뉴가 나타나는데, 이번에는 Add to Audition을 선택합니다. 그러면 앞서 대체된 클립과 방금 적용한 클립이 **하나로 합쳐진 오디션 클립**으로 만들어집니다.

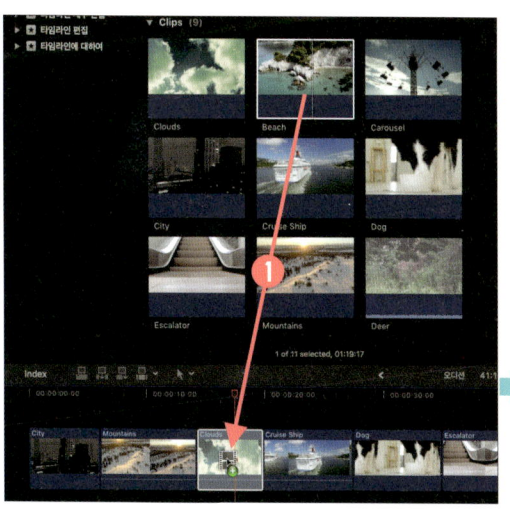 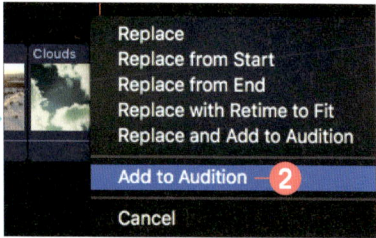

오디션 클립은 하나의 클립으로 표시되지만 실제로는 클립에 적용된 만큼의 클립(장면)들이 포함된 상태입니다. **오디션 클립 좌측 상단**에는 그림과 같은 **아이콘** 표시가 나타나기 때문에 오디션 클립과 일반 클립을 쉽게 구분할 수 있습니다. 계속해서 클립을 하나 더 오디션 클립에 적용합니다. 이것으로 총 **3개**의 장면이 하나의 오디션 클립에 적용되었습니다.

오디션 클립에서 장면 선택하기

이제 오디션 클립에 적용된 몇 개의 클립 중 최종적으로 사용될 하나의 클립을 선택해 보겠습니다. 오디션 클립 좌측 상단의 아이콘을 클릭해 봅니다. 그러면 오디션 선택 창이 나타나는데 여기에서 원하는 클립을 선택하면 됩니다. 오디션 선택 창에서 다른 클립을 선택하기 위해서는 **좌우 화살표** 키를 누르거나 직접 선택할 수 있으며, 스키밍을 통해 장면을 볼 수도 있습니다. 최종적으로 사용될 클립이 선택되었다면 Done 버튼을 누릅니다. 이처럼 여러 개의 클립을 하나의 오디션 클립에 포함한 후 최종 장면을 선택하여 사용할 수 있습니다.

오디션 클립에 적용될 클립이 원래 있었던 클립보다 길 경우엔 별도로 편집을 해주어야 합니다.

오디션 클립 해체하기

여러 개의 클립이 적용된 오디션 클립을 해체하여 개별적으로 사용하고자 한다면 오디션 클립을 선택한 후 [Clip] - [Break Apart Clip Items] 메뉴를 선택하면 됩니다. 그러면 그림처럼 하나의 오디션 클립에 적용되었던 모든 클립들이 커넥트 클립으로 해체됩니다. 하지만 한번 해체된 클립들은 다시 오디션 클립으로 만들 수 없기 때문에 주의해야 합니다.

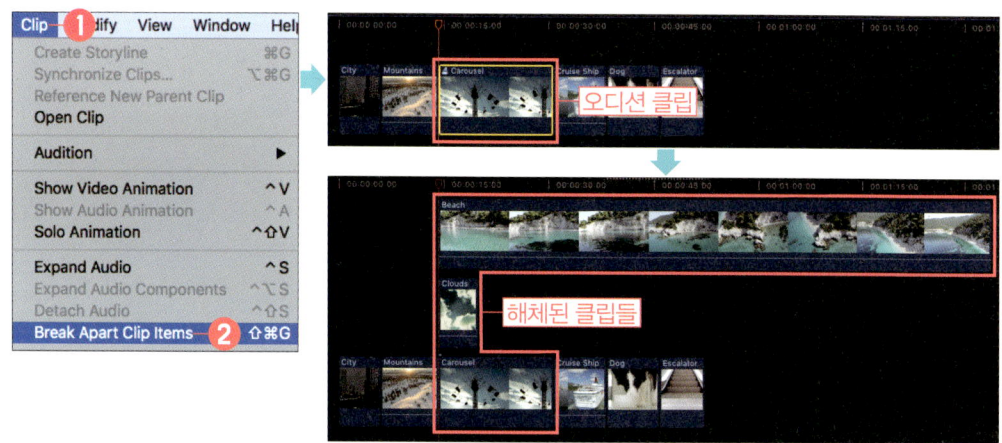

세컨더리 스토리라인(Secondary storyline) 활용하기

프라이머리 스토리라인에 연결된 커넥트 클립들도 별도의 스토리라인으로 만들어줄 수 있으며 이렇게 만들어진 스토리라인을 **세컨더리 스토리라인(Secondary storyline)**이라고 합니다. 세컨더리 스토리라인은 기존의 프라이머리 스토리라인의 연결 관계에서 완전히 독립되지는 않지만 프라이머리 스토리라인처럼 고정된 형태로 클립들을 다룰 수 있으며, 트랜지션과 같은 효과를 적용할 수 있습니다. 아래 그림을 보면 프라이머리 스토리라인에 여러 개의 클립이 적용된 상태이고, 위쪽에는 커넥트 클립 몇 개가 간격을 두고 나열된 상태입니다. 여기에서 커넥트 클립 두 개를 선택해 봅니다.

선택된 클립 프라이머리 스토리라인에 적용하기

세컨더리 스토리라인을 만들기에 앞서 선택된 커넥트 클립을 프라이머리 스토리라인으로 적용하는 방법에 대해 살펴보겠습니다. 앞서 선택된 두 클립이 그대로 유지한 상태에서 RMB를 하여 Overwrite to Primary Storyline 메뉴를 선택합니다. 그러면 선택된 두 클립이 고스란히 아래쪽 프라이머리 스토리라인에 기존의 클립을 **덮어 씌우**는 형태로 적용되는 것을 알 수 있습니다. 확인 후 **언두**를 하여 다시 이전 상태로 되돌려 놓습니다.

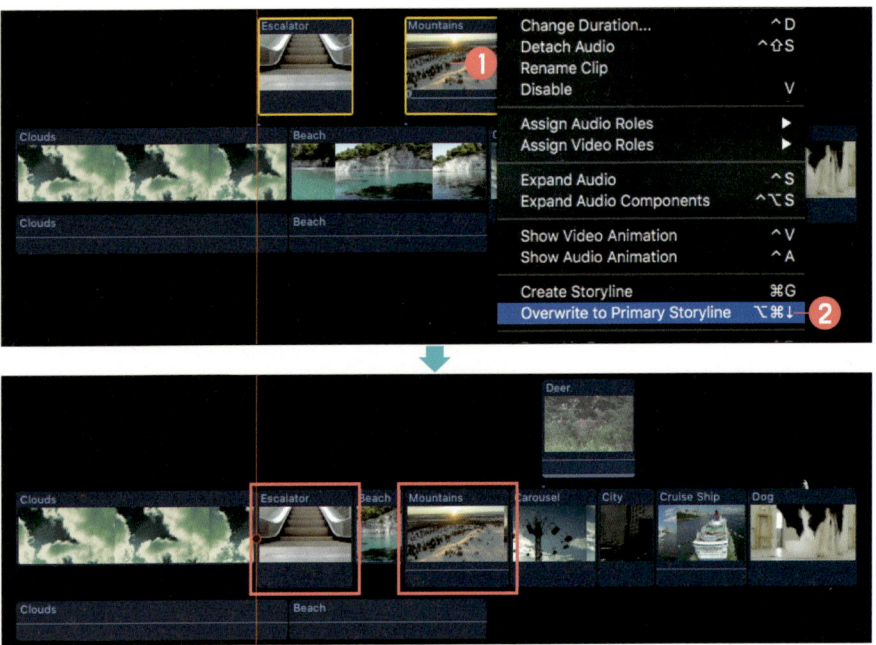

트랜지션을 적용하여 세컨더리 스토리라인 만들기

이제 선택된 클립에 대한 **세컨더리 스토리라인**을 **트랜지션**을 통해 만들어주기 위해 두 클립이 선택된 상태에서 트랜지션 브라우저를 열고 원하는 **트랜지션**을 **더블클릭**해 봅니다. 그러면 선택된 두 클립이 개별적으로 세컨더리 스토리라인이 만들어지게 됩니다.

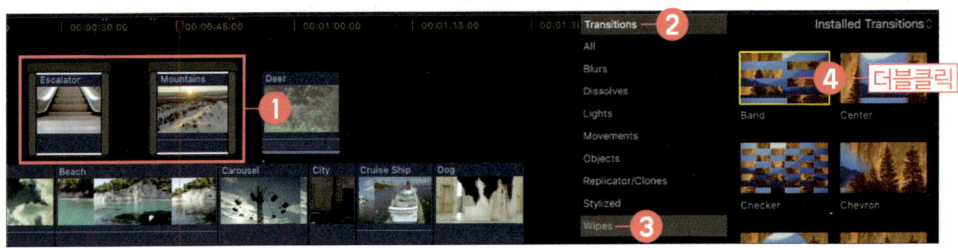

세컨더리 스토리라인이 만들어지면 클립 주변에 **짙은 회색** 영역이 만들어집니다. 또한 트랜지션이 적용되었기 때문에 클립의 **인/아웃 포인트**에 트랜지션이 적용된 것을 알 수 있습니다. 이렇듯 세컨더리 스토리라인은 트랜지션을 통해 적용할 수 있습니다. 확인이 끝나면 **언두**를 하여 다시 이전 상태로 되돌아갑니다.

이번엔 일반적인 방법의 세컨더리 스토리라인을 만들어보겠습니다. 앞선 작업처럼 **두 클립**을 **선택(반드시 두 클립을 선택해야 하는 것은 아님)**한 후 RMB를 하여 Create Storyline 메뉴를 선택합니다. 그러면 선택된 두 클립이 새로 생성된 스토리라인에 포함된 것을 알 수 있으며, 두 클립의 빈 곳은 **갭** 영역이 채워지게 됩니다. 이렇게 만들어진 스토리라인은 메인 프라이머리 스토리라인은 아니지만 부가적인 스토리라인으로써의 역할을 하게 됩니다. 세컨더리 스토리라인은 자유자재로 이동할 수 있으며, 삭제 시 포함된 모든 클립도 삭제됩니다. 또한 세컨더리 스토리라인에 포함된 클립들은 해당 스토리라인 안에서 위치를 바꿔줄 수도 있습니다.

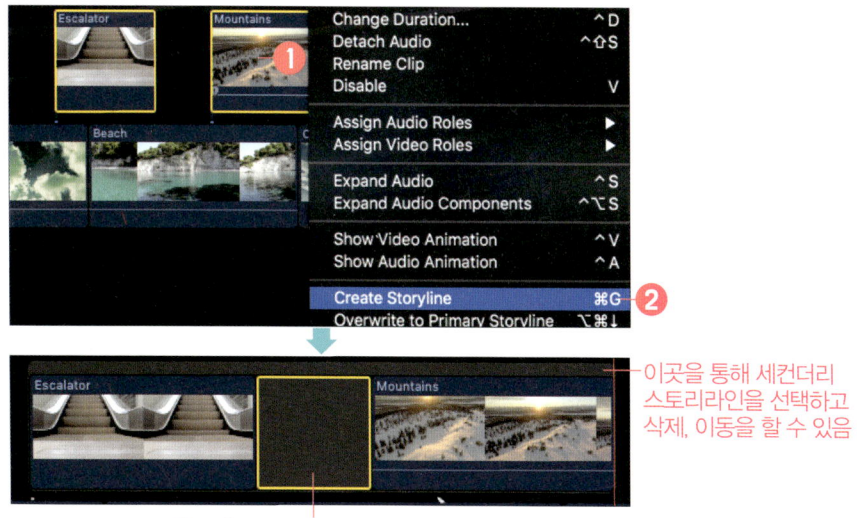

세컨더리 스토리라인을 해체하기 위해서는 오디션 클립을 해체할 때와 마찬가지로 세컨더리 스토리라인을 선택한 후 [Clip] - [Break Apart Clip Items] 메뉴를 선택하면 됩니다.

컴파운드(Compound) 클립 활용하기

컴파운드 클립은 여러 개의 클립을 하나의 클립으로 묶어서 사용할 수 있게 해 줍니다. 하나의 스토리라인에서 작업을 끝낼 경우엔 컴파운드 클립이 필요 없겠지만 여러 개의 커넥트 클립과 세컨더리 스토리라인을 사용할 경우에는 컴파운드 클립을 통해 타임라인 공간을 효율적으로 활용할 수 있습니다.

오픈 클립으로 컴파운드 클립 만들기

먼저 완전한 컴파운드 클립은 아니지만 컴파운드 클립처럼 사용할 수 있는 방법에 대해서 살펴보도록 하겠습니다. 아래 그림은 프라이머리 스토리라인에는 여러 개의 클립이 적용된 상태이고, 위쪽에는 두 개의 커넥트 클립이 적용된 상태입니다. 이제 오픈 클립을 하기 위해 맨 위쪽에 있는 커넥트 클립을 선택한 후 [Clip] - [Open Clip] 메뉴를 선택해 봅니다.

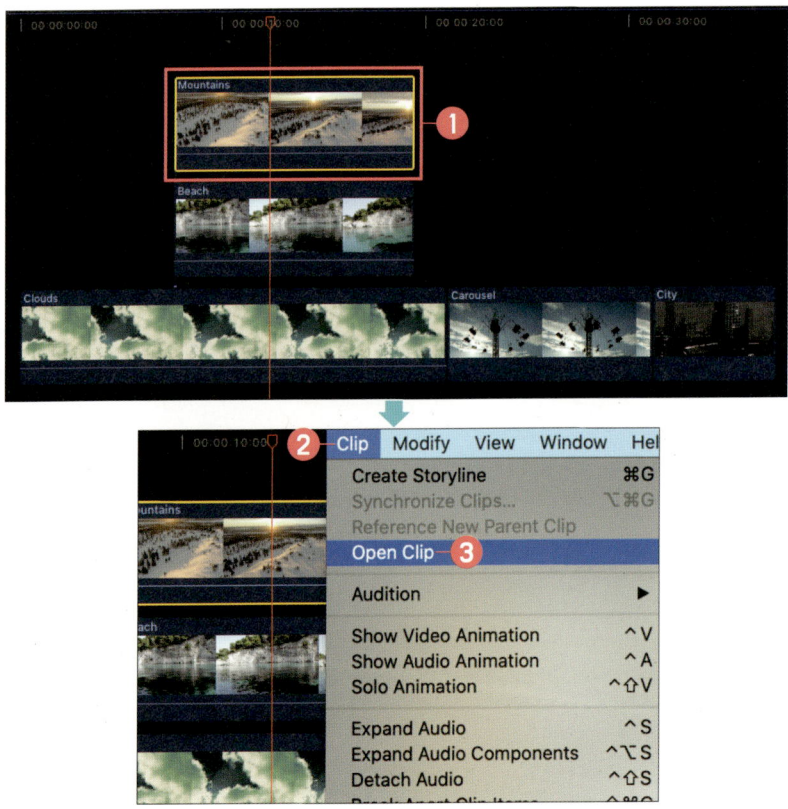

그러면 해당 클립에 대한 새로운 타임라인이 열리게 됩니다. 이 타임라인에서는 해당 클립뿐만 아니라 새로운 클립을 적용하여 작업을 할 수도 있습니다. 아래 그림을 보면 클립 우측 부분이 빗금 표시가 되어있는 것을 알 수 있는데, 이 **빗금 영역**은 해당 원본 클립의 편집된 영역, 즉 **핸들**로 사용할 수 있는 영역입니다. 만약 이 빗금 영역을 없애주고자 한다면 원본이 있는 타임라인으로 이동한 후 길이(장면)를 다시 늘려주어야 합니다.

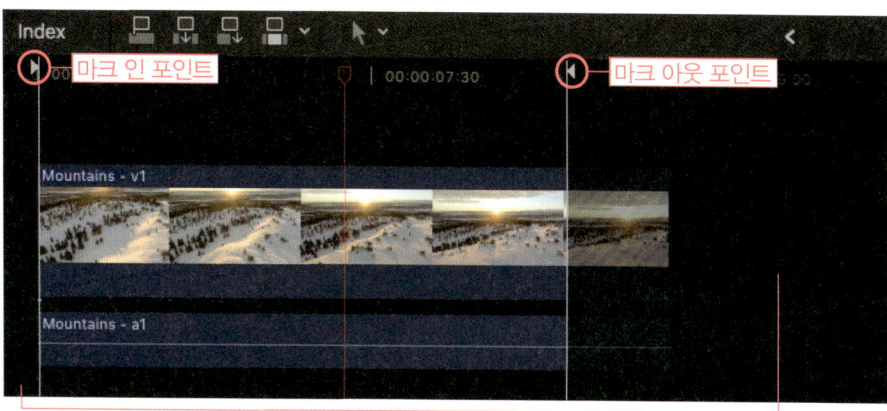

이제 브라우저에 있는 클립을 하나 선택한 후 그림처럼 새로 열린 타임라인 위쪽에 적용합니다. 그리고 길이를 아래쪽 클립과 동일하게 해 줍니다.

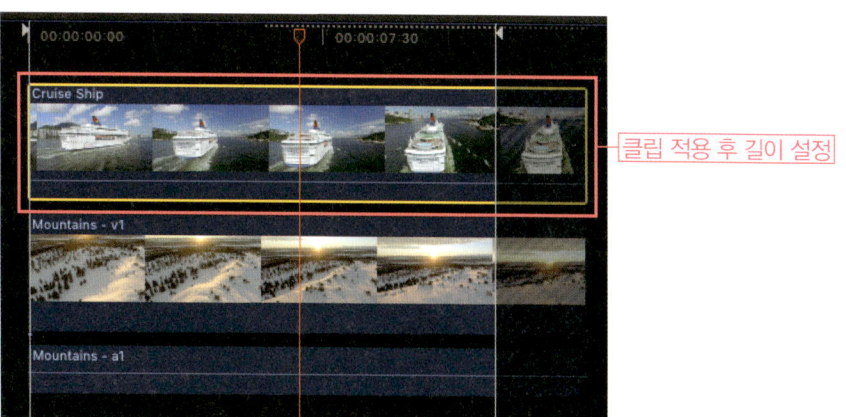

오픈 클립에 의해 열린 타임라인은 새로운 프로젝트가 생성된 것은 아니지만 원본이 있는 타임라인과 같은 작업을 수행할 수 있습니다.

트랜스폼을 이용하여 크기 조절하기

이번엔 앞서 적용한 클립의 크기를 줄여주기 위해 뷰어 좌측 하단의 **트랜스폼**(Transform)을 선택한 후 그림처럼 클립(화면)의 모서리를 이동하여 크기를 줄여줍니다.

트랜스폼, 크롭, 디스토트에 대해서는 다음 섹션(모션 그래픽 제작하기)에서 자세히 학습해 볼 것입니다.

이제 다시 원본 클립이 있는 타임라인으로 이동하기 위해 **이전 타임라인**(Go back in Timeline history)으로 이동합니다.

타임라인으로 돌아와 보면 앞서 크기를 줄여놓은 클립의 크기가 그대로 나타나는 것을 알 수 있습니다. 이처럼 오픈 클립은 하나의 클립을 통해 여러 개의 클립을 사용할 수도 있다는 것을 알 수 있습니다.

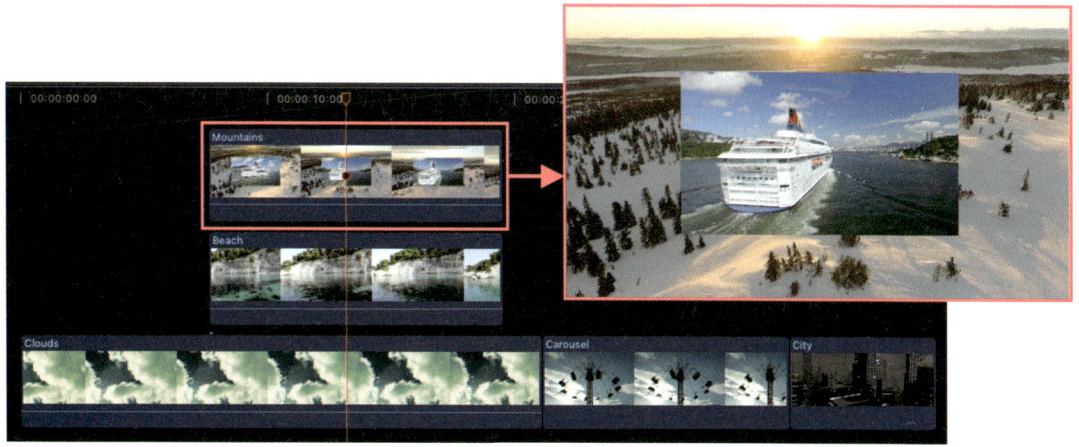

오리지널 컴파운드 클립 만들기

오리지널 컴파운드 클립은 앞서 살펴본 오픈 클립과 대부분 동일하지만 새로운 컴파운드 클립이 만들어지는 것과 컴파운드 클립을 더블클릭하여 간편하게 열어줄 수 있다는 것이 다릅니다. 살펴보기 위해 그림처럼 3개의 클립을 선택한 후 선택된 클립 위에서 RMB를 하여 New Compound Clip 메뉴를 선택합니다.

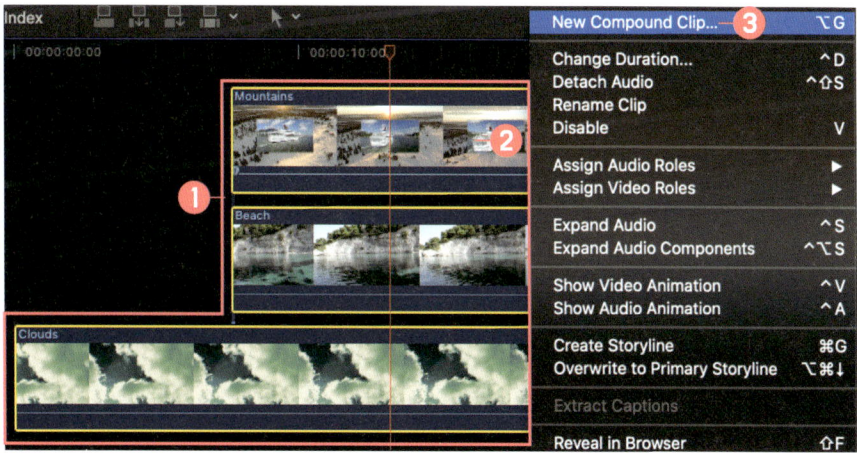

컴파운드 클립 설정 창이 열리면 이름과 적용될 **이벤트 위치**를 선택한 후 OK 버튼을 클릭합니다. 그러면 타임라인에서 선택되었던 **3개**의 클립들이 **하나**로 **합쳐**진 것을 알 수 있으며, 브라우저에는 새로운 **컴파운드 클립**이 생성되었습니다.

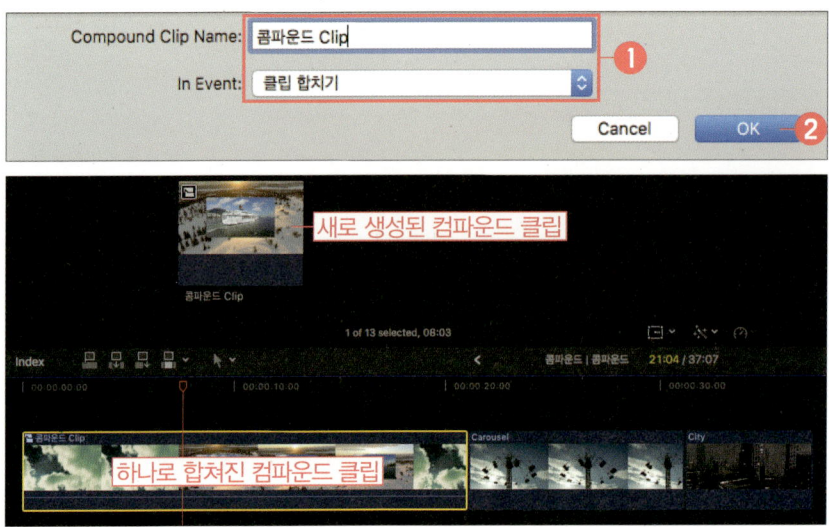

컴파운드 클립 열기

컴파운드 클립은 오픈 클립처럼 열어서 사용할 수 있습니다. 하지만 오픈 클립과는 다르게 컴파운드 클립을 **더블클릭**하는 것만으로도 간편하게 열어줄 수 있습니다.

컴파운드 클립 해체하기

컴파운드 클립을 만들기 이전 상태로 되돌아가고자, 즉 해체하고자 한다면 오디션과 세컨더리 스토리라인을 해체할 때처럼 컴파운드 클립을 선택한 후 [Clip] - [Break Apart Clip Items] 메뉴를 선택하면 됩니다. 그러면 컴파운드 클립이 만들어지기 이전으로 되돌아갑니다.

컴파운드 클립의 생성은 타임라인뿐만 아니라 브라우저에서도 가능하며, 클립과 클립 이외에도 컴파운드 클립끼리 다시 새로운 컴파운드 클립으로 만들 수도 있습니다.

02 모션 그래픽 제작하기

모션 그래픽(Motion Graphic)는 움직이는 그림 정도로 정의할 수 있습니다. 포괄적으로 영상이란 말이 모션 그래픽이라고 할 수 있지만 단순히 촬영에 의한 영상물 보다는 정적인 대상(소스)에 움직임을 부여하고, 디자인적 요소를 가미된 영상물이 모션 그래픽에 더 부합된다고 볼 수 있습니다. 최근에는 타이포 그래피 장르가 대세이지만 점, 선, 면 그리고 색을 이용한 움직임이 기본적 요소라 할 수 있으며, 사진(이미지)과 영상의 프레임 자체를 움직여 모션 그래픽으로 표현하기도 합니다.

비디오 인스펙터를 이용한 모션 그래픽

비디오 인스펙터에는 합성 및 트랜스폼, 크롭, 디스토트, 안정화 작업 등의 다양한 작업을 할 수 있는 기능들을 제공합니다. 그 중 모션 그래픽을 표현하기 위해서는 트랜스폼과 크롭 그리고 디스토트를 이용하게 됩니다.

트랜스폼(Transform) 활용하기

트랜스폼은 비디오(이미지) 클립의 위치(Position), 회전(Rotation), 크기(Scale XY), 회전축(Anchor)에 대한 변화를 주기 위해 사용됩니다. 학습을 위해 그림처럼 **30초**의 배경 클립과 **10초**의 비디오 클립을 위아래로 배치해 놓은 후 위쪽에 있는 비디오 클립을 선택하여 **비디오 인스펙터**를 열어줍니다.

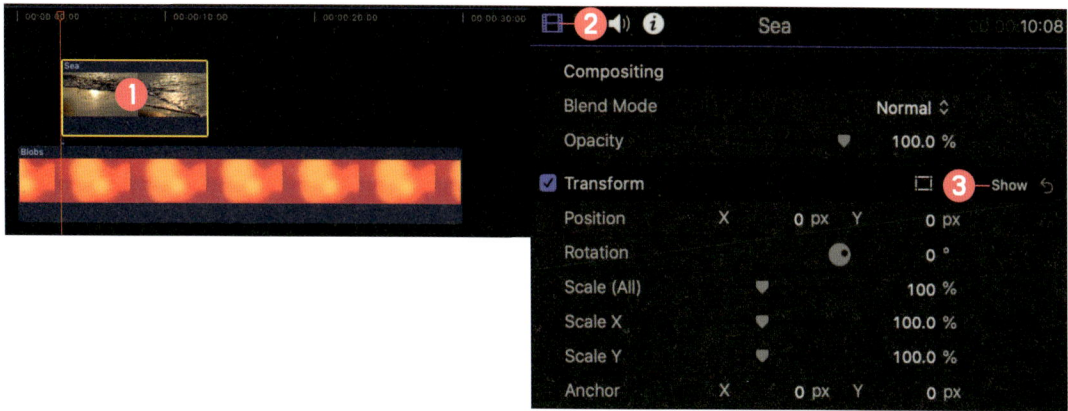

또한 트랜스폼은 앞서 살펴본 것처럼 **뷰어** 좌측 **하단**에서도 사용할 수 있는데, 이 곳에서 트랜스폼을 선택하여 뷰어를 통해 직접 크기, 회전, 위치를 설정할 수 있습니다.

트랜스폼이 활성화되면 뷰어에는 선택된 비디오 클립의 4개의 모서리와 4개의 변에 있는 포인트를 이용하여 크기를 조절할 수 있는데, 이때 **shift** 키를 누르면 클립의 **원본 비율**을 유지할 수 있습니다. 정가운데에 있는 포인트는 회전(중심)축이며, 우측으로 나와있는 포인트는 회전할 때 사용됩니다. 그리고 위치 이동은 클립, 즉 화면 자체를 드래그하면 되며, 뷰어 상단을 보면 좌측으로 키프레임을 생성하는 기능과 우측으로 트랜스폼을 적용 및 닫아주는 기능들이 있습니다.

만약 정확한 수치를 통해 크기, 회전, 위치를 설정해야 한다면 비디오 인스펙터의 트랜스폼에서 설정하기를 권장합니다. 참고로 우측 턴 모양의 **Reset** 화살표는 해당 옵션 값을 **초기값**으로 되돌릴 때 사용합니다.

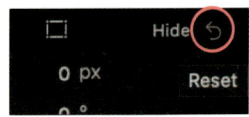

{ 예제로 익히기 : 슬라이딩되는 장면 }

01 우측 화면 밖에서 좌측 화면 밖으로 슬라이딩되는 장면을 표현하기 위해 앞서 적용한 배경과 비디오 클립(사진 이미지도 상관없음)을 이용해 보겠습니다. 먼저 비디오 클립을 그림처럼 우측 화면 밖으로 이동한 후 **시간(플레이헤드)**을 비디오 클립의 **시작 점**에 갖다 놓습니다. 그다음 트랜스폼의 포지션에 **키프레임**을 생성합니다.

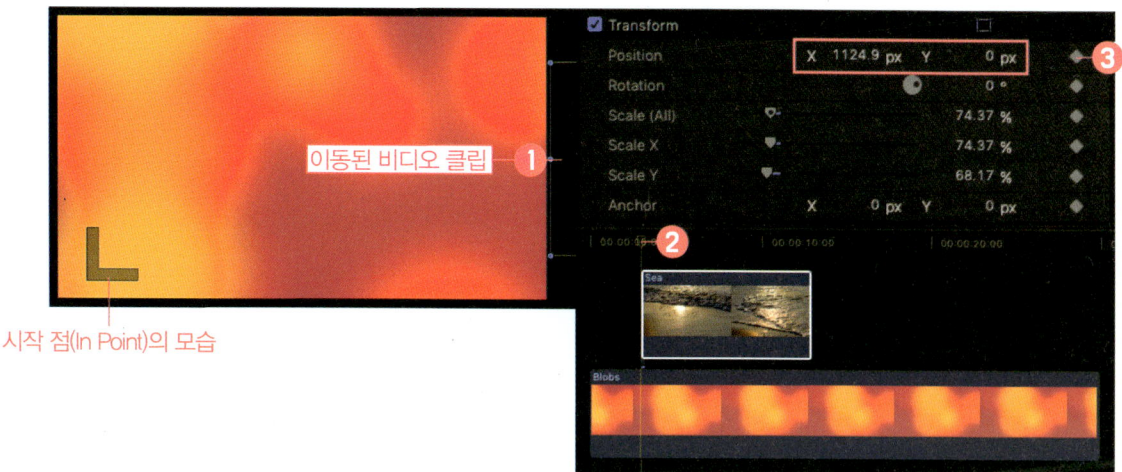

02 계속해서 **시간(플레이헤드)**을 **끝 점**으로 이동(뷰어에서 」 모양이 나타날 때)한 후 비디오 클립을 그림처럼 좌측 화면 밖으로 이동합니다. 이때 수평을 유지(Y축 값이 0)해야 합니다. 키프레임은 앞서 생성되었기 때문에 별로도 선택할 필요는 없습니다.

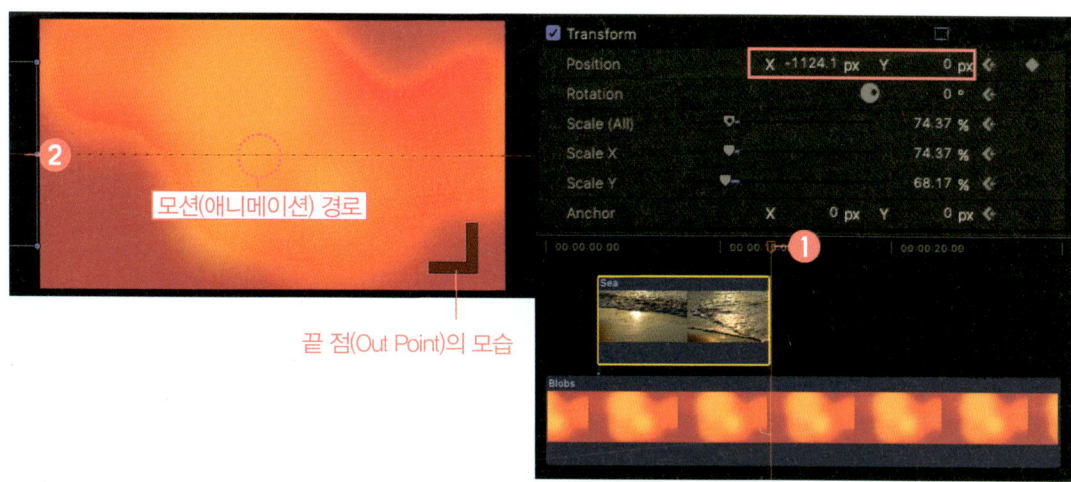

만약 키프레임을 삭제하고자 한다면 삭제하고자 하는 키프레임으로 이동한 후 키프레임을 생성할 때 선택한 키프레임 **추가/삭제(Add/Delete Keyframe)**를 선택하면 됩니다.

03 지금까지의 작업을 확인(플레이)해 보면 비디오 클립이 우측 화면 밖에서 프레임 인되어 좌측 화면 밖으로 프레임 아웃되는 것을 알 수 있습니다.

04 이번엔 테두리를 만들어보겠습니다. 비디오 이펙트의 **스타일라이즈**에서 **Simple Border**를 비디오 클립에 적용하여 테두리를 생성합니다. 테두리의 색상과 두께는 여러분이 원하는 형태로 설정합니다.

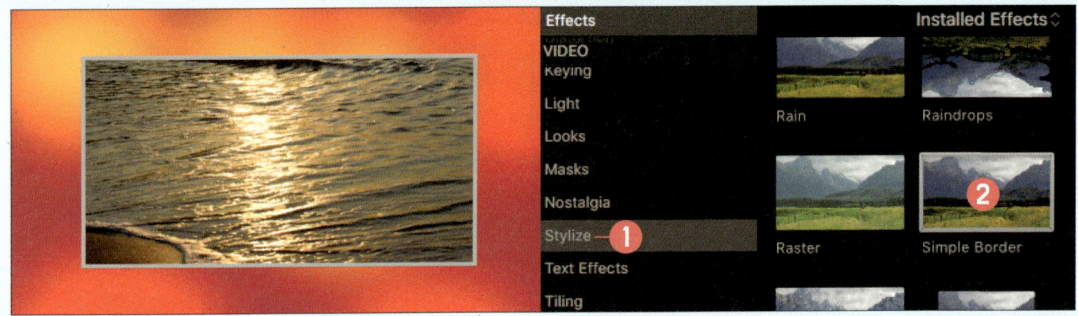

05 계속해서 입체적인 느낌을 주기 위해 비디오 이펙트의 **스타일라이즈**에서 **Drop Shadow**를 적용한 후 그림처럼 그림자의 위치를 우측으로 조금만 이동합니다. 그밖에 그림자 색상이나 경계의 부드러움 정도는 여러분이 원하는 형태로 설정합니다.

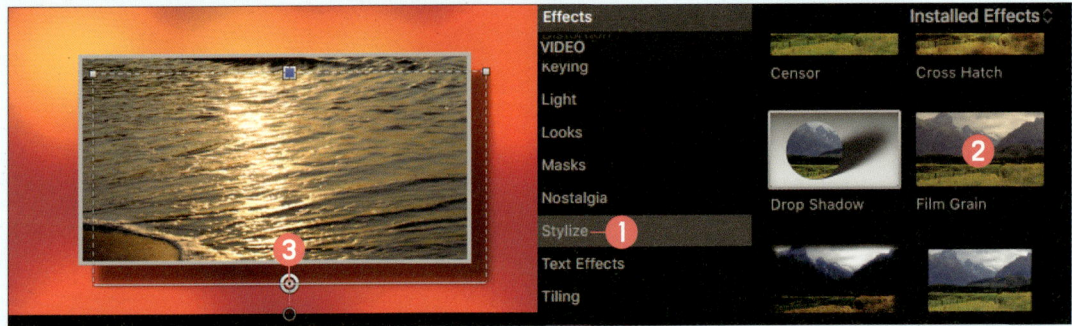

06 이번엔 다른 클립이 슬라이딩되는 장면을 표현해 보겠습니다. 그림처럼 위쪽에 **새로운 비디오 클립**을 적용한 후 앞서 작업한 비디오 클립의 길이와 동일하게 해 줍니다.

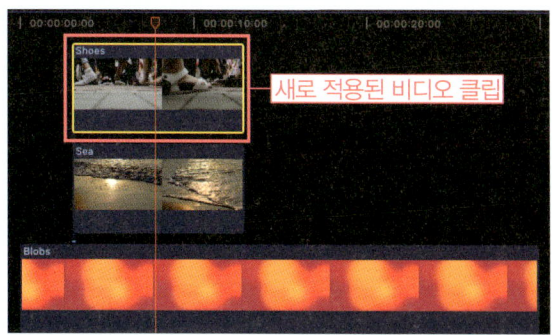

07 이제 앞서 작업한 것처럼 슬라이딩되는 키프레임 작업을 하면 됩니다. 하지만 이번 작업도 앞서 작업한 것과 다를 것이 없기 때문에 앞서 작업한 **클립의 속성(이펙트, 모션)**을 상속받아 보다 간편하게 작업을 수행해 보기로 합니다. 먼저 앞서 작업한 클립을 **복사(command + C)**한 후 상속받을 클립을 선택합니다. 그다음 [Edit] - [Paste Attributes]를 선택하여 **속성 붙여넣기** 창이 열리면 Effects와 Transform이 체크된 것을 확인하고 Paste 버튼을 클릭하여 적용합니다. 그러면 앞서 작업한 비디오 클립과 똑같게 됩니다.

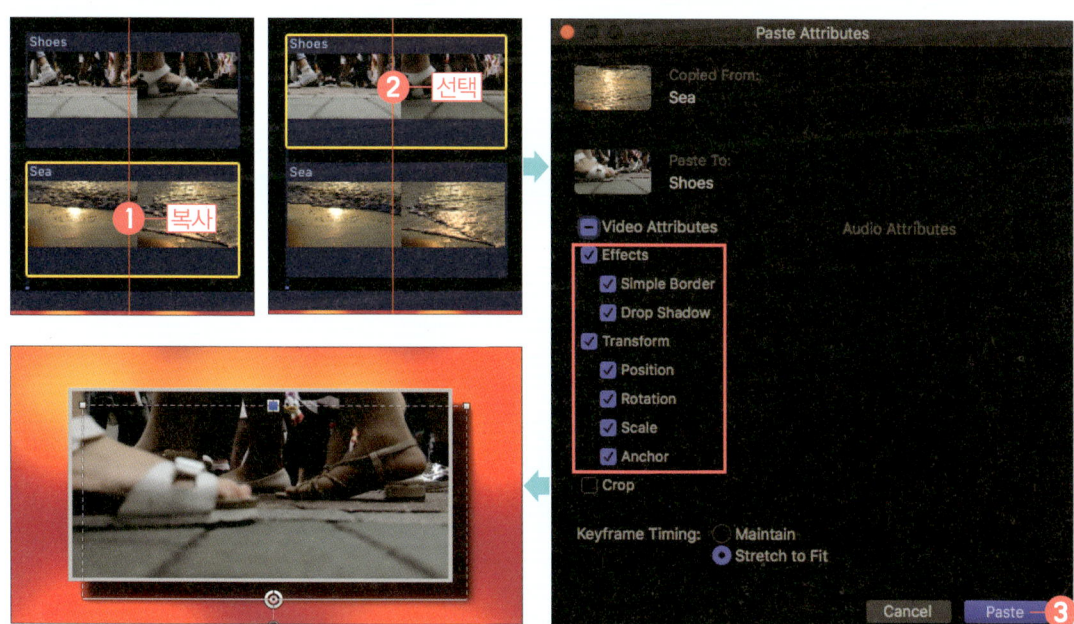

08 그러나 앞서 작업한 비디오 클립과 같은 위치 같은 모션이 적용된 상태이기 때문에 시간차를 두고 슬라이딩되도록 수정을 해야 합니다. 방금 작업한 위쪽 비디오 클립을 선택한 후 다음의 그림처럼 우측으로 이동하여 앞서 작업한 비디오 클립보다 조금 늦게 나타나도록 합니다.

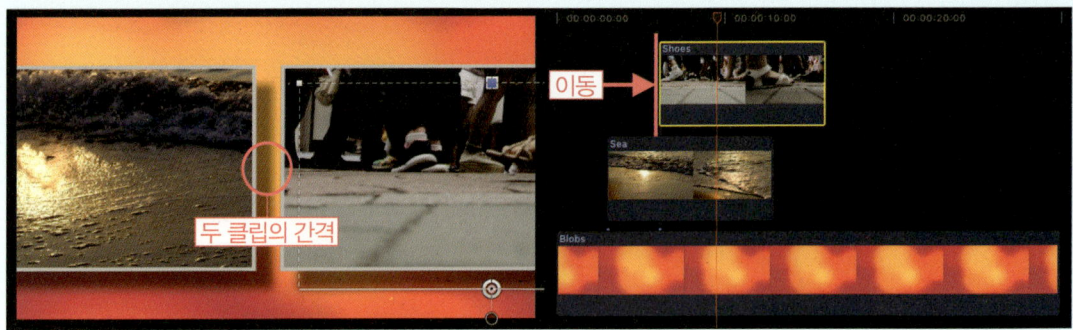

클립을 이동할 때 , 키와 . 키로 **1프레임**씩 이동하는 것이 보다 세밀하게 이동할 수 있습니다.

09 같은 방법으로 하나의 클립을 더 사용하여 연속해서 슬라이딩되도록 작업을 해 봅니다.

10 작업을 확인해 보면 현재의 키프레임 속성이 **스무스(Smooth)**로 설정이 되어있기 때문 클립들의 간격이 일정하지 않고 들쑥날쑥합니다. 이제 일정한 속도로 해 주기 위해 **각각 클립**의 **비디오 애니메이션(control + V)**을 열고, **Transform: Position**의 **시작**과 **끝 프레임**에서 **RMB**를 하여 키프레임 방식을 **리니어(Linear)**로 바꿔줍니다.

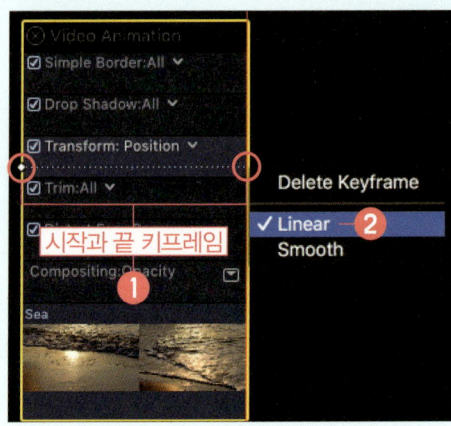

11 그다음 각 비디오 클립의 슬라이딩되는 간격을 재설정하면 이제 일정한 간격으로 슬라이딩되는 애니메이션이 만들어집니다.

학습 결과물

{ 예제로 익히기 : PIP(Picture In Picture) 화면 }

01 PIP는 화면 안에 작은 화면이 나타나는 기법입니다. 이번 학습에서는 일반적으로 사용하는 4개의 작은 화면을 만들어보겠습니다. 먼저 그림처럼 **프라이머리 스토리라인**에 **배경**을 적용하고, **위쪽**으로 **4개**의 비디오 클립(이미지 클립도 상관없음)을 적용합니다. 사용되는 클립의 길이(필자는 30초로 설정했음)는 가급적 같은 길이로 사용하기를 권장합니다.

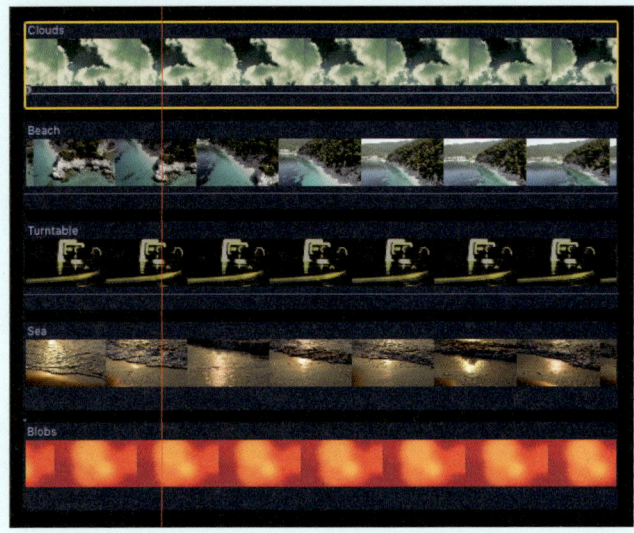

02 먼저 맨 위쪽의 클립을 선택한 후 **트랜스폼**을 사용하여 크기와 위치를 그림처럼 설정합니다. 여기서 **Position(위치)**은 X -300, Y 160으로 설정합니다.

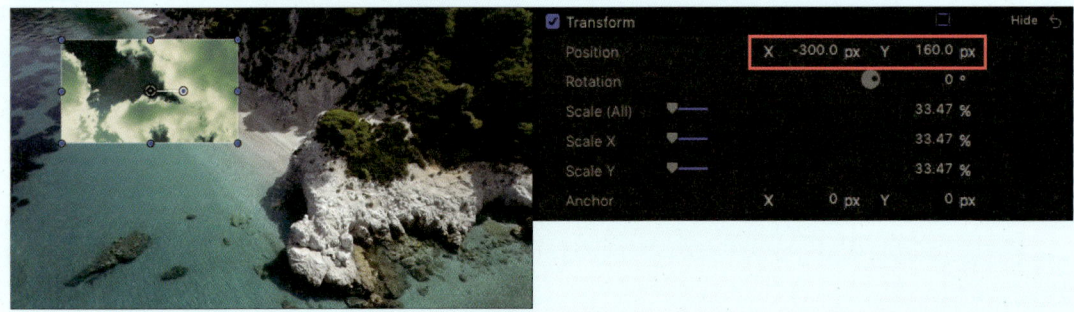

03 이제 작은 화면 클립에 **테두리**와 **그림자** 효과를 적용합니다. 해당 효과는 앞서 학습한 **예제로 익히기 : 슬라이딩되는 장면**을 참고하기 바랍니다.

04 계속해서 위에서 두 번째 클립도 같은 방법으로 작은 화면을 만들어주는데, 이번에도 역시 **속성 붙여넣기**를 활용해 보겠습니다. 앞서 작업한 맨 위쪽 클립을 복사한 후 바로 아래쪽 클립을 선택합니다.

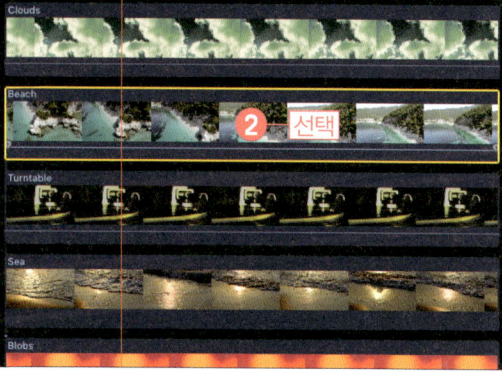

05 그다음 [Edit] - [Paste Attributes]를 선택합니다. 속성 붙여넣기 창이 열리면 **Effects**와 **Transform**이 체크된 것을 확인하고 **Paste** 버튼을 클릭하여 적용합니다. 그러면 앞서 작업한 비디오 클립과 똑같게 됩니다.

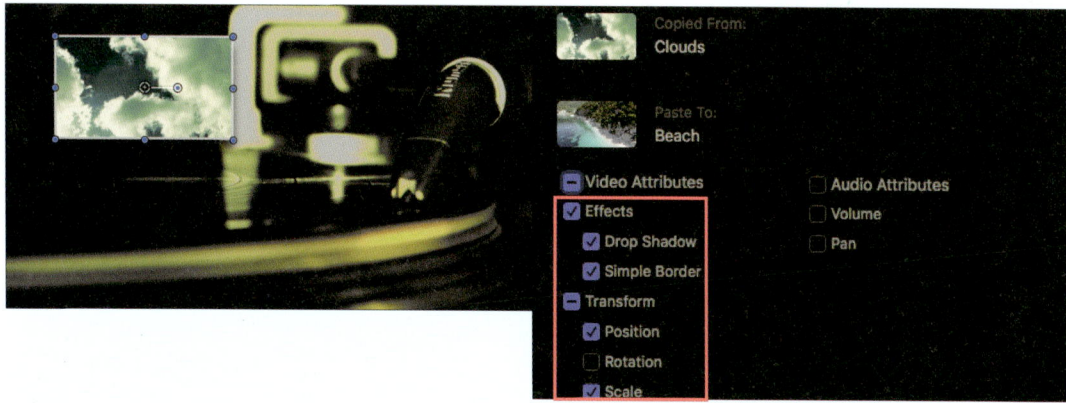

06 현재는 처음 작업한 작은 화면(클립)과 같은 위치에 있기 때문에 위치를 수정을 해 주어야 합니다. 두 번째 작은 화면의 **Position X**를 **300**으로 설정하여 그림처럼 우측으로 이동합니다.

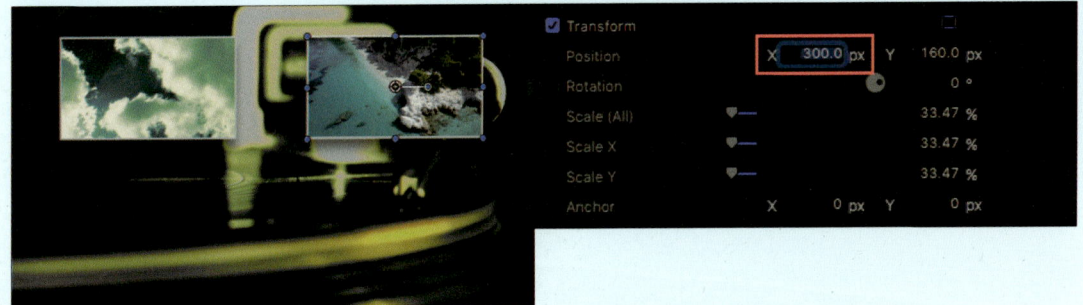

파라미터 값을 설정할 때 직접 입력해도 되지만 수치 위에서 좌우로 드래그하여 변경할 수 있으며, [shift] 키를 누른 상태로 좌우로 드래그하면 수치의 단위를 보다 빠르게 변경할 수 있습니다.

07 계속해서 나머지 2개의 클립도 **속성 붙여넣기**와 **위치** 수정으로 그림과 같이 아래쪽에 작은 화면으로 만들어 줍니다. 지금까지 간단하게 PIP 화면을 표현해 보았습니다. 이제 모션 작업을 가미하여 생동감있는 장면을 만들어봅니다.

08 이번엔 작은 화면이 전체 화면으로 커졌다 다시 원래 크기로 돌아가는 모션을 표현해 보겠습니다. **맨 위쪽 클립**을 선택한 후 2초부터 모션이 시작될 수 있도록 **시간(플레이헤드)**을 **2초**로 이동합니다. 그다음 **트랜스폼**의 **Position**과 **Scale (All)**에 **키프레임**을 **생성**합니다.

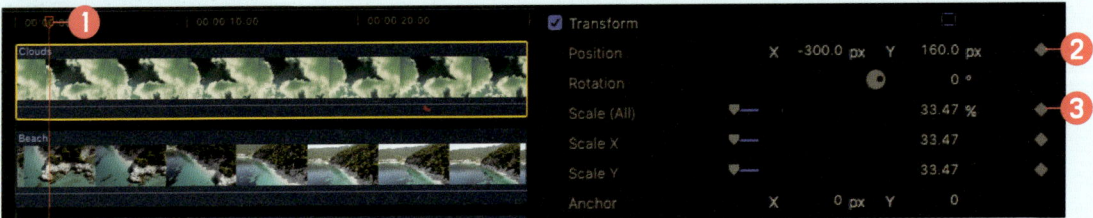

09 계속해서 **시간을 1초 뒤(전체 3초)**로 이동한 후 Position XY를 모두 0으로 설정하여 가운데로 이동합니다. 그리고 Scale (All)을 105로 설정하여 원본보다 약간 크게 해 줍니다. 이것은 스케일 값을 100으로 설정하면 원본과 같은 크기이기 때문에 테두리가 나타나기 때문입니다.

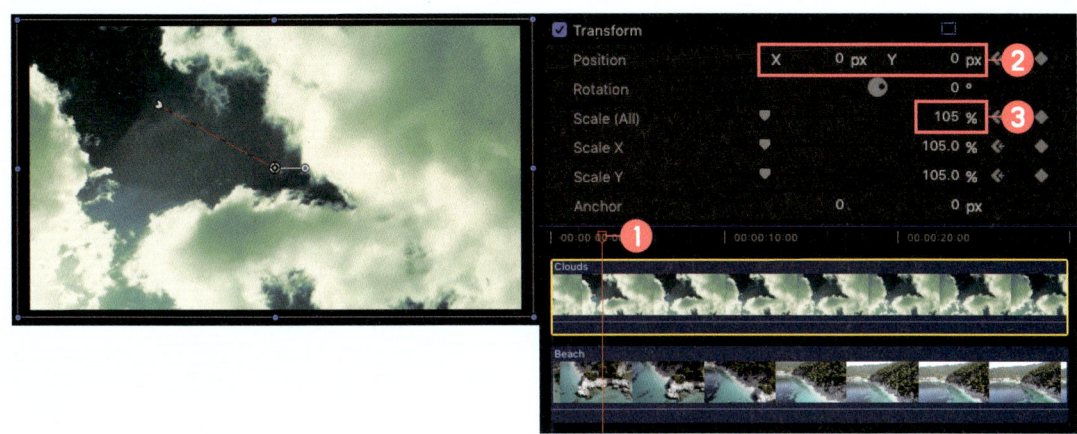

10 화면이 커진 상태의 시간에서 **3초** 정도 머물러있도록 하기 위해 **시간을 3초 뒤(전체 6초)**로 이동한 후 Position과 Scale (All)에 키프레임을 추가합니다. 지금처럼 수치의 변화가 없는 상태에서 키프레임을 추가하면 이전 키프레임 값과 동일한 값의 키프레임이 추가되기 때문에 두 키프레임 사이에는 아무런 변화가 생기지 않게 됩니다. 즉 멈춰있는 정지 구간이 되는 것입니다.

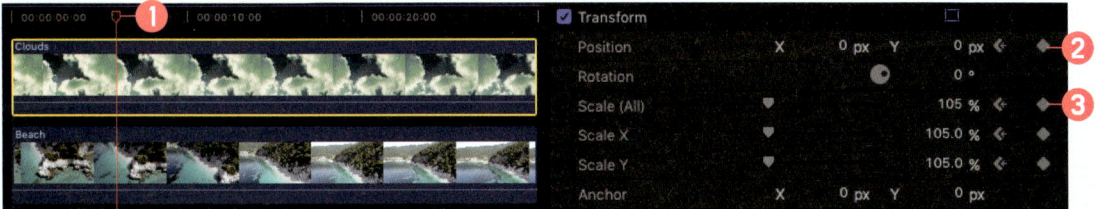

11 이제 다시 원래의 크기로 되돌아가기 위해 **시간을 1초 뒤(전체 7초)**로 이동한 후 Position X를 **-300**, Y를 **160**으로 설정하고, Scale (All)을 **33.47**로 설정합니다. 필자는 스케일 값을 다소 난해하게 설정했지만 실전에서는 기억하기 좋은 값이나 소수점 값은 사용하지 않는 것이 좋습니다. 지금까지의 작업은 1~2초 동안 작은 화면이었다가 2~3초 동안 전체 화면이 되고, 3~6초까지 전체 화면으로 머물렀다가 6~7초 동안 다시 원래의 작은 화면이 되는 간단한 모션 작업이었습니다. 지금의 작업을 참고하여 나머지 작은 화면에도 커졌다 작아지는 모션 작업을 수행해 보십시오.

위에서 두 번째 클립을 전체 화면으로 설정했을 때 맨 위쪽 화면의 모습에 가려지기 때문에 두 번째 클립부터는 크기가 커지는 지점부터 사용할 새로운 클립을 복사하여 맨 위쪽에 적용한 후 작업을 해야 합니다. 이 작업부터는 여러분이 직접 완성해 보기 바랍니다.

학습 결과물

인스펙터의 단위에 대하여

인스펙터에서 사용되는 **단위(Units)**는 기본적으로 **픽셀(px : Pixels)**로 되어있는데, **환경설정**의 Editing 섹션에서는 **Inspector Units**을 통해 **백분율(Percentages)**로 변경할 수도 있습니다. 하지만 영상(이미지) 작업에서는 주로 픽셀 단위를 사용하기 때문에 특별한 경우를 제외하고는 백분율은 사용하지 않습니다.

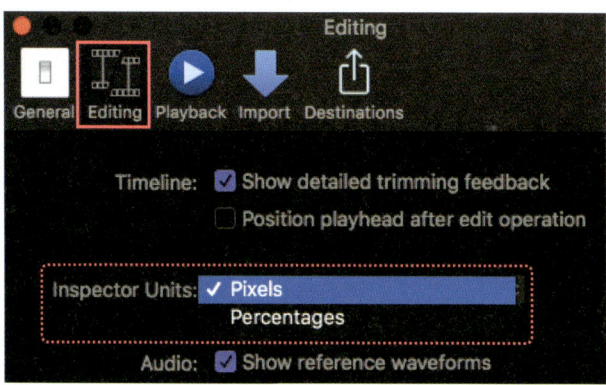

크롭(Crop) 활용하기

크롭은 화면을 세 가지 방식으로 **화면을 잘라**줍니다. 이것은 단순히 화면을 자르는 것뿐만 아니라 잘려진 영역을 움직여 모션 그래픽을 표현할 수 있으며, **켄 번스(Ken Burns)**를 사용하여 자동 **줌 인/아웃** 효과를 표현할 수도 있습니다. 살펴보기 위해 그림처럼 배경과 배경 위쪽에 하나의 비디오(이미지) 클립을 적용합니다.

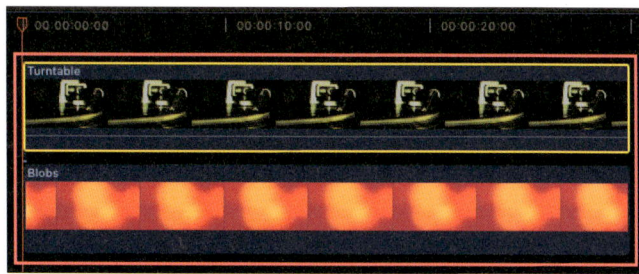

크롭을 사용하기 위해서는 앞서 학습한 트랜스폼과 마찬가지로 먼저 크롭을 사용할 클립을 선택한 후 뷰어 좌측 하단에서 선택하거나 비디오 인스펙터에서 크롭을 선택하면 됩니다.

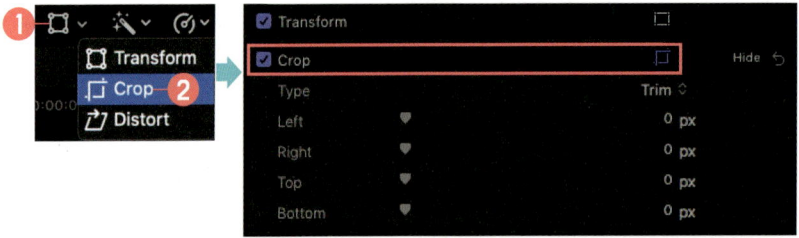

트림(Trim) 사용하기

크롭의 세 가지 방식 중 **첫 번째**는 **화면을 잘라주는 트림**입니다. 트림이 선택되면 그림처럼 뷰어에 나타나는 8개의 포인트를 사용하여 화면의 불필요한 부분을 잘라 없애줄 수 있습니다. 참고로 뷰어 상단 양쪽의 기능들은 앞서 살펴본 트랜스폼과 동일한 역할을 합니다.

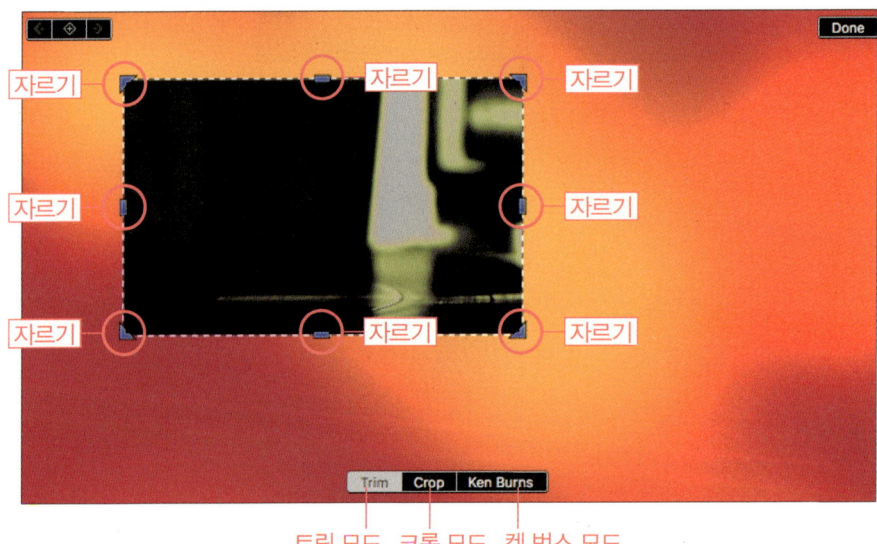

비디오 인스펙터의 크롭에서도 상하좌우 자르기와 방식을 선택할 수 있습니다.

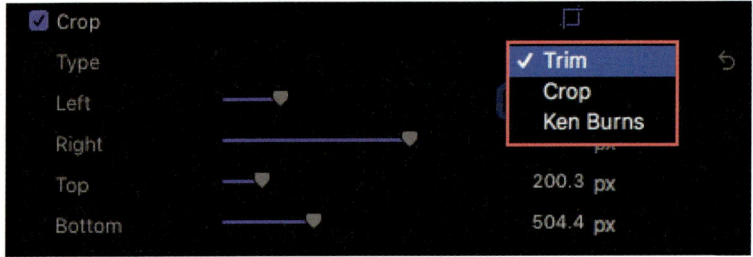

{ 예제로 익히기 : 트림 모션 }

01 잘려진 화면 상태에서 화면을 훑고 지나간 후 전체 화면으로 나타나는 장면을 표현하기 위해 먼저 시간을 시작 점으로 이동한 후 잘려진 **화면(클립)**을 그림처럼 **좌측 상단**으로 이동합니다. 그다음 **비디오 인스펙터**의 **크롭**에서 **Left, Right, Top, Bottom**에 **키프레임**을 **생성**합니다.

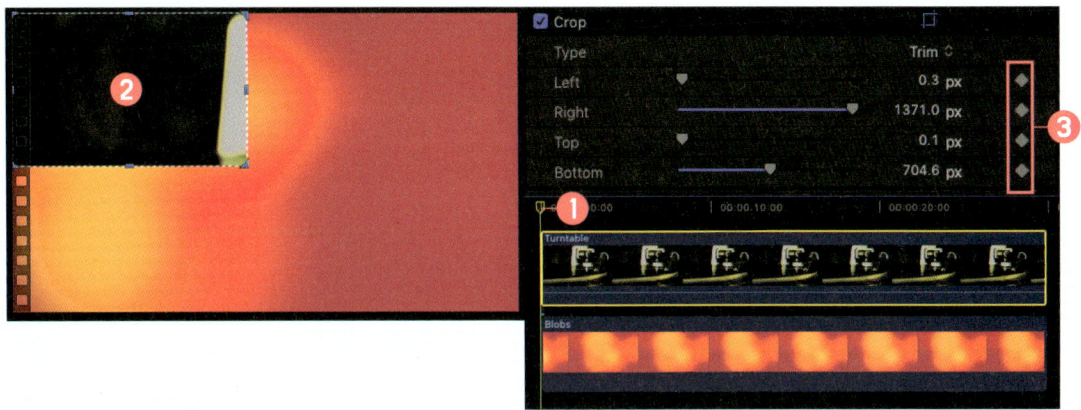

02 계속해서 **시간**을 **2초**로 이동한 후 그림처럼 잘려진 화면을 우측 상단으로 이동합니다.

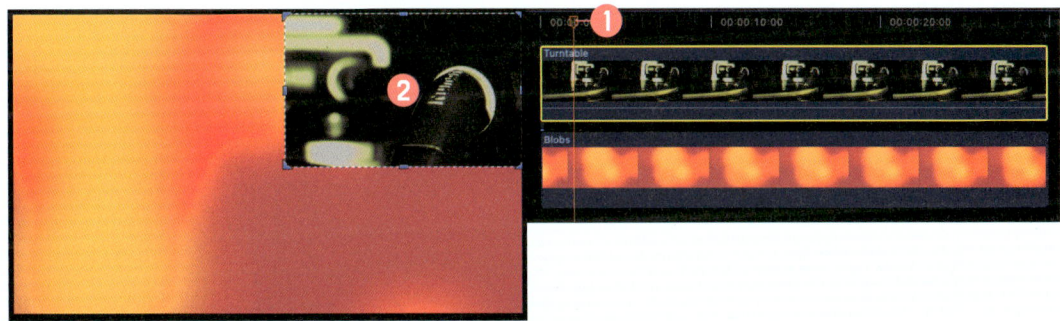

03 이어서 **시간**을 **3초 15프레임**으로 이동한 후 그림처럼 잘려진 화면을 우측 하단으로 이동합니다.

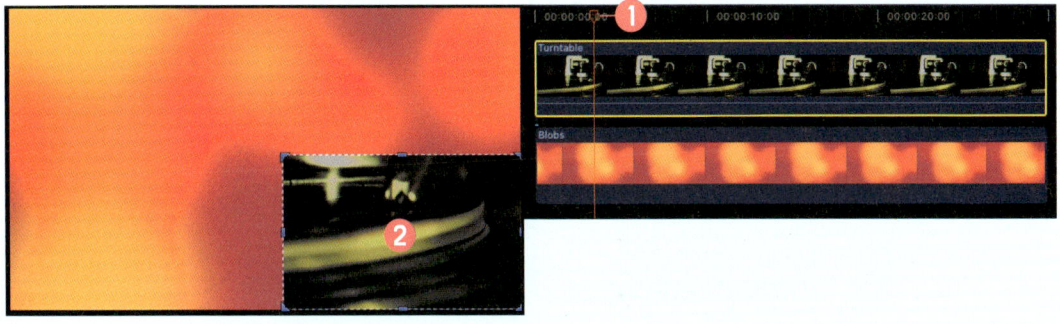

04 시간을 **5초 15프레임**으로 이동한 후 잘려진 화면을 그림처럼 좌측 하단으로 이동합니다.

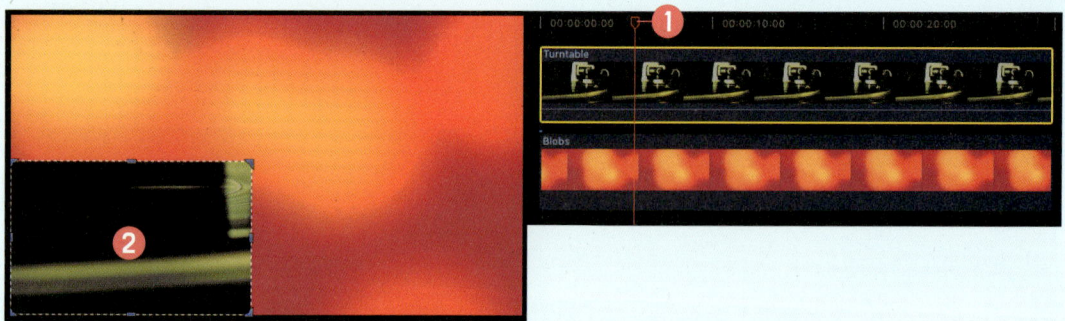

05 시간을 **7초**로 이동한 후 잘려진 화면을 그림처럼 처음 시작했던 우측 상단으로 이동합니다.

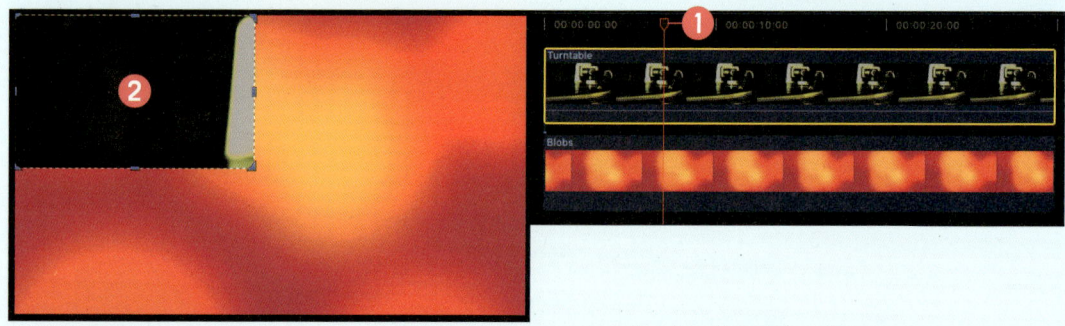

06 이제 마지막으로 시간을 **8초**로 이동한 후 잘려진 화면을 다시 정상적인 전체 모습으로 나타나도록 설정합니다. 이처럼 트림은 불필요한 부분을 없애주기 위해 사용되지만 학습한 것처럼 모션 그래픽 작업을 위해서도 사용됩니다.

> 학습 결과물

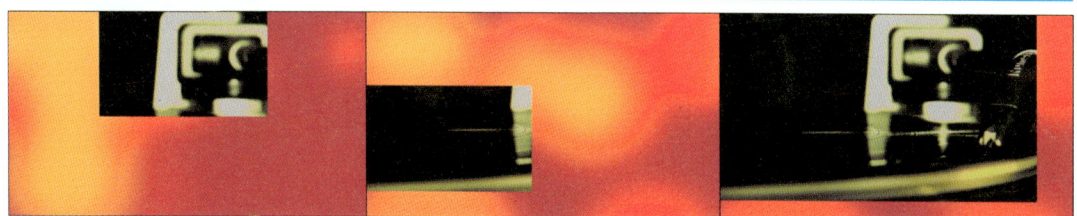

키프레임 애니메이션 후 속도에 대한 변화를 주기 위해서는 컴파운드 클립으로 만들어 준 후 리타임을 이용하여 속도를 조절할 수 있으며 또한 **비디오 애니메이션** 창을 열어서 키프레임을 이동하여 속도를 조절할 수도 있습니다.

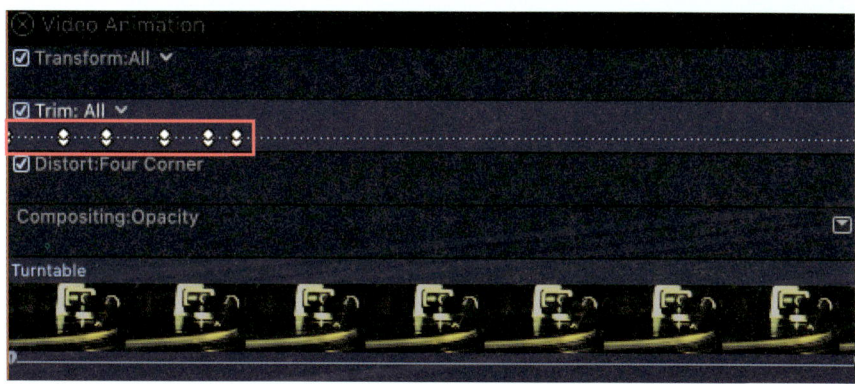

크롭(Crop) 사용하기

크롭은 화면의 특정 부분을 잘라 전체 화면으로 사용하거나 잘려진 부분과 전체 화면간에 줌 인/아웃 혹은 줌 아웃/인 애니메이션을 위해 사용됩니다. 그러나 **줌 인/아웃**과 같은 애니메이션 작업은 다음에 학습할 **켄 번스**를 이용하는 것이 효율적이기 때문에 크롭은 단순히 특정 부분을 잘라 전체 화면으로 표현하기 위해 사용됩니다. 그림처럼 뷰어 하단에서 **크롭(Crop)** 모드를 선택한 후 확대할 부분만큼을 크롭 영역으로 설정합니다.

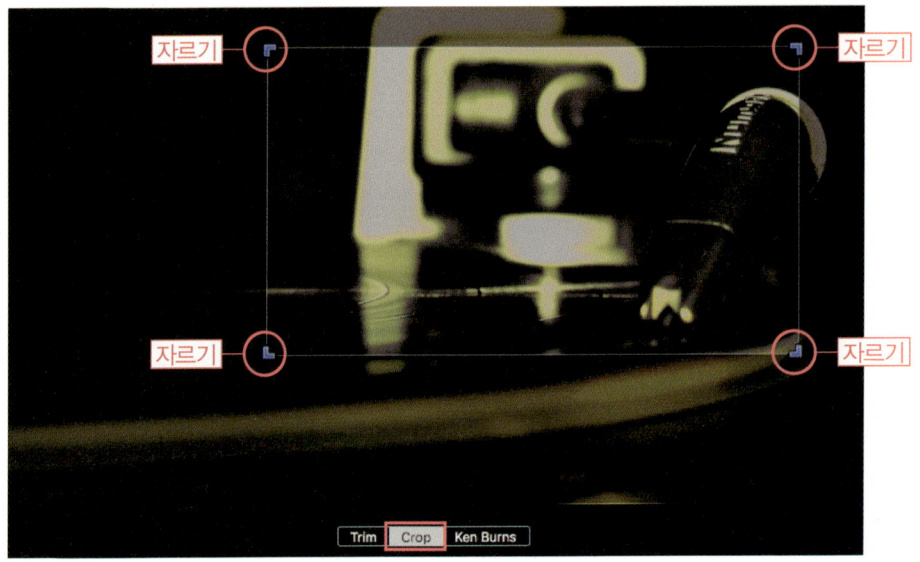

크롭 영역을 설정 한 후 return 키를 누르거나 뷰어 우측 상단의 Done 버튼을 클릭하여 크롭을 적용 및 닫아줍니다. 그러면 앞서 설정한 크롭 영역이 전체 화면으로 확대된 것을 알 수 있습니다. 참고로 크롭도 잘려진, 즉 확대된 영역을 이동하여 **키프레임** 애니메이션을 만들어줄 수 있습니다.

켄 번스(Ken Burns) 사용하기

켄 번스는 앞서 살펴본 크롭과 유사하지만 **줌 인/아웃** 또는 **줌 아웃/인 애니메이션**을 키프레임 없이 **자동**으로 만들어줄 때 사용합니다. 학습에 사용될 비디오 클립을 보면 앉아있던 강아지가 일어나 사료를 먹는 장면인데, 이 장면에서는 줌에 관한 촬영은 없는 상태입니다.

켄 번스 모드를 선택한 후 그림처럼 **빨간색** 박스의 **모서리(포인트)**를 이용하여 강아지 눈과 입만 나타날 정도의 크기와 위치로 설정합니다. 현재 빨간색 영역은 줌 인 영역으로 애니메이션이 끝나는 영역이며, 초록색 영역은 줌 아웃 영역으로 애니메이션이 시작되는 영역입니다. 하지만 빨간색과 초록색 영역의 크기를 지금과 반대로 설정하여 애니메이션을 만들어줄 수도 있습니다.

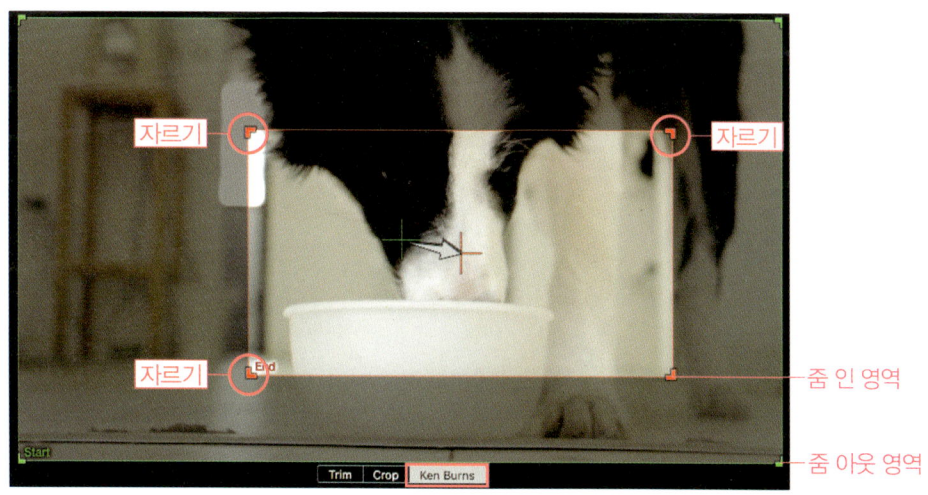

이제 return 키를 누르거나 뷰어 우측 상단의 Done 버튼을 클릭하여 크롭을 적용 및 닫아줍니다. 그러면 앞서 설정한 켄 번스 영역이 전체 화면으로 나타나는 것을 알 수 있는데, 작업 결과를 확인해 보면 **초록색** 영역으로 시작하여 **빨간색** 영역으로 줌 인되는 것을 알 수 있습니다. 이렇듯 켄 번스는 줌 인/아웃 또는 줌 아웃/인되는 장면을 아주 간편하게 표현할 수 있습니다.

학습 결과물

디스토트(Distort) 활용하기

디스토트는 주로 모서리에 있는 **4개**의 **포인트**를 이용하여 화면을 비스듬하게 하거나 사다리꼴 모양, 다이아몬드 모양 등으로 변형하기 위해 사용되는데, 뷰어 좌측 하단의 디스토트(Distort) 또는 **비디오 인스펙터**의 디스토트를 선택하면 됩니다.

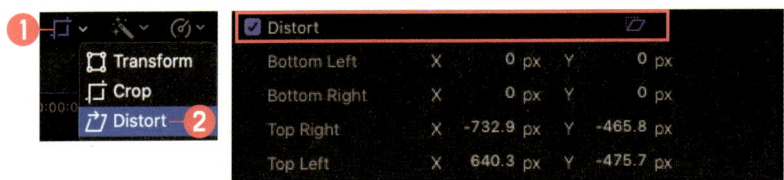

디스토트 모드를 선택하면 다음의 그림처럼 **8개**의 **포인트**가 나타나며, 각 포인트를 이용하여 화면을 다양한 모양으로 변형할 수 있습니다. 또한 키프레임을 사용하여 다음의 그림들처럼 엔딩 타이틀 배경으로도 활용이 가능합니다.

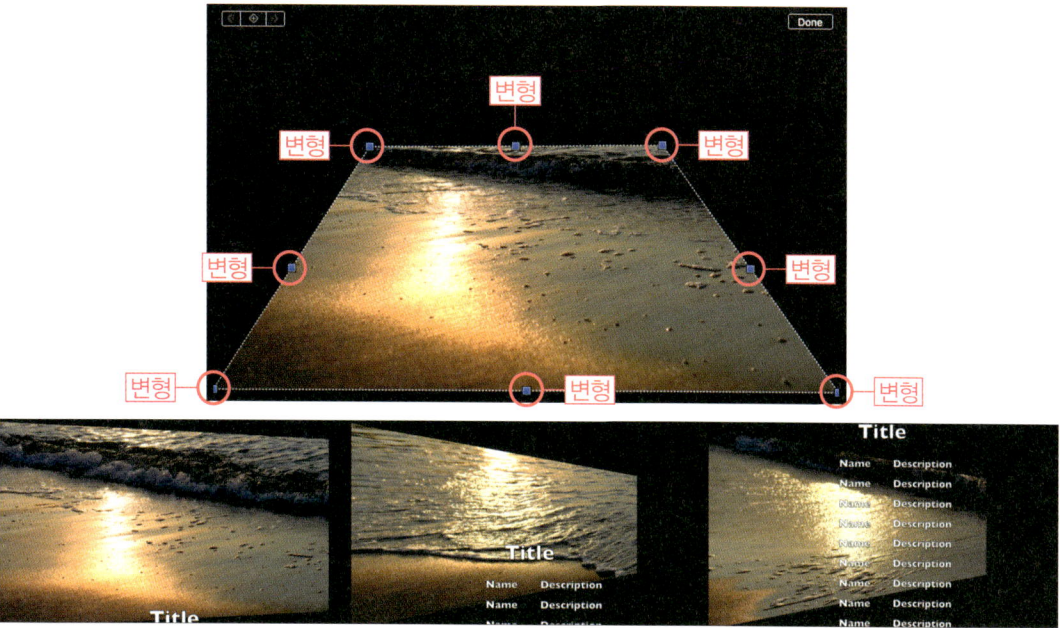

▲ 디스토트를 이용한 엔딩 타이틀 배경

포토샵 파일을 이용한 모션 그래픽

포토샵에서 제작된 레이어들은 파이널 컷 프로에서도 그대로 반영되기 때문에 포토샵 파일을 불러와 모션 그래픽 작업을 할 수 있습니다. 학습을 위해 먼저 프라이머리 스토라라인에 **제러레이터**의 Gradient 텍스처를 적용한 후 [학습자료] - [Image] 폴더에서 Land 포토샵 파일을 불러와 위쪽에 커넥트 클립으로 적용합니다. 그리고 적용된 두 클립의 **길이(랜드 클립의 길이에 맞춰줌)**를 동일하게 설정합니다.

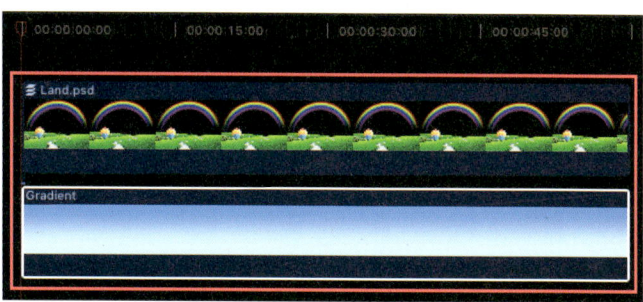

계속해서 배경으로 사용되는 **그레이디언트 텍스처** 클립을 하늘 느낌이 들도록 **제너레이터 인스펙터**에서 Color1과 Color2를 그림처럼 **하늘색**과 **옅은 하늘색**으로 설정합니다.

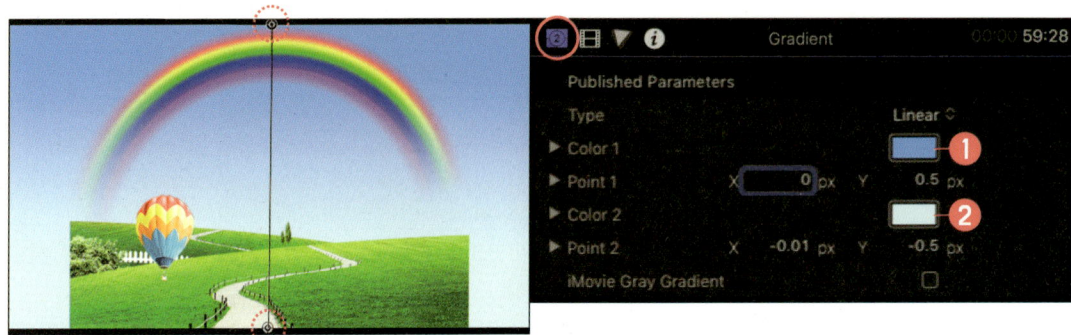

현재는 랜드 포토샵 파일의 크기가 배경(프로젝트)보다 작기 때문에 크기를 맞춰주기 위해 **랜드 클립**을 선택한 후 비디오 **인스펙터**의 Type을 Fill로 설정합니다. 그러면 그림처럼 랜드 클립의 비율이 유지된 채로 크기가 맞춰집니다. 이제 랜드 포토샵 클립을 열어주기 위해 랜드 클립을 **더블클릭**합니다.

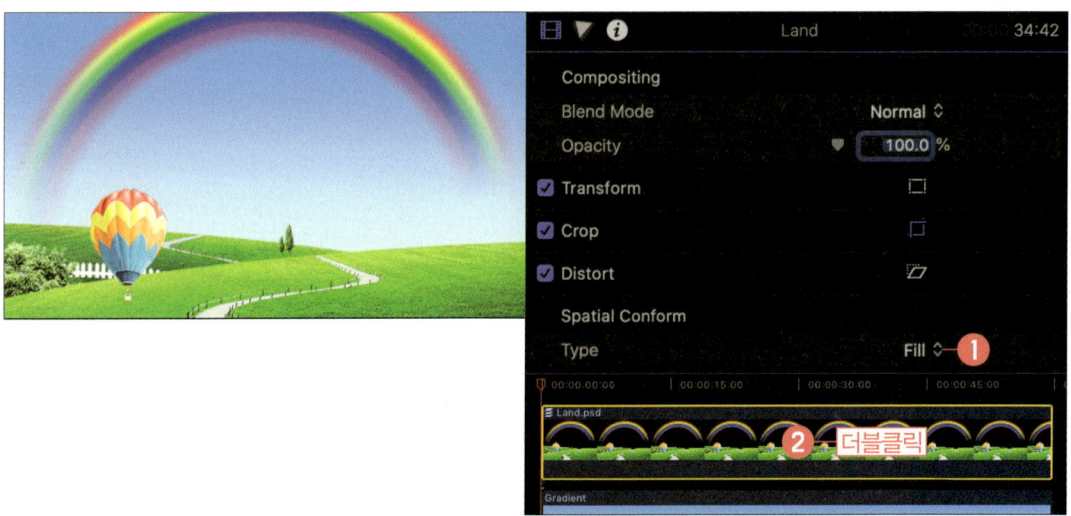

포토샵 레이어가 있는 타임라인 열기

랜드 포토샵 레이들이 있는 타임라인이 열리면 총 **9개**의 **레이어**가 있는 것을 알 수 있습니다. 이 타임라인도 마찬가지로 맨 아래쪽이 프라이머리 스토리라인이며, 위쪽은 연결된 커넥트 클립들로 사용됩니다. 이제 모션 그래픽 작업을 하기 위해 맨 위쪽에 있는 **열기구** 클립을 선택한 후 뷰어 좌측 하단에서 Transform 을 선택합니다.

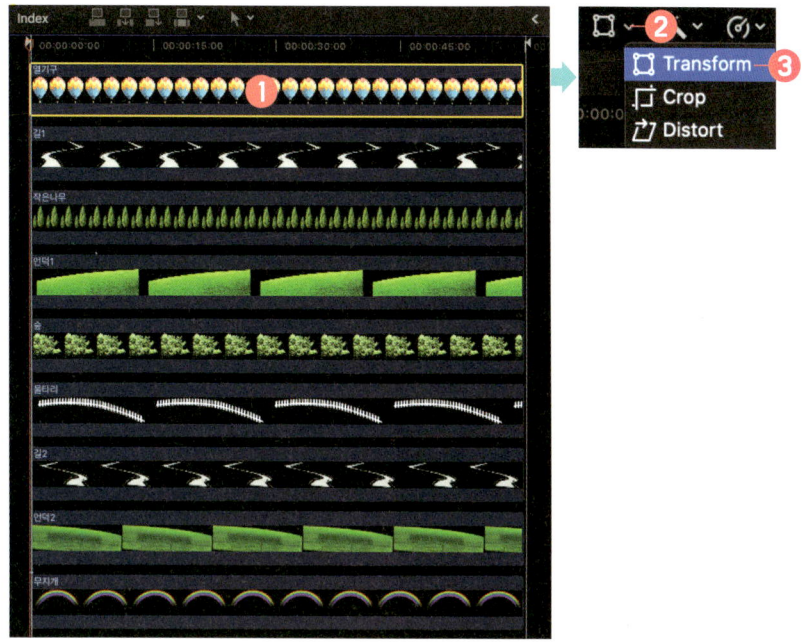

열기구 날리기

이제 열기구를 날려보겠습니다. 열기구 클립이 선택된 상태에서 **시간**을 **시작 점**으로 이동합니다. 그다음 뷰어에서 열기구를 그림처럼 좌측 아래쪽 화면 밖으로 이동한 후 **트랜스폼**의 Position에 **키프레임**을 생성합니다.

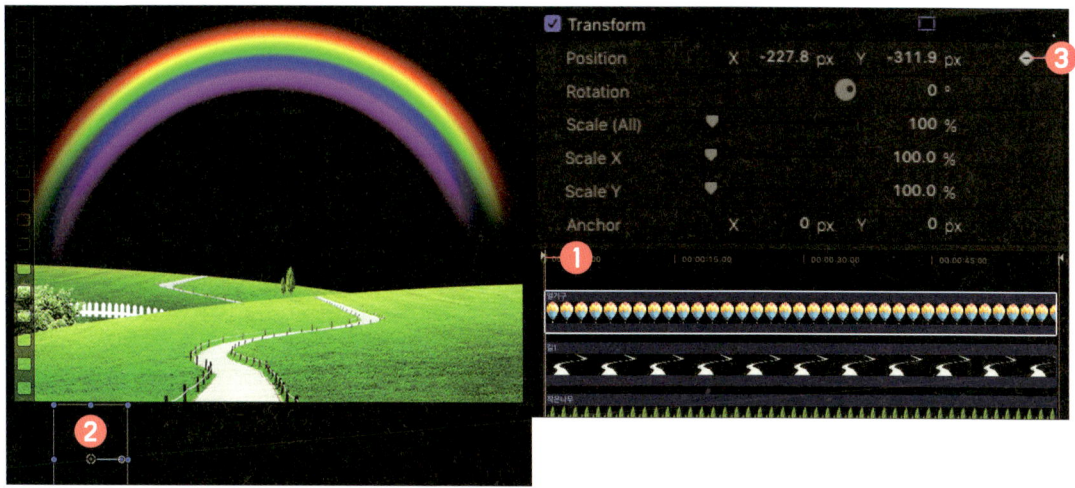

시간(플레이헤드)을 **30초** 정도로 이동한 후 그림처럼 열기구 클립을 위쪽으로 이동하여 화면 중간쯤에 나타나도록 해 줍니다.

시간을 **끝 점**으로 이동한 후 열기구 클립을 그림처럼 우측 상단으로 이동합니다. 이것으로 좌측 하단 화면 밖에서 시작하여 우측 상단까지 날아가는 열기구 모션 작업이 끝났습니다.

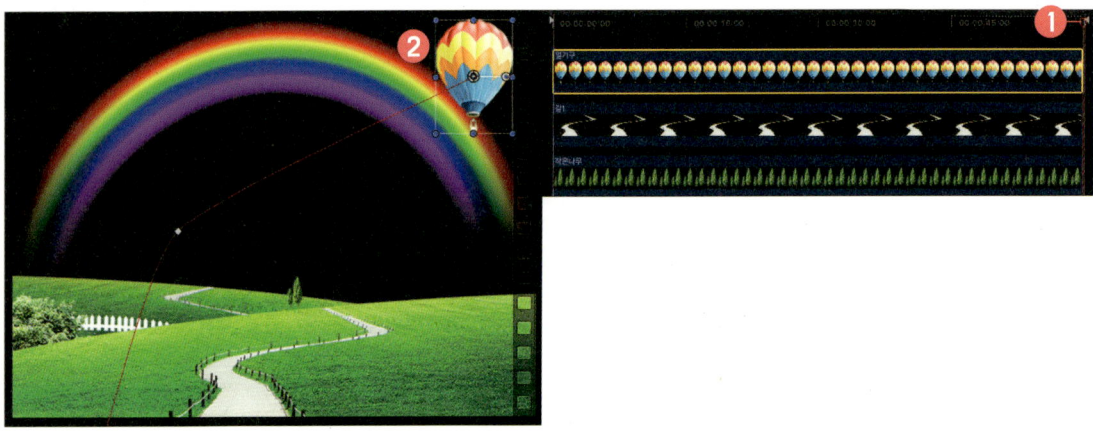

마지막으로 열기구가 나타나는 지점을 **맨 앞쪽(타임라인 상에서는 맨 위쪽)**이 아니라 동산과 동산 사이에서 나타나게 하기 위해 **랜드 클립**을 이동하여 위에서 **네 번째** 순서에 갖다 놓습니다. 그리고 확인을 해 보면 맨 앞쪽에 나타났던 열기구가 동산과 동산 사이에서 나타나는 것을 알 수 있습니다. 이처럼 포토샵 파일을 이용하여 모션 그래픽 작업을 할 수 있기 때문에 포토샵에 능숙한 분이라면 포토샵을 잘 활용하기 바랍니다.

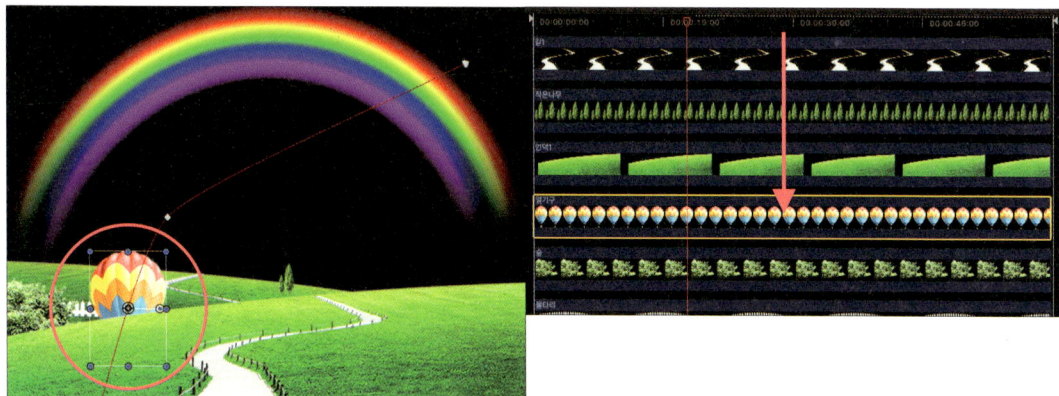

이번 학습은 다음 학습인 **합성에 대한 모든 것** 섹션에서 다시 사용할 것이므로 보관해 놓기 바랍니다.

학습 결과물

03 합성에 대한 모든 것

합성(Composite)은 말 그대로 2개 이상의 장면을 마치 하나의 장면, 즉 한 공간에서 촬영된 것처럼 표현하는 기법입니다. 파이널 컷 프로에서는 마스크, 크로마키, 컴포지팅 모드를 이용하여 다양하고 세밀한 합성 작업을 할 수 있습니다.

마스크(Mask)를 이용한 합성

마스크는 앞서 학습한 비디오 이펙트에서 살펴본 적이 있듯이 장면의 특정 부분만을 표현하기 위해서 사용합니다. 마스크는 합성 기법 중 가장 섬세한 부분까지 표현할 수 있기 때문에 가장 많이 사용됩니다.

드로우 마스크 사용법 익히기 01

마스크는 각 비디오 이펙트에서 옵션으로도 사용할 수 있지만 가장 대표적으로는 마스크 섹션에 있는 마스크들입니다. 여기에서는 원하는 모양의 마스크를 선택할 수 있지만 이번 학습에서는 가장 다양하게 활용할 수 있는 **드로우 마스크(Draw Mask)**를 이용해 보기로 합니다. 학습을 위해 앞선 학습에서 살펴본 열기구 레이어들이 있는 타임라인을 열고, 드로우 마스크를 맨 아래쪽에 있는 **무지개** 클립에 적용합니다.

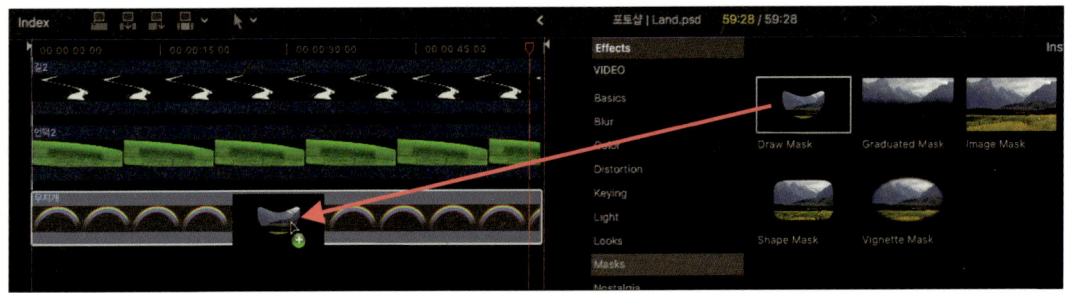

마스크 생성하기
드로우 마스크가 적용되면 마우스 커서의 모습이 포토샵이나 일러스트레이터에서 사용되는 **펜(Pen)** 모양으

로 바뀌게됩니다. 이제 마스크를 생성하기 위해 그림처럼 무지개의 우측 하단을 클릭합니다. 그러면 마스크를 생성하기 위한 첫 번째 **마스크 포인트(컨트롤)**가 생성됩니다. 계속해서 두 번째 그림과 같은 위치를 클릭하여 첫 번째와 두 번째 사이에 **마스크 패스(선)**를 이어줍니다. 그다음 세 번째 그림과 같은 모양의 마스크를 만든 후 커서를 첫 번째 마스크 포인트 위에 갖다 놓으면 펜 모양 커서 우측에 **동그라미(○)** 모양이 나타납니다. 이때 클릭하면 하나로 연결된 직선 마스크가 완성됩니다.

마스크가 완성(합쳐)되면 그림처럼 무지개의 모습은 사라집니다. 이것은 현재 무지개가 마스크 영역을 벗어나있기 때문입니다.

마스크 애니메이션 만들기

이제 생성된 마스크의 모양을 변형하여 무지개가 피어나는 장면을 표현해 보도록 하겠습니다. 먼저 **비디오 인스펙터**의 **이펙트**에서 Draw Mask의 View를 Original로 변경합니다. 그러면 마스크가 적용된 상태에서도 해당 클립의 모습을 보면서 작업을 할 수 있습니다. 그밖에 아래쪽 옵션을 보면 마스크의 위치, 회전, 크기에 대한 설정을 할 수 있는 트랜스폼이 있으며, 생성된 각 마스크 포인트의 위치에 대한 설정을 할 수 있는 컨트롤 포인트가 있습니다.

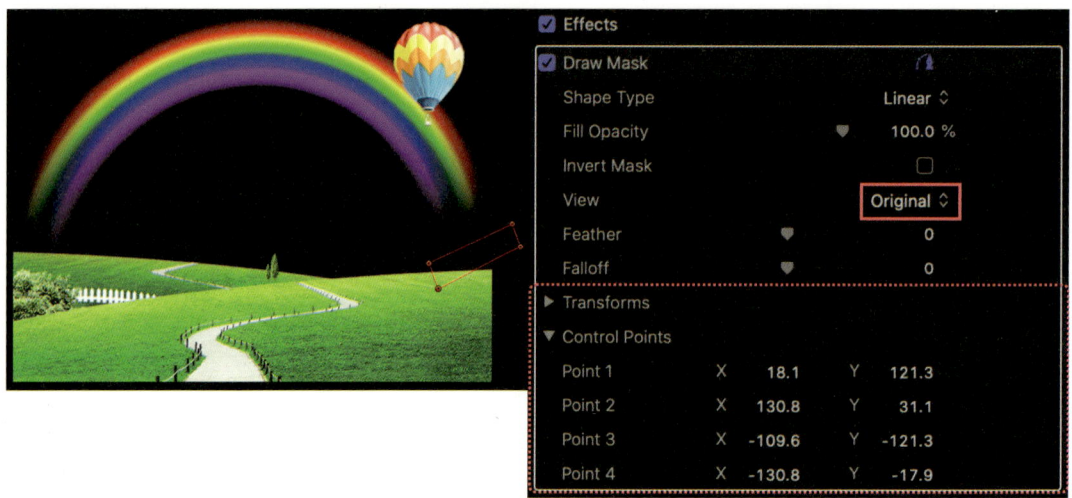

마스크의 변형은 뷰어에서 직접 하는 것이 인스펙터를 이용하는 것보다 편리합니다.

무지개가 피어나는 애니메이션을 표현하기 위해서는 마스크의 모양도 무지개 모양과 일치되어야 합니다. 그러기 위해 먼저 그림처럼 마스크 위쪽 **패스(빨간선)** 위에서 **RMB**를 하여 **Add Point**를 선택합니다. 그러면 해당 패스에 새로운 포인트가 추가됩니다. 같은 방법으로 포인트를 하나 더 추가합니다.

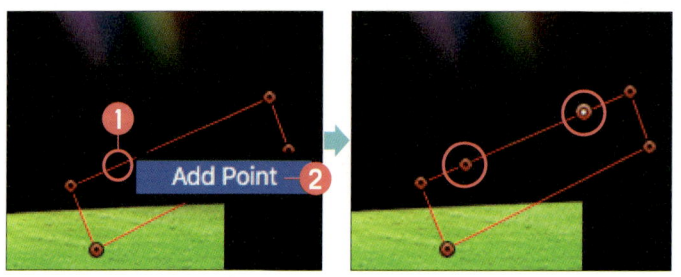

option 키를 누른 상태로 패스를 클릭해도 포인트를 추가할 수 있습니다.

마스크 애니메이션을 시작하기 위해 **시간(플레이헤드)**을 시작 점으로 이동한 후 드로우 마스크의 Control Points에 키프레임을 생성합니다.

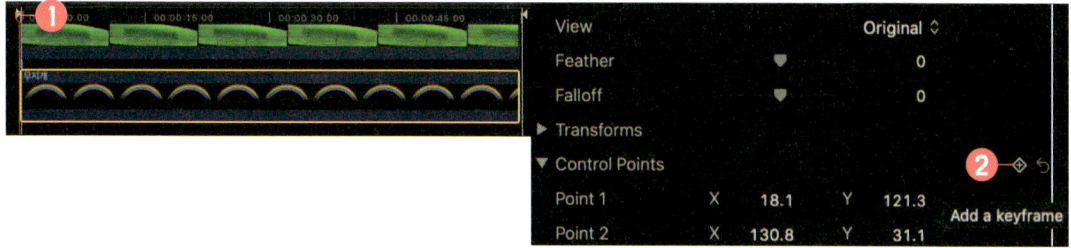

계속해서 **시간**을 1초 뒤로 이동한 후 앞서 추가한 두 개의 마스크 포인트를 그림처럼 무지개가 있는 지점으로 이동하여 무지개가 보이기 시작되도록 합니다.

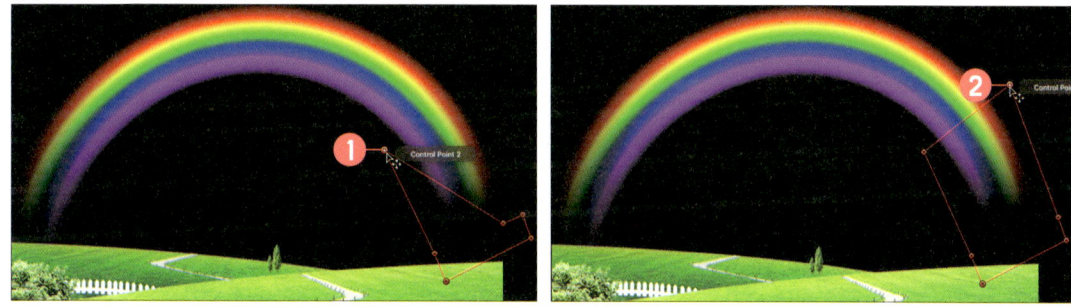

이번엔 다음 모양을 만들기 위한 마스크 포인트를 추가합니다. 역시 같은 방법으로 위쪽 패스 위에서 **RMB**를 하여 **Add Point**를 선택하거나 **option** 키를 이용하여 **2개**의 포인트를 추가합니다. 새로 추가된 마스크가 아래쪽에 생성되었기 때문에 다시 위쪽으로 이동해 줍니다.

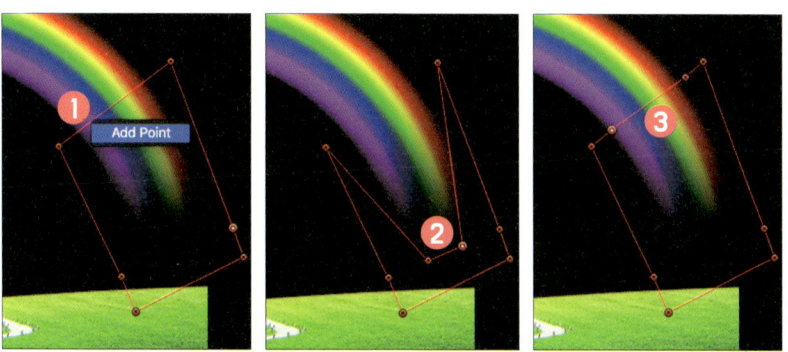

여기에서 시간을 **시작 점**으로 이동해 보면 방금 추가하여 이동해 놓았던 2개의 포인트는 생성된 위쪽에 그대로 머물러있는 것을 알 수 있습니다. 이것은 1**초**에 새로 추가된 포인트는 이전 시간에서는 애니메이션, 즉 **키 프레임 값**이 없기 때문입니다. 이제 위와 같은 문제를 해결해 보겠습니다.

시간은 시작 점에 그대로 두고, 위쪽에 머물러 있는 포인트에서 [RMB] - [Disable Point]를 선택합니다. 그러면 해당 포인트는 그 자리에 있지만 마스크 모양, 즉 패스는 사용되지 않게 됩니다. 같은 방법으로 나머지 포인트도 **디세이블**하여 패스가 사용되지 않도록 합니다. 이것으로 시작 점에서는 1초에서 추가된 마스크의 모양은 나타나지 않게 됩니다. 이제 시간을 다시 **1초**로 이동해 보면 디세이블되었던 마스크 포인트는 다시 활성화되어 이후의 시간부터는 정상적으로 사용됩니다.

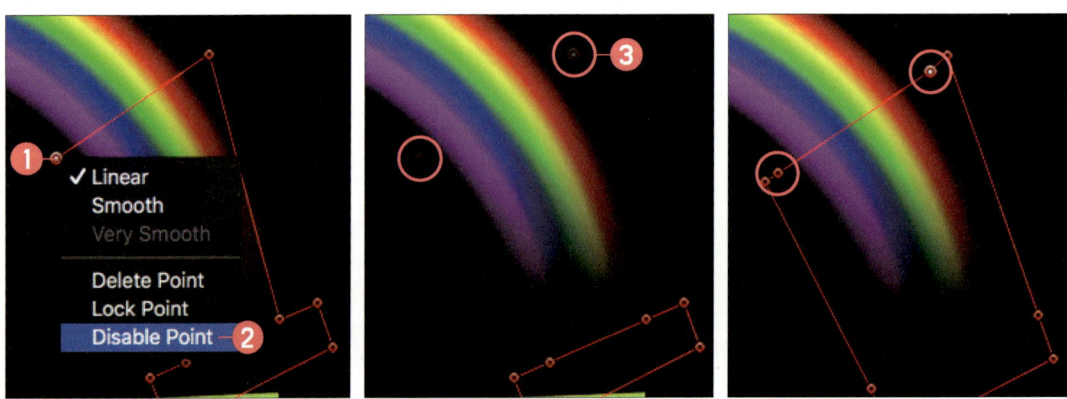

계속해서 시간을 **2초**로 이동한 후 앞서 추가한 위쪽 **2개**의 포인트를 첫 번째 그림처럼 무지개의 중간으로 이

동합니다. 그다음 이 지점에서 **2개**의 **포인트**를 **추가**합니다. 그러면 역시 1초 지점에서 추가된 포인트와 같은 위치로 이동되기 때문에 다시 세 번째 그림과 같은 위치로 이동해 줍니다.

시간을 다시 시작 점으로 이동해 보면 방금 추가하여 이동해 놓은 포인트는 역시 그대로 머물러있습니다. 앞선 방법처럼 머물러 있는 포인트에서 [RMB] - [Disable Point] 메뉴를 선택합니다. 나머지 포인트도 디세이블하여 두 포인트에 대한 패스를 **2초** 이전에는 사용하지 않도록 합니다.

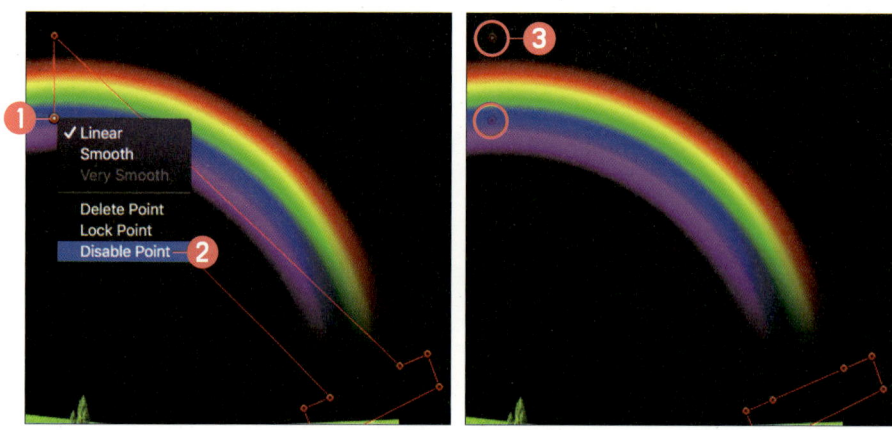

 포인트 팝업 메뉴에 대하여

마스크 포인트는 때에 따라 비활성화와 활성화를 반복해야 하는데 앞서 살펴본 것처럼 디세이블된 포인트를 다시 활성화하기 위해서는 비활성화된 포인트에서 [RMB] - [Enable Pont] 메뉴를 선택하면 됩니다. 그밖에 **Lock Point**는 포인트를 고정시킬 때 사용하며, **Delete Point**는 포인트를 제거, **Smooth**와 **Very Smooth**는 마스크 모양(패스)을 부드러운 곡선으로 바꿔줄 때 사용합니다.

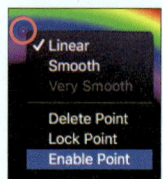

계속해서 앞서 살펴본 방법을 참고하여 **1초 간격**에 맞춰 그림과 같은 무지개 모양의 마스크를 완성합니다. 필자의 무지개 모양이 완성되는 마지막 작업(애니메이션) 시간은 **4초**입니다.

지금까지 작업한 내용을 확인해 보기 위해 드로우 마스크의 View를 다시 Composite로 바꿔주고, 상단의 **마스크 모드**를 **해제**하여 마스크 패스가 나타나지 않도록 해 줍니다. 그리고 확인해 보면 무지개가 나타나는 장면이 만들어졌습니다. 하지만 경계 부분이 너무 뚜렷하여 부드럽게 수정을 해야 합니다.

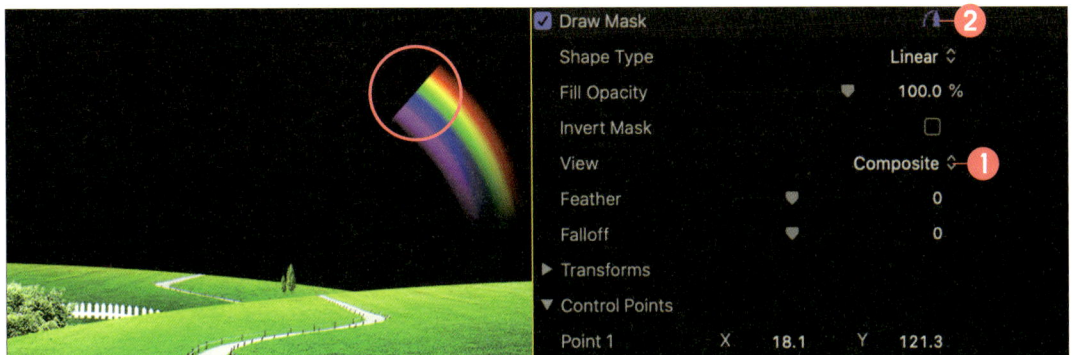

이제 마스크 경계를 부드럽게 해 주기 위해 드로우 마스크의 Feather 값을 증가하여 가장 자연스럽게 보이도록 해 주고, Falloff 값도 증가하여 마스크 영역의 범위를 줄여줍니다. 이것으로 드로우 마스크를 사용하는 첫 번째 방법에 대해 알아보았습니다.

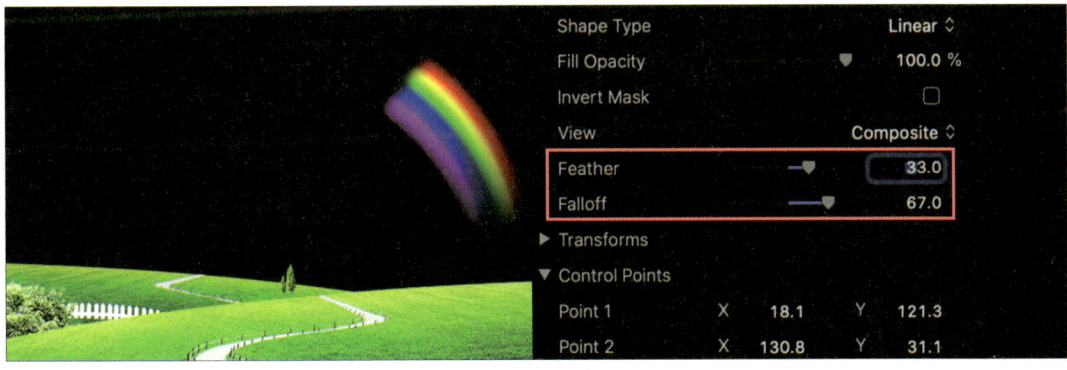

학습 결과물

드로우 마스크 사용법 익히기 02

드로우 마스크는 직선형 마스크뿐만 아니라 곡선형 마스크를 자유자재로 다룰 줄 알아야 합니다. 물론 포토샵이나 일러스트레이터와 같은 프로그램을 능숙하게 다루는 분들에게는 문제가 없겠지만 마스크를 처음 접하는 분들은 어느 정도 익숙해질 때까지 연습이 필요합니다.

셰이프 타입에 따라 달라지는 마스크

드로우 마스크를 만들 때 셰이프 타입에 따라 마스크의 형태가 달라지게 됩니다. 살펴보기 위해 **제너레이터**에서 **초록색 솔리드** 클립을 적용한 한 후 **드로우 마스크**를 솔리드 클립에 적용하였습니다.

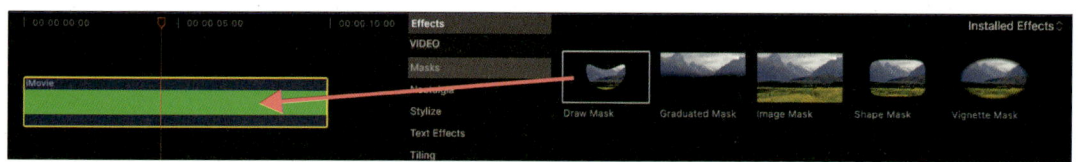

이제 그림과 같이 **클릭 - 클릭 - 클릭 - 클릭**만 하여 사각형 모양의 직선형 마스크를 만들어봅니다. 정확한 사각형이 아니라도 상관없습니다. 이렇듯 클릭만 했을 때에는 직선형 마스크가 생성되며, 직선 마스크를 생성하면 **비디오 인스펙터**의 **드로우 마스크**에서 Shape Type이 선형 방식인 Linear로 자동 전환됩니다.

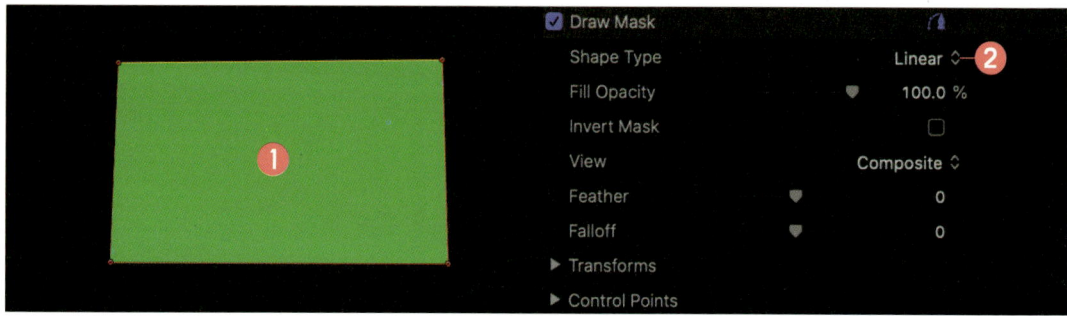

셰이프 타입을 보면 리니어 이외에도 **베지어(Bezier)**와 **B-스플라인(Spline)**이 있습니다. 베지어는 클릭만으로 마스크를 만드는 것이 아니라 **클릭 & 드래그**하여 **곡선** 형태로 만들 때 사용합니다. 베지어 방식은 잠시 후에 다시 살펴보기로 하며 여기에서는 잠깐 B-스플라인을 선택해 봅니다. 그러면 직선형 사각 마스크가 둥근 원형으로 바뀐 것을 알 수 있습니다. 이렇듯 B-스플라인 방식은 마스크 전체를 부드러운 곡선 형태로 만들어줍니다.

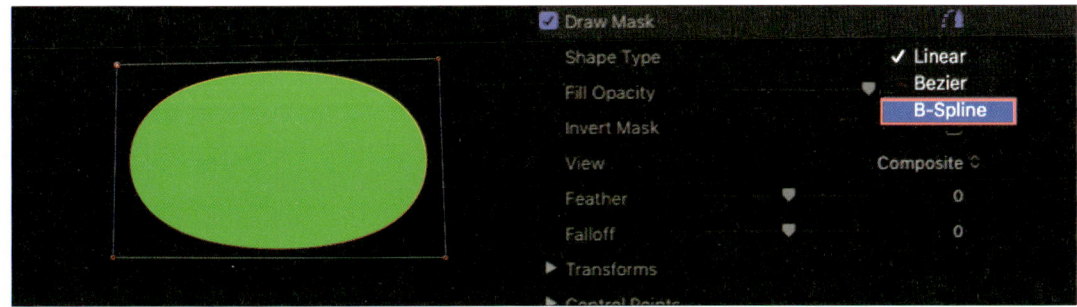

이번엔 Invert Mask를 체크해 보면 마스크 영역이 반전되는 것을 알 수 있으며, Fill Opacity를 낮춰보면 마스크 영역의 불투명도가 낮아지기 때문에 마스크 영역이 투명해 집니다. 이렇듯 마스크 옵션을 통해 다양하게 설정할 수 있습니다.

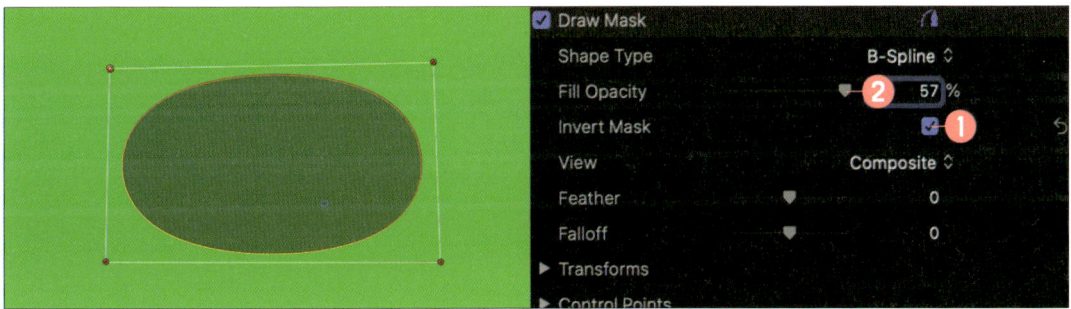

베지어(곡선) 마스크 만들기

B-스플라인 방식도 곡선형 마스크를 만들어주지만 정교한 모양을 만들기 어렵기 때문에 **베지어**(Bezier) 방식으로 마스크를 만들어주어야 합니다. 살펴보기 위해 [학습자료] - [Image] 폴더에서 Popcon 파일을 가져와 타임라인에 적용한 후 **드로우 마스크**를 적용해 줍니다.

이제 베지어, 즉 곡선형 마스크를 만들기 위해 일단 뷰어를 작업하기 좋게 **확대**해 줍니다. 여기에서는 팝콘을 담는 검정색 상자의 모양을 마스크로 만들어보겠습니다. 그림처럼 직선으로 된 바닥부터 **3개**의 마스크 포인트를 생성합니다.

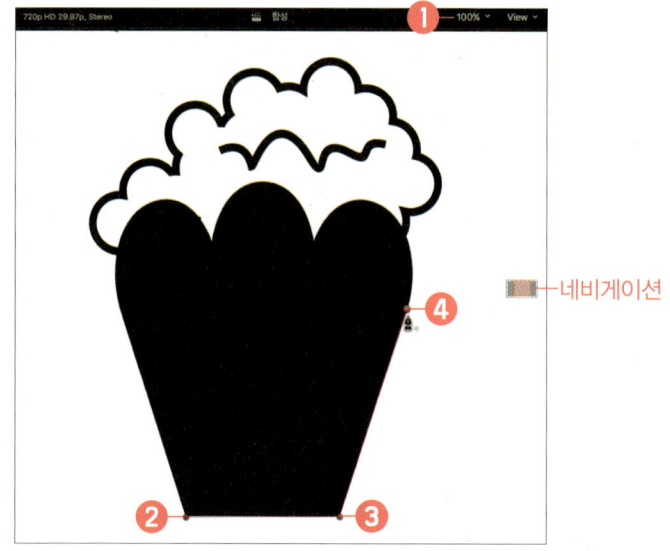

뷰어를 확대하면 우측 중앙에 화면을 이동할 수 있는 네비게이션이 나타나는데, 네비게이션을 드래그하여 원하는 위치로 이동할 수 있습니다.

팝콘 박스의 위쪽 부분은 곡선으로 되어있기 때문에 이번엔 그림처럼 곡선의 중간 부분에서 **클릭**한 후 **마우스 버튼을 떼지 말고** 좌측으로 드래그합니다. 그러면 포인트 양쪽에 **핸들(컨트롤 핸들)**이 나타나는데, 적당한 위치로 이동하여 마스크 패스가 곡선의 모양과 일치되도록 해 줍니다.

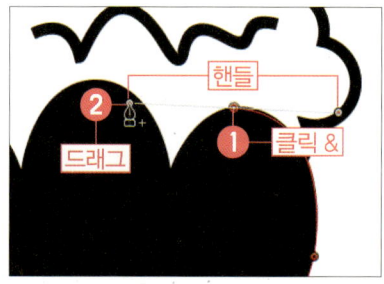

마스크의 모양은 **핸들**의 위치에 따라 달라지기 때문에 계속 움직여보면서 감각을 익혀야 합니다.

클릭 & 드래그해도 곡선이 만들어지지 않는다면?
만약 클릭 & 드래그를 했는데도 곡선이 만들어지지 않는다면 **셰이프 타입**이 **리니어**로 되어있기 때문일 것입니다. 그러므로 셰이프 타입을 **베지어(Bezier)**로 변경해야 합니다.

계속해서 나머지 반쪽 곡선 모양을 만들기 위해 그림과 같이 **곡선**이 끝나는 **지점**에서 **클릭 & 드래그**합니다. 그러면 핸들이 나타나고 곡선형 마스크가 만들어지지만 원하는 모양의 마스크가 만들어지지 않습니다. 그 이유는 곡선형 베지어 마스크를 만들 때 나타나는 두 **핸들(반대쪽 핸들)** 때문입니다. 핸들은 곡선 마스크의 모양을 정교하게 만들기 위해 사용되지만 **2개**의 핸들 중 **좌측 핸들**은 이후에 만들어질 곡선 마스크의 모양에 관여하기 때문에 이전에 만들어진 포인트의 좌측 핸들은 **숨겨**놓아야 합니다.

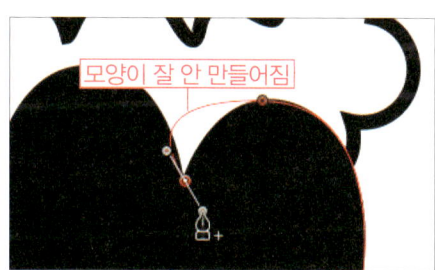

언두(command + Z)를 하여 이전 작업 단계로 이동한 후 앞서 만들어진 포인트를 선택하여 핸들이 나타나게 합니다. 그다음 좌측 핸들에서 **RMB**를 하여 나타나는 메뉴에서 Break Handle를 선택합니다. 그러면 해당 핸들이 서로 **리(독립)**됩니다. 이제 이 핸들을 이동하여 마스크 포인트 안으로 집어넣습니다.

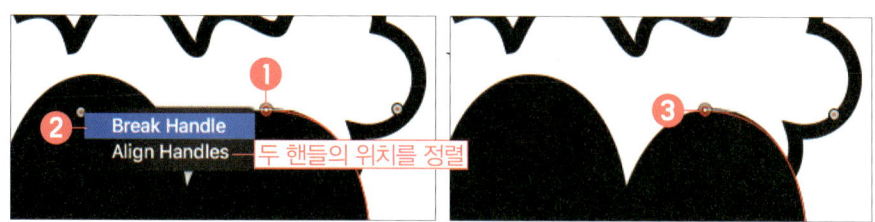

분리된 핸들은 같은 메뉴에서 **Link Handle**로 다시 합쳐줄 수 있습니다.

이제 다시 **첫 번째 곡선**이 끝나는 **지점**에서 **클릭 & 드래그**해 보면 이제서야 비로소 원하는 대로 모양이 만들어집니다. 이렇듯 곡선형 마스크를 만들 때에는 두 핸들의 역할이 중요하기 때문에 상황에 맞게 **핸들**은 **분리**하여 사용하십시오.

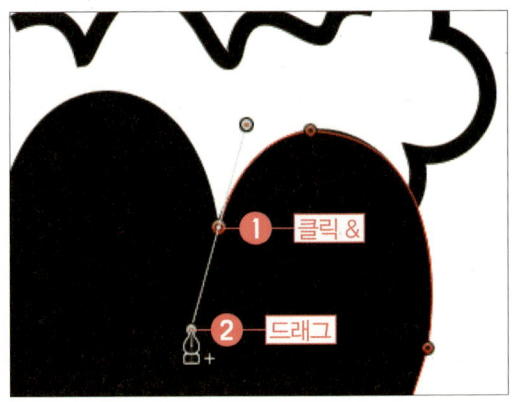

계속해서 같은 **방법(핸들 분리 - 포인트로 집어넣기)**으로 나머지 곡선 부분을 만들어주고, 직선 부분까지 하나로 연결하여 완성해 봅니다. 앞서 언급했듯이 마스크를 처음 접하는 분들은 마스크의 모양을 원하는 형태로 만들어주는 것이 결코 쉽지 않기 때문에 지금까지 학습한 내용을 반복하거나 보다 복잡한 모양의 마스크를 만드는 연습을 하기 바랍니다.

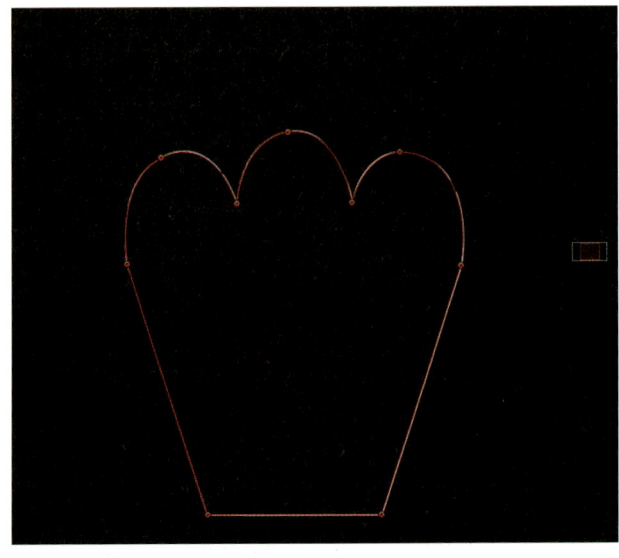

▲ 완성된 곡선 마스크의 모습

{ 예제로 익히기 : 특정 부분만 색상 변경하기 }

01 이번 학습에서는 드로우 마스크를 이용하여 특정 부분(튤립)만 다른 색상으로 변경해 보기 위해 **[학습자료]** – **[Video]** 폴더에서 Tulip 파일을 가져와 타임라인에 적용한 후 **드로우 마스크**를 적용합니다.

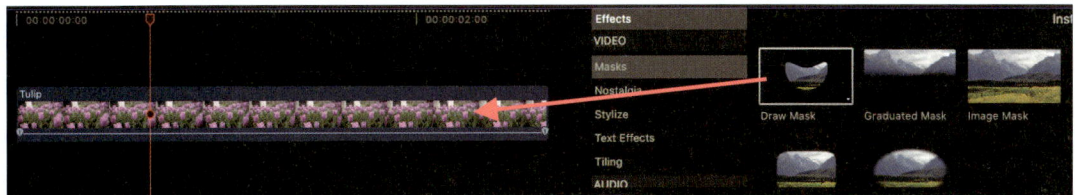

02 이제 하나의 **튤립(필자는 가운데 있는 클립을 사용했음)**을 다른 색상으로 바꿔주기 위해 앞서 학습한 방법을 활용하여 그림과 같이 **튤립** 모양에 맞게 마스크를 만들어줍니다. 이때 **시간**은 **시작 점**에 있어야 합니다.

03 지금의 작업에서 곡선형 마스크로 완성하면 마지막 연결 지점이 직선으로 되기 때문에 부드러운 곡선으로 바꿔주어야 합니다. 합쳐진 포인트에서 **[RMB]** – **[Smooth]**를 선택합니다. 그러면 마지막 패스(선)도 곡선으로 바뀌게 됩니다. 그다음 원하는 모양이 되도록 **핸들**을 설정합니다.

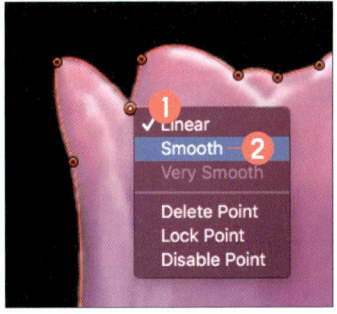

04 드로우 마스크의 View를 Original로 변경하여 마스크와 상관없이 클립의 전체 모습이 나타나도록 합니다. 그 다음 **시간을 3프레임**으로 이동해 보면 튤립의 위치(실제로는 카메라 렌즈가 이동된 것임)가 바뀌어서 앞서 만들었던 마스크의 위치가 튤립과 어긋나게 됩니다.

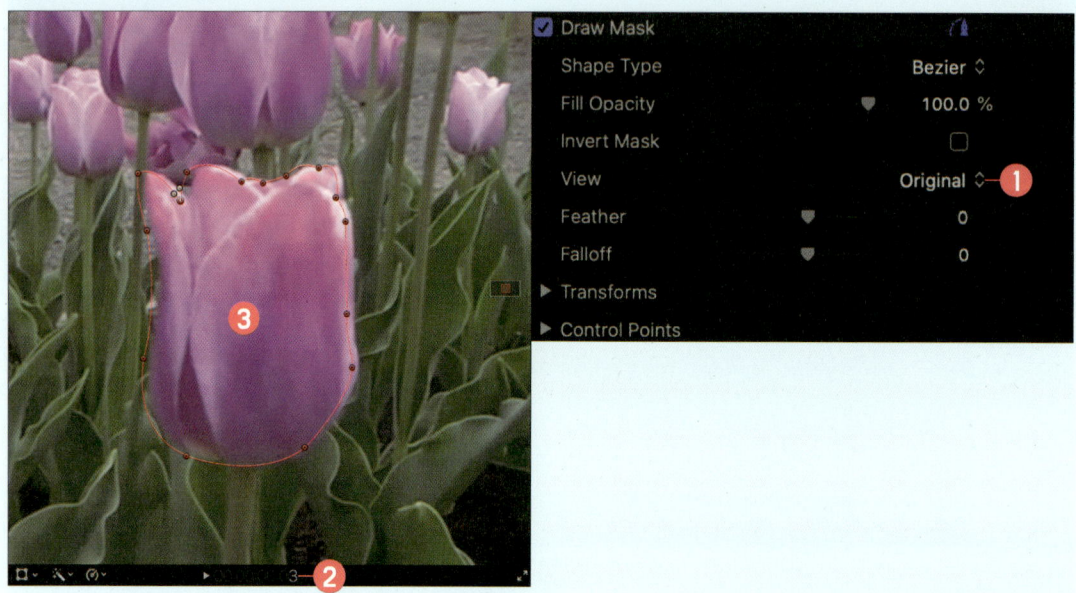

05 이제 어긋난 마스크의 위치를 이동하여 튤립 모양에 맞춰줍니다. 트랜스폼의 **Position X** 값을 **5**로 설정하여 맞춰준 후 **키프레임을 생성**하며, **패더(Feather)** 값을 조금 증가하여 마스크 경계를 부드럽게 해 줍니다.

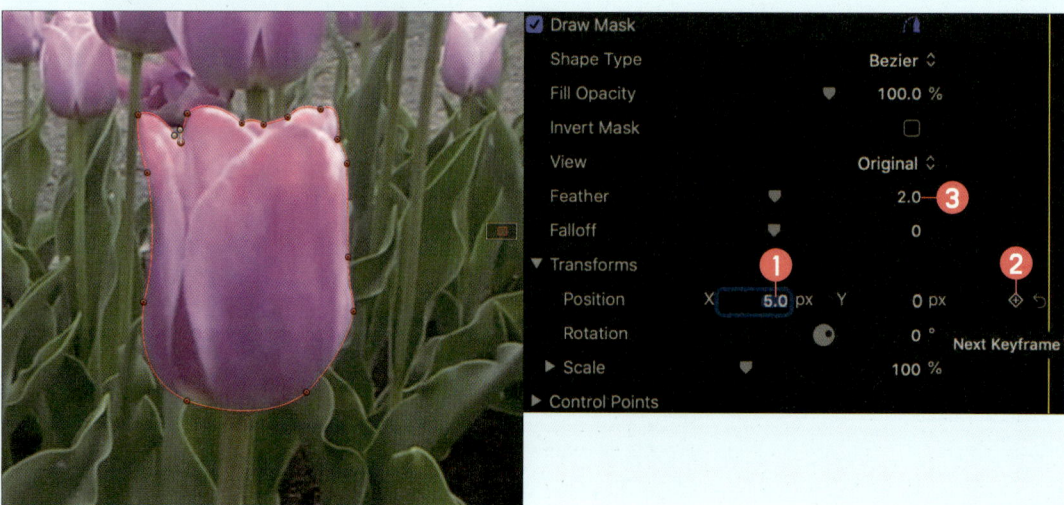

06 앞서 키프레임을 **3프레임**에서 생성했기 때문에 **시작 프레임(0프레임)**에서도 마스크의 위치가 어긋나게 됩니다. 그러므로 **시작 프레임**으로 이동한 후 Position 값을 0으로 설정하여 튤립과 마스크의 위치가 일치되도록 합니다.

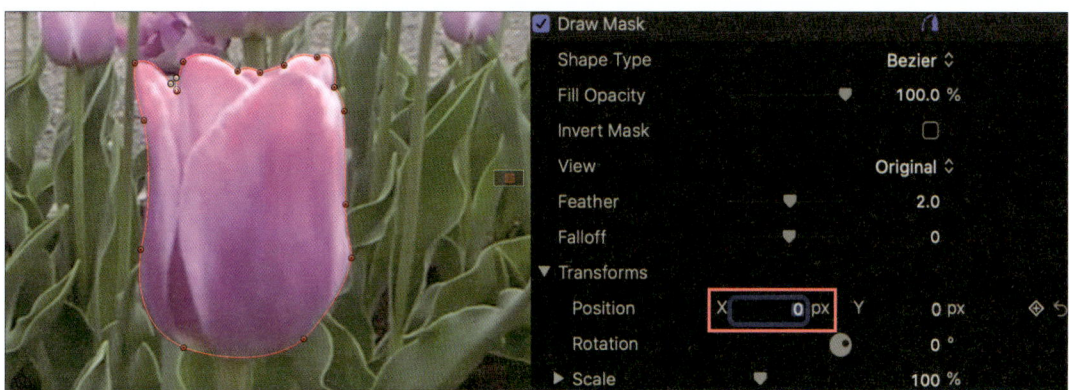

키프레임의 최초 생성은 상황에 따라 시작 프레임이 아닌 다른 프레임(시간)에서 시작하기도 합니다.

07 계속해서 같은 방법으로 마스크와 튤립이 어긋나는 지점에서 **위치(때에 따라서는 모양과 크기도 변경함)**를 맞춰줍니다. 작업이 끝나면 **View**를 다시 **Composite**로 변경하여 마스크 영역만 나타나도록 합니다.

08 이제 마스크 영역의 튤립과 다른 색상을 표현하기 위해 브라우저에 있는 **Tulip** 클립을 다시 한번 그림처럼 **프라이머리 스토리라인**에 적용된 **튤립(마스크가 적용된)** 클립 **아래쪽**에 적용합니다. 그다음 아래쪽에 적용된 클립에 **Black & White** 이펙트를 적용합니다.

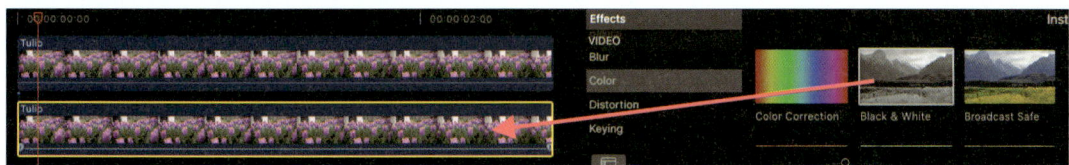

합성에 대한 모든 것 **363**

09 그러면 다음의 그림처럼 위쪽에 있는 마스크가 적용된 튤립은 원래 색상인 분홍색으로 표현되고, 아래쪽에 있는 튤립들은 흑백으로 표현되는 것을 알 수 있습니다.

10 계속해서 이번엔 마스크가 적용된 위쪽 클립에 Hue/Saturation 이펙트를 적용해 봅니다.

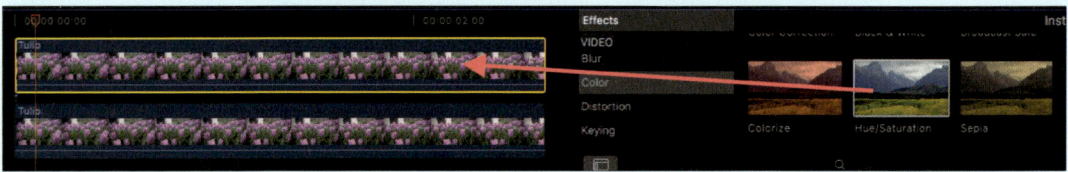

11 이제 마지막으로 휴/세츄레이션의 Hue를 설정하여 마스크가 적용된 튤립의 색상을 전혀 다른 색상으로 표현해 봅니다.

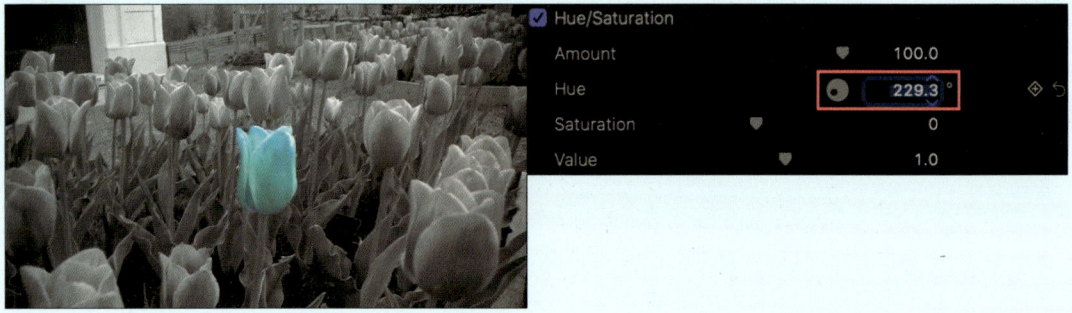

드로우 마스크를 사용하면 보다 특별한 합성 작업을 할 수 있기 때문에 마스크에 대한 다양한 연구를 해 보기 바랍니다.

크로마키(Chroma key)를 이용한 합성

크로마키는 **블루 스크린**(Blue Screen) 또는 **그린 스크린**(Green Screen) 등의 배경으로 촬영된 영상에서 배경을 뺀 후 다른 영상(이미지)과 **합성**을 하기 위한 작업입니다. 완벽한 크로마키 작업을 위해서는 조명에 의한 그림자가 생기지 않도록 주의해야 하는데 만약 크로마키에 여러 가지의 문제가 발생되었다면 앞서 학습한 마스크를 이용하여 문제를 해결할 수도 있습니다.

키어(Keyer)를 이용한 크로마키 작업

키어는 일반적으로 사용되는 크로마키 방식으로써 블루 또는 그린 스크린으로 촬영된 영상의 배경을 뺀 후 다른 영상과 합성을 하기 위해 사용됩니다. 살펴보기 위해 **[학습자료]** - [Video] 폴더에서 Blue Screen, Green Screen, Green Screens 3개의 파일 그리고 Image 폴더에서 Photoshop 파일을 가져와 먼저 그림처럼 Photoshop 파일은 **아래쪽**, Blue Screen 파일은 **위쪽**에 적용한 후 길이를 맞춰줍니다.

▲ 위쪽에 적용된 Blue Screen 클립

▲ 아래쪽에 적용된 Photoshop 클립

그다음 비디오 이펙트의 **Keying**에서 **Keyer**를 위쪽 Blue Screen 클립에 적용합니다. 그러면 키 이펙트가 다음의 그림처럼 Blue Screen 클립의 파란색 배경이 자동으로 빠지게 됩니다. 그리고 키가 빠진 부분엔 아래쪽 Photoshop 클립의 모습이 나타나는 것을 알 수 있습니다. 이렇듯 키 이펙트는 자동으로 배경색(블루, 그린 등)을 빼줍니다.

세부 설정하기 01

앞선 크로마키 작업 후의 모습이 완벽한 것 같지만 실제로는 세부 설정이 필요합니다. 먼저 비디오 인스펙터의 **Keyer**에서 View를 두 번째에 있는 **Matte**로 변경해 봅니다. 그러면 그림처럼 흰색과 검정색의 매트(루마 매트 형태)로 바뀌게 되는데, 검정색은 키가 빠진 투명한 영역이고, 흰색은 장면(이미지)이 보존된 영역입니다. 여기서 노트북이 있는 부분을 보면 노트북의 윤곽과 로고가 옅은 검정색으로 나타나는 것을 알 수 있습니다.

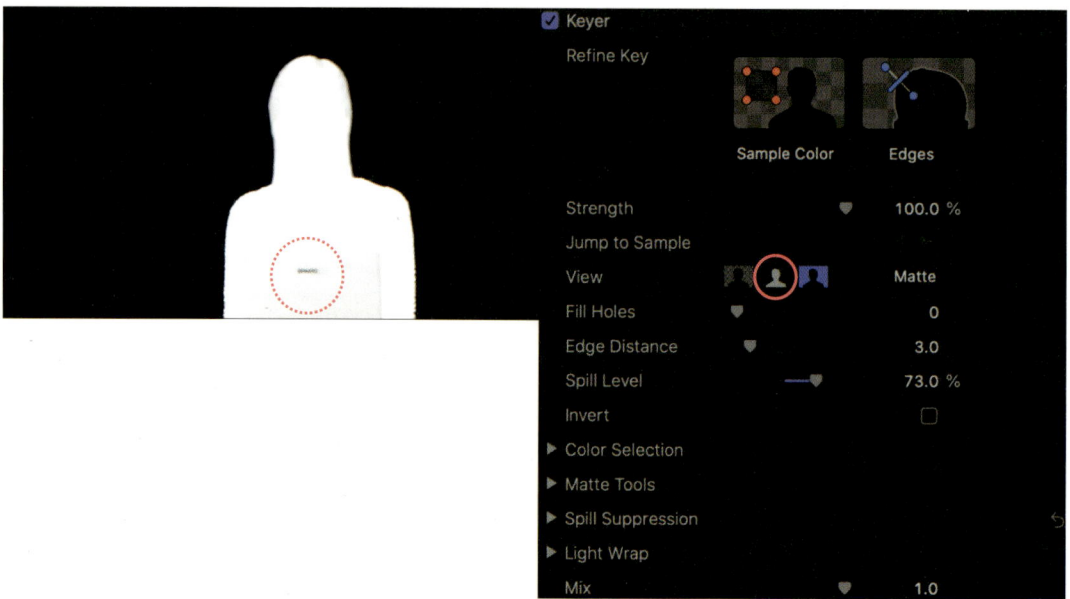

노트북의 완전히 빠지지 않은 곳의 문제를 해결하기 위해 **Fill Holels**의 수치를 조금 증가해 봅니다. 그러면 노트북 윤곽과 로고 영역이 흰색으로 채워집니다. 이렇듯 필 홀은 키가 완전히 빠지지 않은 영역을 흰색으로 채워주기 위해 사용됩니다.

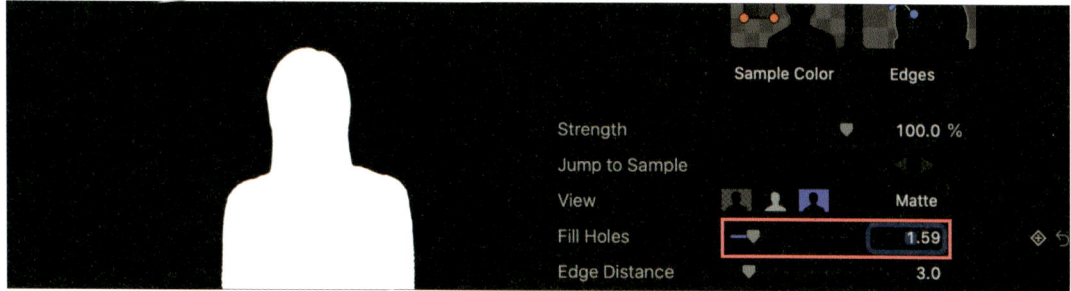

계속해서 **Edge Distance** 값을 조금 증가합니다. 그러면 흰색 경계가 부드러워져 훨씬 자연스러워집니다. 이처럼 매트 뷰 상태에서 세부 설정을 하면 최종 결과를 보여주는 **Composite** 뷰보다 훨씬 명확한 설정이 가능합니다.

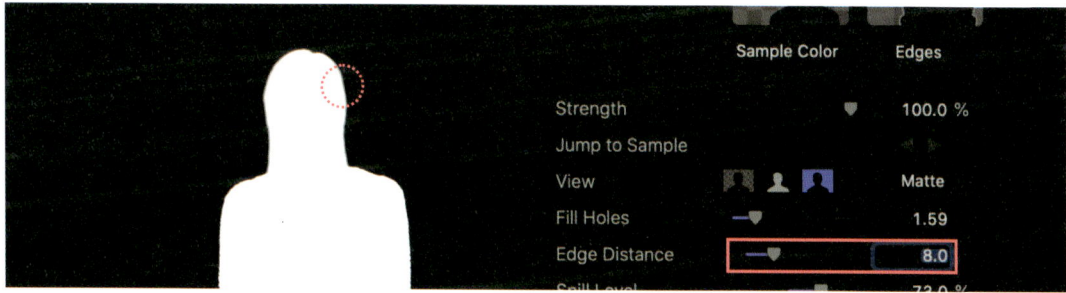

그밖에 위쪽에 있는 **Strength**는 크로마키의 설정 강도를 조절하는데 만약 **스트랭스** 값을 0에 가깝게 설정하면 그림처럼 키의 강도가 약해져서 검정색 영역에도 흰색이 부분적으로 나타나게 됩니다.

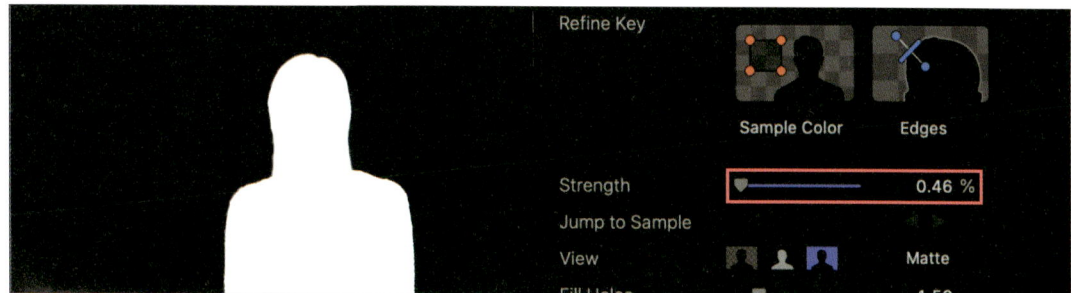

다시 크로마키 결과물을 확인할 수 있도록 View를 Composite로 바꿔준 후 Spill Level을 설정해 봅니다. 스필 레벨은 키 영역의 색상 톤을 설정하는 옵션으로써 수치를 증가하면 노란색 톤, 줄이면 파란색 톤으로 나타납니다. 여기에서는 배경과 잘 어울리는 톤으로 설정하면 됩니다. 참고로 Invert는 키 영역을 반전할 때 사용됩니다.

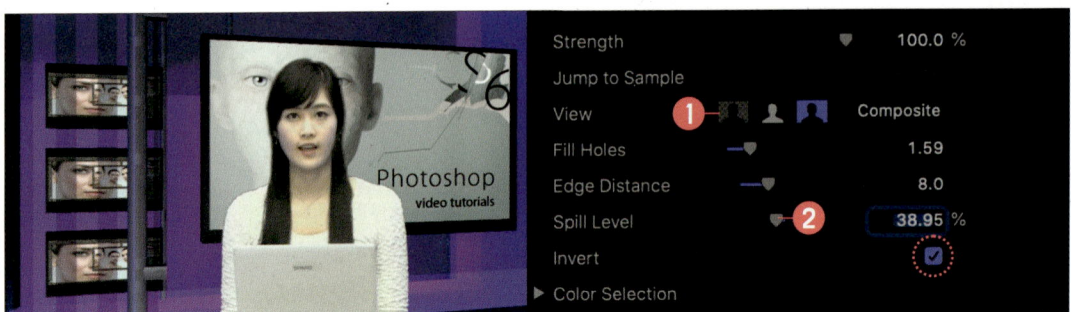

세부 설정하기 02

이번엔 키 영역을 작업자가 직접 지정하고 설정하는 방법에 대해 알아보겠습니다. 먼저 View를 Original로 변경합니다. 그러면 키 이펙트가 적용되기 전의 원본 클립 상태로 나타납니다. 이 상태에서 맨 위쪽의 Refine Key 중 Sample Color를 선택한 후 그림처럼 뷰어에서 파란색 영역을 샘플 영역으로 만들어줍니다. **클릭 & 드래그**하여 만들어주면 됩니다.

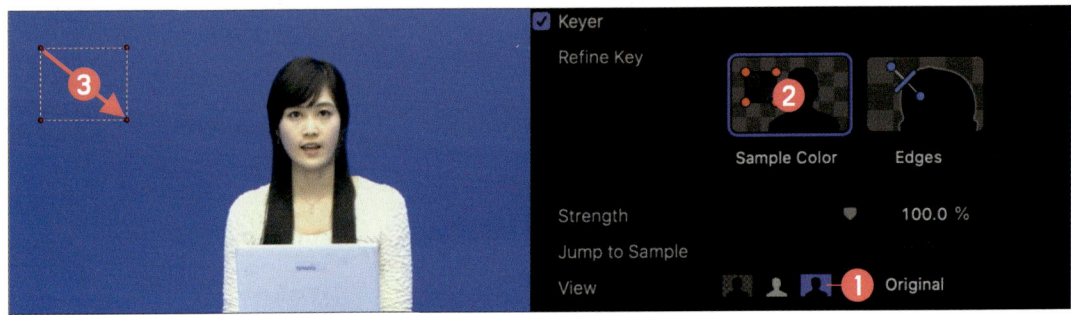

샘플 영역을 지정하면 이제 샘플 영역으로 지정된 부분의 색을 기준으로 크로마키가 이루어집니다.

만약 하나의 샘플 영역으로 깨끗하게 키가 빠지지 않았다면 빠지지 않은 또 하나의 키 영역을 샘플 영역으로 만들어줍니다. 추가 영역은 Sample Color를 다시 한번 선택한 후 지정하면 됩니다.

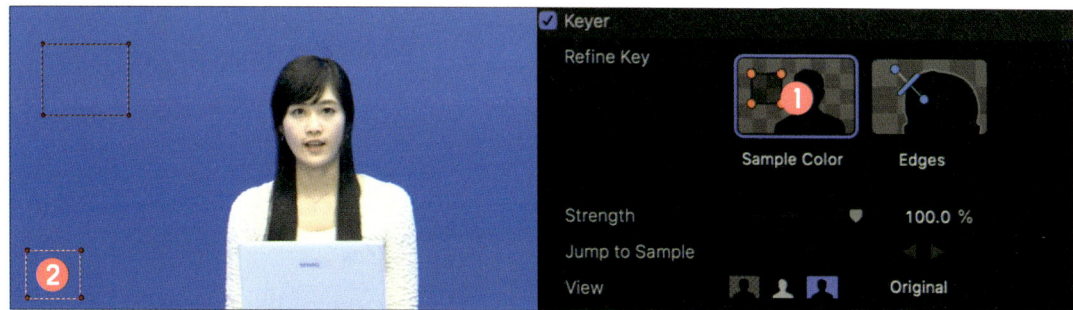

샘플 컬러 옆에는 크로마키 경계를 부드럽게 해 주기 위해 사용되는 **Edge**가 있습니다. **엣지**를 선택한 후 그림처럼 크로마키, 즉 모델의 경계 지점에서 **클릭 & 드래그**하여 엣지 영역을 만들어줍니다. 그러면 엣지 영역에 따라 모델의 경계가 뚜렷해졌다. 흐려졌다. 완전히 뭉개졌다 할 것입니다. 여기에서 가장 마음에 드는 상태로 조절하면 되은데, 엣지 또한 여러 개의 영역을 생성하여 각 경계마다 개별적으로 설정할 수 있습니다.

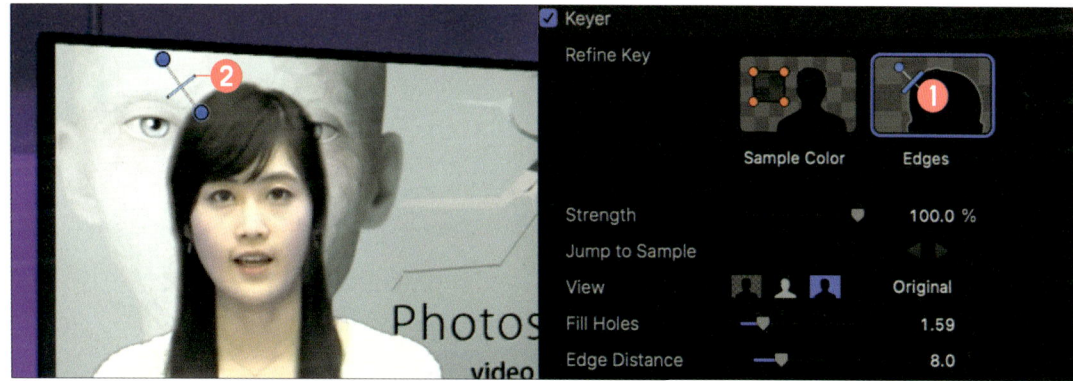

고급 설정하기

앞서 살펴본 설정으로도 크로마키 결과물이 만족스러울 수 있겠지만 고급 설정 옵션들을 이용하면 키 영역을 보다 세밀한 부분까지 설정할 수 있습니다. 먼저 Color Selection에 대해 살펴보겠습니다. 컬러 실렉션은 **크로마(Chroma)** 컬러 휠을 통해 키 영역의 **색조(Hue)**와 **채도(Saturation)**을 설정할 수 있은데, 컬러 실렉션은 **스크럽 박스(Scrub Boxes)**와 **매뉴얼(Manual)** 방식이 있으며, 스크럽 박스는 기본적으로 사용되는 방식으로써 가장자리의 투명도만 조절할 수 있으며, 매뉴얼 방식은 중심부의 투명도까지 설정이 가능합니다. 여기에서는 매뉴얼 방식을 선택한 후 중심점을 바깥쪽으로 이동해 봅니다. 그러면 키 경계에 변화가 생기게 됩니다. 이와 같은 방법으로 키 영역의 색조를 보다 완벽한 상태가 될 때까지 설정합니다. 그밖에 **루마(Luma)**는 키 영역의 밝기를 설정하며, **크로마 롤오프(Chroma Rolloff)**는 색조와 채도에 대한 크로마키 경계를 부드럽게 혹은 선명하게 만들어줍니다. 그리고 **루마 롤오프(Luma Rolloff)**는 밝기에 대한 크로마키 경계를 부드럽게 혹은 선명하게 만들어주며, **픽스 비디오(Fix Video)**는 픽스(영상의 컬러 밸런스를 자동으로 맞춰준 상태)된 비디오를 해제 또는 활성화할 때 사용합니다.

매트 툴(Matte Tools)의 **레벨(Levels)**은 검정색과 흰색 영역에 대한 분포를 설정합니다. 예를 들어 왼쪽에 있는 검정색 슬라이더를 우측으로 이동하게 되면 검정색 영역이 극단적으로 표출됩니다. 아래쪽 **쉬링크/익스팬드(Shrink/Expand)**는 크로마키 경계를 축소/확대할 수 있으며, **소프튼(Soften)**은 경계를 부드럽게 해 주고, **이로드(Erode)**는 경계를 부식(투명성)시켜줍니다.

스필 서프레션(Spill Suppression)의 **스필 콘트라스트(Spill Conrast)**는 키 영역의 명암(밝고 어두운) 대비 값을 설

정하며, **틴트**(Tint)는 색조를 설정하고, **세츄레이션**(Saturation)은 채도를 설정합니다. 마지막으로 **라이트 랩** (Light Wrap)은 빛에 의한 상태를 설정하는 옵션으로써 **어마운트**(Amount)는 경계의 밝기 영역을 확장할 수 있으 며, **인텐시티**(Intensity)는 밝기의 강도를 설정합니다. 그리고 **오패서티**(Opacity)는 경계의 불투명도, **모드** (Mode)는 합성 방식, **믹스**(Mix)는 합성 방식에 대한 혼합 비율을 설정합니다.

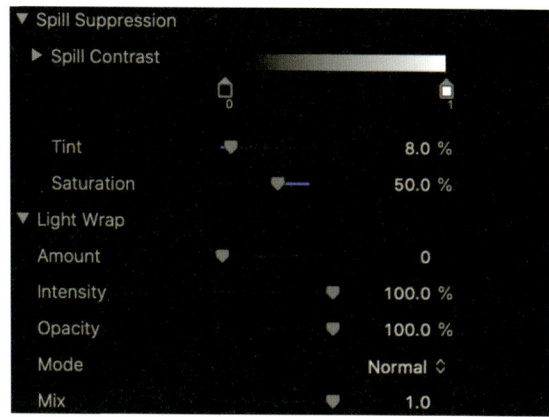

키어 이펙트에서의 색상 설정은 완벽하지 않기 때문에 최종적으로 다음 파트에서 학습할 **색 보정** 작업을 통해 마무리 하기를 권장합니다.

루마 키어(Luma Keyer)를 이용한 크로마키 작업

루마 키어는 **명암**, 즉 흰색과 검정색에 의한 크로마키 작업을 할 수 있게 해 줍니다. 그러므로 작업에 사용되는 소스 미디어 클립은 대부분의 명암의 대비가 뚜렷한 장면(이미지)을 사용해야 합니다. 살펴보기 위해 **튤립**과 **팝콘** 클립들을 그림처럼 위아래로 배치해 놓은 후 **Luma Keyer** 이펙트를 위쪽 **팝콘** 클립에 적용합니다.

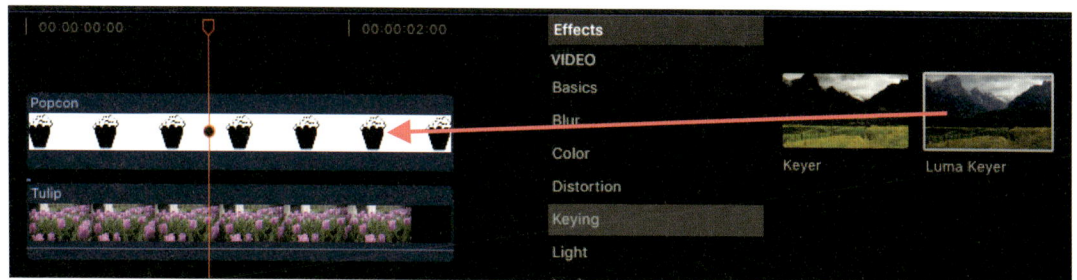

그러면 자동으로 키 작업이 완료되며, 기본적으로 **검정색** 영역이 빠지게 됩니다. 빠진 투명한 영역에는 아래쪽 튤립의 모습이 나타나는 것을 알 수 있습니다.

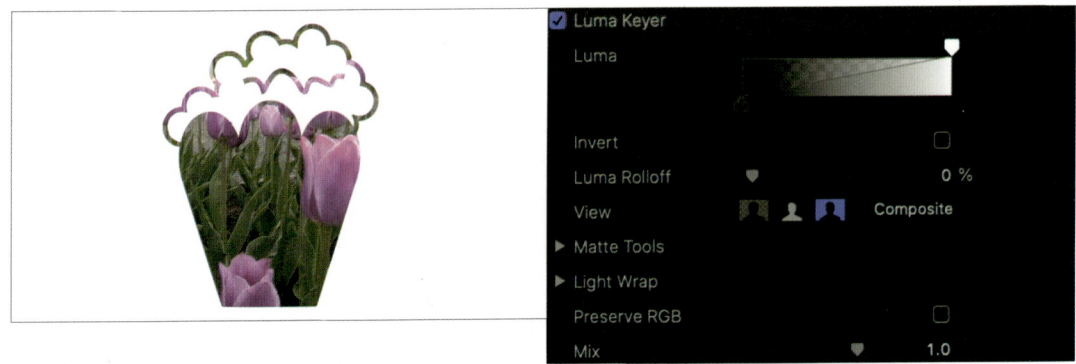

여기서 만약 키 영역을 반전시키고자 한다면 **루마(Luma)** 옵션의 검정색과 흰색 영역을 바꿔주면 되지만 이 방법보다는 아래쪽 **인버트(Invert)**를 체크한 후 **루마 롤오프(Luma Rolloff)**를 설정하는 것이 보다 효율적입니다. 그밖에 옵션들은 앞서 살펴본 키어와 동일하며, **프리저브(Preserve RGB)**는 장면(클립)에 RGB 색상이 포함되어있다면 그 색상들을 보존하기 위해 사용됩니다.

루마 키어는 아래 그림처럼 명암의 차이가 크지만 색상이 포함되어있는 장면에 사용할 경우 독특한 합성 장면을 표현할 수 있습니다.

{ 예제로 익히기 : 여러 개의 크로마키 영역에 장면 집어넣기 }

01 그림처럼 키 작업을 위한 클립은 맨 위쪽에 배치하고, 나머지 두 클립들은 아래쪽에 배치한 후 가장 짧은 길이의 클립에 맞게 길이를 조정해 놓습니다.

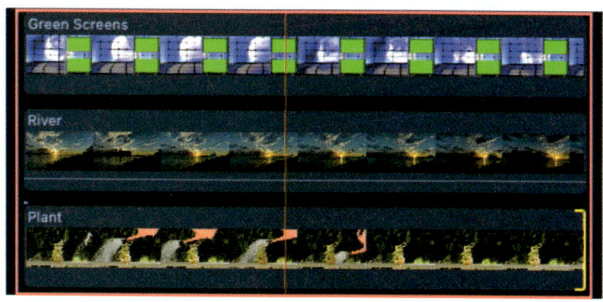

02 계속해서 **키어(Keyer)** 이펙트를 맨 위쪽의 Green Screen 클립에 적용합니다. 그러면 역시 자동으로 초록색 영역이 빠지게 되며, 빠진 투명한 영역에는 아래쪽 클립이 나타납니다.

03 키에 대한 세부 설정을 한 후 키 영역에 나타나는 화면의 크기를 조절해 봅니다. **트랜스폼**을 활성화한 후 크기와 위치를 그림처럼 설정합니다.

04 계속해서 나머지 아래쪽 키 영역에 나타나는 화면도 **크기**와 **위치**를 설정합니다. 이처럼 여러 개의 키 영역을 사용할 때에는 트랜스폼과 같은 변형 기능을 효과적으로 활용할 수 있습니다.

05 여기서 만약 키 영역에 나타나는 장면에 **트랜지션**과 같은 효과를 적용한다면 장면의 시작과 끝을 다양하게 표현할 수 있습니다.

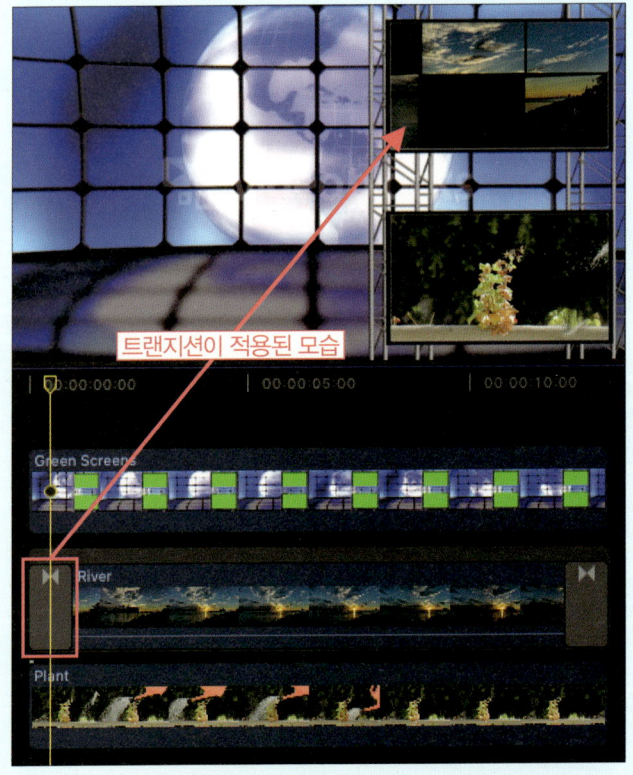

컴포지팅(Compositing)을 이용한 합성

합성을 위한 마지막 방법으로 **블렌드 모드**(Blende Mode)가 있습니다. 블렌드 모드는 위아래 두 클립의 **색상**, **채도**, **밝기**를 혼합하여 합성 결과물을 얻을 수 있으며, 화려한 배경 영상을 만들기 위해 사용하기도 합니다. 살펴보기 위해 그림처럼 **2개**의 비디오 클립을 위아래로 적용한 후 위쪽 클립을 선택합니다.

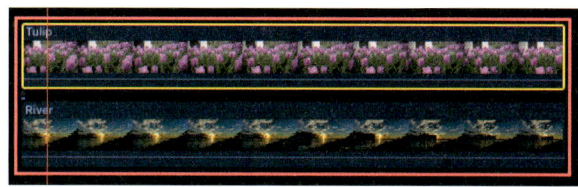

이제 블렌딩 모드에 대해 살펴보기 위해 비디오 인스펙터의 컴포지팅을 열어줍니다. 컴포지팅에서는 블렌딩 모드와 오패서티가 있으며, 오패서티는 앞선 학습에서도 살펴보았듯이 클립의 불투명도를 설정합니다. Opacity 값을 50 정도로 낮춰주었을 때에는 위아래 클립의 모습이 반투명하게 나타납니다. 이것은 **블렌딩 모드**의 **스크린**(Screen)과 유사하지만 밝기가 다소 어둡게 표현됩니다.

블렌딩 모드가 현재 기본적으로 **노멀**(Normal) 모드로 되어있는데, 노멀은 합성을 하지 않는 상태로써 합성을 위해서는 **블렌딩 모드**를 열어서 작업에 맞는 모드를 선택해야 합니다.

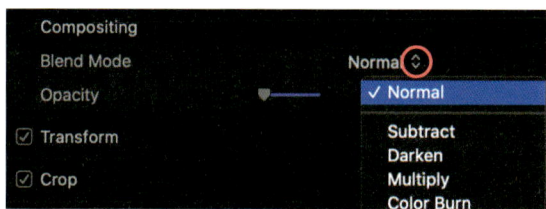

블렌딩 모드 살펴보기

블렌딩 모드는 색상, 채도, 밝기를 혼합하여 결과물을 산출하는데, 결과는 쉽게 예측할 수 없으므로 직접 한번씩 설정하여 원하는 결과를 얻어야 합니다. 다음은 각 블렌딩 모드에 대한 설명으로써 아래의 두 장면(클립)에 대한 합성 결과임을 참고하기 바랍니다.

서브트랙(Subtract)
두 장면(이미지)의 어두운 값을 기준으로 합성을 해 줍니다.

다큰(Darken)
두 장면(이미지)에서 가장 어두운 영역만 도드라지게 합성됩니다.

멀티플라이(Multiply)

두 장면(이미지)의 색상을 1:1로 혼합해 줍니다. 위쪽 장면의 어두운 영역은 그대로 표현되며, 전체적으로 어두워집니다.

컬러 번(Color Burn)

두 장면(이미지)에서 위쪽 장면의 영역이 흰색보다 어두울 경우 두 장면은 불에 탄 것처럼 어둡게 표현됩니다.

리니어 번(Linear Burn)

위쪽 장면(이미지)이 아래쪽 장면보다 어두운 영역은 제외하고, 나머지 부분에 빛을 추가하여 불에 탄 것처럼 표현됩니다.

애드(Add)

두 장면(이미지)이 전체적으로 밝게 합성됩니다. 강렬한 화면을 표현할 때 사용됩니다.

라이튼(Lighten)
두 장면(이미지)에서 더욱 밝은 영역의 색상이 표현됩니다.

스크린(Screen)
두 장면(이미지)을 1:1로 혼합하며, 위쪽 장면에는 영향이 없지만 아래쪽 장면의 흰색 영역은 더욱 밝게 표현됩니다.

컬러 닷지(Color Dodge)
위쪽 장면이 검정색보다 밝을 경우 색상의 밝은 부분이 아래쪽 장면에 반영됩니다.

리니어 닷지(Linear Dodge)
Screen과 비슷하지만 위쪽 장면의 밝은 부분을 증가시켜 아래쪽 장면에 반영합니다.

오버레이(Overlay)
두 장면(이미지)에서 Multiply와 Screen을 섞어 놓은 것과 같이 반반씩 혼합되어 표현됩니다.

소프트 라이트(Soft Light)
Overlay와 비슷하며, 조명을 비춘 것과 같이 표현됩니다.

하드 라이트(Hard Light)
Soft Light보다 강한 조명을 비춘 것과 같이 표현됩니다.

비비드 라이트(Vivid Light)
Linear Light와 비슷하지만 아래쪽 장면의 색상에 따라 콘트라스트가 증가하거나 감소되어 표현됩니다.

리니어 라이트(Linear Light)

Hard Light와 비슷하지만 아래쪽 장면의 색상에 따라 밝은 부분이 증가하거나 감소되어 표현됩니다.

핀 라이트(Pin Light)

모든 라이트 블렌딩 모드의 중간 정도에 해당되는 색상 톤으로 표현됩니다.

하드 믹스(Hard Mix)

Pin Light와 반대의 결과로 위쪽 장면에 아래쪽 장면의 콘트라스트가 증가되어 거친 느낌으로 표현됩니다.

디프런스(Difference)

위쪽 장면의 색상이 아래쪽 장면의 색상에 의해 반전되어 보이게 되며, 검정색일 경우에는 아무런 영향을 받지 않습니다.

익스클루젼(Exclusion)

Difference와 비슷하지만 콘트라스트가 낮아 탁한 회색 톤으로 표현됩니다.

스텐실 알파(Stencil Alpha)

위쪽 장면에 알파 채널이 있을 경우 알파 채널 부분은 투명하여 아무것도 나타나지 않으며, 나머지 불투명한 부분에는 아래쪽 장면이 나타나게 됩니다. (Alpha Channel 파일 사용 예)

스텐실 루마(Stencil Luma)

위쪽 장면의 밝은 영역에 아래쪽 장면의 모습이 나타나게 되며, 어두운 영역은 투명하여 아무것도 나타나지 않게 됩니다. (Ink01 파일 사용 예)

실루엣 알파(Silhouette Alpha)

Stencil Alpha와 반대로 알파 채널 부분에 아래쪽 장면이 나타나고, 나머지 부분에는 아무것도 나타나지 않게 됩니다. (Alpha Channel 파일 사용 예)

실루엣 루마(Silhouette Luma)
Stencil Luma와 반대로 어두운 영역에 아래쪽 장면이 나타나게 됩니다. (Ink01 파일 사용 예)

비하인드(Behind)
위쪽 장면을 아래쪽 장면 뒤로 숨겨놓습니다. 즉 위쪽 장면을 나타나지 않게 합니다.

알파 애드(Alpha Add)
알파 채널의 투명한 영역을 매끄럽게 합쳐(이어)지도록 알파 채널을 추가합니다. 주로 알파 채널의 틈을 채워주기 위해 사용됩니다.

프리멀티플라이드 믹스(Premultiplied Mix)
알파 채널을 가진 장면에 적용하면 경계가 뚜렷하게 표현됩니다.

04 멀티캠(Multicam) 편집

멀티캠 편집은 여러 대의 카메라를 통해 촬영된 비디오(오디오) 소스를 가지고 각 앵글을 선택해가면서 편집을 해 주는 작업입니다. 이 편집 방법은 중계 촬영 시 마치 스위처(Switcher)를 통해 각 카메라에서 들어오는 장면(신호)을 선택하고 믹싱하는 것과 유사합니다.

멀티캠 클립 생성 및 편집하기

멀티캠 편집을 하기 위해서는 먼저 멀티캠 클립으로 만들어주어야 합니다. 파이널 컷 프로에서는 멀티캠 클립을 생성할 때 자동으로 각 앵글의 클립들을 **동기화(Sync)**할 수 있으며, 편집 또한 간편하게 할 수 있습니다.

멀티캠 클립 생성 및 설정하기

멀티캠 편집을 위한 클립을 생성하기 위해 [학습자료] - [Multi-Cam] 폴더에 있는 **4개**의 **멀티-캠** 클립을 모두 가져옵니다. 이제 이 4개의 클립들은 각각 다른 앵글에서 촬영된 하나의 씬으로 사용될 것입니다. 4개의 클립을 멀티캠 클립으로 만들어주기 위해 **모두 선택**한 후 [RMB] - [New Multicam Clip] 메뉴를 선택합니다.

멀티캠 설정 창이 열리면 멀티캠 클립의 이름과 클립의 **앵글 어셈블리** 그리고 **오더링(배열)**, **동기화** 등에 대한

설정을 한 후 멀티캠 클립을 생성하면 되는데, 여기에서는 기본 설정을 그대로 사용하며, 선택된 4개의 클립에 대한 **동기화(Sync)**에 대해서만 살펴보겠습니다. Angle Synchronization을 보면 자동으로 싱크를 해 주는 Automatic과 타임코드를 기준으로 싱크를 해주는 Timecode, 카메라에 의해 생성된 타임 스탬프(만들어진 시간)을 기준으로 싱크를 해 주는 Content Created, 각 클립의 시작 점을 기준으로 싱크를 맞춰주는 Start of First Clip 그리고 첫 번째 마커를 기준으로 싱크를 맞춰주는 First Marker on the Angle을 사용할 수 있습니다. 여기에서는 가장 편리하며 일반적으로 사용되는 **오토매틱**을 사용해 봅니다.

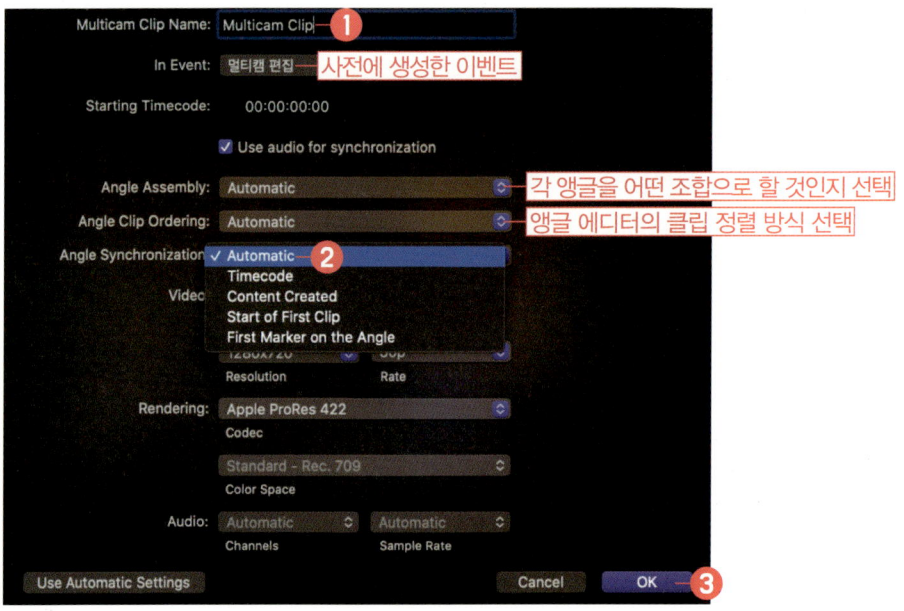

First Marker on the Angle은 수동적으로 싱크를 맞추는 방식으로써 싱크를 맞춰주고자 하기 위해 우선적으로 각 클립에 싱크를 위한 **마커(M 키)**가 적용되어있어야 합니다.

멀티캠 설정 창에서의 설정이 끝난 후 OK 버튼을 클릭하면 싱크로나이징 멀티캠 클립 과정을 거친 후 앞서 선택한 4개의 클립이 **하나**의 **멀티캠** 클립으로 생성됩니다. 이제 브라우저를 보면 맨 아래쪽에 Multicam Clip이 생성된 것을 알 수 있으며, 멀티캠 클립의 좌측 상단에는 멀티캠 클립 아이콘이 표시됩니다.

멀티캠 클립 아이콘 표시

시작되는 앵글 클립 선택하기 01

이제 멀티캠 클립을 타임라인에 적용하면 하나의 클립으로 적용됩니다. 현재는 4개의 클립 중 **첫 번째** 클립인 Multi-Cam01이 활성화, 즉 시작되는 장면으로 되어있습니다. 만약 멀티캠 편집이 시작되는 클립을 바꾸고자 한다면 클립 위에서 [RMB] - [Active Video Angle] 메뉴에서 원하는 클립을 선택하면 됩니다.

오디오 클립 또한 Active Audio Angle 메뉴를 통해 멀티캠 편집이 시작되는 클립을 선택할 수 있습니다.

앵글 에디터 활용하기

이번엔 멀티캠 클립을 **더블클릭**하거나 [Clip] - [Open in Angle Editor] 메뉴를 선택해 봅니다. 그러면 멀티캠 클립이 열리게 됩니다.

멀티캠 클립이 열린 상태를 보면 4개의 클립이 타임라인에 나타나는 것을 알 수 있으며, 표시된 화살표를 보면 **4개의 클립**이 **시작**되는 **위치**가 서로 다른 것을 알 수 있습니다. 이것은 앞서 멀티캠 클립을 생성할 때 **자동**으로 **싱크**를 맞춰주었기 때문입니다. 이렇듯 오디오에 특별한 문제가 없다면 정확하게 동기화됩니다. 맨 위쪽 클립을 보면 다른 클립과는 다르게 클립 주변에 회색 영역이 있는 것을 알 수 있는데, 이것은 현재 클립이 **모니터화(활성화)** 되었다는 것입니다.

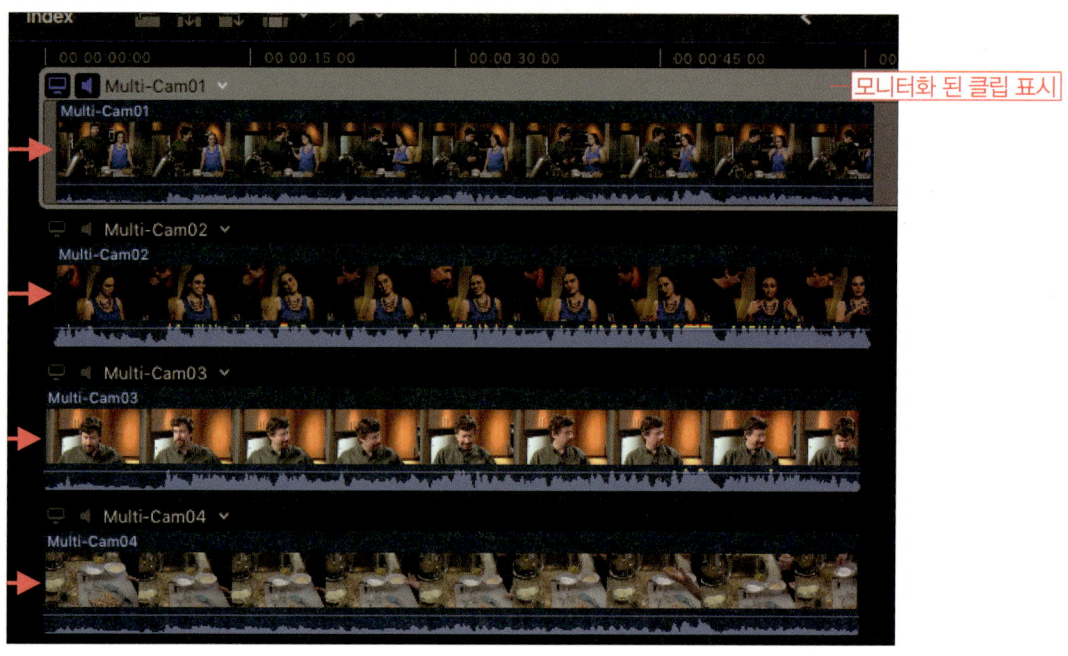

모니터를 바꿔주고자 한다면 바꿔주고자 하는 클립의 **모니터(아이콘)**을 선택하면 됩니다. 그러면 뷰어에는 모니터화 된 클립의 모습이 나타나게 됩니다. 오디오 또한 같은 방법으로 바꿔줄 수 있습니다.

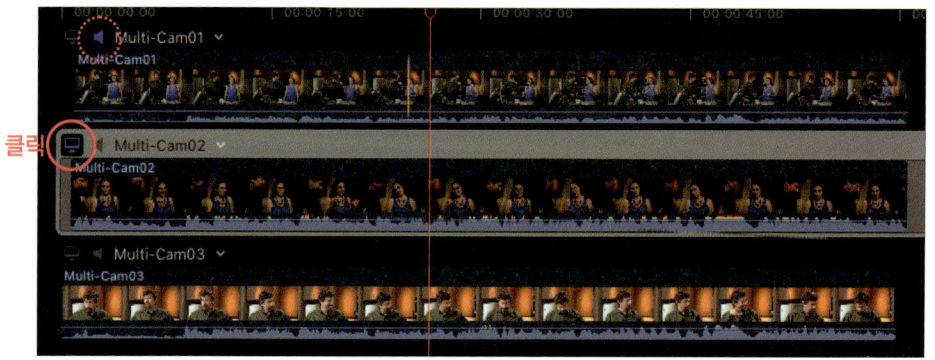

앵글 추가 및 삭제하기

만약 새로운 앵글, 즉 클립을 멀티캠 클립으로 사용하기 위해 적용하고자 한다면 새로운 앵글이 적용될 **공간(트랙)**을 만들어주어야 합니다. 새로운 앵글 공간을 만들어주기 위해서는 두 번째 클립의 ∨ 모양의 팝업 메뉴를 열고 **Add Angle** 메뉴를 선택하면 됩니다. 아래쪽에 새로운 앵글 공간이 생성되면 이 공간에 새로 추가할 앵글 클립을 적용하면 됩니다. 또한 불필요한 앵글 클립은 같은 메뉴의 **Delete Angle** 메뉴를 통해 삭제하면 됩니다.

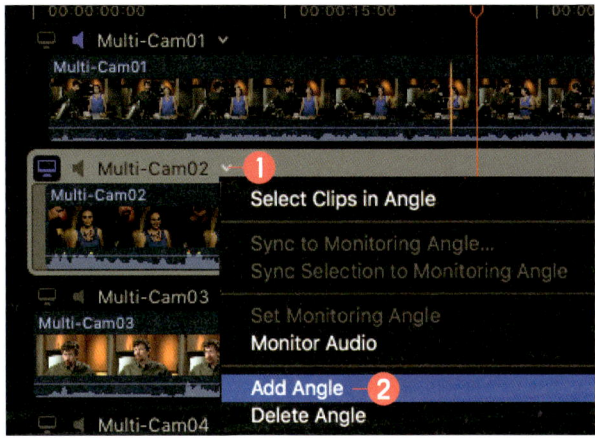

새로운 동기화(Sync) 작업

만약 새로 불러온 앵글 클립이나 싱크가 맞지 않은 클립을 다른 클립들과 동기화 작업을 하고자 한다면 그림처럼 새로운 앵글 클립 또는 모니터로 지정되지 않는 클립의 ∨ 모양의 팝업 메뉴를 열고 Sync Angle to Monitoring Angle 메뉴를 선택하면 됩니다. 이 메뉴는 해당 클립을 자동으로 동기화해 줍니다. 또한 같은 메뉴의 Sync to Monitoring Angle은 동기화하고자 하는 지점을 클릭하여 수동으로 동기화 작업을 할 때 사용됩니다.

앵글 클립 이동하기

앵글 클립을 이동하기 위해서는 각 앵글 클립 우측 끝 부분의 **3개**의 ≡ **선**으로 된 아이콘을 드래그하여 원하는 위치로 이동하면 되는데, 일반적으로 클립을 위아래 자리를 바꾸기 위해 사용됩니다. 앵글 에디터에서의 설정이 끝나면 이제 이전 **타임라인**(Go back in Timeline history)으로 이동합니다.

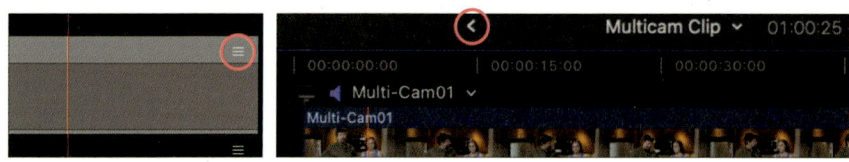

멀티캠 클립 설정 및 편집하기

멀티캠 편집을 하기 위해서는 뷰어를 멀티캠 뷰어 모드로 설정해야 합니다. 멀티캠 뷰어를 열어주기 위해 뷰어 우측 메뉴에서 Shwo Angles 선택 또는 [shift] + [command] + [7] 키를 누릅니다.

멀티캠 뷰어 설정하기

멀티캡 메뉴가 선택되면 기존의 뷰어 좌측에 분할 화면으로 멀티캠 앵글 뷰어가 나타나며, 이 곳에서 멀티캠 뷰어를 통해 편집을 할 수 있습니다.

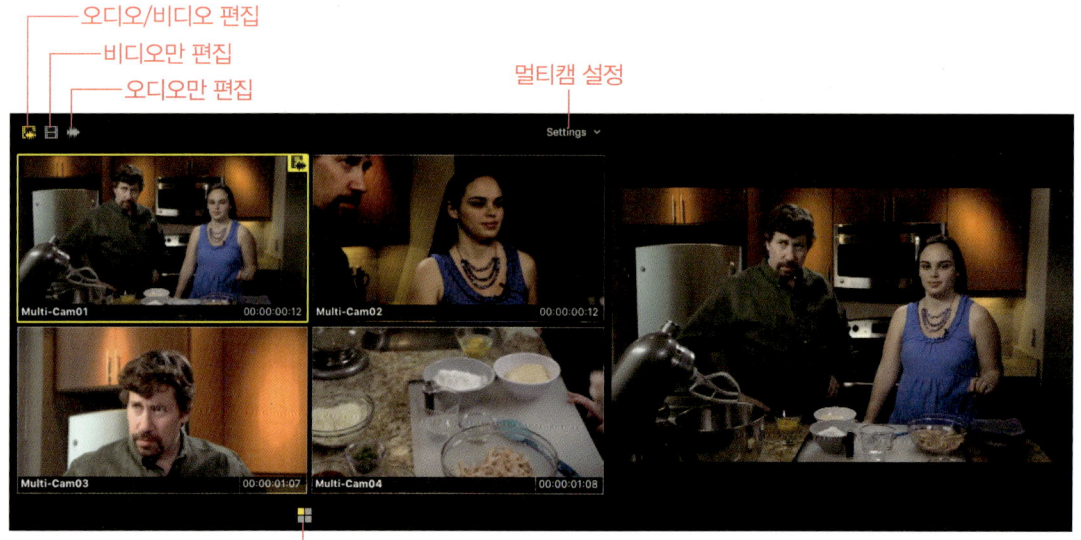

멀티캠 뱅크(Bank) : 선택된 앵글이 노란색으로 나타나며, 사용되는 앵글(클립의) 개수대로 표시됨

멀티캠 뷰어 우측 상단의 **Settings**을 열어보면 위쪽 **DISPLAY**에서 2, 4, 9, 16 앵글 개수를 선택할 수 있으며, 현재는 4개의 앵글 클립을 사용하기 때문에 **4 Angles**로 되어있습니다. 그리고 아래쪽 **OVERLAYS**는 각 앵글 클립에 대한 정보가 멀티캠 뷰어에 나타나게 하며, **Display Name**은 앵글 클립의 이름을 어떤 방식으로 표기할 것인지 선택할 수 있습니다. 일반적으로 **Angle**을 사용합니다.

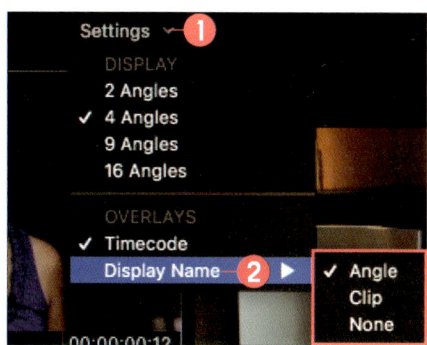

시작되는 앵글 클립 선택하기 02

시작되는 앵글 클립을 바꿔주는 방법은 멀티캠 뷰어에서도 가능합니다. 어떠한 단축키도 사용하지 않은 상태에서 **마우스 커서**를 멀티캠 뷰어로 갖다 놓으면 **자르기(칼날 모양)** 커서로 사용되지만 **option** 키를 누르면 **손가락** 모양으로 바뀌게 됩니다. 이때 **클릭**하면 해당 앵글 시작되는 앵글 클립으로 바뀌게 됩니다.

시작되는 앵글을 바꿔주는 또 다른 방법은 **인포 인스펙터**의 **Active Video/Audio Angle**에서 선택하는 것입니다.

멀티캠(Multicam) 편집 **389**

멀티캠 클립 편집하기

멀티캠 클립의 편집은 아주 간단하며 세 가지 정도의 방법을 사용할 수 있습니다. 먼저 타임라인에서 직접 편집은 일반적인 클립을 편집할 때와 같은데, **블레이드 툴(B 키)**을 사용하여 그림처럼 편집할 지점을 클릭해서 잘라주면 됩니다. 하지만 이렇게 잘려진 클립들은 일일이 원하는 앵글로 선택해야 하는 번거로움이 있기 때문에 필자의 경우에는 사용하지 않습니다. 확인 후 **언두(commnad + Z)**를 합니다.

이번엔 가장 일반적인 방법에 대해 알아보겠습니다. 먼저 멀티캠 뷰어에서 최초로 시작되는 앵글 클립을 option 키를 누른 상태로 선택합니다. 필자는 Multi-Cam01을 최초로 시작되는 앵글로 선택했습니다.

그다음 시간을 **두 번째** 편집(컷)할 **지점(9초 4프레임)**으로 이동합니다. 이 지점이 바로 감독의 큐 사인이 끝나고, 여자 진행자가 처음으로 오프닝 멘트를 시작하기 직전의 장면입니다.

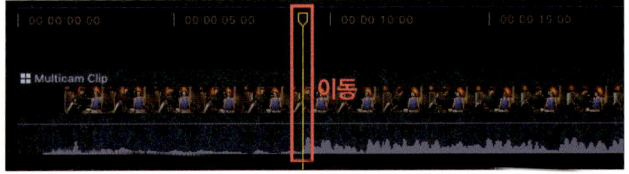

멀티캠 편집은 비디오와 오디오의 싱크가 정확하게 맞아야 하기 때문에 오디오에 대해 각별히 신경을 써야 하며, 작업하기 전에 반드시 멀티캠 클립들에 대한 내용(장면)을 확실하게 파악하고 있어야 합니다.

이제 멀티캠 뷰어에서 편집될 앵글을 선택합니다. 필자는 여자 진행자와 남자 게스트가 **투 샷**(Tow Shot)으로 된 Multi-Cam01을 시작되는 앵글로 사용하기 위해 편집 점으로 선택하였습니다. 그러면 타임라인의 멀티캠 클립은 현재 지점에서 잘려지게 됩니다.

계속해서 플레이하여 장면과 소리를 들어보면서 적당한 편집 점을 찾아줍니다. 필자는 **14초 4프레임**에서 편집하기 위해 시간을 이동하였으며, 이 지점에서는 여자 진행자만 화면에 나타나도록 **Multi-Cam02** 앵글을 선택하였습니다. 그러면 이후부터는 Multi-Cam02 앵글이 나타나게 됩니다.

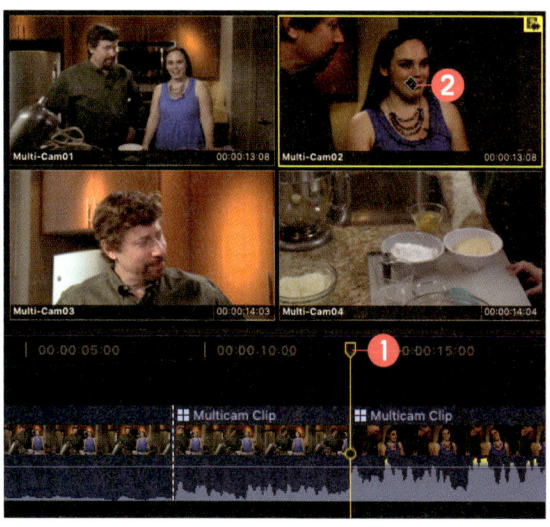

단축키로 편집하기

이번엔 멀티캠 뷰어가 아닌 단축키로 편집을 해 보도록 하겠습니다. 이전 편집을 계속 이어갑니다. 시간을 **18초 8프레임**으로 이동합니다. 이 지점은 여자 진행자가 남자 게스트를 소개하는 장면입니다. 이 장면 이후부터는 잠시 소개받는 남자 게스트의 모습이 나타나도록 하는 것이 필요합니다. 해당 지점으로 이동했다면 이제 숫자 3 키를 눌러줍니다. 그러면 남자의 모습만 촬영된 **Multi-Cam03** 앵글로 편집됩니다.

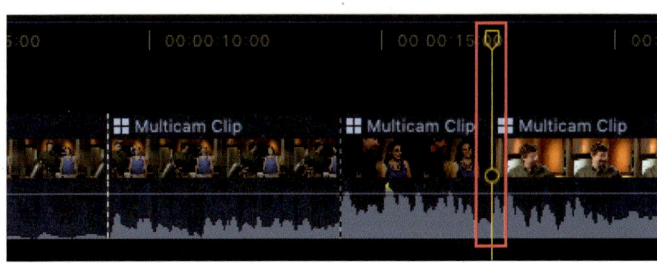

숫자 키로 편집할 때의 숫자는 앵글 클립이 배치된 순서(번호)와 같습니다. 즉 현재는 **4개**의 **앵글 클립**이 사용되기 때문에 **1~4**의 숫자를 사용하여 편집하면 됩니다.

계속해서 앞서 살펴본 방법들을 통해 나머지 장면에 대한 멀티캠 편집을 완료합니다. 이처럼 멀티캠 편집은 다양한 앵글로 촬영된 클립을 간편하게 편집을 할 수 있습니다. 여기서 가장 중요한 것은 **동기화(Sync)** 작업이며, 편집 후에 문제가 있는 부분은 트림 편집이나 그밖에 방법으로 해결해 나가면 됩니다.

오디오의 문제 해결하기

멀티캠 편집 시 사용되는 각 앵글 클립들은 서로 다른 음질을 가지고 있기 때문에 가장 좋은 음질의 오디오를 선택해서 모든 장면에 사용하는 것이 좋습니다. 즉 편집 후에 오디오를 설정하기 보다는 편집 전에 **오디오 앵글(Active Audio Angle)**을 선택하기를 권장하며, 멀티캠 뷰어 좌측 상단에서 비디오 앵글만 편집되도록 선택한 후 편집해야 합니다.

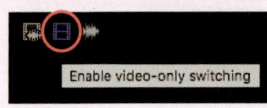

편집된 앵글을 다른 앵글로 바꿔주기

멀티캠 편집 후 편집된 각 앵글 클립들을 다른 앵글로 바꿔주고자 한다면 바꿔주고자 하는 클립에서 RMB를 하여 Active Video Angle 메뉴에서 원하는 앵글을 선택하여 바꿔줄 수 있습니다.

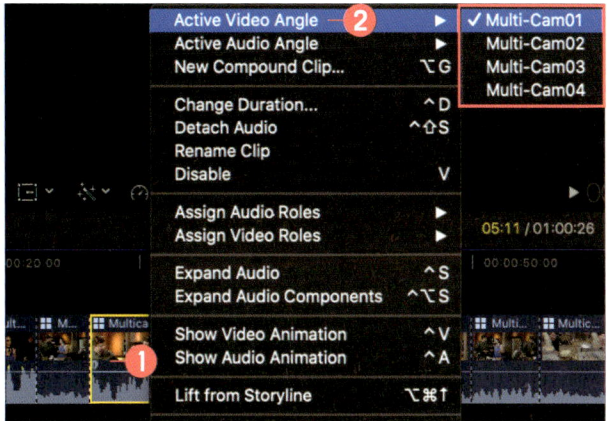

 편집(분리)된 멀티캠 클립 합쳐주기

멀티캠 클립은 블레이드 툴로 잘라놓은 일반 클립을 다시 하나의 클립으로 합쳐줄 때처럼 합쳐줄 수 있습니다. 이것은 멀티캠 클립이 컴파운드 클립과는 다르게 하나의 클립으로 인식하기 때문입니다. 합쳐주고자 하는 두 클립 사이를 **클릭(일반 클립일 경우에는 트림 툴을 사용함)**하여 **노란색 아웃 포인트**와 **인 포인트**가 선택되도록 한 후 **delete** 키를 누르면 두 멀티캠 클립들은 하나의 클립으로 합쳐지게 됩니다.

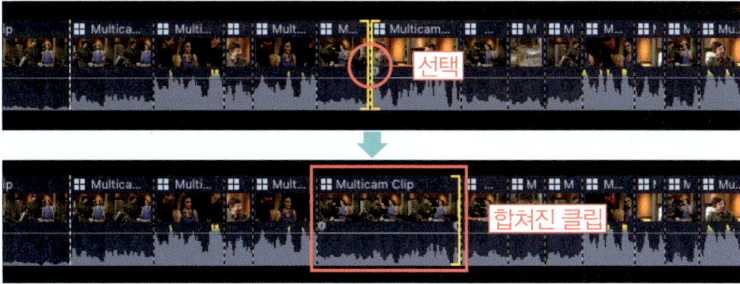

Final Cut Pro   Guide for Beginner

FCP
파이널컷프로

PART 04

색 보정 & 출력

01 색 보정의 모든 것
02 최종 출력하기(파일 만들기)

01 색 보정의 모든 것

색 보정, 즉 컬러 커렉션(Color Correction)과 컬러 그레이딩(Color Grading)을 포함된 것입니다. 색 보정은 일반적으로 편집 과정의 후반부에 이루어지며, 대표적으로는 장면과 장면의 색상을 일치시키기 위한 컬러 매치(Color Match), 촬영 시 발생된 색상의 문제를 보정하는 컬러 밸런스(Color Balance), 영상의 특정 부분을 특별한 효과나 색상(채도, 명도 포함)으로 변화를 주는 체인지 컬러(Change Color)가 있습니다.

비디오 스코프 이해하기

비디오 스코프(Video Scope)는 영상의 색상, 채도, 밝기를 객관적인 수치로 판단할 수 있도록 나타내는 일종의 그래프와 같습니다. 파이널 컷 프로에서는 기본적으로 **웨이브폼(Waveform)**, **벡터스코프(Vectorscope)**, **히스토그램(Histogram)** 세 가지 방식과 그밖에 RGB 퍼레이드(Parade)와 RGB 오버레이(Overlay) 방식 등이 부가적으로 제공되어 섬세한 색 보정 작업을 할 수 있습니다.

색(Color)에 대하여

비디오 스코프에 대해 이해하고 사용하기 위해서는 먼저 **색(Color)**에 대한 이해를 해야 합니다. 영상 편집 디자인을 하는 분들에게 있어 색은 단순히 색이란 뜻 이외에 색이 어떤 원리로 생성되고, 상황에 맞게 색을 어떻게 표현해야 하는지 이해하고 있어야 합니다.

RGB 이해하기

파이널 컷 프로에서 다루는 색은 **인쇄(CMYK)** 매체와는 다르게 빛의 삼원색인 RGB(**빨강, 초록, 파랑**) 색상 채널을 사용하여 색을 표현하게 됩니다. 이것은 사용되는 **비트(Bit)**에 따라 다르며, 기본적으로 8비트에서는 256 단계의 색이 표현되고, 16비트에서는 65536 단계의 색이 표현됩니다. 이렇듯 RGB 색상의 가산 혼합으로 엄청난 양의 색을 표현할 수 있는데, RGB 색의 분포도를 사각형으로 나타내면 다음과 같습니다.

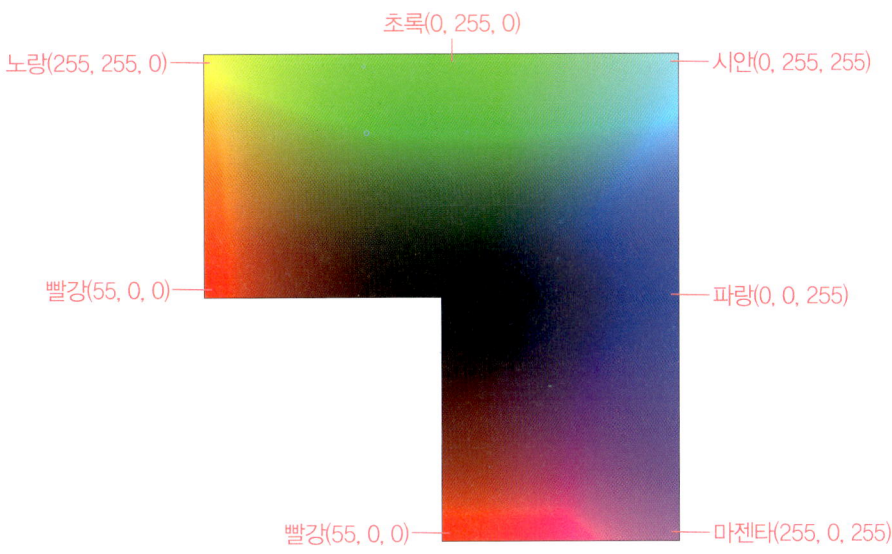

색상, 명도, 채도 이해하기

색의 속성에는 색을 표현하는 색상과 밝기에 대한 명도 그리고 색상의 선명한 정도에 대한 채도가 있습니다. 색상은 빛의 파장에 따라 느끼는 색의 종류도 매우 다양하며, 색의 성질을 **색상(Hue)**이라고 합니다. **유채색**은 각각의 색에 따라 색감과 성질이 다르며, 특히 원색이나 순색은 그 특성이 분명하게 구별되지만 **혼합색**인 경우에는 색상을 지각하기 쉽지 않습니다. 그리고 **명도(Brightness, Lightness, Value)**는 색의 밝음과 어두움에 대한 것으로써 피사체의 표면에서 빛이 흡수되는 것으로 어두운 정도를 느끼고, 빛이 반사되는 것으로 밝은 정도를 느끼게 됩니다. 그러므로 명도는 색의 밝고, 어두움을 나타내는 색의 속성이며, 유채색과 무채색 모두 공통적으로 갖는 성질이기도 합니다. 참고로 흰색을 증가할 수록 명도가 높아지고, 검정색을 증가할 수록 명도는 낮아집니다.

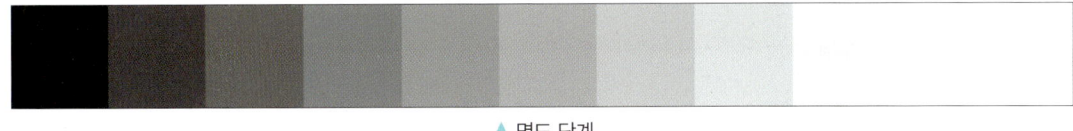

▲ 명도 단계

명도와 관계가 깊은 **콘트라스트(Contrast)**는 대비라고 합니다. 쉽게 말해서 밝기에 대한 차이입니다. 콘트라스트가 높다는 것은 명도차이가 크다는 것이고, 콘트라스트가 낮다는 것은 명도차이가 낮다는 것입니다.

마지막으로 **채도(Saturation, chroma)**는 색상의 선명한 정도, 다시 말해 색의 맑고 탁한 정도를 의미합니다. 여러 가지 색 중에 가장 깨끗한 색으로써 채도가 가장 높은 색을 **맑은 색(Clear Color)**이라고 하며, 탁하거나 선명하지 못한 색을 **탁색**(Dull Color)이라고 합니다. 또한 동일 색상의 맑은 색 중에서도 가장 채도가 높은 색을 **순색**(Pure Color)이라고 하는데, 색채의 강하고 약한 정도, 즉 색 파장이 얼마나 강하고 약한가를 느끼는 것으로써 특정한 색 파장이 얼마나 순수하게 반사되는가의 정도를 나타내며, 색의 순도 또는 포화도를 채도라고 이해하면 됩니다.

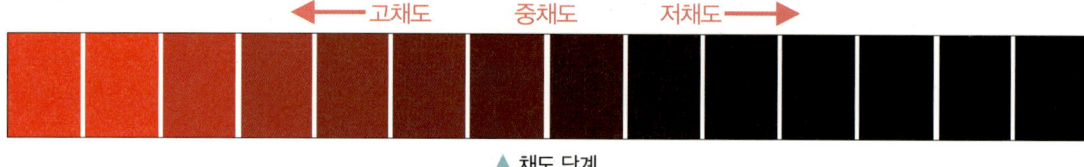

▲ 채도 단계

벡터스코프(Vectorscope) 사용하기

벡터스코프는 영상(이미지)의 색상 및 채도의 범위를 측정하는 비디오 스코프로써 휠 형태의 그래프로 나타내며, 그래프의 범위는 색 보정을 위한 기준으로 사용됩니다.

비디오 스코프 뷰어 열기 및 설정하기

벡터스코프를 비롯한 모든 비디오 스코프를 **디스플레이(열거나 닫기)**하기 위해서는 뷰어 우측 상단의 뷰(View) 팝업 메뉴에서 Show Video Scopes를 선택하거나 단축키 [command] + [7]을 누르면 됩니다. 또한 [View] - [Show in Viewer] - [Video Scopes를] 메뉴를 통해 열어줄 수도 있습니다.

비디오 스코프 뷰어 우측 상단의 팝업 메뉴를 보면 비디오 스코프가 나타나는 방식을 선택할 수 있는데, 가령 4개로 분할된 모양을 선택해 보면 모든 비디오 스코프가 한 뷰어에 나타납니다. 그밖에 팝업 메뉴에 있는 **모노크롬(Monochrome)**을 체크(선택)하면 비디오 스코프에 나타나는 색상 정보는 사라지게 되며, 맨 아래쪽의 비디오 스코프 밝기 조절하기를 통해 그래프의 밝기를 조절할 수 있습니다. 눈에 잘 띄도록 적당한 밝기로 높여주기를 권장합니다.

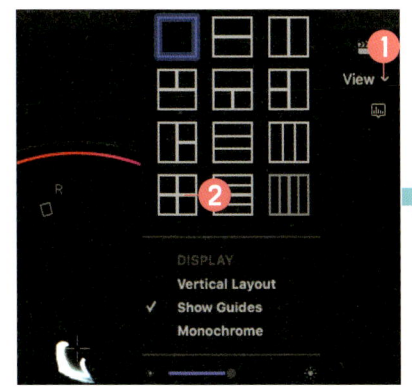
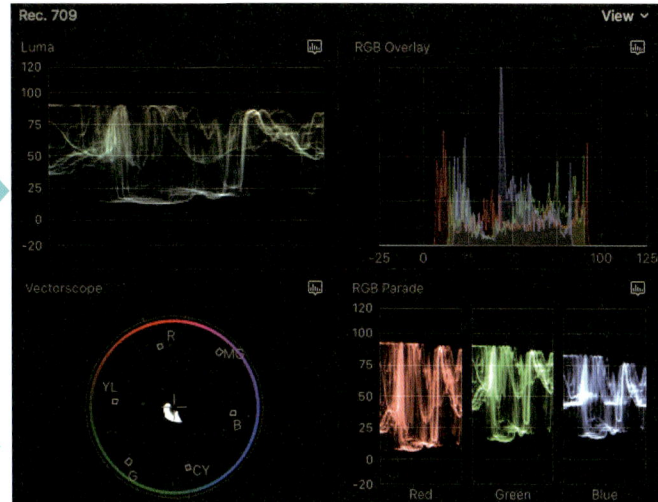

▶ 모든 비디오 스코프가 4개로 분할된 모습

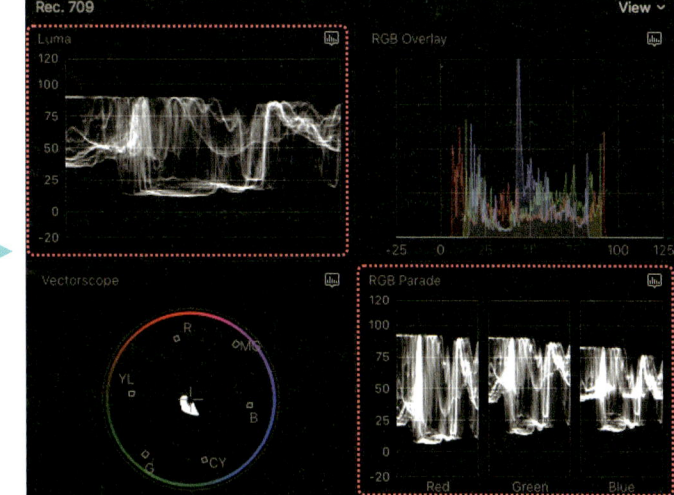

▶ 모노크롬으로 바뀐 모습

벡터스코프 사용 및 설정하기

비디오 스코프 뷰어는 기존 뷰어의 좌측에서 열리게 되며, 기본적으로 벡터스코프가 사용됩니다. 벡터스코프는 색상 및 채도에 대한 색 보정을 하기 위해 사용되며, 휠(원) 모양으로 이루어졌습니다. 벡터스코프 가운데에 있는 십자 + 모양이 있는 지점을 기준으로 색의 분포를 확인 및 설정할 수 있는데, 만약 흰색 **트레이스(Trace)** 영역이 십자 모양, 즉 가운데 기준점과 멀어질수록 색에 채도에 대한 **문제(지나치게 채도 값이 높은 것)** 가 있다는 의미이며, 기준점에 가깝게 분포될수록 정상적인 색에 가까워지게 됩니다. 또한 벡터스코프 휠 주변을 보면 R, MG, B, CY, G, YL의 각 색상이 표시되어있기 때문에 어떤 색상의 채도에 문제(많이 사용되었는지)가 있는지 쉽게 구별할 수 있습니다.

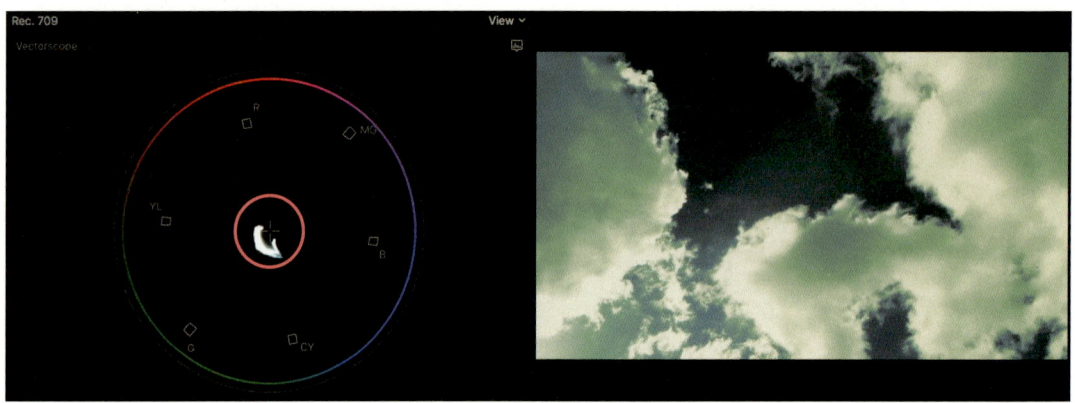

가운데 **흰색 트레이스** 영역이 가운데에 가까워질수록 정상적인 **색상(채도)** 값을 갖게 됩니다.

그림처럼 트레이스(Trace) 영역이 특정 색상 쪽으로 지나치게 분포되었다면 색상에 문제가 있다는 것을 의미합니다. 그림은 R과 YL, 즉 **빨강**과 **노랑** 쪽으로 분포되었기 때문에 이미지가 전체적으로 붉은 톤이 됩니다.

▲ 색상(채도) 값이 지나치게 많이 사용된 모습

또한 벡터스코프에 흰색 트레이스 영역이 없고, **스킨 톤 인디케이터**(Skin Tone Indicator) 라인으로만 되어있다면 이것은 색상 정보가 없는 **그레이 스케일**(Gray Scale), 즉 **흑백** 영상이라는 의미입니다. 흑백 영상은 밝기와 상관없이 트레이스(Trace) 영역은 가운데에 위치하며, 색상 정보가 없는 장면이기 때문에 벡터스코프에서 또한 어떠한 색상 정보도 나타나지 않게 됩니다.

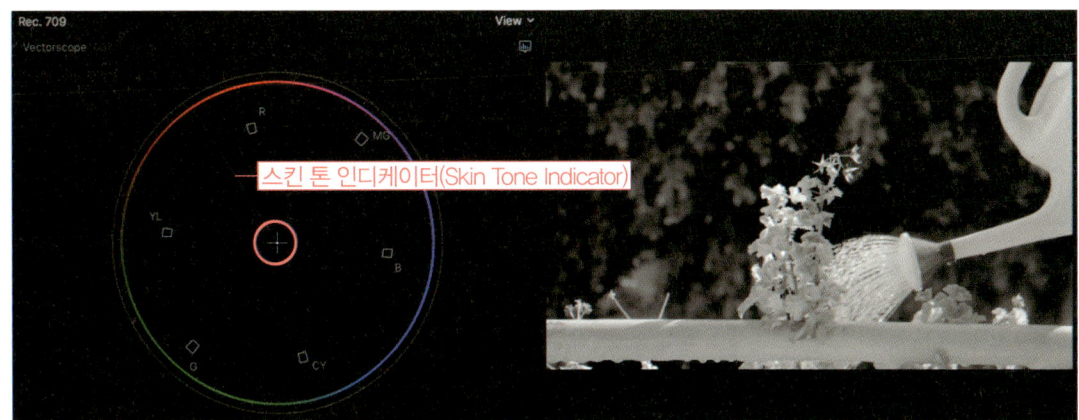

▲ 색상(채도) 정보가 없는 흑백 영상일 때의 모습

우측 상단의 **추즈 어 스코프 앤 잇츠 세팅**(Choose a scope and its settings) 팝업 메뉴에서는 비디오 스코프 방식을 선택할 수 있으며, 그래프의 크기, 페이즈(위상), 스킨 톤 인디케이터에 대한 설정을 할 수 있습니다. 스코프 설정 메뉴는 비디오 스코프 방식에 따라 다른 메뉴들이 나타납니다.

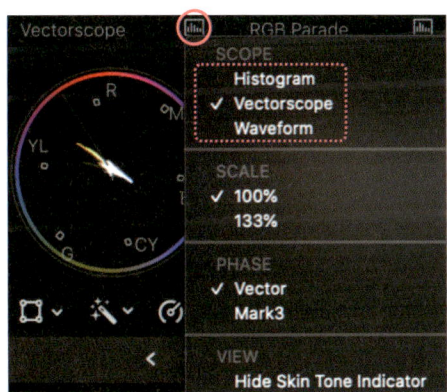

웨이브폼(Waveform) 사용하기

웨이브폼은 영상(이미지)의 밝기, 즉 휘도(노출)의 범위를 측정하는 비디오 스코프로써 **웨이브(파형)** 형태로 되어있습니다. RGB 색상 채널 별로 확인할 수 있으며, 기본적으로 그래프의 -25%가 가장 어두운 레벨이고, 120%가 가장 밝은 레벨입니다. 웨이브폼에서는 RGB 퍼레이드(Parade)와 RGB 오버레이(Overlay) 그밖에 RGB 각 채널과 루마(Luma), 크로마(Chroma) 등의 부가적인 비디오 스코프를 사용할 수 있습니다.

색 보정 작업 시 가장 먼저 웨이브폼을 통해 **밝기(휘도)**에 대한 설정을 하는 것이 좋습니다.

웨이프폼은 기본적으로 **RGB 퍼레이드**로 사용되며, 상황에 따라 RGB 채널을 혼합해서 사용하는 **RGB 오버레이** 또는 각각의 채널 별로 사용할 수 있습니다. 또한 **유니트(Units)**에서는 레벨 단위를 IRE와 Millivolts로 사용할 수 있습니다.

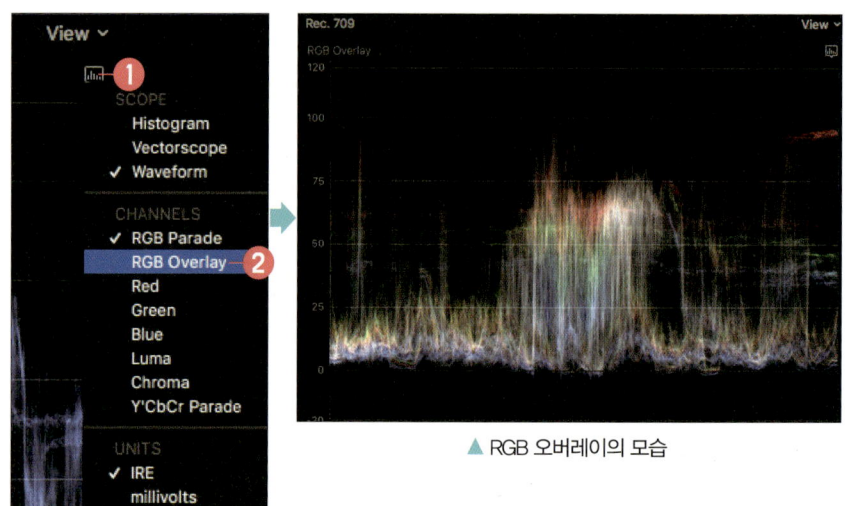

▲ RGB 오버레이의 모습

다음의 두 그림 중 위쪽은 노출(휘도) 값이 너무 낮았을 때, 아래쪽은 노출이 지나치게 높았을 때이며, 그림으로 보아 위쪽은 지나치게 어둡고, 아래쪽은 지나치게 밝기 때문에 정상적인 사용할 수 없습니다. 그러므로 웨이브폼에서의 정상적인 밝기는 각 색상 채널의 레벨 값이 **0~100** 사이에서 골고루 분포되어야 합니다.

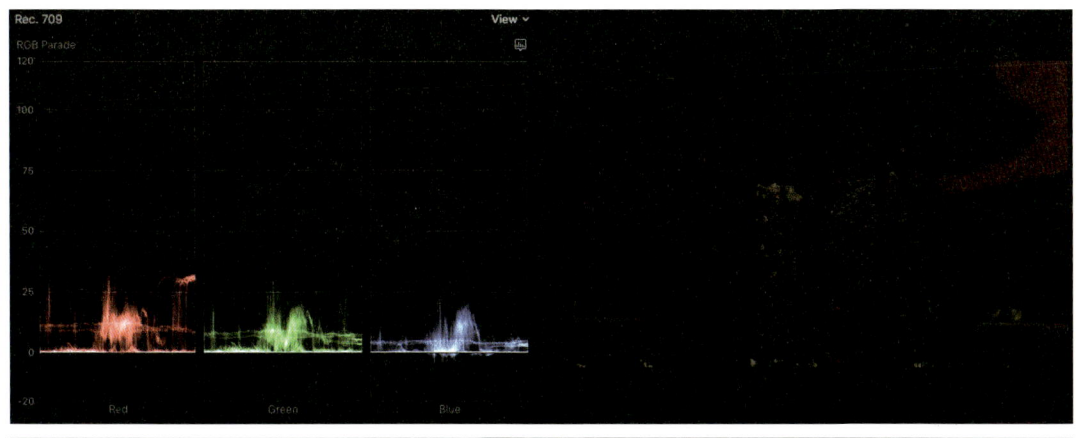

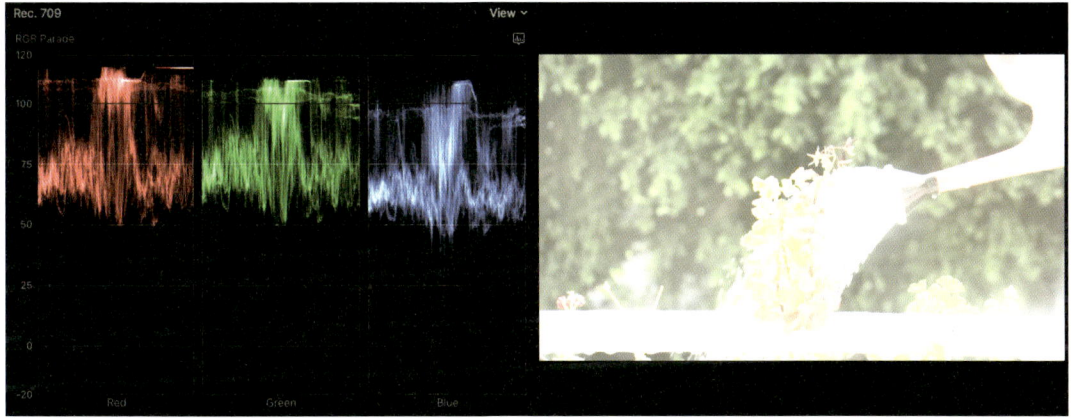

- 방송에 적합한 웨이브폼 그래프는 레벨 값이 100을 넘어서는 안되며, 100 레벨이 넘는 **슈퍼 화이트(Super White)** 신호는 송출 과정에서 **검은 점**으로 변형되고, 음향에도 영향을 미칠 수 있으므로 주의해야 합니다.

- 웨이브폼을 3등분 했을 때 위쪽 1/3은 하이라이트(Highlights : 밝은 영역), 가운데 1/3은 미드톤(Midtone : 중간 밝기 영역), 아래쪽 1/3은 셰도우(Shadow : 어두운 영역)으로 구분됩니다.

히스토그램(Histogram) 사용하기

히스토그램은 영상(이미지)의 밝기와 색상 범위를 측정하는 비디오 스코프로써 웨이브(파형) 형태로 되어있습니다. RGB 색상 채널 별로 확인할 수 있으며, 기본적으로 그래프의 **-25%**가 가장 낮은 레벨이고, **125%**가 가장 높은 레벨입니다. 히스토그램에서 또한 RGB 퍼레이드(Parade)와 RGB 오버레이(Overlay) 그밖에 RGB 각 채널과 루마(Luma), 크로마(Chroma) 등의 부가적인 비디오 스코프를 사용할 수 있으며, 기본적으로 RGB 오버레이가 사용됩니다.

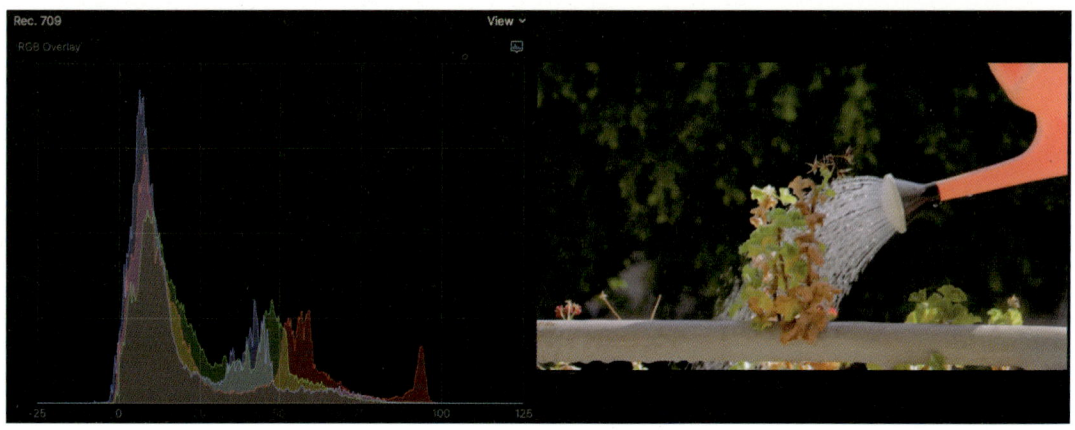

히스토그램은 벡터스코프와 웨이브폼에 비해 그래프를 분석하기가 다소 까다롭게 때문에 사용 빈도가 떨어지지만 색상과 밝기를 동시에 측정할 수 있다는 장점을 가지고 있습니다.

아래 그림은 G(초록) 색상 값이 낮아져 상대적으로 RB(빨강, 파랑) 색상 값이 증가된 것처럼 표현된 히스토그램의 RGB 퍼레이드 스코프의 모습입니다. 이렇듯 각 색상 채널이 균등하지 않게 되면 색상에 문제가 발생됩니다.

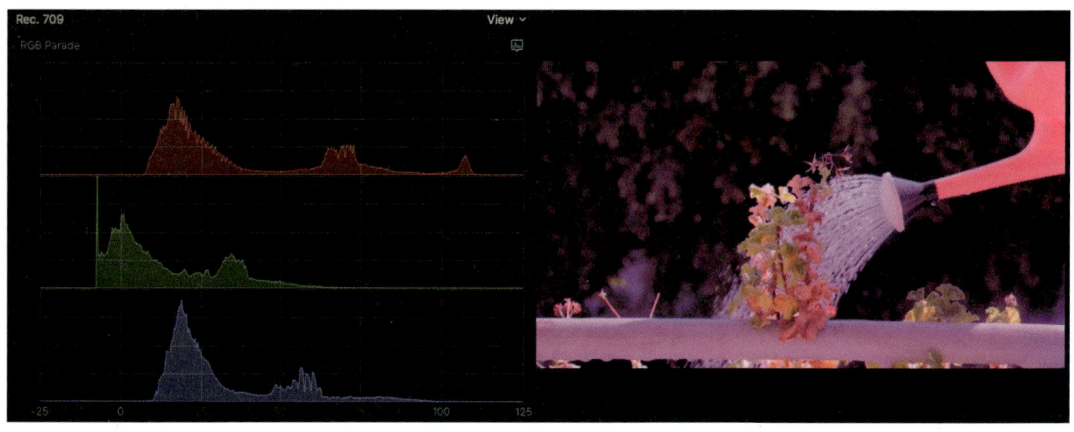

다음 그림은 휘도(노출) 값이 지나치게 높아져 RGB 퍼레이드의 그래프 분포가 우측으로 많이 치우쳐있는 상태입니다. 이 또한 밝기에 대한 문제가 되기 때문에 전체적으로 균등하게 설정을 해야 합니다.

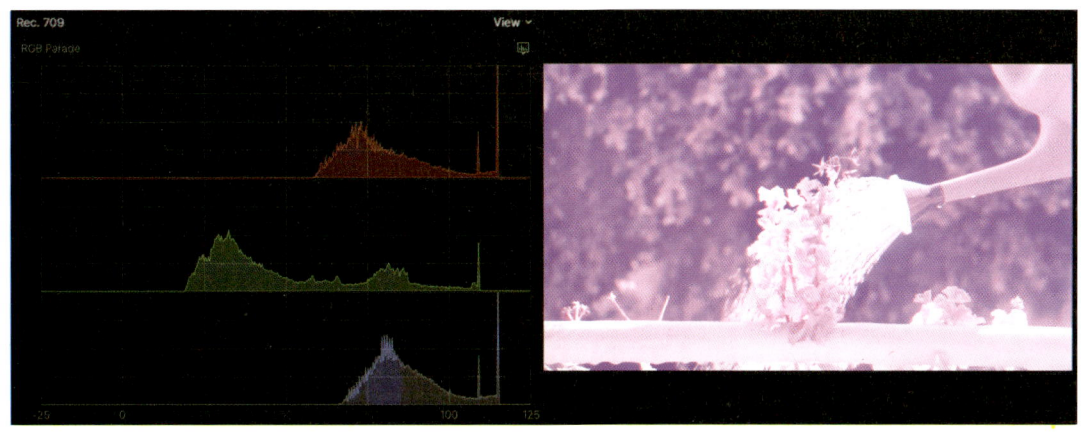

살펴본 비디오 스코프들은 색상, 채도, 밝기에 대한 범위를 분석할 수 있기 때문에 색 보정 작업에 유용합니다. 그러므로 상황에 맞는 비디오 스코프의 선택과 각 그래프를 읽는 방법에 대해 확실히 이해해야 합니다.

색 보정 시작하기(프라이머리 보정)

파이널 컷 프로에서의 색 보정 작업은 크게 자동화 기능과 수동화 기능으로 나누어집니다. 물론 주 색 보정 작업은 **컬러 보드**(Color Board)에서 하게 되지만 때에 따라서는 자동화 기능을 통해 간편하게 색 보정 작업을 하게 됩니다.

자동화 기능으로 컬러(화이트) 밸런스 맞추기

파이널 컷 프로에서의 색 보정 작업은 주로 컬러 보드에서 하게 되지만 **밸런스 컬러**(Balance Color) 기능을 사용하면 문제가 있는 색을 간편하게 자동으로 보정할 수 있습니다. 색 보정 학습을 하기 위해 그림처럼 [**학습자료**] - [Video] 폴더에 있는 Cat, Clouds, Grayscale, Grayscale-Red, Plant 파일을 가져와 타임라인에 적용한 후 새끼 고양이가 있는 Cat 클립을 선택합니다.

새끼 고양이가 있는 클립은 벡터스코프의 트레이스 영역을 보지 않고도 화면에 **붉은 톤**이 강하다는 것을 알수 있습니다. 이제 이 문제가 있는 장면을 정상적인 색상으로 보정을 해 보겠습니다.

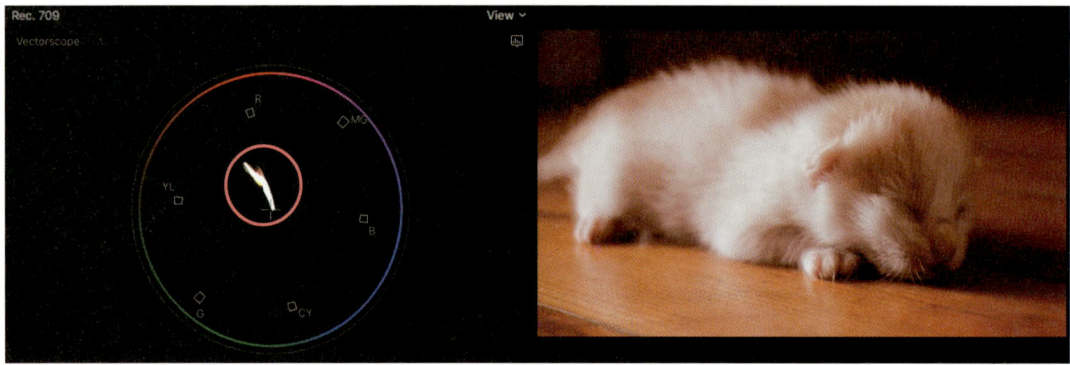

색 보정 자동화 기능을 사용하기 위해 뷰어 좌측 하단에서 Balance Color를 선택합니다. 그러면 자동으로 색 보정이 됩니다. 뷰어에 나타나는 화면과 벡터스코프에서 색 보정이 이루어졌다는 것을 확인할 수 있습니다.

인간의 눈과 소프트웨어의 눈에 대하여

디자인 작업에서의 색은 인간의 눈을 통해 보고 느끼는 것으로 결과물을 만들게 됩니다. 하지만 인간의 눈으로 보는 사물의 색이 과연 정확한 것일까요? 이 것에 대해 색 보정 자동화 기능은 인간의 눈에 오류가 있음을 지적하고 있을지도 모릅니다. 다음의 그림을 보면 물조리개로 물을 뿌리고 있는 장면입니다.

여러분 눈에는 이 장면의 색이 정상적인 색으로 보이는지요? 사람에 따라 다르게 느껴지겠지만 언뜻 보기에도 특별히 문제가 있어 보이지는 않습니다.

◀ 원본 클립의 모습

하지만 소프트웨어가 보는 이 화면은 정상적인 색상이 아님을 인지하고 있습니다. **밸런스 컬러(Balance Color)**를 적용해 보면 그 이유를 알 수 있습니다. 아래 그림은 **색 보정 자동화** 기능인 밸런스 컬러를 적용한 후의 화면입니다. 앞서 보았던 화면과 색상 달라진 것을 알 수 있습니다. 이렇듯 색을 어떻게 보고 느끼느냐에 대하여 완전한 정의를 내린다는 것은 결코 쉬운 일이 아닐 것입니다. 이와 같은 비교를 통해 어쩌면 인간은 감각적으로만 색을 인식하고 있는지도 모른다는 생각이 듭니다.

◀ 색 보정 후의 모습

자동화 기능을 통해 간편하게 색 보정을 할 수 있지만, 실제 작업자의 눈으로 보는 것과 차이가 날 수 있기 때문에 섬세한 색 보정 작업을 원한다면 색 보정 자동화 기능보다는 직접적인 설정을 통해 색 보정하길 권장합니다.

컬러 보드(Color Board)를 이용한 색 보정

컬러 보드를 이용한 색 보정은 수동화 작업에 해당되기 때문에 작업자가 일일이 설정을 하여 원하는 결과물을 얻게 됩니다. 이와 같은 수동화 작업은 다소 어렵게 느껴질 수도 있지만 작업자 또는 클라이언트의 눈을 만족하기 위해서는 수동화 작업을 할 수 밖에 없다는 것을 느끼게 될 것입니다. 컬러 보드를 통해 색 보정을 하기 위해서는 일반적으로 뷰어 좌측 하단에 있는 Show Color Board를 이용하지만 비디오 이펙트의 **컬러 커렉션 (Color Crection)**을 클립에 적용하여 사용할 수도 있습니다

컬러 보드가 열리면 그림과 같이 **색(Color), 채도(Saturation), 노출(Exposure : 명도)** 세 가지의 섹션을 통해 세분화 작업이 가능하게 해 주며, 중간의 넓은 영역은 직접 색(명도, 채도) 보정을 할 수 있는 4개의 설정 포인트가 있는데, 이것은 맨 아래쪽에 있는 4개의 옵션들과 연관된 기능입니다. 아래쪽 4개의 옵션은 각각의 색상, 밝기, 채도를 4개의 톤으로 설정할 수 있게 해 줍니다. **글로벌(Global)**은 화면 전체의 톤, **셰도우(Shadow)**는 어두운 영역의 톤, **미드톤(Midtones)**은 중간 밝기 영역의 톤, **하이라이트(Highlights)**는 밝은 영역의 톤을 설정할 때 사용됩니다.

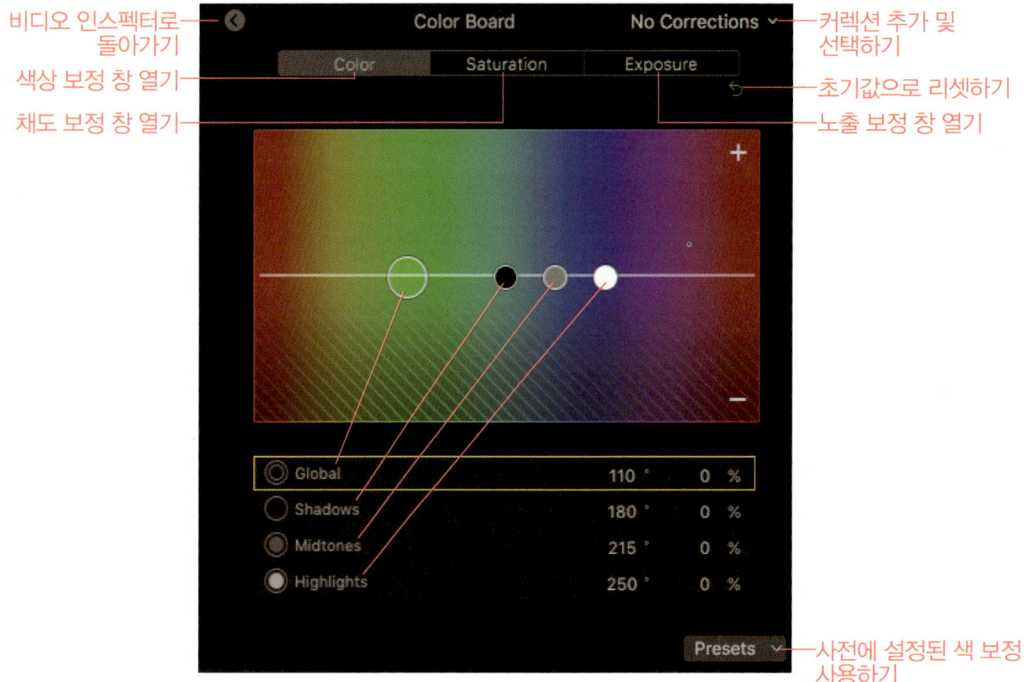

색상 보정하기

이제 본격적으로 색 보정 작업을 해 보도록 하겠습니다. 먼저 색상 보정부터 시작하겠습니다. 물론 일반적으

로는 **노출**, 즉 **밝기**에 대한 설정부터 하기를 권장하지만 지금 사용되는 클립은 색상이 지나치게 문제가 되기 때문에 밝기보다는 색상부터 보정하는 것입니다. 새끼 고양이가 있는 클립에 **색 보정 자동화** 기능을 다시 한 번 선택해서 **해제**하여 앞서 보정한 것을 다시 원래대로 되돌려줍니다.

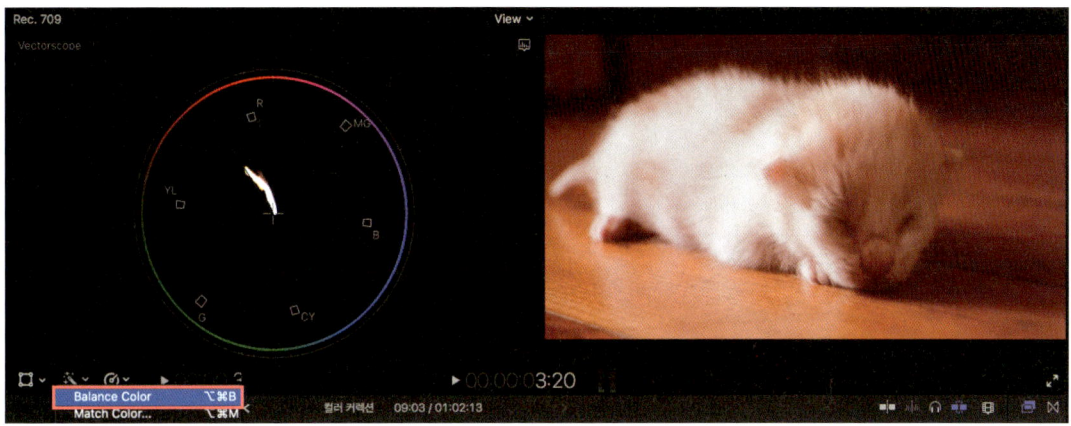

계속해서 색상 보정을 위해 **Color** 섹션 탭을 선택한 후 그림처럼 글로벌을 통해 전체 색상을 맞추고, 나머지 세도우(어두운 영역), 미드톤(중간 영역), 하이라이트(밝은 영역)를 통해 원하는 색상이 되도록 설정합니다.

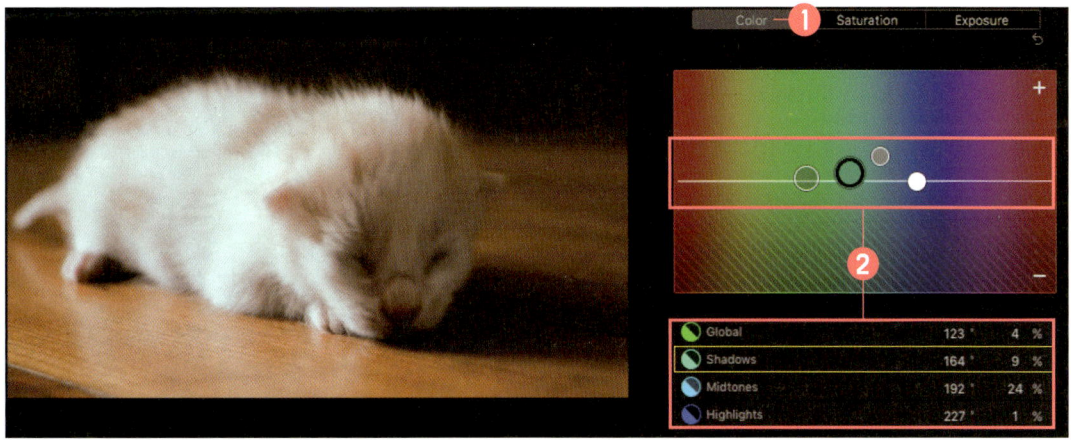

컬러 보드에서의 색 보정 작업은 각 섹션에서 원하는 결과가 나타날 때까지 수 차례 반복 설정을 해야 하며, 색 보정 시 벡터스코프나 히스토그램보다는 정확한 보정이 가능한 비디오 스코프를 사용하길 권장합니다.

보정한 결과를 벡터스코프로 확인해 보면 그림처럼 가운데로 트레이스 영역이 분포된 것을 알 수 있습니다.

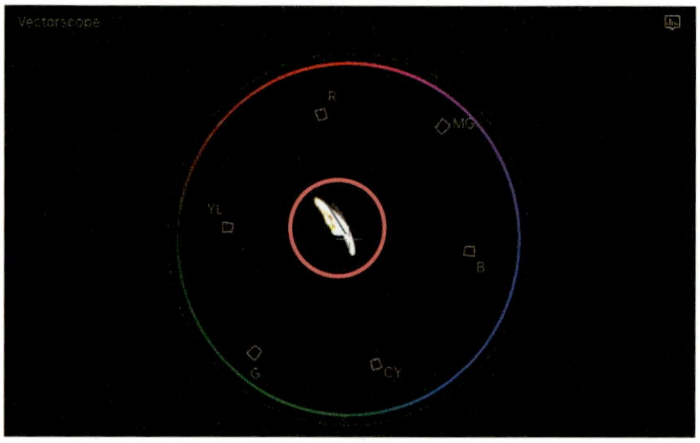

채도 보정하기

이번엔 채도 값에 대한 보정을 해 보도록 하겠습니다. 현재 색상은 어느 정도 맞춰졌지만 채도 값이 다소 높아 보입니다. **세츄레이션(Saturation)** 섹션 탭으로 이동한 후 그림처럼 글로벌을 통해 전체 채도를 맞추고, 나머지 셰도우(어두운 영역), 미드톤(중간 영역), 하이라이트(밝은 영역)를 통해 원하는 채도가 되도록 설정합니다. 설정 후 벡터스코프를 보면 이전보다 흰색 트레이스 영역이 줄어든 것을 알 수 있습니다.

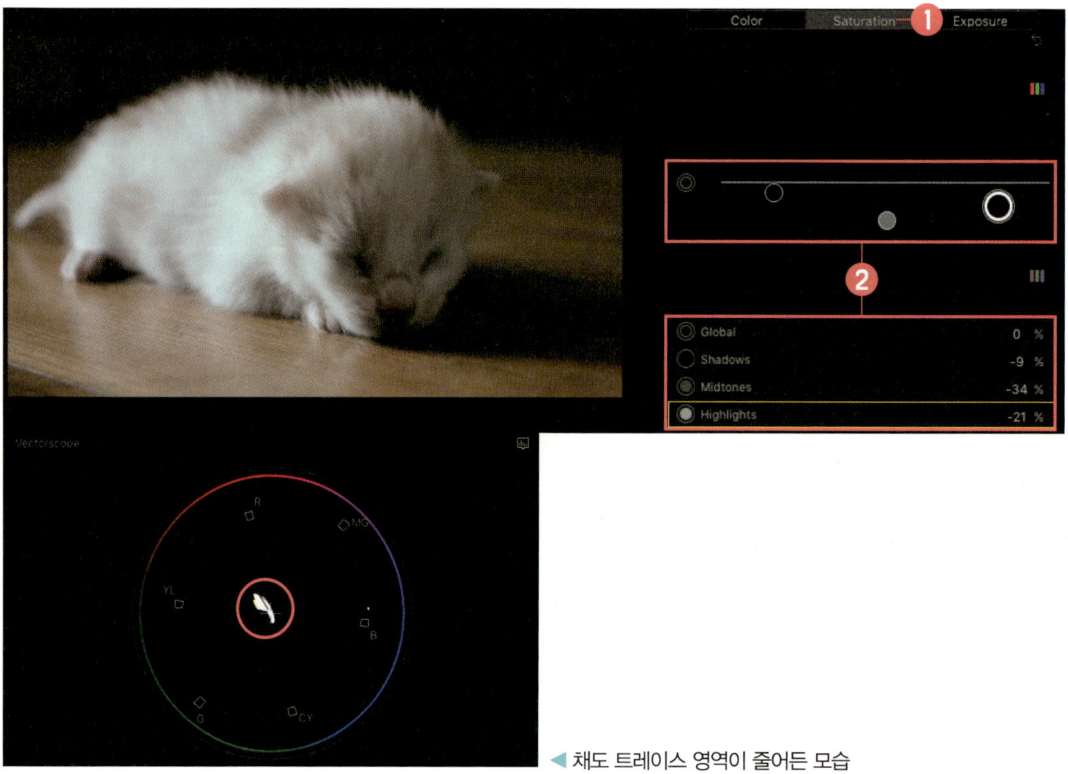

◀ 채도 트레이스 영역이 줄어든 모습

밝기(노출) 보정하기

마지막으로 밝기에 대한 설정을 해 봅니다. 현재 밝기가 다소 어둡게 느껴지며, 빛이 반사되는 하이라이트 부분은 왠지 흰색보다는 엷은 회색 느낌 때문에 맑고 신선한 느낌이 없습니다. 밝기 설정을 위해 **익스포져(Exposure)** 섹션 탭으로 이동한 후 그림처럼 글로벌을 통해 전체 밝기를 약간 높여주고, 나머지 셰도우(어두운 영역), 미드톤(중간 영역), 하이라이트(밝은 영역)를 통해 원하는 하이라이트 부분을 더욱 밝고 선명하게 해 줍니다. 밝기 보정 작업까지 완료되었다면 색상과 채도에 대한 설정을 다시 한번 살펴보는 것으로 색 보정 작업을 완료합니다.

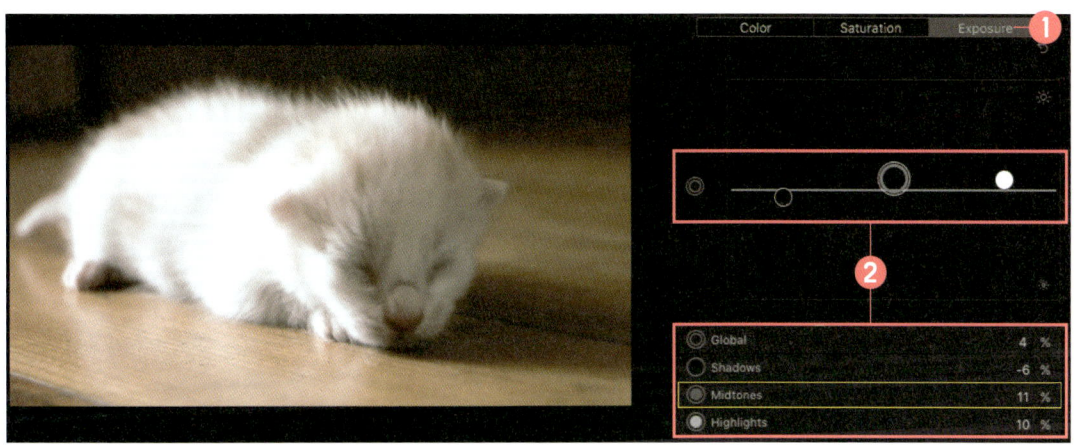

지금까지 살펴본 색 보정은 장면 전체에 대한 **1차 색 보정**인 **프라이머리** 색 보정에 해당됩니다.

비디오 스코프 훈련하기

비디오 스코프에 대한 이해를 돕기 위해 Image 폴더에 준비된 **그레이스케일**과 **그레이스케일-레드** 클립을 통해 벡터스코프, 웨이브폼, 히스토그램을 설정하여 색상, 채도, 밝기에 대한 변화가 어떻게 일어나는지 살펴보면 비디오 스코프를 이해하는데 더욱 도움이 됩니다.

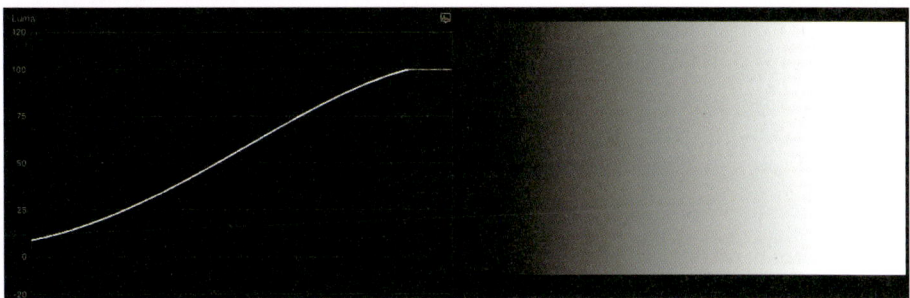

▲ 그레이스케일 클립을 이용한 비디오 스코프(웨이브폼)의 모습

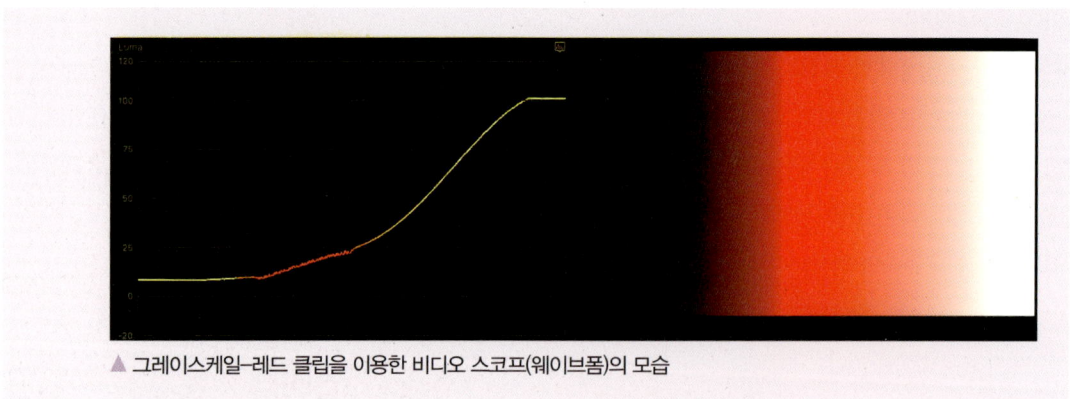
▲ 그레이스케일-레드 클립을 이용한 비디오 스코프(웨이브폼)의 모습

매치 컬러(Match Color)로 색상 맞추기

특정 비디오 클립에 대한 색 보정 작업이 끝났다면 색 보정이 완료된 클립의 색상 정보를 다른 클립에 매칭하여 모든 클립의 색상을 균일하게 해 주는 작업이 필요합니다. 파이널 컷 프로에서는 이러한 컬러 매칭 작업을 간편하게 수행할 수 있습니다. 이제 앞서 색 보정 작업을 해 놓은 새끼 고양이가 있는 클립을 다른 클립에 매칭해 보도록 하겠습니다. 그러기 위해 먼저 매칭하고자 하는 **비디오 클립(Clouds)**을 선택합니다.

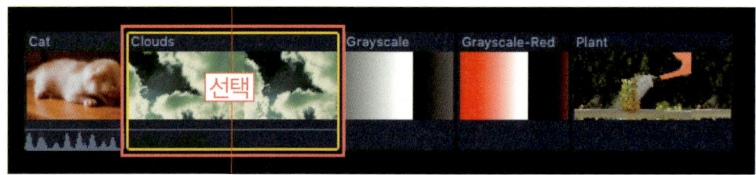

그다음 뷰어 좌측 하단의 **매치 컬러(Match Color)**를 선택하여 마우스 커서가 카메라 모양으로 되었을 때 앞서 선택한 색 보정이 끝난 고양이 클립을 **선택(클릭)**합니다. 선택 후에는 return 키를 눌러 적용합니다. 참고로 컬러 매칭 중 취소하고자 한다면 esc 키를 누르면 됩니다.

그러면 선택된 컬러 매칭 클립인 **구름** 클립의 색상이 **고양이** 클립의 색상과 일치됩니다. 이와 같은 방법을 통해 특정 클립의 색을 다른 클립과 간편하게 매칭할 수 있으며, 여러 개의 클립을 다중 선택한 후 매칭을 하게 되면 한번에 여러 개의 클립을 매칭할 수도 있습니다.

▲ 색상이 매칭된 두 클립의 모습

매칭된 결과가 마음에 들지 않아 취소하고자 할 때에는 선택된 클립의 **비디오 인스펙터**에서 Match Color를 **해제** 또는 delete 키를 눌러 완전히 삭제할 수 있습니다.

 색 보정으로 표현할 수 있는 감정과 상태

색 보정은 단순히 문제가 있는 색을 정상적으로 보정하는 목적뿐만 아니라 **사물**의 **감정**과 **상태(계절)** 등을 표현하는 데에도 사용됩니다. 예를 들어 채도 값을 낮추면 피부 톤에 영향을 주어 창백한 느낌이 들어 건강에 문제가 있어 보이게 되며, 채도를 높이면 매우 흥분된 느낌과 뜨거운 느낌이 들게 됩니다. 또한 명도를 낮추게 되면 암울하고, 우울한 느낌과 공포스러운 느낌이 들며, 빨간색을 증가하면 여름의 뜨거움, 파란색을 증가하면 겨울의 차가움, 초록색을 증가하면 봄의 싱그러움이 느껴집니다. 이렇듯 색은 사물의 감정과 상태를 섬세하게 표현할 수 있기 때문에 색에 대한 연구가 필요합니다.

계절적인 느낌을 표현하기 위해 비디오 이펙트의 **시즌(Seasons)**이나 **컬러 커렉션(컬러 보드)**의 프리셋을 이용해도 만족스러운 결과를 얻을 수 있습니다.

이벤트 뷰어로 색 보정 전과 후의 모습 비교해 보기

색 보정 작업이나 비디오 이펙트를 통해 원본의 모습이 달라진 비디오 클립은 원본 클립과 어떻게 달라졌는지 비교해 볼 수 있습니다. 이것은 **이벤트 뷰어(Event Viewer)**를 통해 가능합니다. 이벤트 뷰어를 열어주기 위해 [Window] - [Show in Workspace] - [Event Viewer] 메뉴를 선택합니다. 그러면 뷰어 좌측에 이벤트 뷰어가 분할되어 나타납니다.

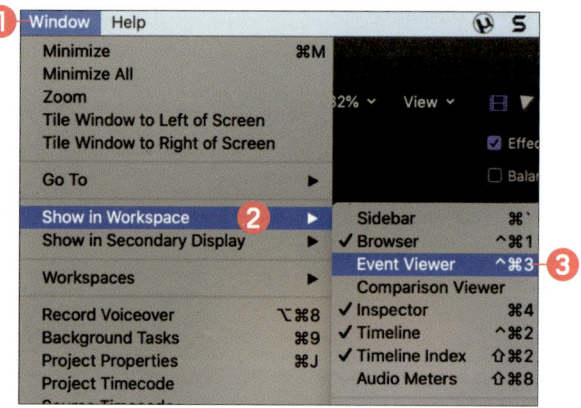

그다음 두 장면을 비교해 보기 위해 비교하고자 하는 클립으로 **플레이헤드**를 이동하여 해당 클립의 모습이 뷰어에 나타나도록 합니다.

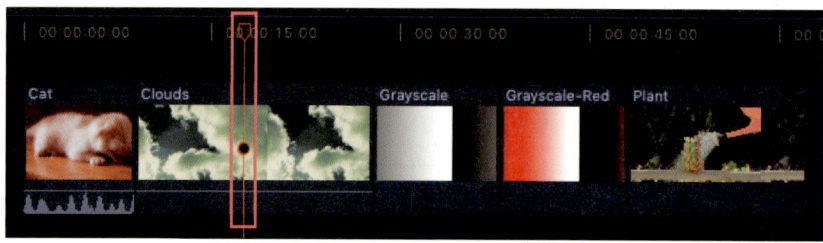

이제 플레이헤드가 있는 지점의 클립과 동일한 **클립(원본 클립)**을 브라우저에서 선택해 봅니다. 그러면 분할된 화면 중 좌측 화면에는 원본, 우측 화면에는 작업(색 보정)이 수행된 클립의 모습이 나타나기 때문에 원본과 색 보정 후의 클립을 서로 비교해 볼 수 있습니다.

부분 보정하기(세컨더리 보정)

프라이머리 보정이 끝나면 특정 부분에 대해서만 보정을 하는 **2차 색 보정**인 **세컨더리**(Secondary) 보정을 하게 됩니다. 하지만 프라이머리 보정에서 더 이상 색 보정이 필요 없다고 느껴지면 세컨더리 보정은 할 필요는 없습니다. 세컨더리 보정은 주로 **크로마키**나 **마스크**를 이용하게 되는데, 비디오 이펙트에서 **셰이프** 또는 **컬러 마스크**를 이용하거나 보다 섬세한 보정을 위한 **드로우 마스크**를 이용하게 됩니다.

크로마키를 이용한 색 보정

크로마키 작업을 하다 보면 키 소스 클립과 배경 클립의 색상 차이에 의해 **일치(공간)감**이 들지 않을 때가 있습니다. 이럴 땐 합성을 한 티가 나기 때문에 색 보정을 통해 색 정보를 일치시켜야 합니다. 그림에서처럼 위쪽 운전을 하는 장면의 그린 스크린을 뺀 공간에 나타나는 아래쪽 도로주행 장면 클립은 키 소스 클립에 비해 색상이 불안정하고, 채도가 떨어지며, 전체적으로 혼탁하기 때문에 공간감이 일치하지 않습니다.

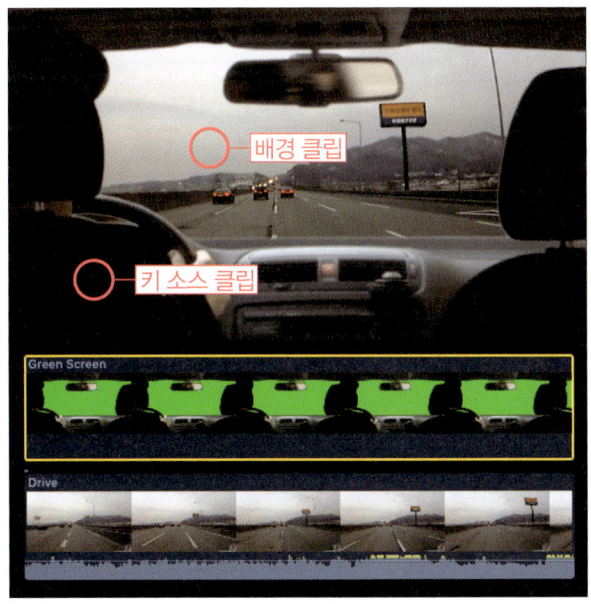

이제 키 소스 클립과 배경 클립의 색상을 일치시키기 위한 색 보정 작업을 해 보겠습니다. 이번 학습에서는 매치 컬러를 이용하면 간단하게 두 클립의 색상을 매칭할 수 있습니다. 앞서 학습한 것처럼 먼저 매칭하고자 하는 **키 소스** 클립을 선택한 후 뷰어 좌측 하단에 있는 **Match Color**를 선택합니다. 그다음 배경 클립을 선택한 후 **return** 키를 눌러 선택된 키 소스 클립에 매칭합니다.

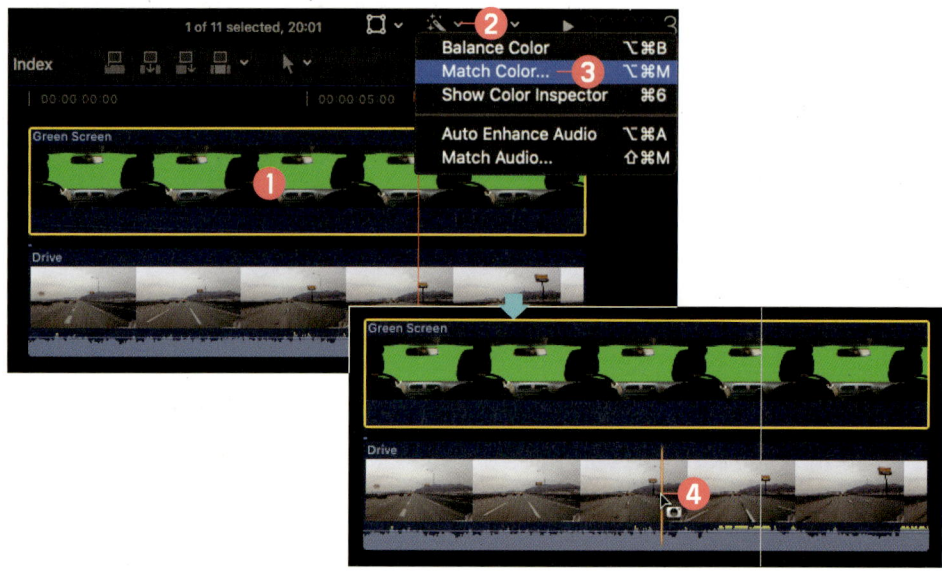

매칭한 결과를 확인해 보면 깨끗하게 빠졌던 키 소스의 **초록색** 영역이 희미한 **회색**으로 나타나는 것을 알 수 있습니다. 이것은 매치 컬러를 통해 키 소스 클립의 색 정보가 달라졌기 때문입니다.

이제 회색 영역을 빼주기 위해 **키어** 이펙트의 Refine Key에서 Sample Color를 선택한 후 그림처럼 회색, 즉 그린 스크린이었던 영역을 샘플 영역으로 만들어줍니다. 그러면 다시 깨끗하게 빠지는 것을 알 수 있습니다.

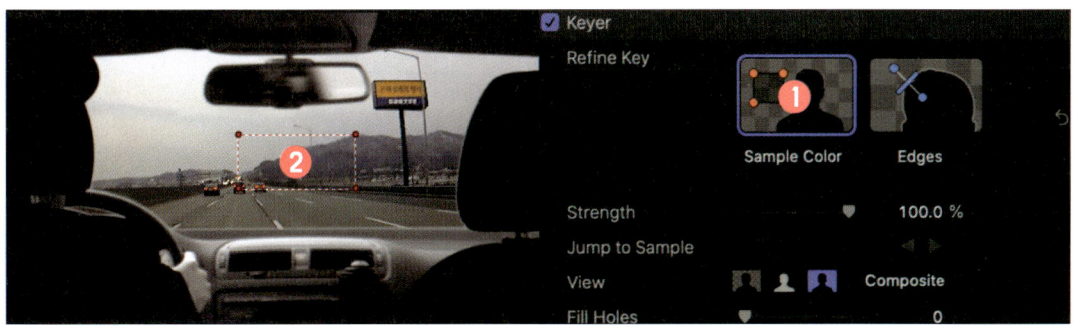

이처럼 크로마키 작업 후 키 소스 클립과 배경 클립의 색 정보 차이에 따른 문제를 간편하게 해결할 수 있다는 것을 알 수 있습니다. 마지막으로 크로마키 경계를 다듬어주고 그밖에 옵션을 이용하여 만족스러운 크로마키 결과를 얻을 수 있도록 합니다.

▲ 매치 컬러를 통해 색상이 매칭된 모습

마스크를 이용한 색 보정

앞서 살펴보았듯 **마스크**는 특정 부분만을 표현하기 위해서 사용됩니다. 색 보정 작업 시 마스크를 활용하면 프라이머리 보정에서 해결되지 않는 부분까지 보정해 줄 수 있어 **세컨더리 보정**에서 아주 유용하게 사용됩니다.

셰이프 마스크를 이용한 세컨더리 보정

마스크를 이용한 세컨더리 보정을 하기 위해 [학습자료] - [Video] 폴더에서 Salad days03 파일을 가져와 타임라인에 적용합니다. 적용된 **셀러드 데이즈03** 클립을 확인해 보면 전체적으로 어두운데, 특히 뒤쪽 배경은 더욱 어둡게 느껴집니다. 물론 의도적으로 이와 같이 촬영을 했을 수도 있겠지만 그렇지 않다면 보정 작업이 필요합니다. 여기서 먼저 비디오 이펙트에서 부가적으로 사용되는 마스크를 사용하여 **초록색 손** 부분에 대한 보정을 해 보도록 하겠습니다.

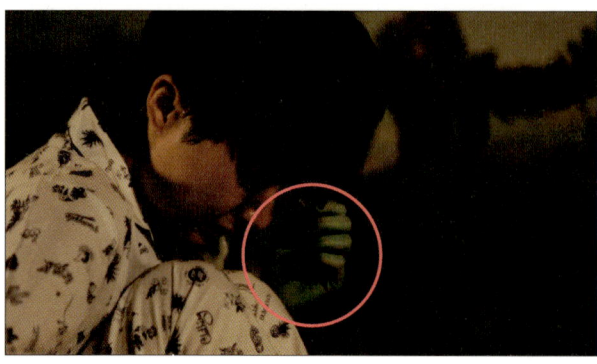

휴/세츄레이션(Hue/Saturation) 이펙트를 클립에 적용해 봅니다. 그다음 **비디오 인스펙터**의 Hue/Saturation에서 Add Shape Mask를 적용한 후 그림처럼 초록색 손 부분에 맞게 마스크의 크기와 위치를 설정합니다. 그리고 마스크가 생성된 초록색 손 부분을 조금 더 밝게 해 주기 위해 Value 값을 증가합니다.

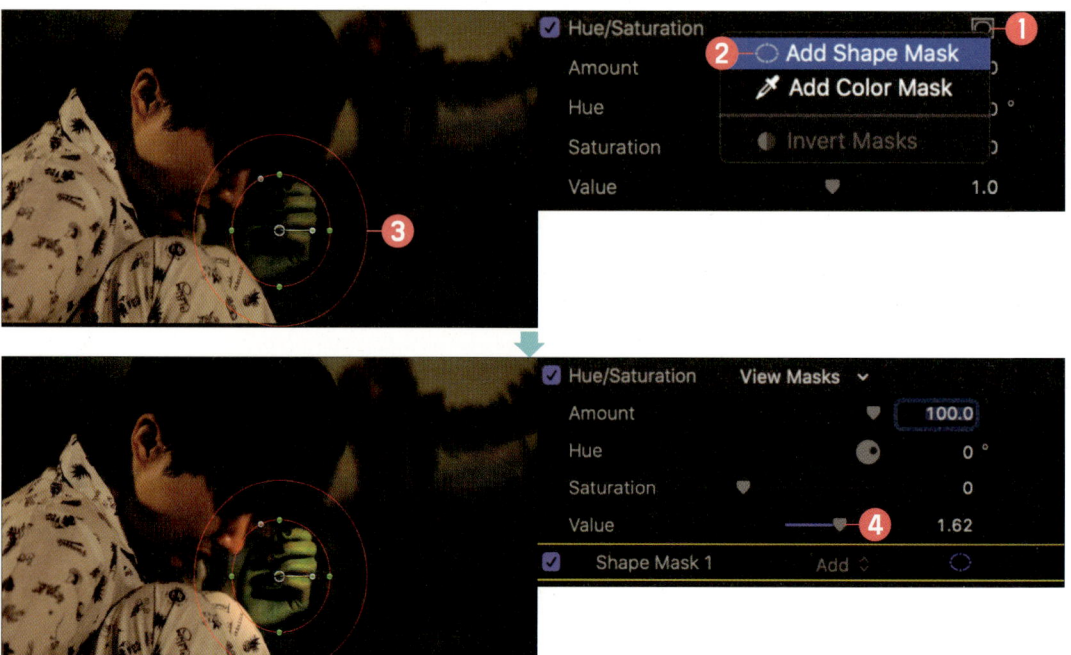

이와 같은 방법으로 특정 부분에 보정이 필요할 경우에는 마스크를 생성하여 보정할 수 있으며, 보정할 부분이 여러 곳일 경우에는 Add Shape Mask를 통해 추가적으로 보정할 수 있습니다. 하지만 비디오 이펙트에의 마스크는 모양이 단순하기 때문에 복잡한 모양이 필요한 작업에서는 **드로우 마스크**를 이용해야 합니다.

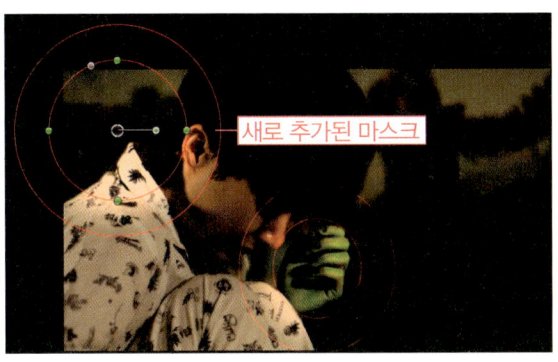

드로우 마스크를 이용한 세컨더리 보정

앞선 학습에서 **사용(셰이프 마스크를 통해 밝기를 보정한)**된 클립을 그대로 이어서 진행하겠습니다. 드로우 마스크를 사용하기 위해서는 같은 **클립 2개**가 필요합니다. 그것은 드로우 마스크가 생성되면 나머지 영역은 투명해지기 때문입니다. 클립을 복제하기 위해 먼저 클립을 **복사**(command + C)한 후 [option] + [V] 키를 눌러 위쪽 **커넥트 클립**으로 붙여넣습니다.

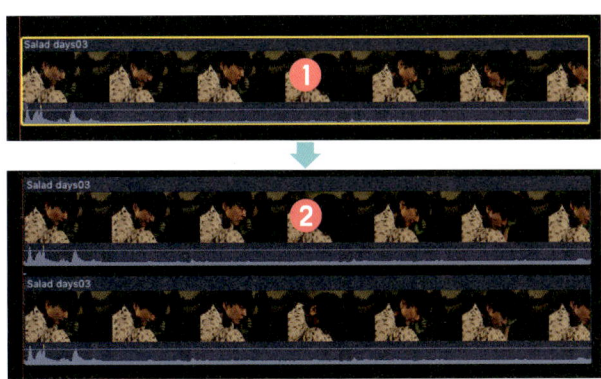

이제 붙여넣기 된 위쪽 클립에 **드로우 마스크**를 적용합니다. 이번엔 Shape Type을 B-Spline으로 선택하여 부드러운 마스크를 만들어봅니다. 그림처럼 화면 우측 배경 부분을 전경에 있는 배우의 머리와 손, 다리 모양을 벗어나지 않도록 마스크를 만들어줍니다.

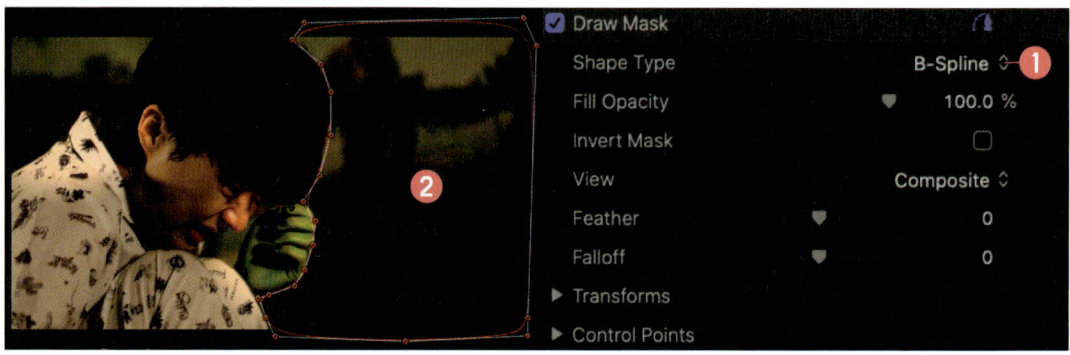

방금 만든 마스크 영역을 보정하기 위해 앞선 학습에서 살펴본 **컬러 보드**를 이용해 보겠습니다. 이번엔 뷰어 좌측 하단 기능을 사용하지 않고 **비디오 이펙트**의 Color에 있는 Color Correction을 드로우 마스크가 적용된 위쪽 클립에 적용합니다. 그다음 컬러 컬렉션 이펙트에서 컬러 보드를 사용하기 위해 Color Board 우측의 Show the Color Inspector 버튼을 클릭합니다.

컬러 보드가 열리면 밝기 보정을 위해 Exposure 섹션 탭으로 이동한 후 그림처럼 마스크 영역(배경 부분)을 조금 더 밝게 해 줍니다.

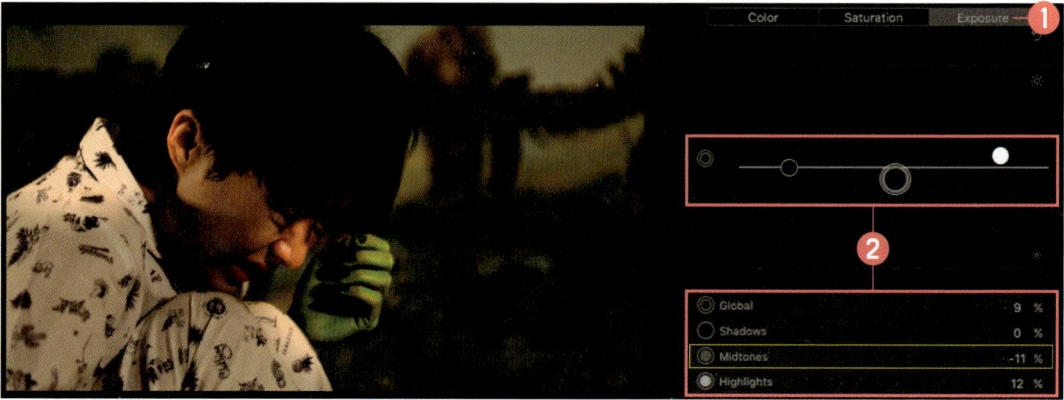

보정 작업이 끝났다면 보정 전과 후의 모습을 비교해 보기 위해 [Window] - [Show in Workspace] - [Event Viewer] 메뉴를 선택하여 이벤트 뷰어를 열어준 후 브라우저에 있는 원본 클립을 선택합니다.

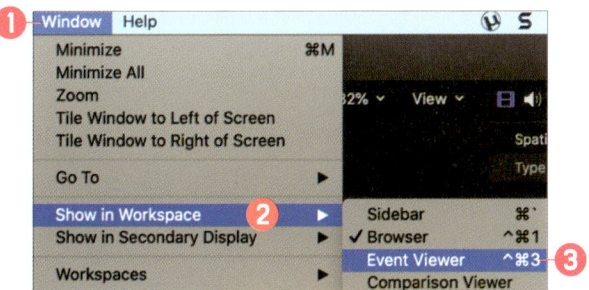

이제 보정 전과 후의 모습을 비교해 보면 배경과 손 부분의 밝기가 원본보다 훨씬 밝아진 것을 알 수 있습니다. 이렇듯 마스크를 이용하면 특정 부분에 대해서만 보정 작업을 할 수 있습니다.

원본 클립　　　　　　　　　　　　보정된 클립

움직임이 있는 영상에 마스크를 이용하여 세컨더리 보정을 할 경우에는 피사체의 움직임에 맞게 마스크 모양도 변화된 모습과 일치되도록 해야 하는데, 이와 같은 작업은 **키프레임**을 통해 가능합니다.

 색 보정 전문 프로그램인 다빈치 리졸브에 대하여
다빈치 리졸브(DaVinci Resolve)는 무료로 사용할 수 있는 **색 보정** 전문 프로그램입니다. 이처럼 다빈치 리졸브는 색 보정 작업에 특화된 툴이지만, 최근에는 색 보정뿐만 아니라 **영상 편집**까지 가능하도록 진화되어 최적의 편집 작업 환경을 제공합니다. 관심이 있는 분들은 아래 주소를 통해 다운로드 받아 사용해 보기 바랍니다.
www.blackmagicdesign.com

최종 출력하기(파일 만들기)

모든 편집 작업이 완료되면 작업한 내용을 텔레비전, 극장용 무비, DVD나 Blu-ray, 모바일 그밖에 다양한 재생 장치를 통해 감상하거나 유튜브와 같은 인터넷에 업로드하기 위해서는 해당 형식에 맞는 미디어 파일로 만들어주어야 합니다. 이러한 과정을 출력(Export) 또는 렌더(Render)라고 하며, 파이널 컷 프로에서는 셰어(Share) 섹션을 통해 간편하게 원하는 결과물을 만들 수 있습니다.

동영상 파일 만들기

동영상 파일은 편집 작업 후 가장 많이 만드는 미디어 파일 형식입니다. 컴퓨터를 통해 재생하는 것뿐만 아니라 텔레비전, 극장, DVD, 모바일 등의 각종 기기를 통해 시청하기 때문입니다. 파이널 컷 프로에서는 인터페이스 우측 상단 맨 끝에 있는 **셰어(Share the project, event clip or Timeline range)** 버튼 메뉴를 통해 원하는 형식의 파일을 선택하야 간편하게 미디어 파일을 만들어 줄 수 있습니다.

DVD(Blu-ray)   기본 템플릿 메뉴를 이용하여 작업한 내용(프로젝트 : 타임라인)을 DVD 또는 Blu-ray로 레코딩할 수 있습니다.

마스터 파일 (Master File)   작업한 내용을 마스터 파일로 만들 수 있습니다. 마스터 파일은 특정 매체의 규격을 따르지 않는 다양한 규격의 고품질 동영상 파일을 만들어 줄 때 사용됩니다.

애플 디바이스 (Apple Devices)	애플 모바일 기기인 iPod, Mac PC, Apple TV 등과 같은 애플 기기에 최적화된 동영상 파일을 만들 수 있습니다.
페이스북/유튜브/비메오 (Facebook/YouTube/Vimeo)	가장 대중적으로 사용되는 SNS(소셜 네트워크 서비스)에 적합한 규격의 파일을 만들고, 직접 업로드까지 할 수 있습니다.
애드 데스티네이션 (Add Destination)	그밖에 다양한 형식의 파일을 만들어 줄 수 있는 옵션을 추가할 수 있습니다.

셰어 목록에 옵션 추가하기

셰어 목록에 새로운 옵션을 추가하기 위해서는 **애드 데스티네이션**(Add Destination)을 선택하여 Destinations 창을 열어주어야 합니다. 데스티네이션 창의 우측에는 **셰어링**할 수 있는 모든 **옵션(매체에 맞는 규격)**들이 있는데, 이 옵션 중에서 새롭게 추가하고자 하는 옵션을 **드래그**하여 우측 Destinations 목록에 갖다 놓으면 새로운 셰어링 목록으로 추가됩니다. 여기에서는 특정 **장면(프레임)**을 스틸 이미지로 만들어주는 Save Current Frame과 낱장의 시퀀스 파일을 만들어주는 Image Sequence를 추가해 놓습니다.

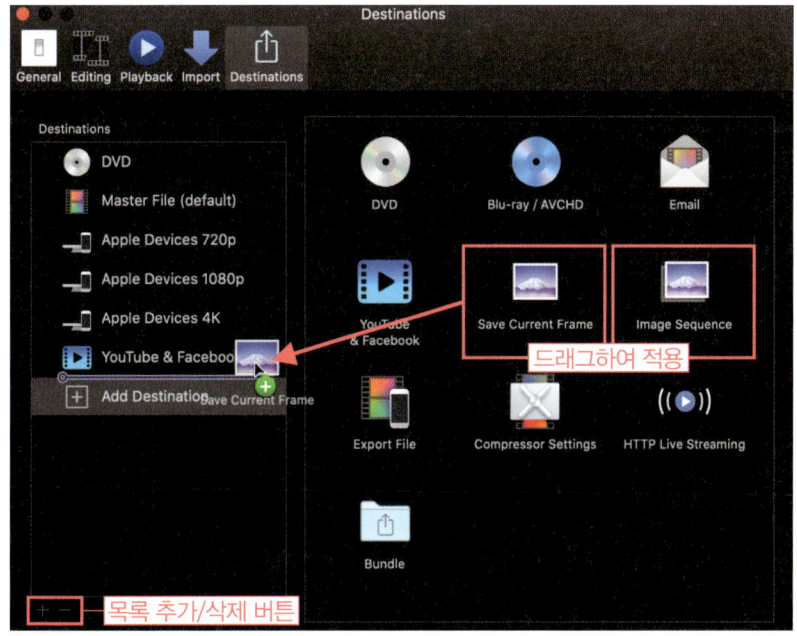

마스터 파일(Master File) 만들기

마스터 파일은 기본적으로 **퀵타임 무비**(QuickTime Movie)인 MOV 포맷으로 만들어지며, 때에 따라서 원하는 형식으로 만들 수도 있습니다. 작업 결과물을 DVD나 모바일 기기 등에서 감상하기 위한 것이 아니라면 고품질 파일로 만들어두길 권장합니다. 이것은 작업된 파일을 다시 수정해야 하는 경우가 발생될 수 있기 때문입니다. **셰어 목록**에서 **마스터 클립**을 선택하면 그림과 같은 설정 창이 열리게 되는데, 기본적으로 현재 작업된 프로젝트에 대한 **정보** 섹션이 나타납니다. 아래쪽을 보면 현재 프로젝트 규격(비디오/오디오)과 작업 시간이 나타나는 것을 알 수 있으며 그밖에 최종 출력, 즉 만들어질 파일 형식과 예상 파일 용량이 표시됩니다.

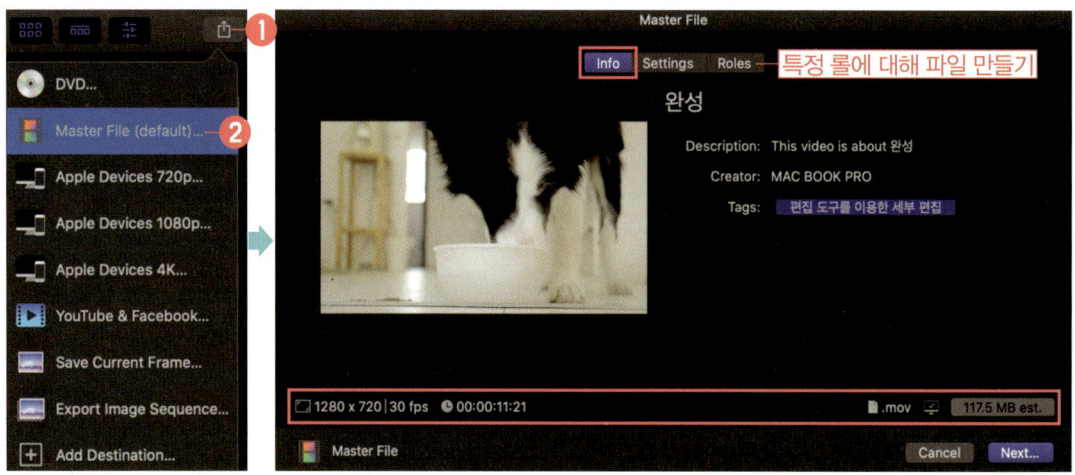

 설정 창에 경고(Warning) 메시지가 떴을 때

파일을 만들 때 경고 메시지가 뜨는 경우가 있습니다. 이때는 **마우스 커서**를 경고 글자에 갖다 놓고 경고 메시지를 확인한 후 문제를 해결하면 됩니다. 현재의 경고 메시지는 작업에 사용된 프로젝트 규격과 최종 출력될 규격이 다르다는 내용입니다. 최종 출력되는 파일 규격은 최종적으로 만들어질 파일이 어떤 매체를 통해 감상할지에 따라 달라지기 때문에 지금과 같은 메시지는 크게 의미를 둘 필요는 없습니다.

그리고 **모니터** 모양의 아이콘을 클릭해 보면 최종적으로 만들어질 파일 규격이 어떤 기기에 호환이 되거나 되

지 않는지 알려줍니다. 현재는 Mac 전용 규격인 것을 알 수 있습니다.

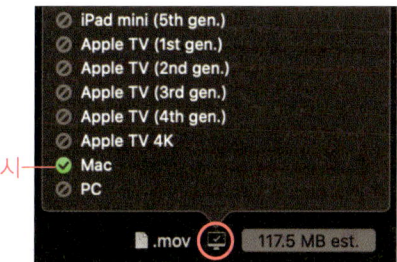

퀵타임(MOV) 형식은 맥뿐만 아니라 윈도우에서도 문제없이 재생 및 편집용 소스 미디어로 사용할 수 있습니다.

파일 규격 설정하기

세팅(Settings) 섹션 탭으로 이동하면 출력될 파일 규격을 볼 수 있으며, 원하는 규격으로 재설정할 수도 있습니다. 여기에서 설정된 규격이 최종적으로 만들어질 파일이기 때문에 원하는 규격을 정확하게 파악한 후 설정을 해야 합니다. 원하는 설정이 끝났다면 Next 버튼을 눌러 다음 과정으로 넘어갑니다.

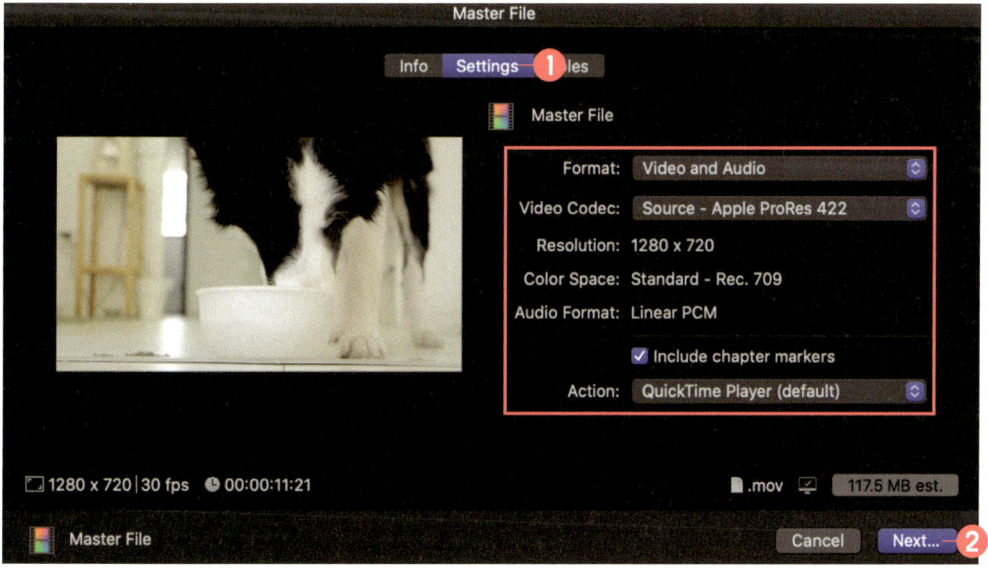

포맷(Format) 만들어질 파일에 비디오/오디오(일반적으로 이 방식을 사용함) 채널을 모두 포함할 것인지 아니면 비디오 혹은 오디오 채널만 개별로 만들 것인지 선택할 수 있습니다. 또한 웹 호스팅, 애플 기기 등에서 사용되는 포맷을 선택할 수도 있습니다.

비디오 코덱 (Video codec)	파일의 코덱(압축 방식)을 선택할 수 있습니다. 비압축(Uncompressed) 방식이 가장 좋은 품질이지만 용량이 엄청나게 커지기 때문에 다양한 코덱을 통해 만들어진 파일들의 차이를 비교해 가며 적당한 파일을 만들 수 있도록 합니다.
레졸루션 (Resolution)	파일의 해상도(비율)에 대한 것으로써 프로젝트에서 설정된 해상도를 따르게 됩니다.
오디오 파일 포맷 (Audio file format)	오디오에 대한 포맷을 선택합니다. 기본적인 Linear PCM 방식을 사용합니다.
오픈 위드 (Open with)	파일이 만들어진 후 만들어진 파일을 감상(확인)할 수 있는 플레이어(재생 매체)를 선택합니다.
인클루드 챕터 마커 (Include chapcter markers)	클립에 적용된 마커를 DVD 혹은 Blu-ray 타이틀의 씬(장면을 찾기 위한) 마커로 사용할 수 있게 해 줍니다.
액션(Action)	렌더, 즉 파일이 만들어진 후 작업을 선택합니다. 주로 재생될 플레이어를 선택합니다.

위치 선택하기

Save As 창에서는 만들어질 파일의 이름을 재입력할 수 있으며, V 버튼을 클릭하면 설정 창이 확장되며, 파일이 만들어질 **위치(폴더)**를 선택할 수 있습니다. 또한 **Where**에서는 기본적으로 설정된 위치를 선택할 수 있습니다. 모든 설정이 끝났다면 **Save** 버튼을 눌러 파일을 만들어줍니다.

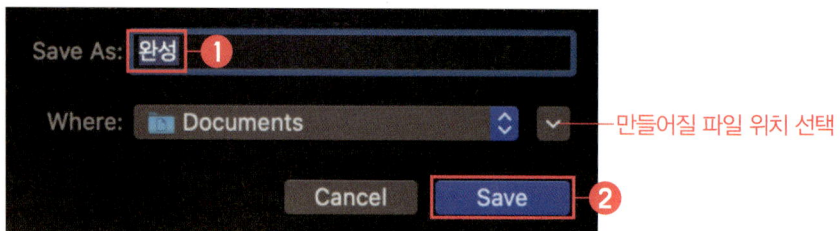

만들어질 파일의 위치를 새롭게 설정했다면 파일을 찾을 때 헷갈리지 않도록 위치를 기억하기 바랍니다.

생성된 파일 확인하기

파일이 만들어지는 과정은 **백그라운드 태스크**에서 확인할 수 있으며, 파일이 완성되면 우측 상단에 Share Successful이란 창이 뜹니다. 여기에서 **닫기** 버튼을 누르면 렌더 후 그냥 창이 닫히고, **Show** 버튼을 누르면 만들어진 파일이 있는 폴더가 열립니다.

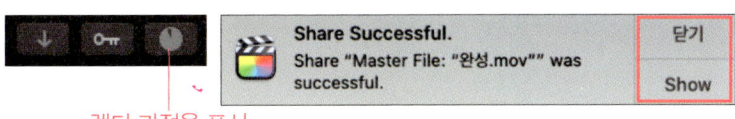

렌더 과정을 표시

파이널 컷 프로는 렌더(파일이 만들어지는) 중에도 편집 작업을 계속 진행할 수 있습니다.

이와 같은 방법으로 간편하게 마스터 파일을 만들어 줄 수 있습니다. 렌더가 끝난 후 파일이 만들어진 폴더로 들어가 확인을 하거나 만들어진 파일을 재생해 봅니다.

특정 구간만 파일로 만들기

타임라인의 전체 작업 내용을 파일로 만드는 것이 아닌 특정 **렌더 구간(장면)**을 지정하여 지정된 구간만 파일을 만들 수도 있습니다. 그림처럼 프라이머리 스토리라인의 클립을 기준으로 **인/아웃 렌더 구간**(I 키와 O 키)을 지정한 후 파일을 만들게 되면 설정된 인/아웃 구간만 파일이 만들어지는데, 이때 지정된 구간에 포함된 커넥트 파일들도 같이 파일로 만들어집니다.

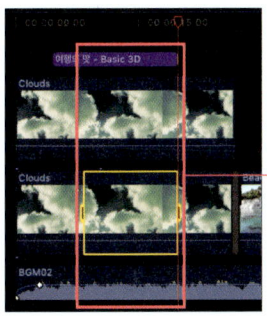

인/아웃 렌더 구간에 포함된 클립들이 모두 파일로 만들어짐

애플 기기용 파일 만들기

셰어를 통해 애플 기기에서 감상하기 위한 다양한 파일들을 간편하게 만들어줄 수 있습니다. **애플 디바이스**에서는 **비디오 포맷**이 기본적으로 H.264 형식(고압축 저용량)으로 사용되며, 원하는 해상도를 선택할 수 있습니다. 필자는 **셰어**에서 Apple Devices 720p 규격을 선택했습니다. 역시 Save As 창이 열리면 적당한 파일명과 경로를 설정한 후 Save 합니다.

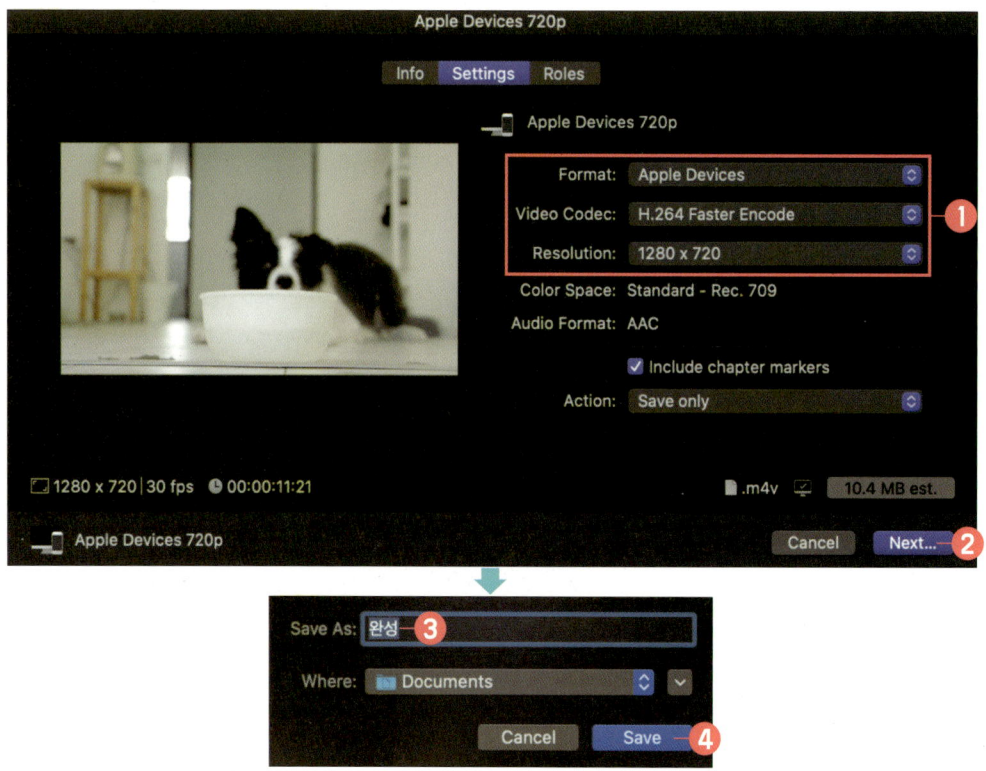

비디오 코덱의 두 방식 중 Faster Encode는 파일이 만들어지는 시간은 빠르지만 품질이 다소 떨어지며, Better Quality는 파일이 만들어지는 시간은 오래 걸리지만 좋은 품질의 결과물을 얻을 수 있습니다.

소셜 네트워크용 파일 만들기

최근에 많이 관심을 끌고 있는 유튜브나 페이스북, 인스타그램과 같은 인터넷 **소셜 네트워크 서비스(SNS)**에 적합한 파일을 간편하게 만들 수 있으며, 만들어진 파일은 직접 해당 웹사이트에 업로드할 수 있습니다.

유튜브/페이스북용 파일 만들기

만들어진 파일을 유튜브 또는 페이스북에 업로드하기 위해서는 먼저 **유튜브/페이스북 계정(사용자 정보 등록)**을 만들어야 합니다. 만약 유튜브/페이스북 계정이 없다면 유튜브/페이스북 웹사이트로 들어가서 만들어 줍니다. 유튜브와 페이스북용 파일은 공통 규격을 사용하며 또한 다른 파일을 만드는 것과 크게 다를 게 없으며, 만들어진 파일은 유튜브 또는 페이스북 등의 SNS에 직접 업로드하면 됩니다.

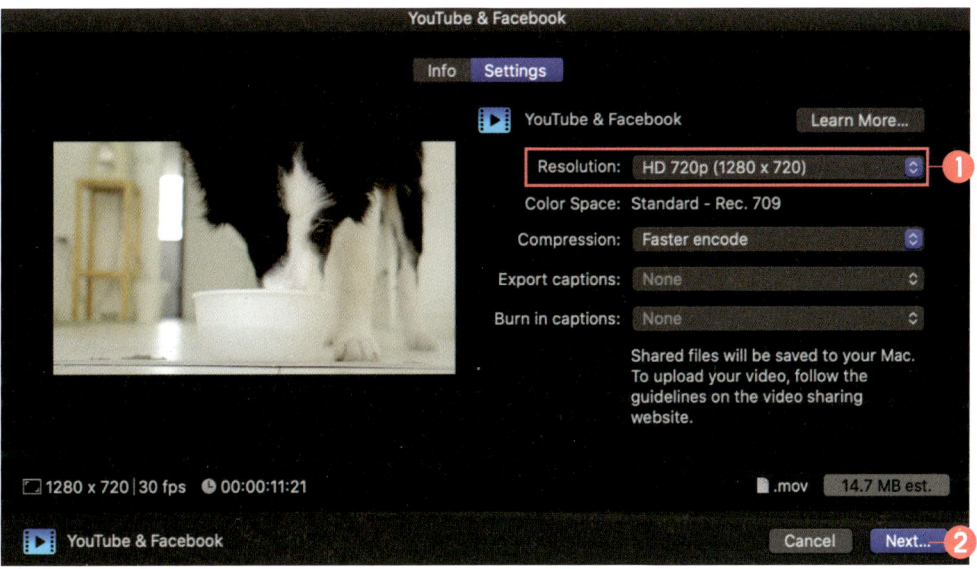

현재 SNS용 비디오 파일 규격을 학습 프로젝트 규격인 1280 x 720으로 설정했지만 최근엔 2k 또는 4k 규격을 사용하며, 무료 업로드를 위해 주로 2k급인 1920 x 1280 규격을 권장합니다.

DVD 및 Blu-ray 타이틀 만들기

DVD와 블루레이(Blu-ray) 타이틀을 만들어주기 위해서는 먼저 해당 레코딩 장치가 컴퓨터에 장착되어야 하며, 레코더 안에는 공 DVD 또는 블루레이가 삽입되어야 합니다. 이와 같은 준비가 끝났다면 **DVD(블루레이는 새로 추가해야 함)** 설정 창을 열어준 후 디스크 방식이나 메뉴의 구성 등을 설정한 후 레코딩을 하면 됩니다. DVD 설정 창은 동영상이나 이미지 파일을 만들 때보다 많은 옵션들이 있지만 특별히 어려운 것이 없으며, 다음의 설명을 참고하면 쉽게 DVD 타이틀을 제작할 수 있습니다.

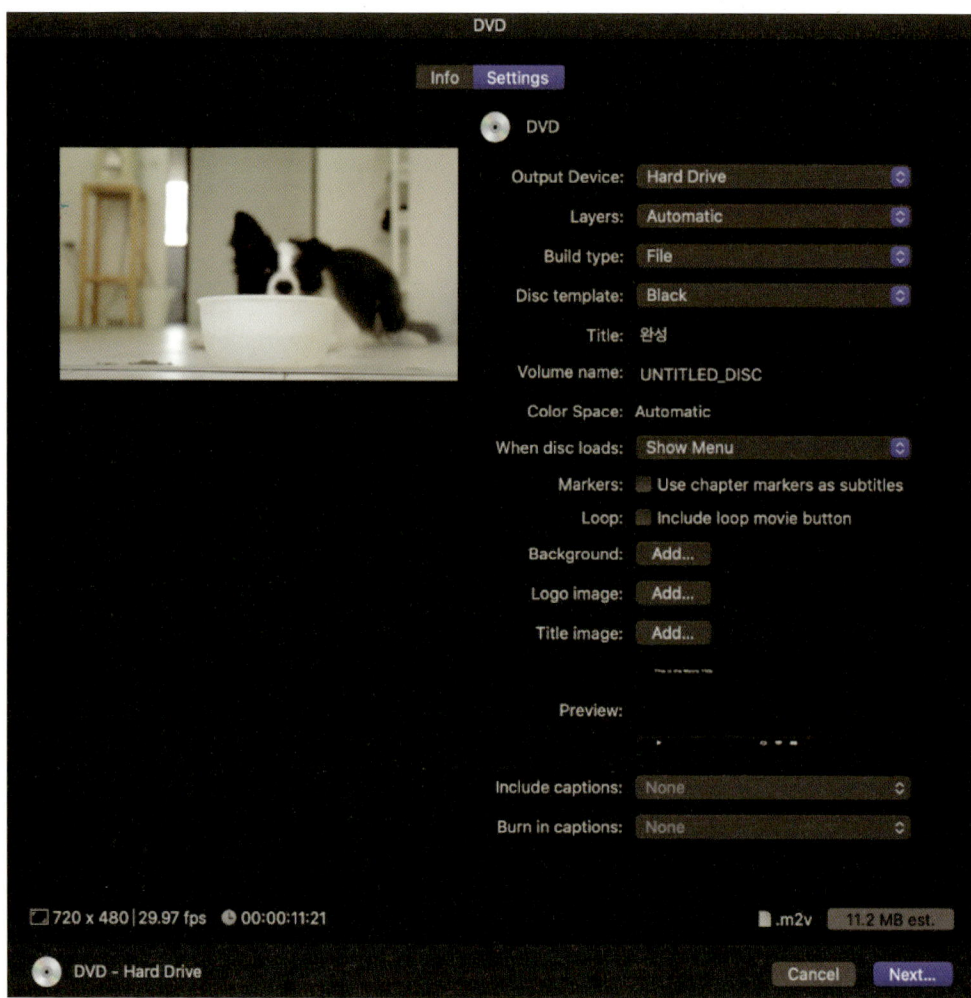

아웃풋 디바이스 (Output Device)	출력될 장치를 선택합니다. 레코딩을 하기 위해서는 DVD 혹은 블루레이 레코더가 장착되어야 합니다.
레이어(Layers)	데이터가 저장될 디스크 레이어를 선택합니다. 일반적으로 자동(Automatic)을 사용하며, 한 면의 레이어를 사용하고자 한다면 싱글 레이어(Single-layer), 양면 레이어를 사용할 때는 더블 레이어(Double-layer)를 선택합니다.
빌드 타입 (Build Type)	저장될 파일이 단순히 파일로 만들어질 것인지 폴더 안에 만들 것인지 선택합니다.
디스크 템플릿 (Disk template)	DVD 혹은 블루레이 타이틀 템플릿 타입을 선택할 수 있습니다.

타이틀(Title)	DVD 혹은 블루레이 타이틀의 이름을 입력합니다.
볼륨 네임 (Volume name)	디스크 볼륨의 이름을 입력합니다.
웬 디스크 로드 (When disc loads)	레코딩된 타이틀을 플레이어에 삽입했을 때 최초로 반응하는 방식을 선택합니다. Show Menu는 메뉴로 시작되는 방식이며, Play Movie는 동영상부터 시작되는 방식입니다.
마커(Markers)	마커를 체크하면 클립에 적용된 마커가 씬 챕터로 사용됩니다.
루프(Loop)	루프를 체크하면 반복 재생을 하기 위한 루프 버튼을 생성합니다.
백그라운드 (Background)	타이틀 배경으로 사용될 이미지를 선택합니다. 외부에서 배경으로 사용될 이미지 파일을 가져와 사용할 수 있습니다.
로고 이미지 (Logo image)	타이틀 로고로 사용될 이미지를 선택합니다. 외부에서 로고로 사용될 이미지 파일을 가져와 사용할 수 있습니다.
타이틀 이미지 (Title image)	타이틀 이미지로 사용될 이미지를 선택합니다. 외부에서 타이틀로 사용될 이미지 파일을 가져와 사용할 수 있습니다.
프리뷰(Preview)	설정된 타이틀 상태를 미리 볼 수 있습니다.

롤(Roles)을 이용하여 분리된 파일 만들기

롤 섹션 탭을 이용하면 지정된 각각의 롤들을 개별 파일을 만들 수 있습니다. **롤** 설정 탭의 **Roles as**에서 **Separate Files**를 선택하여 각각의 롤을 선택할 수 있는 옵션을 통해 선택된 롤에 대해서만 파일로 만들어 줄 수 있으며, **Video** 또는 **Audio Only as Separate Files**를 선택하면 비디오 또는 오디오 롤만 파일로 만들어 줄 수 있습니다.

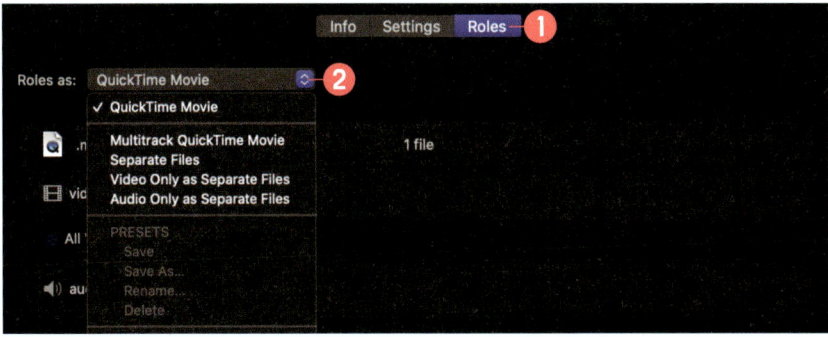

스틸 이미지 파일 만들기

작업을 하다 보면 특정 **장면(프레임)**을 **스틸(정지) 이미지**로 만들어 포토샵이나 김프(무료) 같은 프로그램에서 사용하거나 시퀀스 파일로 사용해야 할 경우가 있습니다. 이럴 땐 앞서 새롭게 등록해 놓은 Save Current Frame과 Export Image Sequence를 이용하여 스틸 이미지와 시퀀스 이미지 파일을 만들 수 있습니다.

스틸 이미지 만들기

스틸 이미지는 단순한 한 장의 이미지이며, 파일을 만들기 위해서는 먼저 타임라인에서 스틸 이미지로 만들 지점의 장면으로 **플레이헤드**를 위치시켜야 합니다. 그다음 **셰어**에서 앞서 등록해 놓은 Save Current Frame을 선택합니다.

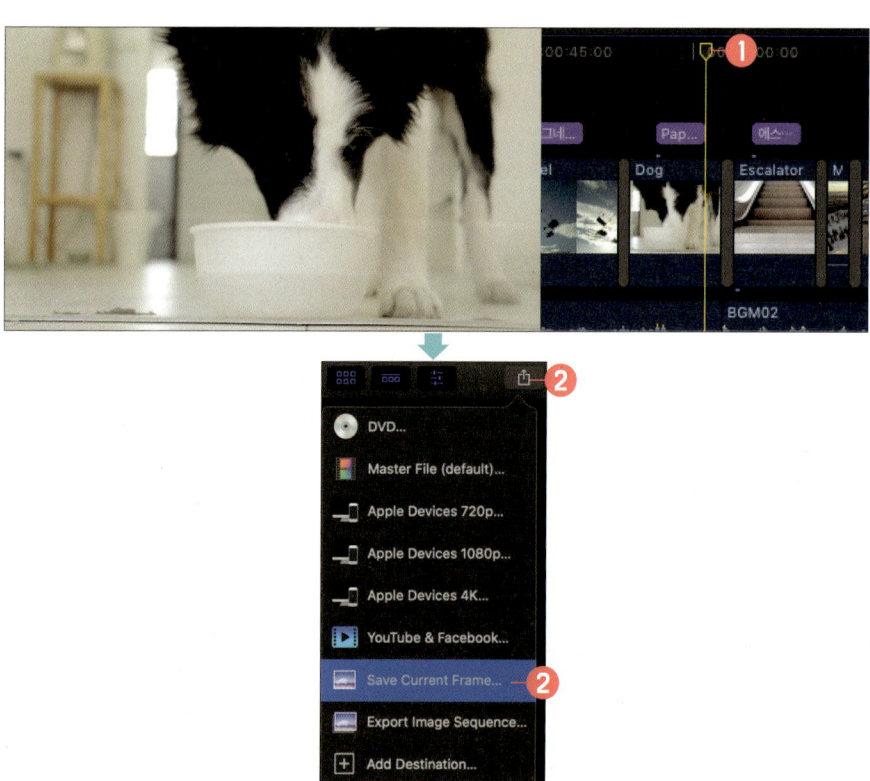

세이브 커런트 프레임 설정 창에서 원하는 파일 형식을 Export를 통해 선택한 후 Next 버튼을 누르면 됩니다.

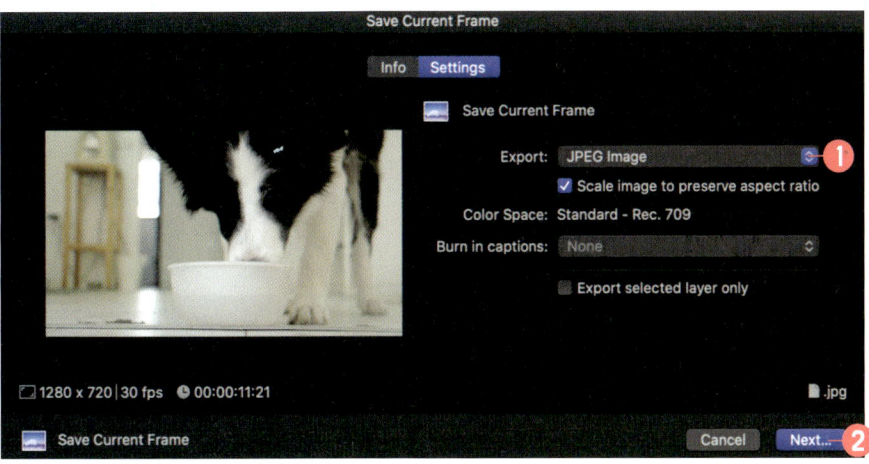

이미지 파일은 일반적으로 **JPEG**를 사용하지만 투명한 배경 이미지를 원한다면 **PNG**를 권장합니다.

시퀀스 파일 만들기

시퀀스 파일은 **번호**가 붙은 낱장의 파일로써 주로 애니메이션 제작 프로그램에서 활용하는 형식입니다. 물론 파이널 컷 프로와 같은 영상 편집 프로그램에서도 **타임 랩스(인터벌)** 촬영이나 그밖에 낱장의 파일이 필요한 작업에서 사용할 수 있는데, 시퀀스 이미지 파일은 동영상 파일보다 품질이 좋고, 특정 장면(프레임)을 쉽게 활용할 수 있다는 장점을 가지고 있습니다. 시퀀스 파일을 다른 장면과 합성을 위해 사용하고자 한다면 투명 정보가 있는 알파 채널을 사용하기 위해서 TIFF나 PNG 등과 같은 파일 형식을 선택하면 됩니다.

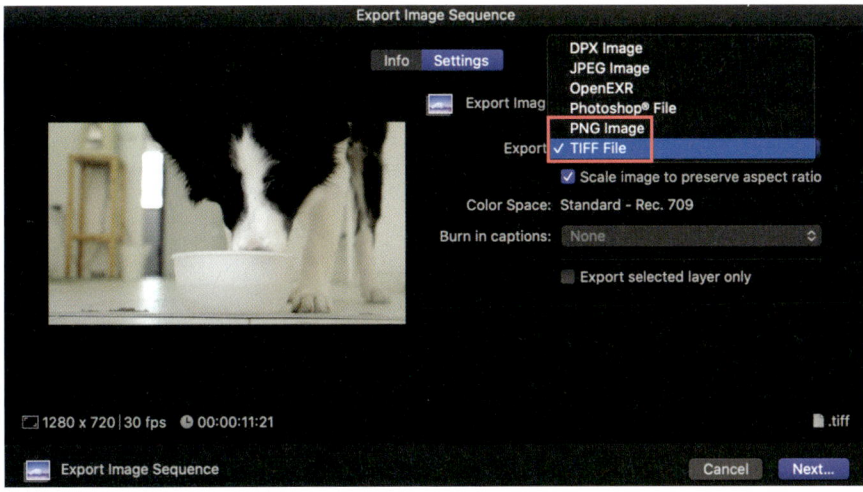

그밖에 방법으로 파일 만들기

이번 학습에서는 별도의 인코딩(Encoding) 프로그램을 사용하여 파일을 만들어주거나 다른 프로그램과 공유하여 사용할 수 있는 XML 파일을 만들어주는 방법에 대해 알아보도록 하겠습니다.

컴프레서(Compressor)를 이용한 파일 만들기

컴프레서는 애플 전용 미디어 파일 **인코딩(Encoding)** 프로그램으로써 파이널 컷 프로의 셰어를 통해 파일을 만드는 방법보다 세밀한 설정을 할 수 있으며, **여러 개**의 **프로젝트**나 **파일**을 등록하여 한꺼번에 **배치(Batch) 렌더(파일 만들기)**를 할 수 있어 편리하게 사용됩니다. 컴프레서를 사용하기 위해서는 프로젝트를 선택해야 하며, [File] - [Send to Compressor] 메뉴에서 원하는 방식을 선택하면 됩니다. 여기에서는 일반적인 배치 렌더를 위해 New Batch를 선택합니다.

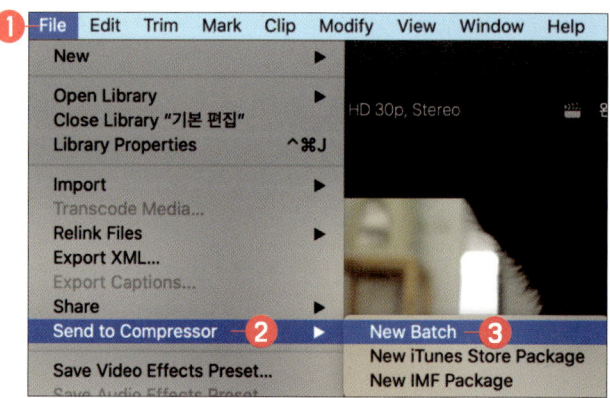

- 컴프레서를 사용하기 위해서는 별도로 컴프레서를 설치해야 합니다.
- 컴프레서 메뉴를 반복 실행하여 만들어질 파일을 렌더 목록에 추가할 수 있습니다.
- New iTunes Store Package는 아이튠즈 스토어 패키지용 배치 렌더를 할 때 사용되며, New IMF Package는 IMF(Interoperable Master Format), 즉 타 편집 프로그램과 호환 가능한 패키지용 파일로 배치 렌더를 할 때 사용합니다.

컴프레서의 인터페이스를 간략하게 살펴보면 다음과 같습니다. 사용법은 앞서 살펴본 **셰어**의 설정 창을 참고하면 그리 어렵지 않게 사용할 수 있을 것입니다.

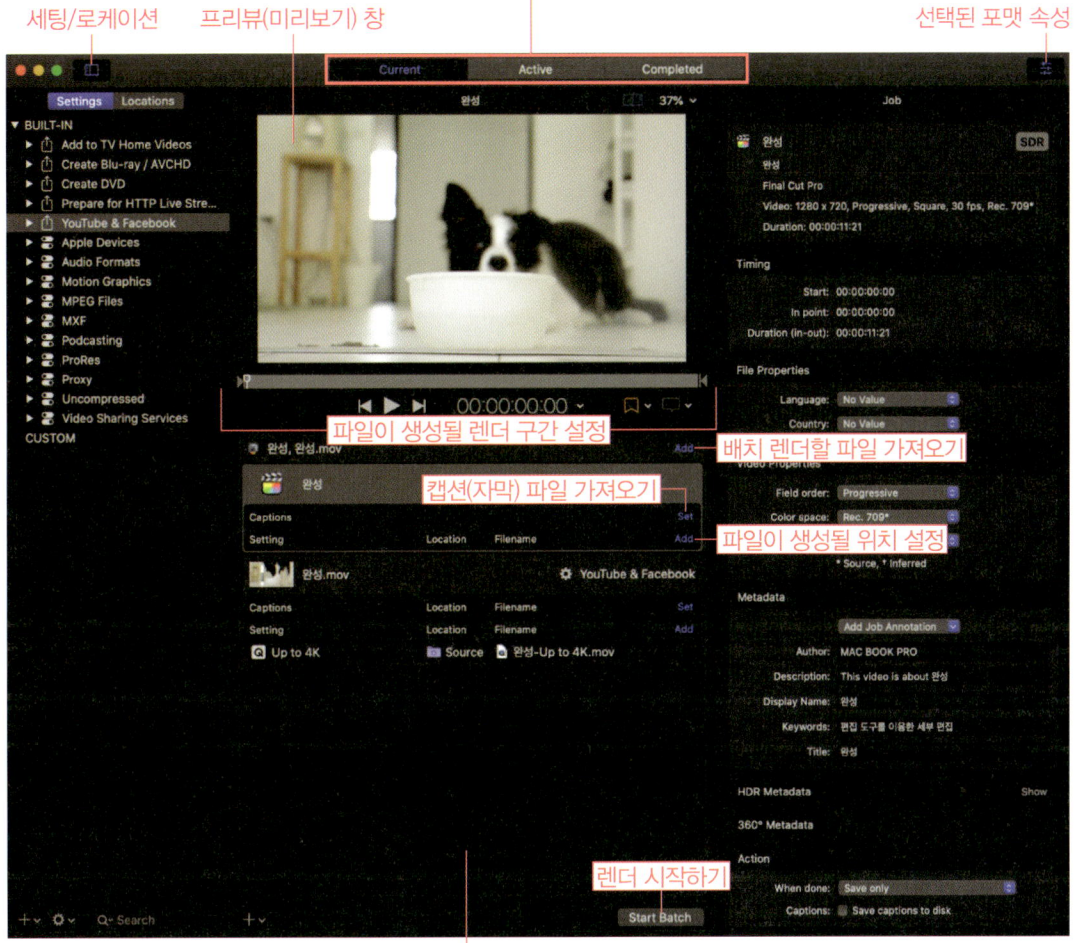

위의 그림에서의 컴프레서는 현재 작업 중인 프로젝트의 동영상과 외부에서 가져온 두 개의 파일이 배치 렌더 목록에 등록된 상태입니다. 이렇듯 목록에 등록된 파일을 별도의 포맷으로 렌더할 수 있는데, 원하는 포맷의 파일을 만들어주기 위해서는 먼저 다음의 그림처럼 좌측의 세팅 목록에서 **배치 렌더**로 사용할 **파일 포맷(형식)**을 드래그하여 프로젝트(파일) 목록으로 갖다 놓아야 합니다. 그러면 적용된 규격으로 파일을 만들 수 있으며, 아래쪽 Start Batch 버튼을 눌러 파일을 만들면 됩니다. 참고로 적용할 규격(포맷)은 원하는 만큼 가능하기 때문에 하나의 파일(프로젝트)을 여러 가지 규격의 파일로 배치 렌더할 수 있습니다.

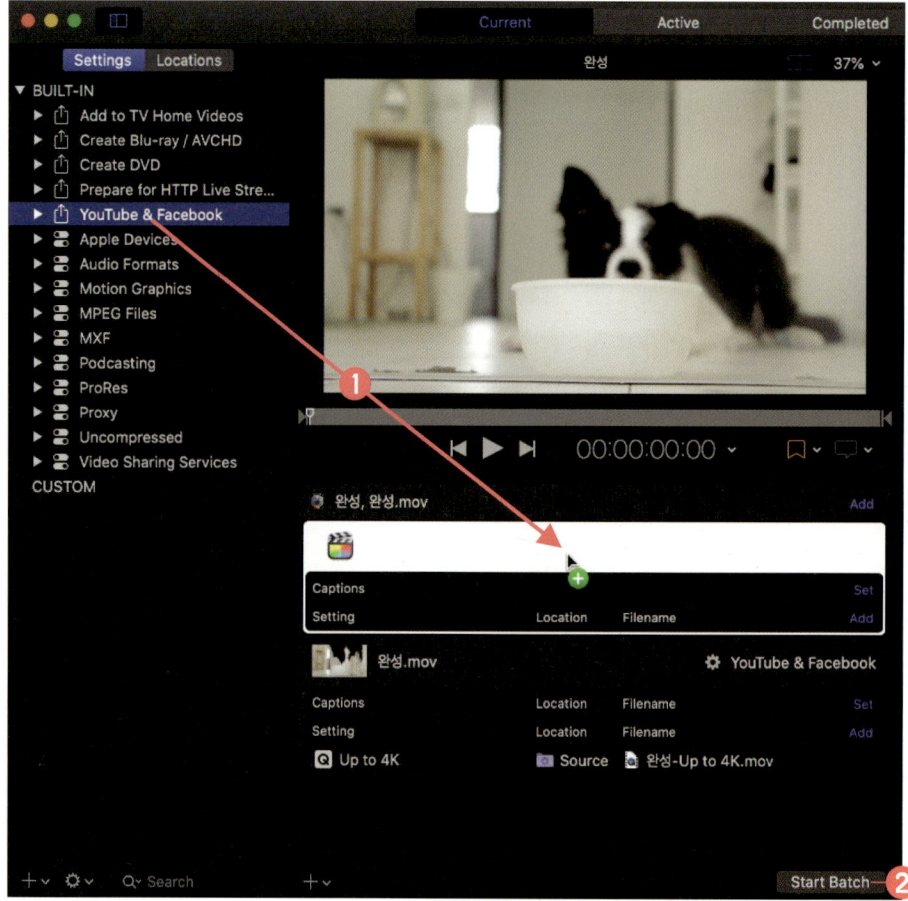

XML 파일 만들기

XML(Extensible Markup Language)은 서로 다른 **프로그램(공통점이 있는 프로그램)** 간에 작업 데이터를 공유하기 위한 언어입니다. 이것은 파이널 컷 프로에서 만든 작업 데이터를 다빈치 리졸브, 프리미어 프로, 베가스 프로 등과 같은 영상 편집 프로그램에 전달하여 사용할 수 있게 해 줍니다. 이렇듯 XML은 서로 다른 소프트웨어 간의 교류를 가능하도록 해 주는 역할을 하기 때문에 작업의 효율성을 증가시킬 수 있습니다. XML 파일을 만들어주기 위해서는 [File] - [Export XML] 메뉴를 선택하면 되며, 익스포트 XML 창에서 파일 이름과 위치 그리고 버전 등에 대한 설정을 한 후 [Save] 버튼을 눌러 만들어줍니다.

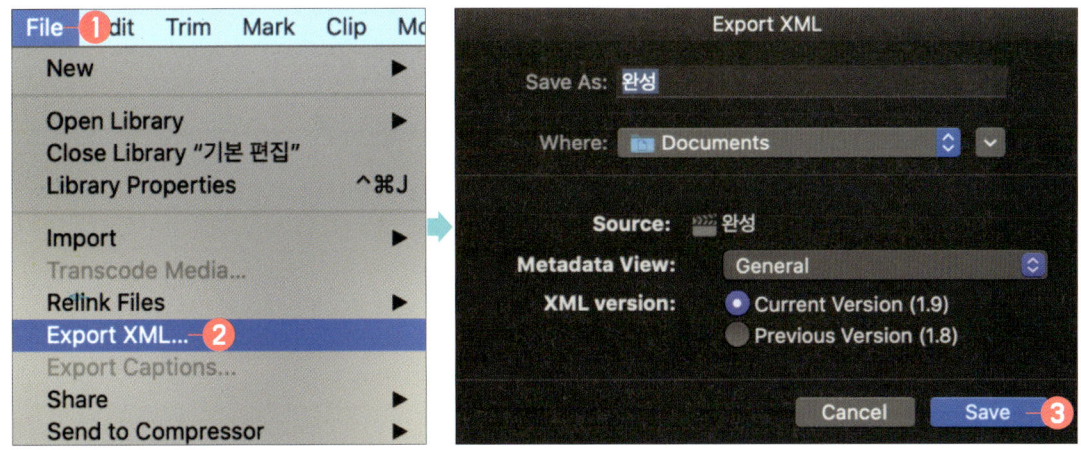

XML은 유용한 반면에 불편한 점들도 있는데, 그것은 각 소프트웨어마다 다른 **기능(매커니즘)**을 가지고 있기 때문에 완전한 XML 교류는 어렵다는 것입니다.

 오디오 파일 만들기

작업한 내용 중에 오디오 부분만 파일로 만들어주고자 한다면 롤(Roles) 방식을 사용할 수도 있겠지만 가장 편한 방법은 마스터 파일 설정 창에서 **포맷**을 **Audio Only**로 설정한 후 원하는 오디오 파일 포맷으로 선택한 후 만들어주는 것입니다. 파이널 컷 프로에서는 고품질 포맷부터 재생용 **MP3** 파일까지 다양한 오디오 파일을 만들어줄 수 있습니다.

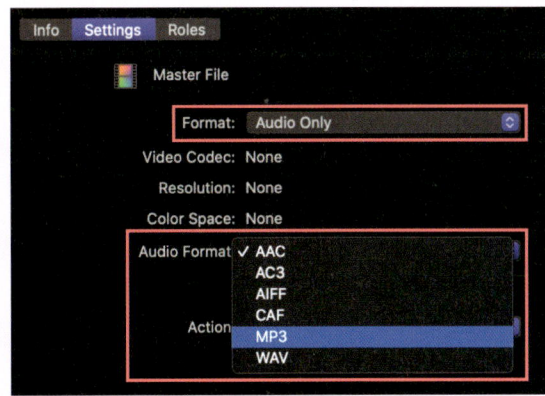

이것으로 파이널 컷 프로에 대한 모든 학습이 끝났습니다. 본 도서에서 살펴본 내용을 기초로 여러분만의 창작 세계를 펼쳐가기 기원합니다.

파이널 컷 프로 주요 단축키

option + N 새 이벤트 만들기
option + X 시작 점과 끝 점 표시 지우기
shift + command + 1 이벤트 라이브러리 보이기/숨기기
command + N 새 프로젝트 만들기
shift + command + N 새 프로젝트 폴더 만들기
command + D 복제하기
command + C 복사하기
option + V 연결된 클립으로 복사하기
option + command + V 이펙트 복사하기
option + command + 2 이벤트 브라우저 리스트 뷰 보기
command + I 파일 임포트하기

command + 0 프로젝트 라이브러리 보이기/숨기기
shift + command + 8 오디오 미터 보이기/숨기기
S 스키머 켜기/끄기
shift + S 오디오 스키머 켜기/끄기
shift + ? 플레이헤드 주변 미리보기
shift + / 편집 포인트 주변 미리보기

command + T 디폴트 트랜지션 적용하기
shift + Z 타임라인 크기 최적화하기
command + + 타임라인 확대하기
command + − 타임라인 축소하기
command + H 파이널 컷 프로 X 숨기기
command + Q 파이널 컷 프로 X 종료하기

shift + command + 2 타임라인 인덱스 보이기/숨기기
command + delete 선택된 아이템 휴지통에 버리기
option + command + K 단축키 편집 창 열기
option + command + G 오디오/비디오 싱크하기
X + 클릭 클립 전체 구간 선택하기
option + X 시작 점과 끝 점 표시 지우기

control + Y 스키머 정보 보이기/숨기기

option + shift + N 브라우저 클립 이름 보이기 /숨기기
F 클립 또는 선택된 구간 즐겨찾기로 지정하기
U 클립 즐겨찾기 무시하기
control + F 즐겨찾기로 지정한 모든 클립 보기
control + O 선택된 클립 키워드 지우기
control + F 검색 창 열기
shift + command + K 새 키워드 컬렉션 만들기
option + command + N 새 스마트 컬렉션 만들기

I 시작 점 지정하기
option + I 시작 점 지우기
O 끝 점 지정하기
option + O 끝 점 지우기
shift + I 플레이헤드 클립 시작 점으로 이동하기
shift + O 플레이헤드 클립 끝 점으로 이동하기

X 클립 전체 구간 선택하기
N 스냅 켜기/끄기
Q 커넥트 클립 만들기
command + Y 오디션 클립 만들기
Y 오디션 클립 열기
option + 1 오디오/비디오 편집 모드
option + 2 비디오 편집 모드
option + 3 오디오 편집 모드

M 마커 추가하기
shift + M 선택된 마커 정보 창 열기
option + M 마커 추가 후 마커 정보 창 열기

control + ; 플레이헤드 이전 마커로 이동하기
control + ' 플레이헤드 다음 마커로 이동하기
control + M 플레이헤드가 위치한 곳 마커 지우기
option + G 컴파운드 클립 만들기
shift + command + G 컴파운드 클립 해체하기

command + [타임라인 히스토리 앞으로 이동하기
command +] 타임라인 히스토리 뒤로 이동하기
V 타임라인에서 선택한 클립 활성화/비활성화 하기

A 선택 도구 선택하기
B 자르기 도구 선택하기
T 트림 도구 선택하기
control + E 정밀 편집기 보이기/숨기기
control + S 플레이헤드와 스키머 지점의 장면 번갈아 보기
, 클립 및 편집 점 1프레임씩 왼쪽으로 이동하기
. 클립 및 편집 점 1프레임씩 오른쪽으로 이동하기
shift + , 클립 10프레임 왼쪽으로 이동하기
shift + . 클립 10프레임 오른쪽으로 이동하기
shift + X 선택된 편집 점 플레이헤드 지점으로 이동하기
command + G 커넥트 클립 스토리라인으로 만들기
option + [시작 점부터 스키머 지점까지 트림하기
option +] 끝 점부터 스키머 지점까지 트림하기
option + ₩ 선택된 구간 트림하기
control + D 선택된 클립 길이 조절하기

option + command + A 선택된 오디오 클립들 자동 향상시키기
control + shift + S 오디오 채널 비디오와 분리하기
command + 4 인스펙터 켜기/끄기

control + = 오디오 클립 볼륨 1db 높이기
control + - 오디오 클립 볼륨 1db 내리기
option + 클릭 키프레임 추가하기

command + , 환경설정 창 열기
command + 9 백그라운드 태스크 창 열기
command + J 프로젝트 속성 창 열기
command + T 디폴트 오디오/비디오 트랜지션 적용하기

option + command + V 선택된 클립에 이펙트 붙여넣기

control + V 타임라인 비디오 애니메이션 보이기
control + A 타임라인 오디오 애니메이션 보이기
command + 5 이펙트 브라우저 보이기/숨기기

shift + H 플레이헤드 지점 정지화면으로 만들기
command + R 리타임 에디터 보이기/숨기기

option + 클릭 플레이헤드 고정시키고 클립 선택하기
C 스키머 및 플레이헤드 지점의 클립 선택하기

option + command + B 컬러 밸런스 켜기/끄기
option + command + M 매치 컬러 사용하기
command + 7 히스토그램 열기/닫기
shift + command + 7 웨이브폼 열기/닫기
option + command + 7 벡터스코프 열기/닫기
command + 6 컬러 보드 열기/닫기
command + A 모든 클립 선택하기

찾아보기

한글

독(Dock)   030
라이브러리   039
레터박스   086
렌더   427
렌더링   048
롤   110
리링크   074
마그네틱 타임라인   033
메타데이터   116
배치 렌더   435
뷰어   032
브라우저   032
사이드바   032
스키머   085, 104, 117
시퀀스   088
알파 채널   142
역재생   259
오디오 이펙트   283
옵티마이즈   071
이벤트   043
이퀄라이제이션   262
인스펙터   033
퀵타임   424

크로마키   365
키프레임   175
트랜지션   223
프로젝트   047
프록시 뷰로   070
프리셋   221
플레이헤드   122, 161
핸들   223

A~D

Add to existing event   065
Analyze video for balance color   066
Audition   313
Automatic Speed   256
Background Render   123
Bezier   357
Blade   158
Break Apart Clip Items   265
Browser   032
Chroma key   365
Clipping   268
Color Board   405, 407
Compositing   375
Compound   091, 318
Compressor   434
Connect   137
Control Points   351

Create proxy media 065

Crop 335, 340

Delete 133

Detach 265

Dissolves 227

Distort 342

Drop Frame 048

Duration 105

E~M

Effects 181, 193

Effects Browser 181

Encoding 434

EQ 277

Equalization 262, 277

Event 043

Fade handle 269

Fade In/Out 178

Favorites 068

Finder 030

Freeze Frame 248

Gain 281

Gap 163

Generators 307

H.264 428

Handle 156

Histogram 403

Import 058

Index 146

Info Inspector 054, 068

Insert 135

Inspector 033

Jump Cut 246

Ken Burns 341

Keyframe 176

Keyword Collection 114

Library 039

Lift 163

Luma Keyer 371

Mark In/Out 117

Marker 119

Mask 183, 348

Master File 424

Match Audio 279

Match Color 412

Merge Events 051

Motion 289

MOV 424

Multi-Cam 383

N~P

Noise Removal 263

Nudge 151

Opacity 172

Open Clip   179
Optimized   071
Overwrite   163
Pan   274
Paste Attributes   171
PNG   433
Position   162
Preferences   057, 083
Preset   221
Primary storyline   142
Project   047

R~S

Range Selection   165
RED   066
Reject   109
Relink   074
Render Files   073
Rendering   048
Replace   312
Replace with Gap   133
Reset   175
Resolution   426
Retime   251
Reveal in Finder   072
RGB   396
RMB   041

Roles   110
Roll   155
Rolling Shutter   101
Safe Zones   299
Secondary   415
Secondary storyline   315
Select   149
Separate mono and group stereo audio   066
Sequence   088
Share   422
Sidebar   032
Skimmer   104
Slide   155
Slip   155
Slow   252
Smart Collections   109
Snap   143
Spline   356
Stabilization   099
Sync   383
Synchronize   271

T~Z

Time lapse   088
Transform   320, 323
Transitions   223
Trim   153, 157, 160, 336

Vectorscope   398

Viewer   032

Viewer   126

Voiceover   280

Volume   266

Waveform   401

XML   434

당신은 스마트폰 하나로 연봉 1억을 벌 수 있는 기회를 놓치고 있지는 않습니까?

이제 **생활**에 필요한 모든 것을 **하나의 앱**에서 **놀면서** 벌 수 있는 **시대**가 왔습니다.

새로운 방식의 공유 플랫폼, Hapi gig과 함께 **대박**의 기회를 잡으세요.

수익창출
투자관련교육
투자기회
독점제공
플랫폼을 통한 수익

쇼핑
무료회원가입
쇼핑할인
제품공유시 수익
최고의 상품제공

소셜미디어
콘텐츠 개발
기존 SNS 플랫폼에 공유
고객 유치
인플루언서와 링크
다국어 지원

브랜드채널
특정 채널 브랜드화
상품 리뷰
레거시 상품
임팩트 상품

부동산
스마트 하우스 분양
주택 구입시 테슬라 자동차 제공
부동산 투자

여행
여행엔진
유니크하고 독점적 기회
세계적

블록체인
암포화폐 개발
STO 코인 지급
블록체인 기반 플렛품

커뮤니케이션
무료전화
무료문자(이모티콘)
무료화상통화

세미나(교육)
비대면 세미나
비대면 교육
그룹 방송서비스

자기계발
개인 계발 과정
리더쉽 과정
사업개발 교육

카카오와 **네이버** 등의 기존 플랫폼에서 **쇼핑**을 하면 해당 플랫폼 기업이 수익을 **독점**하지만 새로운 **해피긱** 플랫폼에서는 이용자 모두에게 **수익**을 공유하는 **프로토콜** 경제 구조를 지향합니다.

해피긱은 **인프라** 구축 기반의 플랫폼으로 **무료회원 가입** 및 **좋아요**와 **공유**만 해도 **수익**이 발생되는 시스템입니다.

세부 자료 및 문의 010 8287 9388

해피긱은 세계적 기업과 함께 하는 글로벌 플랫폼 기업입니다.

잎사귀 하나의 기적
그라비올라를 아시나요?

암센터(MSKCC)에 등재된 **그라비올라**의 강력한 **항암작용**, **고혈압, 당뇨, 안티에이징, 원기회복, 변비, 면역력 증진, 아토피 개선** 등의 탁월한 효능이 세상에 주목을 받고 있습니다.

브라질 원주민들의 만병통치약이라고 불리는 **그라비올라**, 우리 땅(마사토)에서 자라 더 깨끗하고 건강해졌습니다.

세상에서 가장 좋은 **약(藥)**은 **자연(自然)**입니다.
이제 **자연**이 주는 **기적**을 경험해보세요.

woolimnamoo.com
그라비올라.com
울림나무.com

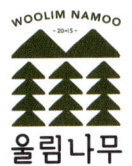

울림나무는 국내 최초로 그라비올라 **토지 재배**에 성공한 친환경 기업입니다.